Matthias Peter

John Maynard Keynes und die britische Deutschlandpolitik

Studien zur Zeitgeschichte

Herausgegeben vom Institut für Zeitgeschichte

Band 51

R. Oldenbourg Verlag München 1997

Matthias Peter

John Maynard Keynes und die britische Deutschlandpolitik

Machtanspruch und ökonomische Realität
im Zeitalter der Weltkriege 1919–1946

R. Oldenbourg Verlag München 1997

Die Deutsche Bibliothek – CIP-Einheitsaufnahme

Peter, Matthias:
John Maynard Keynes und die britische Deutschlandpolitik : Machtanspruch und ökonomische Realität im Zeitalter der Weltkriege 1919–1946 / Matthias Peter. – München : Oldenbourg, 1997
(Studien zur Zeitgeschichte ; Bd. 51)
Zugl.: Giessen, Univ., Diss., 1992
ISBN 3-486-56164-2
NE: GT

Umschlaggestaltung: Dieter Vollendorf, München
Satz: primustype R. Hurler GmbH, Notzingen
Druck und Bindung: R. Oldenbourg, Graphische Betriebe, München

ISBN 3-486-56164-2

Inhalt

Vorwort

Die vorliegende Studie ist die überarbeitete Fassung einer Dissertation, die im Februar 1992 vom Fachbereich Geschichtswissenschaften der Justus-Liebig-Universität Gießen angenommen wurde. Jeder, der sich auf das Unterfangen eines solchen Projektes einläßt, weiß sich am Ende des Weges in der Schuld zahlreicher Personen und Institutionen. Besonders danken möchte ich meinem Doktorvater, Professor Dr. Hans-Jürgen Schröder. Er hat mein Interesse an anglo-amerikanischer Geschichte geweckt und öffnete dem Studenten die Augen für den Zusammenhang von Wirtschaft und Außenpolitik im 20. Jahrhundert. Professor Dr. Helmut Berding übernahm nicht nur das Korreferat, sondern war auch sonst immer bereit, gutachterlich zum Gelingen der Arbeit beizutragen; dafür bin ich ihm zu Dank verpflichtet.

Große Teile dieser Studie sind in Großbritannien entstanden, und der ungezwungene Umgang der dortigen „academic community" mit dem Nachwuchshistoriker schuf eine bisher nicht gekannte Atmosphäre, die stimulierend wirkte. Danken möchte ich Anthony J. Nicholls (Oxford) für die Gesprächsbereitschaft und Gastfreundschaft. Sir Alec Cairncross (Oxford) gab mir wichtige Hinweise und führte mich in das Recent Economic History Seminar des All Souls College ein; die Bekanntschaft mit diesem „Grand Old Man" britischer Wirtschaftsplanung führte mir die Bedeutung der Verbindung von Universitätsbetrieb und Politikberatung vor Augen. Gern erinnere ich mich auch der Freunde an der London School of Economics, insbesondere Helen Mercer, Sheila Kerr und Anthony Gorst, sowie Anne Deighton (Oxford), die dem Neuling die Möglichkeit zu Vorträgen gaben und ihn in ihren Kreis aufnahmen.

Stellvertretend für die Mitarbeiter der besuchten Archive soll Jacqueline Cox (Cambridge) genannt werden. Das Copyright des Controller of Her Majesty's Stationary Office sowie von Provost und Fellows des King's College Cambridge wird ausdrücklich anerkannt.

Dem Deutschen Historischen Institut London und dem Institut für Europäische Geschichte Mainz, insbesondere seinem ehemaligen Direktor Professor Dr. Karl Otmar Freiherr von Aretin, weiß ich mich für die unbürokratische Förderung zu Dank verpflichtet. Der Universität Gießen möchte ich dafür danken, daß sie die Arbeit mit einem Dissertationspreis für das akademische Jahr 1991/92 auszeichnete. Dank schulde ich schließlich dem Institut für Zeitgeschichte für die Aufnahme in die „Studien zur Zeitgeschichte". Dr. Jürgen Zarusky betreute die Druckfassung mit Sorgfalt und Geduld und gab zahlreiche Hinweise auf Verbesserungen.

Last not least muß ich jenen Freunden danken, ohne deren Nachsicht über Jahre hinweg die Arbeit nicht hätte zu Ende geschrieben werden können. Doris Schmieder erklärte sich bereit, das ursprüngliche Manuskript genau durchzugehen. Elizabeth Cowley verstand es in einer kritischen Phase, mich neu zu motivieren. Meiner Frau Anja verdanke ich mehr, als ich in Worte fassen kann. Vor allem fühle ich mich meinen Eltern für das Vertrauen und die Unterstützung verbunden, die ich während der langen Zeit erhielt. Ihnen widme ich dieses Buch.

Bonn, April 1996 Matthias Peter

Einleitung

„At one time it was considered that politics and economics should be kept apart and that the true full-blooded diplomat should not demean himself by any contact with commercial and economic matters. This has now been altered and it is realised that a most important section of international affairs relates to economic and commercial matters. We know what a potent cause they are of political differences and therefore how important it is that the fullest notice should be taken of them. Today no worthwhile judgment can be given in the field of Foreign affairs without a full appreciation of the domestic and international economic situation. That presupposes some fairly close acquaintance with economics and an understanding of the commercial structure of countries, their main industries, the Labour problems and so forth. [...] At the moment this country ‚is up against it' from the point of view of international economics. We have spent our substance upon victory and as a result find ourselves impoverished and hard put to it to exist. At the same time we carry a tremendous and most expensive load of obligations all over the world."[1]

1. Fragestellung

Politik und Ökonomie: Strukturfragen der britischen Deutschlandpolitik

Die vorliegende Arbeit geht in der Beschäftigung mit dem konzeptionellen Einfluß von John Maynard Keynes auf die britische Haltung in der deutschen Frage sowohl methodisch als auch hinsichtlich der Fragestellung von der These aus, daß der Zusammenhang zwischen Ökonomie und Politik in der Geschichte des 20. Jahrhunderts Ergebnis einer objektiven Veränderung des historischen Prozesses selbst ist. Im klassischen Staatsverständnis war es Aufgabe der Außenpolitik, innerhalb eines Systems miteinander in vielfältiger Weise kommunizierender und ihrer eigenen Machtvollkommenheit bewußter Nationalstaaten in einer Aufeinanderfolge von Erhalt, Ausbau und wiederum Absicherung die eigene Machtposition zu stärken. Diesem Ziel entsprachen die einsetzbaren Machtmittel. Als zentrales Instrument wie auch als Gradmesser für den machtpolitischen Status eines Landes fungierte insbesondere das militärische Bedrohungsarsenal. Der Rüstungsstand und seine wirtschaftliche Absicherung galten über Jahrhunderte als Synonym für die äußere Sicherheit und Merkmal einer herausgehobenen Stellung innerhalb der Mächtebeziehungen. Gegenüber diesem aus der Theorie der internationalen Beziehungen abgeleiteten Ansatz ist wiederholt eingewendet worden, daß er den Blick auf nationale Herrschafts- und Ordnungsinteressen verengt und dazu neigt, strukturelle Zusammenhänge des internationalen Systems und innerstaatliche Faktoren zu übersehen.

[1] Nuffield College (im folgenden NC), Cripps Papers, Box 385, Rede des Präsidenten des Board of Trade, Stafford Cripps, an die Neuzugänge des britischen Auswärtigen Dienstes, undatiert [1945].

Angesichts eines in seinen Ausmaßen und in seiner Breitenwirkung kaum zu überschätzenden Transformationsprozesses der Moderne wurde dieses Sicherheitsverständnis zunehmend fragwürdig. Die „Diplomaten" und „Soldaten", auf die Raymond Aron die internationalen Beziehungen idealtypisch zurückführte[2], haben zumindest in einem Netzwerk moderner, auch international hochgradig arbeitsteiliger Industriegesellschaften als Träger der Außenpolitik einen partiellen Bedeutungsverlust erlitten. Denn wie insbesondere die jüngere deutsche Geschichte zeigt, bietet nicht mehr zwangsläufig das Rüstungsniveau den entscheidenden Hinweis auf die machtpolitische Vorrangstellung eines Staates; als zwei vielleicht sogar wichtigere Indikatoren präsentieren sich seine soziale Reformfähigkeit im Inneren und seine wirtschaftliche Leistungskraft. Die Spannung zwischen nationaler Sicherheit auf der einen und sozialer sowie wirtschaftlicher Sicherheit auf der anderen Seite sind nachgerade Charaktermerkmale der Epoche[3]. „Entangling alliances or entangling leagues are nothing to the entanglements of cash owing", brachte Keynes diesen durch den Zusammenbruch des europäischen Mächtesystems markierten zeitgeschichtlichen Paradigmenwechsel 1919 auf den Punkt[4]. Aus dem gleichen Grund muß die Bedeutung eines an der militärischen Einsatzbereitschaft anknüpfenden Sicherheitsverständnisses, das die Friedensfähigkeit oder die Kriegsbereitschaft eines Staates an der Stärke seiner Truppen mißt, relativiert werden. Dies gilt gerade für eine Epoche der Geschichte, in der auch unter sicherheitspolitischen Gesichtspunkten die zwischenstaatlichen Beziehungen von den globalen wirtschaftlichen Verflechtungen überlagert werden und gleichzeitig die Höhe der Rüstungskosten die latente Gefahr einer machtpolitischen Überdehnung in sich trägt. Hinzu kommt, daß gesellschaftspolitische Veränderungen – vor allem verursacht durch wachsenden demographischen Druck, einen industriellen Strukturwandel und eine sich in einem breiten Parteienspektrum artikulierende gegensätzliche Interessenlage – der gewohnten Vorstellung von äußerer Sicherheit die Bedeutung von sozialer Sicherheit im Inneren an die Seite stellen. Übermäßige Traditionsverbundenheit oder gar eine Mißachtung dieser Entwicklung, das zeigt die Geschichte dieses Jahrhunderts, verengt den außenpolitischen Handlungsspielraum, es droht ein machtpolitischer Einflußverlust.

Grundsätzlich lassen sich für die Epoche seit dem ausgehenden 19. Jahrhundert zwei charakteristische Ausprägungen dieses Strukturwandels konstatieren. Im Falle Deutschlands zwang in der Folge zweier schuldhaft verursachter Weltkriege die Abwesenheit von der klassischen diplomatischen Bühne und die damit verbundene anhaltende außenpolitische Isolierung zu einer Konzentration auf Maßnahmen im Rahmen der Wirtschafts- und insbesondere der Außenwirtschaftspolitik. Daß dieses gleichsam von den Alliierten hervorgerufene und nach dem Ersten Weltkrieg durch den Reparationsdruck geförderte „Ausweichmanöver" auf das Terrain der Ökonomie als Handlungsrahmen für die machtpolitische Rückkehr des diplomatischen „Outcast" im wesentlichen dem voranschreitenden zeitgeschichtlichen Strukturwandel entsprach und so aus dem diplomatisch-machtpolitischen Ostrazismus nach 1918 und 1945 ein struktureller Vorteil er-

---

[2] Aron, S. 14 und passim.

[3] Vgl. Reynolds, Britannia Overruled, S. 41.

[4] Keynes, John Maynard: The Collected Writings of John Maynard Keynes, hrsg. von Austin Robinson und Donald Moggridge. Bd. II: The Economic Consequences of the Peace, London/Basingstoke 1971, S. 177 (die Ausgabe wird in dieser Arbeit zitiert als „JMK" mit Band- und Seitenangabe).

wuchs, vermag zu einem großen Teil den historischen Standort Deutschlands und im besonderen den Wiederaufstieg der Bundesrepublik zu erklären.

Keine Macht hat diesen Umstellungsprozeß aber schmerzlicher erfahren als Großbritannien, dessen machtpolitischer Abstieg parallel zur Ausdifferenzierung des Weltwirtschaftssystems verlief. Als Hegemonialmacht alter Provenienz sah sich London dem Doppelproblem ausgesetzt, zum einen die traditionellen ökonomischen Grundlagen der britischen Vormachtstellung um den Preis einer machtpolitischen Entthronung langfristig den neuen Bedingungen anzupassen; zum anderen mußte seitens der Entscheidungsträger die Bereitschaft entwickelt werden, hinsichtlich des Kriseninstrumentariums traditionelle, von Erwägungen der Machterhaltung gesteuerte Denkweisen namentlich in der Außen- und Wirtschaftspolitik zu modifizieren und notfalls über Bord zu werfen, um auf Veränderungen der internationalen Situation angemessen reagieren zu können. Es läßt sich aber für die zweimalige Siegermacht fraglos von einer Kontinuität des machtpolitischen Kalküls sprechen, das unter dem wachsenden ökonomischen Modernisierungsdruck immer mehr in Frage gestellt wurde und London in diesem Jahrhundert wiederholt in schwere politische Entscheidungskrisen führte.

Vor dem Hintergrund dieses geschichtlichen Wandlungsprozesses verfolgt die Arbeit die Absicht, den Bedingungen britischer Außen- und Sicherheitspolitik am Beispiel Deutschlands nachzugehen. Ihr Erkenntnisinteresse ist daher primär ein strukturelles: Die Aufmerksamkeit ist auf die konzeptionelle Ausformulierung britischer Deutschlandpolitik gerichtet und gilt dem Aufspüren von Motivkonstanten im Entscheidungsfindungsprozeß Londons; als wichtiger Indikator hierfür dient deshalb weniger der Blick auf den realen Ereignisablauf als auf die Perzeption der am Entscheidungsprozeß beteiligten Beamten. In diesem Sinne soll nach dem Stellenwert der ökonomischen Antriebskräfte im außenpolitischen Kalkül Whitehalls gefragt werden. Gerade der Anspruch, die Bedeutung wirtschaftlicher Faktoren für die außenpolitischen Beziehungen innerhalb eines sich wandelnden internationalen Staatensystems herauszuarbeiten, zwingt den Betrachter dazu, längerfristige historische Perspektiven zu berücksichtigen, die unabhängig von tagespolitischen Irritationen Entscheidungen beeinflußten[5]. Zur Kennzeichnung historischer Kontinuitätslinien wird es deshalb notwendig sein, einen umfassenden zeitlichen Rückblick zu geben und den Bogen vom ausgehenden 19. Jahrhundert bis in die Zeit unmittelbar nach Ende des Zweiten Weltkrieges zu spannen. Dabei rückt die Fortführung der Kontinuitätsthese nicht nur die Grundlagen der britischen Deutschlandpolitik nach 1945 in ein neues Licht; eine rückblickende Beurteilung der Zeit vor dem Zweiten Weltkrieg aus einer Perspektive, welche die unmittelbare Nachkriegsphase mit einschließt, vermag auch die Zwischenkriegszeit selbst in einen neuen Zusammenhang zu stellen. Die historische Umklammerung der dreißiger Jahre, ihre thematische Verzahnung mit den ihnen vorausgehenden wie ihnen folgenden Abschnitten, läßt sich wie an keinem anderen Bezugsrahmen an der Deutschlandpolitik Londons verdeutlichen. Eine solche längsschnittartige Strukturbestimmung stellt die Politik der britischen Regierung gegenüber Deutschland in einen umfassenden historischen Zusam-

[5] In diese Richtung weist tendenziell auch der Ansatz Donald C. Watts, der die Bedeutung geistesgeschichtlicher Konstanten in der personellen Rekrutierungs- und Ausbildungspraxis der britischen Diplomatie sowie Konstanten in der Perzeption der Spitzenbeamten untersuchte. Vgl. Watt, Personalities and Policies; ders., Succeeding John Bull, S. 6–20; ders., Sowjetunion. Vgl. ferner Frankel; Wallace, besonders S. 239.

menhang, den man aus weltwirtschaftlicher Perspektive als Einheit verstanden hat[6]. Der Schwerpunkt der Arbeit wird auf einer Analyse der britischen Deutschlandplanungen im Zweiten Weltkrieg liegen. Hinsichtlich des Problems der Behandlung Deutschlands nach Kriegsende, d. h. seiner ökonomischen und sicherheitspolitischen Reintegration unter Bedingungen des europäischen Wiederaufbaus, vermag eine Analyse der Planungsarbeit Whitehalls am besten die langfristigen Strukturfaktoren der britischen Außenpolitik sichtbar zu machen und auf deren Gültigkeit auch über das „Epochenjahr" 1945 hinaus zu verweisen. Entsprechend dem Ziel der Arbeit, den Blick vor allem auf die konzeptionelle Debatte zu richten, Perzeptionskonstanten und -fehler transparent zu machen und die Frage nach Handlungsalternativen aufzuwerfen, gewinnt unter Quellengesichtspunkten die vergleichende Analyse der oft umfangreichen Denkschriften innerhalb der deutschlandpolitischen Planungsarbeit in Whitehall an Bedeutung.

Keynes

Innerhalb dieses Rahmens sollen im besonderen Person und Werk des britischen Nationalökonomen John Maynard Keynes beleuchtet werden. Als Ausgangspunkt dient dabei seine programmatische Kritik an der Versailler Friedensordnung und die sich daraus ergebenden Konsequenzen für sein wirtschaftstheoretisches Gedankengebäude vor dem Hintergrund der allgemeinen außen- bzw. sicherheitspolitischen Diskussion. Der Mißbrauch, dem seine Überlegungen durch die Anhänger einer militanten Revisionspolitik in Deutschland permanent ausgesetzt waren und der ihn im eigenen Land dem Vorwurf eines germanophilen Nestbeschmutzers eintrug, verdeckte für lange Zeit die konstruktiven Ansätze und ließ auch nach seinem Tod deren historiographische Bedeutung über das engere Interesse von Wirtschaftshistorikern hinaus unerkannt bleiben.

Die Kernfrage der Nationalökonomie, unter welchen Bedingungen individuelles, von Gewinnstreben angetriebenes Handeln im Ganzen zu sozialverträglichem Fortschritt führt und dabei einen Ausgleich zwischen privatem und öffentlichem Interesse herzustellen in der Lage ist, stand auch für Keynes im Zentrum der Aufmerksamkeit[7]. Adam Smith führte bekanntlich in seiner Antwort auf dieses „Koordinationsproblem"[8] die Argumentationsfigur der „unsichtbaren Hand" ein, die für einen Gesamtausgleich der in einem System offener Märkte konkurrierenden Privatinteressen sorge. Allerdings beschrieb er zu Beginn der industriellen Revolution ein Marktsystem, in dem individuelles wirtschaftliches Handeln noch weitgehend ungehindert von staatlicher Wirtschafts- oder gar Ordnungspolitik einen Prozeß ökonomischer Expansion antrieb, der auch zu gesellschaftlichen Umwälzungen in bisher ungekanntem Ausmaß führte; vor diesem Hintergrund unternahm Smith den Versuch, den quasi naturgesetzlichen Ablauf wirtschaftlicher Prozesse zu bestimmen. Keynes schrieb jedoch in einer Umbruchphase, die von den sozialen Folgen dieser Revolution geprägt war und in der der Staat selbst als Wirtschaftssubjekt wie auch als Koordinator des individuellen Wirtschaftens immer stärker in den Vordergrund trat. Soweit ist dies bekannt und auch durch die Forschung

[6] Vgl. Rostow, S. 230ff., 247ff., 302f. Zum Epochencharakter der „Zeitgeschichte" vgl. Barraclough; Huizinga. Vgl. ferner Schulz; Hildebrand, Das vergangene Reich, S. 149–155.
[7] Vgl. Böhm, S. 45.
[8] Ebenda, S. 49.

hinreichend belegt. Bei der Beschäftigung mit dem Theoretiker Keynes wurde jedoch bisher leicht übersehen, daß er in seinen Schriften eine Kraft ins Spiel brachte, mit deren Einführung er zugleich die Konsequenz aus der Krise des überkommenen Wirtschaftssystems zog. Aus dem Bedeutungswandel, den die Rolle des Staates gegenüber dem 18. und 19. Jahrhundert erfuhr, leitete er zugleich den zentralen Stellenwert ab, den im Verhältnis zu den privatwirtschaftlichen Beziehungen jetzt auch die Beziehungen der Staaten untereinander einnahmen. Mit den Staatenbeziehungen als Faktor wirtschaftlicher Entwicklung rückte bei Keynes aber zugleich die Geschichte ins Bewußtsein; gleichzeitig trat an die Stelle von Smiths mechanistischem Wirtschaftsverständnis die Einsicht in die Geschichtlichkeit volkswirtschaftlicher Theorien. Nationen, soweit sie selbst in den Wirtschaftskreislauf eintraten, wurden Konkurrenten im weltwirtschaftlichen Verteilungskampf; soweit sie sich ordnungspolitisch im Konfliktfeld ideologischer Auseinandersetzungen zwischen Liberalismus und Kapitalismus auf der einen und Nationalsozialismus sowie Kommunismus auf der anderen Seite betätigten, traten sie untereinander in Konkurrenz im Ringen um die konzeptionelle Vorherrschaft im weltwirtschaftlichen System.

Dies spiegelt sich auch in Keynes' Verständnis der Nationalökonomie, die für ihn gerade keine abstrakte Wissenschaft war. Er orientierte sich dabei an seinem Lehrer Alfred Marshall, der bereits 1885 in seiner Antrittsvorlesung in Cambridge die sozialwissenschaftlichen Grundlagen des Fachs betonte und als Hauptfehler seiner Vertreter hervorhob, „not that they ignored history and statistics, but that they regarded man as so to speak a constant quantity, and gave themselves little trouble to study his variations." In deutlicher Distanz zu Adam Smith fuhr Marshall fort: „They therefore attributed to the forces of supply and demand a much more mechanical and regular action than they actually have. Their most vital fault was that they did not see how liable to change are the habits and institutions of industry."[9] Daraus war nur der Schluß zu ziehen, daß die Nationalökonomie keine normative Wissenschaft ist, sondern mindestens ebenso sehr wie Mathematik und Statistik soziale und historische Entwicklungen berücksichtigen muß, wenn sie wissenschaftlich aussagefähig und gleichzeitig politisch relevant sein will. Wie Keynes in seinem Porträt Alfred Marshalls ausführte, muß deshalb der ideale Wirtschaftswissenschaftler eine Reihe von Kenntnissen mitbringen: „He must be mathematician, historian, statesman, philosopher". Und programmatisch fuhr Keynes fort: „He must study the present in the light of the past for the purposes of the future."[10] Von hier war es nur noch ein kleiner Schritt bis zu der Auffassung von 1938, die Nationalökonomie sei „essentially a moral science and not a natural science"[11]. Für Keynes war die Wirtschaft nicht etwas Statisches, das mit exakten naturwissenschaftlichen Methoden erkennbar war, sondern hatte es vielmehr mit Individuen zu tun, die unterschiedlich handeln und unterschiedliche Bedürfnisse besitzen[12].

Mit diesem Verständnis der Möglichkeiten, Aufgaben und Grundlagen des Fachs rückt Keynes aber verstärkt in das Interesse des Historikers. Tatsächlich wird diese Auffassung noch bestätigt durch die erst in letzter Zeit von der Forschung in den Blick ge-

[9] Zitiert nach: JMK X, S. 196.
[10] JMK X, S. 173 f.
[11] JMK XIV, S. 297.
[12] Vgl. dazu ausführlich Davis, besonders S. 94.

nommene Tatsache, daß Keynes neben seinen Arbeiten als Wirtschaftswissenschaftler eine mindestens ebenso beachtenswerte Tätigkeit als Regierungsbeamter wie als „freier“ Berater britischer Regierungen verfolgte, die, solange Keynes' Wirken ausschließlich Forschungsgegenstand der Wirtschaftswissenschaften war, unterbelichtet blieb. Das Interesse an Keynes und seinem Werk, dies soll gerade eine geschichtswissenschaftliche Arbeit demonstrieren, kann nicht auf die Wirtschaftswissenschaften begrenzt bleiben. Dies würde weder seiner Person noch seinem Werk auch nur annähernd gerecht. Die Faszination, die vom Menschen Keynes wie von seinen Schriften ausgeht, beruht vielmehr auf seiner Tätigkeit als Literat, Kunstliebhaber und -sammler, Politiker, Publizist, Philosoph, Historiker *und* Ökonom.

Vor dem Hintergrund dieses neuartigen Verhältnisses von wirtschaftswissenschaftlicher Theorie und wirtschaftspolitischer Praxis soll die Arbeit die Wechselwirkung zwischen der sich über nahezu zwei Dekaden erstreckenden Formulierung der Keynesschen Theorie und den konzeptionellen Debatten über die britische Deutschlandpolitik seit dem Ersten Weltkrieg, an denen Keynes maßgeblich als Berater des britischen Schatzamts beteiligt war, herausarbeiten. Mit der von ihm in der „General Theory of Employment, Interest and Money“ 1936 entwickelten makroökonomischen Beschäftigungs- und Einkommenstheorie lieferte Keynes auf dem Gebiet der Wirtschaftswissenschaften das Instrumentarium für eine rationale und zielorientierte staatliche Wirtschaftspolitik zur Überwindung chronischer Unterbeschäftigung. Sie war zugleich die Antwort auf die Krise des Laissez-faire und zielte politisch auf die Wiederherstellung sozialer Sicherheit und sozialen Friedens im Inneren. Der verzweifelten Suche nach einem wirtschaftspolitischen Stabilisierungskonzept zwischen Freihandel und Planwirtschaft bzw. Zentralverwaltungswirtschaft entsprach dabei die Suche nach einer Entschärfung der machtpolitischen Herausforderung durch den Nationalsozialismus. Pointiert hat diese für die Entwicklung eines neuen Konfliktlösungsmodells unverzichtbare Aufgabe, die der Nationalökonomie wie der Politik gleichermaßen gestellt war, Walter Eucken beschrieben: „Die Schäden der Politik des Laissez-faire haben die Menschen des technischen Zeitalters ebenso durchlebt wie die Schäden und Gefahren zentraler Leitung. Deshalb richten sich Denken und Handeln auf die Frage, wie ein Kompromiß beider Extreme, eine Kombination von Freiheit und zentraler Lenkung, möglich sei. Vom Gelingen dieser Versuche schien geradezu die Existenz der Freiheit und der menschlichen Kultur abhängig zu sein. Das Denken von *Rathenau*, von *Keynes* und vielen anderen hat sich auf diesen Punkt gerichtet. Charakteristisch ist für sie, daß verschiedene Wege tastend betreten wurden. Das Terrain wurde nach Mittelwegen sorgfältig abgesucht.“[13] Gleichzeitig, und dies verweist auf eine weitere gemeinsame Wurzel mit der nach dem Zweiten Weltkrieg in der Bundesrepublik so erfolgreichen ordoliberalen Kon-

[13] Eucken, S. 140 (Hervorhebung im Original). Vgl. dazu auch James, S. 312–328.

zeption[14], geht Keynes von der Annahme aus, daß die Wirtschaftstheorie von einem Interesse an Wirtschaftspolitik nicht zu trennen ist. Wichtigste Erkenntnis aus der Krise des Liberalismus und der klassischen Nationalökonomie ist die Einsicht in die Verantwortung des Staates für die Wirtschaft. Mit Keynes beginnt recht eigentlich die Epoche konzeptionell geschlossener staatlicher Wirtschaftspolitik; sein Wirken markiert eine für das 20. Jahrhundert insgesamt bedeutsame geistes- und ideengeschichtliche Zäsur[15].

Von besonderer Bedeutung ist für Keynes vor dem Hintergrund der Ausformulierung seiner Theorie und seiner Bemühungen um eine Restrukturierung der internationalen Wirtschaftsbeziehungen die britische Außen- bzw. Deutschlandpolitik. Zu Recht hat man darauf hingewiesen, daß das Verhältnis von Keynes zu Deutschland unzureichend erforscht ist[16], was in einem seltsamen Mißverhältnis zur tatsächlichen Bedeutung steht, die die deutsche Politik für seine Arbeit besitzt. Denn seit seiner Tätigkeit in der britischen Delegation bei der Versailler Konferenz rückte die deutsche Frage immer stärker in den Mittelpunkt von Keynes' politischer Tätigkeit; zugleich schärfte sie aber immer wieder sein Problembewußtsein für die anstehenden theoretischen Überlegungen. Das nach dem Zusammenbruch des alten Mächtesystems entstandene Sicherheits- und Wiederaufbaudilemma stellte sich ihm weniger als Frage der politischen denn als grundlegende Neuordnung der internationalen Wirtschaftsbeziehungen. Und im Zentrum dieses Dilemmas stand für den Ökonomen die sicherheitspolitische und rekonstruktionstechnische Wiedereingliederung Deutschlands als des industriellen Motors einer stabilen und friedlichen Staatenwelt in Europa. Die Integrationsfrage bildete einen wesentlichen Antriebsfaktor für Keynes' Theorieentwurf, so wie der Ökonom umgekehrt aus den theoretischen Reflexionen wesentliche Einsichten für seine deutschlandpolitische Beratertätigkeit schöpfte. Die Arbeit soll zeigen, daß das Deutschlandproblem nicht nur einen wichtigen Leitgedanken im Denken von Keynes bildet, der sich wie ein roter Faden nahezu durch das gesamte Schaffen des Nationalökonomen bis zu seinem Tod zieht. Die deutsche Frage nimmt auch einen prominenten Platz in der Entwicklung der keynesianischen Theorie ein. Historische Analyse kann darüber hinaus zeigen, daß die Rivalität zu Deutschland und die ständige Auseinandersetzung mit dem kontinentaleuropäischen

---

[14] Auf die Gemeinsamkeiten in der geschichtlichen und theoretischen Ausgangslage von Keynes und Eucken kann bei aller Verschiedenheit in ihrer weiteren Entwicklung in diesem Zusammenhang nur hingewiesen werden. Immerhin wird man sagen können, daß Keynes Eucken insofern vorwegnimmt, als er aus Versailles lernte, daß jede Wirtschaftsordnung nur Teilordnung eines gesamtgesellschaftlichen Systems und deren politischen Handlungen ist. Die sich aus dieser Einsicht in die für das 20. Jahrhundert typische strukturelle Interdependenz von ökonomischen, sozialen und politischen Faktoren ergebende staatliche Wirtschafts- und Außenpolitik ist daher prinzipiell das Ergebnis dreier sich überlagernder Einflußkräfte: erstens der „ordnungspolitischen Grundentscheidung" (Eucken) hinsichtlich des Wirtschaftssystems überhaupt, zweitens des strukturellen Zustands der industriellen Sektoren und drittens der außen- und sicherheitspolitischen Interessenlage. Vgl. dazu Alfred Müller-Armacks Denkschrift „Das Grundproblem unserer Wirtschaftspolitik. Rückkehr zur Marktwirtschaft", 15.7.1946, abgedruckt in: Müller-Armack, S. 128–139. Eine vergleichende empirische Untersuchung der Grundlagen, der Entstehung (insbesondere der Phase der Konzeptionalisierung während des Zweiten Weltkrieges) und der politischen Durchschlagskraft von Keynesianismus, Ordoliberalismus bzw. Sozialer Marktwirtschaft und New Deal wie vor allem auch der politischen Aktivitäten ihrer Hauptvertreter bleibt ein wichtiges Desiderat der Forschung.

[15] Vgl. Schäfer, S. 137f.

[16] Borchardt, S. 271.

Herausforderer schließlich auch der Durchsetzung der keynesianischen Theorie in der Wirtschaftspolitik in entscheidender Weise halfen.

Mit seiner Kritik an der Ausgangsthese der Klassiker der Nationalökonomie, der Markt reguliere sich grundsätzlich selbst und bringe sich, vor allem hinsichtlich des Arbeitsmarktes, immer wieder ins Gleichgewicht, zog Keynes die Konsequenzen aus der Krise des Liberalismus des 19. Jahrhunderts. Sein Abschied von der klassischen ökonomischen Gleichgewichtsthese und ihrer realwirtschaftlichen Voraussetzungen entspricht dem Zusammenbruch der „Balance of Power" und von deren Voraussetzungen als regulativem Prinzip im Bereich der Außenpolitik. Dies erkannt und auf die Überlagerung beider Bereiche als Signum der Epoche hingewiesen zu haben, macht Keynes zu einer herausragenden zeitgeschichtlichen Persönlichkeit. Deshalb geht seine Bedeutung auch weit über die bloße Kritik an der Selbstregulierungsfähigkeit des ökonomischen Systems hinaus. Neben der Revolutionierung der Theorie, die die Möglichkeit der Vollbeschäftigung durch antizyklische Stabilisierungsmaßnahmen nachwies, vermochte Keynes als Folge seiner Beratertätigkeit nicht zuletzt in deutschlandpolitischen Fragen die scheinbar unaufhebbare Antinomie von Theorie und Geschichte in der Nationalökonomie zugunsten einer – freilich nur partiell erfolgreichen – Synthese von Wirtschafts- und Außenpolitik zu durchbrechen[17].

Angesichts des von Keynes pointiert vorgetragenen Konnexes zwischen wirtschaftlicher Neuordnung bzw. Wiederaufbau nach zwei Weltkriegen und dem Anspruch auf einen dauerhaften und sicheren Frieden kristallisierte sich immer stärker eine Frage als die entscheidende heraus, die auch dieser Arbeit leitmotivisch voransteht: Basiert ein dauerhaftes Konzept der Friedenssicherung unter Bedingungen tiefgreifenden ökonomischen und sozialen Wandels in diesem Jahrhundert ungeachtet der von Deutschland verursachten Leiden auf dem Prinzip der Sicherheit vor Deutschland oder dem der Sicherheit mit Deutschland, d. h. unter Einbeziehung seines wirtschaftlichen Potentials? Letzteres implizierte, daß man britischerseits bereit war, sich vom traditionellen, im wesentlichen militärisch und bilateral definierten Sicherheitsbegriff, wie er dem alten Allianzsystem zugrunde lag, zu verabschieden. Es stellte auch die traditionellen Grundlagen britischer Machtentfaltung radikal in Frage. Ausfluß der Wechselbeziehung zwischen dem Theorieentwurf von Keynes und seiner Beratertätigkeit waren wiederholt Entwürfe eines auf den Grundlagen Keynesscher Ökonomie basierenden Stabilisierungskonzepts für Deutschland und Europa im Kontext weltwirtschaftlicher Neuordnung. Es ist ein wichtiges Ziel dieser Arbeit, den gedanklichen Entwicklungsprozeß von Keynes unter besonderer Berücksichtigung der britischen Deutschlandplanungen nachzuzeichnen. Dabei sind vor allem zwei Fragenkomplexe leitend. Erstens: Inwiefern spiegeln Keynes' deutschlandpolitische Überlegungen den allgemeinen zeitgeschichtlichen Wandlungsprozeß im 20. Jahrhundert wider? Welche Konsequenzen ziehen sie daraus für die Lösung der sicherheitspolitischen Fragen der Zwischenkriegszeit, vor allem aber auch hinsichtlich der Grundlagen der britischen Deutschlandpolitik nach 1945? Zweitens: Wie verhält sich Keynes' Stabilisierungsbegriff zu den traditionellen britischen Sicherheitsvorstellungen? Und wie reagiert eine dem außenpolitischen Primat verpflichtete Entscheidungselite im Außenministerium und im Kabinett? Eine detaillierte Analyse der

[17] Für ein Beispiel, daß Keynes' Ansatz auch für die Geschichtstheorie fruchtbar gemacht werden kann, vgl. in Ansätzen Böhm.

Rolle von Keynes im deutschlandpolitischen Planungsablauf Londons vermag dabei die Anpassungsprobleme der Außen- und Sicherheitspolitik Großbritanniens vor dem Hintergrund beschleunigten Wandels und dem damit verbundenen machtpolitischen Abstieg des Königreichs darzustellen. Darüber hinaus entsteht eine Folie, auf der der Grundlagenwandel für die britische Deutschlandpolitik nach 1945 deutlich und zentrale Antriebskräfte insbesondere für die sicherheitspolitischen Entscheidungen Londons im Kontext der Integration Westdeutschlands sichtbar werden.

Wie im einzelnen dargelegt werden soll, kommt Keynes' Ideen mit Blick auf den Gesamtzeitraum eine Klammerfunktion und hinsichtlich der Zeit nach dem Zweiten Weltkrieg eine Brückenfunktion zu. Denn seine Herkunft aus der wirtschaftsliberalen Tradition der Zeit vor dem Großen Krieg und insbesondere seine kritischen Bemerkungen zum wirtschafts- und währungspolitischen System der Zwischenkriegszeit, die wiederum aus seiner Auseinandersetzung mit der Kultur und den Wirtschaftslehren der viktorianischen Epoche hervorgingen, drängen die Frage nach Kontinuität und Diskontinuität der „Pax Britannica" auf. Darüber hinaus vermochte es Keynes wie kaum ein anderer, Kritik mit konstruktiven Vorschlägen zu einer wirkungsvollen Symbiose zu verbinden. Darin liegt schließlich auch der Wert, der von einer Beschäftigung mit Keynes für eine Beurteilung der Zeit nach 1945 ausgeht. Es war das besondere Verdienst des Nationalökonomen, den untrennbaren Zusammenhang von Wirtschafts- und Sicherheitspolitik aufgezeigt und deren Mißverhältnis als zentrales Dilemma der Versailler Friedensordnung diagnostiziert zu haben. Mit der immer wieder herausgestellten Bedeutung des Faktors Deutschland gelang es ihm nicht nur, bestimmte Grundtendenzen und -probleme der „Pax Britannica" transparent zu machen, sondern vor allem auch bestimmte Entwicklungslinien gedanklich vorzuzeichnen, mit deren krisenhafter Ausprägung sich die Nachkriegskabinette konfrontiert sehen sollten.

2. Forschungsstand

Trotz zahlreicher Einzeluntersuchungen liegt eine übergreifende Darstellung der Strukturbedingungen der britischen Deutschlandpolitik, die konsequent die Bedeutung der diesen Wandel zugleich charakterisierenden wie ihn vorantreibenden ökonomischen Faktoren herausarbeitet, bisher nicht vor. Insbesondere der durch die Appeasement-Debatte aufgeworfene Kontinuitätsgesichtspunkt hat keine weiterführende Vertiefung erfahren, die seine Validität auch für die Zeit nach dem Zweiten Weltkrieg aufgezeigt hätte. Ungeachtet der Frage nach der strukturellen Bedeutung des wirtschaftlichen Tranformationsprozesses seit dem Ende des 19. Jahrhunderts für die Außen- und Sicherheitspolitik Londons allgemein und die deutsch-britischen Beziehungen im besonderen kann sich die Arbeit auf eine Fülle von Einzeluntersuchungen stützen, welche die Frage nach dem grundsätzlichen Charakter dieses Verhältnisses auch unter ökonomischen Gesichtspunkten aufwerfen.

Die genauere Ermittlung des Einflusses von Wirtschaftsfaktoren auf die deutsch-britischen Beziehungen hatte sowohl die vor dem Hintergrund des Imperialismus-Problems geführte Diskussion über den Antagonismus zwischen Großbritannien und dem Deutschen Reich vor dem Ersten Weltkrieg bestimmt wie auch neues Licht auf die Triebkräfte der britischen Appeasement-Politik der Zwischenkriegszeit geworfen. Wie inzwischen umfassend belegt werden konnte, war für das deutsch-britische Verhältnis vor Ausbruch des Ersten Weltkrieges noch ein weitgehend unvermitteltes Nebeneinander von wirtschaftlicher Entwicklung und politischem Entscheidungsprozeß kennzeichnend. Dementsprechend hat man in der kontrovers geführten Debatte um die Rivalität beider Länder wiederholt auf die Möglichkeiten eines Interessenausgleichs im ökonomischen Bereich aufmerksam gemacht[18] und eine Reduzierung auf wirtschaftliche Gegensätze zurückgewiesen[19]. Wenn aber auch beide Staaten eine im Kern nicht antagonistische Handelspartnerschaft entwickelten, so bleibt doch festzuhalten, daß vor dem Hintergrund der wachsenden weltwirtschaftlichen Verflechtung die „miteinander konkurrierenden, durch Zollmauern geschützten Nationalwirtschaften [...] den im Konzert der europäischen Großmächte mühsam austarierten nationalpolitischen Interessengegensätzen konfliktträchtige Elemente" hinzufügten[20]. In diesem Sinne trug das unterschiedliche Beschleunigungsmoment der Industrialisierung gegen Ende des 19. Jahrhunderts entscheidend zur Verschärfung des sich herausbildenden Konflikts zwischen London und Berlin bei[21]. Daß das Deutsche Reich bei diesem „wirtschaftlichen Überholvorgang" durch seinen politisch und sozial antiliberalen Charakter, der auch die Wirtschaftsbeziehungen im Inneren prägte, wesentliche Unterstützung erfuhr, bedeutete, wie schon die Reichsgründung selbst[22], zunächst keine unmittelbare Bedrohung für die außenpolitischen Interessen Großbritanniens. Angesichts der eigenen Erfahrung, daß soziale Spannungen die politische Grundausrichtung eines Staates nicht grundsätzlich in Frage stellten, mußten die innere Verfassung Deutschlands und seine wachsende wirtschaftliche Konkurrenzfähigkeit zumindest in der Wahrnehmung der Briten auf lange Sicht aber Mißtrauen wecken[23]. Dem entsprach das Bild vom „Perfiden Albion" in den traditionellen Eliten Deutschlands mit ihrer antiliberalen und verfassungspolitisch sowie kulturell antimodernistischen Haltung, die sich gegen Ende des 19. Jahrhunderts ausbildete und deren Radikalisierung für eine dramatische Verschlechterung der Beziehungen zwischen Berlin und London verantwortlich war. Der Vorkriegsantagonismus beruhte, aus dieser Perspektive betrachtet, vor allem auf einem von diesen Gruppen getragenen, langsam eskalierenden Nationalismus. Auch der wirtschaftliche Interessenkonflikt beider Staaten speiste sich aus diesen gegensätzlichen Feindbildern und erreichte seinen vorläufigen Höhepunkt in einem kolonialen und rüstungswirtschaftlichen „Wettlauf". Während freilich auf deutscher Seite ein als gerechtfertigt beurteilter Expansionsdrang geltend gemacht wurde[24], widersprach eine konfliktorientierte Außenpolitik nicht nur den Interessen Londons, das sich zunehmend an Disraelis Forderung nach ei-

[18] Vgl. z. B. Schöllgen. Zum Verhältnis von sicherheitspolitischen und nationalstaatlichen Interessen einerseits und ökonomischen Faktoren in den internationalen Beziehungen vor dem Ersten Weltkrieg andererseits vgl. Reifeld, S. 26f., 46–48; Schmidt, Der europäische Imperialismus, S. 128–130 und passim. Den ökonomischen Interessenkonflikt betonen in der älteren Literatur Williams, Made in Germany; Hoffman. Für neuere Darstellungen vgl. Platt; Kennedy, Rise; Cain /Hopkins, British Imperialism 1914–1990, besonders S. 456–465.

[19] Vgl. Niedhart, Strukturwandel, S. 163–168; Mommsen, Entwicklung; ders., Two Centuries, S. 15f.

[20] Schmidt, Der europäische Imperialismus, S. 7.

[21] Mommsen, Two Centuries, S. 16.

[22] Vgl. Hildebrand, Das vergangene Reich, S. 19.

[23] Vgl. Mommsen, Entwicklung; Gebele.

[24] Vgl. Mommsen, Zeitalter.

ner Konsolidierung des britischen Empire orientierte[25] und sich um die Jahrhundertwende anhaltend um einen bilateralen Interessenausgleich mit Berlin bemühte[26]. Eine genauere Analyse möglicher wirtschaftlicher Antriebskräfte des britischen Imperialismus läßt auch das noch weitgehend unvermittelte Nebeneinander von politischen und ökonomischen Faktoren erkennen[27]. Dem entsprach schließlich auch, daß sich die britische Regierung mit Eingriffen zur Durchsetzung der Interessen der britischen Industrie weitgehend zurückhielt und auch die verschiedenen Wirtschaftsgruppen eine staatliche Interventionspolitik eher skeptisch beurteilten[28].

Daß ökonomische Faktoren in der offiziellen Regierungspolitik Großbritanniens vor dem Ersten Weltkrieg nur eine nachgeordnete Rolle spielten, darf jedoch nicht zu dem Schluß führen, daß der Außenpolitik des Landes keinerlei wirtschaftliche Interessen zugrunde lagen. Karl Rohe hat hervorgehoben, daß eine vergleichsweise „geringe Determination der Politik durch wirtschaftliche Interessengruppen [...] nicht gleichbedeutend mit geringer Determination der Politik durch wirtschaftliche Faktoren und Erwägungen [ist]. Die britischen politischen Führungsschichten waren sich stets bewußt gewesen, daß sie die Akteure einer expandierenden Wirtschaftsgesellschaft waren und daß ‚economic interests' zu den hervorragendsten ‚public interests' gehörten."[29] Der mit dem Durchbruch der industriellen Revolution bei ihren Wirtschaftskonkurrenten eingeleitete Strukurwandel habe die Monopolstellung Englands auf dem Weltmarkt bedroht und den sicherheits- und wirtschaftspolitischen Außendruck erhöht. Dieser Druck habe Großbritannien zu Reaktionen gezwungen, die schließlich innenpolitisch zu einem stärkeren „Empire-Bewußtsein" und außenpolitisch zu Konsolidierungsversuchen des Empire in Form einer Politik der „anticipatory annexations" geführt hätten[30]. Diese Dichotomie, das Spannungsverhältnis zwischen nationalstaatlicher und ökonomischer Interessenartikulation, kann als ein Grundmerkmal der Epoche angesehen werden. Sie zeigt aber auch das Auftreten ökonomischer Faktoren in den Überlegungen der Wirtschaftseliten und der politischen Entscheidungsträger, wenngleich sich diese Interessen noch nicht notwendigerweise überlagerten: „Die wirtschaftlichen Verflechtungen waren nicht identisch mit sicherheitspolitischen Optionen der Regierungen."[31] Diesen Forschungsbefund zum Ausgangspunkt nehmend, ist es eine Aufgabe der Studie, die Konvergenzbewegung dieser beiden Stränge in den zwischenstaatlichen Beziehungen des 20. Jahrhunderts weiterzuverfolgen und den aus der fortschreitenden Ausdifferenzierung der Weltwirtschaft resultierenden Bedeutungsgewinn der wirtschaftlichen Faktoren aufzuzeigen. Darüber hinaus wird genauer nach deren Einfluß auf das Verhältnis von Großbritanniens außenpolitischem Primärziel der Friedenssicherung einerseits und dem Anspruch auf Bewahrung der inneren sozio-ökonomischen Reformfähigkeit andererseits zu fragen sein.

In engem Zusammenhang mit dieser Fragestellung stehen die Ergebnisse der Appeasement-Forschung, die weitere erkenntnisleitende Fragen für diese Studie liefert. Der

---

[25] Reifeld, S. 31 f.
[26] Hildebrand, Das vergangene Reich, S. 213–221.
[27] Mommsen, Nationale und ökonomische Faktoren.
[28] Schmidt, Der europäische Imperialismus, S. 61 f.
[29] Rohe, S. 68.
[30] Ebenda, S. 66, 68, 73–77.
[31] Ebenda, S. 30.

vielleicht wichtigste Charakterzug der britischen Außen- und Sicherheitspolitik im Zeitalter des Hochimperialismus war der prekäre Zustand Großbritanniens als „Gleichgewichtshalter" im ökonomisch-machtpolitischen Beziehungsgeflecht der europäischen und außereuropäischen Staatenwelt. Die Herausforderung durch andere Staaten, militärisch die „strategische Überbeanspruchung"[32] sowie wirtschaftlich die Inadäquatheit der Ressourcen für eine Politik der globalen Präsenz ließen die Politiker in London nach Ersatzmaßnahmen suchen, die geeignet waren, den Frieden dauerhaft zu sichern. Die Bedeutung einer hier im Kern bereits angelegten Politik des Appeasement verhielt sich proportional zum Machtverlust Großbritanniens im 20. Jahrhundert. Die von Lloyd George in seiner Rede im Mansion House von 1911 geäußerte Befürchtung, eine künftige kriegerische Auseinandersetzung könne nur auf Kosten von Großbritanniens Stellung als Bankier und Transporteur des Welthandels, als Kohleexporteur, Versicherungszentrum sowie herausragender Warenproduzent gehen, sollte sich nur allzusehr bewahrheiten[33]. Hieraus mußte aber für das Land in außen- wie sicherheitspolitischer Hinsicht ein kaum entrinnbarer Konflikt entstehen. Die wirtschaftlichen Strukturschwächen der Zwischenkriegszeit ließen einerseits eine Politik der Friedenswahrung mehr denn je notwendig erscheinen, wollte man die völlige Desintegration des imperialen Status und das Absinken zu einer „Macht zweiter Ordnung"[34] vermeiden. Andererseits verengte gerade die Erosion der ökonomischen Basis den Handlungsspielraum Whitehalls in einer Weise, die eine Einflußnahme auf die krisenhafte Entwicklung der internationalen Beziehungen immer schwieriger gestaltete und dabei eine Politik des Ausgleichs immer stärker ins Zentrum der britischen Außenpolitik rücken ließ.

Vor diesem Hintergrund kann es kaum erstaunen, daß die Appeasement-Politik Großbritanniens insgesamt erheblich erweitert wurde und zunehmend, den engeren politisch-diplomatischen Bereich übersteigend, auch eine Politik wirtschaftlicher Konzessionen einschloß, ein Befund, der in der Forschung erst seit den siebziger Jahren die gebührende Beachtung fand und wesentlich dazu beitrug, den Appeasement-Begriff – wenigstens in der Forschung – zu entmythologisieren[35]. „Political" und „Economic Appeasement", so konstatierte Bernd-Jürgen Wendt, seien stets „zwei Aspekte einer einzigen politisch-ökonomischen Gesamtkonzeption" und unmittelbar aufeinander bezogen gewesen. Das Ausgleichsstreben, wie es „von der britischen Führung im Rahmen einer traditionellen Gleichgewichtspolitik und unter Beanspruchung einer neutralen Schiedsrichterfunktion gleichsam über den streitenden Parteien schon lange vor Hitler und Chamberlain, im Grunde schon vor dem Ersten Weltkrieg angestrebt wurde, bezog sich stets und dann verschärft nach der Weltwirtschaftskrise von 1929 immer mit auf handels- und finanzpolitische Konflikte und Reibungen[36]." Durch diese Akzentverschiebung gelang es, den Bedeutungsgehalt des Begriffs zu verändern und entscheidend zu er-

[32] Meyers, Britische Sicherheitspolitik, S. 79.
[33] Boyle, S. 433.
[34] Vgl. Northedge.
[35] Vgl. insbesondere Wendt, Economic Appeasement; ders., Demokratie; ders., „Economic Appeasement"; Meyers, Britische Sicherheitspolitik; Schmidt, England in der Krise. Vgl. ferner Niedhart, Appeasement: Die britische Antwort; ders., Internationale Beziehungen, besonders S. 107–115. Zum „Mythos Appeasement" vgl. Watt, Appeasement; Niedhart, Appeasement: Zur Inflationierung eines Begriffes; Adams, S. 1.
[36] Wendt, Economic Appeasement, S. 14f.

weitern. In dem Maße, wie er von seinem moralischen Kern befreit werden konnte, trat durch die Akzentuierung insbesondere der ökonomischen Faktoren sowie wichtiger Parallelen zu traditionellen Zielen der britischen Außenpolitik die strukturelle Bedeutung von Appeasement hervor. Dadurch erweiterte sich sogleich das Betrachtungsfeld, und auch weiter zurückliegende Abschnitte der britischen Außenpolitik öffneten sich einer neuen Sichtweise[37]. „Appeasement" wird deshalb auch nicht mehr als Politik der Schwäche gegenüber dem Nationalsozialismus verstanden, sondern als Ausdruck der Bereitschaft zu kontinentaleuropäischer Intervention mit friedlichen Mitteln, um Hitler in seinen Zielen so einzugrenzen, daß Sicherheit und Unabhängigkeit Großbritanniens nicht beeinträchtigt würden[38].

Dieser Ansatz lenkte die Aufmerksamkeit der Forschung zudem auf die inneren Antriebskräfte der Appeasement-Politik, auf eine wirtschaftliche, soziale und militärische Zustandsbeschreibung und die daraus ableitbare relative Schwäche Großbritanniens. Besondere Aufmerksamkeit gewann dabei in wachsendem Maße der interministerielle Entscheidungsprozeß[39]. Zu Recht wurde allerdings auch auf die Gefahr einer zu einseitigen und tendenziell monokausalen Erklärungsweise hingewiesen, die in der Rückführung auf ein komplexes, den außenpolitischen Entscheidungsprozeß bestimmendes Beziehungsgeflecht von ausschließlich inneren Faktoren liege, da sie den „Funktionszusammenhang" von Innen- und Außenpolitik sowie des internationalen Staatensystems verkürze. Erklärungsbedürftig bleibe gerade die das Krisen- und Konfliktverhalten Großbritanniens im 19. und 20. Jahrhundert kennzeichnende Verbindung von Reformen im Inneren und Sicherung des Status quo durch eine Politik der Friedenswahrung nach außen[40]. Dessenungeachtet bestätigen neuere Untersuchungen, daß sich der Erkenntniswert eines zeitlich erweiterten, soziale, ökonomische, sicherheitspolitische wie auch entscheidungspolitische Aspekte in den Blick nehmenden Appeasement-Begriffs in der Forschung durchgesetzt hat[41].

Die Ergebnisse der modernen Appeasement-Forschung unter Berücksichtigung der zuletzt genannten Kritik aufgreifend, stellt sich hinsichtlich der Themenstellung dieser Arbeit die Frage nach Kontinuität und Diskontinuität der Grundlagen dieses außenpolitischen Krisenverhaltens in der britischen Deutschlandpolitik des 20. Jahrhunderts. Aufschluß hierüber vermag ein detaillierter Blick auf die Kriegszielplanungen anhand der amtlichen Quellen zu geben. Sie stellen vor allem deshalb ein konzeptionelles Scharnier zwischen den deutschlandpolitischen Prämissen der Vor- und Nachkriegszeit dar, weil sie vor dem Hintergrund eines immer intransigenter sich verhaltenden sowjetischen Kriegsalliierten und damit eines langsamen Perzeptionswandels im Feindbild durchgeführt wurden. Wichtige Grundlagenarbeit konnten hierfür zwei Gesamtdarstellungen der britischen Deutschlandplanungen im Zweiten Weltkrieg von Tyrell und Kettenacker leisten[42]; für die Planungen im Bereich der Reparationspolitik kann die Arbeit von Cairncross herangezogen werden[43]. Eine Schlüsselfunktion, dies hat Reinhard Meyers

[37] Vgl. besonders Kennedy, Tradition; ders., Realities; Gruner.
[38] Vgl. Parker, Chamberlain, S. 23, 345.
[39] Vgl. neben Meyers, Britische Sicherheitspolitik, vor allem Peden, British Rearmament.
[40] Niedhart, Friede, S. 463; ders., Strukturwandel, S. 167.
[41] Vgl. Peden, A Matter of Timing; Ebersold; Adams, S. 1–15; Parker, Chamberlain.
[42] Tyrell; Kettenacker, Krieg zur Friedenssicherung.
[43] Cairncross, The Price of War.

ansatzweise gezeigt, kam hierbei dem Begriff der „Economic Security“ zu[44]. Im Rahmen der britischen Deutschlandplanungen entwickelt, zielte er auf die industrielle Entmachtung des ehemaligen Feindstaates. Dabei wurde an die britischen Kriegszielplanungen des Ersten Weltkrieges angeknüpft, als vor allem die Vertreter der alten, machtpolitisch orientierten und ökonomisch an merkantilistischen Grundsätzen festhaltenden Eliten versuchten, den Modernisierungsstreit zwischen Protektionismus und Freihandel mit Hilfe der Forderung nach nationaler wirtschaftlicher Sicherheit gegenüber Deutschland konzeptionell für sich zu entscheiden. Das Sicherheitsproblem blieb in der Zwischenkriegszeit aber genauso ungelöst wie die strukturelle Anpassungskrise der britischen Industrie. Es ist daher kaum verwunderlich, daß die britischen Deutschlandplanungen im Zweiten Weltkrieg den „Economic Security“-Gedanken wieder aufnahmen.

Den Blick sowohl vor als auch nach 1945 richtet Ebersold in einer umfassenden Bestandsaufnahme der britischen Außenpolitik. Sie untersucht den Wandel des Konfliktverhaltens in London und zeichnet detailliert die Suche nach einem neuen Konfliktlösungsmodell nach, das den Frieden garantieren und gleichzeitig den drohenden Machtverlust des Landes auffangen sollte[45]. Hinsichtlich der unmittelbaren Nachkriegsphase knüpft die vorliegende Arbeit an die intensiven Forschungen über die britische Deutschland- und Besatzungspolitik an[46]. Dabei wurde die Diskussion zunehmend unter der Fragestellung geführt, welchen Handlungsspielraum die britische Regierung hatte und welchen Einfluß sie innerhalb des Prozesses der Weststaatsgründung sowie der entstehenden Ost-West-Konfrontation[47] ausübte. Insgesamt konnte das ursprünglich vorherrschende Bild einer im wesentlichen reagierenden britischen Deutschlandpolitik in entscheidenden Punkten korrigiert und insbesondere der Besatzungspolitik Erfolge und wichtige Weichenstellungen bescheinigt werden. Gleichzeitig wurde aber deutlich, daß der in zahlreichen Einzelstudien nachgewiesene prägende Einfluß der britischen Besatzungsmacht vor allem in der Abwesenheit einer Vier-Mächte-Regelung begründet lag, die die prekäre wirtschaftliche Lage der Zonen in der Verantwortung der jeweiligen Besatzungsmacht beließ; mit Gründung der britisch-amerikanischen Bizone verlor der Einfluß Londons entscheidend an Kraft. In diesem Zusammenhang von besonderer Bedeutung sind die neueren Untersuchungen zur britischen Reparationspolitik und zu den alliierten Außenministerkonferenzen[48] sowie vor allem zur Ruhrpolitik Londons[49], Komplexe, die als sehr gut erforscht gelten kann.

Ergänzend müssen im Zusammenhang dieser Studie die das britisch-amerikanische und das deutsch-amerikanische Verhältnis sowie die Stellung der USA in der Weltwirtschaft betreffenden Forschungsbefunde herangezogen werden. Eines der hervorstechendsten Merkmale in der langen Schwächeperiode Großbritanniens war der gleichzeitige Aufstieg der Flügelmacht USA zum wirtschaftlich und machtpolitisch dominierenden Faktor in der Weltpolitik des 20. Jahrhunderts. Dieser „weltgeschichtlichen

[44] Meyers, Economic Security. Vgl. dazu auch Cairncross, The Price of War.
[45] Ebersold.
[46] Vgl. Scharf/Schröder (Hrsg.); Petzina/Euchner (Hrsg.); Foschepoth/Steininger (Hrsg.); Foschepoth (Hrsg.); Bullock, Ernest Bevin; Turner (Hrsg.).
[47] Vgl. dazu vor allem Deighton, The Impossible Peace. Vgl. ferner Bullock, Ernest Bevin.
[48] Vgl. Cairncross, The Price of War; Kessel.
[49] Vgl. dazu die im Literaturverzeichnis angeführten Arbeiten von Steininger. Vgl. ferner Ruhrfrage sowie Post.

Wende"[50], deren Entwicklung ebenfalls bis ins 19. Jahrhundert zurückreicht, entsprach frühzeitig eine Politik der Konfliktvermeidung Londons gegenüber Washington[51]. Parallel zu den erfolglosen Bemühungen um einen Interessenausgleich mit dem Deutschen Reich, die das Gespenst einer kontinentalen Isolierung Großbritanniens bei einer gleichzeitigen strategischen Überdehnung wach rief, wandte sich London in den Jahren 1898 bis 1906 dem Aufbau einer atlantischen Partnerschaft zu[52]. Mit wiederholten Versuchen, der amerikanischen Herausforderung durch bilaterale Abkommen auf der Basis eines „'burden-sharing' der imperialen Aufgaben"[53] zu begegnen, wurden jedoch nur weitere Weichen für den Übergang von einer „Pax Britannica" zu einer „Pax Americana" gestellt, in dem Deutschland sowohl als Gegner wie als Partner eine Schlüsselrolle zufiel. Als zentrale Bestandteile amerikanischer Weltpolitik sollten sich in der Zwischenkriegszeit Konzepte zur Errichtung eines multilateralen Welthandelssystems entwickeln. Deren Kerngedanke eines „unteilbaren Weltmarktes"[54] trat in ein Konkurrenzverhältnis zu der auf Wirtschaftsautarkie und Blockbildung ausgerichteten nationalsozialistischen Wirtschaftspolitik und avancierte schließlich zu einem wichtigen amerikanischen Kriegsziel[55]. Die Forschung hat dabei den Wechsel in den deutsch-amerikanischen Beziehungen von einer US-Stabilisierungspolitik während der Weimarer Republik zum politisch-ökonomischen Interessengegensatz der dreißiger Jahre scharf herausgearbeitet und damit die herausragende Bedeutung des „Faktors Deutschland" für die Außenpolitik Washingtons deutlich gemacht[56]. Volker Berghahn hat in diesem Zusammenhang gezeigt, wie stark der Gedanke einer Auflösung dieses Gegensatzes im amerikanischen Sinn die Reorganisation des deutschen Wirtschaftslebens und dessen Wiedereingliederung in einen nach mulitlateralen Prinzipien reorganisierten Weltmarkt nach dem Zweiten Weltkrieg beeinflußte, und damit auch für Washington den Stellenwert langfristiger ökonomischer Strukturelemente unterstrichen[57].

In diesen Rahmen historisch-politischer Forschung passen sich die Arbeiten über Keynes ein. Hier hat die Forschung seit den siebziger Jahren einen fundamentalen Wandel erfahren. Bis zu diesem Zeitpunkt war sie nahezu ausschließlich die Domäne der Wirtschaftswissenschaften. Die als „Keynesianismus" sich nach dem Zweiten Weltkrieg verselbständigende Theorie konnte ein bemerkenswertes Eigenleben entwickeln und zum Spielball eines modellbezogenen Wissenschaftszweiges werden, dessen Platonismus Keynes selbst eher fernlag. Mit der Krise des Wohlfahrtsstaates und dem Wiederaufstieg einer angebotsorientierten Wirtschaftspolitik erlahmte dieses Interesse. Geriet aber Keynes auch aus dem Blick der Wirtschaftswissenschaften, so wurden durch die Krise des „Keynesianismus" die Person und das Werk seines Schöpfers in ihrer histori-

[50] Bracher, S. 12.
[51] Vgl. Bourne, Britain and the Balance of Power in North America, S. 403; ders., Foreign Policy; Neale; Hildebrand, „British Interests", S. 631; Kennedy, Tradition; Crapole.
[52] Vgl. Crapole, S. 20.
[53] Hildebrand, „British Interests", S. 636.
[54] Vgl. Junker.
[55] Vgl. dazu vor allem Berghahn, Deutschland, S. 341 f.; Schröder, Deutschland und die Vereinigten Staaten; Hearden.
[56] Vgl. neben den genannten Titeln von Berghahn und Schröder auch Martin sowie Schröder, Deutsch-amerikanische Beziehungen.
[57] Berghahn, Westdeutsche Unternehmer; ders., Unternehmer und Politik.

schen Dimension gleichsam erst freigelegt[58]. Stimulierend wirkte dabei die 1971 einsetzende Edition der Werke von Keynes, die neben den veröffentlichten Schriften eine Fülle von bislang unveröffentlichten Schriften und wichtige Korrespondenz allgemein zugänglich machte[59].

Die Aufmerksamkeit galt zunächst der Rolle, die Keynes in der Debatte um die britische Aufrüstung in den dreißiger Jahren spielte. Vor allem Peden[60] konnte herausarbeiten, wie stark die Appeasementproblematik und die Frage, mit welchen Mitteln der nationalsozialistischen Herausforderung ohne die Gefahr wirtschaftlicher Instabilität zu begegnen sei, Keynes' politische und wissenschaftliche Arbeit in Anspruch nahmen. Daran knüpften zahlreiche Arbeiten an, die den Prozeß der Entstehung und Durchsetzung keynesianischer Wirtschaftspolitik in der britischen Beamtenschaft nachzeichneten. Neben der grundlegenden Arbeit von Clarke[61], die sich der Zeit bis zur Entstehung der „General Theory" widmet, entfaltete sich eine kontrovers geführte Forschungsdebatte über die Rezeption keynesianischer Haushaltspolitik im Zweiten Weltkrieg[62]. Die Frage nach einer „keynesianischen Revolution" in der britischen Wirtschaftspolitik stand dabei in engem Zusammenhang mit der Entstehung und dem Aufbau wirtschaftspolitischer Planungsinstanzen. Unabhängig davon, ob sich keynesianische Ansätze in der britischen Wirtschaftspolitik des Zweiten Weltkrieges durchzusetzen vermochten oder nur widerstrebend aufgenommen wurden, steht es außer Zweifel, daß im Rahmen der Umstellung auf die Erfordernisse der Kriegswirtschaft die bereits zu Beginn der dreißiger Jahre mit dem Economic Advisory Council vorübergehend geschaffenen Ansätze zum Aufbau einer wirtschaftlichen Planungsabteilung mit professionellen Ökonomen institutionalisiert wurden[63]. Im Zusammenhang der vorliegenden Arbeit ist von besonderer Bedeutung, daß die Wirtschaftsplanung der Regierung sowohl personell als auch inhaltlich in engem Zusammenhang mit den ministeriellen Komitees und Arbeitsgruppen stand, die mit der Nachkriegs- und Deutschlandplanung befaßt waren. Das veränderte Forschungsinteresse und die damit einhergehende stark verbreiterte Materialgrundlage ermöglichten schließlich zwei neue Biographien, die ein umfassendes und in vielen Bereichen neues Bild des Nationalökonomen entwerfen[64].

Der skizzierten Schwerpunktverlagerung in der Keynes-Forschung entspricht es schließlich, daß auch die philosophischen Grundlagen von Keynes' Werk Interesse erregten[65]. Dadurch wurde zum einen deutlich, daß seine Arbeiten einer ethischen Zielsetzung in der Tradition des Utilitarismus folgten, einer „philosophy of economic practice"; zum anderen wurde sein Wissenschaftsverständnis transparent, das die National-

---

[58] Vgl. Clarke, S. 6f.; Reynolds, Britannia Overruled, S. 51.

[59] Die Ausgabe ist inzwischen abgeschlossen. Vgl. für die dieser Arbeit zugrunde liegenden Bände die Auflistung im Literaturverzeichnis.

[60] Peden, British Rearmament; ders., Keynes, the Economics of Rearmament and Appeasement; ders., Keynes, the Treasury and British Economic Policy.

[61] Clarke.

[62] Vgl. die Beiträge von Booth, Newton, Rollings und Tomlinson.

[63] Vgl. Cairncross/Watts; Booth, Economic Advice.

[64] Skidelsky, Keynes, Bd. I und II (die Jahre 1883 bis 1937 umfassend); Moggridge, Maynard Keynes. Vgl. die ältere Standardbiographie von Harrod.

[65] Vgl. die Sammelbände von O'Donnell (Hrsg.) und Bateman/Davis (Hrsg.).

ökonomie nicht als eine normativ, sondern als eine historisch und sozialwissenschaftlich verfahrende Disziplin begriff[66].

Diese insgesamt außerordentlich gute Forschungslage wird durch die Quellenlage unterstützt. Die Grundlage der Arbeit bilden die amtlichen britischen Akten. Wichtige Teile davon insbesondere zur britischen Deutschlandpolitik sind mittlerweile auch im Rahmen umfangreicher Quelleneditionen zugänglich. Hier muß neben der amtlichen britischen Aktenedition[67] vor allem die Veröffentlichung des relevanten Materials zu den Kriegszielplanungen der Jahre 1941 und 1942[68] sowie zur britischen Ruhrpolitik[69] genannt werden. Als außerordentlich reichhaltig erwies sich die bereits erwähnte Ausgabe von Keynes' Werken, die nahezu alles relevante Material seiner wissenschaftlichen wie politischen Arbeit enthält[70]. Die im Rahmen seiner Beratertätigkeit entstandenen amtlichen Papiere sind darüber hinaus im Bestand T 247 des Public Record Office, London, zu finden. Ergänzend wurde für die Arbeit ebenfalls das noch unveröffentlichte Material im Nachlaß von Keynes durchgesehen.

[66] Vgl. Braithwaite, Keynes as a Philosopher; Lambert; O'Donnell (Hrsg.); Skidelsky, Keynes's Philosophy of Practice; Davis.

[67] Vgl. Documents on British Policy Overseas. Serie I, Bde. 1 bis 3, London 1984–1986 (im folgenden zitiert als DBPO I/1 bis I/3).

[68] Vgl. Dokumente zur Deutschlandpolitik. I. Reihe, Bd. 1 und 3, Frankfurt/M. 1984 und 1989 (im folgenden zitiert als DzD I/1, I/3 bzw. II/1).

[69] Vgl. Ruhrfrage.

[70] Vgl. Anm. 59.

I. John Maynard Keynes' „The Economic Consequences of the Peace“ und das lange Ende der Pax Britannica Oeconomica

1. Keynes' Kritik an der Versailler Friedensordnung

Zwei Jahre nach dem Tod von John Maynard Keynes und das ganze Ausmaß der Zerstörung Europas vor Augen, notierte der südafrikanische Premierminister Jan Christian Smuts im Rückblick auf seine Zeit als Delegierter bei der Versailler Friedenskonferenz: „The paramount task [...] was to bring Germany back into the fold. It was impossible to cut her out. One should think of it in physical terms. Here was a great mass of people in the centre of Europe, with outstanding qualities of industry, scientific ability and discipline. One could not just ignore them or ostracise them. Some means must be found for assimilating them. In 1919 the central problem was the reintegration of Germany and [...] that is the problem to-day. People should go back to Keynes.“[1] Smuts fühlte sich in dieser schwierigen Nachkriegsphase geradezu gedrängt, hinsichtlich der Deutschlandpolitik an die drei Jahrzehnte zurückliegenden Ereignisse zu erinnern. Er verwies auf die Kontinuität und den ökonomischen Grundcharakter des Deutschlandproblems. Ein erfolgreicher Wiederaufbau Europas ließ sich seiner Meinung nach auf die Frage nach der Integration des Potentials der wirtschaftlich bedeutendsten Macht Kontinentaleuropas reduzieren. Das Besondere an Smuts' Aussage war freilich der Hinweis auf Keynes. Welches Interesse hatte ausgerechnet der bedeutendste Nationalökonom seiner Zeit an der deutschen Frage? In welcher Verbindung stand er zur Deutschlandpolitik seiner Zeit? Was verbirgt sich hinter dem Rat, man solle sich zur Schaffung von Sicherheit und Stabilität in Europa auf Keynes besinnen?

Bereits zu einem sehr frühen Zeitpunkt während des Zweiten Weltkrieges kam es innerhalb der britischen Regierung zu Diskussionen hinsichtlich der wirtschaftlichen Behandlung Deutschlands nach der Zerschlagung der Achsenmächte und der damit verbundenen sicherheitspolitischen Implikationen. Keynes wurde zu einer wichtigen treibenden Kraft dieses Teils der Deutschlandplanungen. Sein Einfluß ergibt sich schon aus der Tatsache, daß er als einer der Teilnehmer und eindringlichen Kritiker der Versailler Friedensvertragsverhandlungen seine Erfahrungen und die in einer Reihe von Publikationen vorgelegten theoretischen Überlegungen zum Reparations- und Transferproblem einbringen konnte. Darüber hinaus versuchte er als Mitglied des 1930 gegründeten Economic Advisory Council auf der Grundlage seiner mit der im gleichen Jahr veröffentlichten Schrift „A Treatise on Money“ begonnenen und 1936 in der „General Theory of Employment, Interest and Money“ ausgeformten Theorie Einfluß zu nehmen auf den wirtschaftspolitischen Entscheidungsprozeß der Regierung. Außerdem hatte er als späterer Leiter der britischen Delegation in den Verhandlungen mit den USA über eine Neuordnung des Weltwirtschaftssystems ein besonderes Interesse an allen die Entwicklung und den Wiederaufbau der kriegsgeschädigten Nationalökonomien mitbestimmen-

[1] Jan Christian Smuts, 8.6.1948, zit. nach: Harrod, Keynes, S. 266.

den Faktoren. Hier war neben der künftigen Gestaltung der anglo-amerikanischen Wirtschaftsbeziehungen die Frage nach der künftigen wirtschaftlichen Rolle Deutschlands von besonderer Wichtigkeit. Dies war der Kern seiner Erfahrungen von 1919.

Um Keynes' Bedeutung für die Nachkriegsplanungen der britischen Regierung und besonders die Zielrichtung seines Beitrags zu den deutschlandpolitischen Diskussionen genauer ermitteln zu können, ist es notwendig, zunächst auf die Hintergründe seiner Doppelrolle als herausragender Wissenschaftler und einflußreicher „Politiker" einzugehen[2]. Dies erscheint um so notwendiger, als sein wirtschaftstheoretischer Ansatz über den Zusammenhang von Währungspolitik, Vollbeschäftigung und Außenhandel im Laufe des Zweiten Weltkrieges innerhalb der Beamtenschaft in Whitehall für heftige Diskussionen sorgte und die Beamten des Schatzamts in ihrer Traditionsverbundenheit herausforderte; darüber hinaus entwickelten sich seine Theorien zu einem wichtigen Instrument für die Formulierung der Wirtschaftspolitik der Labour-Regierung der Nachkriegszeit. Es muß gleichfalls betont werden, daß die Grundlagen dieser „Keynesschen Revolution" zwar in den zwanziger und dreißiger Jahren gelegt worden waren, jedoch erst in der praktischen Auseinandersetzung mit Fragen der Nachkriegsordnung jenen „Schliff" erhielten, der ihnen politische Durchsetzungskraft verlieh[3].

Als Nationalökonom in Cambridge lehrend und als politisch Liberaler der Bloomsbury Group um Virginia und Leonard Woolf angehörend[4], stand Keynes der britischen Friedensbewegung nahe[5]. In diesem Kontext muß auch seine Arbeit als Berater im Schatzamt in beiden Weltkriegen gesehen werden, das er als zentrale Stelle zur Einflußnahme ansah[6]. Eine prägende Kraft ging von seiner Tätigkeit als Delegierter bei den Friedensvertragsverhandlungen in Versailles aus; die Erfahrungen in Paris bildeten die Basis für seine Arbeit als Berater in Whitehall und prädestinierten ihn zu einem der besten Kenner der ökonomischen Dimension des Deutschlandproblems. Keynes beurteilte den Versailler Vertrag vor allem aus einer ökonomischen Perspektive, und seine Vorstellung von einer gerechten und funktionsfähigen Friedensordnung wurzelte in der Art und Weise der wirtschaftlichen Beziehungen der Staaten untereinander. Machtpolitische Erwägungen blieben demgegenüber weitgehend untergeordnet. Kriege schädigten seiner Meinung nach nur den wirtschaftlichen Prosperitätsprozeß, und selbst ein

---

[2] Vgl. Johnson; Moggridge, Keynes, S. 113–146; Biven, S. 12–18. Obwohl Keynes seine Verbindung zur Universität Cambridge nie völlig aufgab, nahm er nach seinem Ausscheiden aus den Diensten des Schatzamts 1919 und in der Folge der Niederschrift der „Economic Consequences of the Peace" seine Lehrtätigkeit am King's College nicht wieder auf und wandte sich verstärkt journalistischen Aufgaben sowie Arbeiten für die Londoner City zu – ein Schritt, der ihn näher an die monetären und politischen Schalthebel der britischen Wirtschaft bringen sollte.

[3] Auf die Debatte um die „Keynessche Revolution" in der britischen Wirtschaftspolitik kann in diesem Zusammenhang nicht eingegangen werden. Vgl. zusammenfassend Peden, Keynes, the Treasury and British Economic Policy, sowie die in Anm. 62 der Einleitung angegebene Literatur.

[4] King's College, Cambridge, Keynes Papers (im folgenden KCKP), PS/7/22, Keynes an Viscount Samuel; PS/7/24, Keynes an Sir Percy Harris, 24.6.1942; „Am I a Liberal" [1925], in: JMK IX, S. 295–306; „Liberalism and Labour", in: ebenda, S. 307–311; Levy; Crabtree/Thirlwall (Hrsg.); Edel; Harrod, Keynes, S. 172–194, 331–334, 362–364; Bivan, S. 8–12; Clarke, Keynesian Revolution, S. 10–12; Moggridge, Maynard Keynes, S. 213–232; kritisch zu Harrod Skidelsky, Keynes, Bd. I, S. 242–251.

[5] JMK XVI, S. 157–162, 178–184; Moggridge, Maynard Keynes, S. 254–261.

[6] Skidelsky, Keynes, Bd. I, S. 401; Peden, Keynes, the Treasury and British Economic Policy, S. 13. Vgl. allgemein auch Chester.

nichtkriegerisches außenpolitisches Konfliktverhalten erschien ihm nur als Ablenkung von den allgemeinen Anstrengungen zur Wiederherstellung von dauerhaften, soliden und sozial gerechten Wirtschaftsverhältnissen. Unter Ausblendung politischer und militärischer Gesichtspunkte, deren Tragweite er andererseits aber auch nicht in Frage stellte, erkannte er in der Versailler Reparationsregelung ökonomische Fesseln, die einen Wiederaufbau Deutschlands schwer behindern mußten; infolgedessen lag in ihr ein Sprengsatz für weitere soziale Unruhen und damit womöglich erneuter, potentiell globaler Konflikte verborgen. Zugleich sah er darin eine Gefahr für die internationalen Wirtschaftsbeziehungen. Ein Land mit stabilen sozio-ökonomischen Verhältnissen war für Keynes gleichbedeutend mit einem friedlichen Land, ein funktionierendes Netz außenwirtschaftlicher Beziehungen Garant einer internationalen Friedensordnung. Eine durch den Krieg verursachte, anhaltende ökonomische Destabilisierung und Verarmung würde in seinen Augen dagegen unweigerlich zu Chaos, Revolution und vor allem zur Zerstörung sozialer und moralischer Strukturen führen[7]. Keynes' Werk ist profunder Ausdruck der Krise von Liberalismus und Rationalismus seit dem ausgehenden 19. Jahrhundert. Seine Weltsicht, so charakterisierte es eine seiner Schülerinnen, war eher ästhetisch denn politisch: „He hated unemployment because it was stupid and poverty because it was ugly. He was disgusted by the commercialisation of modern life. [...] He indulged in an agreeable vision of a world where economics has ceased to be important and our grandchildren can begin to lead a civilised life. But in that vision there is room for a rich man to enjoy his wealth in a civilised manner."[8]

Der Erste Weltkrieg brachte ungeachtet des Wahlsieges von Lloyd George im Dezember 1918 den Niedergang des politischen Liberalismus in Großbritannien und hatte auch die wirtschaftliche Basis des viktorianischen Optimismus gebrochen. Zugleich wirkten diese Tendenzen und insbesondere die Ereignisse im Verlaufe der Konferenz von Versailles als Katalysator für Keynes' Denken und drängten ihn in eine neue Richtung, die, auf der Erkenntnis der Fragilität der Wirtschaftsbeziehungen vor 1914 aufbauend, die Hoffnung weckte, den Traum einer Anpassung der Grundlagen des englischen Liberalismus des 19. Jahrhunderts an die veränderten Bedingungen des neuen Zeitalters vielleicht doch noch zu retten. Der „Alte Liberalismus" Gladstonescher Provenienz war durch einen „Neuen Liberalismus" mit sozialdemokratischer Prägung zu ersetzen. Allein, wie eng die Allianz zwischen Liberalismus und Sozialismus wirtschafts- und sozialpolitisch zu knüpfen war, blieb eine auch für Keynes offene Frage[9]. „Fear for the future of the established order had been growing during the war; Paris confirmed it. The task of building the future would start, not end, with the Allied victory. For all its faults the bourgeois civilization of the late nineteenth century had seemed the stepping stone to a

[7] Vgl. Skidelsky, Keynes, Bd I, S. 400–402; Moggridge, Keynes, S. 11–24. Keynes stand damit in der Tradition der klassisch-liberalen Interpretation des Krieges und des daraus abgeleiteten Friedensmodells, die sich im 18. Jahrhundert durchzusetzen begann und jede kriegerische Auseinandersetzung von Staaten untereinander als wirtschaftlich schädigend und den ökonomischen Entwicklungsprozeß hemmend begriff. Vgl. Milward, S. 9–15; Niedhart, Internationale Beziehungen, S. 13f.

[8] Robinson, What Has Become of the Keynesian Revolution?, S. 128; vgl. John Maynard Keynes, „My Early Beliefs", in: JMK IX, S. 436f.; Skidelsky, Keynes, Bd. II, S. XVIII-XXV.

[9] Vgl. Clarke, Keynesian Revolution, S. 13.

higher life. That promise had to be recreated out of the debris of the war."[10] Der Krieg hatte daher mit seiner Zerstörung der alten Ordnung nach Keynes' Meinung den Grad der Verflechtung der internationalen Wirtschaftsbeziehungen deutlich gemacht. Und das Versailler Vertragswerk trug seiner Meinung nach den Keim erneuter wirtschaftlicher Destabilisierung und sozialer Krisen bereits in sich.

Der Kern der in seinem 1919 publizierten Buch „The Economic Consequences of the Peace" zusammengefaßten Kritik bestand denn auch in dem Vorwurf an die „Großen Drei", sie hätten politischen Erwägungen den Vorzug gegeben vor wirtschaftlicher Vernunft. Die Staatsmänner hätten nicht zur Kenntnis genommen, daß das Hauptproblem nicht politischer oder territorialer, sondern finanzieller und wirtschaftlicher Natur sei[11]. Demgegenüber wolle er zeigen, „that the Carthaginian peace is not *practically* right or possible". Die Befürworter eines harten Friedens seien sich nicht nur der ökonomischen Voraussetzungen des Friedensvertrages nicht bewußt, sie übersähen auch die veränderten wirtschaftlichen Grundbedingungen, die die Zukunft Europas fortan bestimmen würden. „The clock cannot be set back. You cannot restore Central Europe to 1870 without setting up such strains in the European structure letting loose such human and spiritual forces as, pushing beyond frontiers and races, will overwhelm not only you and your ‚guarantees' but your instructions, and the existing order of society."[12] Keynes begründete seine Skepsis hinsichtlich der Tragfähigkeit der alten wirtschaftlichen Ordnung mit dem Hinweis auf den bereits vor dem Weltkrieg prekären, durch ihn schließlich aber vollends zerstörten Zustand dieses „wirtschaftlichen Utopia"[13]. Das Ziel allen Wirtschaftens, die Balance zwischen wachsender Bevölkerung und den Mitteln zu ihrer Versorgung, schien zerbrochen, der „Malthusische Teufel" entfesselt.

Das Gleichgewicht ging nach Keynes auf vier Entwicklungen zurück. Erstens wurde der enorme Bevölkerungszuwachs nach 1870 besonders im Kaiserreich, aber auch in Österreich-Ungarn und Rußland ermöglicht durch die im Zuge der industriellen Revolution sich vollziehende Umwandlung von einem weitgehend autarken Agrarstaat zu einer riesigen, international arbeitsteiligen Industrienation. Umgekehrt war der Zustrom an Arbeitskräften eine wesentliche Voraussetzung dafür, daß die industriellen Zentren mit voller Kraft arbeiten und eine Ausweitung der Exportproduktion garantieren konnten, die wiederum für die Einfuhr notwendiger Rohstoffe und Nahrungsmittel unverzichtbar war, um die Bedürfnisse einer wachsenden Bevölkerung zu befriedigen. Zweitens konnten in Zentraleuropa Behinderungen durch Grenzen und Zölle auf ein Minimum reduziert werden, während gleichzeitig die Anbindung der verschiedenen Währungen an den Goldstandard den Fluß von Kapital und Handel erleichterte. Die dadurch entstandene „nahezu absolute Sicherheit von Besitz und Person" mündete schließlich in die Entstehung eines europäischen Wirtschaftssystems mit dem Deutschen Reich als Zentrum, das mit seinem industriellen Wachstum auch den Wohlstand seiner Nachbarstaaten förderte. In einigen Fällen, vor allem in den südosteuropäischen Staaten, führte die Ausdifferenzierung der wirtschaftlichen Interdependenz durch die deutschen Vorkriegsinvestitionen darüber hinaus zu einer „friedlichen Penetration", die die Entwick-

[10] Skidelsky, Keynes, Bd. I, S. 401.
[11] JMK II, S. 92, 143; zum Hintergrund insgesamt Carr.
[12] JMK II, S. 23.
[13] Ebenda, S. 5. Zum Folgenden ebenda, S. 5–16; vgl. Moggridge, Keynes, S. 59.

lung dieser Länder auch organisatorisch entscheidend vorantrieb. Drittens waren ihrerseits die Umwandlung der wirtschaftlichen Struktur Kontinentaleuropas und die Herausbildung ökonomischer Interdependenzen, welche die Schwelle zu Abhängigkeitsbeziehungen noch nicht überschritten, durch die allgemein akzeptierte Vorstellung der Klassischen Ökonomie von der Selbstregulierungskraft des Marktes abgesichert; man ging unausgesprochen davon aus, daß die Folgen der Kapitalakkumulation, d. h. die Ungleichheit bei der Verteilung von Wohlstand, aufgewogen werden durch ein „kapitalistisches Ethos", die Gewinne mit dem Ziel des Ausbaus der Gesamtwirtschaft zu reinvestieren und nicht zu konsumieren. Als vierten Aspekt betonte Keynes schließlich die bevorzugten Bedingungen, die das Handelsverhältnis mit den Rohstoffe und Nahrungsmittel produzierenden Ländern außerhalb Europas vor 1914 geprägt hatten. Der Krieg, so resümierte er, habe die latente Instabilität dieses Systems bloßgelegt, und es wäre Aufgabe der Friedenskonferenz gewesen, eine Grundlage für den europäischen Wiederaufbau zu legen, die dieser Instabilität und den durch den Krieg veränderten Bedingungen, im besonderen aber auch der Rolle des deutschen Wirtschaftspotentials, Rechnung getragen hätte.

Die scharfe Kritik von Keynes an den Reparationsklauseln des Versailler Vertrags beruhte daher nicht nur auf der Einsicht, daß die Alliierten die deutsche Zahlungsfähigkeit in grober Weise überschätzt hatten, was seiner Meinung nach zu gewaltigen Störungen der deutschen Wirtschaft wie letztlich des internationalen Wirtschaftsgefüges insgesamt führen werde. Sie gründete vielmehr in der Erkenntnis, daß das Vertragswerk in der Tradition der Siegfrieden des 19. Jahrhunderts stand und die Wiederherstellung gerade jenes Wirtschaftsgefüges implizierte, deren Instabilität der Erste Weltkrieg seiner Meinung nach bloßgelegt hatte: Die Durchsetzung einer „harten" Reparationslösung entsprach der Rückkehr zum wirtschaftspolitischen Status quo ante; umgekehrt erforderte eine den veränderten Rahmenbedingungen angepaßte Reorganisation der internationalen Wirtschafts- und Finanzbeziehungen eine konstruktive, d. h. „milde" Wiedergutmachungspolitik, welche die Realität globaler währungs- und handelspolitischer Vernetzungen anerkannte. Die erste dieser alternativ zu verstehenden Optionen der Friedenspolitik hatte sich also vor allem deshalb diskreditiert, weil sie sich den veränderten sozio-ökonomischen Bedingungen nach dem Großen Krieg verweigerte. Wollte man Deutschland reparationswirtschaftlich „aussaugen", so folgte daraus der Zwang, zu den ökonomischen und wirtschaftspolitischen Grundsätzen der Vorkriegszeit zurückzukehren. Und das bedeutete auch die Wiederbelebung des unzulänglichen Kriseninstrumentariums und die Verschärfung der sozialen Spannungen im Inneren. Keynes knüpfte damit an Ideen aus dem Umkreis der britischen Friedensbewegung insbesondere von John A. Hobson und Norman Angell an. Namentlich Angell hatte schon 1910 in seinem Buch „The Great Illusion" Hobsons Imperialismuskritik aufgenommen und mit seinen eigenen Veröffentlichungen Keynes direkt beeinflußt. Angell vertrat die These, daß Kriege im allgemeinen und Reparationen im besonderen wegen der wachsenden internationalen Verflechtung von Handel und Finanzen auch für die Sieger von Nachteil seien; in diesem Zusammenhang hatte er auch die Frage nach der wirtschaftlichen Integration Deutschlands als Kern jeder stabilen Friedensordnung betont[14].

[14] Mayer, S. 25–27; Moggridge, Maynard Keynes, S. 289; Gebele, S. 93 f.; zu Hobson vgl. unten Kap. I.2.

Nichts demonstrierte für Keynes diesen Strukturwandel und die gegenseitige Abhängigkeit von Siegern und Besiegten deutlicher als das Schuldenproblem, das beide Seiten ungeachtet des traditionellen machtpolitischen Kalküls unter rekonstruktionspolitischen Vorzeichen zur Kooperation geradezu zwang. Zum besseren Verständnis von Keynes' eigentlichem Anliegen wie vor allem auch seiner während des Zweiten Weltkrieges formulierten deutschland- und reparationspolitischen Überlegungen bietet deshalb ein Blick auf das „Grand Scheme", das die Thesen der „Economic Consequences" brennpunktartig zusammenfaßte, eine wichtige Orientierungshilfe. Diese Denkschrift hatte er im Mai 1919 in einem letzten Versuch, die Konferenz in seinem Sinne zu beeinflussen, den britischen und amerikanischen Delegationen unterbreitet. Der Grundgedanke von Keynes' Vorlage bestand in der Streichung aller oder doch des größten Teils der Kriegsschulden, vor allem durch das Hauptgläubigerland USA. Von einer solchen Lösung würde auch Großbritannien selbst profitieren, dessen von Keynes auf nahezu eine Milliarde Pfund geschätzte Schuldenlast gegenüber dem amerikanischen Finanzministerium den Haushalt mit jährlich etwa £ 100 Millionen belasten würde. „Such a burden", warnte er, „will cripple our foreign development in other parts of the world, and will lay us open to future pressure by the United States of the most objectionable description."[15] Keynes versuchte aber in erster Linie darzulegen, daß ein geringerer wirtschaftlicher Druck auf die Siegerstaaten auch eine weniger exzessive Reparationsregelung ermöglichen würde: „For this reason the question of inter-allied indebtedness is clearly bound up with the intense popular feeling amongst European allies on the question of indemnities – a feeling which is based not on any reasonable calculation of what Germany can, in fact, pay, but on a well-founded appreciation of the intolerable financial situation in which these countries will find themselves *unless* she pays."[16]

Zu diesem Zweck erarbeitete er im April 1919 einen komplizierten Entwurf, in dessen Mittelpunkt die Ersetzung der interalliierten Kriegsschulden durch öffentliche Schuldverschreibungen der Feindstaaten stand. Ziel war es, den Kreditkreislauf anzukurbeln, die europäischen Staaten mit dem nötigen Kapital zur Finanzierung dringend benötigter Importe zu versehen und gleichzeitig die Schuldenlast zu reduzieren[17]. In einem aufschlußreichen Begleitschreiben erläuterte der Ökonom mit besonderer Eindringlichkeit und Klarheit sein Anliegen. Die angeschlagenen Wirtschaftsbeziehungen, so erklärte er, würden gegenwärtig allein durch amerikanische Hilfslieferungen vor dem völligen Zusammenbruch bewahrt, während Großbritannien nur in geringfügigem Maß ergänzende Unterstützung zur Verfügung stellen konnte. Dagegen gebe es keine langfristigen Wiederaufbaupläne, die auch die ehemaligen Feindstaaten einschlössen, in denen jedes wirtschaftliche Leben zum Erliegen gekommen sei. Auch in Großbritannien, das im Vergleich zu den kontinentaleuropäischen Staaten unter weitaus günstigeren Bedingungen

[15] „Memorandum on the Treatment of Inter-Allied Debt Arising Out of the War" [April 1919], in: JMK XVI, S. 418f., hier S. 418.

[16] „The Treatment of Inter-Ally Debt Arising Out of the War" [März 1919], in: ebenda, S. 420–428, hier S. 421; Hervorhebung im Original. Diese und andere Passagen wurden später wörtlich in die „Economic Consequences" übernommen; vgl. JMK II, S. 176.

[17] KCKP, RT/16/29–31, „Scheme for the Rehabilitation of European Credit and for Financing Relief and Reconstruction" [April 1919]; JMK XVI, S. 429–431. Vgl. JMK II, S. 152–157. Vgl. zum Hintergrund Harrod, Keynes, S. 246–248; Skidelsky, Keynes, Bd. I, S. 367–375; Moggridge, Maynard Keynes, S. 308–310.

den Frieden beginne, werde der Ankurbelungsprozeß der Produktion durch die Frage nach der Schuldenabwicklung mit dem amerikanischen Finanzministerium entscheidend gelähmt: „In short, the economic mechanism of Europe is jammed. Before the war, as Mr. Hoover has said, 400 million Europeans by working their hardest just managed to feed, clothe and house themselves, and perhaps amass six months' capital on which to live. That capital has vanished; the complicated machinery of internal and external production is more or less smashed; production has to a great extent ceased. The largely increasing population of Europe has only been maintained by the increasing development and inter-connection of world industry and finance. If this is not only checked, but for the time being destroyed, it is difficult to see how the population can be maintained, at any rate during the very painful period of drastic readjustment."[18]

Nach dieser Warnung vor den Folgen eines Fehlens umfassender Langzeitpläne und im Bewußtsein, daß eine Rückkehr zu den Verhältnissen von vor 1914 nicht mehr möglich war, entwickelte Keynes im weiteren eine Kritik der Möglichkeiten des freien Unternehmertums, die gegenwärtige Krise zu überwinden. Dies erfolgte freilich nicht mit prononciert antikapitalistischer Attitüde. Vielmehr ließ sich Keynes dabei von der Einsicht in die Grenzen des freien Marktes leiten und suchte angesichts der bedrohlichen Sogwirkung der russischen Revolution und der schleichenden Erosion der ökonomischen Grundlagen westlicher Zivilisation nach Wegen zur Stabilisierung des kapitalistischen Wirtschaftssystems: „In some quarters the hope is entertained that with the early removal of obstacles in the form of the blockade and similar measures to free international intercourse, private enterprise may be safely entrusted with the task of finding the solution. I am in accord with the view that an early removal of such obstacles is an essential measure, and that in the long run we must mainly look for our salvation to the renewed life of private enterprise and of private initiative. Indeed, so far as trading and manufacture is concerned, as distinct from finance, no other measures should be necessary from the outset. Nevertheless, in the financial sphere, the problem of restoring Europe is almost certainly too great for private enterprise alone, and every delay puts this solution further out of court. There are two main obstacles: (a) the risks are too great; (b) the amounts are too big and the credit required too long. The more prostrate a country is and the nearer to Bolshevism the more presumably it requires assistance. But the less likely is private enterprise to give it."[19] Keynes schlug daher ein kurz- und ein langfristiges Mittel zur Bekämpfung der Krise vor: erstens eine direkte Wirtschaftshilfe in noch größerem Rahmen als bisher, die nach Lage der Dinge nur von den USA kommen könne, und zweitens die Wiederherstellung eines funktionierenden Kreditsystems auf internationaler Basis. Keynes ließ keinen Zweifel an der größeren Anziehungskraft der letzteren Maßnahme, da in ihr die Interessen der Siegerstaaten und Neutralen an Reparationen und Wiedergutmachung mit denen der Besiegten an einem vernünftigen Verhältnis von Zahlungsverpflichtungen und Sicherung ihrer wirtschaftlichen Existenz zum

[18] „Draft for an Explanatory Letter to Be Addressed by the Prime Minister to the President, M. Clemenceau, and Signor Orlando", in: JMK XVI, S. 431–436, hier S. 433.

[19] Ebenda, S. 433 f. Wie Keynes später in einem Interview formulierte, habe er schon früh bemerkt, daß die wirtschaftspolitische Diskussion von den beiden Extremen der uneingeschränkten Befürworter des Kapitalismus und jener Gruppe, die für seine völlige Überwindung eintrete, beherrscht werde. Demgegenüber gebe es zuwenig Sympathie für Versuche, „to make the private property system *work better*". JMK XXI, S. 492 f. (Hervorhebung im Original).

Vorteil des allgemeinen Wiederaufbaus Europas verschmolzen. Keynes dachte in diesem Zusammenhang direkt an die seiner Meinung nach kaum zu überschätzende sicherheitspolitische Funktion der Wiederherstellung eines europäischen Wirtschaftsgleichgewichts: „A proposal", so schloß er, „which unfolds future prospects and shows the peoples of Europe a road by which food and employment and orderly existence can once again come their way, will be a more powerful weapon than any other for the preservation from the dangers of Bolshevism of that order of human society which we believe to be the best starting-point for future improvement and greater well-being."[20]

Doch alle noch so gut plazierten Argumente fruchteten wenig. Auch diesem letzten Versuch, den Verhandlungsstillstand in Versailles zu durchbrechen, war kein Erfolg beschieden. Zwar vermochte er das britische Schatzamt auf seine Seite zu ziehen. Schatzkanzler Chamberlain notierte, der Keynes-Plan würde Siegerstaaten wie Besiegten gleichermaßen die nötigen Mittel für den Wiederaufbau bereitstellen und die Friedensbedingungen damit für alle Seiten annehmbarer machen; auch die USA würden, durch die Aussicht auf verbesserte Sicherheiten sowie größere Geschäfte an Europa gebunden und die Friedensordnung dadurch insgesamt stabiler[21]. Premierminister Lloyd George betrachtete das Junktim, die Reparationsforderungen zu reduzieren, wenn im Gegenzug Washington die Kriegsschulden erließ, als äußerst präsentabel für das Parlament und konnte ebenfalls für den Plan gewonnen werden. Doch die Amerikaner reagierten zurückhaltend und wiesen auf zu erwartenden Widerstand des Kongresses hin, der kaum zur Streichung der Kriegsschulden der europäischen Länder bereit sein werde. Wie Präsident Wilson Lloyd George zu erkennen gab, befürchteten die USA, für die de facto als Reparationen fungierenden Obligationen der deutschen Regierung und ihrer ehemaligen Alliierten an die Siegerstaaten zahlen zu müssen. Statt dessen empfahl er, daß die Regierungen sich so rasch wie möglich aus dem „banking business" zurückziehen und die Kreditgeschäfte privaten Kanälen überlassen sollten[22]. Diese bereits wesentliche Aspekte der US-Reparationspolitik nach dem Zweiten Weltkrieg antizipierende Haltung ließ Keynes' Entwurf zur Reform des internationalen Finanzwesens keine Chance zur Durchsetzung. Aus seiner Enttäuschung machte er keinen Hehl. Das amerikanische Finanzministerium, so schrieb er an seinen Bloomsbury-Freund und Maler Duncan Grant, „turned it down firmly as a most immoral proposal which might cost them something and which Senators from Illinois wouldn't look at. They had a chance of taking a large or at least a humane view of the world but unhesitatingly refused to sign it. Wilson [...] is the greatest fraud on earth."[23]

Seine Kritik am Versailler Friedenssystem und die für die Kriegszielplanungen Großbritanniens im Zweiten Weltkrieg aufschlußreichen Schlußfolgerungen aus seiner Tätigkeit als Treasury-Berater können vor diesem Hintergrund in sieben Punkten zusammengefaßt werden:

---

[20] JMK XVI, S. 436. Vgl. auch das vorausgehende, das Schuldenproblem besonders eindrucksvoll darstellende „Indemnitäts-Memorandum" Keynes' vom März 1919, das teilweise wörtlich in die „Economic Consequences" übernommen wurde; JMK II, S. 170–179.

[21] KCKP, RT/16/13–16, Chamberlain an Lloyd George, 17.4.1919; Auszug in: JMK XVI, S. 428.

[22] KCKP, RT/16/33 f., Wilson an Lloyd George, 3.5.1919; Auszug in: JMK XVI, S. 440 f.; vgl. Skidelsky, Keynes, Bd. I, S. 368–370; Moggridge, Maynard Keynes, S. 308 f.

[23] Keynes an Duncan Grant, 14.5.1919, zitiert nach: Skidelsky, Keynes, Bd. I, S. 371; vgl. KCKP, RT/16/39–41, Keynes an Philip Kerr, 10.5.1919; JMK XVI, S. 441 f.

1. Eine Rückkehr zu den ordnungspolitischen Rahmenbedingungen des Status quo ante war ausgeschlossen. Die Gefahr einer Entfesselung des „Malthusischen Teufels" im ausgehenden 19. Jahrhundert konnte abgewendet werden durch die Herausbildung multilateraler Wirtschaftsstrukturen in Kontinentaleuropa mit dem Deutschen Reich als Motor und Kern der Industrialisierung; gleichzeitig hatten aber daraus resultierende Hegemonialbestrebungen des Kaiserreichs, zunächst ökonomischer, schließlich auch machtpolitischer Art, zur Erosion dieser Strukturen geführt, die durch den Weltkrieg dann völlig zerstört wurden. Das Dilemma bestand also bereits vor 1914 aus der Sicht von Keynes in der Befriedung bzw. Einbindung des ökonomischen Potentials Deutschlands.

2. Die Integration der deutschen Industrie mußte nach Keynes' Ansicht auch den Schlüssel für eine jeder Friedensordnung zugrunde liegende Reorganisation der internationalen Wirtschaftsbeziehungen darstellen. Ohne eine die ehemaligen Feindstaaten ebenfalls einbeziehende langfristige Konzeption, etwa zur Lösung des Schuldenproblems, mußte ein stabiler europäischer Wiederaufbau Stückwerk bleiben. Das Schuldenproblem war umgekehrt eng verbunden mit der Reparationsfrage, und erst die Lösung beider, sich gegenseitig beeinflussender Problemkomplexe bot die Voraussetzungen für eine kurzfristige Sicherung der Kreditbasis und damit für einen geordneten Wiederaufbauprozeß Westeuropas. Doch unabhängig von der Schaffung einer gesunden Finanzbasis, die an Deutschland vorbei kaum zu realisieren war, zeigte eine genaue und vorurteilslose Analyse der ökonomischen Strukturen vor dem Krieg für Keynes, daß das deutsche Potential in seine frühere Rolle im Zentrum der freilich modifizierungsbedürftigen europäischen Wirtschaftsbeziehungen wieder eingesetzt werden mußte.

3. Die Frage, wie diese Reorganisation genau aussehen sollte, ließ Keynes zunächst offen. Neben dem Gedanken, das deutsche Wirtschaftspotential als Initialzündung für den europäischen Wiederaufbau zu mobilisieren, hatte er in den „Economic Consequences" immerhin bereits angedeutet, daß er eine Rückkehr zu einer Politik des Laissez-faire im allgemeinen und zum Goldstandard im besonderen für ausgeschlossen, ja gefährlich hielt[24]. Diese Ansicht begründete er mit zwei Entwicklungen, die seiner Ansicht nach für den Gleichgewichtsverlust im ökonomischen System der Vorkriegszeit verantwortlich waren: erstens die Zerstörung der sozialen und psychologischen Bedingungen, die für den Zusammenhalt gesorgt hatten, und zweitens die Verschlechterung der Investitionsmöglichkeiten mit dem Ende der Übersee-Expansion, die den Rahmen für das bildete, was Keynes als Kern des „kapitalistischen Ethos" ansah: die Umwandlung von Sparkapital in Investitionskapital. Vor dem philosophischen Hintergrund seines „Treatise on Probability" war dies gleichbedeutend mit dem Verfall geltender Werte: Die auf der Basis allgemein akzeptierter Werte eine große Wahrscheinlichkeit besitzenden Erwartungen des Homo oeconomicus regelten auch das Wirtschaftsleben und verliehen dem System des Laissez-faire ein hohes Maß an Berechenbarkeit und Stabilität; erst der Werteverfall und der damit verknüpfte, von persönlichem wie nationalem Egoismus geprägte Verhaltenswandel entzogen diesem Funktionsmechanismus die Grundlage[25]. Mit Bezug auf die Vorstellungen des Klassischen Liberalismus ließe sich auch sagen, daß mit

[24] Vgl. auch die pointierte Darstellung des amerikanischen Keynesianers Harris, Keynes, S. 62–72, 164–173.

[25] Skidelsky, Keynes's Philosophy of Practice, S. 120f.

der Unterminierung des Funktionszusammenhangs von Kapitalbildung und allgemeinem Wohlstand die Raison d'être von Adam Smiths „System der natürlichen Freiheit" zerstört war. Die Wechselwirkung beider Faktoren, auf die Keynes im Zusammenhang mit dem Ringen um die Versailler Friedensregelung hinwies, beschrieb Joseph Schumpeter in seinem Nachruf auf den Nationalökonomen treffend: „*Laissez-faire* capitalism, that ‚extraordinary episode', had come to an end in August, 1914. The conditions were rapidly passing in which entrepreneural leadership was able to secure success after success, propelled as it had been by rapid growth of populations and by abundant opportunities to invest that were incessantly recreated by technological improvements and by a series of conquests of new sources of food and raw materials. Under these conditions, there had been no difficulty about absorbing the savings of a *bourgeoisie* that kept on baking cakes ‚in order not to eat them'. But now (1920) those impulses were giving out, the spirit of private enterprise was flagging, investment opportunities were vanishing, and bourgeois saving habits had, therefore, lost their social function, their persistance actually made things worse."[26] Damit sei aber erstens eine wesentliche Säule im Gebäude des (britischen) Wirtschaftsliberalismus zerbröckelt, zweitens habe ein zentrales Mittel britischer Friedenspolitik nicht mehr zur Verfügung gestanden, und schließlich müsse drittens, um die Tradition beider als Kernelemente des politischen Zielrahmens von Großbritannien zu retten, angesichts zunehmender internationaler Marktkonkurrenz nach Ersatzmechanismen gesucht werden. Keynes spürte, daß Lord Salisburys Maxime, Großbritannien strebe nur nach Gebietserweiterungen, weil es gleichzeitig den handelspolitischen Frieden wünsche[27], bereits vor dem Großen Krieg zur Unwirksamkeit verurteilt worden war. Seine Erfahrungen in Versailles mit dem Problem der künftigen wirtschaftlichen und politischen Rolle Deutschlands waren daher auch die Initialzünder für seine Überlegungen zu einer Kritik an dem vorherrschenden Laissez-faire-Dogma.

4. Kurzfristig dachte Keynes dabei an eine Rehabilitation des Kreditsystems durch gegenseitige Tilgung der Kriegsschulden. Ob ergänzt durch eine von ihm vorübergehend vertretene Umwandlung von Reparationen in ein System von Schuldverschreibungen oder, wie in den „Economic Consequences" vorgeschlagen[28], durch eine umfangreiche Anleihe, dies würde mit einem Streich sowohl das schwierigste Problem für die britische Wirtschaft beseitigen als auch den europäischen Ländern insgesamt jenes Kapital bereitstellen, das sie bis zur Gesundung ihrer Exportindustrien für die Finanzierung der Importe benötigten. Dem Schulden- und Reparationsproblem kam dabei für Keynes geradezu paradigmatische Bedeutung zu: „The existence of the great war debts is a menace to financial stability everywhere. [...] Entangling alliances or entangling leagues are nothing to the entanglements of cash owing."[29] Gerade an diesem Punkt zeigt sich besonders deutlich der von Keynes diagnostizierte und gegenüber den alliierten Regierungsvertretern behauptete Grundlagenwandel in der Außen- und Sicherheitspolitik: Im Gegensatz zum herrschenden Politikverständnis, das in Versailles noch einmal die Ober-

[26] Schumpeter, S. 500 f. (Hervorhebungen im Original). Zu Keynes' Analyse der Krise der „großen kapitalistischen Klassen" vgl. JMK II, S. 149 f. Für eine allgemeine Einordnung aus Keynes' Feder vgl. John Maynard Keynes, The End of Laissez-Faire, in: JMK IX, S. 272–294; im Kontext der „General Theory" vgl. JMK VII, S. 333–371.

[27] Vgl. Porter, S. 145. Vgl. auch Cain, Economic Foundations.

[28] JMK II, S. 179–183.

[29] JMK XVI, S. 423; JMK II, S. 177.

hand behielt, maß Keynes im Hinblick auf die Antriebsmomente der internationalen Beziehungen der Verschuldungsfrage einen weitaus größeren Wert bei als traditionellen vertragspolitischen Bindungen. Der Schlüssel für einen dauerhaften und stabilen Frieden lag also angesichts der wirtschaftlichen Probleme und der Tatsache, daß Sieger wie Besiegte trotz aller Unterschiede im gleichen Boot saßen, nicht in einer notdürftig verschleierten Revitalisierung der alten Bündnispolitik gegen Deutschland und einer entsprechenden kompromißlosen Reparationspolitik alten Stils, sondern umgekehrt in der gemeinsamen Überwindung der wirtschaftlichen Kriegsfolgen durch eine grundlegende Neuordnung des weltwirtschaftlichen Geflechts und unter Einbeziehung Deutschlands[30].

5. Kennzeichnend für Keynes' Überlegungen ist eine Vermischung von ökonomischen Aspekten mit dem Gedanken der sozialen Sicherheit. Die Kritik an den wirtschaftspolitischen Grundsätzen einer Laissez-faire-Politik überzeugte ihn davon, daß nur die Reorganisation der internationalen Finanzbeziehungen die Schaffung stabiler sozialer Verhältnisse in Großbritannien, aber auch in den übrigen Ländern Europas, garantieren konnte. Die Unfähigkeit der „Profiteure", d. h. der von den steigenden Preisen profitierenden „unternehmerischen Klasse von Kapitalisten", führte seiner Ansicht nach dazu, daß die europäischen Regierungen in ihren Bemühungen, ihre Wirtschaftspolitik weiterhin an traditionellen Grundsätzen zu orientieren, den Haß des verarmten Teils des Bürgertums wie des Proletariats auf sich lenkten und sozialen Unruhen und kommunistischen Gruppierungen den Weg ebneten: „By combining a popular hatred of the class of entrepreneurs with the blow already given to social security by the violent equilibrium of wealth which is the inevitable result of inflation, these governments are fast rendering impossible a continuance of the social and economic order of the nineteenth century. But they have no plan for replacing it."[31] Keynes' Analyse der Versailler Friedensregelung lenkte seine Aufmerksamkeit mithin auf den Zusammenhang von sozialer Sicherheit nach innen und wirtschaftlicher Sicherheit nach außen, die beide nur durch eine neue Grundlegung der internationalen Wirtschaftsbeziehungen und zugleich durch die radikale Kritik an einer starren und traditionsverhafteten Volkswirtschaftslehre verwirklicht werden konnten: „From the notion that national security cannot be entrusted to the free market, arises naturally the idea that national welfare may also be too valuable to be entrusted to it."[32] Der Kern dieser Einsicht in die Wechselwirkung von binnen- und außenwirtschaftspolitischen Prozessen bestand in dem von Keynes gegen die wirtschaftspolitische Orthodoxie vertretenen Primat der ersteren gegenüber den letzteren. Dies bedeutete freilich nicht eine Unterbewertung des wirtschaftlichen Internationalismus, sondern lediglich dessen Unterordnung unter das Ziel der Schaffung einer ausrei-

---

[30] Auch im Bereich der Diplomatie kam es zu analogen Bemühungen um eine Neuordnung des Instrumentariums. Parallel zur Entwicklung von Autarkie- und Protektionismustendenzen in der ökonomischen Sphäre – d. h. einer wirtschaftlichen Blockbildung – traten z. B. der traditionellen Bündnispolitik als „diplomatische Ersatzinstrumente" zur Regulierung der Instabilität des internationalen Staatensystems in der Zwischenkriegszeit vermehrt Nichtangriffspakte an die Seite. Wie in der Wirtschaftspolitik mutierte dieses Mittel bilateraler Diplomatie in den Händen der Diktatoren freilich bald zu Instrumenten der Kriegsvorbereitung. Vgl. dazu Ahmann; Watt, 1939 Revisited, S. 685 ff.

[31] JMK II, S. 150.

[32] Skidelsky, Reception, S. 104.

chenden inneren sozialen Sicherheit; d. h., der Aufbau eines funktionierenden und ausgeglichenen multilateralen Wirtschaftssystems war nicht mehr wie bisher Zweck an sich, sondern gewann seine Bedeutung zuallererst aus seiner Funktionalisierung mit Blick auf die Vermeidung von Arbeitslosigkeit und die ausreichende Versorgung im Inneren. In diesem Sinne stellt Keynes' Tätigkeit im Rahmen der Versailler Friedenskonferenz auch den Startpunkt seiner Bemühungen um eine Theoretisierung und Operationalisierung seiner gewonnenen Erfahrungen dar. Darauf hat bereits Schumpeter nachdrücklich hingewiesen: „In those pages of the *Economic Consequences of the Peace* we find nothing of the theoretical apparatus of the *General Theory*. But we find the whole of the vision of things social and economic of which that apparatus is the technical complement. The *General Theory* is the final result of a long struggle *to make that vision of our age analytically operative*."[33]

6. Keynes ließ keinen Zweifel daran – und hier führte er eine weitere entscheidende gedankliche Neuerung ein, mit der er weit über traditionelle Friedensvorstellungen hinausging –, daß der besondere Stellenwert, den er Deutschland innerhalb seiner Konzeption zuerkannte, nicht nur aus dessen zentraler wirtschaftlicher Bedeutung resultierte. Hinzu kam eine wichtige sicherheitspolitische Relevanz. In den „Economic Consequences" findet sich bereits eine Unterscheidung angelegt, die auf den Kern der deutschlandpolitischen Diskussion während des Zweiten Weltkrieges vorausweist. Keynes schlug die Gründung einer Freihandelszone in Europa unter den Auspizien des Völkerbundes vor, in der die Mitgliedstaaten jede protektionistische Zollpolitik aufgeben würden und der neben den Ländern Zentral-, Ost- und Südosteuropas schließlich auch Großbritannien angehören sollte. Seinen Kritikern hielt er den Integrationsgedanken entgegen: „It would be objected, I suppose, by some critics that such an arrangement might go some way in effect towards realising the former German dream of Mittel-Europa. If other countries were so foolish as to remain outside the union and to leave to Germany all its advantages, there might be some truth in this. But an economic system, to which everyone had the opportunity of belonging and which gave special privilege to none, is surely absolutely free from the objections of a privileged and avowedly imperialistic scheme of exclusion and discrimination."[34] Die wirtschaftliche Integration des Reichs erschien Keynes daher nicht nur als die notwendige Bedingung für den Wiederaufbau Europas, sie war zugleich Mittel für eine anhaltende Sicherheit vor einem möglichen Wiederaufleben deutscher Hegemonialbestrebungen. Hier war aus struktureller Perspektive ein Ansatz skizziert, der erst nach 1945 von Schuman und Adenauer aufgenommen wurde. Soweit Keynes ausdrücklich die Mitwirkung Großbritanniens forderte und damit auch einen möglichen Ausweg aus den britischen Wirtschafts- und Sicherheitsproblemen wies, ist es eine bittere Ironie der Geschichte, daß das Inselreich sich dem Gedanken der europäischen Kooperation auch noch nach dem Ende des Zweiten Weltkrieges dauerhaft verweigerte. Gleichzeitig erkannte Keynes aber, daß das deutsche Potential zur Stabilisierung der Wirtschaftsbeziehungen in Europa und damit auch zum Schutz vor den „dunklen Mächten" beitragen würde, als die er unmißverständlich die Wirkungen der russischen Revolution identifizierte. Er unterstrich Lenins Ansicht, wonach es keinen besseren Weg zur Vernichtung des kapitalistischen Systems gebe als den,

[33] Schumpeter, S. 501 (Hervorhebungen im Original). Vgl. ferner Opie, S. 78.
[34] JMK II, S. 168–170, Zitat S. 169.

eine Währung durch Inflation, die viele verarme und wenige reich mache, verkommen zu lassen. Die „Profiteure" aber, bar jenes kapitalistischen Ethos, welches das Funktionieren des Wirtschaftskreislaufs vor 1914 gewährleistet hatte, spielten in die Hände der Revolutionäre. Um so größere Bedeutung kam also der Konsolidierung Westeuropas zu[35]. Auf die Rolle Deutschlands eingehend, formulierte Keynes dazu drei Jahre später: „European civilisation requires support from every quarter, to escape decline. The young republic of Germany may still prove one of its good friends. Western Europe has need of the German republic, of reconciliation with her, and of joint defence against the dark forces."[36] Auch wenn diese Überlegung noch sehr allgemein gehalten war, im Kontext seiner Bemerkungen in den „Economic Consequences" wird doch deutlich, daß es nicht nur um ein Konzept wirtschaftlicher Sicherheit *vor* Deutschland ging, sondern im gleichen Atemzug um die Erlangung von Sicherheit *mit* Deutschland vor einem Übergreifen des kommunistischen Einflusses auf Europa.

7. Schließlich sei noch auf die von Keynes implizit vorgenommene Trennung von wirtschaftlicher und militärischer Sicherheit hingewiesen. Zwar wird dieser Aspekt an keiner Stelle direkt angesprochen, doch unterliegt es keinem Zweifel, daß Keynes eine Entmilitarisierung Deutschlands für wünschenswert hielt. Freilich ermöglichte gerade eine Unterscheidung zwischen beiden Begriffen die konstruktive Erweiterung des Sicherheitskonzepts: Das Argument, daß eine Verarmung Zentraleuropas unweigerlich den „final civil war between the forces of reaction and the despairing convulsions of revolution"[37] einläute, also genau jenes Maß an Sicherheit vernichtet, das eine angeblich die wirtschaftliche Genesung der Siegermächte vorantreibende harte Friedensregelung zuallererst schaffen sollte, wurde von ihm umgekehrt. Seine Gegenthese erhielt gerade dadurch ihre argumentative Wirkungskraft: Die wirtschaftliche Rekonstruktion Deutschlands garantierte seiner Meinung nach nicht geringere, sondern größere Sicherheit vor Deutschland und mit Deutschland gegen den Bolschewismus. Keynes' Kritiker warfen ihm später wiederholt eine zu starke Konzentration auf die Ökonomie vor, die dem politischen und militärischen Spielraum der Entscheidungsträger jener Tage nicht die gebührende Beachtung schenke[38]. Die Frage der militärischen Sicherheit, etwa in Form einer Besatzung oder durch umfassende Abrüstungsmaßnahmen unter Aufsicht des Völkerbunds, lag freilich außerhalb von Keynes' Hauptinteresse und hätte seine Argumentationslinie beträchtlich verwässert; dennoch blieb er für eine kohärente Argumentation offen, sofern sie die von ihm postulierte Basis wirtschaftlicher Vernunft nicht verließ[39].

Keynes selbst gab dem Versailler Friedenssystem keine lange Lebensdauer. „I doubt", so schrieb er im April 1920, „if the Treaty will last in its present form for two years from now, – that is the extreme limit of its life. But more and more I feel that it will be killed

[35] Ebenda, S. 148f.

[36] „Is a Settlement of the Reparation Question Possible Now?" [Manchester Guardian Commercial, 28.9.1922], in: JMK XVIII, S. 32–44, hier S. 43.

[37] Besonders eindrucksvoll vorgebracht in: JMK II, S. 169 f., Zitat S. 170.

[38] Vgl. z. B. JMK VII, S. 3–109 passim; Kritik Eyre Crowes in: Harrod, Keynes, S. 239f.; Churchill, The World Crisis, S. 155f. (vgl. dazu die aufschlußreiche Besprechung dieses Bandes durch Keynes in: JMK X, S. 52–57); zur Kritik in Frankreich Mantoux. Eine inhaltliche Auseinandersetzung mit den Vorwürfen findet sich in Harrod, Keynes, S. 269–275.

[39] Vgl. zur Besatzungsfrage etwa JMK XVII, S. 134–136, 246f.; zur Abrüstungsfrage ebenda, S. 241f., 271, 450–454.

not by the formal act of Governments, but by the mere march of events. It will just become absurd, irrelevant, inapplicable, and a time will soon arrive when no one will pay the least attention to it. For practical reasons Europe will have to find for itself some new solution, if it is to survive at all."[40] Das Keynessche „Netzwerk" der Kritik, das die Strukturkrise der europäischen sowie implizit der britischen Wirtschaft vor dem Großen Krieg in ihrem Kern freilegte, dabei für Europa ein Integrationsproblem identifizierte und für Großbritannien eine „Anpassungs- und Modernisierungskrise" diagnostizierte[41]; eine Kritik, die das Ende des Wirtschaftsliberalismus um seiner eigenen Rettung willen wünschte und die Zukunft des ökonomischen Internationalismus durch dessen Unterordnung unter die Priorität binnenwirtschaftlicher Ziele zu sichern versuchte; eine Kritik schließlich, die die Inflexibilität einer überkommenen volkswirtschaftlichen Orthodoxie vehement attackierte und ihr die wirtschaftspolitische Kraft der Regierungen als Regulativ zur gezielten Förderung eines Programms sozialer Sicherheit im Inneren bei gleichzeitiger wirtschaftlicher Sicherheit im Äußeren entgegenstellte – diese Kritik antizipierte brennpunktartig alle jene Diskussionen, die den wirtschaftspolitischen Entscheidungsfindungsprozeß der folgenden 25 Jahre bestimmen sollten. Sie lieferte zugleich einen Begründungszusammenhang für das außenpolitische Konfliktverhalten Londons und die wirtschaftlichen Krisen der Zwischenkriegszeit in Großbritannien. In gleicher Weise mag man in Keynes' Bemerkungen die Probleme jenes Wandels gespiegelt sehen, dem das internationale wirtschaftliche Beziehungsgeflecht seit dem letzten Drittel des 19. Jahrhunderts ausgesetzt war und dem erst mit den Institutionen des Bretton-Woods-Systems und des Schumanplans nach dem Zweiten Weltkrieg Rechnung getragen wurde. Keynes sah sich zu Recht an einer Epochenschwelle. „My Christmas thoughts are", schrieb er am Heiligen Abend 1917 an seine Mutter, „that a further prolongation of the war [...] probably means the disappearance of the social order we have known hitherto. With some regrets I think I am on the whole not sorry. The abolition of the rich will be rather a comfort and serve them right anyhow. What frightens me more is the prospect of general impoverishment. In another year's time we shall have forfeited the claim we had staked out in the New World and in exchange this country will be mortgaged to America." Aus allem zog er den Schluß, „that, because our rulers are as incompetent as they are mad and wicked, one particular era of a particular kind of civilisation is very nearly over"[42]. Diese Zäsur empfand er schließlich auch in bezug auf seine eigenen politischen und wissenschaftlichen Arbeiten. Die „Economic Consequences of the Peace" markieren daher auch einen persönlichen Wendepunkt: „The difference really is that my mind has crossed a Rubicon. I have struck my tents and am on the march."[43]

Die kritischen Bemerkungen von Keynes zur Versailler Friedensordnung und seine deutschlandpolitischen Überlegungen waren vor allem das Ergebnis einer eingehenden Auseinandersetzung mit Wirtschaft, Politik und Nationalökonomie vor dem Ausbruch des Ersten Weltkrieges. Im Hinblick auf den weiteren Gang der Arbeit sind daher an dieser Stelle einige klärende Hinweise notwendig, die nicht nur Keynes' Thesen in ihren

[40] KCKP, EC/2/3/13–16, Keynes an Norman H. Davis, US-Treasury, 18.4.1920.
[41] Meyers, Die vierte Teilstreitkraft, S. 195 f.
[42] JMK XVI, S. 265 f.
[43] KCKP, EC/2/3/13–16, Keynes an Norman H. Davis, US-Treasury, 18.4.1920. Vgl. ähnlich KCKP, EC/2/4/69–72, Minute Keynes, 22.5.1919.

Kontext stellen, sondern wesentliche Kontinuitätslinien deutlich werden lassen und Strukturvorgaben für die britische Deutschlandpolitik nach 1945 schlaglichtartig erhellen.

2. Die Krise der weltwirtschaftlichen Ordnung vor dem Ersten Weltkrieg und die Zerstörung der Pax Britannica Oeconomica

Mit Blick auf die hier erörterten Zusammenhänge bleibt festzuhalten, daß die Geschichte Großbritanniens in der zweiten Hälfte des 19. Jahrhunderts bis zum Ausbruch des Ersten Weltkrieges primär die Geschichte innerer und äußerer wirtschaftlicher Veränderung ist. Vordergründig betrachtet, könnten Keynes' berechtigte Kritik an den Grundsätzen der Versailler Konferenz und seine Hinweise auf die Unzulänglichkeit der Wirtschaftsmechanismen der Vorkriegszeit zu dem Schluß verleiten, daß der Erste Weltkrieg, ebenso wie dreißig Jahre später der Zweite Weltkrieg, einen in seinen Auswirkungen primär negativ zu kennzeichnenden Wendepunkt in der wirtschaftlichen Entwicklung der internationalen Staatengemeinschaft markierte. Diese Sichtweise verkürzt jedoch den Sachverhalt um einen zentralen Aspekt. Sowohl der ungewollte Modernisierungsschub, den der Krieg auslöste, als auch die Tatsache, daß er sich, rückschauend und aus makrökonomischer Perspektive betrachtet, als zyklische Abwärtsbewegung darstellt, der in den Jahren 1919/20 ein Boom folgte, stellen ihn in den Kontext längerfristiger Tendenzen[44]. Seine Hauptwirkung bestand in der Beschleunigung von Trends, die für den aufmerksamen Beobachter in der Vorkriegsentwicklung bereits zu erkennen und Teil eines umfassenderen weltwirtschaftlichen Wandels waren. Mit Blick auf die Entwicklung in Großbritannien steht es außer Frage, daß der Große Krieg den Anpassungs- und Modernisierungsdruck der Zeit vor 1914 verstärkte.

Die Ausbildung der außenpolitischen Grundinteressen Großbritanniens

Die charakteristischen Merkmale der mittelviktorianischen Periode hat ein britischer Wirtschaftshistoriker treffend wie folgt zusammengefaßt: „To save abundantly and invest prudently; to develop foreign markets and to be ready to supply them with the kind of goods they could most plentifully absorb; to concentrate productive resources on the enlargement of capital equipment, on providing the basic necessities of existence while paying little attention to luxuries, and on the development of those business services which the whole trading world required; to improve productive techniques in the main occupations where practicable and, having done so, to specialize on those where the greatest comparative advantage was attained – these were the tasks which the mid-Victorians attempted. They were not essentially different from the tasks confronting the two or three preceding generations but some of them, especially the active promotion of foreign markets and enterprise, the development of business services and the extension of industrial specialization, were carried a good deal further; and, in a setting where institutions, policies and foreign political and economic conditions were generally more fa-

[44] Zum Modernisierungseffekt und zur zyklischen Einordnung vgl. Milward, passim.

vourable than before, all of them were tackled with greater success."[45] Hinter dieser Auflistung verbirgt sich freilich ein klar zu umreißendes Muster eines den „Großen Viktorianischen Boom"[46] tragenden Wirtschaftsinternationalismus[47]. Er beruhte im wesentlichen auf zwei Säulen: dem ständigen Ausbau der Ressourcenbasis, militärisch abgesichert durch die unangefochtene maritime Überlegenheit des Landes, sowie einem politisch-institutionellen Rahmen, der den reibungslosen Ablauf des internationalen Handelsverkehrs garantierte. Mit der langsamen Auflösung der Handelsblöcke Frankreichs, Spaniens, der Niederlande und Großbritanniens im zeitlichen Umfeld der napoleonischen Kriege begann die Entwicklung Großbritanniens zur ökonomischen Führungsmacht. Die größere Bedeutung des Exports von Manufakturwaren als Ausgleich für den steigenden Bedarf an außereuropäischen Konsumgütern wirkte als Antriebsmoment für die Handelsausweitung nach Übersee, ohne allerdings den Hang der europäischen Mächte zu größtmöglicher wirtschaftlicher Selbstversorgung entscheidend bedrohen zu können. Obwohl die Auslandsmärkte, die in zunehmendem Maße den Handel vor allem mit dem für Großbritannien wenig zugänglichen französischen Block kompensierten, weiter ausgebaut wurden und Englands maritime Vormachtstellung im Zuge der Expansionsbewegung nach Südamerika und Asien etabliert werden konnte, versetzte erst der Aufstieg der Baumwollindustrie nach der Jahrhundertwende die britische Wirtschaft in jene Position eines relativen Wettbewerbsvorteils, die den pluralistischen Charakter des internationalen Wirtschaftssystems zu durchbrechen vermochte.

Der in der Forschung immer wieder als der zentrale Begründungszusammenhang dieser Entwicklung hervorgehobene „Frühstart" des Landes in der Industrialisierung resultierte dabei in der Ausdifferenzierung einer imperialen bzw. hegemonialen Wirtschaftsstruktur, die sowohl die britische Vorrangstellung begünstigte als auch einen Modernisierungsschub bei seinen Handelspartnern durch die drastische Nachfragesteigerung nach britischem Kapital und britischen Fertigwaren auslöste[48]. Gleichzeitig bestand ein fast kontinuierlich wachsender Importüberschuß, der der britischen Industrie die für ihre Expansion notwendigen Rohstoffe und Nahrungsmittel zuführte; die daraus entstehende negative Handelsbilanz konnte durch die sogenannten „unsichtbaren" Einkünfte aus Serviceleistungen wie Schiffstransporte, Versicherungen und Auslandsinvestitionen ausgeglichen werden – ein Effekt, der durch das gesamte 19. Jahrhundert Bestand haben und in seiner Bedeutung stetig zunehmen sollte[49]. Dabei lag der Schwerpunkt des Produktionsprozesses auf wenigen, vor allem Basisgüter wie Textilien herstellenden Sektoren der britischen Industrie, die langfristig nicht nur die internationale Nachfrage dominierten, sondern zugleich durch den Transfer von Kapital und Arbeitskräften in diese Zweige die strukturelle Entwicklung der britischen Industrie auf lange Sicht entschei-

[45] Ashworth, S. 21 f.

[46] Zusammenfassend Church.

[47] Richardson, S. 130; Skidelsky, Reception, S. 96–98.

[48] Einen glänzenden, den Forschungsstand zusammenfassenden Überblick bieten Cain/Hopkins, Political Economy, besonders S. 466–474. Vgl. auch Hobsbawm, S. 56–78; Mathias, S. 31–59, 76–97, 110–159. Bei der Unterscheidung zwischen pluralistischer und imperialer bzw. hegemonialer Wirtschaftsstruktur lehne ich mich an Konzepte an, die in den Publikationen von Krasner und Rowland (Hrsg.) entwickelt wurden.

[49] Vgl. Imlah, S. 37 f., 70–75; Mathias, S. 277–299.

dend prägten[50]. Die Konzentration eines Großteils der nationalen Ressourcen auf die Herstellung exportorientierter Fertigwaren, die technische und organisatorische Innovationsfähigkeit der hierfür relevanten Sektoren sowie die Ausweitung bzw. Schaffung von Exportmärkten können daher als die tragenden Elemente der viktorianischen Wirtschaft betrachtet werden[51]. Die Gesamtperiode zeichnete sich zudem dadurch aus, daß hohen Wachstumsraten in den fünfziger Jahren stagnierende und in den sechziger Jahren nur mäßig steigende Löhne gegenüberstanden, so daß das „viktorianische Wirtschaftswunder" keinesfalls als eine Zeit steigender Prosperität gelten kann. Die für die Zeit hohen Investitionsraten lassen darauf schließen, daß akkumuliertes Kapital nahezu ausnahmslos der weiteren industriellen Expansion diente: im Jahrzehnt bis 1860 vornehmlich zum Ausbau der Infrastruktur in Großbritannien; danach floß in fast gleichem Ausmaß britisches Kapital ins Ausland[52]. Auch wenn über die genaue Gewichtung äußerer und innerer Faktoren bei der Begründung des Wachstums der britischen Wirtschaft im 19. Jahrhundert kein endgültiges Urteil gefällt werden kann, so läßt sich doch feststellen, daß die Interdependenz beider für das steigende Volumen des Welthandels insgesamt verantwortlich war und dabei dessen weitere Ausdifferenzierung um Großbritannien als Kern vorantrieb.

Parallel hierzu entwickelte sich ein politisch-institutioneller Rahmen, der nicht nur die wirtschaftliche Expansion Großbritanniens weiter förderte, sondern auch den Durchbruch zur Schaffung einer hegemonialen Wirtschaftsstruktur ermöglichte. Von den drei für die Argumentation dieser Studie wichtigen konstitutiven Elementen dieses Rahmens sei zunächst die besondere Bedeutung des Prinzips des Freihandels hervorgehoben. In der ersten Hälfte des 19. Jahrhunderts setzte sich bei Industriellen wie Politikern angesichts des Bevölkerungszuwachses die Einsicht durch, daß eine Ausweitung der industriellen Tätigkeit des Landes mit dem doppelten Ziel der Schaffung von Arbeitsplätzen und der Deckung dringend erforderlicher Nahrungsmittelimporte die Überwindung des auf Selbstversorgung zielenden Kolonialsystems notwendig machte. Die Beseitigung etwa von Zöllen für Agrarprodukte ermöglichte zudem den Erzeugerländern den Erwerb von Sterling zum Kauf britischer Waren und sollte insgesamt die Penetration der Auslandsmärkte erleichtern. Die Öffnung des britischen Marktes durch die einseitige Verpflichtung auf das Freihandelsprinzip versprach zum einen eine Lösung des Versorgungproblems in Großbritannien. Zum anderen schien die damit verknüpfte Aussicht auf lukrative Agrarexporte der Handelspartner Großbritanniens dem internationalen Wirtschaftsgefüge einen überzogenen Wettbewerbscharakter zu nehmen und den Weg zur Schaffung eines komplementären Systems zu ebnen, das de facto freilich den industriellen Vorsprung Großbritanniens sicherte[53].

---

[50] Der Anteil der Fertigwaren an den britischen Güterexporten zwischen 1850 und 1870 wird auf zeitweise 80% geschätzt, von denen wiederum 70% Textilien waren; schätzungsweise die Hälfte aller Ressourcen wurden in den ersten 60 Jahren des 19. Jahrhunderts den drei wichtigen Industriesektoren Fertigwarenproduktion, Bergbau und Bauindustrie zugeleitet; ca. die Hälfte aller Erwerbstätigen war in diesen drei Sektoren (30%) und in der Landwirtschaft (20%) beschäftigt. Vgl. Church, S. 57; McCloskey, S. 109; Ashworth, S. 19; Imlah, S. 104–107.

[51] Ashworth, S. 10.

[52] Church, S. 26–28, 71–75; Feinstein, Capital Accumulation.

[53] Vgl. Cain/Hopkins, Political Economy, S. 476–478; Mathias, S. 266–277.

Die vielleicht wichtigste Folge dieser mit Gladstones Wirtschaftspolitik zu Beginn der 1860er Jahre ihren Abschluß findenden Hinwendung zum Freihandel war der Aufstieg Londons zum finanziellen und kommerziellen Zentrum des entstehenden multilateralen Wirtschaftssystems. Das sich vergrößernde internationale Handelsvolumen bewirkte eine sogar die Fertigwarenindustrie übertreffende Wachstumsrate des „unsichtbaren Einkommens"[54], dessen finanzielle Abwicklung die britische Metropole verstärkt in den Mittelpunkt rücken ließ. Darüber hinaus konnten nur Londons Banken die immer größer werdende Nachfrage nach Kapital befriedigen.

Als wichtigstes Instrument wirkte sich dabei das reibungslose Funktionieren des Goldstandards, dem zweiten hier zu erwähnenden Element des politisch-institutionellen Rahmens, fördernd auf den Fluß des Kapitalexports und die Schaffung einer stabilen monetären Ordnung aus[55]. Die bankenwirksame Anbindung der britischen Währung an Gold erfolgte nach den napoleonischen Kriegen, nachdem bereits ein Jahrhundert zuvor durch Isaac Newton der Goldpreis in Sterling festgelegt worden war. Dieser Schritt garantierte die Stabilität des Pfundes und erleichterte dadurch den Kapitalfluß – ein Vorteil, dessen Tragweite erst im Zusammenhang mit der oben skizzierten Ausweitung des industriellen Sektors voll sichtbar wurde: In den Jahren nach 1870, als auch die wichtigsten anderen europäischen Währungen sowie der US-Dollar die Sicherheit von festen Wechselkursen suchten, wie sie der Goldstandard bot, etablierte sich die englische Hauptstadt fest als finanzielles Zentrum und Clearinghaus des Welthandels. Von besonderer Bedeutung ist dabei das „Symbioseverhältnis", das zwischen Goldstandard und Freihandelsprinzip bestand. Der einseitige Verzicht auf protektionistische Maßnahmen mußte zwangsläufig für Großbritanniens Wirtschaft einen erheblichen Importüberschuß bewirken, der nur durch Steigerungen des „unsichtbaren Einkommens" aufgewogen werden konnte; ein funktionierender Goldstandard erleichterte zahlungstechnisch nicht nur die Ausweitung des Handelsverkehrs insgesamt und besonders das Wachstum des „tertiären Sektors", sondern sorgte zusätzlich auch für hohe Einnahmen aus dem Kapitalexport[56]. Die Hinwendung zu Freihandel und Goldstandard sowie deren komplementärer Charakter waren zwei zentrale Voraussetzungen für die Ausdifferenzierung bislang existierender Handelsblöcke zu einem multilateralen ökonomischen System unter britischer Führung.

Das Festhalten an beiden Prinzipien und der damit verbundene Aufstieg der britischen Wirtschaft begründeten drittens eine wirtschaftsliberale Tradition, deren Laissez-faire-Charakter sich zu einer politisch nahezu unangreifbaren „Apriori-Doktrin"[57] entwikkelte. Der freien Hand, die die Regierungen den Unternehmern handelspolitisch ließen, entsprach der „Automatismus" des Goldstandards, der die Selbstregulierung des internationalen Währungsverkehrs zu gewährleisten schien.[58] Positiv gewendet, sollte für jede vom Schatzamt eingeschlagene Politik der Grundsatz gelten, mögliche Eingriffe in den Wirtschaftsprozeß zu minimieren und einen ausgeglichenen Haushalt anzustreben.

[54] Mathias, S. 222 (Tab. VId), 225; Imlah, S. 72.

[55] Vgl. zum Folgenden insgesamt Hawtrey, The Gold Standard; Ashworth, S. 163–185; Mathias, S. 321–330; Skidelsky, Retreat From Leadership, S. 158–163; Drummond, The Gold Standard.

[56] Vgl. Tomlinson, Problems, S. 34 f.

[57] Hobsbawm, S. 230.

[58] Tomlinson, Problems, S. 43.

Staatsausgaben, so die Auffassung, besäßen weniger wirtschaftliche Dynamik als Privatausgaben, sei es in Form von Konsumgütern, sei es in Form von Privatinvestitionen, und ohne sie verlören auch Zolltarife ihre Bedeutung. Überdies war man der festen Meinung, daß das Konkurrenzverhältnis, in das eine Regierung in der Absicht, eine aktive Ausgabenpolitik zu verfolgen, mit der Industrie im Kampf um Investitionskapital unweigerlich trat, insgesamt schädigend auf das Wirtschaftsleben wirken mußte. In den Worten Gladstones: „[...] money should be left to fructify in the pocket of the tax-payer."[59]

Die hier in idealtypischer Weise skizzierte ressourcenmäßige und politisch-industrielle Absicherung einer die Beziehungen der Mächte im 19. Jahrhundert prägenden Pax Britannica Oeconomica weist mithin auf zwei Charaktermerkmale hin: Die hegemoniale Stellung, die Großbritannien in wirtschaftlicher Hinsicht einnahm und deren Herausbildung im Zuge des Ausgreifens auf überseeische Märkte die militärische Überlegenheit des Landes zur See entscheidend vorantrieb, sich gleichzeitig aber auch unter dem Schirm militärischer Sicherheit vollzog, durchbrach ein bislang bestehendes System des Wirtschaftspluralismus auf der Basis einer dauerhaften Wachstums- und Expansionsdynamik. Die hegemoniale Rolle Großbritanniens bedeutete jedoch darüber hinaus, daß London zugleich Verantwortung für das Funktionieren eines jetzt komplementär ausgerichteten Wirtschaftsgefüges und innerhalb dieses Systems eine Schiedsrichterrolle übernahm[60]. Dieser „spätviktorianische Ausgleich"[61] zwischen der britischen und der Weltwirtschaft, so die allgemeine Erwartung, werde jeden kriegerischen Konflikt aufgrund der durch die wirtschaftliche, institutionelle und militärische Vormachtstellung eines Landes abgesicherten engen Verflechtung von Staaten überflüssig machen, die sich in ihrer wirtschaftlichen Aktivität ergänzten. Umgekehrt mußte eine an Friedenserhaltung orientierte und Bündnisse daher ausschließende Außenpolitik, wie sie schließlich in dem Schlagwort der „splendid isolation" ihren Ausdruck fand, dieses primär auf wirtschaftlicher Sicherheit beruhende System auf diplomatischer Ebene ergänzen. Eine außenpolitische Pax Britannica war daher eine logische Folge jenes auch in Keynes noch tief verwurzelten wirtschaftsliberalen Denkens, das kriegerische Konflikte als Eingriffe in den ökonomischen Wachstumsprozeß auffaßte. Mit Hobsbawm kann man aus dieser Perspektive betrachtet für die mittelviktorianische Zeit feststellen: „All that British industry needed was peace: and there was peace."[62]

Weltwirtschaftlicher Strukturwandel und die Entstehung des deutsch-britischen Gegensatzes

Die prekäre Balance eines Systems, das wirtschaftlich im wesentlichen durch Großbritanniens Doppelrolle als Importeur von Primärprodukten und Exporteur von Kapital sowie Gütern eines eng umgrenzten Industriesektors auf der einen Seite und als Bankenzentrum für die Abwicklung des Finanzverkehrs auf der anderen gewährleistet wurde,

---

[59] Zitiert nach: Bridges, S. 7. Die grundlegende Studie über den Entstehungsprozeß dieser haushaltstechnischen Orthodoxie innerhalb des Schatzamts bietet immer noch Rosevaere, besonders S. 138–151, 186–234. Zum Kontinuitätsproblem in diesem Zusammenhang vgl. Middleton, besonders S. 50–52, 62–65. Vgl. auch Hennessy.

[60] Vgl. Mathias, S. 230.

[61] Ashworth, S. 305.

[62] Hobsbawm, S. 232; ähnlich auch Rostow, S. 204.

mußte jedoch im Falle einer Veränderung des äußeren ökonomischen Operationsfeldes in Gefahr geraten. Gerade die starke Spezialisierung auf wenige Sektoren der exportorientierten Industrie und die daraus resultierende Abhängigkeit vom Verkauf von Textilien, Kohle und Maschinen sowie von den Einkünften der britischen Handelsflotte bedingte eine besondere Anfälligkeit der britischen Wirtschaft und ließ nicht nur Pessimisten befürchten, daß die erfolgreichen Industrien des 19. Jahrhunderts „the gasping dinosaurs of the twentieth"[63] werden könnten. Überdies mußte sich dann auch das für die Pax Britannica Oeconomica charakteristische Merkmal der Trennung von Industrie und Finanzen als nachteilig erweisen, insofern notwendige Maßnahmen zur Modernisierung im Inneren durch die weiter steigende Nachfrage nach britischem Investitionskapital im Ausland erheblich gebremst wurden[64]. Was aber, so mußte man mit Blick auf Großbritanniens Rolle als Gleichgewichtshalter im europäischen Mächtesystem fragen, würde passieren, wenn das defensive Moment der britischen Politik der Friedenssicherung sich in der Folge der zweiten industriellen Revolution zu einem retardierenden Moment entwickelte? Würde dieser neuerliche Industrialisierungsschub nicht insbesondere bei Großbritanniens wichtigsten Wirtschaftskonkurrenten erheblich größere wirtschaftliche Beschleunigungskräfte freisetzen? Und würde die daraus resultierende Zunahme des Außendrucks nicht genau jene wirtschaftliche und politische Vormachtstellung des Königreichs gefährden, die zuallererst Motor und Garant der Industrialisierungsmöglichkeit dieser aufstrebenden Staaten war? Stellte schließlich eine Veränderung des wirtschaftlichen Umfeldes nicht auch die bestehenden außenpolitischen (Bündnisfreiheit, Nicht-Intervention) und außenwirtschaftspolitischen (Freihandel, Goldstandard) Grundsätze in Frage, so daß eine offensive Rolle Großbritanniens im Mächtekonzert erforderlich würde?

Tatsächlich vollzog sich in den letzten 40 Jahren vor Ausbruch des Ersten Weltkrieges ein gewaltiger ökonomischer Wandlungsprozeß, in dessen Verlauf der Vorsprung der britischen Wirtschaft von den aufstrebenden Wirtschaftsmächten nicht nur wettgemacht werden konnte; in bestimmten Sektoren gelang es ihnen sogar, eine Führungsposition zu erlangen. Der Vorsprung Großbritanniens begann sich langsam in eine strukturelle Unterlegenheit gegenüber den wichtigsten Marktkonkurrenten zu verwandeln. Die angesprochene Konzentration auf die „alten" Industrien, ergänzt durch die steigende Bedeutung von „invisible earnings" und Kapitalexporten, führte zu einem Industrialisierungsschub anderer Länder in jenen Sektoren, die binnen kurzem die internationale Nachfrage dominieren sollten. Auch das Schwergewicht industrieller Innovation, etwa im Transportwesen, in der Elektrotechnik und der Chemie, verlagerte sich mehr und mehr zugunsten der aufsteigenden Mächte USA und Deutschland.

Doch war es nicht nur die sich wandelnde Nachfragestruktur im internationalen Handel, die die britische Exportindustrie auf lange Sicht weniger wettbewerbsfähig machte. Auch eine schärfere Konkurrenz in den traditionellen Produktionszweigen, oftmals flankiert von umfassenden protektionistischen Maßnahmen, die die Wirtschaftsbeziehungen der Länder untereinander zu beherrschen begannen, während Großbritannien sich zur Beibehaltung des Freihandelsprinzips gezwungen sah, verschlechterten die britischen Exportchancen drastisch. Zum gleichen Zeitpunkt wurde die Abhängigkeit von

[63] Mathias, S. 231.
[64] Vgl. Cain/Hopkins, Political Economy, S. 481–484.

Importen immer offensichtlicher[65], und die steigende Nachfrage nach Auslandswaren ließ die Schere in der Außenhandelsbilanz immer weiter auseinandergehen. Hinzu kam, daß in Großbritannien die Entwicklung der neuen Industrien nicht schnell genug voranschritt, um den Positionsverlust der alten auszugleichen, es den alten Industrien aber wiederum an ausreichender Innovationskraft mangelte, um notwendige Modernisierungen durchzuführen oder doch wenigstens genügend Investitionskapital anzuziehen[66]. Im Rückblick stellte das Committee on Commercial and Industrial Policy after the War unter Lord Alexander H. B. Balfour während des Ersten Weltkrieges zum Schrecken der Schutzzollbefürworter fest, daß die britische Industrie es nicht verstanden hatte, rechtzeitig und ausreichend insbesondere in die neuen Industriezweige zu investieren[67].

Die Folgen dieser strukturellen Veränderungen werden jedoch erst vor dem Hintergrund der enormen Ausdehnung des Welthandels ermeßbar, die sich vor dem Ersten Weltkrieg vollzog und zu völlig neuen und weiter ausdifferenzierten Wirtschaftsverflechtungen führte: Allein zwischen 1900 und 1913 verdreifachte sich das internationale Handelsvolumen. Angesichts der erwähnten Handicaps der britischen Industrie mußte diese Ausweitung zu erheblichen Verschiebungen in der Rangfolge der europäischen Volkswirtschaften führen, die den weitaus größten Teil des Welthandels auf sich vereinigten[68]. Innerhalb eines allgemeinen zyklischen Aufwärtstrends seit den neunziger Jahren des ausgehenden 19. Jahrhunderts konnte vor allem das Kaiserreich außerordentliche Wachstumsraten verzeichnen. Die deutsche Wirtschaft holte nicht nur im Bereich der Auslandsinvestitionen auf. Vor allem die im Vergleich zu Großbritannien größeren Steigerungsraten, etwa in der Industrieproduktion und der Exportwirtschaft, sowie der wachsende Anteil der deutschen Handelsflotte am internationalen Frachtaufkommen, das bis dahin eine feste britische Domäne gewesen war, hatten zur Folge, daß das Deutsche Reich in den wichtigen Märkten West- und Südosteuropas sowie Südamerikas eine dominante Position aufbauen konnte[69]. Dabei lag das Schwergewicht der Exporte deutlich auf den expandierenden Industrien (Elektro- und chemische Industrie, Maschinen, Fahrzeuge), während die niedrigeren britischen Zuwachsraten weitgehend auf den Exporten der weiterhin kontrahierenden Sektoren (Textilindustrie) basierten. Ein besonders wichtiges Merkmal dieser Entwicklung ist die Tatsache, daß trotz der bereits erwähnten Trennung von Industrie und Finanz in Großbritannien die Harmonisierung von Waren- und Kapitalexporten der deutschen Wirtschaft im Hinblick auf die handelspolitische Penetration der genannten Regionen weitaus besser gelang und dadurch stärkere Abhängigkeiten aufgebaut werden konnten, als dies London möglich war.

---

[65] So stieg der Anteil der Fertigwaren an den Importen zwischen 1870 und 1914 von 15% auf 20% (1850: 7%); daneben gewannen Nahrungsmittelimporte eine besondere Bedeutung: 1913 wurden 40% des Fleisch- und 55% des Getreidebedarfs importiert. Im Vergleich hierzu fiel die Steigerungsrate für Exporte insgesamt in der zweiten Hälfte des 19. Jahrhunderts von 5,7% (1859) auf 0,4% (1900); erst im Jahrzehnt vor Ausbruch des Ersten Weltkrieges konnte nach und nach wieder eine Wachstumsrate von 5,4% erreicht werden. Vgl. Mathias, S. 223 (Tab. VIg), 232, 292 (Tab. X).

[66] Vgl. ebenda, S. 234.

[67] Gebele, S. 179f.

[68] Vgl. zur Rolle Europas in der Weltwirtschaft zusammenfassend Schmidt, Der europäische Imperialismus, S. 31–44. Vgl. dort auch das Folgende.

[69] Vgl. dazu und zum Folgenden die Angaben in: ebenda, S. 37–43.

Der Impetus, den die Weltwirtschaft insgesamt durch den überwiegend mit britischem Kapital finanzierten zweiten Industrialisierungsschub im letzten Drittel des 19. Jahrhunderts sowie durch die sich daran anschließende Explosion des Welthandels in den beiden Jahrzehnten vor Ausbruch des Ersten Weltkrieges erhielt, mußte den internationalen Wirtschaftsbeziehungen zwangsläufig wieder ein stärkeres pluralistisches Gepräge verleihen. Diese Entwicklung ließ schließlich auch den Wettbewerbsaspekt im Gegensatz zum bisher vorherrschenden komplementären Charakter erneut in den Vordergrund rücken. Der Prozeß der Industrialisierung ist kein Nullsummenspiel[70]. Vielmehr zeigte sich, „that no country could *permanently* maintain a current account surplus and that economic hegemony, through the burdens it assumed, would ultimately become self-destructive"[71]. Unter dieser Bedingung ließe sich nicht zuletzt mit Blick auf die weitere Entwicklung in der Zwischenkriegszeit und nach Beendigung des Zweiten Weltkrieges formulieren, daß die jeweils führende Wirtschaftsmacht die Spielregeln zwar bestimmen und im Falle Großbritanniens auch als ihr Schiedsrichter fungieren kann. Relative Verschiebungen im wirtschaftlichen Machtgefüge können jedoch dazu führen, daß aufsteigende Länder eine Angleichung des Wirtschaftssystems an ihre Interessen anstreben. Dies kann etwa dann eintreten, wenn sich eine solche Macht durch das bestehende Regelwerk in seinem Drang behindert fühlt und eine „gerechtere" Ordnung verlangt. Sie kann sich aber auch aufgrund ihrer Wirtschaftskraft aus dem System zurückziehen und versuchen, andere Länder in ihrer Abhängigkeit in einem Akt permanenter Regelverletzung an sich zu binden. In beiden Fällen entstünde eine neue Wirtschaftsordnung, entweder auf der Basis der neuen Machtverhältnisse oder als geschlossene Wirtschaftsräume[72]. In diesem Sinne unterschied sich auch der „neue" Pluralismus vom Wirtschaftssystem der Zeit vor den napoleonischen Kriegen radikal durch den Einfluß, den das 19. Jahrhundert als das Jahrhundert des Bürgertums und des damit verbundenen Aufstiegs des Nationalstaats auf das Wirtschaftsleben ausübte. Ökonomische Aktivitäten wurden mehr und mehr von politischen Untertönen durchsetzt; ihr konkurrenzwirtschaftlicher Charakter stellte eine fundamentale Bedrohung der britischen Ressourcenbasis dar, während die aufkommenden Nationalwirtschaften den politisch-institutionellen Rahmen der Pax Britannica Oeconomica zu demontieren begannen.

Diese Entwicklung hatte eine Reihe von Auswirkungen auf die Wirtschaftsbeziehungen der Staaten im 20. Jahrhundert. So ist es kein Zufall, daß seit den 1890er Jahren die Zahlungsbilanz Großbritanniens mehr und mehr die Aufmerksamkeit der britischen Ökonomen erregte. Wie bereits hervorgehoben wurde, begünstigte ein stabiler Währungskurs im wirtschaftspolitischen Verständnis der Zeit den Fluß des Kapitals und stellte daher in Zeiten einer festen Anbindung der Währung an Gold ein politisches Anathema dar. In diesem Sinne sahen die Experten in der Londoner City genausowenig wie die Entscheidungsträger im Schatzamt in der negativen Handelsbilanz, mit der das Land über weite Strecken vor dem Ersten Weltkrieg konfrontiert wurde, ein politisches Problem, da es vornehmlich darauf ankam, die Goldreserven auszubauen. Die wachsende Bedeutung der Zahlungsbilanz steht in direktem Verhältnis zum Aufstieg des National-

[70] Mathias, S. 234.
[71] Skidelsky, Retreat From Leadership, S. 164.
[72] Vgl. dazu ausführlich Block, S. 4.

staats[73]. Die nachlassende Konkurrenzfähigkeit der britischen Industrie mußte daher zwangsläufig den unsichtbaren Einkünften als dem Garanten einer positiven Zahlungsbilanz noch stärkeres Gewicht verleihen. Der stabilisierenden Wirkung dieses Mechanismus wirkte jedoch entgegen, daß ein Großteil der britischen Kredite zum Ausbau der Exportindustrien in den Konkurrenzländern diente. Konnte am Ende, so fragten sich immer wieder besorgte Zeitgenossen, eine mit britischem Kapital finanzierte Industrialisierung potentieller Wirtschaftsrivalen gar ein gefährliches Maß an relativer Deindustrialisierung bewirken[74]? Es war daher nur eine Frage der Zeit, bis auch das Freihandelsprinzip verstärkt Gegenstand politischer Kontroversen wurde. Denn auch wenn, wie die Free Traders betonten, die kaum bedrohte Vorrangstellung des Dienstleistungssektors und vor allem der Banken in Großbritannien den Goldfluß weiterhin sicherstellen würde, so verbarg sich aus der Sicht der Fair Traders doch hinter der positiven Zahlungsbilanz eine für die britische Industrie wenig schmeichelhafte Handelsbilanz, deren defizitäre Struktur – zwischen 1870 und 1905 verdreifachte sich die Lücke zwischen Im- und Exporten[75] - eine nachlassende Wettbewerbsfähigkeit vor allem gegenüber dem Deutschen Reich verriet. Aus der historischen Rückschau ist klar, daß hier eine Hypothek entstand, die fortan auch den außenpolitischen und außenwirtschaftspolitischen Entscheidungsprozeß in London belasten sollte.

Eine weitere Reaktion in Großbritannien auf die Herausbildung nationaler Volkswirtschaften ist die Gewichtung der Arbeitslosenfrage als Problem des politischen Entscheidungsprozesses. Die Herausforderung durch den internationalen Wettbewerb, der sich die britische Industrie zunehmend ausgesetzt sah, verstärkte den Schock vermeintlicher militärischer Inkompetenz im Burenkrieg und mündete in eine „Quest for National Efficiency“[76]. Wollte das Land seine wirtschaftliche Stellung behaupten, so mußte ein noch größerer Teil des Arbeitskräftepotentials für die Verbrauchsgüterproduktion und/oder den tertiären Sektor mobilisiert werden. Ein großes Heer Arbeitsloser stellte zudem angesichts des anhaltenden Bevölkerungswachstums wie auch des Wohlstands, den der Wirtschaftsboom seit der Mitte der neunziger Jahre für weite Kreise brachte und der Unzufriedenheit in den sozial schwachen Gruppen wecken mußte, eine Bedrohung des sozialen Friedens im Inneren dar. Entscheidend war freilich, daß die Arbeitslosigkeit als Anliegen politischer Gruppen zwar an Bedeutung gewann, jedoch in für die Zeit typischer Laissez-faire-Manier weitgehend als soziales und weniger als wirtschaftliches Problem betrachtet wurde. Die Reform der „Poor Laws“ und die Reorganisation des Arbeitsmarktes nach der Jahrhundertwende etwa deuten auf den Vorrang sozial-administrativer Maßnahmen hin, die eine direkte Form staatlicher Intervention in den Wirtschaftsprozeß bewußt umgingen[77]. Beide Aspekte, das Verhältnis von Freihandel und Währungspolitik wie auch die Arbeitslosenfrage, sollten in der Zwischenkriegszeit zentrale Bedeutung gewinnen und einer radikalen Kritik durch Keynes unterzogen werden.

---

[73] Tomlinson, Problems, S. 33.
[74] Vgl. zusammenfassend Saul, Industrialisation and De-Industrialisation.
[75] Vgl. Imlah, S. 70–75.
[76] Searle, besonders S. 1–53, 207–216, 235–256. Vgl. auch Ashworth, S. 250, sowie zur Bedeutung des Burenkrieges für die Entfaltung des deutsch-britischen Gegensatzes Rosenbach.
[77] Vgl. Tomlinson, Problems, S. 13–25, 50f., 53f.; Ashworth, S. 216–238, besonders S. 223–229; Rose.

Als besonderes Kennzeichen der Epoche vor Kriegsausbruch, das zugleich auf den Grundwiderspruch der Pax Britannica Oeconomica hinweist, kann vor dem bisher gezeichneten Hintergrund das potentiell explosive Spannungsverhältnis gelten, das sich aus dem zeitlichen Nebeneinander von aufsteigenden Nationalwirtschaften und der stärkeren Verflechtung der internationalen Wirtschaftsbeziehungen ergibt. Mit anderen Worten: Erst die nationalistische Ausrichtung verlieh dem im Entstehen begriffenen wirtschaftspluralistischen System seine Sprengkraft. Beispielsweise war die Ablösung des sächsischen Industriezentrums durch die Ruhr nicht etwa einfach ein isolierter Vorgang, der den wirtschaftlichen Aufstieg Deutschlands markierte. Dieser Prozeß war vielmehr Teil eines Wachstumsprozesses, der auch die Reviere Belgiens, Luxemburgs und Nordostfrankreichs umfaßte und innerhalb dessen sich Abhängigkeitsverhältnisse herausbildeten, die in einer Zeit des wachsenden Nationalismus schließlich auch eine politische Bedeutung gewannen[78]. Nationalwirtschaftliche Orientierung und politischer Nationalismus bewirkten tektonische Verschiebungen im machtpolitischen Gefüge zugunsten des Deutschen Reichs, die den defensiven Charakter der Führungsrolle Großbritanniens durch eine offensive und dem Nationalstaatsprinzip verpflichtete Pax Germanica zu ersetzen drohten. Einem überhöhten Nationalismus kam dabei nach innen[79] wie auch nach außen eine große kompensatorische Bedeutung zu[80]. In Großbritannien wiederum traf diese Herausforderung auf ein durch die langanhaltende zyklische Abwärtsbewegung von der Mitte der siebziger bis zur Mitte der neunziger Jahre stark ausgeprägtes Krisenbewußtsein in der Bevölkerung, wie es sich besonders prononciert in der offiziellen Untersuchung der Royal Commission on the Depression of Trade and Industry widerspiegelte[81]. Diese Wirtschaftskrise erscheint manchem Betrachter als „Mythos"[82]. So zutreffend dieser Befund aus der wirtschaftshistorischen Rückschau auch ist, die Zeitgenossen empfanden jene Krise doch als „Große Depression" und entwickelten ihrerseits Bedrohungsgefühle, die sich – durch die Dominanz deutscher Verbrauchsgüter auf dem britischen Markt bestätigt – zunehmend auf die deutsch-britische Handelsrivalität richteten[83].

Auf den Gegensatz von pluralistischem und hegemonialem Wirtschaftssystem bezogen, bestanden zumindest theoretisch zwei Möglichkeiten, diesen Grundwiderspruch aufzulösen und einen Konflikt zu vermeiden. Unter Anerkennung der komplexeren Wirtschaftsverflechtung hätte London versuchen können, den Grad der internationalen Zusammenarbeit und die Rolle der Führungsmacht auf den Stand der neuen ökonomischen Interdependenz anzuheben – dies hätte vor allem die Schaffung neuer internationaler Institutionen sowie eine grundlegende Modifikation der britischen Wirtschaftspolitik insbesondere im Hinblick auf deren drei „Säulen" Freihandel, Goldstandard und der Doktrin des ausgeglichenen Haushalts bedeutet. Umgekehrt hätte der Grad wirtschaftlicher Verflechtung auf ein Maß der internationalen Zusammenarbeit reduziert werden können, deren Steuerung noch innerhalb der Kapazität der Führungsmacht lag;

---

[78] Vgl. auch Saul, Industrialisation and De-Industrialisation, S. 6.

[79] Vgl. Wehler.

[80] Vgl. Mommsen, Zeitalter, passim; Skidelsky, Retreat From Leadership, S. 163f.

[81] Vgl. die Materialien und Berichte der Royal Commission on the Depression of Trade and Industry. Parliamentary Papers 1886, Bde. XXI-XXIII.

[82] Zusammenfassend Saul, Myth.

[83] Williams, Made in Germany; vgl. Gall, S. 70, 107; Hoffman; Kennedy, Rise; Buchheim.

als Folge hiervon wäre die wirtschaftliche Entwicklung mindestens verlangsamt und wären die Erfolge der Industrialisierung in Frage gestellt worden[84]. Freilich: Eine wirtschaftsintegrative Lösung, die den Verschiebungen innerhalb der Wirtschaftsbeziehungen Rechnung getragen, zugleich das Nationalstaatsprinzip aber transzendiert hätte, mochte einem keynesianischen Beobachter des 20. Jahrhunderts rückschauend als ein verpaßter Ausweg erscheinen. Der Zeitgenosse erkannte darin jedoch genausowenig eine realistische Alternative wie in einer Rückkehr zum ökonomischen Status quo ante.

In der Praxis konkurrierten drei Bewegungen miteinander[85]. Eine erste Gruppe ging von der Unterscheidung zwischen industriellem und finanziellem Kapitalismus aus, die der Geopolitiker Halford Mackinder um die Jahrhundertwende erstmals in die Diskussion eingebracht hatte. Sie argumentierte, daß zwar die britische Exportindustrie gegenüber ihren Konkurrenten schlechter abschneide, die Nachfrage nach britischem Kapital aber immer größer werde und der Ausweg aus einer drohenden Krise daher in einer Spezialisierung des Landes auf die Finanzierung des Welthandels liege. Demgegenüber warnten etwa Kolonialminister Joseph Chamberlain und seine Tariff Reform Campaign davor, daß gerade eine Beschränkung auf die Rolle des Bankiers nur die Industrialisierung der Marktkonkurrenten vorantreibe, die überdies einen rigorosen Protektionismus verfolgten und Großbritannien langfristig vom internationalen Markt zu verdrängen drohten. Sie befürworteten die Schaffung eines autarken und in sich geschlossenen Empire-Marktes, eines nach außen geschützten „Imperial Zollverein"[86]. Diese Gruppe spiegelte deutlich das Eindringen nationalegoistischer Ziele auch in die öffentliche Auseinandersetzung Großbritanniens wider, und sie kann als direkte Reaktion auf die wirtschaftliche Herausforderung durch das Deutsche Reich verstanden werden[87]. Eine Chamberlains Intentionen völlig entgegengesetzte, nämlich „kleinenglische" Lösung propagierte dagegen der Ökonom J. A. Hobson in seiner klassischen, 1902 erstmals erschienenen Schrift über „Imperialismus". In diesem einflußreichen Buch bestritt der Autor die Notwendigkeit der Entwicklung überseeischer Märkte und propagierte dagegen ein Programm nationaler Selbstversorgung[88]. Dem Hinweis auf den Primat der innenpolitischen Entwicklung entsprach dabei seine Ablehnung des Protektionismus. Diese zunächst am Beispiel der USA entwickelte Kritik[89] entfaltete er im Laufe des Ersten Weltkrieges im Kontext einer antideutschen Debatte über wirtschaftliche Kriegsziele und warnte eindringlich vor einer Politik der wirtschaftlichen Ausgrenzung

---

[84] Vgl. Skidelsky, Retreat From Leadership, S. 164. Eine weitere Möglichkeit hätte natürlich, wie skizziert, auch die Anwendung ökonomischer Macht zur bewußten Verletzung der Systemmechanismen sein können. Wie weiter unten noch zu zeigen sein wird, war die Pax Britannica Oeconomica allerdings gerade nicht durch Großbritanniens wirtschaftliche Stärke gekennzeichnet, sondern durch die Bereitschaft der übrigen Systemmitglieder, das Pfund Sterling als Leitwährung anzuerkennen. In der Zwischenkriegszeit wird erst die deutsche Wirtschaftspolitik diesen Weg einschlagen.

[85] Vgl. zum Folgenden ebenda, S. 166–168.

[86] So die treffende Kennzeichnung durch Hobson. Vgl. Hobson, S. 111 (dt. Ausgabe).

[87] Die direkte Rückführung der Zollreforminitiative auf die deutsch-britische Wirtschaftsrivalität ist die durchgängige These von Cain, Political Economy in Edwardian England.

[88] Hobson; vgl. dazu Schröder, Hobsons Imperialismustheorie; Cain/Hopkins, British Imperialism 1688–1914, S. 16f. Vgl. auch Baumgart, S. 65–70, 75–78 und passim; Hampe, S. 17–25 passim, 126–129, 234–237; Mommsen, Imperialismustheorien, S. 12–19; Reifeld, S. 44f.; Rosenbach, S. 139f.

[89] Mock, S. 200.

Deutschlands. Demgegenüber trat Hobson für ein internationalistisches und kooperatives Wirtschaftssystem ein, das die Kontinentalmacht ausdrücklich einschloß und auf die Möglichkeit eines auf dem Gedanken wirtschaftlicher Sicherheit gegenüber Deutschland beruhenden Friedensmodells verwies[90]. Es ist anzunehmen, daß Keynes mit Hobsons Ideen über dessen publizistische Arbeit für die Union of Democratic Control und die New Republic, für die auch Keynes gelegentlich Beiträge lieferte, kannte[91].

Alle drei Positionen bedeuten einen Bruch mit Großbritanniens außenwirtschaftspolitischer Tradition. Sie waren Versuche, den genauen Stellenwert des Landes angesichts des sich verändernden internationalen Mächtegefüges neu zu orten. Lediglich Hobsons dezidiert antiimperialistische Position ging dabei von der Annahme aus, daß ein – wie stark auch immer modifiziertes – Festhalten am imperialen Status des Königreichs, d. h. ein Einlassen auf ein Tauziehen um Macht und Märkte, einen weiteren Positionsverlust kaum verhindern werde, während die beiden anderen Gruppen durch die Aufrechterhaltung mindestens einer Traditionslinie – der finanztechnischen oder der imperialen – auf der Kontinuität des Großmachtstatus beharrten. Im Gegensatz zu Hobsons kaum durchsetzbaren Ideen besaßen letztere damit einen Berührungspunkt, der schließlich den Ausschlag gab für die Herausbildung eines außenpolitischen Konsenses und der die Aufmerksamkeit Großbritanniens verstärkt auf eine ökonomische Expansionsbewegung nach Übersee lenkte.

Die Austauschbeziehungen zwischen Großbritannien und den übrigen führenden Industrienationen, die sich aus konkurrenzwirtschaftlichen und protektionistischen Gründen immer schwieriger gestalteten, ließen ein Ausweichen auf überseeische Märkte dringend erforderlich erscheinen. Dabei kam nicht nur der Konsolidierung der Absatzgebiete des bestehenden formellen wie informellen Empire eine überragende Bedeutung zu. Die Aussicht auf eine koloniale Expansion nach Afrika sowie die Erweiterung des Einflußbereiches in Asien weckten darüber hinaus die Erwartung, jenes Wirtschaftswachstum – und damit die ressourcenmäßige Basis des britischen Führungsanspruchs – zu sichern, das im Wettbewerb mit den aufstrebenden Industriestaaten nicht mehr länger zu erreichen war. Innenpolitisch stieß diese Lösung auf ein starkes Krisen- und Bedrohungsbewußtsein in breiten Schichten der Bevölkerung. Daß sie sich zu einem außenpolitischen Konsens innerhalb der Führungseliten entwickeln konnte, lag freilich daran, daß sie paradoxerweise den Interessen sowohl der Anhänger einer Vision von Großbritannien als unangefochtenem Bankier der Weltwirtschaft als auch der Fair Trade-Bewegung entsprach.

Für die erste Gruppe besaß die Idee eines „formellen Imperialismus", die im Gegensatz zur rein handelspolitischen Penetration auch auf die Durchsetzung politischer Herrschaft in den überseeischen Regionen abzielte, ohne Frage insofern eine gewisse Attraktivität, als sie andernfalls unabwendbare und kapitalintensive Modernisierungsmaßnahmen der britischen Industrie ersetzte durch die Aussicht auf neue Absatzmöglichkeiten. Der Stellenwert der alten Industrien, und damit die strukturelle Dominanz des Dienstleistungssektors, blieb erhalten[92]. Zugleich entsprach eine Übersee-Expansion auch den Vorstellungen jener Gruppe, die nach einer Antwort auf die nationalwirt-

[90] Vgl. Gebele, S. 187f.; Gardner, Safe for Democracy, S. 11–14.
[91] Gebele, S. 93f.; Mayer, S. 337f.
[92] Vgl. Cain/Hopkins, Political Economy, S. 485–489; Reynolds, Britannia Overruled, S. 15f.

schaftliche Herausforderung durch Berlin suchte. Die Erschließung neuer Märkte befriedigte einerseits das Bedürfnis nach „imperial consolidation"; andererseits erschien sie als notwendige Maßnahme, einem deutschen, aus macht- wie aus konkurrenzwirtschaftlichen Gründen sich speisenden Kolonialismus Paroli zu bieten. Der Widerspruch, den das Balfour-of-Burleigh-Komitee 1917 konstatierte, daß unternehmerisches Fehlverhalten nicht zuletzt gerade der Industriellen unter den Zollreformern erst jene Situation geschaffen habe, die sie nun nach Handelsschranken rufen lasse, blieb dabei unbeachtet[93].

Ohne die Bedeutung eines potentiell offensiven Elements in der britischen Außen- bzw. Außenwirtschaftspolitik vor dem Ersten Weltkrieg, wie er etwa in der zuletzt genannten Position durchscheint, zu minimieren, bestätigt die hier bewußt erfolgte Betonung der ökonomischen und innenpolitischen Determinanten daher die These vom primär defensiven Kalkül Londons in der letzten Expansionsphase „im Sinne einer antizyklischen Wiederherstellung wirtschaftlicher Prosperität"[94]. Mit anderen Worten ließe sich ebenso die These aufstellen, daß der skizzierte „Übergang vom wirtschaftlichen Internationalismus zum Wirtschaftsimperialismus"[95] Kern einer innen- und außenpolitischen Krisenstrategie Londons war. Sie war logische Konsequenz aus Überlegungen, wonach ein Positionsverlust Großbritanniens aufgehalten werden könne durch den Vorrang des Dienstleistungssektors vor einer fälligen Restrukturierung der britischen Industrie, während gleichzeitig die Schaffung neuer Märkte garantiert werden sollte. Schließlich diente sie vor dem Hintergrund eines zunehmenden Wirtschaftsnationalismus in den Mächtebeziehungen und drohender sozialer Konflikte im Inneren als notwendige Politik zur Eindämmung der zwei Gefahren, die Lloyd George als die größten für die weitere Entwicklung des Landes erkannte: „An industrial war at home – a disturbance abroad."[96]

Dieser Befund wird nicht zuletzt durch die von der Forschung immer wieder hervorgehobene Zurückhaltung der britischen Regierung hinsichtlich der ökonomischen Expansionsbewegung bestätigt[97]. Auch wenn Whitehall wiederholt auf ökonomische Mittel zur Verfolgung außen- und sicherheitspolitischer Ziele zurückgriff – angeführt sei hier nur die Anglo-Persian Oil Company, für die man sich die Aktienmehrheit sichern konnte und deren unrühmliches Ende eine außenpolitische und wirtschaftliche Belastungsprobe in der Mitte des zwanzigsten Jahrhunderts bedeuten sollte –, so wurde dies in Geschäftskreisen eher argwöhnisch beobachtet denn begrüßt[98]. Insgesamt hielt der Staat an seinem nicht-interventionistischen Anspruch sowohl in innen- wie in außenpolitischen Fragen fest. Allerdings gilt auch, daß dieser Anspruch, zumindest in finanzieller Hinsicht, aufgeweicht wurde: Sowohl die Maßnahmen zur sozialen Befriedung im Inneren als auch militärische Aufrüstung und Übersee-Expansion ließen seit den 1890er Jahren die Staatsausgaben sprunghaft ansteigen und spiegelten die stärkere Rolle wider, die dem Staat im Kontext des weltwirtschaftlichen Wandels unter schrittweiser Aufgabe seiner Laissez-faire-Prinzipien zufiel[99].

---

[93] Gebele, S. 180.
[94] Vgl. Meyers, Die vierte Teilstreitkraft, S. 193f.
[95] Richardson, S. 130.
[96] Zitiert nach: Boyle, S. 433.
[97] Vgl. vor allem Platt, passim.
[98] Schmidt, Der europäische Imperialismus, S. 61f.
[99] Peacock/Wiseman, S. 35; Feinstein, Statistical Tables, Tab. 2 und 5.

Diese Krisenstrategie hatte weitreichende Konsequenzen. Der wirtschaftliche Positionsverlust Großbritanniens (die sinkenden Exporte, die langsamere Wachstumsrate und mangelnde Investitionen im Land selbst) war ein wesentliches Antriebsmoment jener geographischen Expansion, die zu einer strategischen Überdehnung führte. Die relative Verschlechterung der ökonomischen Entwicklung des Landes gegenüber seinen wichtigsten Konkurrenten bei gleichzeitiger territorialer Ausdehnung führte also nicht nur zu einer immer größer werdenden Kluft zwischen militärischer Kapazität und wirtschaftlichen Ressourcen. Sie ist zuallererst auch Grund für jene koloniale Politik, die aus sicherheitspolitischer Perspektive zu einer Überdehnung führte – ein Prozeß, der schließlich das Primärziel der Friedenswahrung, jetzt allerdings nicht mehr von der Position des dominanten Gleichgewichtshalters aus, verstärkt in den Vordergrund rücken ließ. Es ist eine Ironie der Geschichte, daß jenes außen- bzw. wirtschaftspolitische Vorgehen, das unter der Perspektive der Sicherung ökonomischen Wachstums der Erhaltung des Friedens dienen sollte, eine „Überdehnung" bzw. „Unterversorgung"[100] begründete, die den außenpolitischen Entscheidungsprozeß in Whitehall bis weit nach dem Zweiten Weltkrieg bestimmen sollte. Die Anfänge der Dienstleistungsgesellschaft, die hinter dieser Entwicklung sichtbar werden und retrospektiv als beeindruckende Innovationsleistung erscheinen, erweisen sich bei genauerem Hinsehen hinsichtlich ihres tatsächlichen Einflusses auf den außenpolitischen Handlungsspielraum Londons vor dem Ersten Weltkrieg als Belastung. Der strukturelle Vorteil entpuppt sich als ressourcenmäßiger Nachteil, der die Optionen Großbritanniens im diplomatischen Poker unter den gegebenen Umständen de facto einschränkte und im Prozeß der Desintegration der Pax Britannica Oeconomica als Beschleunigungsfaktor wirkte. Das außenpolitische Konfliktverhalten Großbritanniens vor wie nach dem Ersten Weltkrieg ist deshalb mit dem Hinweis auf einen zweiten „Frühstart" in Richtung Dienstleistungsgesellschaft nur bedingt zu erklären[101]. Vielmehr muß betont werden, daß der britische Imperialismus als ein nach außen gerichteter Konsens zwischen den beiden Elitegruppen der „Finanziers" und der Zollreformer verstanden werden muß. Der Hinweis, daß die überseeische Expansion de facto wirtschaftlich wenig profitabel gewesen sei und als Antriebsmoment deshalb nur eine geringe Rolle gespielt habe, kann deshalb vernachlässigt werden. Nicht die tatsächlich erzielten Gewinne waren ausschlaggebend; die wirtschaftliche Bedeutung der neuen Märkte lag vielmehr „first, in the *promise* of relatively protected investment opportunities and second, in the *promised* relief for social and economic pressures at home"[102]. Gerade das Ausbleiben einer ausreichenden Gewinnmarge war schließlich dafür verantwortlich, daß es in der britischen Außen- und Sicherheitspolitik zu jener Kluft zwischen den militärischen Verpflichtungen und den zu deren Erfüllung zur Verfügung stehenden wirtschaftlichen Rohstoffen kam.

---

[100] Walker, S. 221.

[101] So Mommsen, Entwicklung; ders., Two Centuries; ders., Britain and Germany; Saul, Industrialisation and De-Industrialisation.

[102] Pollard, S. 12. (Hervorhebungen M. P.)

3. Exekutionsaufschub: Appeasement

Angesichts dieser Auflösungstendenzen im politischen und wirtschaftlichen Mächtesystem war das Hauptproblem nach dem Ersten Weltkrieg denn auch weniger, die zyklischen Abwärtsbewegungen umzukehren und den wirtschaftlichen Produktionsprozeß unter Friedensbedingungen wieder anzukurbeln. Grundlegender war die Frage, ob die notwendige Neuordnung des Mächtesystems gelingen würde, zumal der Krieg jene Instabilität der internationalen monetären und handelspolitischen Wirtschaftsbeziehungen noch verschärfte, die bereits für die Zeit vor 1914 kennzeichnend gewesen war. Dieser Grundkonflikt lag schließlich auch der Versailler Friedenkonferenz zugrunde: Von der hier zu treffenden Friedensregelung, d. h. letztlich von der Frage der Behandlung Deutschlands, mußte das Gelingen oder Scheitern eines Nachkriegssystems abhängen. Gleichzeitig war die Entscheidung zu treffen, ob die Friedensregelung von einer Rückkehr zum ökonomischen und machtpolitischen Status quo ante oder aber von einer Anpassung des internationalen Mächtesystems an den neuen Grad monetärer und handelspolitischer Interdependenzen flankiert werden sollte.

Finanz- und wirtschaftspolitische Anpassungsprobleme nach 1918

Insgesamt verstärkte der Erste Weltkrieg den Strukturwandel sowohl des Arbeitsmarktes als auch in Industrie und Handel. Auch der Staat spielte seine im Krieg ausgebaute Rolle als wirtschaftspolitischer Akteur weiter. Zwar hatte das Schatzamt noch in den ersten Monaten nach Ausbruch der Kriegshandlungen geglaubt, daß man die Sicherstellung wichtiger Kriegsmaterialien dem Kräftespiel des freien Marktes und den Gesetzen von Angebot und Nachfrage überlassen könne[103]; die Erfordernisse eines Weltkrieges in bisher noch nie dagewesenem Ausmaß führten jedoch zur Erlassung umfassender Gesetze[104], die der britischen Regierung weitreichende Vollmachten zur Kontrolle der Produktion an die Hand gaben und die mit dem steten Anstieg der Staatsausgaben in den Jahrzehnten vor 1914 bereits angedeutete Ausweitung der Rolle Whitehalls konsequent vorantrieben. In gleicher Weise rückten die Veränderungen auf dem Arbeitsmarkt die Aspekte des inneren sozialen Friedens weiter in den Vordergrund. Die starke Berufstätigkeit der Frauen und das steigende Interesse der Öffentlichkeit an den Arbeitsbedingungen vor Ort (Arbeitszeiten, Verpflegung, Arbeitsplatzsicherheit etc.), das sich etwa in einer dramatischen Ausweitung der Gewerkschaftsbewegung äußerte, führten schließlich mit dem Jahreswechsel 1916/17 zur Schaffung der Arbeits- und Ernährungsministerien durch die neue Regierung unter Lloyd George, der dann 1919 u. a. die Einrichtung des Gesundheitsministeriums sowie des „Medical Research Council" folgte[105]. Darüber hinaus beschleunigte der Krieg die technologische Ausdifferenzierung des Produktionsprozesses und intensivierte damit die Modernisierungstendenzen, welche bereits die Industrie der Vorkriegsjahre bestimmt hatten. Als Folge dieser Entwicklung

---

[103] Lloyd, S. 6–65, 206f., 259–269. Diese Haltung wurde knapp und präzise durch das von Churchill geprägte Schlagwort vom „business as usual" beschrieben. Vgl. Hurwitz, S. 62f.; Mai, S. 34–38; French. Vgl. zusammenfassend Pollard, S. 19–30.

[104] Lloyd, S. 50–65.

[105] Pollard, S. 38–47; Milward, S. 16 ff., 38–40.

stieg die Nachfrage vor allem nach ungelernten Arbeitern, die sowohl für die neuen Industrien Bedeutung erlangen sollten als auch zur Bedienung effizienterer Maschinen in den alten Industrien ihren gelernten Kollegen vorgezogen wurden („dilution")[106]. Es konnte nicht ausbleiben, daß diese Veränderung des inneren Sozialgefüges in Großbritannien zu weitverbreiteten Streiks vor allem in den letzten 2 bis 2 1/2 Jahren des Krieges führte und eine Stimmung schuf, in der sich die Aussicht auf einen militärischen Sieg mit der Hoffnung auf verbesserte soziale Lebensbedingungen verband.

Das Handelsministerium trug dieser Entwicklung schon sehr früh Rechnung, indem es bereits fünf Monate nach Kriegsausbruch in einem Memorandum auf Diskussionen über ein mögliches Arbeitslosenproblem bei der Anpassung des Arbeitsmarktes an die Erfordernisse einer Friedenswirtschaft hinzuarbeiten begann[107]. Mehr schien allerdings gefordert, als mit der russischen Oktoberrevolution die Gefahr sozialer Unruhen auch in Großbritannien wuchs. Die sich wandelnde Rolle der Regierung und die steigende Bedeutung sozialer Aspekte in der Innenpolitik manifestierten sich schließlich in Lloyd Georges Sieg bei den Parlamentswahlen im Dezember 1918. Im Vorfeld dieser Wahlen hatte er bereits Anfang des Jahres mit einer in enger Fühlung mit der Arbeiterbewegung entstandenen Kriegszielrede die soziale Konfliktlage zu entschärfen versucht und war mit dem Versprechen umfassender Maßnahmen zur Reform des Gesundheitswesens sowie des Arbeits- und Wohnungsmarktes angetreten[108]. Der Wahlerfolg der liberal-konservativen Koalition stellte den vorläufigen Schlußpunkt einer Entwicklung dar, die vor dem Krieg mit den noch unter überwiegend sozial-administrativen Gesichtspunkten formulierten Sozialreformen begonnen hatte[109]. Gleichzeitig spiegelte er die Herausforderung von Großbritanniens innerer Reformfähigkeit wider: Hatten ein steigender Wettbewerbsdruck und die Herausbildung eines nationalwirtschaftlich geprägten Mächtesystems schon vor 1914 die soziale Lage der Bevölkerung notgedrungen zu einem wichtigen Anliegen der Regierung gemacht, so rückte sie nach dem Großen Krieg, dessen materielle Entbehrungen die Erwartung förderten, daß die Beseitigung sozialer Mißstände nicht mehr länger ausschließlich der Selbstregulierung des freien Marktes anvertraut werden könne, vollends ins Zentrum regierungsamtlicher Aufmerksamkeit.

In der Folge des Ersten Weltkrieges setzte sich der Vorkriegstrend zu einer stärker introspektiv orientierten Sozial- und Wirtschaftsordnung schließlich auch im industriellen Bereich fort. Der Umfang des Welthandels lag in den ersten Friedensjahren erheblich unter dem Vorkriegsniveau. Die kriegsbedingte Unterbrechung des Handelsverkehrs der europäischen Länder mit ihren überseeischen Handelspartnern führte zu einer Schwerpunktverlagerung der Austauschbeziehungen zugunsten der aufstrebenden Mächte USA und Japan. Die erzwungene Abstinenz der europäischen Staaten auf dem Weltmarkt wirkte zugleich als Impetus für verstärkte Industrialisierungsbemühungen ihrer Handelspartner, die dadurch ihre wirtschaftliche Unabhängigkeit weiter ausbauen konnten. Der zur Kriegsfinanzierung notwendig gewordene Abbau von Kapitalinvestitionen in den Überseegebieten verminderte zusätzlich eine Einflußnahme auf die internationale Handelsstruktur. Am Ende war ein Rückgang des europäischen Anteils am

---

106 Pollard, S. 47; Milward, S. 37f.; Wendt, War Socialism, S. 130–133.
107 Beveridge, S. 136f.
108 Vgl. Mommsen, Entstehung; Abrams.
109 Vgl. den Überblick bei Peter, Britische Kriegsziele.

Welthandel unabwendbar[110]. Ließ diese Entwicklung an sich schon Anpassungsprobleme für die britische Wirtschaft befürchten, so wurde sie weiter negativ beeinflußt durch die Veränderungen in der Nachfragestruktur der Weltwirtschaft. Der enorme Technologieschub zugunsten der neuen Industrien, den der Weltkrieg verursachte, beschleunigte den Verfall traditioneller britischer Exportmärkte. Die Gefahr einer rasch um sich greifenden Inflation und die Knappheit an lang- und kurzfristigen Krediten für den Wiederaufbau schmälerten überdies die Chancen für eine erfolgreiche Rückgewinnung der alten handelspolitischen Stellung Europas; auch Londons Potential als internationales Bankhaus war aufgrund substantieller US-Kredite während des Krieges empfindlich geschwächt worden und hatte Großbritannien in das allgemeine Schuldennetz eng verstrickt[111]. Diese Faktoren förderten die Tendenz zu einer stärkeren Fixierung der britischen Wirtschaft nach dem Ersten Weltkrieg auf den Binnenmarkt.

Die Versailler Friedenskonferenz fand also in einer Periode wirtschaftlichen und sozialen Wandels statt, der durch den Weltkrieg keinesfalls ausgelöst worden war, auch wenn es den meisten Zeitgenossen so erscheinen mochte, durch ihn jedoch eine neue Qualität erhalten hatte und für Großbritannien als dem Garanten der alten Ordnung mehr als für jedes andere Land besondere Konsequenzen haben mußte. Der Prozeß der Aufgabe des Freihandelsprinzips, des Goldstandards sowie des Prinzips der wirtschaftspolitischen Enthaltsamkeit der Regierung fiel zusammen mit der Krise der britischen Exportwirtschaft, einem hohen Grad an Arbeitslosigkeit sowie wachsender Instabilität des internationalen ökonomischen Systems. Hinzu kam, daß durch die wachsende internationale Konkurrenz und den Verlust traditioneller britischer Exportmärkte der Binnenmarkt als Feld wirtschaftlicher Aktivität an Bedeutung zunahm. Während daher vor 1914 die zyklischen Bewegungen der britischen Wirtschaft vor allem durch die Entwicklung der internationalen Märkte bestimmt waren und zu einer Konzentration der Investitionen auf die exportintensiven traditionellen Sektoren der Industrie führten, sollten in den Zwischenkriegsjahren vor allem interne Bewegungen den Wirtschaftskreislauf dominieren[112]. Der Große Krieg wirkte aus dieser Perspektive betrachtet als Veränderungsbeschleuniger, der die ökonomischen und sozialen Triebkräfte im Inneren unwiderruflich in den Bereich des Politischen katapultierte. Der daraus resultierende Anpassungsdruck zwang die zuständigen Regierungsstellen zur aktiveren Übernahme von Verantwortung in allen sozialen und wirtschaftlichen Belangen und stellte das traditionelle Verhältnis von außen- und innenpolitischen Interessen in Frage.

So offensichtlich der Zwang zu umfassenden Reformmaßnahmen aus der Rückschau freilich erscheinen mag, ihre Realisierung traf auf ein weitverbreitetes Bedürfnis nach einer Rückkehr zur vermeintlichen Stabilität der Vorkriegszeit[113]. Obwohl London das Pfund Sterling im März 1919 frei konvertibel machte, war doch von Beginn an klar, daß

[110] Vgl. Svennilson, S. 20–24, 169f.

[111] Großbritannien hatte rund £ 350 Millionen mehr an Krediten an seine Alliierten vergeben, als es selbst an Anleihen während des Krieges aufnahm. Die amerikanischen Dollars flossen also indirekt über London an die Kriegsgegner des Deutschen Reichs, während Großbritannien im wesentlichen auf seine eigenen Ressourcen zurückgriff. Zwar hatte London damit seine Stellung als Clearing-Stelle behauptet, die dahinterstehende Führungsrolle als Finanzmacht aber de facto an die USA abgegeben. Vgl. Pollard, S. 37f.; Burk, Britain, S. 265.

[112] Vgl. dazu die Beiträge bei Buxton/Aldcroft (Hrsg.).

[113] Vgl. Robinson, What Has Become of the Keynesian Revolution?, S. 123.

das langfristige Ziel nur die Wiederherstellung des Wirtschaftssystems des 19. Jahrhunderts sein würde. Sichtbarster Ausdruck dieser Haltung war der Report des Cunliffe Committee, das, unter den Auspizien des Schatzamtes und des neugegründeten Wiederaufbauministeriums arbeitend, 1918 die unverzügliche Rückkehr zur Goldparität empfahl[114]. Dabei spielte jedoch nicht nur die Überzeugung von der für Großbritannien vorteilhaften Wirkung des Goldstandards eine Rolle, welche die Wirtschaftspolitiker und Bankleute jener Generation aufgrund ihrer Erfahrungen vor dem Krieg beherrschte. Eine Rückkehr zur Sicherheit der Vorkriegszeit entsprach auch dem psychologischen Bedürfnis jener Zeit nach Überwindung eines allgemeinen Gefühls der Entwurzelung und Unsicherheit: „The prewar gold standard, symbol of a liberal capitalist order which had just hurled back the challenge of Prussian imperialism and was menaced by the specter of working-class revolution, provided that stability. The old bankers' internationalism now comingled with the transatlantic current of Wilsonian idealism, as embodied in the League of Nations."[115] Hinzu kam, daß die Weigerung der USA, das Konzept der kaum noch lebensfähigen Pax Britannica Oeconomica zu unterstützen, den Anpassungskonflikt Großbritanniens noch verschärfte, dessen Traditionen und intakter institutioneller Rahmen trotz der Erschütterungen des Krieges den Fortbestand Londons als finanzpolitisches Zentrum zu gewährleisten schienen. Daß diesem institutionellen Rahmen längst die wirtschaftliche Grundlage entzogen war, fiel dabei nicht ins Gewicht, da das Funktionieren der internationalen monetären Ordnung der Vorkriegszeit bezeichnenderweise zu keinem Zeitpunkt auf Großbritanniens wirtschaftlicher Überlegenheit beruhte, sondern vielmehr auf der Bereitschaft anderer Goldstandardländer, das Pfund Sterling als Leitwährung zu benutzen[116]. Demgegenüber basierte umgekehrt der steigende Einfluß der USA auf die Entwicklung des weltwirtschaftlichen Fundaments nach dem Ersten Weltkrieg nicht auf der weiten Verbreitung des Dollars, sondern vielmehr auf der herausragenden wirtschaftlichen Vormachtstellung des Landes sowie auf dem Umfang seiner Goldvorräte. Diese Umkehrung der monetären Grundlagen ließ, wie der Cunliffe-Report zeigte, in Whitehall-Kreisen eine Politik der Rückkehr zur Goldparität als alternativlos erscheinen, machte aber die USA zu einem finanzpolitischen Elefanten im Porzellanladen der Weltwirtschaft[117].

Der Konflikt zwischen Aufbruchstimmung und Nostalgiegefühl beherrschte aus Keynes' Blickwinkel auch die britischen Politiker bei der Versailler Konferenz. Der Innenbezogenheit, die sich für ihn in einer „harten" Reparationsregelung sowie generell in der von nationalegoistischen Zielen geprägten Verhandlungstaktik ausdrückte, entsprach dabei die Lösungssuche entlang der Mechanismen der alten Ordnung. Dieses Vorgehen äußerte sich für ihn am sichtbarsten in der Unfähigkeit, eine Friedensordnung

---

[114] Vgl. First Interim Report, S. 11. Vgl. auch Final Report.

[115] Skidelsky, Retreat From Leadership, S. 169.

[116] Im Gegenteil, man hat zu Recht auf die merkwürdige Diskrepanz hingewiesen, die zwischen Großbritanniens Führungsrolle als Bankier des Welthandels und seiner relativen industriellen Schwäche bestand: So machte der britische Anteil am Welthandel im Jahre 1913 lediglich noch 13% aus. Trotzdem war London zunächst noch in der Lage, nicht nur die eigene Währung zu dominieren, sondern gleichzeitig die internationalen Kreditbeziehungen unangefochten zu steuern. Vgl. Cleveland, S. 16f., 18–22; Ashworth, S. 343. Auch Keynes scheint diesen Zusammenhang gesehen zu haben; vgl. JMK VI, S. 274ff.

[117] Cleveland, S. 40–44.

auf der Grundlage einer den Verfall des hegemonialen Weltwirtschaftssystems berücksichtigenden internationalen Kooperation unter Einschluß Deutschlands, der Schaffung neuer Kreditquellen und der Schuldentilgung anzustreben. Es wird auch verständlich, warum Keynes nach der Ablehnung seines „Grand Scheme" durch die Amerikaner Präsident Wilson zu einer besonderen Zielscheibe seiner Attacken machte und ihn als „a fallen hero" betrachtete[118]. Die Haltung Washingtons mußte nicht nur den europäischen wirtschaftlichen Wiederaufbau erheblich erschweren, sondern zugleich den Handlungsspielraum der britischen Regierung zur Durchführung von Anpassungsmaßnahmen beträchtlich einengen. Das Versailler Friedenssystem erschien Keynes nicht einfach als Versuch zu ökonomischer Restauration, sondern stand vielmehr für eine Tendenz zur Modernisierungsverweigerung bei den wirtschaftlichen und politischen Entscheidungseliten Großbritanniens. Schlagendes Beispiel hierfür war für Keynes Lord Cunliffe, der nicht nur die Rückkehr zur Goldparität vorbereitete, sondern als Mitglied des Reparationskomitees des Kabinetts und britischer Delegierter in der Reparationskommission in Versailles für die Durchsetzung harter Reparationsbedingungen eintrat. Er betrachtete den Hardliner als Zugeständnis Lloyd Georges, der damit seine Wiederwahl im Dezember 1918 habe sichern wollen[119]. Anstatt eine Grundlage für die Reorganisation der durch wirtschaftspluralistische Zentrifugalkräfte bedrohten internationalen monetären Ordnung sowie für dringend erforderliche Reformmaßnahmen der britischen Wirtschaft zu schaffen, zementierten orthodoxe Ministerialbeamte vom Schlage Cunliffes die durch den Weltkrieg verschärften Krisentendenzen der spätviktorianischen Epoche. Für Keynes stellten die Versailler Verträge also nicht einfach eine verpaßte Chance dar; sie schrieben die strukturellen Defizite des Weltwirtschaftssystems, die Großbritanniens ökonomische und machtpolitische Stellung gefährdeten, in die Nachkriegszeit fort und würden daher mit großer Wahrscheinlichkeit aus außenwirtschaftlicher Perspektive zur Erhöhung der inneren und äußeren Bedrohung des Landes beitragen. Versailles steigerte die Krise der internationalen Wirtschaftsordnung zur Dauerkrise.

Der Unfähigkeit, zur Entschärfung der äußeren Krisenpotentiale eine strukturadäquate Friedensordnung zu schaffen, entsprachen die Versäumnisse hinsichtlich der inneren Entwicklung Großbritanniens, der sich Keynes' Aufmerksamkeit nach seiner Rückkehr aus Paris verstärkt zuwandte. Hatte er in den „Economic Consequences" das außenwirtschaftspolitische Bezugsfeld einer eingehenden kritischen Analyse unterzogen, so attackierte er in der Folgezeit vor allem die orthodoxe wirtschaftspolitische Einstellung seiner Umgebung. Dabei blieb seine damals entwickelte Doppelkritik am Prinzip nationalwirtschaftlicher Interessenpolitik und am naiven Glauben an eine Rückkehr zur vermeintlichen Sicherheit einer Pax Britannica Oeconomica maßgebend und bildete daher zugleich den Ausgangspunkt für seine eigene Theoriebildung. Beide Sichtweisen sah er durch die Ereignisse des Ersten Weltkrieges diskreditiert. Der Fokus Keynesscher Kritik in den zwanziger Jahren war dabei, wie zu erwarten, die Finanzpolitik der britischen Regierung.

Durch die Empfehlungen des Cunliffe-Reports bestätigt und durch die heftige zyklische Aufwärtsbewegung der britischen Wirtschaft 1919 ermutigt, verfolgte das Schatz-

---

[118] KCKP, EC/2/4/27–30, Keynes an Davis, 18.4.1920; EC/2/4/69–72, Minute Keynes, 22.5.1919; JMK II, S. 23–34.

[119] KCKP, EC/2/1/12–15, Keynes an Chamberlain, 28.12.1919.

amt, flankiert von einer konsequenten Deflationspolitik der Bank von England, nach Kriegsende kontinuierlich eine Politik mit dem Ziel der Wiederherstellung der Goldparität auf Vorkriegsniveau[120]. Es entsprach allgemeiner Überzeugung, dies werde die Liberalisierung des Handels fördern und die Beschäftigungsrate vor allem in Großbritanniens Exportindustrien anheben. Auch wenn es de facto kaum möglich war, die im Verlaufe des Ersten Weltkrieges in Gang gekommenen sozialen, wirtschaftlichen und administrativen Modernisierungstendenzen vollständig rückgängig zu machen[121], war man bestrebt, Preisregulierungen, Rationierungen und andere Kontrollmaßnahmen, die der Krieg notwendig gemacht hatte, wieder abzubauen. Ausgeglichene Haushalte und die Verpflichtung der Regierung auf eine nichtexpansionistische Wirtschaftspolitik gewannen erneut den Wert unangefochtener Axiome in den Wirtschaftsabteilungen der Ministerien[122]. Alle diese Schritte zielten zugleich aber auch auf die Erneuerung des Vertrauens in den Finanzplatz London. Insofern erschien es notwendig, das Pfund genau an den Vorkriegsgoldwert anzubinden, auch wenn dies den inzwischen eingetretenen Kursverschiebungen der Währungen nicht gerecht wurde. Angesichts der fortdauernden Weigerung Washingtons, den US-Dollar zur Leitwährung aufzubauen, war diese Maßnahme als eine Art letzter Rettungsversuch zunächst verständlich. Eine Abwertung von Sterling auf einen realistischen Stand hätte mit großer Wahrscheinlichkeit das Vertrauen der Investoren in die Themsestadt als den sicheren Platz für ihr Kapital erschüttert oder doch wenigstens den Wiederaufbau des Geldmarktes zur Schaffung dringend benötigter Kreditmöglichkeiten erheblich verzögert. Darüber hinaus wäre eine Rückkehr zu Gold auf der Grundlage einer reduzierten Parität einem massiven währungspolitischen Eingriff durch Regierungsstellen gleichgekommen, den die damalige wirtschaftspolitische Orthodoxie als Sakrileg verstanden hätte. Die Ankündigung des Schatzkanzlers Winston Churchill am 25. April 1925 über die Wiederherstellung der Vorkriegsparität des Pfunds gegenüber dem US-Dollar von $ 4,86 entsprach daher der allgemeinen Erwartung. Churchill selbst meinte, diese Entscheidung „has always been as a matter of course". Im Kontext seiner Haushaltsrede, in der er weitere Steuersenkungen versprach und die Einführung einer Rentenversicherung ankündigte, verstand Churchill diesen Schritt ausdrücklich als Kern einer Politik des „appeasement of class bitterness"[123].

Noch 1916/1917 hatte Keynes selbst es trotz des Kursverfalls gegenüber dem Dollar abgelehnt, die Goldparität aufzugeben, und die Mehrheitsmeinung unterstützt, die vor allem den psychologischen Wert des Goldstandards hervorhob. Eine Aufkündigung würde sowohl von Deutschland als auch von den Verbündeten als Schwäche ausgelegt, brächte das Vertrauen in Großbritannien als kriegführender Nation in Gefahr und damit letztlich die Stellung Londons als Bankhaus der Welt. Allerdings hatte Keynes diese Empfehlung auf die Situation des Kriegsjahres 1917 bezogen, was eine spätere Modifizierung unter den Vorzeichen einer Friedenswirtschaft keineswegs ausschloß. Darüber

---

[120] Vgl. Gilbert, Churchill, Bd. V, S. 92.

[121] Wendt, War Socialism, S. 140–142.

[122] Vgl. ausführlich Tawney; Lloyd, S. 387–398; Wendt, War Socialism, S. 142–146. Vgl. auch die Darstellungen von Keynes' Mentor und Nachfolger Alfred Marshalls auf dem Lehrstuhl für politische Ökonomie in Cambridge, Pigou, Government Control, sowie ders., Aspects, S. 107–144. Zur Hoffnung des Schatzamts, das Arbeitslosenproblem durch Ausbau der Exportindustrie zu lösen, vgl. Booth/Glynn, S. 624 f.

[123] Haushaltsrede Churchills, 28.4.1925, zitiert nach: Gilbert, Churchill, Bd. V, S. 113, 120.

hinaus hatte er deutlich gemacht, daß zu diesem Zeitpunkt die Beibehaltung der Goldparität weniger eine freie Entscheidung der britischen Regierung als hinsichtlich ihrer psychologischen Wirkung eine finanzpolitische Notwendigkeit war, völlig unabhängig von der tatsächlichen Währungssituation. Aus diesem Grund hatte Keynes betont, daß dieser Schritt keinesfalls Ausdruck währungspolitischer Stärke war, sondern eine wichtige Maßnahme im Propagandakrieg gegen Deutschland. Die Abkehr von Gold „is not so much a possible policy for deliberate adoption, as the symptom, if it occurs, of a grave desease"[124].

Tatsächlich hatte sich nach dem Krieg die Situation gewandelt. Jetzt hielten Kritiker wie Keynes und der ehemalige Schatzkanzler Reginald McKenna die Entscheidung zugunsten einer erneuten Goldanbindung entweder grundsätzlich für falsch oder zumindest die Höhe des Kurses für unvernünftig und nostalgischen Gefühlen entsprungen[125]. Keynes erkannte, daß die neuerliche Anbindung von Sterling an Gold nur Ausdruck der Illusion vergangener Finanzkraft war. Sie mußte im Kontext der ungeklärten Schuldenfrage und der Reparationslast, die beide den Kreditfluß aus den USA und damit deren Interesse an einem dauerhaften finanziellen Engagement in Europa etablierten, die Abhängigkeit von Washington verstärken[126]. Keynes gab zu bedenken, daß eine Anbindung an die amerikanische Wirtschaft über die Goldparität nicht der tatsächlichen wirtschaftlichen Schwäche Großbritanniens entspreche und zu wenig Spielraum für notwendige Korrekturen auf dem Arbeitsmarkt und in der Industrie lasse[127]. Auch wenn das Festhalten an der Idee stabiler Wechselkurse zur Ankurbelung von internationalem Handel und Investment für ein Land, das traditionell so stark von einem erfolgreichen Außenhandelssystem abhing wie Großbritannien, eine aus der Zeit heraus verständliche Entscheidung war[128], so spiegelte sich darin doch das Bemühen, die neuen, innengeleiteten Probleme mit dem wirtschaftspolitischen Instrumentarium einer Zeit zu lösen, als die Zyklusbewegungen noch im wesentlichen außengesteuert waren. Nach Keynes wurde hier der verfehlte Versuch unternommen, eine im Grunde veraltete Ordnung zu retten und überdies alten Wein in alten Schläuchen zu verkaufen, d. h. eine den Bedingungen der Nachkriegsordnung nicht gerecht werdende Wirtschaftspolitik fortzuschreiben. An die Stelle notwendiger Reformmaßnahmen traten Bemühungen zur Restauration auf der Grundlage einer unrealistischen Überbewertung des Pfunds Sterling, sozusagen eines „monetären Potemkinschen Dorfes". Hinter dessen Fassade würden durch die Auswirkungen einer rigorosen Deflationspolitik auf die Preis- und Nachfragestruktur über kurz oder lang die sozialen Folgen unvermeidlicher Arbeitslosigkeit sichtbar werden und nach ihrer Demaskierung eine Periode äußerer Krisen einleiten.

---

[124] Public Record Office, Treasury Files (im folgenden T), 172/643, Memorandum Keynes, „Memorandum on the Probable Consequences of Abandoning the Gold Standard", 17.1.1917. Vgl. Moggridge, Maynard Keynes, S. 250f.

[125] Moggridge, British Monetary Policy; Skidelsky, Retreat From Leadership, S. 170; Drummond, The Gold Standard, S. 33; Youngson, S. 139; Gilbert, Churchill, Bd. V, S. 92–100.

[126] Vgl. Skidelsky, Keynes, Bd. II, S. XXVI, 20, der die anti-amerikanische Stoßrichtung dieser Haltung von Keynes betont.

[127] „The Return to Gold" [The Nation, 21.2.1925], in: JMK XXX; vgl. Gilbert, Churchill, Bd. V, S. 96f.

[128] So etwa die Verständnis aufbringende Wertung Youngsons, S. 138f.

Diese „monetäre Überdehnung" unterzog Keynes einer ausführlichen Kritik, die er zunächst 1923 in seinem „Tract on Monetary Reform"[129] entwickelte, ein Jahr später im Rahmen der Anhörung vor dem Chamberlain Committee, die der Entscheidung vorausging, präzisierte[130] und nach der Verkündung durch den Schatzkanzler im April 1925 noch einmal in polemischer Form in „The Economic Consequences of Mr. Churchill"[131] zusammenfaßte. In diesen Schriften entwickelte er in deutlicher Abgrenzung zu den in der Nationalökonomie bislang dominierenden Krisenmodellen den Grundgedanken, daß soziale Probleme, namentlich die Arbeitslosigkeit, in direktem Zusammenhang mit der Währung eines Landes standen und folglich mit geld- und kreditpolitischen Mitteln entschärft werden konnten[132]. Der Goldstandard nahm daher dem Staat ein wichtiges konjunkturpolitisches Instrumentarium. Keynes warnte darüber hinaus vor einer Überbewertung des Pfunds, die nicht der Position der britischen Industrie im internationalen Wettbewerb entspreche und folglich den Abwärtstrend der Exporte noch verstärken werde; der entstehende Druck zur Anhebung der Zinsen mit dem Ziel, London als Kapitalmarkt attraktiver zu machen und die Handelsverluste auszugleichen, werde die Kredite für die britische Industrie zu teuer machen und mit seinen deflationären Auswirkungen schließlich die Lohn-Preis-Struktur in einer Weise verändern, die, so prophezeite Keynes, in soziale Unruhen münden mußte. Zum ersten Mal erklärte er offen, daß er stabile Preise, Kredite und Beschäftigungsraten für wichtiger hielt als eine fixierte Währung mit der Folge permanenter Anpassungsprobleme des Lohn-Preis-Gefüges sowie des Arbeitsmarktes, deren Lösung dem längst nicht mehr funktionierenden „freien Markt" überlassen blieben. Er befürwortete eine aktivere Rolle des Staates und zeichnete als Alternative zu einem einheitlichen, hegemonial organisierten monetären System das Gespenst eines Doppelsystems mit dem britischen Empire und Kontinentaleuropa als Sterlingblock und Nord- sowie Südamerika als Dollarblock – eine Vorwegnahme der Entwicklung in den dreißiger Jahren[133].

Doch Keynes' scharfsichtige Kritik traf nur eine Seite der Medaille. Mit der künstlichen Überbewertung des Pfunds ging in den zwanziger Jahren eine kontinuierliche Verschlechterung der britischen Außenhandelsposition einher, deren Ursachen als industrielles Spiegelbild der von Keynes herausgestellten finanzwirtschaftlichen Strukturdefizite angesehen werden können. Nach dem kurzen zyklischen Aufwärtstrend 1919 sank die britische Exportrate bis 1924 auf 80% des Vorkriegsvolumens, um nach einem langsamen Anstieg auf 86,6% bis zum Jahr 1929 im Verlauf der Großen Depression auf 54,4% (1932) abzufallen. Obwohl sich der Außenhandel in der Aufschwungphase der dreißiger Jahre erholen konnte, wurde der Vorkriegsstand erst wieder in den Jahren 1950/51 erreicht. Der britische Anteil am Welthandel sank von 13% im Jahre 1913 auf durchschnittlich etwa 10% im Jahrzehnt vor Ausbruch des Zweiten Weltkrieges. Gleichzeitig stiegen die Importe in den Zwischenkriegsjahren um ein Drittel gegenüber

---

[129] JMK IV. Zum Hintergrund vgl. Harrod, Keynes, S. 339–345; Skidelsky, Keynes, Bd. II, S. 153–164; Clarke, Keynesian Revolution, S. 22–24.

[130] Skidelsky, Keynes, Bd. II, S. 191–195; Moggridge, Maynard Keynes, S. 417–419.

[131] JMK IX, S. 207–230. Vgl. auch JMK XIX, S. 357–453; Skidelsky, Keynes, Bd. II, S. 200–206; Moggridge, Maynard Keynes, S. 431–433.

[132] Vgl. beispielhaft JMK IV, S. 1–36 (gekürzt als Social Consequences in the Value of Money, in: JMK IX, S. 59–75).

[133] JMK IV, S. 116–140, 160; James, S. 312–328, besonders S. 317.

dem Vorkriegsniveau und trugen so entscheidend zur Verschlechterung der Zahlungsbilanz bei[134]. Die Erwartung, die vorläufige Abwesenheit Deutschlands vom internationalen Markt käme der Erweiterung der britischen Exportindustrie zugute, erfüllte sich also nicht. Im Gegenteil, während die deutsche Wirtschaft in Kontinentaleuropa und Lateinamerika schneller als erwartet Fuß fassen konnte, erhöhte die aufstrebende japanische Konkurrenz im Fernen Osten den Wettbewerbsdruck; auch der nordamerikanische Markt erwies sich als kaum noch ausbaufähig für britische Waren[135].

Dieser Marktverlust ist auf vier eng miteinander verzahnte Ursachen zurückzuführen. Erstens wurden Veränderungen in der internationalen Nachfragestruktur zugunsten der neuen Industrien in Großbritannien ignoriert bzw. unterschätzt. Obwohl die steigenden Importe selbst ein steter Beleg für das wachsende Bedürfnis nach Gütern der chemischen und elektrotechnischen Industrie waren und damit nur der Vorkriegstrend fortgesetzt wurde, erfolgten Investitionen weiterhin in den wenig zukunftsträchtigen Wirtschaftssektoren. Durch die Wachstumsraten in den alten Stapelindustrien während des kurzfristigen Nachkriegsbooms entstand zusätzlich die Illusion, auf eine industrielle Modernisierung verzichten zu können. Zweitens schuf die Beibehaltung des Schwerpunkts auf den „Paläoindustrien"[136], die kaum noch Wachstumsraten erwarten ließen und deren Exportfähigkeit durch höher werdende Zollbarrieren in den Importländern weiter eingeschränkt wurde, rasch Überkapazitäten; dadurch wurde zusätzlich zu dem aus einem ungünstigen Verhältnis von alten und neuen Industrien resultierenden Strukturproblem die Wettbewerbsfähigkeit der britischen Wirtschaft reduziert. Auch der Abstand in der Innovationsfähigkeit mußte gegenüber den Marktkonkurrenten größer werden[137]. Drittens förderte die wachsende Bedeutung des binnenwirtschaftlichen Sektors nach dem Ersten Weltkrieg verstärkt Organisations- und Führungsmängel in der britischen Industrie zutage, so daß man nicht ohne Berechtigung von einer „industriellen Managementkrise" gesprochen hat[138]. Obwohl das Einkommen aus den unsichtbaren Exporten weiterhin beträchtlich blieb, konnte es schließlich viertens nicht mehr in gleichem Maße wie vor dem Krieg die langsameren Wachstumsraten der Exportindustrien kompensieren. Wie bereits festgestellt, engten z. B. die Kriegsschulden an die USA und der Druck auf das internationale Währungssystem durch die Schulden- und Reparationslasten die Fähigkeit der Londoner City zur Vergabe von umfangreichen Krediten empfindlich ein. Der Anteil der britischen Handelsflotte am gesamten Frachtaufkommen des Welthandels fiel von 44% im Jahre 1915 auf 28% im Jahre 1935[139].

Eine Steigerung der Beschäftigungsrate und der Ausbau der britischen Exportwirtschaft, die sich die Wirtschaftskreise inner- und außerhalb der Regierung durch die Reliberalisierung des Handels und die Restauration der Goldparität versprachen, konnte also aus einem doppelten Grund nicht eintreten: Zunächst erzielten die finanzpolitischen Maßnahmen das Gegenteil dessen, wozu sie ergriffen wurden, und übten so

---

[134] Kahn, Great Britain, S. 132 (Tab. 17 und 18); Ashworth, S. 342f.; Feinstein, Statistical Tables, T 82 (Tab. 37).

[135] Drummond, Britain and the World Economy, S. 296; Skidelsky, Retreat From Leadership, S. 175.

[136] Kahn, Great Britain, S. 72.

[137] Vgl. auch den Überblick bei Pollard, S. 66–76; Ashworth, S. 309ff.

[138] Meyers, Die vierte Teilstreitkraft, S. 200.

[139] Kahn, Great Britain, S. 137–144; Ashworth, S. 346.

Druck auf die industrielle Wettbewerbsfähigkeit Großbritanniens aus; des weiteren verschlechterte sich die außenwirtschaftliche Stellung des Landes relativ zu seinen Marktkonkurrenten und untergrub ihrerseits die Fähigkeit Londons, Laissez-faire-Prinzipien und Goldstandard aufrechtzuerhalten und die internationale Währungsordnung vor dem Zerfall zu bewahren[140]. Der Zusammenbruch des internationalen Finanzssystems und die Wirtschaftskrise zwischen 1929 und 1932 markierten das endgültige Ende des Goldstandards; Großbritannien selbst kehrte nach 6 Jahren und 5 Monaten im September 1931 wieder zum flexiblen Wechselkurs des Pfunds zurück. Die Große Depression ließ die Strukturdefizite in Großbritanniens Wirtschaft nun vollends aufbrechen. Sie erweiterte die Krise des internationalen Systems nach Versailles zu einer politisch-ökonomischen Doppelkrise[141] und verschärfte dadurch den machtpolitischen und ökonomischen Außendruck. Wie Keynes vorhergesehen hatte, entstand jetzt eine Reihe unabhängiger Währungsblöcke um Dollar, Pfund, Franc und Reichsmark, die allerdings nicht, wie Keynes vorgeschwebt haben mochte, durch die Schaffung einer Doppelleitwährung (Dollar und Pfund) die monetäre Ordnung wiederherstellten. Vielmehr verstärkten die Wirtschafts- und Finanzministerien im Einklang mit den Zentralbanken ihre Neigung, die Währungspolitik zur Verfolgung nationalistischer Ziele zu instrumentalisieren und durch restriktive Handels- und Währungskontrollen ihre Interessen zu schützen. Hatte London in den zwanziger Jahren die Erosion der Pax Britannica Oeconomica mit restaurativen Maßnahmen aufzuhalten versucht, so stellte sich nunmehr die Frage, durch welches Kriseninstrumentarium das entstehende wirtschaftspolitische Vakuum aufgefüllt werden konnte.

Die Wirtschaftstheorie von Keynes als Blaupause für die innere und äußere Krisenbewältigung?

Keynes hatte inzwischen seine Thesen weiterentwickelt. In seiner 1930 vorgelegten Schrift „A Treatise on Money", mit der „die eigentliche Revision der herkömmlichen nationalökonomischen Theorie erfolgt"[142] und die im Kontext der Weltwirtschaftskrise eine entscheidende geistesgeschichtliche Zäsur darstellt, griff er erneut die Themen seines „Tract on Monetary Reform" auf und sezierte in großem Stil das monetäre Nachkriegssystem. Dabei führte er die Krise des Goldstandards auf die Verschärfung nationaler Zielsetzungen in der Wirtschafts- und insbesondere der Währungspolitik der beteiligten Staaten zurück, die den „Automatismus" des Systems als Illusion erwies. Dieses System ließ seinen Mitgliedern zu wenig Handlungsspielraum, individuelle Auswege aus der Konjunkturkrise zu finden. Die Wirtschafts- und Währungspolitik konnte so leicht zu einem Spielball des politischen Nationalismus werden[143]. Die theoretische Aussage der Arbeit attackierte aber gezielt den Grundgedanken des Sayschen Gesetzes. Keynes versuchte aufzuzeigen, daß entgegen der orthodoxen Auffassung die durch die

[140] Die Wechselbeziehung zwischen Finanzpolitik und wirtschaftsindustriellen Faktoren wird etwa auch daran deutlich, daß Keynes in den „Economic Consequences of Mr. Churchill" die negativen Auswirkungen des Goldstandards am Beispiel eines „alten" Industriezweigs – Kohle – erläuterte. Vgl. JMK IX, S. 220–224.

[141] Schmidt, Politisches System, S. 38.

[142] So das Urteil Dietmar Petzinas in: Schäfer (Hrsg.), S. 138.

[143] Vgl. z. B. JMK VI, S. 272–274.

Angebotsseite erwirtschafteten Gewinne nicht automatisch auch alle wieder in Form von Investitionskapital in den Wirtschaftskreislauf zurückflossen. Entgegen der Lehrmeinung der alten Textbücher überforderte das Arbeitslosenproblem aus diesem Grunde und unter den veränderten Bedingungen der Nachkriegszeit den freien Markt nicht nur; es mußte sich ohne Eingreifen staatlicher Stellen in einer Periode stagnierender Wirtschaftsaktivitäten sogar noch verschärfen. Solange allerdings Großbritannien an der Goldparität festhielt und die darin verborgene Überbewertung des Pfunds zudem die Wirtschaft erheblich belastete, bestand kaum eine Möglichkeit geldpolitischer Einflußnahme seitens des Schatzamtes. Als Lloyd George den Wahlkampf 1929 für die Liberalen mit einem Programm umfangreicher, anleihefinanzierter Staatsausgaben zur Schaffung zusätzlicher Arbeitsplätze führte, unterstützte ihn Keynes daher mit dem Argument, daß Staatsinvestitionen in gleichem Maße wie Privatinvestitionen den Arbeitsmarkt beleben könnten. Wenn Unternehmer in ihrer Investitionstätigkeit nachließen – sei es aus Gründen unzureichender Gewinnaussichten, sei es wegen zu hoher Zinsen –, den zuständigen Regierungsstellen aber finanzpolitisch die Hände gebunden waren, so mußte der Staat eben vorübergehend die Rolle eines Investors übernehmen und eine antizyklische Beschäftigungspolitik einleiten[144].

Einen gewissen Erfolg konnte Keynes zunächst als Gutachter des Macmillan-Komitees und als Mitglied des Economic Advisory Council erzielen. Obwohl er keinesfalls mit ausgereiften Lösungsvorschlägen zur Überwindung der Krise aufwartete, ließ er das Komitee unter Vorsitz Lord Macmillans doch in keinem Zweifel über seine Kritik an der Finanzpolitik des Landes seit Kriegsende und bekräftigte seine Forderung nach staatlicher Konjunkturpolitik. Tatsächlich hob das Komitee in seinem Abschlußbericht, den es drei Monate vor Aufhebung der Goldparität im Juni 1931 vorlegte, die Diskrepanz zwischen Großbritanniens industriellen Strukturproblemen und der bislang von Regierungsseite vertretenen konservativen Finanzpolitik hervor. Es unterstrich die Priorität von industrieller Produktion und Vollbeschäftigung als Hauptziele der britischen Wirtschaftspolitik. Dazu wurde die Übernahme des Prinzips der Währungslenkung empfohlen. Einige Mitglieder, darunter der Generalsekretär der Transportarbeitergewerkschaft und spätere Vorsitzende des Trades Union Congress, Ernest Bevin, traten für eine sofortige Abkehr vom Goldstandard und ein staatliches Beschäftigungsprogramm entlang der von Keynes gezeichneten Linien ein[145]. Der im Januar 1930 ins Leben gerufene Econo-

---

[144] Vgl. die zusammen mit dem Ökonomen Hubert Henderson verfaßte Schrift „Can Lloyd George Do It", in: JMK IX, S. 86–125; vgl. auch JMK XIX, S. 761–838. Zum Hintergrund vgl. Harrod, Keynes, S. 371–431, besonders S. 392–396; sowie Clarke, Keynesian Revolution, S. 91–97; aus der Sicht eines Beteiligten Kahn, The Making of Keynes' General Theory, S. 77–90. Den Kern von Keynes' Überlegungen findet man bloßgelegt in einem Brief an den Gouverneur der Bank von England, Montagu Norman, in: JMK XX, S. 350–356.

[145] Report of the Committee on Finance and Industry, S. 108–132, 190–210. Keynes' Aussagen als Gutachter in: JMK XX, S. 38–311. Vgl. insgesamt Clarke, Keynesian Revolution, S. 103–225, besonders S. 120–124; Peden, Keynes, the Treasury and British Economic Policy, S. 34–37; Kahn, The Making of Keynes' General Theory, S. 82–88; Taylor, S. 360–362. Zu Bevin vgl. Bullock, Bevin, Bd. II, S. 418, 425–434; sowie Durbin, S. 64, 77–79.

mic Advisory Council[146] schien ebenfalls eine Konsequenz des Drucks nach stärkerer staatlicher Wirtschaftslenkung zu sein und damit in Keynes' Richtung zu arbeiten. Er wurde bewußt als wirtschaftspolitisches Pendant zum Committee of Imperial Defence geschaffen, und die Mitgliedschaft von Premierminister, Schatzkanzler und anderen wichtigen Ministerien sowie Fachberatern wie Keynes signalisierte auch nach außen seinen hohen Stellenwert. Zum ersten Mal wurde hier der Versuch unternommen, dem unzureichenden Stand der ökonomischen Voraussagemöglichkeiten abzuhelfen und dem wirtschaftspolitischen Entscheidungsprozeß analytische und prognostische Hilfestellung zu leisten[147].

Auch wenn mit den Empfehlungen des Macmillan-Komitees und der Einsetzung eines wirtschaftspolitischen Beraterkreises bereits wesentliche Vorentscheidungen zur Durchsetzung der Keynesschen Theorien auf der politisch-administrativen Ebene gefallen waren, so blieb in den dreißiger Jahren doch der orthodoxe „Treasury View" vorherrschend[148]. Dies zeigte sich besonders deutlich, als die neue „nationale" Regierung unter Ramsay MacDonald im Laufe des Jahres 1931 die sorgfältigen Analysen des Komitees in den Wind schrieb und statt dessen den Schlußfolgerungen des „May Reports"[149] folgte, der vor umfangreichen Staatsausgaben warnte und erneut die Doktrin des ausgeglichenen Haushalts propagierte. Kürzungen, nicht Anleihen hieß die Devise, und der Report traf damit exakt die Stimmung in der Beamtenschaft, die vor einer Staatsverschuldung zurückschreckte. Auch die Arbeit des Economic Advisory Council stieß rasch an ihre Grenzen, als das Kabinett im November 1930 einen Keynes' Handschrift tragenden Bericht des Committee of Economists über Ursachen und Abhilfemaßnahmen der Wirtschaftskrise zurückgab[150]. Obwohl nach Aufhebung des Goldstandards die britischen Regierungen in der Folgezeit teilweise ihre Politik der Nichteinmischung in den Wirtschaftsprozeß aufgaben und auf eine Politik des Teilprotektionismus einschwenkten[151], blieben die Beamten des Schatzamts doch dem Grundsatz der Risikovermeidung bei der Formulierung ihrer Finanzpolitik treu und lehnten eine Politik des „deficit spending" als konjunkturpolitische Stabilisierungsmaßnahme unter Hinweis auf den grundsätzlich unproduktiven Charakter von Staatsausgaben weiterhin ab[152].

Ungeachtet der Widerstände in der Beamtenschaft war aber deutlich geworden, daß die Erosion der traditionellen Wirtschaftsordnung unaufhaltsam fortschritt. Der er-

[146] Vgl. Copy of Treasury Minute, dated 27th January, 1930, Appointing an Economic Advisory Council. Dem EAC gehörten auch Ernest Bevin und in seiner Eigenschaft als Chancellor of the Duchy of Lancaster der spätere Premierminister Clement Attlee an. Vgl. Bullock, Bevin, Bd. II, S. 436–439; Harris, Attlee, S. 87.

[147] Vgl. Bridges, S. 14; Howson/Winch, S. 17–29.

[148] Middleton, passim.

[149] Vgl. Report of the Committee on National Expenditure.

[150] Howson/Winch, S. 73–81. Der „The Causes of the Present Depression" betitelte umfangreiche Bericht – eine herausragende zeitgenössische Analyse der Weltwirtschaftskrise und ihrer Implikationen für die britische Wirtschaft – ist abgedruckt in: ebenda, S. 180–243. Der EAC wurde im folgenden Jahr denn auch in seiner bestehenden Form aufgelöst und in das „Committee on Economic Information" umgewandelt. Vgl. Moggridge, Maynard Keynes, S. 536.

[151] Der „Import Duties Act" vom Februar 1932 belegte Waren außerhalb des Empire mit Zöllen zwischen 10% und 33% ihres Wertes und markierte den Beginn des Aufbaus eines imperialen Handelsblocks. Vgl. den Überblick bei Pollard, S. 119–125.

[152] Vgl. insgesamt Peden, Keynes, the Treasury and British Economic Policy, S. 27–39; Middleton, S. 48, 50f., 62–65; Skidelsky, Reception, S. 98ff.

zwungene Abschied von der Goldparität verlagerte nolens volens den Schwerpunkt des wirtschaftspolitischen Entscheidungsprozesses in einem Maße auf das Schatzamt, daß eine vollständige Rückkehr zur Orthodoxie nicht nur unmöglich wurde, sondern zugleich ökonomische Aspekte bei der Formulierung der Innen- wie Außenpolitik einen zentralen Stellenwert gewannen. Machte die Depression der Jahre 1929–1931 eine Überprüfung der Wirtschaftspolitik vor allem mit dem Ziel der Krisenbewältigung im Inneren notwendig, so sah sich London im Laufe der dreißiger Jahre aufgrund einer massiven wirtschafts- und rüstungspolitischen Herausforderung durch das nationalsozialistische Deutschland zu einer weiteren Überprüfung des traditionellen Instrumentariums mit Blick auf die Vermeidung einer Krise im Äußeren veranlaßt. Wie sollte unter Beibehaltung des für die innere soziale Sicherheit unumgänglichen außenpolitischen Primärziels der Friedenswahrung auf die faschistische Bedrohung reagiert werden?

Unter dem Eindruck der nationalsozialistischen Versuche nach der Machtergreifung, die Krise sowohl wirtschaftlich als auch ordnungspolitisch zu überwinden, und der parallel dazu in den USA eingeleiteten „New Deal"-Maßnahmen sahen sich die Briten mit einer doppelten Herausforderung konfrontiert. Erstens verdiente auf dem europäischen Kontinent die nationalsozialistische Wirtschaftspolitik als ein möglicher Ausweg aus der Doppelkrise von Versailles und Großer Depression besondere Aufmerksamkeit. Insbesondere Hjalmar Schachts Politik der Bilateralisierung des deutschen Außenhandels, dem Kern seines „Neuen Plans", aber auch die öffentliche Ausgabenpolitik im Inneren erschienen als eine Antwort auf die Krise des Laissez-faire und deutsches Gegenstück zu Keynes' Bemühungen um eine Reformierung des wirtschaftspolitischen Kriseninstrumentariums in Whitehall. Auf der anderen Seite des Atlantiks war es Roosevelt mit seinem „New Deal" gelungen, das Land vor einen programmatischen Neuanfang zu stellen. Angesichts dieser ideologischen Zangensituation sahen sich die Entscheidungsträger Londons in ihrer Suche nach Lösungen für die Bewältigung der sozio-ökonomischen Probleme des Landes auch einem konzeptionellen Druck ausgesetzt. Gerade die Parallelität der Entwicklungen in den USA und Deutschland führte ihnen zunehmend das Dilemma einer liberalen Demokratie vor Augen, die auf eine konzeptionelle Defizitsituation kaum vorbereitet war[153].

Diese Problematik läßt sich zweitens besonders am Beispiel der Rüstungsfrage veranschaulichen. Ab Mitte der dreißiger Jahre zeichnete es sich immer deutlicher ab, daß die Herausforderung, die von der Aufrüstung des Dritten Reiches ausging, die Pax Britannica Oeconomica weiter aushöhlte und die Bedingungen, unter denen britische Regierungsstellen glaubten, die innere Stabilisierung im Aufwind der konjunkturellen Aufschwungphase 1932–1937 sicherstellen zu können, veränderte: Würde man dem Druck zur Aufrüstung nachgeben, so war dies nur auf Kosten der dringend erforderlichen Modernisierung der Wirtschaft möglich. Darüber hinaus konnte auch die eng mit der deut-

[153] Insofern muß man den bisher in der Forschung hervorgehobenen deutsch-amerikanischen Gegensatz im Ringen um eine neue Wirtschaftsordnung zum Dreieck USA („New Deal") – Deutschland („Neuer Plan") – Großbritannien (Keynesianismus) erweitern, auch wenn letzterer keine vergleichbare Basis in Regierungskreisen und schon gar nicht den messianischen Charakter des „Neuen Plans" oder auch nur des „New Deal" aufweisen konnte. Zum „Neuen Plan" im Kontext des deutsch-amerikanischen Antagonismus vgl. Schröder, Deutschland und die Vereinigten Staaten, besonders S. 127–135; vgl. auch Berghahn, Deutschland, sowie ders., Unternehmer und Politik, S. 20–39.

schen Aufrüstung verflochtene handelspolitische Penetration des kontinentaleuropäischen, namentlich südosteuropäischen Binnenmarktes und dessen Umwandlung in einen autarken Großwirtschaftsraum nicht ohne Auswirkungen für die britische Exportwirtschaft bleiben, von denen in letzter Konsequenz auch der Empire-Block nicht verschont bleiben würde. Schließlich war die Tatsache, daß Schacht als Vertreter des Nationalsozialismus galt, auch unter ideologischen Prämissen ein Beleg für die Diskreditierung jedes interventionistischen Ansatzes in der Wirtschaftspolitik.

Zwar legte die Regierung MacDonald auf der Konferenz von Ottawa im Sommer 1932 den Grundstein für die währungs- und handelspolitische Einheit des Empire-Blocks; eine aktive Ausgabenpolitik wurde in der Beamtenschaft jedoch überwiegend abgelehnt. Diese wirtschaftspolitische „Zwischenposition", die ihrerseits die bestehende Spannung zwischen Tradition und Neubeginn widerspiegelte, mußte von der Aufrüstungsdebatte ab 1935 genauso in Frage gestellt werden wie die Grundlagen des bisherigen Krisenmanagements in London insgesamt. Das Doppelproblem, dem sich London in der Auseinandersetzung mit dem Nationalsozialismus mithin ausgesetzt sah, bestand in der Frage, ob die britische Wirtschaft auf die Erfordernisse umfangreicher Aufrüstungsprogramme neu ausgerichtet werden sollte, mit anderen Worten: ob der Prozeß des wirtschaftlichen Wiederaufbaus durch umfangreiche Aufrüstungslasten in Gefahr gebracht werden durfte. Zugleich mußte sich zeigen, ob diese Form öffentlicher Ausgabenpolitik im Verbund mit notwendigen sozialpolitischen Maßnahmen die Bereitschaft innerhalb der Regierung zur Wirtschaftslenkung förderte.

Bereits die ersten Erörterungen dieser Themen auf Kabinettsebene und in den verschiedenen Unterabteilungen des Committee of Imperial Defence Ende 1935 unterstrichen die Auffassung der meisten Minister, daß eine adäquate Aufrüstung die zumindest partielle Umstellung weiter Teile der Industrie auf die Erfordernisse einer Kriegswirtschaft erforderte. Die mit solchen „semi-war conditions" verbundenen Konsequenzen für die britische Industrie und den labilen sozialen Konsens in Großbritannien wollte man allerdings nicht ziehen, so daß das Kabinett im Februar 1936 beschloß, den Aufrüstungsbedarf der Streitkräfte auf der Basis einer Prioritätenliste zu decken; die Rüstungsproduktion sollte dabei jedoch keinesfalls zu Lasten der zivilen Produktion gehen[154]. Wie der Industrielle Lord Weir, der als Berater des Defence Requirements Sub-Committee wesentlich am Zustandekommen des Kabinettsbeschlusses beteiligt war, hierzu mitteilte, erfordere das Aufrüstungsprogramm vor allem die Freistellung von Facharbeitern. Angesichts des Mangels an gelernten Arbeitskräften könne das aber nur auf Kosten der facharbeiterintensiven neuen Zweige wie der technischen Industrie gehen. Diese das „Dilution"-Problem des Ersten Weltkrieges noch verschärfende Entwicklung mußte seiner Meinung nach angesichts der anhaltend hohen regionalen und strukturellen Arbeitslosigkeit zu einer gravierenden Verzerrung des Arbeitsmarktes führen und zwangsläufig die Wettbewerbsfähigkeit der britischen Industrie beeinträchtigen. Der Prozeß ihrer Restrukturierung würde in gefährlicher Weise verlangsamt[155]. Verschiebungen auf dem Arbeitsmarkt zugunsten der Rüstungsindustrie erschienen der Regierung zudem angesichts des relativen Rückgangs der britischen Exportindustrie ge-

[154] Vgl. Parker, Chamberlain, S. 273 f.

[155] Parker, British Rearmament, S. 307, 318–343; Peden, Keynes, the Treasury and Unemployment, S. 14–16; ders., British Rearmament, S. 82.

fährlich[156]. Das Aufrüstungsprogramm, so wurde weiter eingewandt, führe zu einem Rückgang der zivilen Produktion und damit entweder zu einer Verringerung des Lebensstandards oder aber, sollte der Verlust durch die vermehrte Einfuhr von Lebensmitteln und Industriegütern kompensiert werden, zu einer gefährlichen Belastung der Zahlungsbilanz. Damit nicht genug, werde die Verringerung der Exportproduktion die Außenhandelsposition Großbritanniens verschlechtern. Sowohl das Handelsministerium als auch das Schatzamt befürchteten den Verlust von Exportmärkten. In den Augen eines Beamten bedeutete Aufrüstung, „to lose a large part of our world market not merely temporarily but probably forever"[157]. Wie Ralph Hawtrey, der Leiter der Financial Enquiries Branch des Schatzamts und Gegner von Keynes[158], zusammenfassend kommentierte: „The diversion of productive power from foreign trade products involves an increase in imports and a fall in exports, and the continued suspension of external investment, along with some realization of our existing foreign investment, would have to be relied on to fill the gap. Heavy taxation would help to keep down the adverse balance by diminishing consumption generally and incidentally consumption of imported goods."[159] Steuererhöhungen zur Finanzierung des Programms und zur Senkung der Kaufkraft kamen zwar als flankierende Maßnahmen in Betracht, trafen allerdings den empfindlichen Nerv des sozialen Konsenses in Großbritannien. Die Regierung fürchtete neben Verzerrungen im industriellen und finanzpolitischen Sektor aber vor allem, daß Unternehmer wie Arbeiter gleichermaßen in Friedenszeiten zu materiellen Opfern nicht bereit sein würden. Diese Einschätzung war um so begründeter, als sich der bereits im Macmillan-Report postulierte Primat der sozialen Sicherheit als Ziel britischer Wirtschaftspolitik immer stärker durchsetzen konnte. Gewerkschaftler wie Bevin erklärten ihr Unverständnis über das Versagen der Regierung, Abhilfemaßnahmen für das weiterhin drängende Arbeitslosenproblem und für die weitgehend regionalisierte industrielle Strukturkrise zu schaffen, während gleichzeitig ein Aufrüstungsprogramm in Höhe von £ 10 Milliarden verabschiedet werde. Die Labour Party, in die langsam Keynessches Gedankengut einzusickern begann[160], warf ihrerseits der Regierung Untätigkeit angesichts der drängenden sozialen Probleme vor und kritisierte das Klassenverhalten auf den Fluren Whitehalls, das weder eine koordinierte und konsequente Politik zur Beseitigung sozialer Härten im Inneren noch energische Maßnahmen gegenüber dem deutschen Fa-

---

[156] Vgl. Parker, Chamberlain, S. 274 f.

[157] Zitiert nach: Parker, British Rearmament, S. 310; vgl. auch Peden, Keynes, the Treasury and Unemployment, S. 16.

[158] Vgl. Hawtrey, Public Expenditure; Howson, Tabled Paper (mit weiterführender Literatur); Clarke, Keynesian Revolution, S. 146–148, 236–244; Peden, British Rearmament, S. 22 f.; ders., Keynes, the Treasury and British Economic Policy, S. 13; sowie ders., Keynes, the Treasury and Unemployment, S. 4–9.

[159] Memorandum Hawtrey, 23.10.1936, zitiert nach: Parker, British Rearmament, S. 309.

[160] Vgl. dazu beispielhaft die für das New Fabian Research Bureau verfaßte Schrift des Ökonomen und späteren Leiters der Economic Section of the Cabinet Secretariat, James Meade, Public Works and their International Aspect [1933], in: Howson (Hrsg.), Collected Papers, Bd. I, S. 6–25. Vgl. auch British Library of Political and Economic Science (im folgenden BLPES), Meade Papers 2/7, „The Exchange Policy of a Socialist Government", Juni 1934; das Referat ist auch abgedruckt in: Howson (Hrsg.), Collected Papers, Bd. III, S. 11–26. Vgl. auch BLPES, Dalton Papers II, 2/1, Labour Party Finance and Trade Committee Papers 1932/33, und II, 2/3, Labour Party Finance Policy Papers 1938. Vgl. insgesamt den Überblick bei Brooke, zu den dreißiger Jahren besonders S. 159–161; sowie Durbin, Part II, passim.

schismus zulasse[161]. Gegen eine massive Aufrüstung wurde ferner geltend gemacht, daß eine gezielte Konfrontationspolitik gegenüber Berlin das deutsch-britische Handelsverhältnis empfindlich stören würde. Sowohl Stanley Baldwin, Premierminister der Jahre 1935 bis 1937, als auch der Gouverneur der Bank von England, Sir Montagu Norman, der bereits in den zwanziger Jahren für eine gemäßigte Haltung gegenüber Deutschland in der Reparationsfrage eingetreten war[162], glaubten, daß ein wirtschaftlich wiederaufgebautes Deutschland als Handelspartner für die britische Wirtschaft vorteilhaft sei. Sie griffen dabei Gedanken auf, die Keynes bereits in den „Economic Consequences" zu einem Hauptargument gegen die Versailler Friedensordnung gemacht hatte und die in der Öffentlichkeit weit verbreitet waren: So hatte die Londoner „Times" bereits 1922 kommentiert, der wirtschaftliche Wiederaufbau Deutschlands sei gleichbedeutend mit der Wiederherstellung des britischen Handels, der Beseitigung der Arbeitslosigkeit und der Schaffung von Einnahmequellen zur Begleichung der britischen Schuldenlast gegenüber den USA[163]. Schließlich erwies sich nicht zuletzt die eigene wirtschaftspolitische Tradition als unüberwindliches Hindernis für eine adäquate Aufrüstung. Wie ein Spitzenbeamter bemerkte, war auch in der zweiten Hälfte der dreißiger Jahre eine antizyklische staatliche Ausgabenpolitik „still heresy in Whitehall", und Chamberlain wies als Schatzkanzler noch Mitte 1936 darauf hin, daß ein umfangreiches Rüstungsprogramm eine Kontrolle der Industrie und des Arbeitsmarktes impliziere, für deren Rechtfertigung der Zeitpunkt noch nicht gekommen sei[164].

Alle diese Argumente der Jahre 1935–1938 reflektieren die in Regierungskreisen dominierende Überzeugung, daß, wenn auch nicht die völlige Wiederherstellung der Pax Britannica Oeconomica, so doch wenigstens die Sicherung der Stellung Großbritanniens als Weltmacht von der Beibehaltung wirtschaftlicher Prosperität, d. h. genauer: von einem stabilen Wirtschaftswachstum, sowie von der Vermeidung industrieller und fiskalischer Verzerrungen abhing. Dieses Ziel konnte freilich eher durch eine Politik der Abrüstung, der Kriegs- und Konfliktvermeidung, denn durch ein Wettrüsten mit dem nationalsozialistischen Deutschland erreicht werden. Eine Politik des wirtschafts-, rüstungs- und machtpolitischen Appeasement gegenüber dem faschistischen Deutschland war die Klammer, die die Kluft zwischen den außen- und sicherheitspolitischen Verpflichtungen des Landes als Mutterland des Empire und den hierzu notwendigen Ressourcen schmälern und den Übergang der Krise der Pax Britannica in einen weltweiten militärischen Konflikt verhindern sollte. Ein Weltkrieg mußte eine an den Bedürfnissen der Bevölkerung orientierte Modernisierung erneut auf unabsehbare Zeit unterbrechen und den sozio-ökonomischen Konsens im Inneren sowie den weiteren Weg zu allgemeiner Prosperität, auf die allein Großbritannien seiner Tradition entsprechend seine machtpolitische Stellung zu gründen glaubte, in Gefahr bringen. Diese nur im Zusammenhang mit der historischen Entwicklung des Inselreichs zu verstehende Auffassung wurde namentlich von Thomas Inskip, dem Minister für Verteidigungskoordination zwischen März 1936 und Januar 1939, prägnant auf den Begriff gebracht, der die ökonomische Stabilität des

[161] Vgl. Coghlan, S. 208f.; Wendt, Demokratie, S. 13f.

[162] Jones, Bd. I, S. 240 (8.6.1923).

[163] Coghlan, S. 208; Wendt, „Economic Appeasement", S. 160.

[164] Sir Arthur Salter, Memoirs of a Public Servant, London 1961, S. 253, zitiert nach: Howson/Winch, S. 145. Chamberlain in: Parliamentary Debates, Official Report, House of Commons. Fifth Series (im folgenden H.C. Deb. 5s), Bd. 311, Sp. 434f. (23.4.1936).

Landes unter sicherheitspolitischen Gesichtspunkten als zentrales Element der britischen Verteidigungsfähigkeit bezeichnete, als neben den drei Teilstreitkräften gleichberechtigter „fourth arm in defence“[165].

Der von Inskip so eindringlich umrissene Kern der britischen Appeasementpolitik beinhaltete mit seinem impliziten Primat der Innenpolitik, der Beseitigung von Arbeitslosigkeit und industrieller Strukturkrise unmißverständlich Keynessche Ideen. Die traditionell internationalistische Ausrichtung des Schatzamtes, die eine minimalistische Wirtschaftspolitik nach innen bedingte, ging in den dreißiger Jahren langsam dazu über, ein Mitspracherecht und damit aktivere Eingriffsmöglichkeiten gegenüber den mit der Außen- und Verteidigungspolitik betrauten Ministerien mit dem Ziel durchzusetzen, eine angemessene Ziel-Mittel-Relation gerade für Maßnahmen gegenüber dem Nationalsozialismus zu gewährleisten, die die innere Stabilisierung nicht gefährdete. Der Vorwurf, das Schatzamt habe eine rechtzeitig eingeleitete Aufrüstung behindert, trifft daher nicht zu. Vielmehr versuchte es, die in sich zerstrittenen und ihrerseits veraltetem Strategiedenken anhängenden Teilstreitkräfte zu effizienteren Vorschlägen anzuleiten und eine koordinierte Aufrüstung voranzutreiben[166]. Lautete das Rezept in den zwanziger Jahren noch Rekonstruktion durch Restauration, so verlangte die Entwicklung in den Dreißigern eine allgemeine Neuorientierung. Es wird aber auch deutlich, daß es der Regierung nicht gelang, in diesem Jahrzehnt eine Wirtschaftskonzeption zu entwickeln, die als Antwort auf die Herausforderung durch das nationalsozialistische Autarkie- und Blockdenken hätte betrachtet werden können, zugleich jedoch in Relation zum amerikanischen „New Deal“ der immer größeren Bedeutung der USA als Machtfaktor in der Weltwirtschaft Rechnung getragen hätte[167]. Appeasement war daher nicht nur das Resultat wirtschaftlicher Strukturdefizite und militärischer Fehlentwicklungen; es spiegelt darüber hinaus den Verlust der wirtschaftspolitischen Initiative im Transformationsprozeß der Pax Britannica Oeconomica seit dem Ende des Ersten Weltkrieges wider.

Keynes' „General Theory“ und das Problem der militärischen Aufrüstung

Auch Keynes selbst blieb in diesem Zwiespalt zunächst gefangen. Zwar hatte er 1936 mit der Publikation seiner „General Theory“ seinen Lehren einen autoritativen Abschluß verliehen; gerade die Aufrüstungsdiskussionen sollten jedoch zeigen, daß sein Theorie-

---

165 Meyers, Die vierte Teilstreitkraft, S. 191; Peden, A Matter of Timing, S. 16. Vgl. ausführlicher Meyers, Britische Sicherheitspolitik, S. 398–424.

166 Vgl. Meyers, Britische Sicherheitspolitik; ders., Die vierte Teilstreitkraft; Peden, British Rearmament; ders., Keynes, the Economics of Rearmament and Appeasement.

167 Eine zumindest währungspolitisch wirksame Teilanerkennung dieses Entwicklungsprozesses stellte jedoch das trilaterale Finanzabkommen zwischen Großbritannien, Frankreich und den USA vom September 1936 dar. Der ihm zugrundeliegende britisch-amerikanisch-französische monetäre Konsens wurde in Berlin tatsächlich als bedrohliches Zusammenrücken der „Goldblockländer“ empfunden. Freilich wurde der Effekt des Abkommens durch die konjunkturelle Lage der Weltwirtschaft konterkariert: Hitler antwortete auf die Verschlechterung des Außenhandels und die kritische Devisenlage Deutschlands im Krisenjahr 1936 im gleichen Monat auf dem Nürnberger Parteitag mit der Verkündung des Vierjahresplans. Doch unabhängig von ihrer unmittelbaren Wirkung signalisierten die untereinander flexiblen Währungskurse von Pfund, Dollar und Franc, auf denen das Abkommen beruhte, doch den Beginn einer Entwicklung, die schließlich in der Entstehung eines „Dollar-Standards“ nach dem Zweiten Weltkrieg gipfeln sollte. Vgl. dazu Cleveland, S. 6f.; sowie aus französischer Sicht Girault.

gebäude weitere Denkanstrengungen erforderte und auch der Durchsetzungsprozeß in Whitehall noch keinesfalls ein ihn befriedigendes Stadium erreicht hatte. Die nur vordergründige Stabilisierungsphase der mittleren dreißiger Jahre sowie die ungebremste Aufrüstung in Deutschland stellten den Anspruch keynesianischer Wirtschaftspolitik erneut vor eine Bewährungsprobe und verstärkten den Druck, sie angesichts der Ausgabenpolitik der Reichsregierung und namentlich des Vierjahresplans von 1936 zu legitimieren. Die Perspektive eines heraufziehenden Krieges bestimmte deshalb ungeachtet ihres theoretischen Kerns auch seine „Allgemeine Theorie der Beschäftigung, des Zinses und des Geldes". Daß es Keynes letztendlich um die Durchsetzung des Primats der binnenwirtschaftlichen Konsolidierung ging, daran ließ er auch in seiner Hauptschrift keinen Zweifel. Seine Kritik am System der internationalen Wirtschaftsbeziehungen vor dem Ersten Weltkrieg und dessen Laissez-faire-Prinzipien erneut aufgreifend, bemerkte er, daß Vollbeschäftigung und allgemeine Wohlfahrt in einer Zeit, die durch den Aufstieg von Nationalwirtschaften gekennzeichnet sei, nicht mehr durch ein Festhalten an einer internationalistischen, eine minimalistische Rolle der öffentlichen Hand verlangenden Wirtschaftspolitik garantiert werden könnten, sondern gezielte Eingriffe des Staates erforderten. Dies dürfe jedoch – und hier setzte seine Kritik an den totalitären Staaten ein – nicht zur Verfolgung nationalegoistischer und das Gleichgewicht destabilisierender Ziele geschehen, sondern diene vielmehr der Schaffung einer neuen Friedensgrundlage. Keynes hoffte, „that the new system might be more favourable to peace than the old has been"[168].

Damit unterstrich Keynes erneut sein Anliegen, das traditionelle Ziel der Friedenswahrung in der britischen Außenpolitik aus dem zusammenstürzenden Gebäude der Pax Britannica Oeconomica durch eine Transformation der wirtschaftspolitischen Grundsätze seiner Zeit und eine Reorganisation des Weltwirtschaftssystems zu retten. Krieg, so bemerkte er in seiner „General Theory", habe mehrere Ursachen. Neben der allgemeinen Kriegsbereitschaft von Diktatoren diagnostizierte der Nationalökonom vor allem die bereits verschiedentlich von ihm als treibende Kräfte des Wirtschaftslebens identifizierten Faktoren des Bevölkerungswachstums und des Ringens um Märkte, die seiner Meinung nach die Neigung, Krisensituationen durch Mittel der Aggression zu lösen, förderten. Diese Verzahnung von Ökonomie und Außenpolitik habe vermutlich im 19. Jahrhundert gerade deshalb eine wichtige Rolle gespielt, weil Laissez-faire und Goldstandard einer Regierung zur Lösung wirtschaftlicher Krisen im Inneren keine andere Möglichkeit ließen als die Verbesserung der Handelsbilanz durch die Eroberung neuer Absatzmärkte[169]. „Thus," so bemerkte Keynes, „whilst economists were accustomed to applaud the prevailing international system as furnishing the fruits of the international division of labour and harmonising at the same time the interests of different nations, there lay concealed a less benign influence; and those statesmen were moved by common sense and a correct apprehension of the true course of events, who believed that if a rich, old country were to neglect the struggle for markets its prosperity would droop and fail." Demgegenüber entzog für Keynes der Zustand der Vollbeschäftigung als Ergebnis gezielter staatlicher Wirtschaftspolitik dem aggressiven und potentiell friedensbedrohenden Konfliktverhalten von Staaten den Boden: „There would still be room for

[168] JMK VII, S. 381.
[169] Dieser Gedanke ist ausführlich erläutert in: ebenda, S. 333–371.

the international division of labour and for international lending in appropriate conditions. But there would no longer be a pressing motive why one country need force its wares on another or repulse the offerings of its neighbour, not because this was necessary to enable it to pay for what it wished to purchase, but with the express object of upsetting the equilibrium of payments so as to develop a balance of trade in its own favour. International trade would cease to be what it is, namely, a desperate expedient to maintain employment at home by forcing sales on foreign markets and restricting purchases, which, if successful, will merely shift the problem of unemployment to the neighbour which is worsted in the struggle, but a willing and unimpeded exchange of goods and services in conditions of mutual advantage."[170]

Der in der „General Theory" deutlich erkennbare Schwerpunkt, den die Wirtschaftspolitik im Inneren einnahm, vernachlässigte jedoch die gerade durch die skizzierte Rüstungsdebatte aufgeworfene Frage nach der internationalen Dimension jeder Stabilisierungspolitik. Dabei hielt Keynes an seiner Forderung nach Schaffung wirtschaftspolitischer Planungsinstanzen fest. In einem Interview im Januar 1939 betonte Keynes, daß gerade in der Auseinandersetzung mit Diktatoren zentrale Planungsstellen mehr denn je ein Gebot der Zeit seien. „In contemporary conditions", so bemerkte er, „we need, if we are to enjoy prosperity and profits, so much more central planning than we have at present that the reform of the economic system needs as much urgent attention if we have war as if we avoid it. The intensification of the trade cycle and the increasingly chronic character of unemployment have shown that private capitalism was already in its decline as a means of solving the economic problem. But the breakdown of international good faith and the constant threat to peace are making it still more obvious that, quite apart from war, we have to move a long distance along that very road which actual war would make it imperative for us to take."[171] Daß eine staatliche Konjunkturpolitik und begrenzte Lenkungsmaßnahmen in dem von Keynes beschriebenen Rahmen eine wichtige Funktion in der Auseinandersetzung mit den Diktatoren ausübten, erklärte er im März 1938 auch dem amerikanischen Präsidenten: „The tragedy is that the right-minded show no inclination of supporting one another. You will be reluctant to support us; we are reluctant to support France, France is reluctant to support Spain. At long last we shall get together. But how much harm will have been done by then?" Vor diesem Hintergrund erschien ihm Roosevelts wirtschaftspolitischer Kurs keineswegs ausreichend, um den innenpolitischen Reformkurs angesichts der außenpolitischen Bedrohung zu sichern. Keynes ließ den US-Präsidenten wissen, „that you are treading a very dangerous middle path. You must either give more encouragement to business or take over more of their functions yourself. If public opinion is not ready for the latter, then it is necessary to wait until public opinion is educated. Your present policies seem to presume that you possess more power than you actually have."[172]

Keynes sah, daß sich seine Theorien zwar im Laufe der dreißiger Jahre auf der administrativen Ebene durchzusetzen begonnen hatten; die wirtschaftspolitische Konversion der Beamten war jedoch keinesfalls soweit fortgeschritten, daß sie eine geschlossene und kohärente Antwort auf das Ausgreifen des Faschismus ermöglicht hätte. Der National-

[170] Ebenda, S. 382f.
[171] „Democracy and Efficiency" (New Statesman, 28.1.1939), in: JMK XXI, S. 491–500, hier S. 492.
[172] KCKP, L/38/11–12, Keynes an Roosevelt, 25.3.1938.

ökonom betrachtete daher die bürokratische Struktur als retardierendes Moment bei dem Versuch der Krisenbewältigung. Der „Civil Service", so bemerkte er bissig, werde von der Schule des Schatzamts beherrscht – „trained by tradition and experience and native skill to every form of intelligent obstruction". Er sei voller Bewunderung für die Leistung der Beamtenschaft, aber „I am afraid that they are becoming a heavy handicap in our struggle with the totalitarian states and in making ourselves safe from them. They cramp our energy, and spoil or discard our ideas."[173] Das Argument, man könne der Herausforderung eines Staates mit einer totalitären Wirtschaftsverfassung nicht dadurch begegnen, daß man dessen illiberale Politik adoptiere, ging deshalb nach Keynes' Auffassung am eigentlichen Problem vorbei. Vielmehr war die Frage zu lösen, wie das außenpolitische Primärziel der Friedenssicherung unter veränderten außenwirtschaftlichen Bedingungen so beibehalten werden konnte, daß weder die eigenen Wiederaufbaubemühungen gestört bzw. „verzerrt" wurden, noch das Festhalten am inadäquaten traditionellen Kriseninstrumentarium in eine Appeasementpolitik mündete, an deren Ende die völlige Zerstörung liberaler Ideen stand. Denn „the obstacle lies not here, but in our rulers – first of all in the personnel of the Cabinet, and secondly in the personnel of the heads of the Civil Service. [...] The totalitarian states have shown us clearly enough that the central mobilisation of resources and the regimentation of the individual can be carried to a point which threatens the elements of personal liberty. I do not deny that. I say that we are so far from such a situation that the risk does not now exist. Nor is the real controversy about this. The question is whether we are prepared to move out of the nineteenth century *laissez-faire* state into an era of liberal socialism, by which I mean a system where we can act as an organised community for common purposes and to promote social and economic justice, whilst respecting and protecting the individual – his freedom of choice, his faith, his mind and his expression, his enterprise and his property."[174]

Trotz aller Kritik an den Beamten verband ihn doch bei der Beurteilung des Rüstungsprogramms eine Grundauffassung mit dem Schatzamt: Der Umfang des Verteidigungshaushalts mußte sich innerhalb der wirtschaftlichen Leistungsgrenzen des Landes bewegen. Neben einer umfangreichen Staatsanleihe empfahl Keynes zu seiner Finanzierung Steuererhöhungen, ergänzt um Kürzungen bei den Sozialausgaben; zusätzlich warnte er vor der Einführung von Marktkontrollen zur Sicherstellung der für die Aufrüstung benötigten Rohstoffe[175]. Auch wenn auf den ersten Blick eine gezielte Aufrüstungspolitik als ein Äquivalent zu dem von ihm und Lloyd George Ende der zwanziger Jahre geforderten staatlichen Investitionsprogramm erscheinen mochte[176], so zeigte sich nun, daß die damit verbundenen Probleme vielfältiger und komplexer als bisher angenommen waren. Keynes hoffte tatsächlich, die Aufrüstung werde zur Entspannung des Arbeitsmarktes beitragen und seinen Theorien zum endgültigen Durchbruch verhelfen. In einem Beitrag für die BBC zwei Monate vor Kriegsausbruch erklärte er, „if expenditure on armaments really does cure unemployment, I predict that we shall never go back all the way to the old state of affairs. If we can cure unemployment for the wasted purposes

[173] „Democracy and Efficiency" (New Statesman, 28.1.1939), in: JMK XXI, S. 497.
[174] Ebenda, S. 497, 500.
[175] Peden, Keynes, the Economics of Rearmament and Appeasement, S. 143–145, 150.
[176] Zum Einfluß des Aufrüstungsprogramms auf den Arbeitsmarkt vgl. Thomas.

of armaments, we can cure it for the productive purposes of peace. Good may come out of evil. We may learn a trick or two which will come in useful when the day of peace comes, as in the fullness of time it must."[177] Dennoch teilte er die Besorgnis in Finanzkreisen, die Aufrüstung könne sich zu einem nur schwer kontrollierbaren, in seiner Tendenz inflationären Boom entwickeln. Der Rückgang der Arbeitslosigkeit und ein rüstungswirtschaftlich bedingter Konjunkturaufschwung konnten dazu führen, daß vor allem die Nachfrage nach Importen stieg und bei der ungelösten Exportkrise des Landes Druck auf die Zahlungsbilanz ausübte. Wie er in einer Artikelserie für die „Times" im Januar 1937 eingestand, liege überdies das Stabilisierungsproblem einer Wirtschaft im fortgeschrittenen Stadium des Wiederaufbauprozesses im Unterschied zum Frühstadium, in dem eine Ankurbelung der generellen Investitionstätigkeit der Industrie ausschlaggebend sei, vor allem in der richtigen strukturellen Verteilung von Investitionskapital – eine Schwierigkeit, deren Behebung, so hob er hervor, auch durch Wirtschaftsplanung nicht garantiert werden könne[178].

Es ist unübersehbar, daß diese Ratschläge in einem scheinbaren Widerspruch zu seinen bislang entwickelten Überlegungen standen. An diesem Punkt gelangte Keynes zu der Erkenntnis, daß die ökonomische Stabilisierung Großbritanniens stärker von außenwirtschaftlichen Faktoren abhing; dieser Befund ging über den enger gesteckten Rahmen seiner „General Theory" hinaus. Würden in einer zyklischen Aufwärtsbewegung eingesetzte Staatsinvestitionen und die sich zwangsläufig ergebende Nachfragesteigerung nicht drastische Exporterhöhungen oder damit korrespondierende Einschränkungen der Importe notwendig machen, um einer Verschlechterung der Außenhandelsbilanz und einem möglichen Abzug ausländischen Kapitals vorzubeugen? Würden staatliche Eingriffe in den Verteilungsprozeß der Ressourcen zugunsten der rüstungsintensiven Industrien den Exportsektor und damit Großbritanniens Wettbewerbsstellung auf den internationalen Märkten nicht noch weiter schwächen? Konnte unter solchen Bedingungen sichergestellt werden, daß ausreichendes Investitionskapital in jene Industriezweige floß, die den Stabilisierungsprozeß in Friedenszeiten trugen? Und barg etwa auch eine antizyklische Investitionspolitik der öffentlichen Hand die Gefahr, daß eine bereits rezessiv bedingte negative Zahlungsbilanz durch Verzerrungen im Verhältnis von Im- und Exporten weiter in die roten Zahlen gedrückt würde? Auf solche Fragen ging die „General Theory" nur am Rande ein.

Es kann daher nicht verwundern, daß Keynes im Frühjahr 1937 das Zahlungsbilanzproblem als Angelpunkt der Aufrüstungsbemühungen Großbritanniens, ja letztlich des gesamten Wiederaufbau- und industriellen Anpassungsprozesses herauszustellen begann. Dabei sprach er sich zur Inflationsprophylaxe gegen Importkürzungen aus, wies dagegen darauf hin, daß es mehr denn je darauf ankomme, die Exportindustrie, vor allem in den Regionen, in denen die strukturelle Arbeitslosigkeit trotz der Boomjahre besonders gravierend war, zu unterstützen und die Produktion auszuweiten. Dies werde inflationären Tendenzen entgegenwirken und den unvermeidlichen Zustrom der Importe ausgleichen[179]. Auch die allgemeine Rezession von 1938, die jede Furcht vor einer Infla-

---

[177] „Will Rearmament Cure Unemployment?", in: JMK XXI, S. 528–532, hier S. 532.

[178] „How to Avoid a Slump", in: JMK XXI, S. 384–395.

[179] Ebenda; „Borrowing for Defence: Is It Inflation? A Plea for Organised Policy", in: ebenda, S. 404–409; sowie „Crisis Finance: An Outline of Policy", in: ebenda, S. 509–518, hier S. 512.

tion als unbegründet erwies, konnte nicht von der besonderen Gefahr ablenken, die von den sich gegenseitig beeinflussenden Kraftfeldern von Aufrüstung und Handelsbilanz ausging. In einem Memorandum, das im Dezember 1938 dem Kabinett vorlag, warnten Keynes und seine Kollegen vom Committee on Economic Information vor einem Kapitalabzug aus Großbritannien als Folge einer sich verschlechternden Zahlungsbilanz. Die Situation sei nicht weniger kritisch als 1931, als das Land zur Aufgabe des Goldstandards gezwungen worden sei. Das Komitee riet, zur Stabilisierung der zwischen Rüstungsproduktion und Außenhandelsentwicklung eingeklemmten britischen Wirtschaft rüstungswirtschaftlich wichtige Waren einzuführen, etwa Werkzeugmaschinen und Stahl, um industrielle Engpässe zu überwinden[180].

Damit schließt sich der Kreis mit den zuvor angestellten Überlegungen zu Keynes' Kritik der Versailler Friedensordnung. Die mangelnde Rückbindung seiner Theorien an die internationale Dimension der wirtschaftspolitischen Praxis, auf die ihn die Finanzierungsfrage der Rüstungsprogramme aufmerksam gemacht hatte, deutete bereits in die Richtung seiner Beratertätigkeit während des Zweiten Weltkrieges; dabei sollte das Deutschlandproblem erneut in den Mittelpunkt rücken.

Kontinuitätsaspekte der Appeasementpolitik Londons

Im Hinblick auf die im folgenden zu analysierenden Kriegszielplanungen und die britische Deutschlandpolitik der unmittelbaren Nachkriegszeit sollte der Rekurs auf die Zwischenkriegszeit und die thematische Anbindung an die Zeit vor 1914 auf wichtige Kontinuitätsmomente der britischen Außenpolitik aufmerksam machen; zugleich wurde auf die damit eng verflochtene Appeasementproblematik der dreißiger Jahre hingewiesen, in der sich diese Entwicklungslinien zu einer außenpolitischen Krise verdichteten. Es sollte ebenfalls deutlich werden, wie Keynes in seiner Kritik an der wirtschaftspolitischen Tradition des Landes zu Einsichten gelangte, die das außenpolitische Primärziel der Friedenssicherung als notwendige Voraussetzung für die sozio-ökonomische Stabilität im Inneren nicht durch ein Festhalten an einem inadäquaten wirtschaftspolitischen Instrumentarium und einer volkswirtschaftlichen Orthodoxie zu retten versuchte, sondern durch deren Überwindung. In dieser progressiven Diagnose griff er weit über die zeitgenössischen Ansichten der jeweiligen Regierungen hinaus. Seine Überlegungen waren zugleich der Versuch, eine Antwort auf die wirtschaftskonzeptionelle wie machtpolitische Herausforderung durch den friedensbedrohenden Nationalsozialismus zu finden. Aus der Perspektive der Zeit nach dem Zweiten Weltkrieg kommt daher dem „Keynesianismus" eine Brückenfunktion zu, die den Schlüssel zur Kontinuitätsfrage in der britischen Außenpolitik darstellt.

Die Appeasementpolitik und die Erosion der Pax Britannica Oeconomica gingen Hand in Hand. Eine Politik der Konfliktvermeidung gegenüber seinen außenpolitischen Herausforderern gewann für Großbritannien in dem Maße an Gewicht, wie seine Stellung als wirtschaftliche Führungsmacht schwand. Zwar trifft Sir Eyre Crowes Feststel-

---

[180] Public Record Office, Cabinet Office Papers (im folgenden CAB) 24/281, C.P. 296 (38), Memorandum by the Committee on Economic Information, „Problems of Rearmament". Vgl. das Material in T 175/104. Das Memorandum wurde vom Kabinett jedoch nicht erörtert; vgl. zum Hintergrund Howson/Winch, S. 148f.; Peden, Keynes, the Economics of Rearmament and Appeasement, S. 147.

lung zu, daß Friedenswahrung durch die Aufrechterhaltung bzw. Wiederherstellung des Mächtegleichgewichts das Grundanliegen der britischen Außenpolitik darstellen mußte, wollte das Land seine Vormachtstellung – im Interesse aller Beteiligten – wie auch seinen Besitzstand wahren[181]; eine Politik des Ausgleichs und der Konfliktvermeidung war daher ein traditionelles Anliegen Londons. Zu Appeasement konnte sie allerdings erst dann werden, als eine Kluft entstand zwischen der wirtschaftlichen Stellung des Landes in Relation zu den aufstrebenden Mächten USA, Deutsches Reich und Japan einerseits und dem Besitzstand bzw. den außenpolitischen Verpflichtungen andererseits. Das Festhalten an einem Vormachtkonzept in der Außenpolitik mußte schließlich zwangsläufig dazu führen, daß bei einer relativen Schmälerung der Ressourcenbasis die Schere zwischen behauptetem Führungsanspruch und real vorhandenem Handlungsspielraum immer weiter auseinanderging.

Dabei muß betont werden, daß der relative wirtschaftliche Machtverlust ein wesentlicher Grund für jenes Maß an territorialer Expansion war, das schließlich in eine „Überdehnung" mündete. Mithin begründete nicht allein ein bloßes Auseinanderklaffen zwischen Ressourcen und geographischer Ausdehnung, sondern die Erschütterung der Pax Britannica Oeconomica als Ursache zusätzlicher kolonialer Expansion den außenpolitischen Wechsel von einer „splendid isolation" zu Appeasement. Hier knüpft die Forschung an einen in der „General Theory" ausgeführten Keynesschen Grundgedanken an, der die Expansionsbewegung als wirtschaftspolitische Notlösung einer Nation begriff, deren Regierung in einer Periode sozio-ökonomischer Spannungen im Inneren keine Möglichkeiten zu aktiverem Handeln zur Verfügung standen, da sie zu keinem Konsens hinsichtlich einer aktiveren Wirtschaftspolitik fand[182]. Vollends bloßgelegt wurde dieser Entwicklungsprozeß schließlich, als sich nach dem Ersten Weltkrieg auch der institutionelle weltwirtschaftliche Rahmen und insbesondere Londons Rolle als Clearing-Stelle des internationalen Zahlungsverkehrs aufzulösen begann – ein Umstand, der die Formation einzelner Wirtschaftsblöcke als einzig sinnvollen Ausweg aus den Krisen erscheinen ließ und den machtpolitischen und militärischen Aufstieg des Dritten Reichs und letztlich die Intensivierung britischer Appeasementpolitik entscheidend förderte.

Keynes hatte diese Entwicklung antizipiert und nach Lösungsmöglichkeiten gesucht, vor dem Hintergrund wachsender sozialer Unruhen und drohender kommunistischer Infiltration den wirtschaftlichen Kollaps zu vermeiden und die liberalen Prinzipien des 19. Jahrhunderts zu bewahren. Seine Hinweise auf die Wirtschaftskraft der USA lassen vermuten, daß er hoffte, Washington werde das Vakuum nach und nach füllen, das der Machtverlust Londons hinterlassen würde. Gleichzeitig mußte es gelingen, in einem

[181] Vgl. sein „Memorandum on the Present State of British Relations With France and Germany", 1.1.1907: Die Entstehung einer den Status Großbritanniens bedrohenden Mächtekonstellation könne nur dadurch verhindert werden, „that the national policy of the insular and naval State is so directed as to harmonize with the general desires and ideals common to all mankind, and more particularly that it is closely identified with the primary and vital interests of a majority, or as many as possible, of the other nations". Für Crowe blieb das Prinzip des Freihandels eine unverzichtbare Voraussetzung für die Wahrung nationaler Grundinteressen, und das Einstehen Großbritanniens für dieses Prinzip ließ seiner Meinung nach die britische Vorherrschaft den beteiligten Staaten eher akzeptabel erscheinen als die Aussicht auf die Hegemonie einer protektionistischen Macht. British Documents on the Origins of the War, Bd. III, S. 397–420, hier S. 402f.

[182] Vgl. oben Anm. 169.

pluralistischen internationalen Wirtschaftssystem den Aufstieg Deutschlands zur wirtschaftlich dominierenden kontinentaleuropäischen Macht zum Vorteil für alle zu kanalisieren. Dieses Integrationsproblem mußte freilich in dem Moment zu einem nur schwer lösbaren Problem werden, in dem das Wirtschaftssystem keine „imperiale" Führungsmacht hatte, die mit der Rolle Großbritanniens als Gleichgewichtshalter vor 1914 vergleichbar gewesen wäre. Es stand also zu vermuten, daß sich erst mit der Herausbildung einer neuen hegemonialen Wirtschaftsstruktur – und dies konnte nur bedeuten: unter Führung der USA – neue Lösungswege ergeben würden. Für Großbritannien selbst hieß dies, angesichts der Doppelherausforderung von amerikanischem Führungsanspruch und nationalsozialistischer Bedrohung, hinter der letztlich zwei sich gegenseitig ausschließende Wirtschaftskonzepte standen, die alten Anpassungs- und Modernisierungsprobleme zu lösen und die Rolle des Landes innerhalb eines neuen, hegemonial orientierten Weltwirtschafts- und Mächtesystems neu zu definieren. Gleichzeitig war eine Neubewertung des Faktors Deutschland vorzunehmen und dessen Gefahrenpotential für die internationalen Beziehungen vor allem durch wirtschaftspolitische Maßnahmen zu entschärfen, ein Befund, dessen Tragweite sich mit dem Verlauf der alliierten Besatzungspolitik, insbesondere der Reparationspolitik, vor allem aber in den das integrative Element betonenden Maßnahmen im Rahmen von Marshallplan und Schumanplan bis hin zur Debatte um einen deutschen Verteidigungsbeitrag nach 1945 in vollem Umfang zeigen sollte. Dieser letzte Aspekt, den Keynes in den „Economic Consequences" in seiner Bedeutung zu Recht herausgestellt hatte, der aber zunächst noch recht blaß geblieben war, sollte während des Zweiten Weltkrieges neben der Suche nach einer neuen monetären Ordnung auf der Basis einer anglo-amerikanischen Partnerschaft zum zweiten wichtigen Schwerpunkt seiner Überlegungen werden.

II. Der Gegensatz von wirtschaftlichem Wiederaufbau und Sicherheit vor Deutschland in der britischen Diskussion bis zur Kriegswende 1941

1. Die konzeptionelle Herausforderung Großbritanniens durch Deutschland

Wie der Rückgriff auf die Entwicklung der Zwischenkriegszeit zeigte, hatte sich Keynes' Aufmerksamkeit kurz vor Ausbruch des Krieges erneut dem Einfluß der Außenfaktoren auf das innere sozio-ökonomische Gleichgewicht zugewendet. Der Zusammenhang zwischen beiden, der das spezifische Antriebsmoment der Appeasementpolitik ausgemacht hatte, stellte sich nach Ausbruch der Kriegshandlungen als Doppelproblem dar: Wie würde Großbritannien erstens die zur Kriegführung notwendigen Mittel aufbringen, und welche Veränderungen in der Wirtschaftspolitik waren notwendig, um sie kriegswirtschaftlich möglichst effizient einzusetzen? In welcher Form sollte zweitens die konzeptionelle Herausforderung der NS-Wirtschaftspolitik angenommen werden? Diese Aspekte berührten in direkter Weise Großbritanniens wirtschaftliche Stellung nach Kriegsende und zugleich die Frage der zukünftigen Behandlung Deutschlands innerhalb eines durch die Ereignisse des Weltkriegs erheblich veränderten, aber noch bislang ungeformten internationalen Rahmens.

Auch Keynes' Stellung als Wirtschaftsberater hatte sich bei Kriegsausbruch nicht unwesentlich verändert. Die Publikation der „General Theory", die ihn als prominentesten und einflußreichsten Ökonomen seiner Zeit ausgewiesen hatte, war zeitlich mit dem Beginn der Aufrüstungsdebatte zusammengefallen und hatte ihn wieder enger an die wirtschaftspolitischen Schalthebel Whitehalls herangebracht. Der Zusammenbruch Frankreichs im Frühjahr 1940 und der Schock, den der überstürzte Rückzug der britischen Truppen aus Dünkirchen auslöste, bewirkten schließlich eine politische Krise im Inneren, an deren Ende die Ablösung Chamberlains als Premierminister durch Churchill stand. Diese Krise trug entscheidend dazu bei, Keynes wieder an den Entscheidungsprozeß heranzuführen. Die personelle und organisatorische Umgestaltung der Regierung, deren markanteste Ausprägung die Einrichtung eines Kriegskabinetts war, verschaffte schließlich seinen Plänen auch innerhalb der Beamtenschaft sowie auf Ministerebene mehr Aufmerksamkeit; er selbst wurde „inoffizieller Berater" des neuen Schatzkanzlers Sir Kingsley Wood und Mitglied in dessen neugegründetem Beraterstab[1]. Dabei gab ihm der Umstand, daß er im Gegensatz zur stärkeren Einbindung im Ersten Weltkrieg nun keine feste Stellung innerhalb des Beamtenapparats bekleidete, die Möglichkeit zu grö-

[1] Wie Keynes am 28.6.1940 an seine Mutter schrieb, werde dies den Vorteil haben, „of giving me direct access to the Chancellor of the Exchequer with any bright ideas I may have". JMK XXII, S. 190. Zu Keynes' Einfluß auf Kingsley Wood sowie zur Stellung des Schatzkanzlers vgl. den Tagebucheintrag Hugh Daltons über ein Gespräch mit Wood: „He [Kingsley Wood] says that Keynes and [Hubert] Henderson [Professor für Politische Ökonomie in Oxford und von 1939–1944 Wirtschaftsberater im Schatzamt] and others are always ‚running in' to him and saying ‚Why don't you do so and so?' [...] I hear that they say at the Treasury ‚You will never do so much with that little fool'." BLPES, Dalton Diaries I/27, fol. 30 (Eintrag 19.8.1942).

ßerer intellektueller Formulierungsfreiheit. Dadurch gelang es ihm, eine breite Beratertätigkeit zu entwickeln, die in ihrer Wirkung nicht auf die Beamten des Schatzamts beschränkt blieb, sondern auch soziale Gruppen im Inneren, allen voran die Gewerkschaften, und bedeutende auswärtige Diplomaten und Politiker wie den US-Präsidenten Roosevelt und die Mitarbeiter der amerikanischen Botschaft umfaßte. Die Bedeutung seines Status als „demi-semi-official"[2] lag darin, wie einer seiner Biographen notierte, „that, very much more than in the 1930s, Keynes was a ‚political' economist, whose influence, although it never equalled the brilliance of his pen, played a role unique in the annals of modern economic policy"[3]. Keynes ging es bei seiner erneuten Tätigkeit im Schatzamt darum, den Praxisbezug seiner Theorie unter Beweis zu stellen, ihn anhand der gewonnenen Erfahrungen zu überprüfen und wenn notwendig zu modifizieren. War dies schon für seine Rundfunk- und Zeitungsbeiträge zur Frage der Kriegsfinanzierung kennzeichnend, so trifft dies in noch stärkerem Maße auf die Nachkriegsplanungen zu. Als Voraussetzung hierfür betrachtete er einmal seine Parteilosigkeit, die ihm eine kaum zu überschätzende Unabhängigkeit sicherte[4]. Daneben wählte er aber bewußt eine Tätigkeit innerhalb der Regierung und verzichtete jetzt völlig auf die universitäre Lehre und Forschung. Jeder an ihn herangetragene Wunsch, seine Vorlesungen wieder aufzunehmen, wurde zurückgewiesen, obwohl Keynes sich der Möglichkeiten nur zu bewußt war, seine Theorie durch eine breite Lehrtätigkeit zu festigen und weiterzugeben. „But I doubt", schrieb er zu Beginn des Jahres 1943, „if the time has yet come when one can do more from outside than from inside. I am now giving not far short of half my time to post-war questions, and there are certain projects afoot which I should be reluctant to leave to others until either they have fallen by the way or have moved somewhat nearer possible fruition."[5] Deutschlandplanungen und die Ausarbeitung der Grundlagen für eine Reorganisation der internationalen Wirtschaftsbeziehungen nach dem Krieg bildeten die miteinander verzahnten Schwerpunkte, denen sich Keynes in den nächsten Jahren widmen sollte.

Es scheint zunächst nur folgerichtig, daß Keynes in der ersten Zeit nach Kriegsausbruch sein Hauptaugenmerk auf Probleme der Kriegsfinanzierung richtete. Hatte er in der „General Theory" das Beschäftigungsproblem noch vor dem Hintergrund stagnierender Nachfrage gesehen, die durch eine gezielte staatliche Ausgabenpolitik wiederzubeleben war, so verdeutlichte seiner Meinung nach die Diskussion über die britische Aufrüstung die Gefahren überhöhter Nachfrage. In den Ende 1939 in der „Times" und im Frühjahr des darauffolgenden Jahres als Broschüre veröffentlichten Artikeln „How to Pay for the War" widmete er sich daher den Gefahren einer Situation exzessiver Rüstungsausgaben bei Vollbeschäftigung, in der eine erhöhte Kaufkraft bei gleichzeitig nachlassender Exporttätigkeit zu einem Ansteigen der Preise führt. Der Druck auf die Preise würde sich noch dadurch verschärfen, daß eine erhöhte Konsumbereitschaft in einer Zeit, da alle industriellen Kapazitäten auf die Produktion von Rüstungsgütern konzentriert waren, nicht auf ein entsprechend ausgeweitetes Konsumgüterangebot traf. Für Keynes bedeutete dies, daß die Kaufkraft „verschleudert" und nicht sinnvoll ge-

[2] Keynes an C. B. Hoover, 6.12.1945, in: JMK XXVI, S. 400f., hier S. 400.
[3] Moggridge, Keynes, S. 114f.
[4] Im November 1939 lehnte Keynes deshalb einen Sitz im Parlament ab. Vgl. KCKP, L/39/124–141.
[5] KCKP, L/43/6–8, Keynes an T. J. Carlyle Gifford, 25.1.1943.

nutzt werden konnte. Zudem wies er darauf hin, daß die Verteuerung zu sozialen Härten bei denen führen würde, deren Einkommen nicht Schritt halten konnte[6]. Indem Keynes den analytischen Rahmen der „General Theory" anwandte, durchbrach er die geltende Politik, die auf der Annahme beruhte, daß zur Kriegsfinanzierung nur die Mehreinnahmen benutzt werden konnten, die der Steuerzahler bereit war aufzuwenden[7]. Diese Politik wurde von Keynes vehement attackiert, da sie kaum in der Lage war, die notwendigen finanziellen Ressourcen bereitzustellen. Die dadurch notwendige staatliche Kreditaufnahme würde zusammen mit einem kriegsbedingten Anstieg der Löhne vielmehr eine gefährliche inflationäre Spirale in Gang setzen[8]. Keynes forderte deshalb eine auf diese Lage abgestimmte Haushaltspolitik und schlug vor, einen Teil der Löhne zurückzuhalten, um ihn nach dem Krieg, wenn die Produktionskapazität die Nachfrage wieder überschritt, als Anschub zu nutzen („deferred pay"). Eine genaue Kalkulation der Wirtschaftskraft des Landes sollte zunächst ermitteln, wie groß das über Steuern abschöpfbare Volumen war; daran anknüpfend sollten zum einen direkte Steuern, zum anderen Lohnabschöpfungen in der Form „erzwungener" Spareinlagen für eine allgemeine Erhöhung des Steueraufkommens sorgen und eine Dämpfung der Nachfrage einleiten; gleichzeitig ermöglichten diese finanzpolitischen Maßnahmen den Transfer wichtiger Ressourcen zur Rüstungsproduktion. Von dem Versprechen, diese „Zwangseinlagen" nach Kriegsende wieder zurückzuzahlen, versprach sich Keynes ferner die Grundlage für eine Art staatliches Investitionsprogramm, das zur Überwindung eines antizipierten „Slump" die zurückgehaltene Kaufkraft gezielt zur Nachfragestimulierung würde freisetzen können. Mit Blick auf die Nachkriegssituation hatte dieses Vorgehen seiner Meinung nach auch den Vorteil, daß im wesentlichen die Bevölkerung als „Schuldner" des Staates auftreten würde und nicht die Banken. Dies gab der Regierung zum einen ein wichtiges Instrument der Einflußnahme auf die Nachfragegestaltung nach dem Krieg an die Hand; zum anderen sorgte dieses Vorgehen für eine gerechtere Umverteilung des Vermögens[9]. Dem entsprach seine Forderung nach einem Haushalt, der die Erfordernisse der Kriegsfinanzierung mit dem Interesse an einer anti-inflationären und sozial gerechten Lohnpolitik verband. Diese neue Form der Haushaltspolitik umriß Keynes im Frühjahr 1940 in seiner Kritik des noch von Schatzkanzler Sir John Simon vorgelegten Haushalts: „The importance of a war Budget is not because it will ‚finance' the war. [...] Its importance is *social*: to prevent the social evils of inflation now and later; to do this in a way which satisfies the popular sense of social justice; whilst maintaining adequate incentives to work and economy."[10]

Keynes' Vorstellungen über erhöhte Besteuerung und „deferred pay" wurden verständlicherweise von den Konservativen als unglaubwürdig und von Labour sowie den Gewerkschaften als zu drakonisch zunächst zurückgewiesen. Auch die Treasury-Beam-

[6] KCKP, BR/4/6–14, The Economic War: What it means to us, BBC Broadcast, 11.3.1940.
[7] Vgl. dazu Peden, A Matter of Timing, S. 19f.
[8] Diesen Standpunkt hatte Keynes bereits in der Aufrüstungsdebatte eingenommen. Vgl. Peden, Keynes, the Economics of Rearmament and Appeasement.
[9] John Maynard Keynes, „Paying for the War", (The Times, 14. und 15.11.1939), in: JMK XXII, S. 41–51. Vgl. Harrod, Keynes, S. 488–494, hier S. 492; Moggridge, Maynard Keynes, S. 627–634, besonders S. 628.
[10] „Notes on the Budget I", 21.9.1940, in: JMK XXII, S. 218–222, Zitat S. 218 (Hervorhebung im Original).

ten begegneten der Umkehrung ihrer traditionellen Methode, welche die wirtschaftspolitische Entscheidungsfindung primär an den Erfordernissen und der Bereitschaft von Unternehmern und Steuerzahlern ausrichtete, mit kühler Zurückhaltung[11]. Keynes selbst sah sich dem Vorwurf ausgesetzt, sein Plan sei nur eine andere Form des „Hitlerismus“[12]. Dem begegnete er mit dem Hinweis, daß das Vertrauen in die Möglichkeiten steuerlicher Kriegsfinanzierung und den Sparwillen der Bevölkerung weder ausreichende Mittel zur Kriegführung garantierte noch ein probates Mittel zur Eindämmung der Inflationsgefahr darstellte. Ferner verteidigte er in einem Radiovortrag für die BBC seinen Plan, indem er die Unterschiede zur nationalsozialistischen Finanzpolitik herausstellte: „The German method is to limit expenditure by rationing a wide range of articles of general consumption. If the amount of private consumption is strictly limited in this way, it is easy enough to fix prices. But in England there are only a few articles of consumption of which we are short. So long as this is the case, a general restriction of consumption is not necessary and therefore not advisable.“ Der Grund dafür, daß auch in Großbritannien Rationierungsvorschriften bestünden, sei deshalb ein gänzlich anderer, nämlich die Nachfrage nach knappen Gütern wie Butter und Schinken abzuziehen. „Thus the task of effecting a large reduction in the standard of life of the average worker is not our problem. For that purpose the German method is probably the only efficient means. We admire the skill with which it has been carried out. But our problem is a different one, namely, to prevent the better conditions of employment, the overtime earnings and the higher wages, which now prevail, from resulting in a pressure to buy *more* than in peace-time. For we cannot afford that in time of war.“ Keynes führte weiter aus, daß die wirtschaftliche Stärke Großbritanniens im ersten Kriegsjahr noch nicht angetastet worden sei und die Entbehrungen erst bevorstünden. Demgegenüber zeigten sich in Deutschland bereits die Folgen einer schon fünf Jahre währenden wirtschaftlichen Kraftanstrengung. „It is the German habit to plan carefully in advance with a patient skill in detail of which we seem incapable; and then to throw everything in without reserve. It is our habit to start with a slowness until it seems to the outsider to be too late, and to develop at long last a gradually overwhelming momentum. These same generalizations about the characters of the two adversaries apply also in the economic and financial fields.“[13]

Weitere wichtige Rahmenbedingungen für die Deutschlandplanungen wurden auch durch die in gedanklicher Auseinandersetzung mit Keynes[14] entwickelten Aktivitäten William Beveridges geschaffen. Beveridge, als Ökonom wie Keynes während des Krie-

[11] Für Hintergrundmaterial vgl. JMK XXII, S. 74–144; Moggridge, Keynes, S. 117–120; ders., Maynard Keynes, S. 633f.; Peden, Keynes, the Treasury and British Economic Policy, S. 41f.; Hancock/Gowing, S. 47–49.

[12] KCKP, BR/4/6–14, The Economic War: What it means to us, BBC Broadcast, 11.3.1940.

[13] KCKP, BR/4/59–63, British Finances after a Year of War, BBC Broadcast, 13. und 14.9.1940 (Hervorhebung im Original). Vgl. dazu auch die Einschätzung der nationalsozialistischen Wirtschaftspolitik durch das Foreign Office im Jahr 1939 in: Peden, A Matter of Timing, S. 18f. Am 18. September 1940 kommentierte die Frankfurter Zeitung Keynes' Radiosendung, deren Optimismus mehr als „patriotische Leistung“ denn als faktisch richtig zu werten sei: „England pflege erst langsam in Schwung zu kommen, meinte Professor Keynes, viele Leute meinten, zu langsam. Die Welt hat sich dieser Meinung schon angeschlossen, und Deutschland wird dafür sorgen, daß dem ‚zu langsam‘ das ‚zu spät‘ hinzugefügt werde.“ Vgl. den Presseausschnitt in KCKP, BR/4/87.

[14] Vgl. Moggridge, Maynard Keynes, S. 628, 706.

ges in Staatsdiensten und um Einflußnahme auf die kriegswirtschaftliche Entwicklung bemüht, kritisierte im Juli 1940 in scharfer Form die Kriegführung Großbritanniens[15]. Wie bei Keynes richteten sich seine Einwände namentlich gegen eine nur zögerliche Umstellung auf die Erfordernisse einer Kriegswirtschaft und ein Beharren auf privatwirtschaftlicher Initiative für Kriegsproduktion und Kriegsfinanzierung. Dem entsprach ein seiner Meinung nach eklatanter Mangel an Wirtschaftsplanung mit einem festen organisatorischen Platz innerhalb des Entscheidungsprozesses sowie eine völlig unzureichende Zusammenarbeit der Ministerien. Als Ergebnis stellte Beveridge eine fehlende Handlungsbereitschaft auf der Entscheidungsebene fest, die in einem grotesken Gegensatz zu den in zahlreichen Komitees und Organisationen durchgeführten Planungen stünde, deren Arbeit kritisch beargwöhnt werde. „The Germans marched to one victory through the gap between the French and British armies", bilanzierte Beveridge. „They may march to another victory through the gap between British Government departments." Der Kritik an den wirtschaftspolitischen und organisatorischen Mängeln der britischen Kriegführung entsprach es, daß Beveridge schließlich das Fehlen adäquater Kriegsziele und konkreter Friedensvorstellungen ankreidete. Nicht ohne Sarkasmus vermerkte er, daß es nicht ausreiche, auf dem Überleben des Commonwealth als einzigem nennenswerten Kriegsziel zu bestehen. Demgegenüber machte er auf die Notwendigkeit aufmerksam, einen (auch propagandistisch wirksamen) Gegenentwurf als Alternative zu einer Welt nach einem deutschen Sieg zu schaffen. Dieser Gegenentwurf sollte sich erstens von dem Grundsatz leiten lassen, die Streitmacht des Siegers nicht zur Erreichung wirtschaftlicher Vorteile einzusetzen, sondern allein zur Aufrechterhaltung von Gesetz und Ordnung; zweitens sollte der Einsatz der Staatsgewalt ausschließlich der Abwendung von Armut, mit anderen Worten der Schaffung sozialer Sicherheit dienen. „Our Peace Aims must be stated in bold and simple terms to catch the imagination of ourselves and of the New World." Mit diesen Hinweisen hatte Beveridge den Ton angeschlagen, der für die kommenden Arbeiten von Keynes bestimmend sein sollte. Zwar trat auch aus Beveridges Zeilen überdeutlich der Einfluß hervor, den Keynes auf das wirtschaftspolitische Denken zu gewinnen begann[16]. Gleichzeitig wurde aber die enge Verknüpfung mit den Kriegszielen und Friedensvorstellungen, insbesondere mit den (fehlenden) Deutschlandplanungen deutlich sichtbar.

Nur kurze Zeit später zwang die außenpolitische Entwicklung Keynes dazu, die außenpolitischen Aspekte des britischen Wiederaufbauprozesses erneut aufzugreifen. Den entscheidenden Impuls für die Fortführung seiner zuletzt im Zusammenhang mit Fragen der Kriegsfinanzierung geführten Auseinandersetzung mit der nationalsozialistischen Wirtschaftspolitik erhielt Keynes im Anschluß an die militärischen Niederlagen im Sommer 1940[17] und an seine Rückkehr in die Schaltzentrale des Schatzamts. Zu diesem Zeitpunkt verstärkten sich die Hinweise aus Deutschland, die auf die Etablierung einer „Neuordnung" hindeuteten, in deren Mittelpunkt die Reorganisation des kontinentaleuropäischen Wirtschaftsgroßraums unter nationalsozialistischer Führung stand. Im August 1940 informierte der britische Geschäftsträger in Athen das Foreign Office

---

[15] KCKP, W/1/54–58, Memorandum Beveridge, „What is wrong with the conduct of this war in Britain", Juli 1940. Dort auch die folgenden Zitate.

[16] Dafür stehen beispielhaft die Schaffung der Economic Section und die Entstehung des Beveridge-Reports; vgl. Kap. III.1, besonders Anm. 24, und Kap. III.3, besonders Anm. 89.

[17] Zum Epochencharakter des Jahres 1940 für die britische Politik vgl. Reynolds, 1940, S. 325–350.

(FO) über Pläne Berlins zur Schaffung eines solchen Großraums und einer entsprechenden deutschen Hegemonialstellung, die ihm von neutralen Quellen in der Reichshauptstadt sowie aus Kreisen der griechischen Regierung zugeleitet worden waren. Nach Informationen des britischen Außenministeriums existierte in Berlin ein ausgearbeiteter Entwurf für die Schaffung einer „Paneuropäischen Föderation". Er sah die vollständige Kontrolle über den afrikanischen Kontinent sowie Teile Osteuropas entlang einer Linie Leningrad-Kiew-Odessa vor; die Sowjetunion blieb als „asiatische Macht" in diesem Konzept unberücksichtigt, sollte aber machtpolitisch handlungsunfähig gehalten werden. Wirtschaftspolitisch zielte der Plan auf eine handels- und währungspolitische Kontrolle der beteiligten Länder sowie auf eine Koordination der Industrien, die zu einem wesentlichen Teil unter deutsche Führung gebracht werden sollten[18].

Als schließlich die britische Botschaft in der Schweiz zwei Monate später in einer Reihe von Telegrammen von der zunehmenden Besorgnis der neutralen Länder über das Stillschweigen Londons hinsichtlich seiner Kriegsziele berichtete, sah sich das Außenministerium zum Handeln gezwungen. Die weit über die bisherigen handelspolitischen Ziele der Nationalsozialisten hinausgehenden Versprechungen eines Wirtschafts- und Finanzparadieses im Rahmen der „Neuordnung", so alarmierten die Diplomaten aus Bern, würden auf fruchtbaren Boden fallen, wenn die britische Regierung nicht mit einem Gegenkonzept antworte. Die Beamten des Foreign Office setzten daraufhin ihre Kollegen von der Treasury, dem Ministry of Information und dem Ministry of Economic Warfare (MEW) von dieser Entwicklung in Kenntnis[19]. Der hinter den nationalsozialistischen Plänen stehende Grundgedanke, einen stark kartellisierten und auf Autarkie zielenden Wirtschaftsblock zu schaffen, der den kontrollierten Handel mit den wirtschaftlich abhängigen Kleinstaaten an der Blockperipherie ermöglichen und ein stabiles Preis- und Marktgefüge vor allem für Agrarprodukte bieten sollte, erschien aus der Sicht Londons vor allem für die Länder Südosteuropas in gefährlichem Maße verlockend. Die Telegramme aus Bern bestätigten London die bereits durch die Unterzeichnung des Achsenpaktes durch Ungarn, Rumänien und die Tschechoslowakei geweckte Befürchtung, diese Staaten könnten in einer Art Dominoeffekt der Anziehungskraft der deutschen Wirtschaftspropaganda erliegen[20]. Eine rasche Gegenoffensive, welche die einem solchen Block inhärenten Abhängigkeitsbeziehungen und die Gefahr einer deutschen Wirtschaftshegemonie hervorhob, zugleich aber als Ausgangspunkt für erste Kriegszielplanungen dienen konnte, war demnach äußerst dringlich.

Dies wurde auch in einem Leitartikel deutlich, der Ende November 1940 im „Economist" erschien. Hitlers „Neuordnung", so hieß es darin, „is vile economics, but it is, perhaps, good propaganda, and we cannot be content merely to point out its falla-

[18] T 160/1053/F 17402, Makins (Foreign Office) an Ministry of Economic Warfare, 26.8.1940; Makins an Playfair (Treasury), 20.10.1940.

[19] T 160/1053/17402/01, Halifax an Kingsley Wood, 19.11.1940; Telegramme Bern an Foreign Office, 26.9.1940, 5.10.1940, 21.10.1940, 22.10.1940, 6.11.1940, 13.11.1940.

[20] Zum Hintergrund vgl. Guillebaud, der Hitlers „Neuordnung" als Variante eines von einem deutsch-britischen Handelsgegensatz seit Beginn des Jahrhunderts gespeisten Mitteleuropa-Traums der Deutschen wertet. Vgl. ferner Einzig, Hitler's „New Order" in Theory and Practice; ders., Hitler's „New Order" in Europe. Vgl. allgemein Berghahn, Westdeutsche Unternehmer, S. 301–304; Petzina, Autarkiepolitik; Eichholtz, S. 162–196; Volkmann, S. 51–76. Zur nationalsozialistischen Penetration Südosteuropas vgl. Schröder, Südosteuropa.

cies, laugh at its pretensions and take it for granted that its inner contradictions will finally bring it down. [...] True, it is difficult at this point for the Government to make a statement of war aims which, while conveying some positive policy, will yet be general enough not to impede the conduct of the war. Yet we cannot leave unanswered the German taunt that our policy is to divide and weaken Europe for our own ends, that our victory means the return of all the insecurity connected with laissez faire and all the capacity linked with international finance. Germany, as the war goes on, will have gone far towards disproving her own case, but we shall still have to prove ours."[21] Auf Vorschlag des Foreign Office wandten sich deshalb die betroffenen Ministerien an Keynes mit der Bitte um Hilfe[22]. Am 20. November griff das Kriegskabinett diese Initiative auf und beschloß, den Ökonomen um ein Grundsatzpapier über die Bewertung der nationalsozialistischen Wirtschaftspläne und mögliche britische Gegenmaßnahmen zu bitten. In diesem Zusammenhang war sich das Kabinett der konzeptionellen Bedeutung bewußt, die eine solche Stellungnahme auch gegenüber den Vereinigten Staaten haben mußte. Es sah sich unter erheblichem Zeitdruck, denn sollte London bis zum Ende des Jahres nicht Position in dieser Sache bezogen haben, so würde vermutlich Präsident Roosevelt in einer für Januar geplanten Rede die Initiative ergreifen, „and it would then be difficult for us to differ openly from that statement"[23].

Gleichzeitig verlangte auch der stärker werdende Einfluß Washingtons auf die voraussichtliche Neugestaltung der Nachkriegsordnung nach einer Antwort. Wie die Parlamentsdebatte über die Rede des Königs Ende 1939 gezeigt hatte, hatten alle Parteien den sozialen und wirtschaftlichen Wandlungsprozeß, den der Krieg auslösen würde, durchaus erkannt. Besonders die Linke sah die Notwendigkeit, frühzeitig über Friedensziele und Wiederaufbau nachzudenken. So betonte etwa Clement Attlee, daß man während der Planung für den Krieg bereits für den Frieden planen müsse: „Peace aims and reconstruction cannot be postponed till the end of the war."[24] Diese Forderung führte jedoch in der Ausschließlichkeit, mit der sie sich auf den Aspekt der sozialen Sicherheit im Inneren bezog, zunächst nicht zu Überlegungen über deren außenwirtschaftliche und außenpolitische Voraussetzungen, die ein Nachdenken insbesondere über mögliche deutschlandpolitische Kriegsziele impliziert hätten. Insofern widmete sich das im August 1940 geschaffene „War Aims Committee" unter Vorsitz Attlees ausschließlich Problemen der innenpolitischen Nachkriegsordnung[25]. Ein frühzeitiger Beginn der Nachkriegsplanungen entsprach auch kaum dem Hauptinteresse Londons, das nach dem militärischen Debakel von Dünkirchen darin liegen mußte, die USA zu einer raschen und

[21] The Economist, 30.11.1940, S. 660f., Zitat S. 661.

[22] T 247/85, Harold Nicolson an Keynes, 19.11.1940. Die Meldungen der Außenstellen bestätigten im Foreign Office schon seit einigen Monaten gehegte Befürchtungen hinsichtlich einer deutschen Wirtschaftshegemonie; vgl. zum Hintergrund insgesamt Kettenacker, Krieg zur Friedenssicherung, S. 38–102.

[23] CAB 65/10, W.M. (40) 293rd Meeting, 20.11.1940; DzD I/1, S. 221 (Auszüge).

[24] 355 H.C. Deb. 5s, Sp. 21, 23 (28.11.1939).

[25] Vgl. Addison, S. 122f., 125f. Bevin nannte am 4.10.1940 gegenüber dem Komitee als eines der wichtigsten Kriegsziele „the direction of our economy to achieve social security and the provision of a reasonable standard of living and social welfare". Ebenda, S. 125.

dauerhaften Unterstützung der britischen Kriegsanstrengungen zu bewegen[26]. Churchills Hauptaugenmerk galt daher primär eher dem militärischen Tagesgeschehen und der Sicherstellung der hierfür notwendigen finanziellen und materiellen Ressourcen als der Formulierung möglicher Kriegsziele[27].

Demgegenüber rückte der Erfolg von Hitlers Blitzkriegstrategie im Westen den USA die Gefahr eines antiamerikanischen Europa, dominiert von einem nationalsozialistischen Deutschland, drastisch vor Augen. Roosevelts Hoffnung, Großbritannien und Frankreich als Abwehrschild gegen die deutsche Aggression stärken zu können, war dahin und erforderte – noch vor dem eigentlichen Kriegseintritt im Dezember 1941 – ein verstärktes Engagement der amerikanischen Regierung. Hatte der Kriegsausbruch bereits die isolationistischen Strömungen innerhalb der Administration eingedämmt, so stieg der Einfluß der „Wirtschaftsinternationalisten" mit der Verschärfung der Situation an der Westfront noch weiter und überzeugte die Regierung von der Notwendigkeit, mit Überlegungen hinsichtlich einer zukünftigen Friedensordung zu beginnen, die der wirtschaftlichen Bedeutung der USA Rechnung trug. Geradezu Modellcharakter für diese Überlegungen gewann in dieser Hinsicht der britisch-amerikanische Handelsvertrag vom November 1938. Das Abkommen war ein unüberhörbares Signal für die künftige finanzpolitische Dominanz der USA. Die eigentliche politische Bedeutung des britisch-amerikanischen Akkords lag aber in der Signalwirkung gegenüber der nationalsozialistischen Bedrohung; daneben stellte er vor allem seitens der noch immer isolationistisch geprägten USA ein verdecktes wirtschaftliches Druckmittel im Rahmen einer Strategie des „economic containment" gegenüber Berlin dar[28]. Nach Kriegsausbruch und besonders nach dem Sommer 1940 entwickelte sich aus diesem deutsch-amerikanischen Gegensatz jedoch zwangsläufig auch die Frage nach einer neuen politischen und ökonomischen Nachkriegsordnung, ein Aspekt, der den konzeptionellen Einfluß der Internationalisten in der Regierung Roosevelt verstärkte. Die breite Stoßrichtung sollte nunmehr die Hegemonialpläne des Dritten Reiches genauso umfassen wie den britischen Wirtschaftsblock und das ihn stützende Währungssystem von Ottawa. Sie zielte folglich auf die langfristige Reorganisation der internationalen Wirtschaftsbeziehungen[29].

Als ein erster Auswuchs dieses Klimawechsels in Washington kann Roosevelts Rede in Dayton (Ohio) am 12. Oktober 1940 gelten, in der er den Zusammenhalt der Länder Nord-, Mittel- und Südamerikas beschwor und hervorhob, zusammen werde man in der Lage sein, „to ward off any infiltration of alien political and economic ideas that would destroy our freedom and democracy"[30]. Sechs Wochen später unterstrich Außenminister Cordell Hull die Entschlossenheit der USA zu militärischer Aufrüstung und gab die

[26] Vgl. beispielhaft Churchills Mansion House-Rede am 9.11.1940, in: KCA 1940–1943, S. 4316A. Vgl. auch den Eintrag in Daltons Tagebuch: „P.M. is very optimistic about U.S. aid. They will soon, he thinks, be ‚in the war in fact if not in form.' He would say to them, in effect, ‚if you want to watch us fighting for your liberties, you must pay for the performance.'" BLPES, Dalton Diaries I/23, fol. 135 (Eintrag 17.12.1940).

[27] Vgl. Woodward, British Foreign Policy, S. XLVII, XLIX; vgl. insgesamt Kettenacker, Krieg zur Friedenssicherung, S. 537–542.

[28] Junker, S. 201–224, 231 f., 241–268. Zum englisch-amerikanischen Handelsvertrag vgl. Schröder, Deutschland und die Vereinigten Staaten, S. 190–199; Schröder, Ambiguities, S. 394–398, besonders S. 396 (Zitat); Cain/Hopkins, British Imperialism 1914–1990, S. 101 f.

[29] Vgl. Kimball, Lend-Lease, S. 232–259; Watt, Succeeding John Bull, S. 91 et passim.

[30] PPA Roosevelt, Bd. 1940, S. 460–467, Zitat S. 463.

Einführung von Exportkontrollen bekannt[31]. Diese Entwicklung fand schließlich einen ersten Höhepunkt in den vom Präsidenten in seiner Jahresbotschaft vom 6. Januar 1941 dargelegten „Four Freedoms“[32]. Ungeachtet der militärischen Planungen sahen sich nicht zuletzt deshalb Eden und seine Beamten im Außenministerium angesichts der gezeigten Entschlossenheit der Amerikaner, den Frieden mitzubestimmen, unter Zugzwang. Der britische Außenminister stand, wie er an Churchill schrieb, unter fortwährendem Druck, „to make plain why Hitler's New Order cannot succeed and give an indication of our ability to help to meet the material needs of Europe which he is unable to supply“[33]. Nachdem der ursprüngliche Wunsch, noch vor Roosevelts Rede in einer Grundsatzerklärung gegen Hitlers Neuordnungspläne Stellung zu beziehen und dadurch die konzeptionelle Initiative für die Nachkriegsordnung auf britischer Seite zu behaupten, nicht verwirklicht werden konnte, erwartete man nun, daß die Studie von Keynes nicht nur die Hegemonialpläne Deutschlands hinter den propagandistischen Äußerungen deutscher Stellen über eine „Neuordnung“ transparent machen würde; man knüpfte an sie darüber hinaus die Hoffnung, die Grundlage für eine erste öffentliche Kriegszielerklärung zu erhalten, die zugleich ein Gegenstück zu Roosevelts „Four Freedoms“ darstellen sollte[34].

Keynes reagierte zunächst zurückhaltend. Vielleicht erinnerte er sich daran, daß gravierende Fehlperzeptionen der wirtschaftlichen Stärke Deutschlands vor dem Krieg zu der Illusion eines „Economic Appeasement“ geführt hatten, die zugleich verknüpft war mit dem Gefühl der Überlegenheit des eigenen Wirtschaftssystems[35]. Deshalb vermutete er, daß auch jetzt die Vorstellungen der Ministerien seiner Auffassung nach die traditionelle Sichtweise des Schatzamtes widerspiegelten und darauf hinausliefen, der nationalsozialistischen Großraumwirtschaftsidee die Vision eines Großbritannien als Garanten des alten, auf dem Goldstandard und dem Prinzip des Laissez-faire beruhenden Systems, wie es vor 1931 bestanden hatte, entgegenzustellen. Man gehe offenbar davon aus, so ließ er Harold Nicolson vom Ministry of Economic Warfare wissen, „that we should do well to pose as champions of the pre-war economic status quo and outbid Funk[36] by offering good old 1920–21 or 1930–33, i.e. gold standard or international exchange *laissez-faire* aggravated by heavy tariffs, unemployment, etc. etc. Is this particularly attractive or good propaganda? If you think it is, I am certainly not the man to put it across.“ Eine Rückkehr zum Goldstandard wie 1925 schloß er aus und ließ die Beamten wissen,

---

[31] Rede Hulls vor dem National Press Club, 26.11.1940, in: KCA 1940–1943, S. 4355A.

[32] Roosevelts „Four Freedoms“ beinhalten Freiheit der Meinungsäußerung, Religionsfreiheit, Freiheit von Furcht („a world wide reduction of armaments to such a point and in such a thorough fashion that no nation will be in a position to commit an act of physical aggression against any neighbour – anywhere in the world“) und Freiheit von Not („economic understandings which will secure to every nation a healthy peacetime life for its inhabitants“). Vgl. PPA Roosevelt 1940, S. 663–672; dt. in: KAG 1941, S. 4843C. Vgl. auch Gaddis, S. 1–31 passim; Dallek, S. 257f.; Angermann, S. 226.

[33] Public Record Office, Prime Minister's Files (im folgenden PREM) 4/100/5, Eden an Churchill, 20.5.1941. Vgl. auch Public Record Office, Foreign Office Files (im folgenden FO) 371/26532/C 6210, Memorandum Randall, „Propaganda on the ‚New Order'“, ohne Datum [4.6.1941].

[34] CAB 65/17, W.M. (41) 8th Meeting, 20.1.1941. PREM 4/100/5, Eden an Churchill, 30.1.1941.

[35] Vgl. Peden, A Matter of Timing, S. 18f., 26f.

[36] Angespielt ist hier auf die Rede des Außenministers Funk vom 26.7.1940, in der er sich zu den Großraumwirtschaftsplänen Berlins äußerte. Vgl. Ursachen und Folgen, Bd. 15, S. 384–391; vgl. auch Kettenacker, Krieg zur Friedenssicherung, S. 94.

daß Wirtschaftskontrollen, vor allem währungspolitischer Art, auch über das Kriegsende hinaus fortbestehen müßten, wenn die Fehler des Versailler Friedenssystems vermieden und eine negative Rückwirkung auf Großbritanniens wirtschaftliche Entwicklung verhindert werden sollten. Das Konzept Berlins erschien Keynes vor dem Hintergrund der Erfahrungen der Krisenjahre in den zwanziger und dreißiger Jahren denn auch konsequent. Nähme man es wörtlich, schrieb er an Nicolson, so sei es „excellent und just what we ourselves ought to be thinking of doing. If it is to be attacked, the way to do it would be to cast doubt and suspicion on its *bona fides*."[37] In begleitenden Ausführungen zu einer ersten Fassung seines Memorandums bemerkte er weiter, daß im Hinblick auf konjunkturpolitische Maßnahmen jedes britische Konzept das gleiche sei wie das von den Deutschen offerierte, „except that we shall do it better and more honestly". Während nämlich Berlin auf die Eingliederung und Dienstbarmachung kleinerer Wirtschaftsräume, d. h. auf deren Ausbeutung ziele, biete London eine auf Zusammenarbeit unter Wahrung der wirtschaftlichen Unabhängigkeit gegründete Lösung[38].

Die Grundfragen, mit denen Keynes in der Auseinandersetzung mit dem Nationalsozialismus konfrontiert wurde, treten deutlich hervor, wenn man den Artikel betrachtet, den er im November 1941 zusammen mit Edward Playfair vom Schatzamt für eine spanische Zeitung verfaßte und der bewußt als Gegenmaßnahme zur nationalsozialistischen „Neuordnung" gedacht war. In ihm legten die Autoren die Unterschiede zwischen Sterling-Gebiet und nationalsozialistischen Großraumwirtschaftsplänen dar. Das britische Währungsgebiet greife über England und das Empire weit hinaus, so daß das Pfund Sterling flächendeckender und hinsichtlich der erwerbbaren Produkte vielseitiger einsetzbar sei als die „Funk-Mark". Entscheidender Unterschied zu Funks „Kompensationsmechanismus" sei aber der *bona fide*-Charakter des Sterling-Gebiets: „It is some convenience to Germany's customers to have a bureau which will provide the financial machinery for remittance between different regions of a rationed and war ravaged Europe, cut off from overseas trade. It is a still more obvious convenience to Germany herself to have a financial dodge by which she can acquire the produce of the countries she occupies without having to pay for them in goods. But the real test between the two currencies is what each of them will buy. The Funk Mark is, in its essence, an instrument of tribute and corruption; an up-to-date variant of the exchange devices for obtaining something for nothing which Germany has worked so hard in recent years. The area pound sterling remains, in its essence, an instrument of trade which preserves to the full extent that is possible in time of war the former universality and lasting worth of the old pound sterling." Dementsprechend besäße die spanische Wirtschaft größere und vielseitigere Handelsmöglichkeiten in einem überdies vertrauenswürdigeren Sterling-Block, die keinesfalls durch die Qualität der deutschen Produkte ausgeglichen würden: „The sterling area is the largest and richest of all the territories which have a controlled economy; and the area pound is a simple mechanism to make the resources of the area available to traders all over the world. When you use it, you use the long-established and smooth, reliable machinery of the City of London, which has grown up on conducting international trade on the simplest, most honourable and cheapest basis. [...] It is not

[37] T 247/85, Keynes an Nicolson, 20.11.1940; JMK XXV, S. 1 f. (Hervorhebungen im Original).

[38] T 245/85, Memorandum Keynes, „Proposals to Counter the German ‚New Order'", 1.12.1940; KCKP, W/6/1/43–51; JMK XXV, S. 7–10; DzD I/1, S. 241–243.

sterling itself which is useful; it is the sterling area, to which it is the key, and that is necessary to all the world."[39]

Das von Keynes skizzierte Dilemma eines deutsch-britischen Wirtschaftsgegensatzes erhellte schlaglichtartig das planerische Defizit Londons: Während einerseits eine Rückkehr zu Gold und Laissez-faire ausgeschlossen war und man gleichzeitig die Beibehaltung protektionistischer Maßnahmen als notwendig ansah, wurde andererseits jede britische Lösung entlang Keynesscher Theorien automatisch in die Nähe deutschen Blockdenkens gerückt. Diese Erkenntnis verdeutlichte für Keynes zugleich die Notwendigkeit, durch detaillierte Vorschläge eine Konzeption auszuarbeiten, welche die Möglichkeit von Wirtschaftskontrollen erlaubte und zugleich mit der Betonung internationaler Zusammenarbeit von den deutschen großraumwirtschaftlichen Ideen abrückte. Die an ihn herangetragene Bitte der Ministerien aktualisierte darüber hinaus alte Prinzipiengegensätze zwischen Keynes und der konservativen Fraktion im Schatzamt sowie der ihr nahestehenden Teil der Beamtenschaft. Was sich bereits während der Aufrüstungsdebatten abzuzeichnen begonnen hatte, wurde unmittelbar nach Bildung von Churchills Kriegskabinett, wenn auch zunächst nur in den davon stärker betroffenen Expertenkreisen, mehr und mehr zur Gewißheit: daß das Problem der ökonomischen Stabilisierung Großbritanniens und die Überwindung seiner Krisenanfälligkeit in engem Zusammenhang stand mit der Frage des künftigen wirtschaftspolitischen Kurses Londons. Es erschien immer dringlicher, unter Berücksichtigung der Versailler Erfahrungen zunächst in der Auseinandersetzung mit nationalsozialistischen Konzepten, langfristig aber auch in Konkurrenz mit den Vereinigten Staaten eine neue Grundlage für die Reorganisation des internationalen Wirtschaftsgeflechts zu schaffen. Wie sich Joan Robinson erinnerte, hatte sich im Lager der Keynesianer zu diesem Zeitpunkt bereits ein gerüttelt Maß an Niedergeschlagenheit ausgebreitet angesichts der Entwicklung im Dritten Reich, die Lloyd Georges Forderungen nach vermehrten Staatsausgaben zu bestätigen schien: „It was a joke in Germany that Hitler was planning to give employment in straightening the Crooked Line, painting the Black Forest white and putting down linoleum in the Polish Corridor. The Treasury view was that his unsound policies would soon bring him down. But the little group of Keynesians was despondent and frustrated. We were getting the theory clear at last but it was going to be too late."[40]

Daß ein wirtschaftspolitisches Gegenkonzept zur nationalsozialistischen „Neuordnung" vom Außenministerium in engem Zusammenhang mit den Nachkriegsplanungen betrachtet wurde, mußte zwangsläufig, unter der Prämisse einer militärischen Niederlage Hitlers, auch die Frage nach der künftigen Behandlung Deutschlands, genauer: nach seinem ökonomischen Stellenwert innerhalb der britischen Wiederaufbaupläne und unter Berücksichtigung sicherheits- und machtpolitischer Einflußfaktoren, aufwerfen. Der Gegenentwurf, der zunächst nur als propagandistische Waffe Londons im Krieg gegen das Reich gedacht war, erwies sich aus Keynesscher Perspektive als Kristallisationspunkt wirtschafts-, sicherheits- und deutschlandpolitischer Problemlinien, deren Wurzeln bis in die Zeit des Ersten Weltkrieges zurückreichten. Es war daher auch nicht das Übergewicht des „Treasury View", das Keynes zu einer vorsichtigen Antwort auf die Frage der

[39] KCKP, W/7/1/1–5, John Maynard Keynes/E.W. Playfair, „Que Quiere Decir El Area", undatiert [November 1941].

[40] Robinson, What Has Become of the Keynesian Revolution?, S. 125.

beiden Ministerien greifen ließ. Vielmehr schien es, als ob sich unter dem vordergründig propagandistischen Konflikt der Beginn der Auseinandersetzung um die Gestaltung der Nachkriegsordnung verbarg und schlaglichtartig den Mangel an konzeptionellen Alternativen Londons bei der Suche nach Auswegen aus der anhaltenden krisenhaften Entwicklung des Landes in der Zwischenkriegszeit bloßzulegen drohte. Wie Keynes selbst an Lionel Robbins, Wirtschaftswissenschaftler an der London School of Economics und Leiter der Economic Section of the Offices of the War Cabinet, schrieb, habe er noch nicht die geringste Vorstellung über die mögliche Ausgestaltung eines europäischen Wirtschaftssystems nach dem Krieg, weshalb er noch zögere, der Bitte nachzukommen und sich auf eine propagandistische Auseinandersetzung mit dem Nationalsozialismus einzulassen[41].

Keynes erkannte jedoch, daß ein eigenständiger britischer Entwurf zur Neugestaltung der Wirtschaftsbeziehungen unumgänglich war, sollte der deutschen Propaganda ihre Anziehungskraft genommen und die Initiative in der Wirtschaftsplanung gerade auch gegenüber den USA, mit denen Verhandlungen über einen Leih-Pacht-Vertrag bevorstanden, beibehalten werden; darüber hinaus konnte aber von nicht unerheblicher Bedeutung sein, gegenüber dem Schatzamt die argumentative Oberhand zu behalten und die Deutschlandplanungen dazu zu benutzen, die Orthodoxie seiner Beamten weiter in Frage zu stellen. Die Verlängerung des Keynesschen Ansatzes auf die Deutschlandpolitik erschien gerade vor dem Hintergrund der Erfahrungen mit der Versailler Friedensordnung dringend geboten, um der Erarbeitung von Grundsätzen für ein internationales Wirtschaftsprogramm näherzukommen, das die Stabilität des Goldstandards wiederherstellen würde, ohne jedoch dessen Starrheit anzunehmen.

Wenn auch zunächst mit reichlich Skepsis arbeitend, ergriff Keynes daher die Gelegenheit und legte Mitte Januar 1941 den zuständigen Ministerien ein ausführliches Memorandum vor[42]. Der Kern seiner Ausführungen lag in der für ihn typischen Verbindung von binnen- und außenwirtschaftlichen mit sicherheits- und deutschlandpolitischen Aspekten. Keynes griff erneut seine Kritik an den Verantwortlichen des Versailler Friedensvertrags auf und warf ihnen vor, über ihrer Beschäftigung mit Grenzfragen und Sicherheitsgarantien den wirtschaftlichen Wiederaufbau Europas vernachlässigt zu haben. Die britische Regierung sei nun entschlossen, diesen Fehler nicht zu wiederholen. Sich auf eine Äußerung von Arbeitsminister Bevin beziehend, daß soziale Sicherheit oberstes politisches Ziel Großbritanniens nach dem Krieg sein müsse[43], stellte er als

---

[41] T 245/85, Keynes an Robbins, 28.11.1940; vgl. auch ebenda, Keynes an Nicolson, 26.11.1940.

[42] T 247/85, Begleitschreiben zu Memorandum Keynes, „Proposals to Counter the German New Order", 1.12.1940; PREM 4/100/5, „Professor Keynes' Memorandum on War Aims", 13.1.1941; beide auch in: JMK XXV, S. 7–16.

[43] Bevin hatte bereits im Oktober 1940 erklärt, der Krieg werde den sozialen Konsens im Inneren derart vorantreiben, daß durch diesen Zusammenhalt sowohl Hitler geschlagen als zugleich auch der Grund für eine neue, sozial gerechtere Nachkriegsgesellschaft gelegt werde. „My war aim", so erklärte er vor dem Bristol Rotary Club einen Monat später, „is summed up in the phrase, ‚the motive of our life must be social security'." Hitler habe das Arbeitslosenproblem durch Aufrüstung und Krieg gelöst, und die einzige Antwort hierauf bestehe darin, „that an economic order based upon construction, peace and security is being inaugurated". Diese Bemerkung weiter erklärend, fuhr er fort: „I suggest that at the end of this war, and indeed during the war, we accept social security as the main motive of all our national life." Bevin, S. 8–15. Vgl. zum Gesamtzusammenhang Bullock, Bevin, Bd. II, S. 36–52.

Leitgedanken einer verantwortlichen Außenpolitik nach dem Krieg die Reorganisation der Wirtschaftsbeziehungen heraus, welche die Währungsprobleme sowie die Fluktuationen des Beschäftigungsmarktes und der Preisstruktur der Zwischenkriegszeit vermeide. Die Errichtung eines internationalen Währungssystems werde die britischen Märkte auf der Basis eines gleichwertigen Güteraustauschs öffnen und jedem Land einen gleichberechtigten Zugang zu den unter britischer Kontrolle oder britischem Einfluß stehenden Rohstoffen bieten; Maßnahmen im Rahmen der britischen Arbeitsmarktpolitik erschienen ihm so letztlich auch als Basis für Hilfeleistungen zur Bekämpfung des Arbeitslosenproblems in anderen Staaten. Zur Überbrückung von unmittelbar nach Kriegsende entstehenden Ressourcenengpässen faßte Keynes den Aufbau eines Europäischen Wiederaufbaufonds ins Auge, aus dem die befreiten Länder Europas dringend benötigte Kredite beziehen konnten. Keynes verschwieg freilich nicht, daß das Ziel eines wirtschaftlichen Gleichgewichts in der Übergangsperiode von einer Kriegs- zu einer Friedenswirtschaft von erheblichen Schwierigkeiten begleitet sein würde und nur unter der Voraussetzung zu erreichen war, daß der Reichtum Großbritanniens und seiner überseeischen Verbindungen an Rohstoffen fortbestand und der Zugriff auf das Wirtschaftspotential der Vereinigten Staaten gesichert werden konnte. Er gehe auch davon aus, schrieb er dazu erläuternd in einer Begleitnote, daß die Rückkehr zur Politik des Laissez-faire, die den internationalen Handelsverkehr auf die Basis von Gold oder einer gleichwertigen Leitwährung stelle, ausgeschlossen sei. Dies entspreche nur dem gesunden Menschenverstand, würden doch die britischen Goldvorräte nach dem Krieg fast völlig aufgebraucht sein und das Land darüber hinaus mit umfangreichen Sterling-Schulden konfrontiert werden. „The virtue of free trade“, so fügte er mit Bezug auf die Defekte des Versailler Systems und die in ihrer Folge herausgebildete nationalsozialistische Wirtschaftspolitik hinzu, „depends on international trade being carried on by means of what is, in effect, *barter*. After the last war *laissez-faire* in foreign exchange led to chaos. Tariffs offer no escape from this. But in Germany Schacht and Funk were led by force of necessity to evolve something better. In practice they have used their new system to the detriment of their neighbours. But the underlying idea is sound and good.“[44] Auch das Schatzamt und die Bank von England hätten zwischenzeitlich ein Währungssystem aufgebaut, das sich an die positiven Aspekte der deutschen Erfahrung anlehne und das es zu übernehmen gelte, wolle man die internationalen Handelsbeziehungen nicht erneut ins Chaos stürzen. Gleichzeitig diene es aber auch dazu, die verarmten Länder Europas zu schützen, und beuge einer Wiederholung der Entwicklung nach dem Ersten Weltkrieg vor.

Erst vor dem Hintergrund dieser potentiell instabilen Konstellation wird verständlich, warum Keynes in seinem Memorandum einem besiegten Deutschland einen wichtigen und, wie er betonte, gleichberechtigten Platz in seinem Konzept zuerkannte. Deutschland werde von der Errichtung des Wiederaufbaufonds profitieren und unter geeigneten Bedingungen „and after due priority to our friends and allies“ einen entsprechenden Anteil an den vorhandenen Nahrungsmittel- und Rohstoffvorräten erhalten: „It would be senseless on our part to suppose that her [Germany's] neighbours can develop an ordered, a prosperous, or a secure life with a Germany, economically ruined, in

[44] T 247/85, Begleitschreiben zu Memorandum Keynes, „Proposals to Counter the German New Order“, 1.12.1940; JMK XXV, S. 8f. (Hervorhebungen im Original)

their midst. Germany must be expected and allowed to assume the measure of economic recovery which flows naturally from her own qualifications and her geographical position. Germany is the worst master the world has yet known. But on terms of equality, she can be an efficient colleague." Zwar wollte Keynes seine deutschlandpolitischen Vorstellungen durch von ihm allerdings nicht näher bezeichnete „politische und militärische Friedensbedingungen" abgesichert sehen. Doch hielt er, an traditionelle Aspekte der Friedenssicherung in der britischen Außenpolitik anknüpfend, abschließend fest: „The lasting settlement and internal peace of the continent as a whole is the only thing which suits us. It is the ultimate source of our strength in the secular European conflicts in which we have played a part that at the bottom of his heart every participant knows this."[45]

Zu Recht hat man angemerkt, daß die Bedeutung von Keynes' Ausführungen nicht aus den Konkreta, sondern aus den seinen Überlegungen zugrunde liegenden Annahmen hervorgeht[46]. Das Besondere an seinen Darlegungen war, daß er die Mittel zur Realisierung einer stabilen und dauerhaften Friedensordnung wirtschaftlich definierte und Sicherheit vor einem Wiederaufleben des deutschen Militarismus durch eine Modifikation der traditionellen Politik des „Economic Appeasement" in Form einer gleichberechtigten Eingliederung Deutschlands in eine im Detail noch auszuarbeitende Neuordnung der europäischen Wirtschaftsbeziehungen erreichen wollte. „I have had to shirk the more fundamental problems", schrieb Keynes an Robbins, „simply because I do not know what the answer is, and all I have found myself able to draft are proposals for the immediate post-war situation. These are on lines of great liberality and appeasement and go beyond anything that H.M.G. has committed itself to at present."[47] Wie weit er dabei zu gehen bereit war, ließ er die Minister in einem Begleitschreiben wissen: Deutschland unter neuer Führung „will be allowed to resume that measure of *economic* leadership in Central Europe which flows naturally from her qualifications and geographical position". Der wirtschaftliche Wiederaufbau des übrigen Europa könne unter dessen Ausschluß nicht gelingen; „and an economically reconstructed Germany will necessarily resume leadership"[48].

Keynes' Bemerkungen fanden zunächst die generelle Zustimmung Hugh Daltons[49], wurden vor allem aber im Außenministerium positiv aufgenommen. Dort erkannte man ihren Wert als Basis für eine geplante Erklärung Anthony Edens zu Hitlers „Neuordnung". Die von Keynes' Eloquenz und Sachverstand beindruckten Beamten bewerteten

[45] PREM 4/100/5, „Professor Keynes' Memorandum on War Aims", 13.1.1941; JMK XXV, S. 15f. Das Memorandum lag Anfang Dezember 1940 in einer ersten Fassung vor und wurde als Ergebnis von Gesprächen mit dem Außenministerium am 6.1.1941 von Keynes revidiert. Vgl. T 160/1053/17402/01, Minute Orme Sargent, „Mr. Keynes' Draft Statement", 6.1.1941; DzD I/1, S. 253f.

[46] Moggridge, Maynard Keynes, S. 654.

[47] T 247/85, Keynes an Lionel Robbins, 28.11.1940.

[48] T 447/85, Begleitschreiben zu Memorandum Keynes, „Proposals to Counter the German New Order", 1.12.1940; JMK XXV, S. 9 (Hervorhebung im Original). Für eine ähnliche aber allgemeinere Ausbreitung dieses Grundgedankens vgl. den Aufsatz von Guillebaud. Wie Keynes an den amerikanischen Wirtschaftsjournalisten Paul Einzig schrieb, stimme er mit der Schlußfolgerung dieses Artikels voll überein, „that Germany must inevitably play a prominent economic part in post-war Europe, which deserves ventilation". T 160/1053/17402/01, Keynes an Einzig, 7.1.1941.

[49] Dalton bezeichnete Keynes' Memorandum als „pretty good, following the right lines, but not too precise". FO 371/28899/W 587, Minute Dalton, 27.1.1941.

fast einhellig seine Vorlage, in den Worten von Unterstaatssekretär Cadogan, als „the most practical and hopeful contribution to this discussion that I have seen yet"[50]. Gleichwohl verliehen sie ihren Bedenken umfassend Ausdruck. So genügte es nach Meinung Nigel Ronalds, des Leiters des General Department im Außenministerium, nicht, auf die Tatsache der wirtschaftlichen Bedeutung Deutschlands und dessen zentrale geographische Lage hinzuweisen, um daraus eine ökonomische Vorrangstellung abzuleiten. Vielmehr hing für Ronald alles von der konkreten Ausfüllung jener von Keynes nur peripher gestreiften „politischen und militärischen Bedingungen" ab, die die Sicherheit von Deutschlands Nachbarn garantieren sollten. Darüber hinaus bemerkte er, daß der in Keynes' Ausführungen implizierte Gedanke, das Ottawa-System aufzuheben, auf erheblichen Widerstand der Dominions stoßen werde[51].

Den Gegensatz von politisch-militärischer und ökonomischer Sicherheit unterstrich auch Roger Makins, der Leiter des Central Department. Er erkannte die außerordentliche deutschlandpolitische Bedeutung von Keynes' Memorandum, das nicht nur den Anstoß zur Formulierung eigener Friedensziele vor dem Hintergrund des wirtschaftlichen Wiederaufbaus und sozialer Reformen zu geben vermochte, sondern zugleich aufzeigte, daß angesichts seiner exponierten wirtschaftlichen Stellung bereits jetzt eine Grundsatzentscheidung hinsichtlich der zukünftigen Behandlung Deutschlands gefordert war. Makins äußerte aber Zweifel, ob Keynes' ökonomischer und rekonstruktionspolitischer Primat mit der kaum zu umgehenden territorialen Neuordnung in Osteuropa zu vereinbaren war. In diesem Zusammenhang verwies er auf die polnische Kriegszielerklärung vom November 1940, die sich dezidiert für eine weitgehende wirtschaftliche Entmachtung Deutschlands und zusätzlich für Gebietsabtrennungen ausgesprochen hatte. Grundsätzlich müsse man davon ausgehen, daß im Falle eines von Keynes vorgezeichneten Wiederaufbaus Deutschland sicherlich erneut versuchen werde, politische Kontrolle zu gewinnen und die Weltherrschaft anzustreben. Bezeichnenderweise nannte er zwei in ihrer strukturellen Gegensätzlichkeit unvereinbare Möglichkeiten, die seiner Meinung nach die britische Nachkriegspolitik zu bestimmen hatten: erstens (keynesianisch) ein funktionierendes Nachkriegswirtschaftssystem, das zugleich ein ausreichendes Maß an sozialer Sicherheit für ganz Europa bot; zweitens aber das machtpolitische Zusammengehen von Großbritannien und den USA, um gemeinsam die Verantwortung für Europa sowohl in Wirtschafts- als auch in Sicherheitsfragen zu übernehmen[52]. Ungeachtet dieser Bedenken überwog im Foreign Office die Auffassung, daß die Arbeit von Keynes eine gute Basis für die geplante Grundsatzerklärung der britischen Regierung darstellte. Auch Eden selbst fühlte sich von dem Kerngedanken einer Trennung punitiv-militärischer und konstruktiv-wirtschaftlicher Maßnahmen angezogen. Bereits Ende Dezember 1940 hatte er nach der Lektüre einer ersten Fassung das Memorandum als „most useful stuff" bezeichnet[53].

Weitere Schützenhilfe bekam Keynes von R. W. B. „Otto" Clarke, einem der wenigen ausgebildeten Ökonomen im Schatzamt[54], der im Mai 1941 eine interne Denkschrift für das Royal Institute of International Affairs zum Thema des Aggressionspotentials der

[50] FO 371/28899/W 426, Minute Cadogan, 27.12.1940; DzD I/1, S. 252.
[51] FO 371/28899/W 426, Minute Ronald, 11.12.1940; DzD I/1, S. 250f.
[52] FO 371/28899/W 426, Minute Makins, 3.1.1941; DzD I/1, S. 252f.
[53] FO 371/28899/W 426, Minute Eden, 28.12.1940; DzD I/1, S. 252.
[54] Vgl. Clarke, Collaboration.

deutschen Kriegsindustrie und der Folgen einer Repressions- oder Ausgleichspolitik Großbritanniens nach dem Krieg verfaßte[55]. Die deutsche Produktionskapazität, so skizzierte er das Problem, „is vitally necessary to Europe's reconstruction; the technical qualities which give Germany great military strength make her likewise the predominant supplier of the capital equipment needed for reconstruction and for progressive increase of the standard of life throughout Europe. That is the dilemma." Clarke spielte drei denkbare Alternativen für einen Friedensvertrag durch. Die Möglichkeit der vollständigen Unterdrückung, einschließlich der Zerstörung und Auflösung der Produktionskapazitäten, schloß er völlig aus: „The economic consequences of this would be tremendous delay in European reconstruction, a permanent lowering of the European standard of life and chronic instability in Europe for ever." Auch eine dauerhafte politische Kontrolle, die zwar von der Zerstörung der industriellen Kapazitäten absah, die allgemeinen Sicherheitsinteressen aber durch die Abtrennung von Teilen des deutschen Staatsgebietes und der Aufteilung des Rests in separate Staaten unter alliierter Militärverwaltung befriedigen wollte, sei kaum praktikabel. Politische Repression war nach Clarkes Ansicht nur durchsetzbar, wenn die Alliierten einen dauerhaften politischen Konsens finden würden. Die Notwendigkeit militärischer Präsenz bedeute für Großbritannien zudem eine zusätzliche wirtschaftliche Belastung und die Übernahme langfristiger Verpflichtungen auf dem europäischen Festland. Schließlich bestand noch die Möglichkeit einer Politik des Ausgleichs, die zwar die Abtrennung einiger Gebiete wie Ostpreußen und das Sudetenland vollzog, grundsätzlich aber von der Beibehaltung der deutschen Wirtschaft als einer von den Deutschen kontrollierten Einheit ausging. „After an interval of chaos, in which new governments throughout Europe were settling down, in which Britain and [the] U.S.A. would be pushing in food and raw material, and in which the Germans would be violently hated everywhere, this policy would mean German cooperation in the European system on an equal footing." Jede Nachkriegspolitik müsse, so Clarke abschließend, daher drei Ziele anzustreben versuchen: erstens die Vermeidung von Wirtschaftskrisen in Deutschland, zweitens die Umstellung von geeigneten Rüstungsbetrieben vor allem jüngeren Datums in Produktionsstätten für Konsumgüter und drittens die Garantie stärkerer Unabhängigkeit der Länder Südosteuropas durch den Ausbau des anglo-amerikanischen Handels mit diesen Ländern.

Die von Keynes und Clarke so überzeugend vorgebrachten Argumente bestimmten auch weiterhin die Diskussion in den betroffenen Ministerien. Tatsächlich beabsichtigte das Außenministerium, Keynes' Memorandum nach Vorlage im Kabinett zur Grundlage von zwei für Mai und Juli 1941 geplanten Reden Edens zu machen. Zugleich sollte in Fortsetzung traditioneller Rapprochement-Politik gegenüber den USA in Washington die Zustimmung der amerikanischen Regierung zu den Vorschlägen eingeholt werden. Auf Drängen des Foreign Office wurde Keynes angehalten, sein Konzept zu überarbeiten. Dabei sollte er es vermeiden, von einer Führungsrolle Deutschlands zu sprechen; die entsprechende Passage war durch etwas „less calculated to excite alarm than the expression ‚leadership'" zu ersetzen. Daneben sollte Keynes mit dem Berater des US-Präsidenten, Harry Hopkins, bei dessen bevorstehendem Besuch in London sondieren, wie man

[55] FO 371/28901/W 7416, Royal Institute of International Affairs, Chatham House, „Notes on German Military Potential and the Peace Settlement" (Memorandum by R. W. B. Clarke), 31.3.1941; DzD I/1, S. 305–308. Dort auch die folgenden Zitate.

Washington am besten davon überzeugen könne, „that gold must be allotted a somewhat less predominant rôle, anyhow in the initial stages of economic and financial reconstruction; that the great bulk of international trade during this period must perforce be transacted on a bilateral barter-payments-agreement basis; that war time controls and exchange regulations would have to be maintained for some time after actual hostilities ceased; and that it was very much in America's interest to collaborate with us on the lines we have proposed in finding a solution of the surplus commodities problem"[56].

Nur eine Woche später legte Keynes bereits eine neue Fassung vor, in der er im wesentlichen vermied, das Empire-Präferenzsystem zu unterlaufen. Auch war jetzt nicht mehr von einer natürlichen „wirtschaftlichen Führungsrolle" Deutschlands die Rede; statt dessen fügte Keynes ein, dem Land müsse jenes Maß an wirtschaftlichem Wiederaufbau erlaubt werden, das seinen Fähigkeiten und seiner geographischen Lage „natürlicherweise" entspreche[57]. Eine weitere Überarbeitung des Entwurfs wurde Anfang Februar fertiggestellt[58]. Das Vorhaben, auf deren Basis eine Grundsatzerklärung des Außenministers zu erarbeiten, scheiterte zunächst freilich am Widerspruch Churchills, der Eden wenige Tage vor dessen erstem Auftritt davon in Kenntnis setzte, daß er nichts davon halte, für den Frieden zu planen, bevor man den Krieg gewonnen habe, und daß er daher die Verbreitung eines „Wirtschaftsmanifests" zum gegenwärtigen Zeitpunkt nicht befürworten könne[59].

Auch im Schatzamt hielten sich die Beamten unter Hinweis auf die Schonung der bestehenden ökonomischen Ressourcen bedeckt und warnten vor überstürzten öffentlichen Verlautbarungen über die Finanzpolitik der Nachkriegszeit, „[which might] ruin ourselves and destroy the City of London"[60]. Sie änderten Keynes' Passagen zum internationalen Währungssystem, strichen die Erwähnung eines Wiederaufbaufonds und ersetzten sie durch allgemeine Formulierungen, etwa den unverbindlichen Hinweis, man werde nach dem Krieg Lockerungen in der Finanzpolitik vornehmen, die eine Wiederbelebung des internationalen Handels auf der breitesten Basis ermöglichten. In den Worten eines Foreign Office-Mitarbeiters bezweckten sie damit, „to keep our hands free as regards our post-War currency policy; whereas Professor Keynes boldly comes out for an international currency system and the final abandonment of all idea of re-establishing a gold currency"[61].

Edens Rede im Mansion House vom 29. Mai 1941 war im Vergleich zu Keynes' Fassung entsprechend verändert und, wie Brendan Bracken, Churchills Parlamentarischer

[56] T 160/1053/17402/01, Minute Orme Sargent, „Mr. Keynes' Draft Statement", 6.1.1941.

[57] PREM 4/100/5, Memorandum Keynes, „Draft Statement to Counter the German ‚New Order'", 13.1.1941; vgl. DzD I/1, S. 266f., Anm. 1–4.

[58] PREM 4/100/5, „Sir Orme Sargent's Re-Draft of Mr. Keynes' Draft Statement to Counter the German ‚New Order'", 1.2.1941; DzD I/1, S. 276–280.

[59] T 247/85, Eden an Churchill, 30.1.1941; Churchill an Eden, 24.5.1941; DzD I/1, S. 275 bzw. S. 325f.

[60] FO 371/28899/W 587, Minute Orme Sargent, 16.1.1941. Zur konservativen Haltung der Londoner City in diesem Zusammenhang vgl. auch Hathaway, S. 29f.

[61] FO 371/28899/W 6189, Minute Orme Sargent, 30.4.1941. Die Änderungen und weiteres Material in FO 371/28899/W 587. Im Herbst schwenkte das Schatzamt schließlich auf Keynes' Linie ein und neigte der Schaffung eines Wiederaufbaufonds unter der Bedingung der Mitarbeit der USA zu; vgl. FO 371/29015/W 12656, Treasury Memorandum, „Financial Frame-work of Post-war European Relief", 24.10.1941.

Privatsekretär, gegenüber dem Premierminister erklärte, „well wrapped in Foreign Office wool“[62], für die allerdings auch das Schatzamt gesorgt hatte. Hitlers „Neuordnung“ – „a system of imperialist exploitation verging upon slavery“ – setzte der Außenminister das Bekenntnis zu „sozialer Sicherheit“ entgegen, das er gleichermaßen als das leitende Prinzip der britischen Innen- und Außenpolitik nach dem Krieg herausstellte. Zur erfolgreichen Koordinierung der Wiederaufbaubemühungen aller Länder im Rahmen einer neu zu schaffenden weltwirtschaftlichen Ordnung sei die Zusammenarbeit des rohstoffreichen britischen Empire mit den Vereinigten Staaten unverzichtbar. Hierzu stellte Eden Lockerungen der Devisenbewirtschaftung nach dem Krieg in Aussicht. Hinsichtlich des Stellung Deutschlands in dieser Nachkriegsordnung räumte er ohne nähere Erläuterung ein, daß es „eine Rolle spielen“ müsse. Im weiteren Verlauf führte er aus, daß es nicht im Interesse Großbritanniens liege, Deutschland oder den Rest Europas nach Kriegsende „wirtschaftlich auszubeuten“. „But here“, so erklärte Eden schließlich, „I draw a firm distinction. We must never forget that Germany is the worst master Europe has yet known. [...] She must never be in a position to play that rôle again. Our political and military terms of peace will be designed to prevent a repetition of Germany's misdeeds.“[63]

In dieser Rede wie auch in seiner Erklärung vor der Vereinigung der Auslandspresse in London zwei Monate später erkannte der britische Außenminister zwar das Prinzip der wirtschaftlichen Rehabilitation Deutschlands prinzipiell an[64]. Indem er in seinen sich auf Deutschland beziehenden Bemerkungen harte Entmilitarisierungsmaßnahmen ankündigte und den Wiederaufbauaspekt nur mit dem Hinweis auf eine mögliche Eingliederung des Besiegten in die Wirtschaftsordnung nach dem Krieg streifte, erhielt die von Keynes getroffene Unterscheidung beider Elemente eine grundlegend andere Bedeutung. Obwohl Eden Passagen aus Keynes' Memorandum wörtlich übernahm, gewannen sie doch im Kontext der Betonung britisch-amerikanischer Kooperation bei der Schaffung dieser Ordnung sowie des wirtschaftlichen Führungsanspruchs beider Staaten ein nur relatives Gewicht. Edens ausführliche Bezugnahme auf Roosevelts „Four Freedoms“ – und hier insbesondere die Anknüpfung des Prinzips „sozialer Sicherheit“ an die dritte Forderung nach ausreichender Befriedigung materieller Grundbedürfnisse („freedom of want“) – sowie die Verallgemeinerung von Keynes' Überlegungen zum Aufbau eines funktionierenden Wirtschaftssystems unterstrichen das primäre Interesse des Foreign Office, einen propagandistischen Gegenschlag zu Hitlers „Neuordnung“ zu führen und zugleich auch die Deutschland betreffende Initiative gegenüber den USA zu behalten sowie ein gleichberechtigtes Mitspracherecht bei den Nachkriegsplanungen geltend zu machen. Mit dieser Akzentverschiebung erweckte Eden den Eindruck, daß es Ziel britischer Politik sein werde, mit militärischen Maßnahmen das Sicherheitsverlangen der Nachbarstaaten des Deutschen Reichs befriedigen, gleichzeitig aber für dessen wirtschaftlichen Wiederaufbau eintreten zu wollen, um damit einer Wiederholung des Versailler Fehlschlags vorzubeugen.

---

[62] PREM 4/100/5, Minute Bracken, 22.5.1941; JMK XXV, S. 19.

[63] Für den Text der Rede Edens vgl. Eden, Freedom, S. 103–111, und DzD I/1, S. 354–360; dt. Übersetzung in: KAG 1941, S. 5053A (mit deutschen Reaktionen).

[64] Tyrell, S. 36f. Für den Text der Rede vgl. Eden, Freedom, S. 119–123.

Dies wich von Keynes' Konzeption insofern ab, als der Ökonom den wirtschaftlichen Außenbeziehungen Deutschlands einen eigenen sicherheitspolitischen Wert zuerkannte. Seine Überlegungen basierten auf der Idee von Sicherheit innerhalb eines nach dem Krieg aufzubauenden Wirtschaftssystems und würden daher, wie sich bald herausstellen sollte, zwangsläufig Fragen der industriellen Abrüstung und ihrer Folgen für die Rolle Deutschlands beim wirtschaftlichen Wiederaufbau Europas aufwerfen. Keynes hatte überdies mit seinem Hinweis auf den Primat der sozialen Sicherheit in der britischen Innenpolitik der Nachkriegszeit und insbesondere auf den Stellenwert einer Politik der Vollbeschäftigung die Wechselbeziehung zwischen der Behandlung Deutschlands nach der Kapitulation und der inneren sozialen und wirtschaftlichen Entwicklung Großbritanniens herausgestellt[65]. Die zukünftige Kontrolle Deutschlands durch dessen Eingliederung in das neu zu schaffende Wirtschaftssystem sollte dabei als wirtschafts- und sicherheitspolitisches Regulativ dienen.

Insofern stellten die in einem zentralen Punkt weit hinter Keynes zurückbleibenden Ausführungen Edens, die wenig später bezeichnenderweise auch die Zustimmung des Premierministers erhielten, zwar die erste wichtige, an die Öffentlichkeit adressierte Absichtserklärung hinsichtlich der deutschlandpolitischen Ziele Großbritanniens dar[66], reflektierten jedoch auf weite Strecken noch das Interesse an einer harten Friedensregelung. Die von Keynes in diesem Zusammenhang entwickelten Überlegungen zur Währungssituation nach dem Krieg und zur Einrichtung eines Wiederaufbaufonds blieben vorerst völlig unbeachtet.

Die eher kühle Resonanz, mit der die Ideen von Keynes an höherer Stelle aufgenommen wurden, kann folglich auch nicht allein mit Churchills Desinteresse an allen nicht mit der Erringung des militärischen Sieges verbundenen Fragen erklärt werden[67]. Die von ihm angeschnittenen Probleme berührten Aspekte der zukünftigen wirtschaftspolitischen Orientierung Großbritanniens, die zum einen weit über die unmittelbaren militärischen Kriegsziele des Landes, zum anderen aber auch über die Deutschlandplanungen hinausgingen. Keynes selbst hatte wiederholt die Schwierigkeiten betont, denen er sich wegen des Fehlens jeglicher wirtschaftspolitischer Grundsatzentscheidungen der Regierung bei der Abfassung des Memorandums ausgesetzt sah, und auf den vorläufigen Charakter der finanz-und währungspolitischen Aspekte seiner Vorschläge hingewiesen. Er habe die Minister in seinen Überlegungen auf eine Politik festgelegt, die noch in keiner Weise akzeptiert sei, und wolle mit ihnen wirtschaftspolitische Grundsatzentscheidungen provozieren, die vor allem der Aufnahme von Wirtschaftsplanungen dienten[68]. An der Bereitschaft der Minister, sich mit solch weitreichenden Implikationen zu beschäftigen, schienen jedoch zumindest Zweifel angebracht.

Frederick Leith-Ross, Generaldirektor des Ministry of Economic Warfare und Chief Economic Adviser der britischen Regierung seit 1932[69], sah sich jedenfalls zu einer pessi-

[65] In diesem Sinne wurde das Memorandum von Keynes als „the beginning of the policies of social security for all and full employment" interpretiert; Addison, S. 168.

[66] Tyrell, S. 37.

[67] Dies gegen Tyrell, ebenda, der dementsprechend die konstruktiven Elemente in Edens Erklärungen zu positiv bewertet.

[68] T 247/85, Keynes an H. J. Wilson, 25.11.1940; Keynes an Nicolson, 26.11.1940; Keynes an Robbins, 28.11.1940; Keynes an R. Hopkins und H. Wilson-Smith, 15.1.1941.

[69] Vgl. Leith-Ross.

mistischen Beurteilung veranlaßt. In den zwanziger Jahren hatte Leith-Ross als Berater des damaligen Schatzkanzlers Churchill wiederholt mit Keynes die Klingen gekreuzt und den orthodoxen Standpunkt des Schatzamts verteidigt[70]. In der Folge des Münchener Abkommens hatte Leith-Ross als Leiter der Wirtschaftsabteilung des Außenministeriums dann gegenüber Vertretern einer deutschen Wirtschaftsdelegation Mitte Oktober 1938 erklärt, die europäische Wirtschaft sei gerade gegenüber den USA in ernsthafter Gefahr, „wenn die vier Großmächte, anstatt zusammenzuarbeiten, gegeneinander arbeiten". Die gleichartigen Schwierigkeiten der europäischen Länder und eine politische Zusammenarbeit könnten „gedeihlich nur auf der Grundlage einer gemeinsamen Wirtschaftspolitik" gelöst werden[71]. Leith-Ross teilte nicht Keynes' Hoffnung, daß die Lehre der Zwischenkriegszeit, nur die Schaffung und Erhaltung wirtschaftlichen Wohlstands könne dauerhaften Frieden schaffen, gelernt worden sei. „I hope indeed that this lesson has been learnt", schrieb er am 15. Januar 1941 an Keynes, „but frankly I see little sign that our education has gone very far. Since the last war, the British workman has been getting for an equivalent amount of labour something like 50% more wages than a German, double the wages of a Pole and probably something like three times those of a Japanese workman. And goodness knows the standard of efficiency in our industries did not justify the difference. The result was a constant struggle to keep up our export trade and keep down unemployment. About ten years ago, we gave up the struggle to be competitive and used our great political and economic power to reserve markets wherever possible by means of tariffs, preferences, quotas and Trade Agreements. This policy (allied by currency adjustments) was very successful for our high cost manufacturers. It succeeded in restoring great prosperity for this country, as well as to the Empire. But it meant keeping out German exports both from the U.K. and from the Empire. It gave our people an improved standard of life but it reduced the already low standards of life in Europe. I believe that this policy helped no little to consolidate the Nazi hold on Germany and thereby contributed to the outbreak of war and that if we want a settled peace we must be prepared to modify these policies." Werde aber, so fragte Leith-Ross, die britische gegenüber einer mit niedrigeren Lohnkosten arbeitenden deutschen Industrie konkurrenzfähig sein? Bedeute die von Keynes versprochene Freiheit der Rohstoffmärkte des Empire nicht die Aufgabe des Systems der „Imperial Preferences" für britische Hersteller, und könne sich das Land dies leisten? Wenn nun der britische Export nach dem Krieg weniger konkurrenzfähig werde, so mutmaßte er, würde eine Lockerung bestehender Schutzmaßnahmen nur das Risiko erheblicher Arbeitslosigkeit erhöhen; nach einem langen und bitter geführten Krieg werde es ohnedies schwierig sein, die öffentliche Meinung von einer wirtschaftspolitischen Kursänderung zu überzeugen, nur um Deutschland auf die Beine zu helfen[72].

---

[70] Clarke, Keynesian Revolution, S. 30f., 88–91, 117–120.

[71] Vermerk über ein Gespräch zwischen Sir Frederick Leith-Ross und den Herren Rüter und v. Süsskind, 18.10.1938, in: ADAP, D, IV, S. 273–275. Vgl. den Vermerk des Leiters der Deutschen Wirtschaftsdelegation in London, 10.11.1938, sowie Botschaft London an Auswärtiges Amt, 19.12.1938, und Botschaft London an Auswärtiges Amt, 25.1.1939, in: ebenda, S. 268f., 303f. und 339f.

[72] T 247/85, Leith-Ross an Keynes, 15.1.1941. Der Aspekt der mangelnden Wettbewerbsfähigkeit taucht in fast deckungsgleicher Argumentation noch 1946 in einer Einschätzung der britischen Exportindustrie durch die amerikanischen Militärs auf; vgl. Hathaway, S. 26 und S. 325, Anm. 19.

Das Dilemma, auf das Leith-Ross hinwies, bestand darin, daß der Aufbau eines dauerhaften Friedens auf der Basis innerer und äußerer wirtschaftlicher Sicherheit, wie Keynes es in seinem Memorandum skizziert hatte, eine durchgreifende Revision der bestehenden Wirtschaftspolitik mit dem Ziel der Öffnung der britischen Märkte für die internationale Konkurrenz implizierte. Eine solche Öffnung wies freilich einen Doppelcharakter auf: Entweder half man Deutschland beim wirtschaftlichen Wiederaufstieg und gestattete ihm, wie Keynes es vorgeschlagen hatte, die Wiedergewinnung einer Position ökonomischer Stärke, für deren friedliche Ausrichtung die Integration seiner Industrien in ein multilaterales Handelssystem dann freilich eine notwendige Bedingung war. In diesem Fall würde man allerdings die britische Industrie zu einem Zeitpunkt dem Druck eines Freihandelssystems aussetzen, zu dem sie sich selbst noch schutzbedürftig und wenig konkurrenzfähig in einem Genesungsprozeß befinden würde. Um der Erreichung äußerer Sicherheit willen riskierte diese Option mithin die Sicherheit im Inneren. Oder aber London bestand auf der Fortschreibung der Ottawa-Prinzipien als Mittel zur Absicherung des eigenen Wiederaufbaus, riskierte dann aber eine Wiederholung der Autarkie- und Blockpolitik der dreißiger Jahre, die, in den Augen von Leith-Ross, ein wesentliches Antriebsmoment der nationalsozialistischen Expansion waren. Diese Option drohte also umgekehrt die äußere Sicherheit zugunsten eines Primats des inneren sozialen und wirtschaftlichen Friedens aufs Spiel zu setzen. Angesichts dieses von Leith-Ross so prägnant herausgearbeiteten Strukturproblems wird deutlich, daß die deutsche Propagandaoffensive der „Neuordnung“ für Großbritannien eine kaum zu unterschätzende Auslöserfunktion besaß. Im Kern legte sie das Dilemma der britischen Außenpolitik bloß und rückte die Gefahr eines weitreichende Konsequenzen implizierenden Glaubwürdigkeitsverlusts vor Augen für den Fall, daß London das Doppelziel verfolgen sollte, wirtschaftspolitisch an den Prinzipien von Ottawa festzuhalten und gleichzeitig auf einer Einbindung des deutschen Wirtschaftspotentials zu bestehen. Wie auch immer man das Problem aber betrachtete, der ökonomische Wiederaufbau und die Sicherheit Großbritanniens hingen untrennbar von der Frage ab, welche Rolle man dem deutschen Wirtschaftspotential in einer künftigen Friedensordnung zuzuweisen bereit war.

Keynes selbst teilte Leith-Ross mit, daß er dessen Pessimismus nicht voll teile – allerdings auch nicht entkräften könne –, und versicherte dem Schatzamt, er schlage nicht die Aufgabe bilateraler Zahlungsabkommen vor, sondern vielmehr deren Übergehen in einen größeren internationalen und dauerhaften Rahmen[73]. Allerdings waren eine Reihe von prinzipiellen Fragen aufgeworfen, die an der Basis liebgewonnener Doktrinen rüttelten: Wie weit mußte das bestehende System modifiziert und neuen Gegebenheiten, zumal der von Leith-Ross in seinem Memorandum deutlich hervorgehobenen Bedeutung der ökonomischen Potenz der Vereinigten Staaten und ihrer Wirtschaftskonzeption, angepaßt werden? Welcher Kurs war zwischen der Neigung zu Protektionismus und Bilateralismus, die etwa im britischen Industrieverband vorherrschte[74], und einer

[73] T 247/85, Keynes an Leith-Ross, 21.1.1941; Keynes an R. Hopkins und H. Wilson-Smith, 15.1.1941.

[74] Die Federation of British Industries hatte bereits vor dem Einmarsch deutscher Truppen in die Tschechoslowakei bilaterale Gespräche mit deutschen Industriellen aufgenommen und befür-

Laissez-faire-Nostalgie, die vor allem das Schatzamt prägte, zu steuern? Und vor allem, welcher Stellenwert kam dem Faktor Deutschland aus wirtschafts- und sicherheitspolitischer Perspektive in diesem Zusammenhang zu? Was bedeutete konkret die wiederholt vorgetragene Beteuerung, aus den Fehlern von Versailles gelernt zu haben?

Damit war zugleich die Frage nach der Rolle Deutschlands in Europa prinzipiell aufgeworfen. Für das Foreign Office bestand das Hauptproblem, wie Roger Makins es pointiert formuliert hatte, in „admitting that Germany should be permitted to resume economic leadership in Central Europe“[75]. Nur wenn es gelang, ein funktionierendes Weltwirtschaftssystem aufzubauen und zugleich Großbritannien und die USA zu Garanten für die Sicherheit Europas zu machen, hatte Keynes' deutschlandpolitisches Stabilisierungskonzept nach Ansicht von Makins Aussicht auf Erfolg. Damit umriß er zugleich das Spannungsfeld, in dem sich die Beamten des Außenministeriums in ihrem Zwiespalt zwischen Tradition und Modernisierungszwang bewegten. Aber auch für Makins erschienen die damit verknüpften Grundsatzfragen kaum kalkulierbar, zumal sie, wie er später bemerken sollte, einen umfassenden Prozeß des Umdenkens und ein Abrücken von traditionellen politischen und wirtschaftlichen Denkweisen erforderten[76].

2. Die konzeptionelle Herausforderung Großbritanniens durch die USA

Es waren aber nicht nur innerbritische Debatten, die Einfluß auf Edens Rede im Mansion House nahmen. In den USA hatten sich seit Bekanntwerden der Pläne für eine nationalsozialistische „Neuordnung“ die Fronten gegen Berlin weiter verhärtet[77]. Auch die Deutschlandplanungen waren in eine neue Phase getreten. Es stand zu erwarten, daß Edens Mansion House-Rede in den USA mit großem Interesse verfolgt werden würde. Gleichzeitig war davon auszugehen, daß im Kontext der auf britischer Seite von Keynes geführten Lend-Lease-Verhandlungen dessen deutschlandpolitisches Konzept besondere Aufmerksamkeit für sich in Anspruch nehmen konnte.

In seinen Erinnerungen schreibt Eden, er habe Präsident Roosevelts Bitte, Keynes' Ideen in seiner Rede auszuklammern, bewußt zurückgewiesen[78]. Angesichts der Sachlage muß diese Behauptung eher bezweifelt werden. Roosevelt war vom Inhalt des Keynesschen Memorandums zunächst durch seinen Berater Harry Hopkins in Kenntnis gesetzt worden, der während seines Londoner Aufenthalts im Januar 1941 eine Kopie

---

wortete die Fortdauer von Import- und Exportkontrollen, in der Konsequenz also die Rückkehr zum Tauschhandel. Die London Chamber of Commerce erklärte 1942 in einer Studie über den industriellen Wiederaufbau nach dem Krieg, der internationale Handelsverkehr solle auf der Basis eines permanenten bilateralen Güteraustauschs stattfinden. Vgl. Gardner, Sterling-Dollar Diplomacy, S. 30–35, bes. S. 32. Zu Keynes' Einstellung in dieser Frage vgl. FO 371/18899/W 6635, Keynes an F. T. Ashton-Gwatkin, 25.4.1941.

[75] FO 371/28899/W 426, Minute Makins, 3.1.1941; DzD I/1, S. 252f.

[76] FO 371/29015/W 13829, Minute Makins, 31.10.1941.

[77] Zur amerikanischen Reaktion auf Hitlers „Neuordnung“ und auf japanische Großraumwirtschaftspläne im pazifischen Raum vgl. Junker, S. 201–224, bes. S. 237–241.

[78] Eden, The Reckoning, S. 258f.

gesehen und Eden zufolge nahezu enthusiastisch reagiert hatte[79]. Hopkins gab Keynes jedoch zu verstehen, daß vor einer öffentlichen Erklärung dem US-Präsidenten eine Gelegenheit zum Studium des Memorandums gegeben werden sollte; Roosevelt sei diesbezüglich etwas empfindlich, „as he regarded the post-war settlement so to speak as being his preserve"[80].

Ende Mai 1941 hatte Keynes dann im Verlaufe seiner Lend-Lease-Verhandlungen in Washington selbst Gelegenheit, mit dem Präsidenten seinen Entwurf zu diskutieren. Bereits zuvor hatte er vor der Presse erklärt, daß im Falle eines deutschen Sieges die amerikanische Wirtschaft zerstört würde; die lebenswichtigen Wirtschaftsbeziehungen der USA wären dann nicht nur zu Europa, sondern auch zu Lateinamerika abgeschnitten[81]. Das zweieinhalbstündige Treffen fand schließlich einen Tag, nachdem Roosevelt in einer Rundfunkrede den nationalen Notstand proklamiert und damit seinerseits auf die nationalsozialistische „Neuordnung" geantwortet hatte, statt. Der Präsident hatte Hitler vor allem vor einer Penetration Lateinamerikas gewarnt und die „Einigkeit der amerikanischen Republiken" beschworen. Die Deutschen planten, „to treat the Latin American Nations as they are now treating the Balkans. They plan then to strangle the United States of America and the Dominion of Canada. [...] Tariff walls – the Chinese walls of isolation – would be futile. Freedom to trade is essential to our economic life. We do not eat all the food we can produce; and we do not burn all the oil we can pump; we do not use all the goods we can manufacture. It would not be an Amercan wall to keep Nazi goods out; it would be a Nazi wall to keep us in." Roosevelt kündigte „aktiven Widerstand" gegen jede Bedrohung dieser Hemisphäre von seiten Deutschlands an[82]. Vor diesem Hintergrund zeigte sich Roosevelt ablehnend gegenüber der Idee britisch-amerikanischer Friedensgespräche, ließ aber durchblicken, daß er gegen streng geheime Diskussionen, „hinter der Szene" und ohne öffentliche Erklärungen, nichts einzuwenden habe. Er ließ Keynes weiterhin wissen, daß jede Friedensordnung auf der Entwaffnung ganz Europas basieren müsse. Die Sicherheit der europäischen Staaten sollte durch Großbritannien und die USA als „Polizisten" garantiert werden. Er versicherte Keynes, daß die USA diesmal ihren Teil an der Verantwortung der politischen und wirtschaftlichen Nachkriegsentwicklung zu tragen bereit sein werden. Roosevelt dachte dabei analog der panamerikanischen Linie seiner Rede vom Vortag an eine Lösung, die Lateinamerika mit einschloß. Wie Hopkins bereits vermutet hatte, kritisierte der Präsident dagegen Keynes' Denkschrift wegen seiner britischen bzw. europäischen Prioritäten. Sie vermittele zu sehr den Eindruck, als habe Großbritannien die Initiative in den Nachkriegsplanungen übernommen, und sei zu sehr auf Europa konzentriert. Botschafter Halifax wies das Foreign Office zu Recht darauf hin, daß dies durchaus als Warnung gemeint war. Mit

[79] FO 371/28899/W 587, Minute Eden, 20.1.1941; PREM 4/100/5, Eden an Churchill, 30.1.1941. Vgl. auch FO 371/28899/W 587, Cadogan an Keynes, 21.1.1941. Dalton bezeichnete Hopkins, mit dem er Anfang Februar zusammentraf, als „first-class scout for the President". BLPES, Dalton Diaries I/24, fol. 27 (Eintrag 4.2.1941); vgl. ebenda, I/25, fol. 28f. (Eintrag 24.7.1941).

[80] FO 371/28899/W 6189, Minute Cadogan, 30.1.1941; DzD I/1, S. 274.

[81] KCKP, W/8/113, 115, Zeitungsausschnitte New York Times und Wall Street Journal vom 9.5.1941.

[82] PPA Roosevelt 1941, S. 181–194, Zitat S. 183f.; dt. in: KAG 1941, 5043A. Vgl. zum Hintergrund Junker, S. 258–263; Dallek, S. 265ff.

Blick auf die Lend-Lease-Verhandlungen, in deren Verlauf die Amerikaner auch Fragen nach dem wirtschaftspolitischen Kurs in der Nachkriegszeit aufwerfen würden, war es nach Ansicht von Halifax wenig ratsam, daß London die Initiative vor einer entsprechenden Erklärung der USA übernahm; zudem bestand die Gefahr, daß London in entsprechenden Verlautbarungen etwas preisgab, was Washington ohnehin zur Bedingung für Lend-Lease machen würde, und dadurch die eigene Verhandlungsmasse im Vorfeld beschnitt. „I am afraid“, so schloß Halifax, „that the above criticisms would not leave much substance in the paper, and both Keynes and I got the feeling that the President was not very keen on a speech being made on the lines of Keynes' paper at this time.“[83]

Die Bemerkungen von Hopkins und Roosevelt gegenüber Keynes machten unverkennbar deutlich, daß die USA, obgleich bis dahin noch nicht Kriegsteilnehmer, durch eine erste vertragsrechtliche Vereinbarung über Hilfeleistungen an die Gegner der Achsenmächte zu einem der Hauptakteure auf der diplomatischen Bühne aufgestiegen waren[84] und in deutschland- wie europapolitischen Fragen nach dem Krieg eine Führungsposition beanspruchen würden. Der „Lend Lease Act“ vom 11. März 1941, von Churchill in Verkennung der eigentlichen amerikanischen Interessenlage als „the most unsordid act“ bezeichnet[85], markierte nicht nur den Beginn einer beispiellosen Mobilisierung der amerikanischen Exportindustrie[86], mit der die USA auch nach außen ihren Willen zeigten, aktiv gegen die Diktatoren in das Geschehen einzugreifen, sondern konnte zugleich als ein Element des Open Door-Konzepts betrachtet werden. Nicht zuletzt auch die Erfahrung der deutsch-amerikanischen Wirtschaftskonkurrenz in Lateinamerika in den dreißiger Jahren hatte, wie Roosevelts „Kaminplauderei“ zeigte, die Amerikaner davon überzeugt, daß eine stabile Nachkriegsordnung eine umfassende wirtschaftliche Neuordnung voraussetzte, die durch die Beseitigung der bestehenden Wirtschaftsblöcke und der sie regelnden Prinzipien den Frieden garantieren sollte[87].

Dies war auch der Inhalt einer Rede von Außenminister Cordell Hull zehn Tage vor dem Treffen zwischen dem britischen Ökonomen und dem US-Präsidenten. In ihr hatte er deutlich auf prinzipielle Berührungspunkte mit Keynes' Konzeption aufmerksam gemacht, zugleich aber mit einem Plädoyer für den uneingeschränkten Freihandel freilich auch auf einen fundamentalen Gegensatz hingewiesen. Am 18. Mai 1941 hatte Hull in einer Ansprache zur Eröffnung der Außenhandelswoche fünf Prinzipien aufgestellt, von denen seiner Auffassung nach jede Nachkriegspolitik geleitet sein müsse. Erstens dürfe

[83] T 160/1053/17402/01, Halifax an Foreign Office, 28.5.1941; DzD I/1, S. 330f. Keynes an Kingsley Wood, 2.6.1941, in: JMK XXIII, S. 103–113, bes. S. 109f.; Harrod, Keynes, S. 509f. Zur Besorgnis innerhalb der Treasury über die bevorstehenden Verhandlungen und zur Befürchtung daraus erwachsender finanzieller Abhängigkeit von den USA vgl. BLPES, Dalton Diaries I/23, fol. 75 (Eintrag 24.10.1940).

[84] Duroselle, S. 973.

[85] Vgl. ausführlich Kimball, The Most Unsordid Act.

[86] Vgl. Holbo, S. 957f.

[87] Zu Lateinamerika, Roosevelts „Good Neigbour Policy“ und der deutsch-amerikanischen Wirtschaftskonkurrenz vgl. Williams, Tragödie, S. 187–229, bes. S. 199–211; Hull, Bd. I, S. 493–503, 601–611, 813–830; Gardner, Economic Aspects, S. 47–63, 109–132, 157–162, 194–216; Schröder, Deutschland und die Vereinigten Staaten, S. 201–261; ders., Das Dritte Reich, S. 107–152, bes. S. 137–145; Angermann, S. 200–205 et passim; Pommerin; MacDonald, S. 365–396. Allgemein: Van Alstyne, S. 584–596; Karnes, S. 730–741. Zu den wirtschaftlichen Kriegszielplanungen der US-Administration vgl. neben Gardner, Sterling-Dollar Diplomacy, auch Gaddis, S. 18–23.

extremem Nationalismus nicht wieder erlaubt werden, eine Politik exzessiver Handelsbeschränkungen zu verfolgen; Nichtdiskriminierung müsse zweitens zur Regel der internationalen Handelsbeziehungen werden; allen Nationen müsse drittens der Zugang zu den Rohstoffmärkten ohne Benachteiligung gewährt werden; viertens sollten die den Warenfluß regelnden internationalen Abkommen so verwirklicht werden, daß die Interessen der Verbraucherländer voll geschützt blieben; und fünftens waren Institutionen für die Abwicklung des Finanzverkehrs zu schaffen, um durch Bereitstellung ausreichender Kredite die Entwicklungsfähigkeit zu sichern[88].

Obwohl Keynes noch Änderungsvorschläge für die Rede Edens nach London telegraphierte, um stärker auf Hulls Ausführungen Bezug zu nehmen und den Eindruck eines britisch-amerikanischen Einvernehmens in den deutschlandpolitischen Fragen zu erwecken[89], kann es doch nicht verwundern, daß der Auftritt des britischen Außenministers von einer in ihrer Sicht noch nicht durch den Schock von Pearl Harbor getrübten amerikanischen Presse kritisiert wurde. Sie nahm vor allem Anstoß an Edens nach ihrem Empfinden widersprüchlicher Vorstellung eines militärisch harten Friedens, der gleichzeitig den wirtschaftlichen Bankrott und das Gespenst eines hungernden Deutschland ausschließen sollte. Die Journalisten hielten dagegen, daß ein Friedensplan auf der Basis von Edens Ausführungen eine Lösung der anstehenden wirtschaftlichen Probleme in einem internationalen Rahmen eher behindern würde. Im Unterschied zu Edens eigener Darstellung urteilte der British Press Service zusammenfassend, die Reaktion sei favourable but not enthusiastic" gewesen. Von 22 Leitartikeln hätten 13 Edens Aussage, daß Deutschland nie mehr eine beherrschende Rolle übernehmen dürfe, ausdrücklich beklagt, darunter pro-britische Blätter wie die New York Times. Während die New York Herald Tribune kritisierte, Eden habe nicht genügend zwischen Hitler und Deutschland unterschieden, stellte der Washington Times-Herald die moralische Unvereinbarkeit der militärischen und wirtschaftlichen Zielsetzungen Edens heraus und sprach in diesem Zusammenhang von „some clever double-talk about the post-war world", das der Realität der Bedeutung Deutschlands kaum entspreche[90]. Die breite amerikanische Kritik an dieser ersten öffentlichen Stellungnahme des britischen Außenministers zur Zukunft Deutschlands bezog sich daher nicht auf eine zu enge Anlehnung an Keynes' Konzeption und einer zu gemäßigten Linie hinsichtlich der Beseitigung des Nationalsozialismus und seiner wirtschaftlichen Grundlagen. Vielmehr war die Unterscheidung von militäri-

---

[88] Hulls Rede in: The Times, 20.5.1941; DzD I/1, S. 333–335; dt. Auszüge in: KAG 1941, S. 5034C; Wortlaut der Washington Post vom 19.5.1941 in: KCKP, W/8/123. Vgl. ferner Gardner, Sterling-Dollar Diplomacy, S. 4–22. Wie der damalige amerikanische Botschafter in London, Gilbert Winant, im März 1941 gegenüber Dalton bemerkte, war Hull „the next most important man after the President, and has a very wide outlook and is always balancing one possibility against another". BLPES, Dalton Diaries I/24, fol. 67 (Eintrag 20.3.1941). Vgl. dagegen die zur gleichen Zeit geäußerte Meinung des US-Sonderbeauftragten in London, Averell Harriman: „He [Harriman] does not think much of Hull and agrees the State Department are remote and difficult." Zum Hintergrund Harriman/Abel, S. 17 ff., 27 ff.

[89] Material zu den Änderungen in FO 371/28899/W 6227. Vgl. auch Eden, Freedom, S. 109.

[90] Kommentierte Zusammenstellung der Pressereaktionen in T 247/85, „Eden on Peace Aims" (Survey of American Press). Pressematerial auch in FO 371/28900/W 7131. Vgl. dagegen Eden, The Reckoning, S. 102. Diese Beurteilung steht im Gegensatz zu Keynes' eigener Einschätzung, der am 2. Juni 1941 Ronald telegraphierte, die Rede sei sehr gut aufgenommen worden. Vgl. DzD I/1, S. 360, Anm. 6.

schen und wirtschaftlichen Maßnahmen ihres Kontexts beraubt und erschien antagonistisch und deshalb wenig realistisch[91]. Die vagen Hinweise auf mögliche Lockerungen der Wirtschaftskontrollen nach dem Krieg mußten jedenfalls die Skepsis solcher Multilateralisten wie Außenminister Hull hervorrufen.

Bereits in diesen frühen Verlautbarungen manifestierte sich also ein Kern für mögliche Interessengegensätze zwischen London und Washington in der Außenwirtschafts- und Deutschlandpolitik. Es zeigte sich ebenfalls, daß die Ausgangspositionen beider Länder recht unterschiedlichen Charakter trugen. Im Gegensatz zu den Vereinigten Staaten, in denen sich die Prinzipien des „New Deal" bereits recht früh auch nach außen gewendet hatten und ihre korporatistische Verwurzelung für eine über die Administrationen weit hinausgehende Durchschlagskraft sorgte, lag in Großbritannien die Ausarbeitung wirtschaftspolitischer Leitsätze allein in den Händen von Keynes und einigen wenigen Ökonomen in der Economic Section of the Cabinet wie Robbins, James Meade und „Otto" Clarke. Über die Einsicht hinaus, daß jede Nachkriegslösung auf den Erfahrungen der frühen zwanziger und der dreißiger Jahre beruhen mußte, d. h. auf der Abkehr vom Goldstandard und dem Aufbrechen der deutschen und japanischen Blockbestrebungen bei gleichzeitigem Schutz des Sterlinggebiets, mangelte es deutlich an genaueren Vorstellungen – zum Leidwesen Keynes', der überdies, wie wir gesehen haben, auf die Abneigung der zuständigen Treasury-Minister stieß, sich auf eine bestimmte Währungs- und Finanzpolitik einzulassen. Während in Großbritannien jegliche Planungen noch von der Unwägbarkeit der alles entscheidenden Frage erschwert wurden, welche wirtschaftlichen Folgen der Krieg für das Land haben und wie sich die den machtpolitischen Spielraum wesentlich bestimmende Ressourcenlage gestalten würde, erzielten die USA durch ihre sich abzeichnende Stellung als größter Kreditgeber nach Beendigung des Krieges und den sich abzeichnenden Planungsvorsprung, der, wenngleich im Detail noch nicht präzisiert, auf einem relativ geschlossenen ökonomischen Weltbild und dessen ausgeprägter Verwurzelung in Geschäftskreisen beruhte, entscheidende Vorteile[92].

3. Britischer Wiederaufbau oder Sicherheit vor Deutschland? Die Intensivierung der Debatte im Außen- und Handelsministerium

Auch wenn jede weitere Diskussion wegen einer anderen Prioritätensetzung Churchills, der Vorläufigkeit von Keynes' Kerngedanken und einer gewissen Abneigung in weiten Teilen der Beamtenschaft vorerst verschoben war, so bleibt an dieser Stelle doch festzuhalten, daß die Deutschlandplaner Londons in Keynes einen entscheidenden Initiator gefunden hatten. Ungeachtet der Tatsache, daß Keynes' Aktivitäten zunächst auf wenig fruchtbaren Boden gefallen waren und nur durch eine Reihe von „Filtern" in die Grundsatzerklärungen Edens Eingang gefunden hatten, war der Zusammenhang zwischen bri-

[91] Dies gilt auch für Edens Rede vor Vertretern der Auslandspresse am 29.7.1941, die sich direkter mit Deutschland befaßte als die Mansion House-Rede. Vgl. Tyrell, S. 36 f. Vgl. auch T 160/1250, R.E.S. 12, Note by the Foreign Office, 29.7.1941.

[92] Vgl. auch die Hinweise bei Gardner, Sterling-Dollar Diplomacy, S. 1–39; Penrose; Gaddis, S. 18–23; Loth, Teilung, S. 32–37; Kolko, S. 245–248.

tischem Wiederaufbau, der Schaffung einer Nachkriegswirtschaftsordnung und der Sicherheit gegenüber Deutschland als Problem umrissen worden. Während eine Treasury-Delegation unter Keynes' Leitung mit den Amerikanern vor diesem Hintergrund mit der vertraglichen Ausarbeitung der Lend-Lease-Lieferungen begann[93], trieben interne Diskussionen auch in Whitehall das Thema voran.

Für diese Kontroverse ist ein im Juni 1941 dem Außenministerium vorliegendes Memorandum des Assistant Secretary im Handelsministerium, R. J. Shackle, über die Bedingungen des wirtschaftlichen Wiederaufbaus von besonderer Bedeutung[94]. Im Mittelpunkt stand der bereits von Leith-Ross hervorgehobene Gegensatz zwischen dem Freihandelsprinzip, das als notwendige Voraussetzung für die Verhinderung erneuter deutscher Hegemonialbestrebungen herausgestellt wurde, und der Fortsetzung einer handels- und währungspolitischen Blockpolitik, die für den Genesungsprozeß der britischen Wirtschaft in der unmittelbaren Nachkriegszeit als vorteilhaft angesehen wurde. Dabei drehte sich letzlich alles um die Frage, welchen wirtschaftlichen Stellenwert unter sicherheitspolitischen Zielsetzungen Deutschland im Wiederaufbauprozeß einnehmen würde: „It is the presence or absence of a monopolistic rôle for Germany which will determine whether the future economic organisation of Europe contains the seeds of political danger or not." Konnte der Wiedergewinnung einer monopolistischen Stellung und damit einem Wiederaufleben deutscher Aggressionspolitik auf dem Kontinent dadurch vorgebeugt werden, daß dem deutschen Wirtschaftspotential ein ihm entsprechender Platz in den internationalen Handelsbeziehungen zugewiesen wurde, wie es Keynes vorschwebte? Und bedeutete dies trotz des Beitrags, den Deutschland in dieser Weise zur wirtschaftlichen und politischen Stabilität Westeuropas leisten konnte, daß eine Blocklösung, die für Großbritanniens krisengeschüttelte Wirtschaft wenigstens ein Mindestmaß an Sicherheit für den eigenen Wiederaufbau gewährleistete, ausgeschlossen war? War also die Eindämmung des „Sicherheitsrisikos Deutschland" nach dem Krieg verknüpft mit der Preisgabe des Ottawa-Systems und dem Aufbau eines multilateralen und freihändlerischen Wirtschaftssystems? Oder konnte ein größeres Maß an Sicherheit nicht doch auf der Basis von Wirtschaftsblöcken erlangt werden, etwa in Form eines britisch-amerikanischen Blocks, auf den dann das System der „Imperial Preferences" ausgeweitet werden könnte?

In Anknüpfung an den Befund von Leith-Ross, daß sich hinter der Auseinandersetzung mit dem Nationalsozialismus letztlich ein konzeptioneller Gegensatz verbarg und Großbritannien aus deutschlandpolitischen Gründen langfristig dazu gezwungen sein würde, seine protektionistische Wirtschaftspolitik zugunsten der Prinzipien von ökonomischer Sicherheit und internationaler Wirtschaftskooperation aufzugeben, wies Shackle den Gedanken, die Nachkriegsordnung auf der Basis von Wirtschaftsblöcken zu errichten, als friedensgefährdend zurück: „Indeed, it is probably hardly an exaggeration to say that a ‚group' solution of post-war problems would give to Germany victory in the economic field, whatever the military outcome. Germany naturally possesses and will always possess an enormous economic pull over her neighbours, due to her importance as an economic and particularly as an industrial unit, whereby her mainly agricul-

---

[93] Vgl. Moggridge, Maynard Keynes, S. 655–663.

[94] FO 371/28900/W 6867, Memorandum R. J. Shackle (Board of Trade), „Economic Reconstruction", 4.6.1941; DzD I/1, S. 363–372. Dort auch die folgenden Zitate.

tural neighbours are virtually forced into a position of dependence upon her. This pressure will, of course, be all the stronger if more or less self-contained ‚economic groups' formed in other parts of the world diminish the alternative outlets for European agricultural and industrial products." Wenn aber die Stabilität des Friedens von der Überwindung wirtschaftlicher Autarkiebestrebungen abhänge und der entscheidende Faktor hierbei ein auf der Konvertibilität der Währungen beruhendes monetäres System darstelle, das den ausreichenden Fluß langfristiger Kredite garantiere, so werde der Haltung der USA zwangsläufig eine herausragende Rolle zufallen. Der wirtschaftliche Wiederaufbau, so stellte das Memorandum heraus, beruhe zuvörderst auf der Restauration und Stabilisierung der Währungen sowie auf der Schaffung eines ausreichenden Maßes an internationaler Kaufkraft mittels der Vergabe von Wiederaufbaukrediten. Dazu könnten die USA in dreifacher Weise beitragen: durch finanzielle Hilfe, deren Verteilung über eine internationale Organisation erfolgen solle; durch Importerleichterungen für ausländische Waren, d. h. die Senkung bestehender amerikanischer Zollniveaus, um so den Schuldnerländern die Einnahme von Dollars und die Abtragung ihrer Schulden zu erleichtern; sowie alternativ bzw. ergänzend hierzu durch die Erlassung von Schulden.

Das Herzstück in der Argumentation Shackles war also die Einsicht, daß ein erfolgreicher Wiederaufbau und die Sicherheit vor einem Wiederaufleben deutscher Hegemonialpläne die sinnvolle wirtschaftliche Anbindung Washingtons an den Rekonstruktionsprozeß Europas voraussetzen. Mit anderen Worten, der Gefahr eines kontinentaleuropäischen Blocks unter deutscher Hegemonie entsprach die Gefahr eines amerikanischen Wirtschaftsisolationismus bzw. einer „hemisphärischen Autarkie" der USA. Und letzterer sollte dadurch vorgebeugt werden, daß die USA zur Übernahme einer ihrer Gläubigerrolle angemessenen Verantwortung für den europäischen Wiederaufbau veranlaßt würden. Hier, so schloß Shackle, lägen denn auch die Einflußmöglichkeiten Großbritanniens. Zwar werde man am Ende des Krieges aufgrund der materiellen Verluste schlechtere Karten in der Hand halten; aber es komme darauf an, die Amerikaner zum richtigen Ausspielen der ihren zu bringen. Aus diesem Grund werde es wohl unvermeidlich sein, weitgehende Zugeständnisse beim Abbau der Empire-Präferenzen zu machen: „An inclination on our part towards Empire self-sufficiency would drive them in this direction [hemispheric self-sufficiency]. On the other hand, a willingness to modify Imperial Preference would probably be the only really effective means we possess of drawing them in the opposite direction, and we know that the present Administration [...] attach great weight to our attitude in this matter as a means of overcoming political obstacles at home."

Shackles Denkschrift stieß auf außerordentlich große Resonanz im Foreign Office. Für den Leiter der Economic Relations Section im Außenministerium, Frank Ashton-Gwatkin, war sie Ausgangspunkt, den Aufbau des Ministeriums dahingehend zu hinterfragen, ob seine Struktur angesichts der Verzahnung von Wirtschaft und Außenpolitik überhaupt adäquat sei. „Our foreign policy in the future is going to be shaped by political, strategic and economic considerations; all these three fields impinge upon another."[95] Hinsichtlich der politischen und strategischen Entscheidungsfaktoren glaubte er zwar das Ministerium, seiner Natur entsprechend, ausreichend arbeitsfähig; aber gerade

[95] FO 371/28900/W6877, Minute Ashton-Gwatkin, 5.6.1941; DzD I/1, S. 372f. Dort auch die folgenden Zitate.

Shackles Mahnung, daß von den britisch-amerikanischen Wirtschaftsbeziehungen gleichermaßen die Hoffnungen des Landes auf Frieden wie seine Kriegsangst abhingen, zeige, wie untrennbar Ökonomie und Außenpolitik miteinander verknüpft seien. Dies werfe die Frage auf, ob das Foreign Office in der Lage sei, „to deal effectively with these economic questions, which are going to play a rôle as important as the purely political ones and inextricably mixed up with them". In der Sache selbst bezweifelte Ashton-Gwatkin Shackles These, daß die expandierenden Märkte des 19. Jahrhunderts, die die Wirtschaftsdynamik am Laufen erhalten hatten, unwiderruflich dahin seien. Es gebe immer noch große „unterentwickelte" Gebiete, beispielsweise in Osteuropa, der Sowjetunion und China, die noch ausbaufähig seien; zudem werde auch die technisch-industrielle Entwicklung rasant fortschreiten, so daß man nicht von einem Ende des wirtschaftlichen Wachstums und damit der expandierenden Märkte ausgehen könne. In diesem Zusammenhang äußerte Ashton-Gwatkin auch erste Ideen zu einer Teilung Deutschlands. Europa, so kommentierte er, sei wirtschaftlich natürlicherweise in einen schwächeren östlichen Teil, die Eisen- und Kohlereviere Polens, Schlesiens sowie der Tschechoslowakei umfassend, und einen westlichen Teil mit dem Rheinland und Lothringen als Kern geteilt. Bezüglich der Schaffung einer ausreichenden wirtschaftlichen Sicherheit vor Deutschland sei daher zu bedenken, „that in this fact may be found a solution on a natural economic basis for the problem of how to deal with a Germany of overwhelming economic power placed in the centre of Europe, by suggesting a line along which Germany could and should be partitioned, so that Eastern Germany (at least Silesia and East Prussia) should be found in the Eastern, and Western Germany in the Western area".

Sowohl Ronald als auch Makins unterstrichen in ihren Kommentaren die Verpflichtung, die den USA aus ihren enormen Goldvorräten erwachse, wenn nicht andere Staaten ihre Währung aufgrund des Goldmangels abschotten oder in bilaterale Realtauschbeziehungen zurückfallen sollten[96]. John Balfour wies darüber hinaus darauf hin, daß eine ökonomische Nabelschau Großbritanniens Gefahr laufe, die Notwendigkeit eines politischen Konsenses mit den USA auch in deutschlandpolitischen Fragen zu unterschätzen. Der Glaube, alles werde gut, solange sich nur für Großbritannien wirtschaftliche Abhilfen fänden, verkannte nach Balfours Meinung den politischen Kontext. Als oberstes Ziel, dem die britischen Planungen unterzuordnen waren, erblickte er die britisch-amerikanische Zusammenarbeit nach dem Krieg. Die Bereitschaft Washingtons gerade in Wirtschafts- und Währungsfragen dürfe aber nicht einfach vorausgesetzt werden, „unless we, for our part, are ready to go as far as we can in the direction of concessions which will encourage them to undertake the job"[97]. Nicht zuletzt in der Deutschlandpolitik, wo sich ein Eintreten der USA gegen einen neuerlichen „Diktatfrieden" abzeichne, gelte daher für die britischen Planungen, „that our ideas about the political future of Europe do not crystallise in a form which would prejudice the prospect of U.S. collaboration in other spheres"[98]. Wie bereits Makins sprach er sich dafür aus, eine Ausdehnung des Systems der Handelspräferenzen auf die Vereinigten Staaten (und Latein-

[96] FO 371/28900/W 6887, Minute Ronald, 16.6.1941; Minute Makins, 22.6.1941; beide auch in: DzD I/1, S. 373f.

[97] FO 371/28900/W 6887, Minute Balfour, 25.6.1941; DzD I/1, S. 374f.

[98] Ebenda.

amerika) ernsthaft zu erwägen. Die intensive Diskussion, die das nationalsozialistische Konzept einer „Neuordnung" im Herbst des Vorjahres ausgelöst hatte, führte, so wurde deutlich, nicht nur die verschiedenen Linien der britischen Außen-, Wirtschafts- und Sicherheitspolitik der Zwischenkriegszeit, die Keynessche Wirtschaftslehre sowie die unter dem Stichwort „soziale Sicherheit" im Inneren zu lösenden Problemfelder in einem Schnittpunkt zusammen. Sie zwang zugleich Whitehall zu einer Auseinandersetzung mit der eigenen wirtschaftlichen Entwicklung der zwanziger und dreißiger Jahre. Zwar lagen die Prioritäten des Kriegskabinetts auf den Erfordernissen der Kriegführung, die es den Ministern kaum erlaubten, ihre Aufmerksamkeit möglichen Friedensplanungen zu widmen. Doch auf Beamtenebene war eine Bestandsaufnahme in Gang gesetzt worden, von der jeder Entwurf einer britischen Nachkriegspolitik ihren Ausgang nehmen mußte.

Dies wird besonders deutlich in einem Überblick über die wirtschaftliche Entwicklung der dreißiger Jahre, in dem Ashton-Gwatkin die Rahmenbedingungen einer künftigen Friedensordnung in zehn Lektionen zusammenfaßte. „The first and principal lesson of the nineteen thirties in the politico-economic sphere is", so resümierte er prägnant, „that every symptom of economic nationalism must be regarded as indicating war rather than peace; and that an out-and-out policy of economic nationalism is a high-road towards war."[99] Aus diesem Grund bewertete Ashton-Gwatkin die Schaffung von Handelspräferenzgebieten als friedensbedrohend. Demgegenüber sei ein ausreichendes Maß an Währungsstabilität unabdingbare Voraussetzung für wirtschaftlichen Frieden, der allerdings nicht durch multilaterale Lösungsversuche erreicht werden könne: Nicht nur die Weltwirtschaftskonferenz 1933, sondern gerade auch das trilaterale Finanzabkommen 1936 habe die Unwirksamkeit solcher Verhandlungen demonstriert; der Versuch, Deutschland in ein solches Währungssystem zu integrieren und damit die Aufrüstung des Landes sowie Berlins Offensivpläne einzudämmen, sei de facto in eine Politik des „Economic Appeasement" umgeschlagen und schließlich durch den Anschluß Österreichs im März 1938 ein für allemal gescheitert[100]. Aufgrund dieses Erfahrungswerts liege die Garantie für stabile Währungen in den Händen Großbritanniens und der USA, deren Beziehungen zueinander daher eine herausragende Bedeutung zukomme. Je weiter sich beide Länder handelspolitisch voneinander entfernten, desto schwieriger sei eine sich ergänzende Währungspolitik zu realisieren; umgekehrt werde ein gemeinsames handelspolitisches Vorgehen auch die Chancen weltweiter Währungsstabilität erhöhen. Auf der Basis einer funktionierenden handels- und währungspolitischen Zusammenarbeit zwischen London und Washington – „but not on any other basis" – könne dann mit dem Aufbau eines einigermaßen freien internationalen Handelssystems begonnen werden, dem schließlich Frankreich, Deutschland, Italien und Japan gleichberechtigt angehören sollten – „subject to the condition that trade competition must be fair". Würden nämlich diese vier Wirtschaftsmächte ausgeschlossen, so wären sie gezwungen, mit der friedensbedrohenden Schaffung autarker Blöcke zu reagieren. Diese Lektionen, so gab er aber abschließend zu bedenken, „would seem to endorse the need for the greatest pos-

[99] FO 371/28904/W 10371, Memorandum Ashton-Gwatkin, „Notes on Economic Policy in the Nineteen Thirties", 6.8.1941. Dort auch die folgenden Zitate.

[100] Noch im November 1938 hatte der deutsche Botschafter Dirksen ans Auswärtige Amt gemeldet, „daß er [Ashton-Gwatkin] volles Verständnis für unsere wirtschaftlichen Ansprüche auf dem Balkan hat". Dirksen an von Weizsäcker, 9.11.1938, in: ADAP, Serie D, Bd. IV, S. 284 f.

sible freedom in international trade. Complete freedom is impossible since, in each country, the working population [...] must be protected in its employment. There is therefore a fundamental contradiction. [...] The lessons of 1930–39 also show that a healthy international trade depends on agreement for mutual consideration between Great Britain, the United States of America, Germany and France (i.e. the four great import markets); and that such agreement must be preceeded by Anglo-American Agreement on currency and commercial policy."

Die zusammenfassenden Bemerkungen Ashton-Gwatkins, die als Spiegel des Diskussionsstands der drei federführenden Ministerien – Außenministerium, Handelsministerium, Schatzamt – im Herbst 1941 gelten können, lassen ein Grundmuster der britischen Planungen erkennen, in dem deutlich Keynessche Gedanken verarbeitet waren, das zugleich aber auch auf noch ungeklärte Widersprüche hinwies. Hatte Keynes in seiner ersten Reaktion auf die nationalsozialistische „Neuordnung" die Beibehaltung von Wirtschaftsblöcken noch explizit hervorgehoben und einen Vorteil gegenüber den Plänen des Reichswirtschaftsministeriums ausschließlich in der *bona fide*-Überlegenheit Londons erblickt, so wich der Gedanke in seinen späteren Ausführungen der Idee einer internationalen Organisation zur Koordinierung der Währungs- und Kreditpolitik und wurde schließlich in den Memoranden des Board of Trade (BoT) und des Foreign Office ausdrücklich zurückgewiesen. Statt dessen wurde die Bedeutung einer britisch-amerikanischen Währungskooperation für eine stabile wirtschaftliche Friedensordnung betont, die ihrerseits die Schaffung multilateraler Handelsbeziehungen ermöglichen sollte. Wie Keynes bereits in diesem frühen Stadium der britischen Kriegszielplanungen verdeutlicht hatte, spielte dabei die Reintegration eines von seiner aggressiven Grundausrichtung befreiten deutschen Industriepotentials eine wichtige Rolle, dessen Austritt aus der internationalen Wirtschaftsgemeinschaft in den dreißiger Jahren, in Ashton-Gwatkins Worten, gesunde Handelsbeziehungen vereitelt hatte. Es begann sich gleichfalls stärker abzuzeichnen, daß der Anspruch auf Vollbeschäftigung als zentrales politisches Anliegen jeder britischen Nachkriegsregierung immer mehr an Gewicht gewann. Ungeklärt war jedoch noch, wie dieser Anspruch und die damit verbundene Forderung Keynes' nach einer interventionistischen Rolle der Regierung mit der Einsicht, daß die Schaffung einer Sicherheit gewährenden Nachkriegsordnung langfristig nur innerhalb eines umfassenden Freihandelssystems realisierbar war, vereinbart werden konnte.

Hier scheint auch ein wichtiger Grund dafür zu liegen, daß London auf die nationalsozialistischen Wirtschaftspläne nicht mit einem gleichwertigen Gegenkonzept, etwa im Sinne eines britischen „New Deal", antworten konnte. Die internen Diskussionen förderten zunächst ohne Frage den Durchsetzungsprozeß der Keynesschen Wirtschaftstheorien, indem sie sie in engeren Bezug zur Deutschlandpolitik setzten und damit die Erfahrungen mit der Versailler Nachkriegsordnung wiederzubeleben begannen. Zum anderen aber führten sie zu einer Art Bestandsaufnahme der Prämissen der britischen Wirtschafts-, Außen- und Sicherheitspolitik. Als vordringlichste Aufgabe ergab sich für die Planungen Whitehalls zunächst die Lösung des Vermittlungsproblems zwischen einem Nachkriegswirtschaftssystem, das, auf Freihandel und Währungskonvertibilität beruhend, wirtschaftliche Sicherheit in den Mächtebeziehungen versprach, und einer zumindest partiell protektionistischen Wirtschaftspolitik, die den Wiederaufbau der eigenen Industrie begünstigte und soziale Sicherheit nach innen gewährleistete. Dieser Widerspruch ließ die Beamten einen möglichen britisch-amerikanischen Gegensatz antizipieren, eine Befürchtung, die durch das seit Herbst 1940 aktivere Eingreifen Washingtons und insbesondere durch die Reden Roosevelts und Cordell Hulls Bestätigung zu finden schien. Dennoch wurde die Rolle der USA als voraussichtlich größter Gläubiger nach Kriegsende ausdrücklich anerkannt. Nicht zuletzt um Washington an der Lösung des wirtschafts- und sicherheitspolitischen Problemgeflechts zu beteiligen, kam zukünftigen britisch-amerikanischen Finanzgesprächen eine besondere deutschlandpolitische Bedeutung zu. Hier würde allerdings die britische Regierung zu Zugeständnissen, vor allem im Hinblick auf einen Abbau der Empire-Präferenzen, bereit sein müssen. Dies war mit Blick auf den Wiederaufbau in Europa der Preis, der zu zahlen war, um einen Wirtschaftsisolationismus der USA zu verhindern und Sicherheit vor Deutschland zu schaffen. Schließlich hatten die Diskussionen Fragen nach den ökonomischen Grundlagen der britischen Außenpolitik aufgeworfen, die den machtpolitischen Spielraum Londons sowohl gegenüber Washington, das zum „richtigen" Ausspielen der Karten bewegt werden sollte, als auch für die Gestaltung der alliierten Deutschlandpolitik absteckten. Mit dieser Bestandsaufnahme war der Anstoß für weitere Kriegszielplanungen gegeben; zugleich waren auch die Problemkreise weitgehend angesprochen, die die Formulierung der britischen Nachkriegspolitik bestimmen würden und von deren Lösung der künftige machtpolitische Standort Großbritanniens abhängen sollte.

III. Das Malkin-Komitee und Keynes' Konzept eines deutschen Friedensbeitrages

1. Die Atlantik-Charta und das Problem der Entmilitarisierung

Oft nur als ein „Nebenprodukt"[1] der ersten einer Reihe von Kriegskonferenzen betrachtet, verdient die am 14. August 1941 bekanntgegebene Atlantik-Charta als ein geradezu idealtypisches Dokument, welches das bereits skizzierte britisch-amerikanische Kräftespiel und den Stand der internen Friedens- und insbesondere Deutschlandplanungen in Washington und London widerspiegelt, in unserem Zusammenhang größere Aufmerksamkeit, als ihr gemeinhin in der Forschung gewidmet wird[2]. Ihr Erklärungswert für die Ursprünge der amerikanisch-sowjetischen Konfrontation nach dem Zweiten Weltkrieg sowie ihre Bedeutung als erster Definitionsversuch des Multilateralismus und als programmatische Verkündung der Ziele der US-Außenwirtschaftspolitik ist dabei wiederholt herausgearbeitet worden[3]. Über diese Akzentsetzungen hinaus liegt das Besondere des Dokuments jedoch darin, daß sich in ihm die britisch-amerikanischen Friedensvorstellungen in einer ökonomischen Kompromißformel verdichteten und mit ersten Hinweisen zur grundsätzlichen deutschlandpolitischen Vorgehensweise der beiden Westmächte verbanden. Aus dieser Perspektive betrachtet, war auch die Verkündung der Charta als wirtschaftspolitisch kleinster gemeinsamer Nenner Londons und Washingtons eine Antwort auf die nationalsozialistischen Neuordnungspläne. Sie entsprach gerade durch ihren Prinzipiencharakter und ihre breitgefaßten Formulierungen den Intentionen Roosevelts, innenpolitisch unter allen Umständen den Verdacht geheimer Abkommen zu vermeiden und die amerikanische Öffentlichkeit gegen die Achsenmächte zu mobilisieren. Sie kam aber auch der Absicht Churchills entgegen, die USA in einer Deklaration enger an die Kriegsanstrengungen Großbritanniens zu binden, jedoch keine über die unmittelbaren militärischen Erfordernisse hinausgehende Verpflichtung für das Empire einzugehen. Gleichzeitig ermöglichte es die Form einer Grundsatzerklärung, gezielt die im Sog der Berliner Autarkiepläne stehenden Kleinstaaten an der europäischen Peripherie anzusprechen und ihnen eine Zukunft politischer und wirtschaftlicher Selbstbestimmung in Aussicht zu stellen[4]. Wurden daher auch aus der Rückschau in der Atlantik-Charta erste Anzeichen für die Bildung einer anti-sowjetischen britisch-amerikanischen Allianz und damit für die Ursprünge des Ost-West-Konflikts gesehen, so zielte ihre Stoßrichtung doch zunächst unmittelbar gegen Berlin. Dies wird etwa dadurch bestätigt, daß es Churchill gelang, während der Konferenz das Vorhaben des State

[1] Langer/Gleason, S. 677; Angermann, S. 226; ähnlich auch Wilson, Art. „Summit Conferences", S. 940.

[2] Vgl. neben der in Anm. 1 genannten Literatur insgesamt Wilson, First Summit; Dallek; Kolko, S. 242–250, 280–313; Gaddis, S. 3–18; Gardner, Sterling-Dollar Diplomacy, S. 40–53; Sherwood, S. 273–288; Gilbert, Finest Hour, S. 1154–1168, besonders S. 1161–1164. Vgl. auch die Erinnerungen zweier Hauptakteure: Churchill, Memoiren, Bd. III.2, S. 71–89; Welles.

[3] Vgl. z. B. Gaddis, S. 3–18; Gardner, Sterling-Dollar Diplomacy, S. 40–53; Kolko, S. 242–250, 280–313.

[4] Vgl. Dallek, S. 281, 284 f. Den Propagandacharakter der Atlantik-Charta, und damit implizit ihre Wurzeln in der Debatte um Hitlers „Neuordnung", betont auch Balfour, S. 231–233.

Department und seines Außenministers Hull, einen rigorosen Freihandel als wirtschaftspolitisches Prinzip in der Charta festzuschreiben, partiell zu unterlaufen; darüber hinaus vermochte er Roosevelt, dem am Zustandekommen einer Deklaration mehr lag als an der Durchsetzung ökonomischer Details, zum Einlenken zu bewegen und die antibritische Stoßrichtung wesentlich zu entschärfen. Dessenungeachtet, daran ließen die zeitgenössischen Interpreten keinen Zweifel, stellte die Deklaration trotz aller Verwässerungen des britischen Premierministers eine eindeutige Willenserklärung der USA dar, auf die Demontage des Systems von Ottawa hinzuarbeiten. Zwar mochten die endgültigen Formulierungen der Charta von Außenminister Hull als „Verrat" an den Grundlagen seiner Außenpolitik betrachtet werden[5]. Wenn der „Economist" als ihren Kern jedoch „a repudiation of the considerations of power which have elevated self-sufficiency from being a sauve qui peut expedient to be a principle of national policy"[6] herausstellte, so wandte sich das auch gegen die britische Politik der Empire-Präferenzen[7].

Der Text der Atlantik-Charta[8], auf den sich die beiden Regierungschefs vor der Küste Neufundlands einigten, ohne ihm bezeichnenderweise durch ihre Unterschriften einen formalen Charakter zu verleihen, definierte drei Säulen, auf denen die Nachkriegsordnung beruhen sollte. Den zu Beginn dargelegten Grundsätzen der nationalen Selbstbestimmung – und dies schloß in Punkt 1 den ausdrücklichen Verzicht der beiden Westmächte auf territoriale Expansion ein – folgte als Mittelstück die Forderung nach einer Wirtschaftsordnung auf der Basis des Freihandels und der wirtschaftlichen Zusammenarbeit sowie des gleichberechtigten Zugangs zu den Rohstoffmärkten und den Weltmeeren. Unter diesen Bedingungen sollte ein ausreichendes Maß an sozialer Sicherheit im Inneren erreicht werden, das zugleich die Gewähr für das friedliche Zusammenleben der Staaten ohne materielle Not bot. In diesem Kontext wurde insbesondere dem Wunsch nach einem hohen Beschäftigungsgrad Ausdruck verliehen. Hatte die von Staatssekretär Sumner Welles vorgelegte Fassung des State Department noch ausdrücklich die Eliminierung jeglicher diskriminierender Handelspraxis gefordert, gelang es Churchill an dieser Stelle, unter Hinweis darauf, daß eine solche Klausel den Bestimmungen des Abkommens von Ottawa zuwiderlaufe und deshalb der Zustimmung sowohl des Kabinetts in London wie auch der Regierungen der Dominions bedürfe, die Amerikaner zur Streichung der Passage zu veranlassen. Zusätzlich konnte der britische Premierminister die Einfügung der einschränkenden Phrase „with due respect for existing obligations" am Beginn des Mittelteils der Charta durchsetzen[9].

Nach diesen Bemerkungen über die Bedingungen der Möglichkeit allgemeiner wirtschaftlicher Sicherheit äußerten sich beide Mächte schließlich zu ihren deutschlandpolitischen Zielsetzungen, insbesondere den Voraussetzungen für die Verhinderung eines erneuten aggressiven Ausgreifens Deutschlands, d. h. für die Schaffung eines dauerhaften Systems militärischer Sicherheit. Nach den Erklärungen Edens wenige Wochen vor

[5] Gardner, Sterling-Dollar Diplomacy, S. 51.

[6] The Economist, Nr. 161/1941, S. 221; zit. nach: ebenda, S. 50.

[7] Die antibritischen Aspekte der Atlantik-Charta stark überzeichnend Kolko, S. 248 f. Vgl. aber auch ausführlich Gardner, Sterling-Dollar Diplomacy, S. 42–47.

[8] Text der Atlantik-Charta in: FRUS 1941/I, S. 367–369; DzD I/1, S. 438–440. Für den deutschen Wortlaut vgl. z. B. Cornides/Volle, S. 53.

[9] Gegenüber dem Parlament erklärte Churchill, die Charta beziehe sich nur auf die von den Achsenmächten befreiten Länder, nicht auf das britische Empire. Vgl. Hathaway, S. 45.

Bekanntgabe der Deklaration wie auch nach den diversen wirtschaftsprogrammatischen Verlautbarungen amerikanischer Politiker konnte kaum ein Zweifel daran bestehen, daß die dargelegten Grundsätze in der Absicht verfaßt waren, sie nach der Zerschlagung des Nationalsozialismus auch zu Richtwerten für eine friedensvertragliche Regelung der Beziehungen zu Deutschland zu machen, um einer Wiederholung der Fehler von Versailles vorzubeugen. Der Beteiligung Deutschlands an der Entwicklung wirtschaftlicher und sozialer Sicherheit entsprach dabei die Ankündigung seiner völligen Entmilitarisierung. Hier jedoch taucht im Text eine einschränkende Formulierung auf, die an dieser Stelle auf den aufmerksamen Leser störend wirken mußte.

Ein dauerhafter Friede, so hieß es unter Punkt 8, sei nicht möglich, wenn aggressiven Staaten die Aufrechterhaltung eines bestimmten Rüstungsniveaus erlaubt werde; deshalb sei man davon überzeugt, daß, *„pending the establishment of a wider and permanent system of general security"*, deren Entwaffnung wesentlich sei. Zwar hatte Churchill als Initiator dieses Gedankens bezweckt, Roosevelt damit grundsätzlich auf die Schaffung einer internationalen Organisation festzulegen, die Sicherheit auf der Basis weltweiter Zusammenarbeit der Völker unter britisch-amerikanischer Führung garantieren sollte. Der Premierminister konnte sich in dieser Frage schließlich mit dem US-Präsidenten, der vor einer Neuauflage des Völkerbundes zurückschreckte, auf eine Kompromißformel einigen, die eine Übergangsperiode ins Auge faßte und gleichzeitig Roosevelts Vorstellung von vier „Polizisten" als Sicherheitsgaranten weiterhin aktuell erscheinen ließ[10]. Im Satzzusammenhang enthielt der Passus jedoch nicht nur die Ankündigung der beiden Regierungsschefs, für ein umfassendes Sicherheitssystem einzutreten, sondern implizierte auch, daß mit dessen erfolgreicher Einsetzung die Forderung nach Entwaffnung der ehemaligen Aggressorstaaten aufgehoben und durch deren Einbindung und Mitarbeit überwunden würde. Ein in solcher Art zumindest vage in Aussicht gestellter „Beitrag" zur allgemeinen Sicherheit blieb zwar undefiniert. Er wurde in seiner Bedeutung durch den expliziten Hinweis auf die Notwendigkeit der vollständigen Entmilitarisierung und die Erklärung Großbritanniens und der USA, die Rolle der Sicherheitsgaranten sowohl der Übergangszeit wie auch in einer Weltorganisation zu übernehmen, deutlich überlagert. Gleichwohl warf die Atlantik-Charta in diesem Teil eindringlich die Frage auf, welchen Stellenwert, ja welche Plausibilität die Forderung nach vollständiger Entwaffnung besaß angesichts eines auch von der Charta selbst bekräftigten Anspruchs auf allgemeine Abrüstung im Rahmen einer umfassenden Sicherheitsorganisation. In diesem Sinne notierte etwa der Privatsekretär Außenminister Edens, Oliver Harvey, nur zwei Monate nach der Atlantik-Charta in einer Skizze, in der er eine Reihe von für die Nachkriegsplanungen wichtigen Fragenkomplexen auflistete, daß zu den Gegenständen, die jetzt ein detailliertes Studium erforderten, auch gehöre: „What is to be the future of national armies and air forces? Is Germany (or Italy) to have any arms, navy or air force? Can they be disarmed unilaterally? Can the national defence forces of the victors be reconciled with the existence of an international or allied police force?"[11]

---

[10] Vgl. hierzu Dallek, S. 283 f; Gaddis, S. 24–27. Als vier „Polizisten" betrachtete Roosevelt die USA, Großbritannien, die Sowjetunion und China.

[11] British Museum (im folgenden BM), Add MSS 56402, Harvey Papers, Diaries.

Diese Sicht wird in ihrer ökonomischen Dimension noch dadurch bestätigt, daß Roosevelt und Churchill im letzten Satz der Erklärung ihrer Absicht Ausdruck verliehen, alle Bemühungen zu unterstützen, den friedliebenden Nationen die erdrückenden Rüstungslasten zu erleichtern. Die zeitlich parallel laufenden Lend-Lease-Verhandlungen und das generelle Bestreben des US-Präsidenten, die Wirtschaftskraft des Landes in vollem Umfang in die Auseinandersetzung mit den Achsenmächten zu werfen, ließen keinen Zweifel daran, daß diese Erklärung auch als deutliche Bereitschaft Washingtons zu werten war, die gegen die Diktaturen Krieg führenden Länder mit Hilfslieferungen zu unterstützen. Ihre Plazierung im Kontext von zukunftsgerichteten Bemerkungen über die Behandlung Deutschlands und den Aufbau einer Weltorganisation schloß jedoch auch eine Interpretation keinesfalls aus, die darin erste Hinweise auf eine Kooperation unter britisch-amerikanischer Führung bei der Lösung der ökonomischen Probleme eines Sicherheitssystems erblickte.

In jedem Fall warf die Atlantik-Charta mit ihrer Mischung von wirtschafts- und sicherheitspolitischen Aspekten Fragen nach dem Zusammenspiel von Entmilitarisierung, ökonomischer Neuordnung und militärischer Sicherheit auf, deren Beantwortung gerade im Hinblick auf den Anspruch der Deklaration, in einer ersten Grundsatzerklärung über das traditionelle sicherheitspolitische Denken des Versailler Systems hinausgehende Leitgedanken zu formulieren, einem aufmerksamen Beobachter als Angelpunkt einer stabilen Friedensordnung erscheinen mußte. Ihr vager Charakter kam dabei nicht nur den innenpolitischen Intentionen beider Regierungschefs entgegen und entsprach ihrem Ziel, einen Propagandaerfolg gegen Hitlers „Neuordnung" zu erzielen. Er spiegelte auch den Diskussionsstand der jeweiligen Ministerien. Im Falle Washingtons begann sich allmählich die Durchschlagskraft der Freihandelsdoktrin als Kern der amerikanischen Kriegszielpolitik zu zeigen; daneben wurde das Bestreben Washingtons erkennbar, das Sicherheitsproblem durch die Anwendung der in der Charta dargelegten Prinzipien auch auf Deutschland zu lösen. Im Falle Großbritanniens zeigte sich die Priorität, die Churchill den militärischen Erfordernissen der Kriegführung beimaß und die von der intensiven Erörterung unter den Beamten Whitehalls nur die grundsätzliche Unterscheidung zwischen militärisch-punitiven (Entmilitarisierungs-)Maßnahmen und wirtschaftlichen (Wiederaufbau-)Maßnahmen übrigließ.

Der tatsächliche Wortlaut der Atlantik-Charta erlaubte es Churchill nach ihrer Bekanntgabe am 14. August 1941, die Bedeutung der darin festgeschriebenen Wirtschaftsprinzipien dadurch zu relativieren, daß er sie vor allem als Absichtserklärung und Basis für ein britisch-amerikanisches Zusammengehen in der Kriegszieldiskussion gegenüber Deutschland interpretierte. Indem er ihren Wert als militärische und politische Zielvorgabe für die Zerschlagung der nationalsozialistischen Herrschaft und die Behandlung Deutschlands nach dem Krieg betonte, lenkte er vom allgemeinen Charakter der Deklaration ab und strich ihre Signifikanz für die dem britischen Kriegspremier wichtigeren Nahziele heraus: die Sicherung amerikanischer Kooperation bei der Kriegführung und ein wichtiger Propagandafeldzug gegenüber Berlin. Beide Ziele wirkten nach innen, insofern ihre operative Umsetzung den Ressourcendruck bei der notwendigen Erhöhung des Kriegseinsatzes zu mindern versprach und ihre bewußte Absetzung von der Kriegszielpolitik des Ersten Weltkriegs die Kritiker im eigenen Lager beschwichtigte. So bekräftigte der Premierminister wiederholt in der Öffentlichkeit, die Deklaration impliziere keine Verpflichtung irgendwelcher Art für die britische Regierung und das Empire.

Sie sei keine endgültige Kriegszielerklärung, sondern nur „a simple, rough-and-ready war-time statement". Die in ihr ausgebreiteten Prinzipien stellten nichts Neues dar, sondern seien seit langem den britischen und amerikanischen Demokratien vertraut[12]. Umgekehrt hatte Churchill keine Bedenken, die Freihandelsregeln als Grundlage für eine künftige britisch-amerikanische Kooperation in der Deutschlandpolitik zu akzeptieren und zu erklären, „that instead of trying to ruin German trade by all kinds of traditional trade barriers and hindrances, as was the mood of 1917, we have definitely adopted the view that it is not in the interests of the world and of our two countries that any large nation should be unprosperous or shut out from the means of making a decent living for itself and its people by its industry and enterprise"[13]. Gegenüber dem Kabinett strich er als die beiden wichtigsten Ergebnisse seines Treffens mit Roosevelt heraus, daß man die Fehler von Versailles vermeiden und Deutschland zwar entwaffnen, aber ihm wirtschaftlich wieder auf die Beine helfen wolle. Darüber hinaus verbuchte er gegenüber den Ministern als Erfolg, „that the President should have agreed to a Declaration which in his [the President's] phrase referred to the ‚final destruction of Nazi tyranny'"[14].

Zwar mochte diese Sichtweise von den kurzfristigen Zielsetzungen Churchills bestimmt sein; dies erklärt auch, warum es London binnen kurzem möglich war, von den deutschlandpolitischen Grundsätzen der Charta wieder abzurücken. Gerade indem sie an die internen Erörterungen der Beamten in Whitehall anknüpfte und eine Art Zwischenergebnis darstellte, stand die Charta aber im Kontext eines Diskussionsprozesses, der die langfristigen Probleme der Friedensregelung zu umreißen versuchte. Die Beteiligten an diesem Diskussionsprozeß hörten daher den Verlautbarungen Churchills besonders aufmerksam zu, die, zusammen mit dem Text der Charta, Anlaß zu weiteren Überlegungen über das Deutschlandproblem gaben. Der Premierminister, so resümierte etwa Hugh Dalton Churchills Ausführungen im Kabinett, habe zwei wesentliche Unterscheidungsmerkmale zwischen der Atlantik-Charta und den Friedensvorstellungen von 1917 herausgestellt: „Then we spoke much of a ‚war to end war' and of a general organisation afterwards in which all were committed equally to disarm. On the other hand, we were full of ideas of making the Germans pay enormous reparations and of impoverishing them by seizing their trade. Now we look at things differently. We must disarm the Germans and their accomplices but give no undertaking, which they can afterwards exploit, that we shall give them within any measurable time any sort of equality as regards arms. On the contrary, we must take care to see that we are sufficiently strongly armed to prevent any repetition, in Europe or the world, of these catastrophes. On the other hand, we now take the view that impoverished nations are bound to be bad neighbours, and we wish to see everyone prosperous, including the Germans. In short, our aim is to make Germany ‚fat but impotent'."[15]

Mit diesen Ausführungen hatte Churchill zunächst für seine Kabinettskollegen die Grundzüge eines deutschlandpolitischen Programms in einem Schlagwort auf den Begriff gebracht, das seine Anziehungskraft für viele Entscheidungsträger auch in der Nachkriegszeit nicht verlieren sollte. Der innere Widerspruch trat in vollem Umfang je-

[12] Churchill am 25.8.1941 in der New York Times und am 9.9.1941 im britischen Unterhaus; zit. nach: Gardner, Sterling-Dollar Diplomacy, S. 48.

[13] Radioansprache, 24.8.1941, in: KCA 1941–1943, S. 4761A.

[14] CAB 65/19, W.M. (41) 84th Conclusions, War Cabinet Meeting, 19.8.1941.

[15] BLPES, Dalton Diaries I/25, fol. 57, Eintrag 26.4.1941; vgl. Pimlott (Hrsg.), War Diaries, S. 275.

doch erst im Verlauf der Debatten um einen deutschen wirtschaftlichen und/oder militärischen Verteidigungsbeitrag 1950/51 ans Tageslicht[16]. Das Wort vom „fetten, aber impotenten Deutschland" brachte aber auch einen Problemkomplex auf den Begriff, welcher der aktuellen Kriegszieldiskussion einen wichtigen neuen Aspekt hinzufügen sollte.

Der Zielkonflikt, wie er zwischen dem sowohl aus humanitären Beweggründen wie aus wirtschaftlicher Vernunft gespeisten Anspruch auf eine konstruktive Deutschlandpolitik einerseits und der als sicherheitspolitische Notwendigkeit betrachteten militärischen und wirtschaftlichen Entmilitarisierung andererseits bestand, wurzelte in den traumatischen Erfahrungen mit dem Versailler Friedenssystem. Sein Kern bestand in dem Verhältnis von Abrüstung bzw. Entmilitarisierung und einer harten Reparationsregelung. Der allgemeine Anspruch auf Abrüstung nach 1917, so die Churchills Ausführungen zugrunde liegende Logik, hätte einen umfassenden, von Wilsonschem Idealismus getragenen militärischen Demobilisierungsprozeß eingeleitet. Gleichzeitig seien aber hohe Entschädigungsforderungen gestellt und eine Politik der Übernahme von Teilen des deutschen Außenhandels eingeleitet worden. Die beiden letztgenannten Faktoren hätten schließlich in einer Art Gegenreaktion zu den Intentionen der Alliierten in den dreißiger Jahren eine massive Aufrüstungspolitik begründet, der die den Grundsätzen der Abrüstung verpflichteten Westmächte nichts entgegenzusetzen vermochten: ein krasses und folgenschweres Mißverhältnis also zwischen Abrüstungsanspruch und einer sich als kaum praktikabel erweisenden und schließlich in ihr Gegenteil umschlagenden Entmilitarisierungs- und Reparationspolitik. Dieses Verhältnis sollte nun umgekehrt werden. Primär waren die Aggressorstaaten zu entwaffnen, während die Siegermächte – d. h. mindestens die USA und Großbritannien, in Roosevelts Weltpolizisten-Konzeption darüber hinaus die Sowjetunion und China – in einem Zustand ausreichender Wehrbereitschaft verbleiben und die Rolle als Sicherheitsgaranten übernehmen würden. Entsprechend sollte die besondere Rolle des deutschen Industriepotentials anerkannt und ein wirtschaftliches Ausbluten des Landes, das erneut zu innerer sozialer Destabilisierung und außenpolitischen Revanchegefühlen führen würde, durch eine vorsichtige Wiederaufbaupolitik verhindert werden.

Hinter diesen Gedanken verbarg sich unausgesprochen das Prinzip der „social security", das ja auch in der Atlantik-Charta (Punkt 5) ausdrücklich als eine Leitidee formuliert worden war. Eine Politik der „sozialen Sicherheit" gegenüber Deutschland in der Nachkriegspolitik, so die Argumentation, würde zu mehr sozialer Sicherheit im Inneren Großbritanniens beitragen, insofern eine liberale Reparationspolitik der Siegermächte eine Voraussetzung für die sinnvolle Einbeziehung Deutschlands in den wirtschaftlichen Wiederaufbauprozeß war; darüber hinaus werde das deutsche Potential als dessen Motor, ganz wie Keynes dies in seinen frühen Denkschriften formuliert hatte, auch den Wiederaufbau der britischen Industrie unterstützen und zur allgemeinen ökonomischen Stabilität in Europa beitragen. Der Grundgedanke einer liberalen Deutschlandpolitik entsprang also aus britischer Sicht direkt der Idee der „sozialen Sicherheit", die wiederum ihre Wurzeln in den keynesianisch gefilterten Erfahrungen von Versailles hatte. Als Kompromiß in der Atlantik-Charta, der die verschiedenen Interessen miteinander vermittelte, reflektierte er gleichermaßen Ideen des „New Deal" in den USA und jene Strömungen in Großbritannien, die sich um die Grundlegung einer neuen Sozial- und

[16] Vgl. Peter, Großbritannien.

Wirtschaftspolitik als Mittel zur ökonomischen Krisenbewältigung bemühten und denen Keynes das wirtschaftstheoretische Instrumenarium bereitgestellt hatte. Gerade Keynes' innere Übereinstimmung mit den Bemühungen britischer linksliberaler Kreise, die ihn seit Erscheinen der „Economic Consequences of the Peace" als einen ihrer wortgewaltigsten Verbündeten betrachteten[17], um die Erhaltung der sozialen Reformfähigkeit des Landes und die Erkenntnis, daß diese Reformfähigkeit nicht unerheblich davon abhängen werde, ob und was Deutschland zur allgemeinen Sicherheit und zum wirtschaftlichen Wiederaufbau werde beitragen können, erklären schließlich auch, warum Dalton, der aus seiner antideutschen Grundeinstellung sonst kaum einen Hehl machte, in seinem Tagebuch zustimmend zu Churchills Konferenzbericht im Kabinett notieren konnte, dies sei eine gute Strategie, die von der Rechten und Linken gleichermaßen positiv aufgenommen werden würde: „‚Works and wages but no weapons' is my formula."[18]

War dieser Anspruch erst einmal formuliert, so öffneten sich freilich die Abgründe eines weiteren Dilemmas, das ein um die Tagespolitik besorgtes Kabinett vielleicht nicht wahrzunehmen vermochte, das seine Schatten jedoch auf die Kriegsziel- wie Nachkriegspolitik Londons vorauswarf. Sollte die nach dem Ersten Weltkrieg verfolgte Doppelstrategie von Abrüstung und harter Reparationsregelung durch eine Kombination von alliierter Verteidigungsbereitschaft und gemäßigten Entschädigungsforderungen ersetzt werden, stellte dies dann nicht eine einseitige Belastung des Wiederaufbaus der Siegermächte dar? Lief insbesondere Großbritannien nicht Gefahr, dann das Opfer einer finanziellen Überlastung zu werden, zumal zu befürchten stand, wie es ein Beamter des Handelsministeriums formulierte, daß nach dem Krieg, „having lost our gold and exchanged our former creditor rôle for that of a debtor, we shall hold few of the cards"[19]? Lag also womöglich in dem Schlagwort vom „fetten, aber impotenten" Deutschland potentiell ein den dauerhaften Frieden genauso bedrohender Widerspruch verborgen, wie ihn die Politik der Siegermächte nach Versailles geprägt hatte?

Dieser Problemzusammenhang blieb nicht unerkannt. Am pointiertesten griff wohl Kingsley Martin, von Keynes 1931 zum Herausgeber des „New Statesman and Nation" bestellt[20] und in den folgenden Jahrzehnten der vielleicht einflußreichste Publizist des linksliberalen Flügels, die Ausführungen Churchills an. Der Premierminister, so kommentierte er, habe in Erinnerung gerufen, wie nach 1917 „British Big Business" die völlige Zerstörung Deutschlands als Handelsrivalen zu verlangen begonnen habe. In der Atlantik-Charta hätten Churchill und Roosevelt nun einen vernünftigen Plan vorgelegt, der darauf beruhe, Deutschland zu entmilitarisieren, während Großbritannien und die USA ein ausreichendes Rüstungsniveau behalten sollten, und gleichzeitig seinen wirtschaftlichen Ruin zu verhindern. Freilich: „The more I think about this statement the more inadequate and shipshod it seems. We all agree that Germany must be disarmed, and all but those afflicted with Vansittartitis see the folly of talking as if any measures could prevent Germany from being the central market of Europe. But to leave the matter there is not, as Mr. Churchill seemed to think, to correct the mistakes of the last Peace, but to repeat them. We did disarm Germany very effectively in 1919 and Britain and

[17] Vgl. Skidelsky, Keynes, Bd. II, S. 3f.
[18] BLPES, Dalton Diaries I/25, fol. 58, Eintrag 26.8.1941.
[19] FO 371/28900/W 6867, Memorandum Shackle, „Economic Reconstruction", 4.6.1941; DzD I/1, S. 368.
[20] Vgl. Skidelsky, Keynes, Bd. II, S. 388f.

France remained fully armed. We were strong enough to do anything we liked to Germany up to 1936. True, our practical business men talked about destroying Germany as a competitor in 1917, but after the war they soon wanted Germany back as a market. Therefore, apart from the folly of reparations, Mr. Churchill's present proposals were in effect carried out in 1919. Should we this time any more than last time want to maintain a situation in which we spent our substance on armaments, while Germany, relieved of the burden of this monstrous waste, developed economically and, incidentally, built up the basis of another war potential? As it stands Mr. Churchill proposes that Germany should have the butter and we the guns. If he thinks over his proposition he will see that there is no solution of the problem of Germany except in common economic institutions for Europe, ensuring general and not only German prosperity, and an international political organisation which would be responsible for policing Europe."[21]

Den Deutschen die Butter, den Briten die Rüstungslasten – mit dieser Formel konterte Martin das Schlagwort des „fetten, aber impotenten Deutschland". Er machte freilich damit auch auf das Überschneidungsfeld dreier Problemkreise aufmerksam, innerhalb dessen die Nachkriegspolitik Londons aller Wahrscheinlichkeit nach operieren würde. Insoweit man in Whitehall akzeptierte, daß Deutschland – wenn, wie Churchill gegenüber dem Kabinett angedeutet hatte, nicht unbegrenzt, so doch auf absehbare Zeit – entmilitarisiert und als prinzipiell in das Weltwirtschaftssystem auf gleichberechtigter Basis wiedereingliederungsfähig betrachtet wurde, entstand zunächst die Notwendigkeit, sich über die Zukunft der deutschen Produktionskapazitäten unter sicherheitspolitischen Gesichtspunkten, d. h. des komplizierten Beziehungsgeflechts von wirtschaftlicher Entmilitarisierung, Reparationen, Demontagen und Gebietsabtretungen, zu verständigen, mit anderen Worten: an der Skizzierung eines Konzepts wirtschaftlicher Sicherheit zu arbeiten.

Ferner tauchten vermehrt Zweifel auf, ob es ratsam war, aus Gründen der Machterhaltung auf Kosten einer binnenwirtschaftlichen Expansionspolitik eine rüstungsintensive Vorrangstellung zu reklamieren, während Deutschland seinen wirtschaftlichen Wiederaufbau ohne derartige Belastungen in Angriff nahm. Hier wurde deutlich, daß die ökonomischen Auswirkungen des Krieges, gerade indem sie die Entwicklung Großbritanniens in der Zwischenkriegszeit fortschrieben, den macht- und insbesondere deutschlandpolitischen Spielraum bestimmen würden, so wie umgekehrt die alliierte Politik gegenüber einem besiegten Deutschland von besonderer Konsequenz für den Wiederaufbau und damit letztlich für die machtpolitische Stellung des Inselreichs sein mußte.

Mit seiner letzten Bemerkung sprach Martin schließlich die Abhängigkeit der Eingliederung Deutschlands in den ökonomischen Genesungsprozeß Europas wie gleichermaßen auch der Rekonstruktion der britischen Wirtschaft von der Neuordnung der handels- und finanzpolitischen Beziehungen der Staaten nach dem Krieg an. Er bekräftigte damit die Bedeutung, die Keynes und andere Experten umfassenden britisch-amerikanischen Wirtschaftsgesprächen beimaßen, mit deren Hilfe London eine Einflußnahme wenigstens auf die Formulierung der Grundlegung der ökonomischen Neugestaltung Europas wahren zu können hoffte – „inducing [the USA] to play the cards in the right

[21] New Statesman, 30.8.1941, S. 201; vgl. auch ebenda, 23.8.1941, S. 175 f.

way", wie in Anspielung auf den Ressourcenreichtum des künftigen Kriegsalliierten formuliert worden ist[22].

2. Entmilitarisierung oder Wiederaufbau – Die Frage der deutschen Reparationen

Keynes' „Clearing Union" und das Reparationsproblem

Damit war der Kern des Interessenkonflikts in der britischen Deutschlandpolitik umrissen. Entmilitarisierung und Wiederaufbau bildeten die beiden Pole, um die sich künftig die weiteren Planungen drehen sollten. Der Bedeutung dieses Sicherheitsdilemmas entsprechend, reagierte das Foreign Office umgehend. Die vom Herausgeber des „New Statesman" so pointiert skizzierten Problemkreise waren im November 1941 Gegenstand eines Treffens hochrangiger Beamter des Außenministeriums. Orme Sargent, zu diesem Zeitpunkt Deputy Under-Secretary of State, William Malkin, der Rechtsberater im Foreign Office, William Strang, Nigel Ronald und Oliver Harvey strichen übereinstimmend als Basis jeder Erörterung über die künftige Behandlung Deutschlands heraus: „the economic and social rehabilitation of the enemy powers, combined with a measure of control sufficiently strict to ensure that in the future they will not be a danger but an asset to their neighbours"[23]. Nachdrücklich betonten die Beteiligten, daß dieses Ziel mit der Atlantik-Charta übereinstimme. Wie bereits Keynes ein Jahr zuvor beklagten aber auch sie das Fehlen jeglicher Informationen und ministerieller Planungsvorgaben. Darüber hinaus betonten sie, daß es nahezu unmöglich sei, zum gegenwärtigen Zeitpunkt über die wirtschaftlichen Grundlagen des Friedens nachzudenken. Ronald regte daher an, die Experten des Ministry of Economic Warfare und der Economic Section[24] zu konsultieren: „[They] might help us on the crucial questions of how far the suppression of large sections of Germany's war industrial potential will affect her general economic prosperity."[25] Insbesondere beabsichtigten die Beamten, sich Keynes' deutschlandpoli-

---

[22] FO 371/28900/W 6867, Memorandum Shackle, „Economic Reconstruction", 4.6.1941; DzD I/1, S. 370.

[23] FO 371/29015/W 13829, Minute Ronald, 23.10.1941; Minute of a Meeting in the Foreign Office, 19.11.1941.

[24] Die Economic Section of the War Cabinet Secretariat war ein weiterer Meilenstein der „Keynesschen Revolution". Der Economic Advisory Council (EAC) des Schatzkanzlers hatte sich zu Beginn des Krieges als kaum noch befriedigender organisatorischer Rahmen der Wirtschaftsberatung erwiesen. Trotz guter Ansätze war er zu sehr vom wirtschaftspolitischen Entscheidungszentrum abgetrennt, auch waren seine Mitglieder zeitlich noch zu stark durch ihre akademische Tätigkeit eingespannt. Noch wichtiger aber war, daß seine Arbeit durch den Mangel verläßlicher Vorhersageinstrumente behindert wurde. Zu Beginn des Zweiten Weltkrieges war schließlich nicht nur der Durchbruch in der ökonomischen Theorie gelungen, zum ersten Mal wurden ausgebildete Ökonomen als Vollzeitkräfte in den Beraterdienst genommen und in die Ministerien integriert. Aus dem EAC wurde zunächst der Central Information Service, dessen Wirtschaftswissenschaftler 1941 schließlich in der Economic Section zusammengefaßt wurden, während die Statistiker im Central Statistical Office ihre Arbeit aufnahmen. Vgl. ausführlich Bridges, S. 14–17; Cairncross, Years of Recovery, S. 55 f.; Cairncross/Watts, S. 1–39.

[25] FO 371/29015/W 13829, Minute Ronald, 23.10.1941; Minute of a Meeting in the Foreign Office, 19.11.1941.

tische Erfahrungen zunutze zu machen: „Mr. Keynes might give us some help on the very difficult question of the provision which will have to be made to ensure that Germany shall not derive advantage from the fact that she will have no armament burden to carry on her budget, while the non-disarmed governments will."[26] Ronald schlug ebenfalls vor, Keynes um Auskunft darüber zu bitten, ob es möglich sei, daß Deutschland selbst einen Teil der Kosten für die alliierte Kontrolle der Entmilitarisierung würde übernehmen können. Dies war eine im Hinblick auf die später akut werdende Bedeutung der Besatzungskostenfrage als eine mögliche Form des deutschen Verteidigungsbeitrags ebenso frühe wie weitsichtige Äußerung, die den Foreign Office-Beamten die ganze Komplexität der Interdependenz von Wirtschafts- und Sicherheitsfragen vor Augen führte.

Unterdessen war Keynes' Aufmerksamkeit ebenfalls wieder auf die Deutschlandproblematik gelenkt worden. Wie bereits dargestellt, hatten sich seine Überlegungen seit der Aufrüstungskrise verstärkt auf die außenwirtschaftlichen Determinanten der britischen Wirtschaft konzentriert. Die Einsicht in die steigende Bedeutung von Handels- und Zahlungsbilanz als Faktoren der Wirtschaftsentwicklung des Landes und damit eines stabilen inneren sozialen Friedens hatte in der Folge des Kriegsausbruchs ihre letzte Bestätigung erfahren. So führten die Diskussionen um die Frage der Kriegsfinanzierung schon bald zur Aufnahme britisch-amerikanischer Lend-Lease-Gespräche, in deren Verlauf auch immer wieder Grundsatzfragen hinsichtlich des Wiederaufbaus nach Kriegsende aufgeworfen wurden. Das für Keynes in diesem Zusammenhang virulente Problem des Ressourcen- und Devisenflusses barg im Kern bereits die unvermeidbare Auseinandersetzung um die Prämissen der Nachkriegswirtschaftsordnung. Die Praxis der Kriegsfinanzierung bestätigte Keynes' Überzeugung, daß der Wiederaufbau nach Kriegsende im Rahmen einer völligen Reorganisation der internationalen Wirtschaftsbeziehungen durchzuführen war. Der weitere Verlauf der Deutschlandplanungen bestärkte Keynes überdies in der Annahme, daß jede Friedensregelung aus ökonomischer Sicht nicht nur eine gewisse Internationalisierung der Wirtschaftsbeziehungen erforderte; vielmehr spielte aus dieser Perspektive das deutsche Wirtschaftspotential eine große Rolle, und die Frage der ökonomischen Behandlung Deutschlands wurde zu einem wichtigen Faktor innerhalb einer künftigen ökonomischen Krisenbewältigungsstrategie Großbritanniens. Es war sicherlich nicht übertrieben zu behaupten, daß von der Lösung des wirtschafts- und sicherheitspolitischen Interdependenzproblems der Verlauf der britischen Wiederaufbaubemühungen erheblich beeinflußt werden würde. Aspekte der Kriegsfinanzierung gingen auf diese Weise langsam über in Überlegungen zu den Bedingungen einer Stabilisierungspolitik nach dem Krieg.

Während sich die britischen Experten unter Keynes' Führung auf beiden Seiten des Atlantiks darum bemühten, im Rahmen der Lend-Lease-Verhandlungen Vollbeschäftigung und Wiederaufbau als Grundziele einer Nachkriegswirtschaftsordnung festzuschreiben und zur Erreichung dieses Zieles Washington für eine britisch-amerikanische Kooperation zu gewinnen[27], widmete sich der Nationalökonom Fragen der Finanzierung des britischen Wiederaufbaus und des Übergangs zur Friedenswirtschaft. Im Oktober 1941 notierte Keynes, daß Whitehall nun intensiver an Nachkriegsplanungen ar-

[26] Ebenda.

[27] Vgl. Gardner, Sterling-Dollar Diplomacy, S. 54–68; Penrose, S. 16–24.

beite. Auch er selbst habe einige konstruktive Ideen[28]. Im Winter 1941/42 entwarf er die Grundzüge eines Programms für den Arbeitsmarkt und die Ausweitung des Exporthandels. Jede erfolgreiche Wiederaufbaupolitik war für Keynes eine Gratwanderung zwischen der Schaffung ausreichender Nachfrage, in der er eine Bedingung für Vollbeschäftigung sah, und der Beschränkung einer Produktion und Angebot übersteigenden Nachfragekapazität. Um sowohl eine den inneren sozialen Frieden bedrohende hohe Arbeitslosigkeit als auch die Gefahr einer Inflation zu vermeiden, war seiner Meinung nach dem Ausbau der Exportindustrie nach dem Krieg absoluter Vorrang einzuräumen. In diesem Zusammenhang stellte er eine Art „First charge"-Prinzip auf, demzufolge die gesamten ökonomischen und politischen Anstrengungen in den Dienst der Exportwirtschaft zu stellen waren. „Immediately after the war", so teilte Keynes der britischen Bevölkerung in einer Radioansprache eindringlich mit, „the export industries must have the first claim on our attention. [...] Success in that field is the clue to success all along the line. After meeting our daily needs by production and by export, we shall find ourselves with a certain surplus of resources and labour available for capital works of improvement. If there is *insufficient* outlet for this surplus, we have unemployment. If on the other hand, there is *excess* demand, we have inflation."[29]

Dieser Gedanke bildete den Kern jener Planungen, um den herum Keynes seinen im Winter 1941/42 konzipierten und schließlich im April 1943 publizierten Entwurf einer „Clearing Union" entwickelte[30]. Sie sollte das alte System des Goldstandards endgültig ablösen und verfolgte primär den Zweck, die Währungen stabil zu halten und gleichzeitig die Möglichkeit zur währungspolitischen Kontrolle im Inneren, die der Goldstandard nicht zugelassen hatte, offenzuhalten. Die Währungsunion, daran ließ der Entwurf keinen Zweifel, sollte den Mechanismus liefern, mittels dessen man den wirtschaftlichen Stabilisierungs- und Expansionsprozeß im Inneren voranzutreiben hoffte. Großzügige Überziehungskredite sollten dabei für ein Gleichgewicht der Zahlungsbilanzen sorgen. Ökonomische Expansion durfte freilich nicht heißen, daß sie auf der Niederhaltung anderer wichtiger Industriestaaten beruhte, deren Marktanteile absorbiert würden. Für ein erfolgreiches und reibungsloses Funktionieren war nach Keynes' Ansicht das Gleichgewicht in den internationalen Wirtschaftsbeziehungen eine unabdingbare Voraussetzung. Er war davon überzeugt, daß von einer handelspolitischen Balance der wichtigsten Handelsländer eine erhebliche anti-inflationäre Wirkung ausging[31]. Ein ökonomisches Gleichgewicht – gerade auch bezüglich der langfristigen, außerhalb der Zuständigkeiten der „Clearing Union" liegenden Wirtschaftsprobleme – war aber zugleich unverzichtbar, wollte man nicht Gefahr laufen, daß die Finanzdecke nach einer Übergangsphase ausdünnte. Die „Clearing Union" – wie auch der Gegenentwurf eines „Stabilization Fund" seines im amerikanischen Finanzministerium die finanzpolitischen Nachkriegsplanungen leitenden Verhandlungspartners, des Staatssekretärs Harry Dexter White – sollte nach dem Urteil eines Historikers dazu dienen, „to deal with disturbances to economic equilibrium of a short-term nature – typically, the periodic industrial fluctuations and exchange crises which beset the world in the inter-war period. They provided only a

[28] KCKP, W/1/131–132, Keynes an Dean Acheson, 17.10.1941.

[29] John Maynard Keynes, How Much Does Finance Matter? [2.2.1942], in: JMK XXVII, S. 264–270, hier S. 267 (Hervorhebungen im Original).

[30] Vgl. dazu Moggridge, Maynard Keynes, S. 670–678.

[31] Gardner, Sterling-Dollar Diplomacy, S. 77–80.

mechanism of exchange clearing, not a mechanism for dealing with the problems of long-term investment or with those of relief and reconstruction. If the long-term economic problems were not solved outside the monetary organizations, the limits of their resources would soon be reached; they would fall into a lopsided position; the clearing mechanism would quickly break down."[32]

Eine Währungsunion mußte also von einem umfangreichen Wiederaufbauprogramm flankiert werden, das gleichgewichtsstörende Tendenzen wirksam bekämpfte und den Zufluß ausreichender Finanzmittel sicherstellte. Sowohl aus kurz- wie auch aus langfristiger Perspektive mußte das deutsche Potential daher Berücksichtigung bei den Planungen finden. Es verstand sich geradezu von selbst, daß es für eine Keynessche Inflationsvermeidungsstrategie und besonders als Teil der flankierenden Rekonstruktionsmaßnahmen einen zu bedeutenden Beitrag leisten konnte, als daß es einer primär irrational gespeisten Germanophobie geopfert werden durfte. Die wirtschaftliche Behandlung Deutschlands nach dem Krieg hatte Grundsätzen zu unterliegen, die den Zielen der Währungsunion nicht nur nicht zuwiderliefen, sondern sie unterstützten und auf eine spätere Mitgliedschaft eines deutschen Staates hinausliefen. Im besonderen durfte die Reparations- und Sicherheitspolitik Großbritanniens gegenüber Deutschland nicht der Versailler Linie folgen, sondern hatte sich den Expansionsbedingungen der Rekonstruktionsphase anzupassen.

Diese Äußerungen von Keynes, mit denen er die programmatische Bedeutung der Exportwirtschaft für die Nachkriegszeit herausstellte und die zugleich einen ersten Hinweis auf den Dynamisierungsprozeß Keynesscher Wirtschaftspolitik durch deren stärkere Ausrichtung auf das Ziel des Wirtschaftswachstums geben[33], können jedoch erst richtig eingeordnet werden, wenn man berücksichtigt, daß er etwa zum gleichen Zeitpunkt erneut für einige Wochen im Mittelpunkt der deutschlandpolitischen Debatten in Whitehall stand. Im September 1941 wurde das Problem der Reparationen durch einen holländischen Kollegen wieder aktualisiert. Die holländische Exilregierung, so erfuhr Keynes, war wegen der Atlantik-Charta besorgt, die Briten und Amerikaner könnten in einer weiteren Verlautbarung jegliche Reparationsverpflichtung Deutschlands ablehnen; ihr ging es allerdings eher um die Ersetzung von kriegszerstörtem Material als um Reparationen[34]. Diese Koinzidenz mußte in Keynes die Erinnerungen an sein Indemnitäts-Memorandum wachrufen, das er im November 1918 im Namen des britischen Schatzamts den Delegationen in Versailles unterbreitet und in dem er sich u. a. über den Zusammenhang von Wiedergutmachung und Exportwirtschaft geäußert hatte. Nicht allein, so hatte er damals erklärt, daß die Höhe der Reparationen die Zahlungsfähigkeit

[32] Ebenda, S. 82. Vgl. ferner Moggridge, Maynard Keynes, S. 683–688.

[33] Wirtschaftswachstum wurde in der Blütezeit des Laissez-faire weder von der klassischen noch der neoklassischen Nationalökonomie als politisches Problem betrachtet. Mit der Krise der Laissez-faire-Politik gerieten, wie in früheren Abschnitten bereits angesprochen, neue Themenkreise wie Arbeitslosigkeit und Zahlungsbilanz ins Blickfeld. Als weiteres Neuland betrat die Wirtschaftstheorie, allerdings erst relativ spät, in den vierziger Jahren das komplexe Feld des Wirtschaftswachstums. In Großbritannien war dies vor allem das Resultat von Überlegungen, die auf eine „Dynamisierung" des Keynesschen Systems zielten und im Wirtschaftswachstum ein Mittel zur Bekämpfung von Zahlungsbilanzproblemen und inflationären Tendenzen erblickten. Vgl. insgesamt Tomlinson, British Macroeconomic Policy, S. 82–97, besonders S. 83 ff.

[34] FO 371/28960/W 11913, Keynes an Lord Catto; Memorandum Keynes, „European Reparations", 19.9.1941; JMK XXVI, S. 328–330. Vgl. Moggridge, Maynard Keynes, S. 768.

Deutschlands auf keinen Fall überschreiten dürfe; man müsse darüber hinaus auch berücksichtigen, daß das Land gezwungen sein würde, seine Reparationsleistungen über eine enorme Steigerung der Exportrate zu finanzieren: „An indemnity so high that it can only be paid by means of a great expansion of Germany's export trade must necessarily interfere with the export trade of other countries. It might be to the advantage of this country, as a whole, to receive the bulk of her iron goods and machinery from Germany without having to pay for them; but it would not be to the advantage of our iron trade."[35] Infolgedessen warnte er auch das Schatzamt vor der Komplexität des Problems. Es sei wahrscheinlich einfach, sich dieses Mal darüber zu einigen, keine Reparationen in Form von Geldzahlungen zu verlangen. „But the problems of restitution and of deliveries in kind for reconstruction purposes are not so easily disposed of." Und im Oktober 1941 räsonierte er in seinem für ihn typischen aphoristisch-prägnanten Stil: „The chief thing that matters is that Ministers should not suppose that the chief thing that matters is to avoid the mistakes made last time."[36]

Die durch den holländischen Vorstoß und Keynes' Überlegungen in Gang gesetzten Aktivitäten von Foreign Office und Treasury führten schließlich in den letzten Monaten des Jahres zu einer Reihe von Gesprächen zwischen Beamten beider Ministerien, denen ein von Keynes vorbereiteter Fragenkatalog zum Reparationsproblem zugrunde lag[37]. Es darf angesichts des bisherigen Diskussionsverlaufs unter jenen Experten in Whitehall, die seit Herbst 1940 am Rande des vornehmlich mit der Kriegführung beschäftigten Betriebs über das Deutschlandproblem nachdachten, angenommen werden, daß das „Brainstorming" der Gruppe bezüglich der Bedingungen von Reparationsleistungen mehr Übereinstimmung als Divergenzen hervorbrachte. Dies geht auch aus einem Memorandum des Schatzamts vom 5. Dezember 1941 hervor, das vermutlich in Teilen von Keynes verfaßt wurde, aber wegen des japanischen Überfalls auf den amerikanischen Marinestützpunkt Pearl Harbor zwei Tage später keine weite Verbreitung erhielt[38]. In diesem Papier[39] warb das Schatzamt für den Verzicht auf Reparationen, idealiter für eine „policy of a clean slate". Da freilich kaum zu erwarten sei, daß jene Länder, die von der deutschen Kriegsmaschine unter großen Zerstörungen überrannt worden waren und an deren volkswirtschaftlichen Ressourcen sich die deutsche Kriegswirtschaft bereichert hatte, ihren Anspruch auf Wiedergutmachung aufgeben würden, sei als Kompromißformel die Rückerstattung der von der Wehrmacht im Laufe ihrer Vorstöße beschlagnahmten Güter erstrebenswert. In Anlehnung an den Vertrag von Lausanne (1923) beziehe

[35] Memorandum by the Treasury on the Indemnity Payable by the Enemy Powers for Reparation and Other Claims, 26.11.1918, in: JMK XVI, S. 344–383, besonders S. 348, 374f., 380; Zitat S. 380.

[36] FO 371/28906/W 11913, Keynes an Lord Catto, 19.9.1941; JMK XXVI, S. 330. Keynes an Sir Horace Wilson, 20.10.1941; JMK XXVI, S. 333f. Vgl. Moggridge, Maynard Keynes, S. 768.

[37] JMK XXVI, S. 331–334. An den Treffen nahmen Ronald und Malkin für das FO und S. D. Waley, Hubert Henderson und Keynes für das Schatzamt teil. Aufzeichnungen konnten im PRO nicht ausfindig gemacht werden.

[38] Moggridge, Maynard Keynes, S. 768.

[39] T 160/1250, Part I, „Compensation to Be Required From the Enemy", 5.12.1941 (auch in: T 230/121); dort auch die folgenden Zitate. In seinem Tagebuch notierte Dalton ein knappes Jahr später das Gerücht, das Memorandum stamme von E.W. Playfair; vgl. BLPES, Dalton Diaries, I/27, fol. 77, Eintrag 24.9.1942. Das Memorandum wurde später als R.E.S. 3 Teil der „Terms of Reference" des Malkin-Komitees. Vgl. zum Folgenden auch Cairncross, The Price of War, S. 18.

sich das primär auf „identifizierbare Gegenstände" wie Kunstwerke und Wertpapiere; es wurde allerdings nicht ausgeschlossen, darüber hinaus auch Teile des rollenden Materials, des Viehbestands sowie Maschinenanlagen und Rohstoffe in das Schema einzubeziehen; Rohstoffe allerdings nur, insoweit sie über die Vorräte der ehemals besetzten Länder hinausgingen. Geldzahlungen wurden in dem Papier strikt abgelehnt. Die Verfasser warnten davor, daß bei einer ungebührlichen Ausdehnung des Reparationsverfahrens – als Grenzwert wurden fünf Jahre genannt – „an excess of German exports might displace the products of allied industry and give German exports a lasting advantage in European markets". Aus diesem Grunde werde es nur im Interesse der eigenen Industrien liegen, wenn die einzelnen Regierungen für ihre Importe aus Deutschland mit Exporten bezahlten, anstatt sie als Restitutionen zu erhalten.

Die vorsichtigen Formulierungen der Treasury-Beamten ließen keinen Zweifel daran, daß sie sich der Vorläufigkeit ihrer Schlußfolgerungen bewußt waren. Ihre Perspektive war eine streng ökonomische, der das Maximalziel der „policy of a clean slate" entsprach. Wohl wissend, daß – freilich noch kaum abschätzbare – politische Zwänge hier Abstriche erfordern würden, versuchten die Experten, probeweise eine Prioritätenliste zu erstellen, deren Kern in der Formel „Restitution vor Reparationen" bestand. Aus diesem Grund war es die Hauptabsicht des Memorandums, die zuständigen Minister zunächst über die ganze Komplexität der Problematik aufzuklären und unüberlegte Erklärungen zu verhindern, die London voreilig auf umfangreiche Reparationen festlegen, sich aber aller Wahrscheinlichkeit nach unter Gesichtspunkten des ökonomischen Wiederaufbaus als ein Bumerang erweisen würden. Wenig durchdachte Schnellschußbekundungen zur britischen Reparationspolitik würden, soweit sich die Forderungen als unerfüllbar herausstellen sollten, viel politisches Porzellan zerschlagen und der Regierung den Vorwurf der Unverläßlichkeit und des Vertrauensentzugs einbringen[40]. Das Memorandum kann zwar nicht als Kompromißpapier von Außenministerium und Schatzamt betrachtet werden, stellte aber doch immerhin eine gemeinsame, den deutschlandpolitischen Dialog beider Ministerien widerspiegelnde Antwort auf die von Ronald formulierten Fragen des Foreign Office dar; gerade der vorläufige Charakter seines Befunds wies darauf hin, daß damit neuerlich die Dringlichkeit weiterer Planungsaktivitäten bei den Ministern angemahnt werden sollte. Dieses Anliegen wurde freilich von der dezidierten Parteinahme seiner Verfasser für eine von volkswirtschaftlicher Vernunft geprägte Reparationspolitik in einem Maße überdeckt, das nicht nur den noch immer vorherrschenden Mangel an Bereitschaft auf der obersten Entscheidungsebene, sich mit diesen deutschlandpolitischen Fragen zu beschäftigen, verstärken, sondern vielmehr auch das Mißtrauen bestimmter Ministerien erregen mußte[41].

---

[40] So bewertete Keynes auch neun Monate später noch den Hauptzweck des Memorandums; vgl. T 247/86, Minute Keynes, „Reparations: Note on Mr. Dalton's Memorandum", 3.9.1942; JMK XXVI, S. 335f.

[41] Immerhin scheint es noch im Oktober 1941 zu einem Gespräch Ronalds und Malkins mit Außenminister Eden gekommen zu sein, über das Aufzeichnungen jedoch nicht gefunden werden konnten. Vgl. aber Keynes an Horace Wilson, 20.10.1941, in: JMK XXVI, S. 333f.

Opposition gegen Keynes

Erste, zunächst noch moderate Einwände wurden in einem im Sommer 1942 im Department of Overseas Trade (DOT) für das Post-War Export Trade Committee verfaßten Memorandum formuliert[42]. Nach Meinung des Ministeriums mußte die nicht zuletzt durch die gewaltsame Aneignung ausländischen Vermögens im Verlaufe des Krieges gefestigte wirtschaftliche Vormachtstellung Deutschlands gebrochen werden, wenn die Aussichten der britischen Exportindustrie im Vergleich zur Wettbewerbsstellung der deutschen Wirtschaft gerade in außereuropäischen Märkten nicht erheblich beeinträchtigt werden sollten. Zwar trat das DOT auch für den Vorrang der Restitution zerstörter oder entwendeter Industrieanlagen ein, schlug jedoch in diesem Zusammenhang vor, zusätzlich deutsche Maschinen zur industriellen Ausrüstung der geschädigten Länder heranzuziehen. Da diese nämlich gezwungen sein würden, einen Großteil der benötigten Anlagen auf dem deutschen Markt zu beziehen, würde Deutschland sonst ein weiteres Mal Vorteile aus der Zerstörung schlagen, die es selbst verursacht habe.

Die schärfste Attacke gegen Keynes und das Schatzamt wurde allerdings von Hugh Dalton geführt. Dalton war vom Ministry of Economic Warfare an die Spitze des Handelsministeriums gewechselt und hatte im Frühjahr 1942 eine Kopie des Dezember-Memorandums gelesen. Offensichtlich bestürzt über die allgemeine Unkenntnis und Konzeptionslosigkeit seiner Ministerkollegen, die seiner Meinung nach das Eindringen „germanophiler" Ideen in die Amtszimmer Whitehalls begünstigten, griff Dalton nun selbst zur Feder[43]. Im Zentrum seiner im August 1942 vorgelegten Reparations-Denkschrift stand die Zurückweisung von Keynes' Hauptthese, daß die sinnvolle Wiedereingliederung des weitgehend intakten deutschen Wirtschaftspotentials eine wesentliche Voraussetzung für den erfolgreichen europäischen Wiederaufbau darstelle und eine überzogene Reparationspolitik deshalb kontraproduktiv wirke. Dalton nahm Bezug auf die von Keynes schon in den zwanziger Jahren vorgebrachte Warnung, daß umfängliche Kapitalbewegungen wie etwa Reparationen nicht ohne Auswirkungen auf die Aktivitäten des internationalen Handels blieben. Um seinen Reparationsleistungen ohne Anleihen nachzukommen, würde Deutschland gezwungen sein, drastische Lohnsenkungen hinzunehmen und gleichzeitig sowohl Wert als auch Umfang der Exporte zu steigern – Maßnahmen, die wiederum in den Empfängerländern ähnliche Reaktionen zur Stabilisierung der Zahlungsbilanz auslösen würden. Diese Position griff Dalton in scharfer Form an: „Bonar Law once said, before the first World War, that it would be a gain for British trade if Germany were sunk beneath the sea, and the author of ‚The Economic Consequences of the Peace' emphasised a few years later the close similarity of the British and the German exports, arguing that, if reparation exports were squeezed out of Germany, they would be squeezed into British export markets, to our detriment. British and German exports are highly competitive, more so than those of any other pair of Great Powers. From this, as from every other point of view, the Germans are by far the most disturbing of our neighbours." In Daltons Augen wurzelte diese als „Lehre" von

---

[42] T 160/1250, Part I, Memorandum by the Department of Overseas Trade, „Germany's Control Over Europe's Economic, Industrial and Commercial Organisation. The Question of Restitution and Release", 11.7.1942; DzD I/3, S. 594–597.

[43] BLPES, Dalton Papers II, 7/4, fols. 79–81, Memorandum by the President of the Board of Trade, „Reparations", 28.8.1942; DzD I/3, S. 715–724. Dort auch die folgenden Zitate.

Versailles mißverstandene Position in einer immer noch zu liberalen Wirtschaftskonzeption, die die Konsequenzen aus den Ereignissen der Zwischenkriegszeit nicht radikal genug gezogen hatte. Das Transferproblem, dessen Unlösbarkeit die Kritiker einer harten Reparationslösung nach dem Ersten Weltkrieg nicht müde geworden waren, gegen die vollständige Haftung Berlins für die Kriegskosten argumentativ ins Feld zu führen, konnte nur in einem Wirtschaftssystem auftreten, das anfällig auf die Schwankungen der internationalen Währungs- und Handelsbeziehungen reagierte. Für Dalton war das Transferproblem ein Scheinproblem: Straffe Wirtschaftsplanung auf nationaler, aber auch auf internationaler Ebene – mit ironischem Blick auf Keynes merkte er an: „‚It is only the method one can object to', as some used to say of Hitler's escapades" – würde den Weg frei machen für die gefahrlose Nutzung der deutschen Ressourcen als Reparationen: „If our economic organisation is such that you become poorer and more disorganised when someone makes you a gift – imports for nothing –, this suggests, not that the gift is not worth having, but that your organisation is faulty. [...] The truth, it seems to me, is simply that we Europeans made an unnecessary muddle of reparations, as of so many other economic and political questions, in that ignoble inter-war period. In particular, we made a monetary muddle – inflation and deflation by turns, and both to excess – and an industrial muddle, resulting in chronic mass unemployment, running into millions for years on end. And each new muddle, including reparations, made every other muddle worse." Dalton suchte Keynes mit seinen eigenen Waffen zu schlagen und empfahl, als Leitlinie für die Formulierung der britischen Kriegsziele sich von den gleichen ökonomischen Grundsätzen leiten zu lassen, die Hitler im Falle eines deutschen Sieges anwenden würde: Die Beamten sollten sich beim Erarbeiten der britischen Reparationspolitik in die Rolle von „Nazi-Experten" versetzen, die Hitler darüber berieten, wie man ein geschlagenes Großbritannien aus der Perspektive deutscher Interessen behandeln müsse, dann den Plan unter umgekehrten Vorzeichen betrachten und abwägen, welche Modifikationen unter Berücksichtigung der Forderungen anderer anspruchsberechtigter Länder notwendig seien. Ein unter solchen ökonomischen Prämissen entworfenes Konzept werde zeigen, so seine Schlußfolgerung, „that, provided a sensible monetary policy is followed, there is no reason to suppose that the payment of reparations need have any of the damaging effects commonly attributed to it".

Welche Vorteile hatte eine auf diese Weise durchgesetzte Deutschlandpolitik nach Meinung Daltons? Die Anknüpfung der Reparationsregelung an den Aufbau eines stark planwirtschaftliche Züge tragenden Wirtschaftssystems schrieb implizit beiden Faktoren eine einander ergänzende Wirkung zu. Die Aussichten der britischen Exportindustrie, so glaubte der Handelsminister, würden in hellerem Licht erscheinen in einem Europa, in dem ein weitgehend deindustrialisiertes Deutschland einem dann industriell überlegenen Osteuropa gegenüberstand. Das Gleichgewicht in der Verteilung kriegswichtiger Ressourcen konnte aus seiner Sicht besser gewahrt bleiben, wäre ein industriell schwaches Deutschland nicht nur zu erneuter militärischer Aggression unfähig, sondern gleichzeitig auch ausgeschaltet als Exporteur rüstungswirtschaftlich bedeutsamer Güter. Schließlich wäre auch das industrielle Machtgleichgewicht in Europa besser gewährleistet, wenn die wirtschaftlichen Zentren des Kontinents „entzerrt" würden – ein Punkt, auf dessen Übereinstimmung mit dem Geist der Atlantik-Charta Dalton ausdrücklich hinwies: „Nothing in the Atlantic Charter requires that the Teuton shall be wealthier than the Slav; only that he shall be disarmed while the Slav stays armed." Konkret warf der Handelsminister den Verfassern der Denkschrift vom Dezember schließlich den kalten Blick der Wirtschaftsexperten vor, die politische Faktoren nicht ausreichend ins Kalkül zogen; ihnen hielt er entgegen, man werde kaum den moralisch außer Zweifel stehenden Anspruch der Opfer der nationalsozialistischen Aggression vor allem in den osteuropäischen Staaten mit ökonomischen Scheinargumenten zurückweisen können. Ferner bemängelte er ausdrücklich, daß die Experten des Schatzamts weder das Problem der Besatzungskosten im Blick hatten, die vor allem den britischen Devisenhaushalt erheblich belasten und deshalb von den Deutschen zu tragen sein würden, noch darauf Bezug nahmen, daß ein entmilitarisiertes Deutschland ohne Rüstungsverpflichtungen einen entscheidenden wirtschaftlichen Vorteil erhielt. Zur weiteren Erörterung der angeschnittenen Probleme schlug Dalton deshalb am Ende seiner Überlegungen die Einsetzung eines interministeriellen Komitees vor – und unterstützte damit das eigentliche Anliegen der von ihm so vehement attackierten Studie des Schatzamts, das auf diese Weise – wenn auch mit neun Monaten Verspätung – doch noch seinen Zweck erfüllen sollte.

Mit welchen organisatorischen Mitteln das Transferproblem überwunden werden sollte, erörterte Dalton in zwei weiteren Studien über die handelspolitischen und monetären Grundlagen der Reparationspolitik. Zwar ging er in einem Memorandum zur britischen Außenhandelspolitik der Nachkriegszeit nicht direkt auf Fragen der Haftbarkeit Deutschlands für die Kriegszerstörungen ein, doch gab Dalton wegen seiner zeitlichen und thematischen Nähe zahlreiche Hinweise auf die Vorkehrungen, mit denen er mögliche tauschwirtschaftliche Verzerrrungen auszuschließen gedachte[44]. Zu diesem Zweck regte er den Aufbau eines handelspolitischen Gegenstücks zu der von Keynes ins Auge gefaßten „Clearing Union" an, das die Handelsbeziehungen der Länder nach dem Krieg koordinieren, Ungleichgewichte beseitigen und den Rahmen sowohl für privatwirtschaftliche als auch staatliche Handelspraktiken schaffen sollte. Zwar erkannte Dalton die Grundsätze der Atlantik-Charta ausdrücklich an; dem stellte er jedoch entgegen, daß eine Handelsunion gerade in der Übergangszeit wertvolle Dienste leisten könne, indem sie Raum schaffe für die individuellen handelspolitischen Zwänge ihrer Mitgliedsländer und dafür sorge, daß Freihandel nicht einfach die Rückkehr zum alten Laissez-faire-System bedeute. Denn „multilateral trading and the removal of trade restrictions must not imply laissez-faire, or be regarded as incompatible with a system of state trading". Vielmehr müsse es innerhalb der Union möglich sein, im „Notfall" gewisse diskriminierende Praktiken aufrechtzuerhalten und ein umfangreiches System staatlicher Handelstätigkeit aufzubauen: „In short, we require a code of international commercial behaviour applicable equally to private, socialised and semi-socialised forms of import and export trade." Als Gradmesser für eventuelle „Notfälle" betrachtete Dalton die jeweilige Zahlungsbilanz eines Landes, die, so sah er voraus, zum eigenlichen Entscheidungsfaktor jeder Nachkriegswirtschaftspolitik avancieren werde[45]. Auch die Schaffung einer „Clearing Union" schloß seiner Meinung nach die Errichtung von Handelsbarrieren für den Fall einer Verschlechterung der Zahlungsbilanz nicht aus. Doch auch jenseits bloßer

[44] BLPES, Dalton Papers II, 7/4, fols. 74–78, „Post-War Commercial Policy. A Proposal for an International Commercial Union", 24.8.1942. Dort auch die folgenden Zitate.

[45] „The balance of payments problem is, indeed, so crucial", hieß es in dem Memorandum, „that the adoption of reasonable commercial policies may be said to depend on its solution and so on the establishment of the Clearing Union or of some similar institution."

ökonomischer „Selbsterhaltungsmaßnahmen" wollte Dalton die Optionsmöglichkeiten zu weiteren Diskriminierungen gewahrt wissen. Grundsätzlich sollte eine begrenzte und genau umrissene Präferenzpolitik unter den Mitgliedern möglich sein. Darüber hinaus sollte zwar jeder Staat Mitglied werden können, insbesondere in Verbindung mit einem Beitritt zur „Clearing Union"; allerdings könne es nicht als erwünscht bezeichnet werden, so formulierte er sibyllinisch, auch alle ehemaligen Feindstaaten aufzunehmen.

Zumindest für Deutschland, so wird aus einer sein Reparationsmemorandum begleitenden „technischen Note" deutlich, bevorzugte Dalton umfangreiche Kontrollen[46]. Vor allem die Banken waren genau zu überprüfen, um zu verhindern, daß Berlin erneut zur Bezahlung der Reparationen Schulden akkumulierte und dann seinen Zahlungsverpflichtungen nicht nachkam. Im Gegensatz zu Keynes betonte er, daß der Gefahr einer in der Folge finanzieller Reparationszahlungen einsetzenden deflationären Entwicklung durch die rechtzeitige Anhebung des Lohnniveaus in den Empfängerländern sowie durch eine großzügige Importpolitik begegnet werden konnte, auch wenn dadurch ein Defizit in der Zahlungsbilanz eintrat. Die Reparationsverpflichtungen würden ferner Deutschland zwingen, seine Importe zugunsten der Erwirtschaftung notwendiger Handelsbilanzüberschüsse drastisch zu senken, so daß die Empfängerstaaten weitaus bessere Chancen für den Erwerb der knappen Nachkriegsressourcen besitzen würden. Dalton glaubte, daß die Ausschaltung Deutschlands als Käufer auf dem Weltmarkt den Warenfluß in die Richtung dieser Länder begünstigen und den deflationären Druck mindern würde. Eventuell durch den Reparationsfluß auftretende währungstechnische Transferprobleme konnten seiner Meinung nach durch die „Clearing Union" beseitigt werden. Mögliche Zahlungsbilanzschwierigkeiten oder eine Verschlechterung der „Terms of trade" einzelner Länder, die Dalton freilich nicht erwartete, konnten überdies durch die im Rahmen der Handelsunion zugelassenen protektionistischen Maßnahmen ausgeglichen werden – soweit diese freilich nicht gegen den von ihm zur Bekämpfung deflationärer Tendenzen geforderten ungehinderten Importfluß arbeiteten![47]

Die Memoranden des Handelsministers waren sicherlich auch Ausfluß der seit den zwanziger Jahren manifesten persönlichen Animositäten der beiden Männer. So notierte Dalton über ein Treffen mit Keynes, das in der Woche stattfand, in der er auch seine Memoranden abfaßte, in seinem Tagebuch ironisch-abschätzig: „Keynes (Jeremiah Malthus, as we used to call him) – now a Baron on the Board of the Bank [of England] – comes to talk to me about cotton. Very bright and stimulating, as always. But he and I both know that neither of us much cares for the other."[48] Wichtiger war freilich, daß Dalton Keynes für politisch unzuverlässig hielt und dessen Einflußmöglichkeiten folglich mit ständigem Mißtrauen beobachtete. Keynes' politischer „Sündenfall" bestand für ihn in dem internationalistischen Standpunkt, den dieser in seinen „Economic Consequences of the Peace" eingenommen und der seiner Meinung nach den Grundstein für

[46] BLPES, Dalton Papers, 7/4, fols. 82–84, „The Economic Consequences of Reparations. A Technical Note"; DzD I/3, S. 720–724.

[47] Zu Daltons wirtschaftstheoretischem Standpunkt vgl. Durbin, S. 243–264 et passim; Pimlott, Dalton, S. 212–224; Dalton, Practical Socialism; ders., Hitler's War.

[48] BLPES, Dalton Diaries, I/27, fol. 40, Eintrag 27.8.1942; Pimlott (Hrsg.), War Diaries, S. 484.

die Appeasementpolitik der dreißiger Jahre gelegt hatte[49]. Dieser im wesentlichen deutschlandpolitische Dissens zwischen beiden offenbarte aber auch grundsätzliche wirtschaftspolitische Divergenzen. So weit Keynes in seiner Kritik der neoklassischen Ökonomie und ihrer wirtschaftspolitischen Ausleger auch gegangen sein mochte, sie blieb für Dalton doch wirtschaftsliberalen Grundsätzen verhaftet und reflektierte nicht die Bemühungen linker Ökonomen um die Grundlegung einer sozialistischen Wirtschaftspolitik: Es kam darauf an, Keynessches „macro-planning" in ein Konzept des „socialist planning" zu überführen[50]. Keynes' Ansatz erschien in Daltons Augen dadurch nicht nur blind für die wirklichen Defizite der Versailler Friedensordnung, sondern hatte durch den Irrweg, zu dem seine wirtschaftstheoretischen Überlegungen verleiteten, dem Aufstieg Hitlers und der „Anbiederung" des konservativen Chamberlain Vorschub geleistet.

Dabei griff Dalton in seiner Auseinandersetzung mit den in Keynes' Umkreis angestrengten Überlegungen zur Reparationsfrage auf die Argumentation des schwedischen Ökonomen Bertil Ohlin in einem berühmt gewordenen wissenschaftlichen Streit über das Transferproblem 1929 zurück. Im Kontext der Diskussion über eine Revision des Dawes-Plans und der Entstehung seines „Treatise on Money" hatte Keynes argumentiert, daß die Reparationslasten, wie sie noch der Dawes-Plan vorgesehen hatte, und insbesondere ein Nachlassen internationaler Kredite an Deutschland nur durch eine erhebliche Ausweitung der Exportproduktion ausgeglichen werden könnten; die dadurch im internationalen Vergleich aber notwendige Senkung der Lohnstückkosten werde in Deutschland deflationäre Tendenzen in Gang setzen, Arbeitslosigkeit produzieren und die Handelsbilanz in eine gefährliche Schieflage bringen. Dagegen hatte Ohlin eingewendet, daß Reparationen im zahlungspflichtigen Land zwar zu Lohnsenkungen und damit zu einem Nachlassen der Nachfrage führen würden; dem entspräche aber in den Ländern, die Reparationen empfingen, ein Anstieg der Nachfrage. Mit anderen Worten, einer notwendigen Reduzierung der Importaktivitäten des einen korrespondierte eine Anhebung des Importniveaus eines anderen Landes und würde so zur Wiederherstellung des Handelsgleichgewichts beitragen[51]. Dalton stellte diesen Kerngedanken Ohlins allerdings in einen „sozialistischen" Argumentationskontext, indem er gegen Keynes und über Ohlin hinaus den ökonomisch determinativen Charakter des Transferpro-

---

[49] Vgl. Pimlott, Dalton, S. 386. In der anti-internationalistischen Grundhaltung der Keynes-Kritik traf sich die Linke mit den konservativen Bewahrern der Empire-Tradition. So verlangten die Sozialisten vom Schlage Daltons, den Anspruch der Arbeiter auf größere soziale Sicherheit durch mehr Wirtschaftsplanung einzulösen. Auf der anderen Seite des politischen Spektrums witterten die Traditionalisten hinter jedem internationalistischen Ansatz die Demontage des britischen Empire; einflußreiche Kräfte wie Lord Beaverbrook, Lord Vansittart, vor allem aber, wie noch zu zeigen sein wird, Lord Cherwell, entwickelten sich zu scharfen Kritikern von Keynes und plädierten für die Übernahme deutscher Exportmärkte durch Großbritannien. Dem Denken beider Richtungen entsprach eine deutschlandpolitisch harte Linie. Vgl. zum Hintergrund dieser illustren Allianz auch Hathaway, S. 28–30.

[50] Vgl. dazu grundlegend Durbin, S. 203–223, 243–264, 276–279.

[51] Die Auseinandersetzung zwischen Keynes und Ohlin über das Transferproblem ist dokumentiert in JMK XI, S. 451–480. Vgl. auch Harris, Keynes, S. 159–164; Clarke, Keynesian Revolution, S. 88–90; Skidelsky, Keynes, Bd. II, S. 309–312; Moggridge, Maynard Keynes, S. 476–478. Für eine Diskussion der Thematik mit Blick auf die Reparationspolitik der Alliierten nach dem Zweiten Weltkrieg vgl. Cairncross, The Price of War, S. 6–11.

blems bestritt und es statt dessen auf überwindbare organisatorische, d. h. planerische Probleme reduzierte.

Diese „sozialistische Wendung“ der Ohlinschen Gedankenführung konnte freilich ihre Herkunft nur unzureichend verbergen und mußte Keynes bekannt vorkommen. Der Ökonom merkte denn auch in einer ersten kurzen Kritik[52] sofort an, daß Daltons Memoranden zwar ernst zu nehmen seien, soweit sie mit ihrer Forderung nach einer harten Reparationspolitik einer weitverbreiteten Denkströmung Ausdruck verliehen. Hinsichtlich der ökonomisch bedeutsamen Detailfragen hätten sie aber nichts Neues zu bieten. Keynes erkannte jedoch an, daß Dalton offensichtlich die radikalen Konsequenzen aus den Lehren von Versailles gezogen hatte und eine der Reparationskritik der zwanziger Jahre diametral entgegengesetzte kritische Position einnahm, der eine gewisse, wenn auch in Keynes' Augen zutiefst illiberale und absurde innere Logik nicht abzusprechen war. Während nach dem Ersten Weltkrieg die Reparationspolitik vor allem aus wirtschaftsliberaler Sicht in Frage gestellt worden und die Überwindung des Transferproblems unter Laissez-faire-Bedingungen nicht möglich erschienen war, hatte Dalton dem nunmehr, in Keynes' Worten, ein Konzept „organisierter Versklavung“[53] entgegengesetzt. In seiner Radikalität seien ihm Aussichten auf eine erfolgreiche Eintreibung der Wiedergutmachungsleistungen sogar nicht abzusprechen. Angesichts der strukturellen Unvereinbarkeit der Positionen empfahl er, die Minister täten besser daran, sich zu entscheiden, ob sie eine „policy ‚until the pips squeak‘“ bevorzugten, „since a broad decision about this would affect much else“.

3. Das Interdepartmental Committee on Reparations and Economic Security

Die Entstehung des Interdepartmental Committee on Reparations and Economic Security

Im Gegensatz zu den im Treasury-Memorandum des Vorjahres entwickelten Gedanken, die ohne unmittelbare Wirkung geblieben waren, sollten sich Daltons Ausführungen als dienlicher erweisen. Die Nachdrücklichkeit, mit der er sich nun der Sache annahm, tat ein übriges, damit sein Anliegen nicht unerhört blieb. Bereits einen Tag nach Fertigstellung übersandte er sein Reparationspapier Außenminister Eden, der sich mit einer Antwort freilich zunächst Zeit ließ. Daltons Unbehagen gegenüber einem zögernden Außenminister[54] erwies sich jedoch als unbegründet. Seine Überlegungen wurden zunächst intern unter den Beamten des Foreign Office während des gesamten Septembers 1942 erörtert. Gladwyn Jebb, Leiter des Economic and Reconstruction Department im Außenministerium und vormaliger Mitarbeiter im Ministerium für wirtschaftliche Krieg-

[52] T 247/86, Memorandum Keynes, „Reparations: Notes on Mr. Dalton's Memorandum“, 3.9.1942; JMK XXVI, S. 335f. Dort auch das folgende Zitat.

[53] Die Analogie zwischen dem Reparationsprinzip und der Sklavenhalterwirtschaft nahm wenig später Leith-Ross in seinem Kommentar zur Dalton-Denkschrift auf und führte sie weiter aus. Vgl. Kap. III.3 („Die Entstehung des Interdepartmental Committee on Reparations and Economic Security“).

[54] BLPES, Dalton Diaries, I/27, fol. 59, Eintrag 9.9.1942; Pimlott (Hrsg.), War Diaries, S. 491.

führung, beurteilte Daltons Konzept von einer politischen Warte aus. Für ihn hing der Erfolg umfassender Deindustrialisierungsmaßnahmen primär davon ab, daß sich die Siegermächte zuvor in Grundsatzfragen des deutschlandpolitischen Vorgehens einigten. In diesem Zusammenhang dachte Jebb an den im Oktober 1942 unter seiner Federführung entworfenen Rahmen des „Vier-Mächte-Plans“, der ein globales Sicherheitssystem auf der Basis der Zusammenarbeit der USA, Großbritanniens, der Sowjetunion und Chinas zur gemeinsamen Kontrolle Deutschlands und Japans umriß[55]. Insbesondere mußte es gelingen, den Kern von Daltons Vorschlägen Moskau „zu verkaufen“ und dabei deutlich zu machen, daß die mit der wirtschaftlichen Entmachtung Deutschlands verknüpfte Industrialisierung der Staaten Osteuropas auch im Interesse der Sowjetunion liege. Zwar bezweifelte Jebb im Unterschied zu Dalton, ob die skizzierte Politik der Deindustrialisierung mit den Grundsätzen der Atlantik-Charta zu vereinbaren war. Doch ging er hinsichtlich ihrer Durchführbarkeit davon aus, daß Großbritannien sich nach Kriegsende in einer ähnlich starken Verhandlungsposition in deutschlandpolitischen Fragen befinden würde wie Frankreich 1919; darüber hinaus rechnete er fest mit der Unterstützung des Kreml für die britische Deutschlandpolitik nach dem Krieg[56].

John Coulson, Mitarbeiter des Economic and Reconstruction Department und künftiger Sekretär des Malkin-Komitees, sah in einer straffen Deindustrialisierung die im Gegensatz zu finanziellen Reparationszahlungen geeignetere Möglichkeit, die erwünschten Wiedergutmachungsleistungen aus Deutschland zu erhalten. In typischer Verkennung der tatsächlichen Zusammenhänge bemerkte er, daß Maßnahmen in diesem Rahmen nicht gegen die Atlantik-Charta verstießen und unter Hinweis auf die Erfordernisse des Wiederaufbaus insbesondere jener Länder, die unter der deutschen Besatzung zu leiden hatten, überzeugend zu vermitteln sein würden[57]. Auch der Leiter des Central Department im Außenministerium, Frank Roberts, vermerkte seine grundsätzliche Zustimmung zu Daltons Ausführungen. Aus Gründen der Umerziehung wie auch aus Eigeninteresse sei es notwendig, daß Deutschland zum Wiederaufbau der übrigen Länder beitrage. Diese Forderung verstand Roberts nicht im Sinne von Keynes als Mobilisierung der deutschen Ressourcen für den gesamteuropäischen Wiederaufbau; vielmehr ergänzte er, ein solcher Beitrag sei vor allem in der Form von Maschinen- und Warenlieferungen zu leisten. Allerdings gab er zu bedenken, daß eine solche restriktive Politik den unbedingten Willen der Alliierten zu ihrer Durchsetzung voraussetze. Darüber hinaus sah Roberts die Gefahr, daß die Abschöpfung deutschen Wirtschaftspotentials tendenziell zu einer Lähmung der Wirtschaftskraft auf Seiten der Siegermächte führen und damit in Umkehrung der ursprünglichen Intention Stabilisierungsmaßnahmen für Deutschland notwendig machen konnte[58]. Ungeachtet dieser Bedenken betonte Samuel Hood, Mitarbeiter in Jebbs Economic and Reconstruction Department, noch einmal, daß nach Meinung der Außenamtsbeamten eine Politik der Deindustrialisierung das leidige Problem deutscher Reparationszahlungen aus der Welt schaffte. Ihre Durchführung war auch für Hood nur eine Frage von Präsentation und Organisation, die auf der

[55] Zum „Vier-Mächte-Plan“ vgl. Kettenacker, Krieg zur Friedenssicherung, S. 130–146; Blasius, Zur Einführung, S. XLIII-LVIII. Der Plan ist abgedruckt in: DzD I/3, S. 743–765.

[56] Minute Jebb, 11.9.1942, in: DzD I/3, S. 770f.

[57] Minute Coulson, 15.9.1942, in: DzD I/3, S. 772f.

[58] Minute Roberts, 17.9.1942, in: DzD I/3, S. 773f.

Basis der von Jebb projizierten Vier-Mächte-Verantwortung nach Kriegsende zu beantworten war[59].

Wie die Diskussion über Daltons Reparations-Memorandum deutlich zeigte, war man im Außenministerium skeptisch hinsichtlich der Möglichkeit finanzieller Reparationsleistungen. Dagegen zeigte man sich zu diesem Zeitpunkt gegenüber dem Vorschlag, die Fragen der Sicherheit und der Reparationen durch die zumindest vorübergehende wirtschaftliche Entmachtung Deutschlands zugunsten des Wiederaufbaus der von Hitler zerstörten europäischen Staaten zu beantworten, aufgeschlossen. Zwar gab es noch keine konkreten Überlegungen, wie dies aussehen konnte, doch ließen die Beamten durchblicken, daß sowohl Demontagen wichtiger Industrieanlagen als auch Entnahmen aus der laufenden Produktion in Frage kamen. Damit schien das Gespenst von Versailles weitgehend gebannt und gleichzeitig die legitimen Wiedergutmachungsansprüche der Verbündeten, von deren Erfüllung auch zu einem guten Teil die Glaubwürdigkeit Großbritanniens als Großmacht abhing, gesichert. Mit dieser Lösung wähnte man zugleich alle technischen Probleme der Reparationsfrage und des Wiederaufbaus überwunden. Hinsichtlich der Durchführung ging man davon aus, daß London seinen Großmachtanspruch behaupten und in ein neues Friedenssystem auf Vier-Mächte-Basis werde einbringen können. Auch wurde deutlich, daß sich die Beamten von der Arbeit eines von Dalton vorgeschlagenen Komitees, das die mit dem Reparationsproblem verknüpfte Sicherheitsfrage erörtern sollte, in erster Linie eine Lösung der technischen Fragen versprachen. Mochte auch am Ende Daltons Reparationsvorschlag im engeren Sinne verworfen werden, so waren doch die Möglichkeiten zur Deindustrialisierung und der Produktionsentnahmen von den Experten auszuloten und in eine gegenüber den Alliierten präsentable Form zu bringen.

Eine gegenüber den Aspirationen des Foreign Office pessimistische Beurteilung des Gedankens, den Sicherheitsanspruch gegenüber Deutschland mit Hilfe von Reparationen durchzusetzen, legte Leith-Ross in einem Kommentar zu Daltons Memorandum vor[60]. Er verglich das Reparationsproblem aus ökonomischer Sicht mit der Sklaverei und gab zu bedenken, daß die Beschäftigung freier Arbeiter im Gegensatz zu den demotivierten und in vielerlei Hinsicht (etwa medizinisch und ihre Ausrüstung betreffend) der Versorgung bedürfenden „Sklaven" auch unter Rekonstruktionsgesichtspunkten doch profitabler sei. Ähnlich verhalte es sich mit dem Reparationsproblem. In Antizipation der späteren Diskussion um den Ersten Industrieniveauplan vom März 1946[61] führte Leith-Ross aus, daß alle Reparationszahlungen immer nur aus jener überschüssigen Produktion stammen konnten, die über das zur Lebenserhaltung notwendige Niveau hinausging, wenn nicht Hunger ausbrechen oder aber die jeweilige Besatzungsmacht mit kostbaren Devisen auszuhelfen gezwungen sein sollte. Um Entnahmen aus der laufenden Produktion zu decken, so erläuterte Leith-Ross, müsse die Produktionskapazität in Deutschland für den Export stimuliert werden, während gleichzeitig der Verbrauch bzw. der Konsum einzuschränken war, um die Zahlungsbilanz im Gleichgewicht zu halten. Reparationen beeinträchtigten für Leith-Ross den Handelsfluß in gefährlicher Weise. Erneut machte er deutlich, daß die Steigerung deutscher Exporte unweigerlich

[59] Minute Hood, 26.9.1942, in: DzD I/3, S. 774.

[60] Memorandum Leith-Ross, 17.9.1942, in: DzD I/3, S. 776–780.

[61] Vgl. unten Kap. VII.2 und VII.3.

mit dem Exportinteresse der Empfängerländer kollidieren mußte; umgekehrt traf der reglementierte Import vor allem die rohstoffproduzierenden Länder in ihren Handelsbeziehungen mit Deutschland. Für Leith-Ross barg die Reparationsfrage auch einen gefährlichen „Schneeballeffekt", denn die möglichen Entschädigungsforderungen in einem modernen Krieg waren derart exorbitant, daß der entsprechende Zahlungsbilanzausgleich eine alle normalen Handelsaktivitäten weltweit bedrohende Anstrengung erforderte. Er warnte auch vor der Hoffnung, daß Deutschland die späteren Besatzungskosten in vollem Umfang würde übernehmen können. Selbst nach dem Ersten Weltkrieg, als die Alliierten nur einen kleinen Teil Deutschlands besetzt hielten und die Besatzung von vergleichsweise kurzer Dauer war, habe Großbritannien de facto nur einen Bruchteil der tatsächlichen Kosten erstattet bekommen. Tatsächlich blieb nach Meinung von Leith-Ross nur die Möglichkeit von Reparationen aus der Produktion. Schon aus diesem Grunde verwarf er den Gedanken der Deindustrialisierung Deutschlands. Von einem allgemeinen Industrialisierungsschub war Deutschland auch gar nicht auszuschließen. Es stand außer Frage, so resümierte Leith-Ross, daß ungeachtet des britischen Reparationsanspruchs „we are only likely to get a small proportion of any receipts that are obtained, while we shall stand to lose heavily both from stimulated competition in exports and by reason of our interest in the primary producing countries of the Empire"[62]. Sicherheit war seiner Meinung nach gerade nicht über Reparationen oder Deindustrialisierung zu erhalten, welche die Kosten sowohl wegen der Verzerrungen des Handelsflusses als auch wegen der längeren und intensiveren Besatzung nur in die Höhe trieben. Demgegenüber plädierte er für die Erfüllung des Sicherheitsverlangens durch politische Maßnahmen. Unter Hinweis auf die Defizite der Versailler Friedensregelung bemerkte er: „This insistance on economic demands and neglect of political security must not be repeated. It is impossible to collect the costs of modern war from a ruined enemy without spreading the ruin still further; but we can and should see that Germany submits to such political control as will effectively prevent a revival of Nazi aggression. We are more likely to obtain security for the future if we allow and indeed assist the German people to recover a reasonable standard of prosperity."[63]

Hinsichtlich der Arbeit der Experten war also für einigen Zündstoff gesorgt. Mit Spannung durfte insbesondere erwartet werden, wie sich die gegensätzlichen Ansichten, für die Keynes und Dalton standen, würden behaupten können. Jebb, der Dalton noch bis vor kurzem im Ministry of Economic Warfare unterstanden hatte, sondierte zunächst mit Vertretern des Schatzamts. Er teilte dem Handelsminister Ende September 1942 mit, auch Eden sei seit einigen Tagen mit dem Memorandum beschäftigt und werde wahrscheinlich Daltons Vorschlag zur Gründung eines Expertenkomitees akzeptieren[64]. Aber erst Ende Oktober und nach weiteren Anmahnungen durch Jebb entschied sich der Außenminister für die Einsetzung einer Expertenrunde[65].

[62] Memorandum Leith-Ross, 17.9.1942, in: DzD I/3, S. 779.

[63] Ebenda, S. 780.

[64] Minute Jebb, 29.9.1942, in: DzD I/3, S. 774f.; BLPES, Dalton Diaries, I/27, fol. 77, Eintrag 24.9.1942; DzD I/3, S. 812.

[65] BLPES, Dalton Diaries, I/27, fol. 103, Eintrag 26.10.1942. Bereits am 2. Oktober 1942 hatte Eden Dalton eine Antwort geschickt, die dieser zwar als „very unfriendly" bezeichnete, die aber wohl die grundsätzliche Zustimmung zu Daltons Vorschlag enthalten haben dürfte. Vgl. ebenda, fol. 84 (Eintrag 2.10.1942) und fol. 85 (Eintrag 5.10.1942).

Die Zeit bis zum ersten Zusammentritt des Committee on Reparations and Economic Security[66] am 18. November 1942 wurde zunächst weniger von inhaltlichen Vorbereitungsarbeiten der beteiligten Ministerien geprägt als von Rangeleien um dessen personelle Besetzung. Schon Ende September hatten sich Dalton und Jebb darauf verständigt, als Vorsitzenden den leitenden Rechtsberater im Außenministerium, Sir William Malkin, zu gewinnen. Dalton erblickte darin sowohl eine Chance, das Schatzamt an der Besetzung dieses Postens zu hindern, als auch die Möglichkeit, mit Jebb, der dann den freiwerdenden Platz für das Foreign Office einnehmen würde, eine weitere Person seines Vertrauens aus seinen Tagen als Leiter des Amts für wirtschaftliche Kriegführung in dem Komitee zu sehen[67]. Um den Einfluß des Schatzamts weiter einzudämmen, drang Dalton schließlich auch auf Kingsley Wood ein, Keynes an eine möglichst kurze Leine zu nehmen. Als der Schatzkanzler ihm zu verstehen gab, daß die Entsendung von Keynes in das Komitee wohl kaum zu umgehen sein werde, entgegnete er ohne Umschweife, „that I am not at all keen on Keynes coming on, in view of his attitude in Economic Consequences, in which, I point out, he not only showed much disloyalty to his political chiefs of that day, but grossly exaggerated the German case, showed much political prejudice against other states, now again our allies, particularly France and Poland, and is therefore likely to take a wrong and tiresome view to-day. K[ingsley] W[ood] says that he will speak to Keynes about this and warn him that he must not run any such line, but he is sure that Keynes would be deeply affronted and hurt if he were left off a Committee dealing with this subject, and he has, says K[ingsley] W[ood], been most helpful to him in many ways. I say that it is, of course, for him to choose his own chaps and that I only hope he will rub into Keynes the need to weaken Germany so much that she will be industrially unable to repeat her crimes in the future."[68]

Außer Malkin (Vorsitz), Ronald und Jebb für das Foreign Office waren schließlich noch vertreten Keynes und Playfair für das Schatzamt; Lionel Robbins, Wirtschaftswissenschaftler an der London School of Economics und Leiter der Economic Section of the Cabinet[69]; sein Kollege und späterer Nobelpreisträger James Meade, in der Economic Section ebenfalls mit handels- und arbeitsmarktpolitischen Fragen des Wiederaufbaus nach dem Krieg befaßt[70], zeitweilig aber zum Handelsministerium abgestellt und nun mit Percivale Liesching Vertreter von Daltons Ministerium; sowie Konteradmiral R. M. Bellairs für das Paymaster-General's Office. Neben Jebb und Liesching glaubte Dalton vor allem noch Meade und Robbins auf seiner Seite: Robbins war Schüler Daltons und von diesem als Protégé in seiner akademischen Karriere gefördert worden[71]; Meade war

[66] Zum Namen vgl. BLPES, Dalton Diaries, I/27, fol. 130, Eintrag 13.11.1942: „Liesching [Board of Trade] thinks that the Rep[aration]s, etc., C[ommi]ttee might be called ‚Committee on the Economic Penalties to be Imposed upon the Enemy', but Malkin does not like the wor[d] ‚Penalties', and G[ladwyn] J[ebb] on the phone with me last night suggested ‚Committee on Reparations and Economic Security'. I said I thought this or something like it, would do all right."

[67] BLPES, Dalton Diaries, I/27, fol. 77, Eintrag 24.9.1942.

[68] BLPES, Dalton Diaries, I/27, fol. 124 f., Eintrag 10.11.1942; Pimlott (Hrsg.), War Diaries, S. 516.

[69] Vgl. Cairncross/Watts, S. 41–44, 53 f., 64–67.

[70] Vgl. ebenda, S. 36–38, 54, 70–112 passim.

[71] So notierte Dalton am 18. November 1942 in seinem Tagebuch: „G[ladwyn] J[ebb] tells me that R[obbins], while speaking very highly of me – as he damned well ought to, seeing that it is only through my efforts that he became a Professor – thinks that I regard things too much from a poli-

Schüler von Robbins und gehörte, von Keynes stärker als viele andere Ökonomen beeinflußt, als einer der New Fabians jener Gruppe linker Ökonomen an, die in den dreißiger Jahren fieberhaft an einem Konzept für eine sozialistische Wirtschaftspolitik gearbeitet hatte[72]. Von Bellairs konnte als Mann der Admiralität und Vertreter des germanophoben Lord Cherwell ebenfalls erwartet werden, daß er Daltons Ideen nahestand; zumindest aber konnte er als leicht beeinflußbar gelten[73]. Playfair als vom Schatzamt entsandtes Komiteemitglied mußte als Mann Keynes' gelten, hatte sich andererseits aber bereits als wankelmütig gezeigt, als er Jebb gegenüber mit vielen Entschuldigungen die Schlußfolgerungen des Treasury-Memorandums in ihrer Bedeutung heruntergespielt und hinzugefügt hatte, daß sie eine härtere Politik gegenüber Deutschland keineswegs ausschlössen[74]. Auch Ronald, so versicherte Jebb, gehöre nicht der „germanophilen" Fraktion im Foreign Office an und sei „zuverlässig" und ein Bewunderer Daltons[75]. So blieb tatsächlich nur Keynes als „trouble maker", und Dalton konnte nach der ersten Sitzung des Komitees zufrieden in seinem Tagebuch notieren, daß von diesem zwar Ärger erwartet werden könne, im Komitee aber genügend „gute" Leute säßen, um die Arbeit in seinem Sinne zu leiten[76].

Die Vorbereitung des Abschlußberichts

Das Malkin-Komitee trat zwischen dem 18. November 1942 und dem 31. August 1943, als es seinen Abschlußbericht vorlegte, insgesamt zu dreiunddreißig Sitzungen zusammen, nach Daltons Auskunft zunächst einmal, falls notwendig aber auch mehrmals pro Woche[77]. Auf Drängen des Außenministeriums erhielten seine Mitglieder keine spezifischen „Terms of reference", sondern wurden angehalten, ihrer Arbeit als Ausgangsbasis die bisher zum Thema erstellten Memoranden und Korrespondenzschreiben zugrunde zu legen[78]. Herangezogen wurden daher zunächst die Vorlagen von Schatzamt und

tical point of view." BLPES, Dalton Diaries, I/27, fol. 135, Eintrag 18.11.1942; Pimlott (Hrsg.), War Diaries, S. 519ff.; sowie DzD I/3, S. 1009f. Vgl. auch Robbins, S. 75–77; Durbin, S. 100–103. Dalton hoffte sicherlich auch, daß im Komitee Robbins' wirtschaftsliberale und streng antikeynesianische Einstellung zum Tragen kommen werde; vgl. dazu Durbin, S. 102f.; Cairncross/Watts, S. 53.

[72] Vgl. Durbin, S. 103–106, 108–113, 133–159, 194–198, 201–223.

[73] Vgl. BLPES, Dalton Diaries, I/27, fol. 154, Eintrag 4.12.1942: „P[ercivale] L[iesching] had said of Bellairs that he was so modest that ‚he thinks he is out of his depth when the water is really only up to his ankles'."

[74] Worüber Jebb Dalton natürlich sofort in Kenntnis setzte: BLPES, Dalton Diaries, I/27, fol. 154, Eintrag 4.12.1942.

[75] BLPES, Dalton Diaries, I/27, fol. 77, Eintrag 4.12.1942.

[76] BLPES, Dalton Diaries, I/27, fol. 135, Eintrag 18.11.1942.

[77] Ebenda. Die Akten des Interdepartmental Committee on Reparations and Economic Security können mit jeweils unterschiedlichem Umfang in drei verschiedenen Beständen des PRO eingesehen werden: T 160/1250, Part I und II; T 230/121–124; sowie FO 371/35305–35309. Die ersten sechs Sitzungen im November und Dezember 1942 sind veröffentlicht in: DzD I/3, S. 1011f., 1061f., 1120f., 1143f., 1149f., 1188–1190.

[78] T 160/1250, Part I, R.E.S. 2, Eden an Kingsley Wood, 26.10.1942. In einem Gespräch am 13. Oktober 1942 waren Dalton und Malkin allerdings schon vorher übereingekommen, dem Komitee keine weiteren politischen Richtlinien an die Hand zu geben. Ob der FO-Vorschlag freilich auf die Initiative des Handelsministers zurückgeht, muß offenbleiben. Vgl. BLPES, Dalton Diaries, I/27, fol. 89, Eintrag 13.10.1942.

DOT sowie das Reparations-Memorandum Daltons, daneben aber auch Auszüge aus Edens Rede vor der Foreign Press Association vom 29. Juli 1941[79]. Die sich daraus ergebende, recht breit gefaßte Aufgabenstellung des Komitees, die primär garantieren sollte, daß die von verschiedenen Seiten (FO, Treasury, MEW, DOT, BoT, Economic Section) bereits gesponnenen deutschlandpolitischen Fäden gebündelt in die Diskussion eingingen, die Malkin und seinen Kollegen ansonsten aber eine weitgehend freie Hand ließ, generierte eine Fülle von teilweise sehr disparaten Studien, die im Laufe der Monate angefordert, gesichtet und – in den meisten Fällen jedenfalls – beraten wurden. Auf den ersten Blick weist der Umfang des Materials wie auch die Vielfalt der abgedeckten Themen, die von so wichtigen Einzelaspekten wie dem Für und Wider einer Aufteilung Deutschlands und dem genauen Verhältnis von Restitution und Reparationen über Grenzfragen bis hin zu agrar- und forstwirtschaftlichen Problemen reichte, auf die Intensität, mit der man hier die britische Kriegszielpolitik zu erörtern gedachte. Zum ersten Mal war in Whitehall Ende 1942 eine Gruppe hochrangiger Beamter und erstklassiger Ökonomen zusammengetreten, um das Deutschlandproblem möglichst umfassend zu beleuchten. Auch die hochkarätige Besetzung sowie die Breite ihrer Herangehensweise läßt vermuten, daß die Minister deutschlandpolitische Grundsatzarbeit erhofften, nichts weniger also als die Grundsteinlegung der britischen Nachkriegspolitik gegenüber Deutschland. Betrachtet man die Arbeit allerdings rückschauend aus der Perspektive des achteinhalb Monate später vorgelegten Abschlußberichts, so fällt auf, daß trotz der Vielzahl der an die Experten herangetragenen Detailstudien vor allem vier grundlegende Denkschriften bzw. Vorlagen die Arbeit des Malkin-Komitees maßgeblich beeinflußten, die zunächst im folgenden vorgestellt werden sollen. Im Zentrum stand erneut eine Studie von Keynes, die über ihre unmittelbare Bedeutung hinaus auf die Diskussion der späteren Frage eines deutschen wirtschaftlichen und militärischen Verteidigungsbeitrags aus struktureller Perspektive vorausweist.

Der Beitrag von Marcus Fleming

Ein erster wichtiger Beitrag kam interessanterweise von außerhalb des Komitees und lag bereits vor dem ersten Zusammentritt der Komiteemitglieder vor. In einem Memorandum für Lionel Robbins unternahm Marcus Fleming, Spezialist für außenwirtschaftliche Belange in der Economic Section[80], einen Versuch, den Zusammenhang von „wirtschaftlicher Abrüstung" und Reparationen einer klärenden Analyse zu unterziehen[81]. Sie ließ ihn eine dreifache Schlußfolgerung ziehen. Das vielleicht wichtigste Ergebnis seiner Überlegungen war, daß er die bisher geltende Arbeitshypothese, von Deutschland werde auch nach dem Krieg weiterhin die größte Kriegsgefahr ausgehen, in Frage stellte.

---

[79] Darüber hinaus bemerkenswerterweise auch ein Artikel des Ökonomen Paul Einzig. Vgl. Einzig, Plan; nachgedruckt in: DzD I/3, S. 403–409. Der Artikel bekräftigte noch einmal seine kritische Position gegenüber den von Guillebaud und Keynes vorgebrachten Grundthesen.

[80] Cairncross/Watts, S. 68 f., 95.

[81] Obwohl das Memorandum nicht als RES-Papier zirkulierte, darf man annehmen, daß es zumindest unter den Ökonomen des Komitees bekannt war. Dies läßt sich auch daraus schließen, daß es unter den Komiteeunterlagen im Treasury-Bestand zu finden ist: T 230/121, Memorandum J. M. Fleming, „Economic Disarmament and Reparations", undatiert, aber vor dem September 1942. Zum Folgenden vgl. auch Cairncross, The Price of War, S. 22–24.

Was Befürworter und Gegner einer „harten" bzw. „liberalen" Kriegszielpolitik nach Flemings Ansicht gemeinsam hatten, war die Erfüllung des Verlangens nach Sicherheit vor Deutschland, auch wenn beide Richtungen jeweils entgegengesetzte Konzepte hierfür vorlegten: Entzug des ökonomischen Fundaments des deutschen Militarismus durch die Mobilisierung und Wiedereingliederung des deutschen Potentials in den europäischen Rekonstruktionsprozeß hier, radikale wirtschaftliche Entmilitarisierung und Reparationsentnahmen dort. War es aber wirklich schon ausgemacht, daß Deutschland nach dem Krieg seine Rolle als Hauptaspirant für eine Hegemonie in Europa behielt? Im Laufe der Jahrhunderte, gab Fleming zu bedenken, seien viele Länder in diese Rolle geschlüpft – Österreich, Spanien, Frankreich, Deutschland. Seine Herkunft aus den Denkschulen von Malthus und Keynes offenbarend, fragte er sich, ob nicht auch die Entwicklung des gerade tobenden Krieges bestätige, was bereits eine simple Betrachtung der demographischen und ökonomischen Entwicklung nahelege, daß nämlich in fünfzehn bis zwanzig Jahren Deutschland als Machtfaktor von einer für die britischen Interessen, ja die Zivilisation insgesamt kaum weniger gefährlichen Macht verdrängt sein werde. Zu diesem Zeitpunkt werde Deutschland den Gipfel seiner Macht in Europa vollends überschritten haben „and may well decide to bow to the inevitable and assume a more modest role in the world"[82].

Für Fleming bedeutete dies allerdings nicht, daß Deutschland sich mit der Rolle eines „Fußabtreters" anderer Länder zufriedengeben werde. Vielmehr erwartete er, daß es sich jener Macht – der angelsächsischen oder der russischen – anschloß, die ihm die würdigsten und annehmbarsten Lebensumstände gewährleistete. Ein besiegter deutscher Staat allein konnte für Fleming also kaum noch als Sicherheitsrisiko erster Ordnung betrachtet werden. Was ihn dagegen beunruhigte, war die Gefahr der Wiederaufnahme einer auch in den Akten immer wieder mit dem Stichwort „Rapallo" versehenen deutschen Ostpolitik[83]. Hinsichtlich des wichtigsten Kriegsziels Londons konnte es daher für Fleming auch kaum einen Zweifel geben: „It should be a primary object of policy to prevent the coalescence of these powers." Vor diesem Hintergrund und unter Hinweis darauf, daß bezeichnenderweise noch niemand die Möglichkeit einer unbefristeten unilateralen Entmilitarisierung Deutschlands ernsthaft ins Auge gefaßt hatte, zog Fleming den radikalen Schluß, daß die unter dem Stichwort „economic disarmament" bislang vorgelegten Ideen zu verwerfen seien.

Die Zurückweisung einer Politik der konsequenten wirtschaftlichen Entmilitarisierung bedeutete für Fleming jedoch nicht, daß der Gedanke einer Sicherung des deutschen Industriepotentials vor seiner rüstungswirtschaftlichen Indienstnahme für eine aggressive Expansionspolitik aufzugeben war. Auf den ersten Blick in markantem Gegensatz zu der liberalen Kriegszielpolitik, die dies implizierte, aber bei genauerem Hinsehen in sich logisch und konsequent, befürwortete er im weiteren Verlauf seiner Ausführungen umfangreiche, aber zeitlich begrenzte Reparationszahlungen Deutschlands. Sie sollten nicht nur das legitime Bedürfnis der dem deutschen Militarismus zum Opfer

[82] T 230/121, Memorandum J. M. Fleming, „Economic Disarmament and Reparations". Dort auch die folgenden Zitate (Hervorhebungen im Original).

[83] Zum „Rapallo-Komplex" in den Mächtebeziehungen vgl. in diesem Zusammenhang Frohn, „Rapallo-Mythos", S. 142–149.

gefallenen Staaten befriedigen, sondern zugleich die Funktion eines sicherheitspolitischen Überlaufventils ausüben, indem sie den über das Niveau seiner europäischen Nachbarstaaten hinausgehenden Teil der deutschen Wirtschaftskraft abschöpften. Fleming war sich darüber im klaren, daß eine Reparationspolitik dieser Art nur durch ein umfangreiches Netz an Kontrollen erfolgreich durchgeführt werden konnte. Er widmete deshalb, hierin sich Daltons Vorschlägen annähernd, die zweite Hälfte seiner Denkschrift einer ausführlichen Begründung monetärer und fiskalischer Kontrollmaßnahmen. Sie umfaßten die Bereiche Banken, Währungs- und Haushaltspolitik, Nachfragestruktur (lohn- und steuerpolitische Eingriffe) sowie Investitions- und (liberale) Handelspolitik mit dem Ziel, die deutsche Wirtschaft auf die Leistung von Reparationszahlungen auszurichten, eine kontraproduktive Entwicklung wie in den zwanziger Jahren zu verhindern und zugleich einer möglichen wirtschaftlichen Übervorteilung Deutschlands vorzubeugen. Die Maßnahmen dienten zugleich als Regulationsinstrumente mit dem Zweck, die in seiner Bedeutung allerdings auch von Fleming gering veranschlagten Transferprobleme zu minimieren. In diese Richtung zielte auch sein Vorschlag, Deutschlands Reparationsverpflichtung an einen zu schaffenden „Unterstützungs- und Wiederaufbaufonds" anzubinden. Dies werde, so Fleming, der Reparationsproblematik den Anstrich des „Siegerrechts" nehmen, zumal Deutschland anfänglich mit Sicherheit ein Nettoempfänger sei, ermögliche aber primär eine effektive Koordination der Wiederaufbauhilfen, die eventuelle handels- und währungspolitische Schwankungen ausgleiche. Für Fleming bot ein solcher Fonds, der die Aufgaben der Keynesschen „Clearing Union" mit der Abwicklung der Reparationen verband, auch die Möglichkeit, Geldzahlungen als Reparationsform materiellen Wiedergutmachungsleistungen vorzuziehen, solange als Meßlatte nicht die Kriegsschäden, sondern die Zahlungskapazität der deutschen Wirtschaft diente: „The *real volume* of Reparations could itself be adjusted at longer intervals with reference to assessed capacity to pay."

Die Bedeutung von Flemings Studie lag erstens in seinem Hinweis darauf, daß die britische Kriegszielpolitik maßgeblich von der Mächtekonstellation nach Zerschlagung des Nationalsozialismus abhing; von einer Neuauflage deutsch-russischer Kooperation ging in diesem Zusammenhang seiner Ansicht nach eine weitaus größere Bedrohung der britischen Sicherheit aus als von der zu erwartenden ökonomischen Krisenlage Deutschlands. Zweitens war aber sein Gedanke einer Einbindung der Reparationen in die Koordinierungsaufgaben eines „Unterstützungs- und Wiederaufbaufonds" ein wichtiger Beitrag zur internen Diskussion unter den Experten in Whitehall. Auch wenn das Malkin-Komitee in seinem Abschlußbericht nicht auf Flemings Idee eingehen sollte, das ihr zugrundeliegende Prinzip, Reparationen als Wiederaufbauhilfe zu verstehen und Deutschland in rekonstruktionswirtschaftlicher Absicht zum sicherheitspolitischen und ökonomischen Wiederaufbau beitragen zu lassen, tauchte fortan immer wieder auf. Wie gleich zu zeigen sein wird, stand er auch hinter Keynes' Vorschlag eines deutschen Friedensbeitrags.

Der Beitrag von Lionel Robbins

Einen in der Frage der wirtschaftlichen Entmilitarisierung Deutschlands entgegengesetzten Standpunkt bezog Lionel Robbins. In seinem Ende November 1942 im Komitee vorliegenden Beitrag machte er sich zum Fürsprecher einer Beschneidung des industriellen Rüstungspotentials als Teil eines umfassenden Umstrukturierungsprozesses der internationalen Handelsbeziehungen[84]. Wie schon das Treasury-Papier des Vorjahres akzeptierte auch Robbins als Ausgangspunkt seiner reparationspolitischen Überlegungen die Annahme, daß die strukturelle Kompatibilität der deutschen und der britischen Exportwirtschaft so groß sei, daß jede Form von Reparationsleistungen nicht nur konkurrenzwirtschaftliche Konsequenzen haben werde. Er hob hervor, daß die industriellen Reform- und Modernisierungsbemühungen in Großbritannien durch das Transferproblem weiter gehemmt und die Möglichkeiten zum Aufbau langfristig nützlicher Handelsverbindungen verlorengehen würden: „Now at any time this would be inconvenient. At a time when we were struggling to remedy an unprecedented deficiency in our own balance of payments, it might be a disastrous embarrassment." Andererseits stellte eine reparationslose Deutschlandpolitik für Robbins keine realistische Alternative dar, da berechtigte Forderungen nach Wiedergutmachung nicht ohne weiteres vom Tisch zu wischen seien. Trete Großbritannien nicht für Reparationen ein, so werde dies zu einem Verlust an Glaubwürdigkeit führen und den Widerstand der kriegsgeschädigten Staaten herausfordern: „The real problem, therefore, is to frame a policy which will bring it about that the satisfaction of these claims can come about with a minimum of disturbance to our own interests and perhaps even with some incidental advantage."

Hierzu schlug der Ökonom eine zweigleisige Strategie vor. Hatte Fleming Robbins noch ausdrücklich davor gewarnt, daß „any attempt to pursue disarmament too far into the economic sphere, e.g. by prohibiting the manufacture of machine tools, would be interpreted as a piece of exploitation imposed in the interests of Anglo-Saxon industrialists", plädierte Robbins gerade unter Hinweis auf mögliche Reparationsforderungen für eine die militärische Abrüstung flankierende wirtschaftliche Entmilitarisierung Deutschlands. Flemings Unbehagen, eine Politik der ökonomischen Entmachtung leiste einem gefährlichen deutsch-sowjetischen Rapprochement Vorschub und arbeite letztlich sogar einer erfolgreichen Eintreibung der Reparationen entgegen, teilte er offenbar nicht. Der Abbau des industriellen Aggressionspotentials sollte nach Robbins' Ansicht auf vier Ebenen erfolgen: erstens die physische Zerstörung der Anlagen zur Waffenproduktion; zweitens ggf. die Zerstörung der Anlagen zum Bau von Werkzeugmaschinen; drittens die Reduzierung der Nahrungsmittel- und Rohstoffbevorratung auf den kommerziell üblichen Umfang; und viertens die Umkehrung der deutschen Autarkiebestrebungen im einzelnen: „the lowering of obstacles to trade, the abolition of artificial support to the various ersatz industries and the inclusion of Germany in a system of international regulation, which more or less prevents the re-emergence of high protectionism. This would bring it about that in future Germany was much more dependent for food supplies and raw materials on imports from abroad, and to that extent would be vulnerable to the threat of economic blockade." Wirtschaftliche Entmilitarisierung sei daher nicht gleichbedeutend mit der Deindustrialisierung des Landes. Forderungen in diese Richtung erteilte Robbins eine eindeutige Absage: „We should not necessarily be better off if the rest of the world was still purely agrarian", merkte er abschließend gegen jene Kreise an, die bereits eine Art Agrarisierung Deutschlands debattierten.

---

84 T 160/1250, Part I, R.E.S. 8, Memorandum by Professor Robbins, „Notes on Reparations and Economic Security", 23.11.1942; DzD I/3, S. 1016–1024. Dort auch die folgenden Zitate. Cairncross weist darauf hin, daß die Denkschrift ebenfalls vor Ernennung des Malkin-Komitees geschrieben wurde. Vgl. Cairncross, The Price of War, S. 20.

Robbins wertete die im letzten Punkt genannte Einbindung Deutschlands in ein multilaterales Handels- und Finanzsystem auch als eine sicherheitspolitische Maßnahme, die gegen eine ökonomische Sonderentwicklung dieses Staates, vergleichbar der Situation in der Zwischenkriegszeit, steuerte, darüber hinaus aber unmittelbar die Voraussetzung schuf für die reparationspolitische und rekonstruktionswirtschaftliche Nutzung seiner Ressourcen. Der Ökonom favorisierte daher eine Doppelstrategie: erstens die Zahlung von Reparationen materieller Art, etwa in Form von wirtschaftlichen Demontagen im Rahmen der wirtschaftlichen Entmilitarisierung, ergänzt durch Produktionsverbote bzw. -auflagen für bestimmte, rüstungswirtschaftlich bedeutsame Güter, „which, in the short run at any rate, should leave the field clearer for our own export trade"; zweitens die Eliminierung bestehender Wirtschaftspraktiken, „which should not only leave Germany less able to make war, but should also contribute greatly to the general clearance of the channels of trade".

Der Kern von Robbins' Denkschrift, der durch die Begriffe „wirtschaftliche Entmilitarisierung" und „Freihandel" zutreffend beschrieben werden kann, mochte auf den ersten Blick einen pragmatischer orientierten Zug aufweisen als Flemings Ausführungen und sollte in der Tat einen größeren Einfluß auf die Komiteearbeit ausüben. Erst beide zusammen lassen jedoch die Schattenbereiche der Reparationsproblematik umrißhaft erkennen: Es würde sich zunächst noch zeigen müssen, inwieweit die Erkenntnis Flemings, den Grad der wirtschaftlichen Entmilitarisierung – auch in Form von materiellen Reparationslieferungen – als Funktion der Mächtekonstellation nach dem Krieg zu betrachten, die Bemühungen der Siegermächte um eine ökonomische Zähmung Deutschlands tatsächlich herausfordern konnte. Würde zudem Flemings Vorschlag, Reparationen als Geldzahlungen über einen Wiederaufbaufonds abzuwickeln, keine weitere Berücksichtigung finden, stellte sich die Frage, wie die Beschränkung auf eine moderate Restitutions- und Demontagepolitik den Umstellungsprozeß von der Kriegs- auf eine Friedenswirtschaft beeinflussen würde; diese Frage wurde um so dringlicher, wenn man berücksichtigte, daß London im Vergleich zu den übrigen, von Deutschland geschädigten Ländern sicherlich die geringsten Ansprüche auf Reparationen anmelden konnte und gleichzeitig von den drei vorgesehenen Besatzungsmächten als ressourcenschwächste aus dem Krieg hervorgehen würde. Schließlich: Wenn Reparationen aus der Sicht Londons a limine als rekonstruktionshemmend bewertet wurden und die Beamten sowohl Flemings Konzept von das Transferproblem entschärfenden finanziellen „Aufbauhilfen" als auch die im Treasury-Memorandum herausgestellte Alternative umfangreicher Naturalienlieferungen verwarfen, da sie das Handelsgleichgewicht zu stören drohten, dann erschien auch eine Formel wie die von Robbins vorgeschlagene – zeitlich befristete und möglichst rasch durchzuführende Sachreparationen – kaum erfolgversprechend. Zwar mochte dieser Kompromiß den Forderländern entgegenkommen und sogar die Rückwirkungen des Transferproblems auf die britische Wirtschaft gering halten; er würde jedoch nicht verhindern können, daß Deutschlands Industriepotential weitgehend unangetastet blieb und – noch dazu ohne durch rüstungswirtschaftliche Zwänge eingeengt zu sein – sich zu einem konkurrenzwirtschaftlichen und sicherheitspolitischen Risiko zugleich entwickeln konnte. Mit anderen Worten, erschienen Maßnahmen zur wirtschaftlichen Entmilitarisierung sowohl aus ökonomischer wie auch aus sicherheitspolitischer Perspektive als vollkommen kontraproduktiv (Fleming) oder günstigstenfalls als in so beschränktem Maße durchführbar, daß nur die wichtigsten Reparationsforderungen befriedigt werden konnten, die deutschen wirtschaftlichen Produktionskapazitäten ansonsten aber unberührt bleiben mußten (Robbins), so erforderten sie doch genau jenen Grad an ökonomischer und sicherheitspolitischer Risikobereitschaft gegenüber Deutschland, den man mit diesen Maßnahmen zu umgehen hoffte.

Der Beitrag von Keynes

Am 12. Januar 1943 wandte sich der Lord Bishop von Chichester mit einer eher ungewöhnlichen Bitte an Keynes. Unter Hinweis auf Stalins Rede vom 6. November 1942, in der der Kreml-Chef zwischen einem „unzerstörbaren" Deutschland und dem Staat Hitlers, der mit aller Härte zerschlagen werden sollte, unterschieden und damit öffentlichkeitswirksam eine auf den ersten Blick „moderate" sowjetische Kriegszielpolitik in Aussicht gestellt hatte, erinnerte der Bischof an die Dringlichkeit einer Klärung der deutschlandpolitischen Ziele Londons. Er regte an, daß Keynes in seiner bevorstehenden Jungfernrede im britischen Oberhaus über die britischen Kriegsziele sprechen und dabei namentlich auf die Frage eingehen solle, ob eine Zusammenarbeit mit dem deutschen Widerstand möglich sei[85]. Keynes, seit Juni 1942 Baron Keynes of Tilton, nahm die Anregung des Bischofs nicht auf, sondern kündigte vielmehr ein wirtschaftspolitisches Thema an. „For my own part I can only say that the prospect seems to me appalling. I cannot discern *any solution* which is even moderately satisfactory."[86] Die Skepsis von Keynes bezog sich sicherlich darauf, daß er kaum eine Möglichkeit zu sehen vermochte, wie die Grundlagen einer befriedigenden Deutschlandpolitik zu legen waren, die gleichermaßen wirtschaftlich vernünftig und politisch sowohl gegenüber dem britischen Kabinett als auch gegenüber den Kriegsverbündeten durchzusetzen waren. Gleichzeitig stellte sich ein geradezu unlösbar erscheinendes strukturelles Dilemma für die zukünftige britische Sicherheitspolitik. Während Keynes und das Schatzamt bereits frühzeitig darauf aufmerksam gemacht hatten, daß eine „harte" Reparationsregelung und die Ressourcenbeschneidung Deutschlands den Genesungsprozeß der übrigen kriegszerstörten Länder Europas nur behindern und deren Sicherheit erheblich beeinträchtigen würden, zeichnete sich jetzt ab, daß der völlige Verzicht bzw. eine ökonomischen Vernunftkriterien gehorchende Entmilitarisierungspolitik eine (verborgene) wirtschaftliche Wiederaufrüstung nicht würde vermeiden können. Soweit ein entmilitarisiertes, aber wirtschaftlich potentes Deutschland alle Anstrengungen auf den eigenen Wiederaufbau lenken konnte, ohne rüstungsindustrielle Verzerrungen in Kauf nehmen zu müssen, sah sich der Entmilitarisierungsanspruch zudem mit einem „umgekehrten Transferproblem" konfrontiert und barg überdies das Risiko, Deutschland – fett und impotent – als ein die europäische Wirtschafts- und Friedensordnung destabilisierendes Element zurückzulassen.

Trotz immer wieder durchbrechender pessimistischer Einschätzungen über die Aussichten auf eine Lösung der deutschlandpolitischen Strukturfragen legte Keynes im Dezember 1942 dem Malkin-Komitee einen Entwurf vor, der sich explizit als ein Beitrag

---

[85] KCKP, PS/7/57, Lordbishop of Chichester an Keynes, 12.1.1943.

[86] KCKP, PS/7/59, Keynes an den Lordbishop of Chichester, 14.1.1943 (Hervorhebung im Original).

zur Auflösung dieser Aporie verstand[87]. Die dargestellte Problematik veranlaßte ihn freilich keineswegs, von seinem eigenen Ansatz abzuweichen und eine Lösung unter Aufnahme punitiver Elemente zu suchen. Insofern stellte seine Vorlage auch eher eine Weiterentwicklung von Gedanken aus dem Keynes-Treasury-Umfeld dar. Sie zielte auf den Ausgleich des Interessengefälles zwischen Mitgliedern eines gegebenen Sicherheitssystems, die ihren Rüstungsverpflichtungen nachzukommen gezwungen waren, und einem Land, das einem Rüstungsverbot unterliegen, gleichwohl aber wegen seiner rekonstruktionswirtschaftlichen Bedeutung in seinen Wirtschaftsaktivitäten nur geringfügig eingeschränkt sein sollte. Auf Dauer, darauf hatte Fleming ebenfalls hingewiesen, war dieses Land aus dem Sicherheitssystem sowieso nicht auszuschließen, und eine veränderte Mächtekonstellation würde seine Teilnahme vielleicht sogar notwendig machen. Keynes griff dabei Kritikpunkte auf, wie sie im Zusammenhang mit der Atlantik-Charta von Kingsley Martin sowie ihm und dem Schatzamt gegenüber aus Daltons Ecke aufgeworfen worden waren.

Im Kern reflektierte Keynes jedoch auf eine Erfahrung im Zusammenhang mit der Versailler Friedensordnung. In der Präambel des Abschnittes über die Maßnahmen zur Entmilitarisierung Deutschlands hatten die Verfasser des Vertragswerks den Verlust der deutschen Wehrhoheit noch damit begründet, er solle nur den Auftakt zu weltweiten Abrüstungsbemühungen bilden; die Entmilitarisierungsauflagen legitimierten sich so auch aus ökonomischer Sicht durch den im Vertragstext fixierten Anspruch auf allgemeinen Abbau der Rüstungslasten[88]. Wie der Verlauf der Genfer Abrüstungskonferenz 1932 dann allerdings zeigte, erfüllte sich diese Hoffnung nicht. Damals gelang es weder, die Teilnehmerstaaten – auf dem Höhepunkt der Weltwirtschaftskrise – von der Notwendigkeit allgemeiner Truppenreduzierungen zu überzeugen, noch umgekehrt für Deutschland einen Modus zu finden, der langfristig eine kontrollierte Aufrüstung ermöglicht hätte. Der Vorschlag, sich vorerst jeder militärischen Aufrüstung zu enthalten, dafür im Gegenzug eine Miliz von 100.000 Soldaten unterhalten zu dürfen und die im Versailler Vertrag festgelegten Verbote bestimmter Waffengattungen prinzipiell aufzuheben, scheiterte am Widerstand Frankreichs. Ruft man sich in Erinnerung, was zur Überwindung der globalen ökonomischen Krise, der wirtschaftlichen Reintegration und gleichzeitigen Pazifizierung Deutschlands sowie der langfristigen wirtschaftlichen Konsolidierung Europas vernünftigerweise hätte getan werden müssen, so wird man rückblickend und im Wissen um die Möglichkeiten keynesianischen Krisenmanagements davon sprechen müssen, daß hier eine vor der nationalsozialistischen Machtübernahme letzte Chance vertan wurde, den Grundwiderspruch zwischen Sicherheits- und Wiederaufbauinteressen in der Versailler Friedensordnung aufzuheben und eine Balance beider Zielfaktoren wieder herzustellen.

---

[87] T 160/1250, Part I, R.E.S. 18, Memorandum Keynes, „Germany's Contribution to the Cost of Keeping the Peace of the World", 21.12.1942; vgl. KCKP, W/6/2/292–296; JMK XXVI, S. 337–341; DzD I/3, S. 1182–1184. Vgl. auch die Diskussion der Denkschrift im Malkin-Komitee: FO 371/35308/W 4471, R.E.S. 8th Meeting, 12.1.1943. Vgl. ferner Moggridge, Maynard Keynes, S. 769.

[88] In der Präambel des Teils V des Versailler Vertrags hieß es: „Um den Anfang einer allgemeinen Beschränkung der Rüstungen aller Nationen zu ermöglichen, verpflichtet sich Deutschland zur genauen Verfolgung nachstehender Bestimmungen über die Land-, See- und Luftstreitkräfte." Friedensvertrag von Versailles, S. 80.

Vor diesem Hintergrund wird verständlich, daß Keynes seine Bemerkungen mit dem Hinweis auf einen eklatanten Widerspruch einleitete. Die weitverbreitete „Popularität", die die Empfehlung der völligen Entmilitarisierung Deutschlands mittlerweile genoß und die auch im Malkin-Komitee vorherrschte, befand sich für ihn nämlich in einem erstaunlichen Mißverhältnis zu dem Doppelproblem, wie eine Übervorteilung der dann von Rüstungsanstrengungen befreiten deutschen Wirtschaft vermieden werden konnte und wer in einem solchen Falle die Kosten für die Sicherung des deutschen Territoriums übernehmen würde. Mit anderen Worten, eine weitgehende Entmilitarisierung Deutschlands mußte sich doppelt negativ auf die Rekonstruktionsbemühungen jener Länder auswirken, denen eine zusätzliche Last zufallen würde, über Frieden und Sicherheit in der Welt zu wachen. Vor allem ihre Exportwirtschaft stand im Vergleich zur deutschen unter größerem Druck, was sich schließlich auch auf die binnenwirtschaftliche Struktur insgesamt auswirken mußte. Gleichzeitig entstanden zusätzliche Verteidigungslasten in Form von Besatzungskosten, die auch nach Beendigung der Besatzung aufgrund der Verantwortung der Alliierten für die Sicherheit der Grenzen eines entmilitarisierten Deutschland in anderer Form fortbestehen würden. Vor allem der letzte Aspekt, der nach den Möglichkeiten eines deutschen Sicherheitsbeitrags unter Entmilitarisierungsbedingungen nach Beendigung der Besatzung und erfolgreicher Wiedereingliederung Deutschlands fragte, stand im Mittelpunkt von Keynes' weiteren Ausführungen. Daß die Kosten für die Besatzung von Deutschland getragen werden würden, durfte auch seiner Meinung nach vorausgesetzt werden.

Keynes schätzte, daß die Einsparungen im deutschen Haushalt wegen des gegenüber Großbritannien höheren Rüstungsniveaus nicht geringer als etwa £ 500 Millionen sein würden, eine Summe, die den Kosten der britischen Teilstreitkräfte in Friedenszeiten entsprach. Diese Summe sei aber mindestens sechsmal größer als die gerade vom Beveridge-Report veranschlagten Kosten für Sozialversicherung, Kindergeld und Gesundheitswesen und fast genauso groß wie die gesamten Haushaltsausgaben für Sozialwesen, Landwirtschaft und Handel[89]. Doch würden nicht nur substantielle Ressourcen in Deutschland frei zum Aufbau jenes Wohlfahrtsstaates, der in Großbritannien selbst immer stärker als Lohn für alle im Krieg durchlittenen Entbehrungen betrachtet wurde; seine Entmilitarisierung hatte auch einen „Multiplikator-Effekt", da etwa das Verbot, Streitkräfte zu unterhalten, über die finanzielle Ersparnis hinaus der deutschen Industrie zusätzlich junge Arbeitskräfte zuführte, deren wirtschaftlicher Wert ihre Kosten in der

[89] Die Ursprünge des Beveridge-Reports mit detaillierten Vorschlägen zur Durchführung grundlegender Sozialreformen gehen ebenfalls auf Keynes' Denkschrift vom Dezember 1940/Januar 1941 über die nationalsozialistische „Neuordnung" zurück. In der Folge kam es im Mai 1941 zur Einsetzung einer Studiengruppe unter Leitung des Wirtschaftswissenschaftlers Sir William Beveridge, der bis 1937 die London School of Economics geleitet hatte und seither am University College Oxford lehrte. Es war daher kein Zufall, daß Keynes im Zusammenhang mit der Deutschland- und Reparationspolitik explizit auf die Empfehlungen des Abschlußberichts Bezug nahm. Parallel zu den außenpolitischen Kriegszieldiskussionen hatte Keynes damit zugleich auch die Auseinandersetzung um die Kriegsziele im Inneren initiiert. Und während Eden als Außenminister mit seiner Mansion-House-Rede vom Mai 1941 die britischen Kriegsziele an das Prinzip der sozialen Sicherheit knüpfte, hatte Kingsley Woods Haushaltsvorlage einen Monat zuvor erstmals wichtige Elemente keynesianischer Haushaltspolitik berücksichtigt. Vgl. Addison, S. 168–170, 211–228; Wilson, Policy in War and Peace, S. 46–48; Moggridge, Maynard Keynes, S. 642–648.

Armee bei weitem überstieg. Von daher sei der Wunsch nur zu verständlich, „that the benefits of defeat and the burdens of victory should not be more financially disproportionate than is inevitable“[90].

So berechtigt der Anspruch auf Entwaffnung und Entmilitarisierung freilich sein mochte, Keynes war sich darüber im klaren, daß jeder Versuch, diese „Anomalie“ auszugleichen, nur eine weitere Reparationsvariante darstellte: Hinter der möglichen Forderung, Deutschland etwa zu einer Abgabe in Höhe der normalerweise das Budget belastenden Verteidigungsausgaben zu verpflichten, lauerte erneut das „Gespenst“ des Transferproblems. Da andererseits aber kaum zu erwarten war, daß die Öffentlichkeit sich auf Dauer mit dieser Situation abfand, regte Keynes an, Deutschland zur Leistung eines „Friedensbeitrags“ zu verpflichten. Entsprechend dem Aufbau eines künftigen Sicherheitssystems nach Kriegsende war dieser Beitrag an eine internationale Organisation oder eine Gruppe von Alliierten zu entrichten. Um für Großbritannien untragbare Verzerrungen in den Handels- und Währungsbeziehungen zu vermeiden, schlug Keynes vor, den Zahlungsverkehr des deutschen Exporthandels über ein spezielles Konto der „Clearing Union“ abzuwickeln. Von diesem Konto war eine bestimmte Summe, vielleicht ein Drittel oder ein Viertel, als Friedensbeitrag abzuziehen und den mit der Aufgabe der Friedenssicherung betrauten Staaten zur Verfügung zu stellen, während der Rest von Deutschland zur Zahlung seiner Importe und für andere Zwecke genutzt werden konnte. Den deutschen Exporteuren würden selbstverständlich ihre Waren in vollem Umfang bezahlt werden, die Differenz zu Lasten des deutschen Haushalts gehen. Das britische Reparationskonzept, dem auf diese Weise eine entscheidende Variante hinzugefügt werden konnte, sollte nach Keynes' Vorstellungen daher aus vier Teilaspekten bestehen:

1. Reparationen als Restitution: zeitlich befristete Materiallieferungen und Arbeitsdienste;
2. Begleichung der Besatzungskosten;
3. Friedensbeitrag durch „Anzapfen“ des Exportertrags, nach Ablauf der Reparations- und Besatzungsphase prozentual ansteigend;
4. Vorbeugung von Autarkietendenzen, indem Importdiskriminierungen nur in sehr begrenztem Rahmen erlaubt werden sollten.

Dieses Konzept brachte für Keynes noch eine Reihe „indirekter“ Vorteile. Zunächst konnte der zur Erhebung des Friedensbeitrags notwendige organisatorische Rahmen zugleich als sicherheitspolitischer Kontrollmechanismus dienen; im Falle eines Bruchs der vertraglichen Regelung bzw. von Anzeichen für ein erneutes Aufflammen militaristischer Strömungen war Deutschland einfach durch die Anhebung der „Beitragsquote“ – notfalls bis zu 100%, d. h. die Konfiszierung des gesamten Exporterlöses – zu strafen und der Friedensbeitrag so zu einer wirkungsvollen Finanzblockade umzufunktionieren. Darüber hinaus besaß das Konzept gerade für Großbritannien eine besondere Anziehungskraft, da ein deutscher Sicherheitsbeitrag angesichts der vergleichsweise niedrigen Reparationsansprüche, die London anmelden konnte, die einzige Form war, in der das Land eine Erleichterung seiner finanziellen und wirtschaftlichen Lasten erhoffen durfte. Schließlich aber schien das Konzept vorteilhaft für den britischen Wiederaufbau

[90] T 160/1250, Part I, R.E.S. 18, Memorandum Keynes, „Germany's Contribution to the Cost of Keeping the Peace of the World“, 21.12.1942. Dort auch die folgenden Zitate.

zu sein, unabhängig davon, wie eine künftige deutsche Regierung ihren Verpflichtungen nachkommen würde: „If Germany is thereby discouraged from developing a large volume of exports, we are relieved of a serious competitor. If she is not discouraged we receive a useful contribution towards meeting our adverse balance of trade." Selbstverständlich war eine solche Regelung auch im Falle Japans anwendbar; auf diese Weise würde Großbritannien sogar noch indirekt in den Genuß einer Reparationsvereinbarung im Fernen Osten kommen.

Es wurde bereits angesprochen, daß Flemings vier Monate zuvor ausgearbeitete Studie bei Keynes' Gedankenentwicklung Pate gestanden haben mag. Zwar blieb dessen Vorschlag, die Reparationsleistungen insgesamt als umfangreiche Wiederaufbauhilfen zu definieren und organisatorisch an entsprechende internationale Körperschaften anzuknüpfen, ungehört. Doch übernahm Keynes das dahinterstehende Grundprinzip und wendete es in dem reparationspolitischen Teilausschnitt der Entmilitarisierung an. Ein Friedensbeitrag fungierte zunächst als eine zeitlich begrenzte Reparationsmaßnahme neben der Restitution und der Erstattung der Besatzungskosten und verringerte den rekonstruktionswirtschaftlichen Druck zumindest aller direkt an einer Sicherheitsorganisation beteiligten Staaten[91]. Als wichtige technische Schaltstelle betrachtete er dabei die „Clearing Union". Obwohl eigentlich seinem in Versailles geäußerten Hauptkritikpunkt zuwiderlaufend, der finanzielle Reparationen als Grundlage einer Friedensregelung kategorisch ausgeschlossen hatte, glaubte Keynes offensichtlich, das Transferproblem in diesem Teilbereich unter Zuhilfenahme der Währungsunion – d. h. die Anbindung an den Vergabemechanismus für langfristige Wiederaufbaukredite – sowie durch eine flexible Beitragsrate, deren Höhe einerseits von der Exportleistung der deutschen Wirtschaft und andererseits von der Kooperationsbereitschaft bzw. dem „Aggressionsverhalten" einer künftigen deutschen Regierung abhing, umgehen zu können. Während so mögliche währungs- und handelspolitische Verzerrungen von den entsprechenden Stellen leicht zu entschärfen waren – um so mehr, als es sich um eine in der Höhe anpassungsfähige Reparationsregelung handelte, die bei Bedarf temporär sogar ganz aufgehoben werden konnte –, verhinderte die Anbindung an die Entwicklung des deutschen Außenhandels, daß Deutschlands Zahlungskapazität wie nach dem Ersten Weltkrieg überschritten wurde, als Berlin seinen Verpflichtungen nicht mehr nachkam und schließlich eine Politik der Wirtschaftsautarkie zu verfolgen begann. „This particular formula", so kommentierte Keynes erfreut, „overcomes some of the main difficulties of collecting reparations".

Das Besondere an Keynes' Konzept eines deutschen Friedensbeitrags war indes nicht, daß es wesentliche reparationstechnische Schwierigkeiten zu überwinden versuchte. Die langfristige Bedeutung dieses Vorschlags lag vielmehr darin, daß nach Beendigung der Besatzungszeit, wenn neben der Verpflichtung zu Reparationsleistungen auch die Erstattung der Besatzungskosten hinfällig würde, ein Friedensbeitrag nach Keynes' Vorstellung in eine Art Sicherheitsbeitrag umfunktioniert werden konnte, dessen Höhe dann unabhängig von Reparationskriterien und jenseits jeglicher Wiedergutmachungsansprüche am allgemeinen Sicherheitsbedarf gemessen würde. Bis zu einem Drittel der

[91] Keynes erwartete, gemessen an den deutschen Vorkriegsexporten, einen Beitrag von mindestens £ 200 Millionen jährlich, der jedoch leicht noch höher ausfallen würde, wenn es zu der von ihm erwarteten expansiven Entwicklung des Welthandels kommen sollte.

Exporteinnahmen, so schätzte Keynes, konnten ohne weiteres einem wiederaufgebauten und in die internationalen Wirtschaftsbeziehungen integrierten Deutschland abverlangt werden, solange das Verbot, eigene Streitkräfte zu unterhalten, fortdauerte. Die Ableitung eines deutschen Sicherheitsbeitrags aus der Reparationsregelung der unmittelbaren Nachkriegs- und Besatzungszeit mußte um so bedeutsamer werden, wenn sich aus der internationalen Mächtekonstellation nach Zerschlagung der Achsenmächte eine neue verteidigungspolitisch wirksam werdende Frontstellung entwickelte, die nicht die erhoffte Abrüstung, sondern zusätzliche Rüstungslasten erforderte. Dann stand zu erwarten, daß die Verhinderung eines zweiten Rapallo zu einem Primärziel der britischen Deutschlandpolitik würde. Ein deutscher Beitrag, so der Kern von Keynes' Überlegungen, fungierte, ob als Friedensbeitrag getarnte Reparationsmaßnahme oder als „passiver" Verteidigungsbeitrag eines entmilitarisierten Deutschland, als notwendiger ökonomischer Gleichgewichtsfaktor innerhalb des Wiederaufbauprozesses Europas. Darüber hinaus mußte er in seiner späteren Form als Sicherheitsbeitrag die Sicherheitsgemeinschaft in ihrer neuen Frontstellung verstärken. Schließlich würde das deutsche Potential in einem entsprechenden Bündnis, sofern ein Zusammengehen Berlins mit Moskau abgewendet werden konnte, fest verankert; ja dem vorausschauenden Beobachter erschien ein entsprechender Beitrag Deutschlands, so paradox es auch zunächst klingen mochte, geradezu als Bedingung für die Ausschaltung Deutschlands als Sicherheitsrisiko.

Freilich konnte Keynes kaum ahnen, wie nah das hier nur Implizierte, das noch dazu in seinem Memorandum gegenüber den reparationspolitischen Akzenten in den Hintergrund trat, der Realität acht Jahre später entsprach, als im Verlauf der Debatte um einen deutschen Verteidigungsbeitrag die Haltung der britischen Regierung in der Frage nach den Kosten der Sicherheit einer weiterhin von Rüstungslasten befreiten Bundesrepublik von genau jenen Erwägungen bestimmt werden sollte, die Keynes angesprochen hatte[92]. Und doch mochte Keynes' ökonomischer Weitblick ihn zu der vorausschauenden Einsicht geführt haben, daß hinter der Reparationsproblematik mehr steckte als nur die Komplexität einer primär für die unmittelbare Nachkriegs- und Besatzungszeit geltenden Regelung. Nur zu gut konnte er sich an die Aufrüstungsdebatten der dreißiger Jahre erinnern, als die Alternative von umfangreichen Rüstungsmaßnahmen oder wirtschaftlicher Modernisierung bzw. Konsolidierung vor dem Hintergrund des Doppelproblems einer strategischen Überdehnung Großbritanniens bei gleichzeitiger Ressourcenknappheit den sozialen Konsens im Inneren zu destabilisieren begann. Die damit verknüpfte wirtschaftliche und soziale Reformfähigkeit des Landes, auf die gerade das keynesianische Lager mit seinen Forderungen nach einer haushaltswirtschaftlichen Expansion und dringend notwendigen Strukturveränderungen gesetzt hatte, war ernsthaft in Gefahr gewesen und hatte schließlich die Regierung zu Maßnahmen des wirtschaftlichen und politischen Appeasement gezwungen[93].

Keynes' ökonomische Langzeitperspektive ließ keinen Zweifel an dem Prinzip der Entmilitarisierung aufkommen und warf die Frage nach dem langfristigen Verhältnis eines in einem rüstungswirtschaftlichen Vakuum lebenden Deutschland zu einem Sicherheitssystem auf, das gleichwohl nach voraussichtlicher Lage der Dinge auch die Sicherheit Deutschlands würde garantieren müssen. Vor diesem Hintergrund waren ein ur-

[92] So auch Moggridge, Maynard Keynes, S. 769.
[93] Vgl. ausführlich Meyers, Britische Sicherheitspolitik, S. 333–424 (Kapitel 5).

sprünglich als Teil der Reparationsvereinbarung bestehender finanzieller oder industrieller Friedensbeitrag, der nach Beendigung der Reparationsphase eine Ersatzfunktion für die verbotene Remilitarisierung ausüben würde, und ein militärischer Beitrag nur zwei Seiten derselben Medaille. Gerade weil Großbritannien kaum Ansprüche auf Reparationslieferungen geltend machen konnte und überdies wegen der zu erwartenden ökonomischen Schwäche sowie dem starken Einfluß keynesianischer Wirtschaftspolitik den Schwerpunkt der Wiederaufbaubemühungen auf die Konsolidierung im Inneren zu legen gezwungen sein würde, erhielt die langfristig brisante Frage nach der „Verlängerung" der Reparationsphase zur Sicherstellung eines deutschen Beitrags zwangsläufig größere Bedeutung. Die Suche nach einer Reparationslösung zur Befriedigung der unmittelbar aus Kriegszerstörungen abgeleiteten Ansprüche trat demgegenüber weit zurück. „[A] contribution to the cost of preserving world peace at least equal to the burden which we should be assuming ourselves"[94] - dies galt es in Keynes' Worten für die britische Regierung auch über eine langen Zeitraum im Blick zu behalten. Mochte die Art des Beitrags auch von den (macht-)politischen Verhältnissen des Tages abhängen, so galt doch allgemein, wie der Ökonom abschließend programmatisch die Langzeitaspekte der Reparationsthematik kommentierte, „[that] it would be an intolerable conclusion that they [Deutschland und Japan] should escape from any share in this long-drawn-out future sacrifice which their own conduct had made an inescapable element in world policy"[95].

Der Beitrag des Board of Trade

Neben diesen ökonomischen Impulsen erhielt das Malkin-Komitee schließlich auch wichtige Anregungen durch das Handelsministerium. Dalton hatte Meades Projekt einer Handelsunion inzwischen weiter vorangetrieben und im Ministerium ebenfalls im November 1942 ein Memorandum ausarbeiten lassen, in dem in groben Zügen die Vorteile einer solchen Organisation umrissen wurden[96]. Dessen Kürze und sein werbender Ton, der die Fakten in den Hintergrund treten ließ und die Vermittlung von Daltons Anliegen auf eine appellative Ebene verschob, wiesen darauf hin, daß es dem Handelsminister primär darum ging, seine Ministerkollegen von der Notwendigkeit zu überzeugen, die handelspolitische Initiative zu ergreifen. Das Ende des Krieges biete eine einmalige Chance für ein „first-class shake-up" der Handelsbeziehungen. Lasse man sie vorübergehen, warnte er, so bedeute dies nicht nur „a set-back for world progress, but, in the pecularly adverse post-war conditions which will then face us, this little island may well be doomed to a rapid and painful decline to third-rate economic status". Eine Handelsunion verhinderte nach Daltons Meinung darüber hinaus die Entstehung eines rivalisierenden Wirtschaftsblocks; insbesondere werde so der Gefahr vorgebeugt, „that Russia – particularly if we adopt an old-fashioned hostile attitute towards State Trading – might join with Germany, dragging with her a number of states in Central and South-Eastern Europe". Eine Handelsunion würde auch den Abbau von Diskriminierungen fördern.

[94] T 160/1250, Part I, R.E.S. 18, Memorandum Keynes, „Germany's Contribution to the Cost of Keeping the Peace of the World", 21.12.1942.
[95] Ebenda.
[96] BLPES, Dalton Papers II, 7/4, fols. 89f., Memorandum by the Board of Trade, „Project of a Commercial Union", 5.11.1942. Dort auch die folgenden Zitate.

Wie schon in dem August-Memorandum machte Dalton die Aufgabe des britischen Präferenzsystems von der wirtschaftlichen Entwicklung Großbritanniens abhängig, erkannte jedoch klar, daß nur durch die Preisgabe Ottawas die Amerikaner ihrerseits zur Eliminierung ihrer Zollschranken zu bewegen sein würden. Neu war freilich nicht, daß Handelspräferenzen nicht mehr als unverzichtbares Ingrediens im britischen Wiederaufbauprozeß betrachtet wurden, sondern in dem Maße verzichtbar sein sollten, wie es gelang, Dollarknappheit und Zahlungsbilanzprobleme durch Wachstum und Ausbau des britischen Außenhandels zu umgehen: „Unless we and the Dominions can secure wider export outlets, in America and other markets, it will be out of the question, in our own interests, to agree to abolish, or even much reduce, the ‚discriminations' we now practice. [...] In Commercial policy the post-war watchword must be Expansion, not pre-war Restriction. An expansionist monetary policy must underpin an expansionist Commercial policy."

Daltons eindrücklicher Appell verfehlte seine Wirkung nicht. Mit dem Vorschlag, ein Komitee aus Vertretern von Foreign Office, Treasury, Dominion Office und Board of Trade mit der Aufgabe zu betrauen, den Rahmen für die britische Handelspolitik der Nachkriegszeit abzustecken, sandte er Kopien an Kingsley Wood, John Anderson (seit Oktober 1940 Nachfolger Chamberlains als Lord Chancellor und bald Nachfolger Woods als Schatzkanzler), Eden und Attlee, der bei der Kabinettsumbildung im Februar 1942 zum stellvertretenden Premierminister und Minister für die Dominions aufgestiegen war. Die Reaktion der Minister fiel ausnahmslos positiv aus, so daß auch bald ein Committee on Post-War Commercial Policy seine Arbeit aufnahm[97].

Im April 1943 widmete sich dann schließlich das Kriegskabinett zum ersten Mal ausführlich der zukünftigen Handelspolitik. Am Ende einer erstaunlich harmonischen Diskussion sprachen sich die Minister vorläufig für den Abbau aller Handelsbarrieren nach dem Krieg als Grundziel für entsprechende anglo-amerikanische Verhandlungen aus: „Without it we could not hope for full employment in our export trade."[98] Entsprechende Richtlinien sollten in einer multilateralen Handelskonvention festgeschrieben werden: „Under the convention tariffs should be restricted to a moderate level, preferences substantially reduced, export subsidies prohibited, State trading regulated so as to avoid discrimination or excessive protection, and quantitative import restrictions only permitted within strictly defined limits."[99] Obwohl diese programmatischen Äußerungen in der Allgemeinheit ihrer Formulierung den gleichzeitig jenseits des Atlantiks laufenden amerikanischen Planungen sehr nahekamen und für die bevorstehenden Gesprä-

---

[97] BLPES, Dalton Papers II, 7/4, fols. 93–99, 102 f., Dalton an Anderson; Dalton an Eden; Dalton an Wood; Dalton an Attlee sowie die jeweiligen Antwortschreiben. Vgl. auch Pimlott, Dalton, S. 399 f.

[98] CAB 65/34, W.M. (43) 50th Conclusions, War Cabinet Meeting 8.4.1943.

[99] Ebenda. Tatsächlich begannen im September 1943 in Washington im Rahmen der britisch-amerikanischen Handelsgespräche, an denen von britischer Seite unter Führung des Minister of State for Foreign Affairs, Richard Law, Liesching, Meade und Robbins teilnahmen, auch Gespräche über eine Handelskonvention, zu deren Unterzeichnung man auch Deutschland zu gegebenem Zeitpunkt veranlassen wollte. Vgl. FO 371/35327/U 6496, Memorandum Board of Trade, „Policy Towards Germany", 14.12.1943, zit. bei Kettenacker, Krieg zur Friedenssicherung, S. 408. Vgl. auch „Memorandum Concerning the Washington Meeting Between British and American Economic Experts with Reference to Article VII of the Mutual Aid Agreement, in: Notter, S. 562–564; Gardner, Sterling-Dollar Diplomacy, S. 103–109.

che zwischen Washington und London vielversprechende Gemeinsamkeiten aufwiesen[100], so stellten sie doch keineswegs ein Plädoyer für ungehinderten Freihandel dar. Die Minister beeilten sich denn auch, die Notwendigkeit einer Interimsperiode herauszustreichen, in der Diskriminierungen weiter zulässig sein sollten. Selbst nach Ablauf dieser Zeit wollten sie sie, „for certain agreed purposes", erlaubt sehen. Das Kabinett griff überdies Daltons und Meades Vorsichtsmaßregel aus dem August-Memorandum auf und hielt ausdrücklich fest, daß eine entsprechende britische Vorlage die Entscheidungsfreiheit Londons zu berücksichtigen habe, „to maintain quantitative import restrictions without obtaining the permission of an international monetary authority if it could be shown that the country had an adverse balance of payments"[101]. Ein entsprechendes Aide-mémoire, das Botschafter Halifax zugeleitet wurde, sollte die Amerikaner daran erinnern, daß London eine handelspolitische Regelung als integralen Bestandteil einer umfassenden wirtschaftlichen Neuordnung betrachtete, die Währungsaspekte genauso berücksichtigte wie Fragen der langfristigen Investitionsmöglichkeiten und der Stabilisierung des Rohstoffmarktes; als Rahmen für ein Konzept wirtschaftlicher Sicherheit hatte sie zugleich mit Maßnahmen für die politisch-strategische Sicherheit ein kohärentes Ganzes zu bilden[102]. Daß sich das Kabinett mit den amerikanischen Vorstellungen über eine multilaterale Freihandelspolitik als Basis der Nachkriegsordnung anzufreunden begann, war im wesentlichen politisch motiviert und sollte die Kooperation mit Washington erleichtern. Der Vorstoß von Halifax war ein politischer Akt, der den Anspruch Londons auf Fortsetzung seiner Rolle als wichtigster Finanz- und Handelsplatz auch gegenüber den USA erneut unterstreichen sollte[103].

Während das Kabinett auf diese Weise die allgemeine Marschroute der britischen Handelspolitik festlegte, arbeitete ein internes Post-War Export Trade Committee des Handelsministeriums in informeller Verbindung mit anderen Ministerien an einer Bestandsaufnahme und einem Perspektiventwurf für den britischen Außenhandel. Durch die ebenfalls im April 1943 fertiggestellte Studie vermittelt, drangen die vom Kabinett beschlossenen Leitlinien auch in die Diskussionen des Malkin-Komitees ein, wo ihre deutschlandpolitischen Aspekte herausgefiltert und auf ihren Funktionswert für den britischen Wiederaufbau unter sicherheitspolitischen Gesichtspunkten überprüft wurden. Im Gegensatz zu Daltons appellativen und allgemein gehaltenen Ausführungen ging die Studie nun auch empirisch vor und wagte eine prognostische Darstellungsweise unter der Fragestellung, wie Großbritannien Exportmärkte zurückgewinnen und seine Außenhandelsposition ausbauen konnte[104].

Wie andere zuvor ging auch das BT-Komitee stark mit der britischen Wirtschaftspolitik der Zwischenkriegszeit ins Gericht. In dem Bericht wurde ein Bild des Niedergangs der britischen Exportindustrie seit dem Ersten Weltkrieg entworfen. Nach Ansicht des

---

100 Zu den amerikanischen Vorstellungen vgl. „Summary of the Interim Report of the Special Committee on Relaxation of Trade Barriers", in: Notter, S. 622–624; Gardner, Sterling-Dollar Diplomacy, S. 101–103.

101 CAB 65/34, WM (43) 50th Conclusions, War Cabinet Meeting 8.4.1943.

102 CAB 66/36, WP (43) 168, Memorandum by the Chancellor of the Exchequer, „Commercial Policy", 21.4.1943.

103 Vgl. auch Hathaway, S. 33 f.

104 Public Record Office, Board of Trade Files (im folgenden BT) 60/70/4, „Report on the Recovery of Export Markets and the Promotion of Export Trade", April 1943.

Komitees hatte eine expandierende Exportindustrie bis 1914 für eine positive Zahlungsbilanz gesorgt und einen entsprechenden Überschuß für Überseeinvestitionen geschaffen. Wirtschaftsnationalismus und steigende Konkurrenz in den Hauptindustrien, die besonders anfällig für die billiger produzierende und überdies protektionistisch geschützte Konkurrenz etwa aus Japan und Indien waren, hätten dann aber für eine relative Stagnation des Exportsektors gesorgt. Das Ottawa-System, das zum Vorteil des Exportflusses im Empiregebiet arbeitete, habe den Verfall etwas abpolstern können, insofern der Verlust der Überseemärkte zu einem gewissen Teil durch eine Ausweitung des Handels innerhalb des Sterlinggebiets ausgeglichen werden konnte. Aus der Sicht des Komitees konnte Ottawa aber freilich nicht mehr als eine „Galgenfrist" für den britischen Außenhandel gewähren, dessen „Exekution" unabwendbar schien, wenn der Dollar das Pfund Sterling als Leitwährung erwartungsgemäß ablösen würde und es nicht gelang, innerhalb des Sterlinggebiets eine genügende Menge der neuen Leitwährung zu erwirtschaften. Und das Komitee ließ keinen Zweifel daran, was dies bedeutete: Es schätzte den Einnahmeausfall aus den Überseeinvestitionen und den Frachtverlust auf £ 200 Millionen oder 2/3 der Vorkriegseinnahmen; um dieses Minus auszugleichen, so erwägten die Experten des Handelsministeriums, werde Großbritannien für £ 250 Millionen (bzw. £ 350 Millionen in Nachkriegspreisen) mehr als vor dem Krieg exportieren müssen, was 129% (bzw. 143%) des Stands von 1938 entspreche. Diese Steigerung, so betonten sie, sei jedoch lediglich ausreichend, um den Vorkriegslebensstandard zu halten. Hier wurden zum ersten Mal Zahlen genannt, die die Größenordnung des Außenhandelsproblems greifbar werden ließen. Rund 50% Mehreinnahmen durch eine seit langem in einer Strukturkrise befindliche Exportwirtschaft – und von einem Ausbau der Handelsposition Londons, die allein die Einlösung des Anspruchs auf Vollbeschäftigung und die von Bevin so vehement als Kriegsziel proklamierte soziale Sicherheit ermöglichen konnte, war noch nicht einmal die Rede – wie sollte das gehen?

Das Memorandum des Handelsministeriums wartete mit einer Doppelstrategie auf. Erstens wurde die Dringlichkeit struktureller Verbesserungen im Produktions- und Vertriebssystem der britischen Industrie betont. Die Versäumnisse in den beiden Jahrzehnten zwischen den Weltkriegen mußten in ihrer hemmenden Wirkung auf den gesamtwirtschaftlichen Entwicklungsprozeß durch den Krieg noch verstärkt werden, wenn es nicht gelang, kurzfristig Reformen im betriebswirtschaftlichen Bereich und langfristig durchgreifende Strukturveränderungen auf der sektoralen Ebene durchzuführen. Doch am Ende des Zweiten Weltkriegs konnten sich auch Chancen eröffnen, diese Maßnahmen wirkungsvoll in Angriff zu nehmen, in den Worten Daltons: „to strike while the iron is hot"[105]. So empfahl die Denkschrift des Handelsministeriums denn auch zweitens, den Ausbau der britischen Präsenz in den Überseemärkten voranzutreiben. Je stärker die Außenhandelsposition vor allem in den Dollarländern sein würde, desto erfolgversprechender erschien auch der notwendige Prozeß der ökonomischen Reorganisation. Eine Prognose der kurzfristigen Entwicklung der internationalen Märkte in der Übergangszeit nach Kriegsende brachte das Komitee zu dem Schluß, daß das Eindringen britischer Unternehmen in das Handelsvakuum, das nach der Zerschlagung Hitlers und seiner wirtschaftlichen Blockadepolitik entstehe, einen entscheidenden

[105] BLPES, Dalton Papers II, 7/4, fols. 89f., Memorandum by the Board of Trade, „Project of a Commercial Union", 5.11.1942.

Vorteil biete. Dabei mußte es weniger darum gehen, Deutschland als Handelskonkurrent völlig auszuschalten. Vielmehr gingen die Experten von der Annahme aus, daß sich die deutsche Industrie rücksichtslos eine Position wirtschaftlicher Hegemonie auf dem Kontinent verschafft habe, die es nunmehr zu eliminieren gelte. Als Hauptadressaten des geplanten britischen „Exportdrives" betrachteten die Mitarbeiter des Ministeriums die von den nationalsozialistischen Neuordnungsplänen umworbenen Staaten Südosteuropas, die nach dem Zusammenbruch des Nationalsozialismus und seiner Wirtschaftspläne nach Handelspartnern und neuer wirtschaftspolitischer Führung suchen würden: „Germany's hold upon the financial, commercial and industrial organisation of Europe creates a problem of vital importance to our exporters looking for outlets in the European markets. [...] Economic control was designed to increase political control and political control to increase economic control. Since the outbreak of war this system was intensively extended, with the declared purpose of establishing a New Order, designed to bring all belligerent portions of the Continent under the permanent political and economic domination of Germany. [...] Unless the machinery of control which Germany has thus imposed be destroyed, the greater part of Europe will be found to be closed to United Kingdom exporters. Nor is that all; Germany, even before the war, was strengthened economically, industrially and commercially by new resources acquired at so little cost by the means indicated, she could become, in all world markets, an irresistible competitor."[106] Nach Meinung der Experten traf dieser Befund mehr als für jeden anderen Bereich auf den Maschinenbau zu. Der genaue Zustand der deutschen Industrie sei schwer abzuschätzen; aber sollte der Krieg zu Ende gehen, ohne daß insbesondere die Kapazität dieses Sektors entscheidend geschwächt worden sei, so war nach Meinung der Experten der Grund für den Fortbestand der ökonomischen Vorherrschaft Deutschlands erneut gelegt. Gerade der Bedarf an Maschinen in den kriegszerstörten Nachbarländern würde Deutschland dann in die Lage versetzen, „to secure, to the prejudice of the United Kingdom industry, almost immediately after peace is concluded, an enormous trade in engineering plant and products. This demand, which Germany, unless prevented, will largely satisfy, will have arisen precisely as a result of Germany's ruthless and calculated exploitation of the countries which she has overrun." Die Experten im Handelsministerium hielten es daher für wichtig, ein gewisses antideutsches Ressentiment in den Ländern Europas handelspolitisch auszunutzen und Möglichkeiten zu bieten, den ärmeren unter ihnen Zugang zu Krediten zu verschaffen, um gerade in dieser prägenden Übergangsphase ihre Handelsbeziehungen mit Großbritannien zu festigen. Gleichzeitig mußten den vom Handel mit Deutschland abhängigen Ländern neue Möglichkeiten gegeben werden, ihre Marktbedürfnisse zu befriedigen: „During the inter-war period, the economic power of Germany in Europe was based on the fact that she offered a high-price market for the produce of neighbouring agricultural countries which were not able to compete in the United Kingdom market. Unless means can be found for creating alternative currents of trade, sooner or later these countries will revert to Germany's economic orbit. Nor can we expect any substantial advantage from a period of economic distress or disturbance in Germany. This might help us by eliminating German competition in other export markets; but it will only intensify the economic diffi-

[106] BT 60/70/4, „Report on the Recovery of Export Markets and the Promotion of Export Trade", April 1943. Dort auch die folgenden Zitate.

culties of Germany's neighbours and the infection may spread. Any revival of trade with Central and Eastern Europe, at any rate, presupposes reasonable economic activity in Germany also."

4. Der Malkin-Report

Mit der Denkschrift des Handelsministeriums, deren deutschlandpolitische Passagen den Mitgliedern des Malkin-Komitees vorlagen[107], war im April 1943 das Argumentationsfeld umrissen, innerhalb dessen die detaillierte Ausarbeitung des Abschlußberichts vorgenommen werden sollte. Alle dem Reparationskomplex zugeordneten Fragen wurden anhand dieser Leitlinien geprüft. Dies schloß insbesondere auch jene an der Grenze zwischen reparations- und im engeren Sinne machtpolitischen Interessen angesiedelten Bereiche ein wie beispielsweise das Problem der Gebietsabtrennungen, das sowohl Aspekte der künftigen machtpolitischen Rolle Deutschlands und der Einflußsphärenbestimmung nach dem Krieg berührte wie auch die wirtschaftlichen Voraussetzungen der Reparationsfrage beeinflußte[108]. Ohne daß der durchaus heterogene Charakter der Materialbasis für die Arbeit des Expertenkomitees unterschätzt werden soll, ergeben die hier vorgetragenen Memoranden folgendes Bild:

- Die Wirksamkeit einer wirtschaftlichen Entmilitarisierung Deutschlands als sicherheitspolitische Maßnahme war abhängig von der machtpolitischen Konstellation nach Beendigung des Krieges. Eine geänderte Frontstellung gegen eine neue Hegemonialmacht mußte dem deutschen Wirtschaftspotential eine veränderte, die Rüstungsbemühungen einer neuen Sicherheitsallianz unterstützende Funktion beimessen; ein Zusammengehen Deutschlands mit der Sowjetunion (Rapallo-Problem) galt es unter allen Umständen zu vermeiden.
- Sofern die Forderung nach Maßnahmen zur wirtschaftlichen Entmilitarisierung Deutschlands erhoben wurde, sollte sie die Form einer verantwortungsbewußten Verbots- und Kontrollpolitik annehmen; waren daran gleichzeitig Reparationszahlungen geknüpft, so waren Materiallieferungen vorzuziehen.
- Maßnahmen zur wirtschaftlichen Entmilitarisierung bzw. Reparationen durften weder zu handelspolitischen Verzerrungen führen (sei es in Form des Transferproblems, sei es als Folge eines völligen Ausschaltens Deutschlands als Handelskonkurrent) noch das Produktionspotential in einem Zustand belassen, der Deutschland aufgrund der besonderen Nachfragestruktur nach Kriegsende (Maschinenbauindustrie) eine günstigere Startposition für den Wiederaufbau verschaffen und damit auch zu einem erneuten Sicherheitsrisiko machen würde.
- Beide Fälle mußten sich zum Nachteil des britischen Wiederaufbaus auswirken, dessen Devise lautete: Expansion. Diesem Vorhaben, zu diesem Schluß war selbst Daltons Handelsministerium gelangt, konnte ein extremer Vansittartismus so wenig dienen wie, dies mußten auf der anderen Seite die Keynesianer eingestehen, ein völlig

[107] Vgl. T 230/122, R.E.S. 31, „Germany's Economic Hold on Europe".

[108] Zum Problem der territorialen Neuordnung, das vom Malkin-Komitee aus der ökonomischen, genauer: reparationspolitischen, Perspektive betrachtet wurde, vgl. Kettenacker, Krieg zur Friedenssicherung, S. 441–502; Tyrell, S. 365–484.

unangetastetes Produktionspotential, das aus britischer Sicht nicht zuletzt unter Bedingungen militärischer Entwaffnung Deutschland einen unfairen Wettbewerbsvorteil garantierte. Vor allem das innenpolitische Primärziel der sozialen Sicherheit, zu dessen Verwirklichung die Ausweitung des britischen Außenhandels eine unabdingbare Voraussetzung war, erforderte eine deutschlandpolitische Hilfestellung. An erster Stelle war hier die Wiedereingliederung Deutschlands in ein neugeordnetes Weltwirtschafts- und Weltwährungssystem zu nennen. Die vom Reich widerrechtlich erworbene und die Sicherheit destabilisierende Hegemonialstellung in Europa war abzubauen, die hierdurch sowie temporär durch die alliierten Verbots- und Kontrollmaßnahmen während der Besatzungszeit entstehenden handelspolitischen Leerstellen waren durch die britische Exportindustrie aufzufüllen. Flankierend dazu sollten Autarkiebestrebungen in Deutschland unterbunden werden.

- Als wichtiges Regulativ innerhalb der Neuordnung der internationalen Wirtschaftsbeziehungen hatte vor allem Keynes von Beginn an einen Beitrag Deutschlands zur Sicherheit Europas als unabdingbar herausgestellt. Dieser sollte zunächst als Bestandteil der Reparationsregelung vor allem jenen Staaten zugute kommen, die für die Sicherheit Europas verantwortlich zeichneten; er mußte aber auch nach Ende der Besatzung weitergeleistet werden als Ausgleich für jene Rüstungslasten, von denen Deutschland infolge eines zeitweiligen Remilitarisierungsverbots befreit sein würde. In diesem reparationspolitischen Teilbereich allein wurden monetäre Transfers als Entnahmen aus dem Exporterlös der deutschen Industrie für vorteilhafter erachtet als Materiallieferungen, da hier eine Größenordnung vorlag, die den Rückgriff auf die Mechanismen einer zu gründenden „Clearing Union" erlaubte. Als ökonomischer Faktor im Wiederaufbauprozeß war der deutsche Sicherheitsbeitrag eine eigenständige Größe, die aus der Perspektive Londons auch einen Funktionswert für den Erfolg des Ausbauvorhabens des britischen Außenhandels besaß.

Die so umrissenen Determinanten der britischen Deutschlandpolitik besaßen insoweit Allgemeingültigkeit, als sie nicht nur die Leitlinien darstellten, an denen sich die Reparationspolitik Londons orientieren mußte, unabhängig davon, ob sie sich an die darin implizit vorgegebenen Empfehlungen hielt oder nicht. Sie sollten sich auch für die Formulierung der allgemeinen Sicherheitspolitik gegenüber Deutschland bis weit nach Beendigung des Krieges als bestimmend erweisen. Vor diesem Hintergrund wiesen sie voraus auf die Entscheidungsschwierigkeiten Whitehalls in den fünfziger und sechziger Jahren, als sich die vom Malkin-Komitee mit hinreichender Schärfe herausgearbeitete Aporie der Entmilitarisierungsproblematik – in den Worten des Abschlußberichts „a dilemma between requirements of security and Germany's commercial strength" – unter den veränderten ökonomischen und machtpolitischen Bedingungen der Nachkriegszeit zu einer Aporie zunächst in der Remilitarisierungsfrage und schließlich des Devisenausgleichs für die Stationierung britischer Truppen in der Bundesrepublik verwandeln sollte.

Das Stabilisierungskonzept des Malkin-Reports

Eine erste konkrete Ausformulierung dieser Bestimmungsfaktoren lag den Ministern dann im September 1943, rechtzeitig vor Beginn der Moskauer Außenministerkonferenz, in Form des Abschlußberichts des Malkin-Komitees vor[109]. Die fast 60 Seiten gliederten sich in 9 Teile. Nach einleitenden Überlegungen sowie Ausführungen über den ökonomisch-politischen Rahmen wandten sich die Experten nacheinander den Problemen der Rückerstattung des durch die Deutschen zerstörten oder beschlagnahmten Besitzes, der Reparationen sowie der Regelung der Schulden aus Vorkriegs- und Kriegszeit zu. Das Herzstück des Reports und der bei weitem umfangreichste Teil widmete sich aber dem Konzept einer „Economic Security". Zum ersten und einzigen Mal wurde in einem Planungspapier dieser Begriff ausdrücklich definiert: Er werde verwendet „to describe those economic measures which will affect the ability of Germany to resort to aggression in the future". (S. 4)

Unter ausdrücklichem Bezug auf die Atlantik-Charta wurden zunächst jene Grundforderungen abgeleitet, die jede Erörterung des Deutschlandproblems zu akzeptieren hatte:

- keine Deindustrialisierung;
- keine Einmischung in das Wirtschaftsleben Deutschlands über das Maß hinaus, das notwendig war, um die vereinbarten Reparationen begleichen zu können und einer neuerlichen ökonomischen Grundlegung des Militarismus vorzubeugen;
- keine Maßnahmen, die den Lebensstandard in Deutschland ungebührlich herunterdrückten oder die Möglichkeiten zur friedlichen Nutzung seiner industriellen Ressourcen unnötig einschränkten. (S. 6)

Von diesen Prämissen ausgehend, entwickelte das Komitee im folgenden einen Katalog von Empfehlungen zu zwei sich gegenseitig überschneidenden Bereichen: Reparationen und wirtschaftliche Maßnahmen zur Befriedung Deutschlands. Vorweg schickten die Experten die Warnung, daß es wegen der Ähnlichkeit der deutschen und britischen Exportstruktur eine Illusion sei zu glauben, mittels Reparationen das Realeinkommen des Empfängerlandes steigern zu können. So würden sich niedrigere Exportpreise, zu denen Deutschland unter dem Druck der Reparationen gezwungen sein würde, nachteilig auf die Wettbewerbsposition der ihrerseits unter Expansionsdruck stehenden britischen Exportindustrie auswirken; und dies werde das schwierige Problem, die eigene Zahlungsbilanz nach dem Krieg ausgeglichen zu halten, noch um einiges verschärfen. Doch sprachen nach Meinung des Malkin-Komitees nicht nur die Zahlungsbilanzprobleme Großbritanniens für eine behutsame Reparationsregelung. Vielmehr, so formulierte der Report programmatisch, beruhe das Interesse der Siegerstaaten und befreiten Länder „on a general commonsense doctrine that Germany can only make payments abroad by increasing her exports and that she could succeed in selling these exports if the payments are confined to moderate amounts, namely, amounts of the same order of magnitude as the favourable balance available for overseas investment which she might be expected to develop without too severe a reduction in her standard of living. An imposition thus li-

[109] FO 371/35305/U 4059, Report of the Interdepartmental Committee on Reparations and Economic Security, 31.8.1943. Wegen seines Umfangs wird der Bericht im folgenden mit Seitenangabe im Text zitiert. Da er in der jüngeren Forschung in einiger Breite erörtert worden ist, beschränke ich mich auf die für den Argumentationsgang dieser Arbeit wichtigsten Aspekte. Es sei ausdrücklich verwiesen auf Cairncross, The Price of War, S. 24–33; Tyrell, S. 172–183; Kettenacker, Krieg zur Friedenssicherung, S. 399–403; Ebersold, S. 204; Moggridge, Maynard Keynes, S. 769f. Vgl. aber auch Penrose, S. 217–229; darauf sich stützend Jerchow, S. 61–63; sowie Blasius, Zur Einführung, S. LXVII f.

mited would be free from all implications of indirect injury to the beneficiaries, whilst capable, nevertheless, of amounting to a substantial figure. For in the light of past experience and of commonsense it does not seem unreasonable to suppose that if Germany has recovered from the immediate effects of the war she might on certain assumptions and in a generally prosperous world be in a position, in view of her productive capacity and freedom from expenditure on armaments, to lend abroad sums of the order of magnitude of hundreds of millions of pounds in a year, and can therefore reasonably be required to make payments on this kind of scale.“ (S. 16)

Folgerichtig lehnte das Komitee auch die Festlegung einer Gesamtsumme der gegen Deutschland möglichen Ansprüche als Grundlage für eine Reparationsregelung ab und empfahl den umgekehrten Weg: Nicht eine Beute bestimmten Umfangs sollte entsprechend den erhobenen Forderungen aufgeteilt werden – dies hatte zum Fehlschlag der Versailler Friedensordnung geführt. Viel sinnvoller erschien es, sich zunächst über den prozentualen Anteil jedes Empfängerlandes zu einigen und einen flexiblen Reparationsmodus auszuarbeiten, dessen „Erträge“ dann anhand des Auszahlungsschlüssels verteilt werden sollten[110]. Welche Ansprüche durften aber geltend, welche Forderungen zur Grundlage der je individuell zu ermittelnden Anspruchshöhe gemacht werden? Hier warnte das Komitee eindringlich vor einer Auswucherung des Forderungskatalogs und schloß in einiger Ausführlichkeit alles aus bis auf die Rückerstattung des durch deutsche Truppen widerrechtlich entwendeten und beschlagnahmten Besitzes (Restitution), die separat behandelt wurde und strenggenommen nicht unter die Reparationsregelung fiel, sowie den Bereich des direkt von der deutschen Kriegsmaschinerie im Verlauf der Kriegshandlungen zerstörten nichtmilitärischen Besitzes. Das eigentliche, bisher kaum deutlich herausgearbeitete Novum des Malkin-Reports war nun freilich nicht die Reduzierung dessen, was überhaupt „reparationsfähig“ sein sollte, oder die anteilsmäßige Aufteilung der Wiedergutmachungsleistungen[111], sondern der Gedanke, die Höhe der solcherart zu verteilenden Reparationen flexibel zu gestalten und an jenen Exportüberschüssen zu orientieren, die normalerweise den Grundstock für Deutschlands (Auslands-)Investitionstätigkeit bildeten.

Das Prinzip, das sich an dieser Stelle herauszukristallisieren begann und das die von Keynes so stark geprägte interne Diskussion in Whitehall bis dahin wie ein roter Faden durchzogen hatte, bestand darin, daß nicht mehr wie noch in Versailles Reparationen primär als Wiedergutmachungsleistungen des Landes galten, das einen unmenschlichen Krieg verschuldet und verloren hatte. Dieser Aspekt konnte zwar aus politischen Gründen kaum vernachlässigt werden; aber vor allem wurde die Reparationsregelung durch ihre Anknüpfung an die Entwicklung der deutschen Produktionskapazität und in letzter

[110] Vgl. dazu den Hinweis in Keynes' „Kurzfassung“ des Reports: „The makers of the Treaty of Versailles were suffering or pretending to suffer, or acquiescing in the imputation of suffering, from the illusion that their total claims against the enemy could be met. It became necessary therefore that they should establish and justify a detailed inventory of claims. With their disillusion and the world's experience behind us the Committee felt themselves excused from a similar task.“ Recommendations of the British Interdepartmental Committee on Reparations and Economic Security, 28.9.1943, in: JMK XXVI, S. 348–373, hier S. 352.

[111] Keynes erwartete hinsichtlich dieses Vorschlags den massiven Widerstand der beteiligten Staaten, gab jedoch zu bedenken: „[There] is no reason to suppose that to try to bring all [their] claims into hotch-potch would improve the essential justice of the proportional division of the proceeds which we could arrive at on a simpler basis.“ Ebenda, S. 355.

Konsequenz an den Außenhandelssektor, jedenfalls in der Idealvorstellung von Keynes, zu einem wichtigen Regulations- und Antriebsmechanismus im Prozeß des europäischen ökonomischen Wiederaufbaus. „It has been our aim", so umrissen die Experten um Malkin ihr Anliegen, „on the one hand, to avoid suggesting payments on a scale inconsistent with economic possibilities, so far as they can be judged by economic analysis and the experience of the past, and, on the other hand, to obtain the maximum possible and to prevent the disarmament of Germany from resulting in her enrichment in compensation with other countries." (S. 16)

Genau in diesem Punkt unterschied sich Keynes von Dalton, der grundsätzlich noch der alten Versailler Vorstellung vom Primat des Politischen anhing und davon ausging, daß die finanztechnischen Probleme der Reparationsfrage auf der Basis einer sozialistisch-planwirtschaftlichen Politik lösbar waren. Die Reparationsregelung so zu gestalten, daß sie eine Kontrolle der deutschen Überschußkapazitäten ermöglichte, und sie in einer Weise für den europäischen Genesungsprozeß zu verwenden, die – zumindest indirekt durch Wirtschaftskontrollmaßnahmen, aber auch direkt als deutscher „Friedensbeitrag" – für Großbritannien eine Reihe von Vorteilen brachte – dies lag außerhalb von Daltons relativ enger Sichtweise. Treffend hatte Keynes diesen Sachverhalt in seiner Kritik an dem Reparationsmemorandum des Handelsministers auf den Punkt gebracht: „Mr. Dalton much under-estimates, in my opinion, the difficulty of the dilemma between ruining Germany and milking her."[112]

Nachdem das Malkin-Komitee auf diese Art die Leitlinien für die Ermittlung der Reparationshöhe und des Verteilerschlüssels beschrieben hatte, blieb in diesem Bereich nur mehr die Frage, in welcher Form Deutschland seine Leistungen sinnvollerweise erbringen konnte. Hier schlug der Report mit unterschiedlicher Gewichtung grundsätzlich sieben verschiedene Möglichkeiten vor: Die ersten drei fielen in den Bereich der materiellen Lieferungen (einmalige Abgaben aus Anlagevermögen, inklusive Gold; einmalige Rohstoff-und Fertigwarenlieferungen; jährliche Lieferungen aus der laufenden Produktion); zwei weitere betrafen die Heranziehung deutscher Arbeitskräfte zu Diensten außerhalb Deutschlands; die restlichen beiden verlangten die Erstattung der innerhalb des Besatzungsgebiets anfallenden Kosten in lokaler Währung sowie jährliche Geldzahlungen aus dem Überschuß der Exportwirtschaft.

Hinter der letzten Reparationsform, der einzigen, die einen finanziellen Zahlungsmodus beinhaltete, verbarg sich natürlich Keynes' Konzept eines deutschen Friedensbeitrags, das zu einem festen Bestandteil des umfassenderen Reparationsschemas geworden war. Seine volle Bedeutung kann jetzt im Zusammenhang erst richtig deutlich werden. In struktureller Übereinstimmung mit der vom Komitee ins Auge gefaßten Reparationsregelung, die den strafenden Charakter der Leistungen so weit herausgefiltert hatte, daß sie im Grunde zu einem Baustein der von Keynes projizierten ökonomischen Neuordnung werden konnten, hatten die Experten auf Initiative von Keynes auch entsprechende Maßnahmen für einen deutschen Sicherheitsbeitrag zum zentralen Bestandteil eines über die Wiedergutmachungsfrage und das Ende der eigentlichen Reparationsphase hinausreichenden Stabilisierungskonzepts auf der Basis von „Economic Security" gemacht. Diese Lösung garantierte Großbritannien eine optimale Beteiligung an der Re-

[112] T 247/86, Memorandum Keynes, „Reparations: Notes on Mr. Daltons's Memorandum", 3.9.1942.

parationsregelung, die gleichzeitig den Interessen an einer Ausweitung des Außenhandels entgegenkam. Beide Bereiche waren konzeptionell untrennbar miteinander verknüpft, der eine ging notwendigerweise aus dem anderen hervor. Der Malkin-Report empfahl denn auch, „that deliveries in kind and services towards the satisfaction of Reparation should be limited to what can be performed within a short period after the war, say five years; and that the contribution to peace-keeping should only come into effective operation after the expiry of these five years". (S. 13)

Ein deutscher Beitrag zur Aufrechterhaltung der Verteidigungsfähigkeit war mithin die logische Fortsetzung der – in ihrem Kern gewandelten – Reparationspolitik mit anderen Mitteln nach Beendigung der Besatzungszeit. Über eine noch zu gründende internationale Körperschaft, analog der späteren Export-Import-Bank, abgewickelt, sollte der Beitrag nach Keynes' Vorstellung seinen Platz innerhalb des gegenwärtig zwischen Amerikanern und Briten verhandelten Organisationsrahmens, der durch Währungs- und Handelsunion sowie die in einer Konvention festgeschriebenen handelspolitischen Grundsätze markiert war, einnehmen. Die Bedeutung, die gerade in einer rechtzeitigen Überführung der Reparationszahlungen in einen allgemeinen Beitrag zur Erhaltung der Sicherheit liege, so erläuterte das Malkin-Komitee, werde besonders deutlich, wenn man die Alternative aufzeige. Entweder man beende alle deutschen Reparationsverpflichtungen spätestens mit der Aufhebung der Besatzung: „Such a measure, coupled with the imposition of unilateral disarmament, would, as we have pointed out, put Germany, financially speaking, into an unduly favourable position which it would be hard to justify to the taxpayers of those countries which had, as a result of Germany's misdemeanours, to continue to bear the heavy burden of armaments." Oder aber die bloße Fortsetzung eines finanziellen Beitrags in einer anderen Form würde von den meisten Ländern dementsprechend nur als Maßnahme zum Ausgleich der noch ausstehenden Reparationen begriffen, was zur Folge hätte, daß der Löwenanteil in die Sowjetunion ginge. „Meanwhile taxpayers here and elsewhere would be expected to bear the cost of peace-keeping without assistance from the erst-while peace-breaker and present beneficiary policing. Is this a durable financial structure which will satisfy world opinion in the years to come?" Das Komitee begriff daher seinen Vorschlag und, insofern er integraler Teil der Reparationsfrage war, sein gesamtes Reparationskonzept ausdrücklich „as a constructive contribution to the peaceful evolution of the future, which does not excuse Germany from her proper financial responsibilities". (S. 14)

Ein deutscher Sicherheitsbeitrag mochte zugleich auch das Bindeglied zu dem zweiten großen Thema des Berichts darstellen: „Economic Security". Wie Keynes schon in seinem ursprünglichen Memorandum ausgeführt hatte, gaben die Anbindung der Beitragshöhe an den Exporterlös sowie die Organisationsform einer internationalen Bank den Siegermächten zugleich langfristige Kontrollmöglichkeiten an die Hand und erleichterten die Durchführung von Wirtschaftssanktionen. Gerade seine Durchsetzbarkeit von außen, die eine Präsenz von alliierten Kontrollgruppen nach dem Abzug aller Besatzungstruppen nicht erforderte, machte einen deutschen „Friedensbeitrag" zu einem fast idealen Mittel der „Economic Security", warnten doch die Komiteemitglieder eindringlich davor, „to devise any measures, economic or otherwise, which will of themselves permanently keep Germany impotent if her conquerers lose their will to enforce them". (S. 39)

Das Problem der permanenten Kontrolle der verordneten Maßnahmen zur wirtschaftlichen Sicherheit, von dem nach ihrer Meinung Gelingen oder Scheitern eines Sicherheitskonzepts für die Zeit nach Abschluß der Reparationsphase abhing, bildete denn auch den Leitgedanken bei der Entwicklung eines Katalogs von Empfehlungen. Die Überwachung der deutschen Industrie, die innerbetriebliche Kontrolle von Firmen und technischen Anlagen durch alliierte Inspektoren, die Überprüfung von Konten – all dies stellte keinen grundsätzlich unorganisierbaren Aufwand dar. Hier lag nach Meinung der Experten nicht das Problem. Die Hauptschwierigkeit begann ihrer Meinung nach vielmehr bei den Deutschland langfristig aufzuerlegenden Maßnahmen, wenn die alliierten Armeen abgezogen waren und zu vermuten stand, daß auch der Wille unter den Siegerstaaten, Sanktionen durchzuführen, nachgelassen hatte. Für ein Konzept wirtschaftlicher Sicherheit, so betonten sie, seien langfristige Maßnahmen aber die bei weitem bedeutendsten, da sich erst langfristig die tatsächliche Friedensfähigkeit Deutschlands zeigen würde. Das Komitee kam deshalb zu dem Schluß, daß drastische Sicherheitsmaßnahmen wirtschaftlicher Art entweder zu einem frühen Zeitpunkt unmittelbar nach Beendigung des Krieges eingeleitet oder, sofern eine kontinuierliche Überprüfung vor Ort notwendig war, nicht über die Besatzung hinaus fortgesetzt werden sollten.

Auf dieser Basis untersuchte das Komitee im folgenden drei mögliche Teilbereiche der „Economic Security“: erstens Maßnahmen wirtschaftlicher Sicherheit im engeren Sinne, z. B. ein Verbot der Herstellung bestimmter Güter und eine Rohstoffkontrolle; zweitens Finanzkontrollen, insbesondere der Zentralbank; drittens den Transfer deutschen Territoriums. Das Schwergewicht mußte naturgemäß auf der Zerstörung der Rüstungsanlagen und auf dem Produktionsverbot für kriegswichtige Materialien liegen; der deutschen Industrie sollte vor allem die Fabrikation von Waffen aller Art, militärischen und zivilen Flugzeugen sowie Flugzeugmotoren untersagt werden. Dieser Punkt dürfte kaum Kontroversen hervorgerufen haben, obwohl auffallen mußte, daß bei aller Konzentration auf den Flugzeugbau an keiner Stelle ein Hinweis auf die deutsche Schiffbauindustrie zu finden war[113]. Zwar mochte es sich von selbst verstehen, daß ein generelles Waffenverbot auch die Produktion von Kriegsschiffen einschloß; allein, welcher Zukunft die deutsche Handelsschiffahrt entgegensah, und ob sie möglicherweise sogar einem ähnlichen Schicksal entgegenging wie es die Experten für die zivile Flugzeugindustrie bestimmt hatten, ließ sich dem Report nicht entnehmen. Dieses Versäumnis erscheint um so verwunderlicher, als nach dem Krieg die Frage nach Produktionserleichterungen für die deutschen Werften angesichts der Krise in der britischen Schiffbauindustrie zu ernsten Friktionen in den britisch-amerikanischen Beziehungen führen sollte.

Dagegen konnte kaum erwartet werden, daß die Schlußfolgerungen des Komitees bezüglich der Maschinenbauindustrie unter den zuständigen Ministerien konsensfähig sein würden. Zwar erkannten die Experten deren grundsätzliche rüstungswirtschaftliche Bedeutung und den Stellenwert, den sie in der Rüstungspolitik des nationalsozialistischen Deutschland einnahm, an; sie wiesen aber darauf hin, daß ein generelles Verbot in ihren Augen wirtschaftlich problematisch und überdies kaum praktikabel war. „The machine tool industry is an integral part of the engineering industry“, gab der Report zu be-

[113] Auf diesen Punkt macht Kettenacker, Krieg zur Friedenssicherung, S. 403, aufmerksam und sieht darin eine Manifestation der zu diesem Zeitpunkt in Großbritannien sichtbaren Überbewertung des Bombenkrieges.

denken, „and it would be virtually impossible for a country to possess a large and progressive engineering industry without a machine tool production." (S. 42) Nicht zuletzt das Problem der Kontrolle stelle die Alliierten vor unlösbare Aufgaben. Nach Ansicht des Malkin-Komitees erforderte eine wirksame Kontrolle eine große Zahl technischer Experten und machte die gleichzeitige Überwachung des Verbots der Waffenproduktion ja keineswegs überflüssig; umgekehrt befreite ein wirksames Verbot der Waffenproduktion und anderer im einzelnen festzulegender Güter weitgehend von der Notwendigkeit einer umfassenden, kosten- und personalintensiven Kontrolle der Maschinenbauindustrie. Mit anderen Worten, eine Endkontrolle war in diesem Falle einem Verbot oder auch nur einschränkenden Auflagen vorzuziehen. Den Ministern wurde daher mitgeteilt, daß über die generelle Empfehlung hinaus, „that it is not practicable to prohibit or curtail her machine tool-making capacity, we also conclude that it is on the whole undesirable to destroy any of her existing machine tools, except specialised tools exclusively engaged in armament manufacture and coming under the definition of war material, or to remove more than is required by the countries receiving reparation deliveries to meet their genuine requirements". (S. 41)

Auch hinsichtlich einer Kontrolle der Rohstoffe kam das Malkin-Komitee zu Ergebnissen, die unter den Hardlinern in Whitehall Stirnrunzeln hervorrufen mußten. Die Bevorratung größerer Mengen kriegswichtiger Rohstoffe, so der Kommentar, sei kaum durchzuführen, ohne daß dies entdeckt würde. Es sei deshalb ausreichend, die Vorräte auf den Bedarf in Friedenszeiten – genannt wurden sechs Monate – zu begrenzen. Import-, Bevorratungs- und Produktionskontrollen wichtiger Stoffe wie Magnesium, Chrom, Wolfram, Molybdän, Nickel und Öl durch Statistiken, zu deren Vorlage man die deutsche Regierung verpflichten konnte, sollten vor Mißbrauch schützen, Anlagen zur Herstellung von synthetischem Öl waren darüber hinaus zu zerstören; dagegen empfahlen die Experten die Erhaltung der Produktionsanlagen für synthetisches Gummi.

Im Gegensatz zu Flemings Argumenten für eine Kontrolle des deutschen Finanzwesens gaben sich die Experten auch in diesem Punkt eher skeptisch. Zwar schlossen sie die Möglichkeit der Einbeziehung von „watchdogs" innerhalb einer deutschen Zentralbank, allerdings auch nur für die Zeit der Besatzung, nicht aus, hielten jedoch mit ihrer Kritik nicht zurück. Alliierte Kontrolleure könnten schwerlich garantieren, daß das deutsche Finanzsystem zufriedenstellend verwaltet werde. Dies leisteten effiziente Steuergesetze in weitaus wirksamerer Weise, und die Verantwortung hierfür überlasse man besser den Deutschen selbst. „It would, to say the least, be difficult for us, by any measures of control, to ensure the efficient administration required and, if we attempted to do so, the odium of failure would be laid at our door." (S. 46)

Etwas aus dem Rahmen des Berichts fiel die Erörterung der Zusammenhänge zwischen Gebietsabtretungen und deren Auswirkungen auf das wirtschaftliche Aggressionspotential Deutschlands, spielten doch, wie das Komitee bemerkte, zu viele Imponderabilien macht- und bevölkerungspolitischer Natur hinein, deren tatsächliche Konstellation zu diesem Zeitpunkt nicht auszumachen war. Bewußt hielt man sich deshalb mit Empfehlungen zurück. Die Vorteile einer Abtrennung der Saar, Oberschlesiens und Ostpreußens für ein System wirtschaftlicher Sicherheit wurden angesprochen; gleichzeitig wurde jedoch darauf hingewiesen, daß dies auch Deutschlands Kapazität zur Leistung von Reparationen schwächen mußte. In diesem Punkt verstand sich das Komitee ausdrücklich nur als Expertengremium, das aus der ökonomischen Perspektive Entscheidungshilfen bieten wollte, sich eines Urteils aber enthielt[114].

Der Malkin-Report im Kreuzfeuer der Kritik

So blieb denn unter dem Strich ein Programm übrig, das die Deutschland gegenüber besonders kritisch eingestellten Beamten unmöglich befriedigen konnte. Obwohl das Malkin-Komitee seinen Bericht bereits Ende August 1943 abschloß, fand er zunächst nicht den Weg zu einer höheren Entscheidungsebene. Zuständigkeitsfragen verhinderten eine Weiterleitung, da man das Kabinett mit einem so umfangreichen Report über ein komplexes Thema wie Reparationen offensichtlich nicht behelligen wollte, eine geeignete Ministerrunde auf niedrigerer Ebene aber nicht bestand. Erst als das Außenministerium in der ersten Septemberhälfte 1943 die Initiative ergriff und die Gründung eines Ad-hoc-Komitees vorschlug, war eine Lösung in Sicht. Das Hauptinteresse des Foreign Office bestand darin, wie aus einem Rundschreiben Edens erkennbar wird, die laufenden Verhandlungen mit den Amerikanern über den Leih-Pacht-Vertrag, bei denen auf britischer Seite mit Keynes, Meade, Robbins und Liesching, die kurz nach Fertigstellung des Abschlußberichts zu Verhandlungen nach Washington aufbrachen, immerhin vier Mitglieder des Malkin-Komitees federführend waren, auch zu gemeinsamen Erörterungen des Reparationsproblems zu nutzen. Zu diesem Zweck sollte Washington über die Ergebnisse des Malkin-Reports in Kenntnis gesetzt werden. Aufgabe des Ad-hoc-Komitees war es, hierzu einen Kabinettsbeschluß herbeizuführen. Mit diesem Vorgehen konnte den Ministern vorerst eine intensive Auseinandersetzung mit den Empfehlungen des Komitees erspart werden[115].

Es sollte jedoch noch bis Ende des Monats dauern, ehe sich die Minister zusammensetzten. Eden selbst stand den Ergebnissen des Reports zu Beginn eher positiv gegenüber, und der Ton seines Schreibens läßt den Schluß zu, daß er wohl nicht mit großem Widerstand der Kollegen rechnete, jedenfalls solange es nur um deren Placet in bezug auf die Grundlnien des Berichts ging. Der Außenminister mußte sich in seinem Optimismus bestätigt sehen, als sich ausgerechnet Dalton in zwei Schreiben schon vorab zustimmend zu dem Bericht äußerte. Er betrachtete, so ließ er Eden wissen, den Report als „a first-class document"; nach einer unsicheren Anfangsphase, lobte er den Komiteevorsitzenden Malkin, „before you and your colleagues took charge, an effective and defen-

---

[114] Einem Tagebucheintrag Daltons zufolge dachte Keynes zu diesem Zeitpunkt darüber nach, ob im Unterschied zur Abtrennung industriell wichtiger Gebiete die Aufteilung Deutschlands in separate Staaten einen Gewinn an Sicherheit ohne wirtschaftliche Einbußen bringen würde: „That woman Keynes", notierte Dalton nach einem Essen mit Gladwyn Jebb, „has now veered round to favouring, on grounds of Economic Security, the division of Germany into a number of small and semi-independent States, in preference of the cutting off from a Unitary Germany of such extremities as East Prussia, Upper Silesia, and the Saar, particularly on the ground that the latter arrangement would leave disgruntled German minorities just outside the German frontiers." BLPES, Dalton Diaries, I/28, fol. 9, Eintrag 10.1.1943; Pimlott (Hrsg.), War Diaries, S. 546f. Vgl. dazu auch den Tagebucheintrag Henry Morgenthaus vom August 1943; Moggridge, Maynard Keynes, S. 772.

[115] FO 371/35305/U 4240, Minute Gladwyn Jebb, 8.9.1943; Strang an Edward Bridges, 10.9.1943; Bridges an Strang, 14.9.1943; Eden an John Anderson, Kingsley Wood, Hugh Dalton und William Jowitt, 21.9.1943.

sible policy has now been worked out"[116]. Der Abschlußbericht war aber, wie sich bald herausstellen sollte, zu ausführlich und im Ton zu akademisch, seine reparationspolitische Argumentationslinie und die Verknüpfung mit dem „Economic Security"-Gedanken zu subtil, um den Erwartungen einer auf den kurzfristigen Effekt radikaler wirtschaftlicher Entmilitarisierungsmaßnahmen setzenden Ministerriege zu entsprechen. So mochte es kaum verwundern, wenn die Empfehlungen des Reports auf die entrüstete Ablehnung der Hardliner stießen oder auf die Vorsicht und skeptische Zurückhaltung der Unentschiedenen trafen. Um die Hintergründe der geäußerten Kritik zu verdeutlichen, lohnt es sich, einen Augenblick bei einem der entschiedensten Kritiker einer moderaten Deutschlandpolitik zu verweilen und die Reaktion Lord Cherwells, der als „Berater" Churchills eine ebenso einflußreiche wie zwielichtige Rolle spielte, genauer zu betrachten.

Cherwell, vor seiner Aufnahme in den Adelsstand Professor Frederick (Friedrich) A. Lindemann, versah nach außen das Amt des Paymaster-General, übte jedoch am meisten Einfluß aus als „Wissenschaftsberater" Churchills und Leiter des Statistical Office des Kriegsministeriums, von wo aus er als einer der wenigen Privilegierten mit Zugang zum „Allerheiligsten" im Bunker des Premiers, dem Kartenraum, diesen seit Sommer 1942 mit obskuren Daten versorgte, die die statistische Grundlage für den vom britischen Generalstab vorbereiteten strategischen Bombenkrieg gegen Deutschland bildeten[117]. Er erfuhr erst einen Tag vor dem Zusammentreten des Ad-hoc-Komitees, dessen Mitglied er werden sollte, persönlich vom Inhalt des Malkin-Reports. Von seinem Mitarbeiter T. Wilson wurde er besonders auf zwei Aspekte aufmerksam gemacht. Da war zunächst die Unterscheidung zwischen Restitution und Reparationen und insbesondere der Vorrang, den die Rückerstattung nachweisbar entwendeter Vermögenswerte vor Wiedergutmachungsleistungen einzunehmen hatte. „Not only", so notierte Wilson in dem Vermerk, „will we get no compensation under this heading [Restitution], but we shall also have no compensation for the loss of our foreign assets"[118].

Es gehe nicht an, daß Staaten wie Holland, Belgien und Polen jene ca. £ 120 Millionen an Gold zurückerstattet bekämen, die die Wehrmacht bei ihren Vormärschen nachweislich beschlagnahmt hatte, während aus den £ 2,5 Milliarden an Auslandsinvestitionen, Gold etc., die Großbritannien verlieren werde, kein Anspruch abzuleiten sein solle, nur weil sie nicht identifizierbare und in gleicher oder doch ähnlicher Form ersetzbare Güter darstellten, sondern Kriegskosten. Restitution, so die Schlußfolgerung Wilsons, sollte grundsätzlich nur im engeren Sinne des Wortes zugelassen werden, wie z. B. bei Kunstwerken. Ansprüche auf die Erstattung nicht-identifizierbarer „Werte", wie z. B. Gold, waren zu streichen; „if they are allowed at all, they should be given no higher priority than our claim for compensation for loss of foreign investments."[119] Der zweite Kritik-

[116] FO 371/35308/U 4615, Dalton an Eden, 23.9.1943; FO 371/35305/U 4059, Dalton an Malkin, 17.9.1943. Seinem Tagebuch vertraute er bereits im Juli ironischerweise an, das Dokument sei „not a bad report, and the fact that Keynes is committed to it is important". BLPES, Dalton Diaries, I/29, fols. 28f., Eintrag 26.7.1943.

[117] Vgl. Taylor, S. 669f.; Gilbert, Finest Hour, S. 468, 932, Anm. 5. Zu Cherwells Verhältnis zu Churchill vgl. Harrod, The Prof.

[118] Nuffield College, Oxford, Cherwell Papers (im folgenden NC, MSS Cherwell), H 270, Minute T. Wilson, 28.9.1943.

[119] Ebenda.

punkt bezog sich auf Keynes' Konzept eines deutschen Friedensbeitrags. Die Vorlage nahm vor allem Anstoß an der vom Komitee vorgeschlagenen Staffelung der Beitragsquote zwischen 10% und 25%, je nach Exporterlös. Erziele die deutsche Wirtschaft nach dem Krieg wieder ein so außerordentlich gutes Außenhandelsergebnis wie 1928, bemängelte Wilson, so beziffere sich ein Friedensbeitrag von 20% auf nur etwa £ 200 Millionen; in einem schwachen Außenhandelsjahr wie 1938 betrage er dagegen sogar nur £ 70 Millionen (20%) im Vergleich zu den von Keynes geschätzten £ 500 Millionen jährlich an Verteidigungsausgaben für Großbritannien. Für den Fall, daß die deutschen Exporte die Grenze von £ 1 Milliarde erreichten, sei eine Quote von 50% daher angemessener.

Cherwell wiederholte diese Gegenargumente in nahezu identischer Form am folgenden Tag auf der Sitzung des interministeriellen Ad-hoc-Komitees, dem außerdem noch Anderson, Attlee, der konservative Dominions Secretary Lord Cranborne, Dalton, Eden, Jowitt, der als Minister ohne Geschäftsbereich seit Mitte 1942 die Wiederaufbauplanungen koordinierte, sowie der Minister für wirtschaftliche Kriegführung, Lord Selborne, angehörten. Eindringlich warnte Cherwell davor, „that the United Kingdom would come out very badly if these recommendations were adopted"[120]. In noch schärferer Form formulierte er seine Vorbehalte in einem Aide-mémoire an Eden, das freilich wegen dessen Teilnahme an der Außenministerkonferenz in Moskau im Oktober 1943 nicht abgesendet wurde. Die Empfehlungen des Malkin-Komitees „are scarcely acceptable as a basis for our policy on reparations. In general they are most unfavourable to the U.K. [...] My own view is that we should include the costs of the war and the loss of our overseas assets in our claims against Germany. Of course, this claim would tend to swamp the others and would be unpopular, especially with those countries, such as France, which have made little or no contribution to the ultimate victory. In the end we should probably have to compromise, mainly in order to meet Russian objections, and put in a claim for only a part of the costs of the war. But we could at least hope to get something by this method, instead of nothing. The Malkin Committee seems to be prepared to throw away all our bargaining counters before negotiations begin."[121] Während Cherwell so die Prämissen des Malkin-Komitees grundsätzlich in Frage stellte, griff er für eine gezielte Attacke bezeichnenderweise Keynes' Idee eines deutschen Friedensbeitrags heraus. In seinen Augen würde ein solcher Beitrag in der Praxis eine das genaue Gegenteil der vom Komitee erhofften Wirkung zeigen: Für jene Länder, die von dem Friedensbeitrag profitierten, werde ein Anreiz geschaffen, Deutschlands Exportwirtschaft anzukurbeln. Demgegenüber stand für Cherwell außer Frage, daß es oberstes Ziel der Deutschlandpolitik Londons sein müsse, für Großbritannien Möglichkeiten zu schaffen, die deutschen Exportmärkte zu substituieren. Überdies werde der voraussichtliche Umfang des Beitrags, den Großbritannien erwarten könne, unbedeutend sein. In seiner Denkschrift strich er ergänzend die Gefahr heraus, daß gerade die exportschwache Sowjetunion sich zu einem handelspolitischen Rapprochement mit Deutschland ermuntert fühlen werde. „It seems to me dubious", so stellte er abschließend fest, „wheth-

[120] FO 371/35309/U 4717, Protokoll der Sitzung vom 29.9.1943.
[121] NC, MSS Cherwell, H 272, Aide-mémoire Cherwell an Eden, 5.10.1943.

er this method should be adopted at all. Our best hope of retrieving our trade balance is to win German and Japanese export markets."[122]

Unterstützung für seine Forderung nach Penetration der deutschen Exportmärkte fand Cherwell bei Lord Selborne. Das MEW hatte bereits auf der letzten Sitzung des Malkin-Komitees, auf der der Abschlußbericht von den Mitgliedern in seiner Endfassung angenommen und unterzeichnet worden war, dem Protokoll eine abweichende Note beifügen lassen, in der die Notwendigkeit betont wurde, die Exportmärkte vor allem der deutschen Maschinenbau- und Stahlindustrie zu übernehmen[123]. Lord Selborne bekräftigte nun noch einmal, daß nur eine solche Politik den höchsten Grad an Sicherheit gewährleiste[124]. Wie er gegenüber Eden im Dezember 1943 ausführte, biete sich nach dem Krieg die einmalige Chance, dadurch den Rückgang jener britischen Industriezweige auszugleichen, auf die der britische Export sich allein nicht mehr werde stützen können. „In framing its economic proposals, both for ‚economic security' and for reparations in kind, I feel that the Committee has lacked the guidance of a comprehensive British economic policy. I should like to see the problem approached from the other end – to determine first what are Britain's vital economic interests in the post-war world from the point of view of security and otherwise; and to consider next how we can use our period of predominance in Germany to advance and secure those interests."[125]

Anderson, der nur wenige Tage zuvor das Amt des Schatzkanzlers als Nachfolger des verstorbenen Kingsley Wood übernommen hatte, machte in der Sitzung des Ad-hoc-Komitees darauf aufmerksam, daß es für die beiden Annahmen, auf denen der Report beruhe, nämlich die Zurückweisung von Teilungsplänen und von Maßnahmen zur Deindustrialisierung Deutschlands, überhaupt keine Kabinettsentscheidung gebe[126]. Außenminister Eden mußte einräumen, daß die Aufteilung des Landes eine hinsichtlich der Empfehlungen des Malkin-Reports entscheidungsrelevante Frage war, die gegenwärtig Gegenstand intensiver Diskussionen im Foreign Office sei. Damit hatten die Minister offensichtlich einen gemeinsamen Nenner gefunden, der die grundsätzlichen deutschlandpolitischen Differenzen zu verdecken vermochte, eine eingehendere Auseinandersetzung mit der Thematik überflüssig machte und die Möglichkeit der Vertagung des Treffens bot. Neben Cherwell, Selborne und Anderson sprach sich auch Attlee für Gebietsabtrennungen aus, und selbst Eden schien Aufteilungsplänen nicht abgeneigt[127]. Obwohl das Malkin-Komitee seine Empfehlungen bewußt unabhängig von dieser Frage formuliert hatte und sie eher prinzipiell als Wegweiser für eine britische Deutschlandpolitik nach dem Krieg verstanden wissen wollte, verständigten sich die Minister in dieser Weise auf einen gemeinsamen Einwand, der den Gegnern des Reports an diesem Tag den Sieg davonzutragen half. So kamen sie rasch zu dem Schluß, jede weitere Beratung aufzuschieben, bis die Außenminister im Rahmen ihrer Moskauer Konferenz Klarheit über Deutschlands territoriale Neugliederung geschaffen hätten. Sie entschieden sich deshalb

[122] Ebenda.
[123] T 230/124, R.E.S. 33rd Meeting, 31.8.1943, Minute by C.G. Vickers.
[124] FO 371/35309/U 4717, Protokoll der Sitzung vom 29.9.1943.
[125] FO 371/35309/U 6555, Lord Selborne an Eden, 16.12.1943. Der Brief trägt die Randbemerkung Edens: „Quite a good letter."
[126] FO 371/35309/U 4717, Protokoll der Sitzung vom 29.9.1943.
[127] BLPES, Dalton Diaries, I/29, fol. 91, Eintrag 29.9.1943; Pimlott (Hrsg.), War Diaries, S. 646f.

auch dagegen, den Inhalt des Reports an die Amerikaner weiterzuleiten – freilich zu spät, wie sich herausstellen sollte.

Aus dem Protokoll der Sitzung geht nicht eindeutig hervor, inwieweit Malkin als Vorsitzender des Interdepartmental Committee on Reparations and Economic Security die scharfe und dabei doch oberflächliche Kritik der Minister zu entkräften und die Schlußfolgerungen, zu denen eine Gruppe der hochkarätigsten Experten, die Whitehall aufzubieten vermochte, gekommen war, zu verteidigen versuchte. Fest steht, daß der Report mit seiner ausführlichen, gerade die strukturelle Bedeutung der deutschen Wirtschaft für eine Lösung der Reparations- und Wiederaufbauprobleme akzentuierenden Analyse wohl kaum die ihm gebührende Aufmerksamkeit der Minister erhielt. Ein Grund hierfür mag darin zu suchen sein, daß die hinter dem Bericht erkennbaren Grundannahmen britischer Deutschlandpolitik zu sehr an die Politik des „Economic Appeasement" gegenüber Hitler erinnerten. Es lag nahe, seine Ergebnisse und insbesondere den Beitrag von Keynes in Analogie zum Kerngedanken von „Economic Appeasement" zu setzen, so wie er von seinen Kritikern verstanden wurde: „British help to Germany in the economic sphere would solve not only Germany's economic problems, but also those of the rest of the world, dragged down by Germany's inability to pay her way."[128] Schließlich muß auch bezweifelt werden, ob die Minister einen ebenso umfangreichen wie subtil argumentierenden Report angemessen durchgearbeitet hatten. Bereits Edens Eingangsbemerkung, wegen seines Umfangs und seiner Tragweite bitte er nur um eine Behandlung der ihm zugrundeliegenden Leitgedanken, hatte darauf hingedeutet, daß die Anwesenden von seinem Detailreichtum und seiner komplexen Struktur überrascht worden waren. Mindestens Lord Cherwell, einer der schärfsten Kritiker, dürfte die Studie kaum gelesen haben, da er exakt entlang des „Briefings" argumentierte, das Wilson ihm einen Tag vor dem Treffen vorgelegt hatte. Erst nach der Sitzung kam es bezeichnenderweise zu einer Besprechung zwischen Cherwell und Dalton über die Arbeit des Komitees, in dessen Verlauf der „Prof" um Zusendung weiterer Unterlagen, vor allem der „Gründungsmemoranden" von Treasury, DOT und Dalton selbst, bat[129]. Mit diesen Informationen ausgestattet, verfaßte Cherwell dann nachträglich sein Aide-mémoire. Auch das MEW Lord Selbornes scheint sich erst im Anschluß an die Moskauer Außenministerkonferenz mit den Ergebnissen des Malkin-Komitees befaßt zu haben und begründete Mitte Dezember 1943 in einem Schreiben an den Außenminister seine Haltung ausführlicher.

Die Bedeutung des Malkin-Reports

Unter solchen Vorzeichen kann es nicht verwundern, daß dem Report in der Folgezeit kein sichtbarer Erfolg beschieden war. Dies lag nicht ausschließlich darin begründet, daß weder das Kabinett zu einer definitiven Entscheidung über das von Eden angekündigte Foreign Office-Memorandum kam, das sich mit dem Für und Wider einer Zerstückelung Deutschlands befaßte[130], noch die Außenminister in Moskau sich auf ein gemeinsames Vorgehen in dieser Frage einigen konnten und damit eine in den Augen der zustän-

---

[128] Vgl. Gilbert/Gott, S. 189–198, Zitat S. 189.

[129] NC, MSS Cherwell, H 268, J. E. Coulson (FO) an E. J. S. Clarke (War Cabinet Office), 30.9.1943.

[130] Vgl. CAB 66/41, WP (43) 421, Memorandum by the Secretary of State for Foreign Affairs, „Germany", 27.9.1943.

digen Minister wesentliche Voraussetzung für die neuerliche Beratung des Malkin-Reports fehlte. Vielmehr stellten die Empfehlungen der Experten Fortsetzung und Höhepunkt der unter der gedanklichen Führung von Keynes seit dem Herbst 1941 vorangetriebenen Bemühungen um eine Neuorientierung der britischen Deutschlandpolitik dar. Als Teil der Kriegszielplanungen begonnen, jedoch durch die Aufdeckung von konzeptionellen Widersprüchen, wie sie etwa durch Churchills Schlagwort vom fetten, aber impotenten Deutschland exemplarisch markiert waren, bald eine Eigendynamik entwikkelnd, wurde die Frage der wirtschaftlichen Behandlung Deutschlands nach dem Krieg über die unmittelbare Regelung von Wiedergutmachungsansprüchen und Schuldentilgung hinaus zu einem Problem des wirtschaftlichen Wiederaufbaus Großbritanniens wie Europas insgesamt. Ungeachtet der unterschiedlichen Ausrichtung der einzelnen Komiteemitglieder verband sich im Abschlußbericht in idealtypischer Weise der Anspruch auf soziale Modernisierung zur Bewahrung der Reformfähigkeit im Inneren mit dem Wunsch nach einer zumindest partiellen keynesianischen Revolutionierung der Wirtschaftspolitik und mündete in einen Reparationsentwurf, der auf diese Ziele hin ausgerichtet war.

Vor dem Hintergrund des allgemeinen Einverständnisses, daß die Ausweitung der britischen Industrie das Ziel der Nachkriegswirtschaftspolitik Londons sein müsse, repräsentierten die Ergebnisse des Malkin-Reports und die von Lord Cherwell vorgebrachte Kritik deshalb auch die beiden diametral entgegengesetzten Pole der britischen Nachkriegsdebatte: Während Keynes und seine Kollegen darauf beharrten, daß die industrielle Ausraubung Deutschlands einen langfristigen Bumerangeffekt auf die ökonomische Genesung des eigenen Landes haben mußte, erblickten die Kritiker vor allem in der Übernahme des deutschen Außenhandels eine Chance, die wirtschaftliche Expansion Großbritanniens uneinholbar voranzutreiben.

Auf seinen Kern reduziert, ließ sich der Malkin-Report auch als Teil einer Rezeptur zur Ankurbelung der gelähmten Wirtschaftsaktivitäten Europas lesen. Deshalb hatte sich das Malkin-Komitee für eine Quotenregelung bei den Reparationen und gegen die Festlegung einer Globalsumme ausgesprochen; gegen monetäre Transfers, gegen Einschränkungen der Maschinenbauindustrie, gegen eine Kontrolle der deutschen Zentralbank, aber für eine flexible Reparationshöhe in Abhängigkeit insbesondere von Deutschlands Außenhandelsentwicklung, für seine Verpflichtung auf eine kooperative Wirtschaftspolitik im Gegensatz zur hegemonialen Blockbildung der dreißiger Jahre und schließlich für die Anbindung des Landes an das internationale Sicherheitssystem der Nachkriegszeit durch einen „Friedensbeitrag". Hier wurden in überzeugender Weise über eine bloße Reparationspolitik alten Stils hinaus Grundelemente der zukünftigen britischen Deutschlandpolitik vor dem Hintergrund der Frage skizziert, welchen Funktionswert das deutsche Wirtschaftspotential für den Wiederaufbau und die Reorganisation der internationalen Wirtschaftsbeziehungen besaß. Daß im Rahmen dieser zukunftsgerichteten Überlegungen die Leistung eines deutschen Sicherheitsbeitrags als Faktor des britischen und europäischen Wiederaufbaus gleichermaßen erkannt wurde, dies macht die eigentliche Bedeutung des Malkin-Reports aus. Seine Schlußfolgerungen mochten von den Ministern auf Eis gelegt worden sein, doch die Analyse bildet eine wichtige Folie, auf die die tatsächliche Nachkriegspolitik projiziert und auf der Entscheidungsdefizite sichtbar gemacht werden können. Zwar trifft es zu, daß die Planungsexperten im Komitee die machtpolitischen Realitäten nach dem Krieg zu wenig berücksichtigten und auch die Ergebnisse von Jalta und Potsdam nicht antizipieren konnten. Dies ändert freilich nichts an der bemerkenswerten Weitsicht des Komitees, dessen reparationspolitischen Grundaussagen – in der richtigen Annahme formuliert, daß Deutschlands industrielle Kapazität durch den Krieg nicht übermäßig zerstört sein würde – angesichts der tatsächlich eintretenden ökonomischen Krisenlage der unmittelbaren Nachkriegsjahre noch größere Gültigkeit als erwartet zukommen sollten. Aus der elastischen Anbindung der Reparationsleistungen an die Exportüberschüsse ließ sich bereits das vielleicht wichtigste Merkmal der späteren britisch-amerikanischen Reparationspolitik ableiten, nämlich der Vorrang der Finanzierung der deutschen Importe vor der Einlösung der Wiedergutmachungsansprüche. Tatsächlich stellte das Malkin-Komitee die Bedeutung eines solchen „First charge"-Prinzips heraus und warnte, daß andernfalls Großbritannien und andere als Gläubigerländer bzw. Besatzungsmächte auftretende Staaten am Ende die Zeche würden bezahlen müssen.

Wie schon die Vorarbeiten durch Keynes im Winter 1940/41 hinsichtlich eines Gegenstücks zu Hitlers „Neuordnung" traf die differenzierte Argumentation des Komitees nicht die Vorstellungen von Ministern, die überwiegend unter dem Eindruck des militärischen Tagesgeschehens ihren Aufgaben nachgingen und – im Falle Lord Cherwells – von den Vorbereitungen für eine strategische Bombenoffensive geprägt waren. Die Vermutung liegt daher nahe, daß sie von der Empfehlung, Washington vom Inhalt des Reports durch Keynes in Kenntnis setzen zu lassen, deshalb absahen, weil sie dem Nationalökonomen mit seinen mittlerweile hinlänglich bekannten deutschlandpolitischen Vorstellungen auf keinen Fall in den USA freie Hand geben wollten. Trotz Daltons anfänglicher Zustimmung setzten sich am Ende die alten Meinungsbilder und das Mißtrauen gegenüber Keynes durch. E. F. Penrose, der Wirtschaftsberater der amerikanischen Botschaft in London und einer der sachkundigsten Beobachter der damaligen Zeit, wertete diesen beispiellosen Vorgang zehn Jahre später treffend als eine verpaßte Gelegenheit Londons, die konzeptionelle Initiative zu behalten und das enorme planerische Potential hinter den Empfehlungen voll auszuschöpfen: „Unfortunately this valuable start, which had put the U.K. in the lead in preparation for what was almost certain from the beginning to be the most difficult of all the economic problems of the peace, seems to have been thrown away by the failure – or perhaps we should say the refusal – of ministers to study, and take at least a tentative position on, postwar economic questions relating to Germany. Repeated efforts by leading civil servants to draw the attention of cabinet ministers to the subject and to get approval of their paper as a basis for informal non-committal discussions with Allies failed throughout 1942 and I think through most, if not all, of 1943."[131]

Dennoch vermochte die Gruppe der Kritiker nicht zu verhindern, daß die Ergebnisse des Reports in die Diskussion der US-Administration Eingang fanden und vor allem innerhalb des State Department größeren Einfluß ausübten als in ihrem Ursprungsland. Als die Minister sich am 29. September 1943 zur Beratung zusammenfanden, hatte Keynes die Phase der Inaktivität in London bereits als stillschweigende Zustimmung gedeutet[132] und am Vortag einer Gruppe hoher US-Beamter – darunter Dean Acheson, Ave-

[131] Penrose, S. 224.
[132] Vgl. Moggridge, Maynard Keynes, S. 770.

rell Harriman, Thomas Finletter und Leo Pasvolsky[133] – über den Stand der britischen Planungen informiert und ihnen eine komprimierte Fassung des Malkin-Reports zur Verfügung gestellt[134]. Die Reparationsplanungen der Amerikaner waren zu diesem Zeitpunkt in der Sackgasse administrativer Interessengegensätze angelangt. Zwar hatte das State Department die Reparationsthematik in einer Weise erörtert, die in einem bemerkenswerten Maße mit der Argumentationslinie des Malkin-Komitees übereinstimmte[135]. Doch die konstruktiven Ansätze des Ministeriums fielen nicht auf fruchtbaren Boden: Während Morgenthaus Finanzministerium im Scheitern von Versailles nur die Folgen einer zu nachsichtigen Behandlung Deutschlands erblickte und folglich für eine harte Friedensregelung eintrat, hatte sich das Kriegsministerium auf den Standpunkt zurückgezogen, daß eine langfristige Besatzungspolitik nicht Sache einer Militärregierung sei, zivile Planungsstellen den Militärs andererseits aber in der als kurz angenommenen unmittelbaren Besatzungsphase nicht vorzuschreiben hatten, welche Maßnahmen zu ergreifen waren; das Ministerium selbst hielt als einziges Orientierungskriterium die „militärische Notwendigkeit" für völlig ausreichend. Selbst Präsident Roosevelt schien einer Teilung Deutschlands zuzuneigen und gab auf der Konferenz von Teheran im November 1943 unter dem Eindruck eines energischen Stalin wichtiges Terrain preis – zum Leidwesen des Außenministeriums, das über den Ausgang dieser Verhandlungen nicht einmal informiert wurde[136].

Unter diesen Umständen konnte es kaum überraschen, daß Keynes' Ausführungen im State Department äußerst positiv aufgenommen wurden. Hier wurde ein Dokument präsentiert, das so umfassend und detailliert die Reparationsfrage aus der Perspektive des ureigensten Anliegens der Gruppe um Außenminister Hull – der Schaffung eines weltweiten Netzes multilateraler Handelsbeziehungen – erörterte, wie dies in Washington nicht möglich gewesen war. Der Malkin-Report wurde denn auch zur Grundlage für ein vom Executive Committee on Foreign Economic Policy unter Vorsitz von Acheson ausgearbeitetes Positionspapier des State Department, obgleich wegen der Kürze der zur Verfügung stehenden Zeit keine Aussicht darauf bestand, den darin enthaltenen deutschlandpolitischen Impetus in seiner vollen Bandbreite zu berücksichtigen[137].

---

[133] Zur Rolle Pasvolskys in den amerikanischen Nachkriegsplanungen vgl. Pautsch, S. 2f., 9f., 14f., 17f.

[134] Keynes an Malkin, 29.9.1943, in: JMK XXVI, S. 346f.; FO 371/35309/U 4787, Law an Foreign Office, 3.10.1943. Die von Keynes bei dieser Gelegenheit den amerikanischen Kollegen übermittelte Kurzfassung des Reports in: FO 371/35309/U 4972; KCKP, W/6/2/60–82; JMK XXVI, S. 348–373.

[135] Vgl. z. B. das Memorandum des Interdivisional Country Committee des State Department, das Ende September 1943 empfahl, „that the United States Government adopt, in the interest of fostering moderate government in Germany, the principle of a program looking to the economic recovery of Germany, to the earliest possible reconciliation of the German people with the peace, and to the assimilation of Germany, as soon as would be compatible with security considerations, into the projected international order". Interdivisional Country Committee, „The Political Reorganization of Germany", 23.9.1943, in: Notter, S. 558–560, Zitat S. 559.

[136] Gaddis, S. 97–105; Penrose, S. 216–258; Kettenacker, Krieg zur Friedenssicherung, S. 405–407. Vgl. grundsätzlich Nübel, S. 43–58.

[137] „US Proposal With Regard to the Treatment of Germany", in: FRUS 1943/I, S. 720–723; vgl. auch Nübel, S. 62f. Zu dem Memorandum insgesamt Kettenacker, Krieg zur Friedenssicherung, S. 229–232. Zu den amerikanischen Planungen für die Moskauer Außenministerkonferenz vgl. auch Pautsch, S. 51f.

Es entbehrt nicht einer gewissen Ironie, daß Hulls „Reparationsplan" wieder Eingang in die Planungen der Beamten des Foreign Office fand, nachdem Eden bereits in Moskau seine grundsätzliche Zustimmung signalisiert hatte[138]. Freilich bemängelte man an der amerikanischen Vorlage, die aus dem Report vor allem solche Punkte wie Sachlieferungen und Arbeitsleistungen anstatt Geldtransfers und flexible Reparationsbeträge herausgegriffen hatte, daß sie den Aspekt der „Economic Security" völlig unberücksichtigt lasse[139]. Um aber Instruktionen für den britischen Repräsentanten in der von den Außenministern in Moskau beschlossenen European Advisory Commission, die Fragen der Besatzung auf trilateraler Expertenebene erörtern sollte, zu erstellen, beschloß man im Foreign Office, den US-Vorschlag als Grundlage zu verwenden. Die Beamten hofften, so wurde Keynes noch versichert, alle in dem Dokument nicht berücksichtigten Gesichtspunkte, wie das Problem der Besatzungskosten und den Friedensbeitrag, gegebenenfalls noch einarbeiten zu können. Damit werde eine erneute Beratung des Malkin-Reports durch die für Deutschland zuständigen Minister vermieden. Man hielt es für taktisch klüger, ein völlig neues Memorandum auf der Basis der von Hull in Moskau vorgeschlagenen Basis zu erstellen[140]. Auf diese Weise wurde zumindest ein Teil der reparationspolitischen Grundsätze des Malkin-Reports vom britischen Außenministerium wieder aus den USA reimportiert.

Festzuhalten bleibt, daß die Empfehlungen des Malkin-Komitees ihrer Zeit weit voraus waren und ihre ganze Tragweite erst aus der Rückschau auf die Nachkriegsentwicklung sichtbar wird. Es war deshalb der indirekte Einfluß, der die Ergebnisse des Malkin-Reports für die Kriegszielplanungen Londons zu einem richtungsweisenden Dokument machte. So beleuchtete der Malkin-Report auch Zusammenhänge und lieferte Kriterien, die Bestand hatten und für die tatsächliche Reparationspolitik Großbritanniens entscheidungsleitend waren. Ein allerdings geringer Teil der im Report dargelegten Gesichtspunkte fand unmittelbaren Eingang in die internen reparationspolitischen Diskussionen Whitehalls – ein Befund, der vor allem das Übergewicht spiegelt, das die Beurteilungsperspektive des Krieges und die damit zusammenhängenden militärischen Erfordernisse im Verbund mit einem erstarrten germanophoben Meinungsbild in Teilen Whitehalls über Kriterien der wirtschaftlichen Vernunft in dieser Phase der Nachkriegsplanung besaß. Aber auch in Washington vermochte der Malkin-Report seine Spuren zu hinterlassen. Er durchbrach die festgefahrenen Planungen und lieferte insbesondere dem Außenministerium eine fachlich kompetente und erschöpfende Grundlage für weitere Diskussionen[141].

Wie in den folgenden beiden Abschnitten gezeigt wird, bestätigte die künftige Entwicklung aus ökonomischer Perspektive die Befunde des Malkin-Komitees, während gleichzeitig die machtpolitischen Realitäten wie auch eine gewisse traditionsbegründete Inflexibilität in Teilen der Beamtenschaft eine über das bisherige Maß hinausgehende Adaption der in dem Report skizzierten deutschlandpolitischen Linie vereitelten. Keynes' Hauptvorwurf an die Siegermächte in Versailles hatte darin bestanden, daß die Politiker mehr an Grenzfragen als an einem Vertragswerk interessiert waren, das von der

---

[138] FO 371/35309/U 5717, J. E. Coulson an E. W. Playfair, 13.11.1943.
[139] FO 371/35309/U 5932, Minute J. E. Coulson, 17.11.1943.
[140] FO 371/35309/U 5932, Ronald an Keynes, 22.11.1943.
[141] Vgl. dazu Nübel, S. 73–78.

Einsicht in die Notwendigkeit einer ökonomischen Grundlegung des Friedenssystems getragen war. Jetzt sollte sich erneut bewahrheiten, daß die „Sachzwänge" politischer Erwägungen stärker waren, die das Problem der territorialen Neuordnung Deutschlands in den Vordergrund schoben und die sozialen sowie sicherheitspolitischen Aspekte des Reparationskomplexes zunächst überlagerten.

IV. Industrielle Abrüstung und Reparationen als Faktoren der Sicherheitspolitik: Die Formulierung des ersten „First Charge"-Prinzips

1. Reorganisation der Planungshierarchie

War es ratsam, würden die Minister bereit sein, anhand der Schlußfolgerungen des Malkin-Reports einen britischen Plan zur künftigen wirtschaftlichen Behandlung Deutschlands zu erarbeiten, solange über die Grundlagen der Besatzung auf alliierter Ebene, namentlich über scheinbar vorgeordnete Fragen wie Teilung, Gebietsabtrennungen und Maßnahmen zur wirtschaftlichen und politischen Dezentralisierung Deutschlands, keine Verständigung erzielt worden war? Oder traf es vielmehr umgekehrt zu, daß besatzungspolitische Grundsatzentscheidungen der Alliierten erst dann sinnvoll und erfolgversprechend waren, wenn vorab jede Besatzungsmacht für sich über die Grundlagen ihrer Politik gegenüber Deutschland Klarheit gewonnen hatte? Und bestand nicht gerade für Großbritannien die Gefahr, den machtpolitischen Handlungsspielraum aufgrund einer dilatorischen Kriegszielplanung zu verkleinern und auf den bevorstehenden großen Konferenzen die britischen Interessen schließlich denen der beiden Flügelmächte sowie den wegen der Dringlichkeit deutschlandpolitischer Fragen unvermeidlich größer werdenden Sachzwängen in wesentlichen Teilen unterordnen zu müssen?

Hinter diesen Fragen verbarg sich ein struktureller Grundkonflikt, der sich wie ein Leitmotiv durch die Kriegszielplanungen Londons zog. Im Kern reduzierte er sich auf die Frage, ob politische Ziele oder ökonomische Gegebenheiten zum Ausgangspunkt der Deutschlandplanungen zu nehmen waren. Dabei stand der Abneigung der Minister, konkrete Entscheidungen in einem Moment zu treffen, zu dem noch keine nennenswerten trilateralen Sondierungen stattgefunden hatten und die tatsächliche Situation nach Kriegsende weiterhin unabsehbar war, die Einsicht gegenüber, daß mit dem Näherrücken der Kapitulation der deutschen Wehrmacht jede weitere Entscheidungsverzögerung die Gefahr in sich barg, den Zeitpunkt einer organisatorisch adäquaten und vor allem sicherheitspolitisch wirksamen Besatzungsplanung vollends zu verpassen. Vor diese Alternative gestellt, optierte die Entscheidungsspitze in Whitehall für Abwarten.

Aus völlig unterschiedlichen Gründen formierten sich die Minister in diesem Punkt über sonstige Interessengegensätze hinweg zu einer Front gegen den Malkin-Report. Während sich Teile des Schatzamts von dem Grundsatz leiten ließen, daß die Regierung keine Verpflichtungen eingehen dürfe, solange die finanziellen Belastungen der Nachkriegszeit für die Volkswirtschaft Großbritanniens nicht absehbar waren[1], blockten andere Ministerien wie das Ministry of Economic Warfare und Daltons Handelsministerium alle Ansätze zu einer in ihren Augen nachgiebigen Deutschlandpolitik ab. Wieder andere, wie Außenminister Eden, wollten mit Rücksicht auf die Nachkriegskonstellation keine Entscheidungen präjudizieren, die die Einheit der Alliierten gefährdet hätten,

[1] Addison, S. 233.

und scheuten deshalb vor einer deutschlandpolitischen Vorreiterrolle Londons zurück. Churchill selbst hielt ohnedies unbeirrt an der Priorität der Kriegführung vor langfristigen Planungen fest und setzte darüber hinaus auf die Möglichkeiten der Gipfeldiplomatie mit Stalin und Roosevelt, für die er größeren Spielraum zu besitzen meinte, je weniger er von schwierigen und zeitaufwendigen „Briefings" abhing[2]. Die Aufsplitterung von komplexen Problemzusammenhängen in eine Reihe von Teilproblemen, die man auf einer Ad-hoc-Basis – noch dazu im Spannungsfeld alliierter Interessengegensätze – zu lösen gedachte, bedeutete freilich, sich der Dominanz tagespolitischer Stimmungen und den komiteeinternen Machtstrukturen fügen zu müssen. Die mangelnde Entscheidungsbereitschaft in Whitehall ließ ebenfalls vermuten, daß die Besatzungspraxis wegen des unzureichenden Orientierungsrahmens die Verantwortlichen vor Ort mit zahlreichen Problemen konfrontieren würde, die dann z. T. den Ministern erneut zur Entscheidung vorgelegt, in weitaus größerem Umfang aber von den britischen Besatzungsbehörden und damit an London vorbei beantwortet werden mußten.

Zugleich verstärkte sich der Druck zu planungspolitischen Grundsatzentscheidungen von amerikanischer und sowjetischer Seite. Es war unerläßlich, dem britischen Repräsentanten in der auf der Konferenz von Teheran vom 28. November bis 1. Dezember 1943 eingerichteten European Advisory Commission (EAC), Sir William Strang, Richtlinien an die Hand zu geben, zumal das State Department auf beschleunigte Abwicklung drängte. In Washington, wo die Experten um Cordell Hull in dieser Phase der Erörterung des Problems einen deutschlandpolitischen Grabenkrieg gegen das Kriegsministerium im allgemeinen und die Vereinigten Stabschefs im besonderen führten und zudem immer stärker in den reparationspolitischen Schatten Finanzminister Henry Morgenthaus zu geraten drohten, war man immer noch von der Sorgfalt des Malkin-Reports beeindruckt und versprach sich offensichtlich in seinem Ursprungsland argumentative Schützenhilfe. Auch gegenüber der Sowjetunion wurde es immer dringlicher, mittels Entscheidungen die Karten wenigstens teilweise auf den Tisch zu legen. Im Kreml stieg angesichts der Verzögerungen beim Aufbau der seit zwei Jahren in Aussicht gestellten zweiten Front das Mißtrauen gegenüber den Westmächten und drohte die von jedermann als unabdingbare Basis für eine stabile und friedliche Nachkriegsordnung angesehene Kooperationsbereitschaft Moskaus zu zerstören. „What is now required", hatte Eden im Kabinett schon Ende Mai 1943 anläßlich der Diskussion über die Inhalte künftiger Friedensverträge bemerkt, „is some definite statement of the views of His Majesty's Government which could be communicated not only to the Americans but to the Russians as well. It is evident that agreement between the three major Allies is essential if confusion is to be avoided." Freilich schränkte er etwa in der Frage der Schaffung einer Weltorganisation sofort ein, „that we should go slow with discussions of a rather theoretical nature on the most desirable substitute for the old League of Nations, and proceed with strict reference to certain *practical* problems, a solution of which cannot in any circumstances be unduly delayed"[3]. Die Minister beherzigten Edens Rat und sorgten für eine weiterhin ergebnislose Kabinettsdebatte, an deren Ende insbesondere auch die Ver-

[2] Zum Stellenwert von Gipfeltreffen als Mittel der Diplomatie im außenpolitischen Ansatz Churchills vgl. Larres, S. 25–36.

[3] CAB 66/37, W.P. (43) 217, Memorandum by the Secretary of State for Foreign Affairs, „Armistices and Related Problems", 25.5.1943 (Hervorhebung M. P.).

tagung der vom Außenminister angeschnittenen Fragen der totalen Besatzung und Aufteilung Deutschlands in drei Zonen stand, da diese, wie es in solchen Fällen meist hieß, weiterer Erörterungen bedürften[4].

Der mangelnden Entscheidungsfähigkeit der mit Deutschland befaßten Minister standen in auffälliger Weise die umfangreichen und fachkundigen Planungsaktivitäten auf Expertenebene gegenüber, und dies prägte keinen anderen Teilbereich so sehr wie die zukünftige wirtschaftliche Behandlung Deutschlands. Hierin verband sich wie in kaum einer anderen Frage die nach einem Krieg solchen Ausmaßes fundamentale sicherheitspolitische Dimension mit Stabilisierungsfragen sowie rekonstruktions- und binnenwirtschaftspolitischen Erwägungen zu einem komplexen Problemgemenge. Einfache, aus dem Bewußtsein nationaler Antagonismen gespeiste Antworten wie 1919 verboten sich für Großbritannien jetzt um so mehr, als nicht nur eine dramatisch verringerte Ressourcenbasis des Landes einer solchen Politik die Grundlage entzog, sondern auch der Reformanspruch im Inneren den Formulierungsprozeß der britischen Sicherheits- und Wirtschaftspolitik gegenüber Deutschland beeinflussen mußte: Während das Außenministerium sich noch auf die ersten Kriegskonferenzen vorbereitete, hatte ein Reconstruction Priorities Committee bereits fieberhaft an der Umsetzung der Empfehlungen des Beveridge-Reports in praktische Sozialpolitik gearbeitet. Mit einem Weißbuch zur Gesundheitsreform, das vom Kabinett im Februar 1944 genehmigt wurde, vor allem aber mit dem richtungsweisenden „White Paper on Employment Policy" vom Mai des gleichen Jahres, in dem die Regierung die Vollbeschäftigung als Primärziel ihrer Nachkriegspolitik ausdrücklich anerkannte, konnte das Komitee ein halbes Jahr, nachdem das Malkin-Komitee seinen die Außen- und Deutschlandpolitik betreffenden Abschlußbericht vorgelegt hatte, trotz der Zurückhaltung in Teilen des Schatzamts spektakuläre und weitreichende Erfolge erzielen und programmatisch die Forderung der Keynesianer nach einer expansiven öffentlichen Ausgabenpolitik im Inneren formulieren[5]. Auch mit der Economic Section stand in Whitehall ein Planungsinstrument zur Verfügung, das der steigenden Bedeutung ökonomischer Faktoren Rechnung trug und die immer stärker unter dem Einfluß keynesianischer Planungskriterien geführten Diskussionen über die wirtschaftlichen Kriegsziele mit den Deutschlandplanungen abstimmte.

Die Entscheidungsspitzen Whitehalls bedienten sich in dem Maße des Beratungsapparats, wie sie sich selbst nicht in der Lage sahen, ihre Richtlinienkompetenz auszuüben, denn es lag nahe, das Entscheidungsdefizit primär als Planungsdefizit zu empfinden. Dies hat offenbar auch Churchill so gesehen. Auf seine Initiative hin nahm im Sommer 1943 ein Armistice Terms and Civil Administration Committee die Arbeit auf, das als oberste Planungsinstanz dem Kriegskabinett in Fragen des Waffenstillstands und der Besetzung Deutschlands beratend zur Seite stehen sollte. Unter Attlees Vorsitz ging im April 1944 aus ihm das Armistice and Post-War Committee (APW) hervor, das schwerpunktmäßig nun als ministerielles Entscheidungsgremium mit dem Entwurf der britischen Nachkriegspolitik betraut war[6]. Fachmännische Zulieferdienste leistete zunächst das ebenfalls neu geschaffene Post-Hostilities Planning Sub-Committee[7] der Stabschefs,

[4] CAB 65/34, WM (43) 86th Meeting, War Cabinet Meeting, 16.6.1943.
[5] Vgl. dazu ausführlich Addison, S. 229–269.
[6] Zur Entstehung vgl. ausführlich Tyrell, S. 212–216; Kettenacker, Krieg zur Friedenssicherung, S. 159f. Vgl. ferner Woodward, British Foreign Policy, S. 445.
[7] Vgl. dazu Kap. V.3.

das sich vor allem dem Entwurf eines Waffenstillstandsvertrags und der Fixierung von Besatzungsrichtlinien widmete, zunehmend aber auch Fragen erörterte, die sich aus der militärischen und strategischen Ausgangssituation nach Kriegsende ergaben.

Diese organisatorische Neugliederung der Nachkriegsplanungen barg jedoch die Gefahr, daß nach der ergebnislosen Behandlung des Malkin-Reports die ökonomische Dimension der britischen Sicherheits- und Deutschlandpolitik künftig stark vernachlässigt würde. Zwar mochte Gladwyn Jebb als Vorsitzender des Post-Hostilities Planning Sub-Committee in seiner Eigenschaft als Leiter des Economic and Reconstruction Department im Außenministerium darauf achten, daß rekonstruktionspolitische Gesichtspunkte nicht gänzlich unberücksichtigt blieben; auch konnte er seine Erfahrungen als Mitglied des Malkin-Komitees einbringen. Doch war dieses primär mit den Problemen einer künftigen Militärregierung befaßte Gremium wohl kaum der geeignete Ort, die Arbeit des Malkin-Komitees, oder auch nur dessen Anliegen, fortzusetzen. Unabhängig voneinander machten das Foreign Office und das MEW im Frühjahr 1944 auf das ökonomische Planungsdefizit aufmerksam.

So entstand im April 1944 ergänzend zu dem Post-Hostilities Planning Sub-Committee der Economic and Industrial Planning Staff (EIPS). Dieser interministerielle Planungsstab unterstand dem Außenminister und übernahm die Formulierung und Koordinierung der wirtschaftlichen Aspekte der Deutschlandpolitik; wenig später wurden Italien und die Satellitenstaaten der Achsenmächte, bei Kriegsende auch der Ferne Osten in seinen Zuständigkeitsbereich hineingenommen. Federführend war der wirtschaftliche Beraterstab des Außenministeriums unter dem ehemaligen MEW-Beamten Mark Turner. Obwohl es an sich keinen festen Mitarbeiterkreis gab, sorgten doch Treasury, Board of Trade, Ministry of Economic Warfare, Ministry of Supply, die Economic Section sowie Lord Cherwells Statistical Office für regelmäßige Teilnahme; andere Ressorts stellten Liaisonoffiziere. Die Memoranden wurden in der Regel zunächst dem APW-Komitee bzw. später dessen Nachfolger, dem Overseas Reconstruction Committee, vorgelegt, bevor man gegebenenfalls mit der Ausarbeitung von Direktiven begann. Ende 1945 gingen schließlich die Deutschland betreffenden Angelegenheiten in den Zuständigkeitsbereich der Kontrollkommission über, während die Fernost-Abteilung den Economic Intelligence, Economic Warfare und Far Eastern Economic Departments des Außenministeriums angegliedert wurde[8]. Der EIPS trat etwa zwei- bis dreimal pro Woche zusammen und kann daher als relativ arbeitsintensive Planungsinstanz gelten[9].

Diese Neuorganisation stellte einen tiefen Einschnitt in das britische Planungswesen dar. Ihre Bedeutung liegt zunächst darin, daß sie den Übergang in die „Phase konkreter und koordinierter Nachkriegsplanung“[10] markierte. Doch über seinen organisationstechnischen Stellenwert hinaus machte die Arbeit insbesondere des EIPS deutlich, daß die sich Fragen der wirtschaftlichen Sicherheit zuwendenden Planungen, die bislang in den Händen einer kleinen Expertengruppe gelegen hatten, nunmehr Teil eines umfassenden Planungsprozesses wurden, in den politische und militärische Faktoren mit gleichem Geltungsanspruch einflossen. Es trifft zu, daß von Beginn an Stellen wie der For-

[8] Zur Entstehung und zu den „Terms of reference“ des EIPS vgl. das Material in FO 942/2. Vgl. auch Tyrell, S. 210–212.
[9] NC, MSS Cherwell, H 275, Vickers an Cherwell, 7.10.1944.
[10] Kettenacker, Krieg zur Friedenssicherung, S. 158.

eign Research and Press Council in Oxford und später das Foreign Office Research Department, beide unter Leitung Arnold Toynbees, sowie das War Aims Committee an Denkschriften über die Gestaltung des Friedens unter stark historisch-politischer Perspektive arbeiteten[11]. Aber dies kann nicht darüber hinwegtäuschen, daß die britischen Deutschlandplanungen ihre ersten, einen systematischen Planungscharakter tragenden Impulse aus dem Umfeld von und in der Auseinandersetzung mit unterschiedlichen ökonomischen Konzepten erhielten. Dem entsprachen die Vorhaben zur sozialen und wirtschaftlichen Neuordnung im Inneren, die ebenfalls schon weit vorangeschritten waren, als im Winter 1943/44 mit dem geordneten Aufbau von Planungsstrukturen begonnen wurde. Gleichwohl deuteten im Vergleich zu den ersten vier Planungsjahren die Ausformulierung deutschlandpolitischer Zielvorgaben innerhalb eines politische, militärische und wirtschaftliche Aspekte gleichermaßen berücksichtigenden Planungsrahmens sowie die Verschiebung des personellen Schwerpunkts von den fachkundigen akademisch-professionellen „semi-demi officials" um Keynes (und, parallel dazu, Toynbee) hin zu Berufsdiplomaten zweifellos auf eine Akzentverlagerung und Relativierung der nun dem Spiel widerstreitender Interessen ausgesetzten ökonomischer Erwägungen hin: In der jetzt beginnenden Phase der konkreten, mit Blick auf die Anforderungen der Besatzung zu formulierenden Deutschlandplanungen würde sich zeigen müssen, wie die von den Experten um Keynes idealtypisch entwickelten Prämissen britischer Außen- und Deutschlandpolitik im Kräftefeld von machtpolitischem Kalkül, den von Churchill, Roosevelt und Stalin auf ihren Kriegskonferenzen vorgegebenen alliierten Zielvorgaben, sowie den politischen und militärischen Partikularinteressen im Inneren bestehen konnten[12].

Eine erste Bewährungsprobe ergab sich im Juli 1944, als das APW-Komitee eine Studie über Aspekte der „Economic Security" in Auftrag gab. Die Mitglieder des Komitees wünschten konkrete Vorschläge für Verbote und Kontrollmaßnahmen, die sicherstellen konnten, daß dem deutschen Militarismus seine wirtschaftlichen Grundlagen entzogen würden[13]. Mitte August 1944 lag den Ministern dann ein ausführlicher EIPS-Report zur Stellungnahme vor[14]. Die Beamten um Mark Turner hatten sich darin im wesentlichen mit den Grundlagen des Malkin-Reports auseinandergesetzt, sie mit den kritischen Stellungnahmen anderer Minister verglichen und versucht, kompromißfähige Richtlinien für die wirtschaftliche Behandlung Deutschlands zu entwerfen. Sie mußten sich dabei trotz aller Bemühungen um Konkretisierung sehr allgemein halten, ging es doch immer noch hauptsächlich darum, zwischen den divergierenden Ansichten zu vermitteln und eine Entscheidungsfindung bei den politisch Verantwortlichen vorzubereiten. Es war

---

[11] Vgl. ebenda, S. 97f., 147–157, 446–448.

[12] Vgl. die in eine ähnliche Richtung zielende Bewertung von Cairncross: „Most of the discussions between ministers in 1943–4 related to economic security and the need to prevent a revival of Germany's power to make war. Officials tended to pursue a rather different line and concentrate on matters of will: either on Germany's will to aggressive war or on the will of the United Nations to restrain her." Cairncross, The Price of War, S. 37.

[13] CAB 87/66, APW (44) 10th Meeting, 20.7.1944.

[14] CAB 87/68, APW (44) 66, Economic and Industrial Planning Staff, „Report by the Economic and Industrial Planning Staff on Issues Affecting the Economic Obligations to Be Imposed on Germany", 26.8.1944. Mit anderen Schwerpunkten wird das Memorandum ebenfalls analysiert bei Cairncross, The Price of War, S. 50–52; Kettenacker, Krieg zur Friedenssicherung, S. 414f.; für eine Gesamtbewertung vgl. auch Meyers, Economic Security, bes. S. 46.

daher kaum zu erwarten, daß sie den Schlußfolgerungen des Malkin-Komitees wesentlich Neues hinzufügen würden, da sich die Voraussetzungen, unter denen der EIPS arbeitete, seither nicht entscheidend verändert hatten. Jetzt begann es sich als Nachteil zu erweisen, daß die Außenminister auf ihrer Konferenz in Moskau im Oktober 1943 nicht zu einer inhaltlichen Verständigung gelangt und wenig später auch die Staatschefs der drei Hauptalliierten in Teheran bei militärischen Absprachen und Sondierungsversuchen nicht über das heikle Thema der territorialen Neuordnung Deutschlands hinausgekommen waren. Denn diese Entscheidungsschwäche schloß einen planerischen Teufelskreis: Auf der einen Seite führte der Anspruch, die internen Planungsvorbereitungen von vorausgegangenen alliierten Entscheidungen abhängig zu machen, zu einem Richtliniendefizit bei den jeweiligen Repräsentanten in der EAC, während auf der anderen Seite die daraus resultierenden eingeschränkten Arbeitsmöglichkeiten dieser Kommission den Klärungsprozeß in der Planungshierarchie der drei Hauptalliierten lähmten[15]. Tatsächlich bestand das EIPS-Memorandum vorwiegend aus einer problemorientierten Zusammenfassung der Argumente, aus denen ein grober Maßnahmenkatalog abgeleitet wurde.

Zunächst ermittelte der wirtschaftliche Planungsstab den Diskussionsstand, so wie er sich aus den von den beteiligten Ministerien eingebrachten deutschlandpolitischen Zielen, darstellte. Konsens war demnach unter Ministern über:

1) die militärische Entwaffnung Deutschlands nach der Kapitulation und das Verbot des Besitzes und der Herstellung von Waffen;
2) Maßnahmen im Rahmen einer „Economic Security“, auch wenn dies mit erheblichen wirtschaftlichen Lasten für Deutschland oder einer Weltorganisation verbunden sein sollte;
3) umfangreiche Reparationsleistungen als Ausgleich für die „Verluste“ (losses) der Siegermächte;
4) unter dem Vorbehalt notwendiger Maßnahmen zur militärischen Sicherheit ein Beitrag Deutschlands in Form von Gütern und Dienstleistungen für den Krieg gegen Japan bzw. zur Unterstützung der Arbeit einer Weltorganisation in der unmittelbaren Nachkriegsphase (gemeint waren hier wohl die Erstattung der Besatzungskosten);
5) die Sicherung dieser Ziele ungeachtet notwendiger Maßnahmen zur Aufrechterhaltung eines angemessenen Lebenstandards in Deutschland sowie die Garantie, daß der deutschen Industrie durch die rüstungswirtschaftlichen Verbote keine ökonomischen Vorteile entstanden;
6) die Berücksichtigung der Handelsinteressen Großbritanniens und des Commonwealth.

Dieser deutschlandpolitische Konsens, der die unterschiedlichen Standpunkte im Meinungsbild Whitehalls sicherlich korrekt widerspiegelte, stieß auf schroffe Ablehnung bei den Mitgliedern des EIPS. Sie stellten demgegenüber die mangelnde ökonomische Tragfähigkeit dieser Zielvorstellungen heraus. Ihrer Meinung nach stand der Wert der deutschen Wirtschaft für den Wiederaufbau Europas im Gegensatz zu einem legitimen Sicherheitsbedürfnis, und überdies war zu befürchten, daß die Alliierten für die lebenswichtigen Importe Deutschlands aufzukommen hatten. Zum wiederholten Male

[15] Dies ist besonders prononciert für die amerikanische Nachkriegsplanung herausgearbeitet worden von Gaddis, S. 105–114.

wurden die Minister nun an den Kern des Problems der „Economic Security" erinnert, über das eine Entscheidung immer noch ausstand: „The question for ultimate decision is at what point the balance should be struck between the value of economic measures as an effective means of maintaining world peace and their cost in reducing the contribution that German industry can make to the rehabilitation of Europe and ultimately to world prosperity."[16]

Nach diesen kritischen Bemerkungen zum Stand der Planungen versuchte sich der wirtschaftliche Planungsstab behutsam an einer Zusammenstellung all jener Maßnahmen, die ein relativ widerspruchsfreies Konzept erlaubten. Wohl in der Absicht, eine Tür für die Anhänger einer restriktiven Deutschlandpolitik offenzuhalten, blieben die Planer im Ton ihrer Formulierungen bewußt allgemein: Den Zerstörungen und Demontagen von Industrieanlagen, soweit sie nicht zur Produktion von Gütern für die Siegermächte (i.e. zu rekonstruktionswirtschaftlichen Zwecken) weiter in Betrieb zu bleiben hatten, sollte im Rahmen eines Konzeptes wirtschaftlicher Stabilisierung Vorrang eingeräumt werden, da sie sofort ausgeführt werden konnten; entsprechend waren Maßnahmen, die eine über die Besatzungszeit hinausgehende dauerhafte Kontrolle erforderten, auf ein Minimum zu reduzieren. Der EIPS betrachtete es als wünschenswert, die Entwicklung von „friedlichen Industrien" in Deutschland zu unterstützen, dabei aber darauf zu achten, daß die deutsche Wirtschaft keine hegemonialen Beziehungen zu ihren Handelspartnern aufbaute, sondern selbst so weit wie möglich in eine Abhängigkeit von den Rohstoffquellen im Ausland geriet. Der Planungsstab erinnerte die Minister auch daran, bei ihren Entscheidungen mögliche Auswirkungen auf den inneren sozialen Frieden im eigenen Land zu beachten, denn die restriktive Beschneidung der Industrie konnte ihrer Meinung nach zu hoher Arbeitslosigkeit in Deutschland und damit zu Solidaritätsbekundungen der internationalen Gewerkschaftsbewegung führen. Schließlich unterstrich man noch einmal, freilich in bezeichnender Rangfolge und Betonung, daß „any measures undertaken should be such as not to harm – but rather to benefit – the commercial interests of the British Commonwealth, particularly the United Kingdom"[17]. Konkret folgte der EIPS mit seiner Unterscheidung zwischen Industriezweigen, denen die Produktion völlig verboten (Luftfahrt, Schiffsbau, synthetisches Öl, Hochdruckhydrierung und synthetischer Gummi), und solchen, deren Produktion nur eingeschränkt werden sollte (Maschinenbau- und Kugellagerindustrie, Eisen und Stahl, Leichtmetalle sowie Chemieprodukte), den Ergebnissen des Malkin-Komitees.

Insgesamt enthielt dieser Maßnahmenkatalog kaum Neues. Er bot eigentlich nur allgemeinere Formulierungen der bereits im Malkin-Report in größerer Ausführlichkeit und in einem umfassenderen Kontext erarbeiteten Empfehlungen. Sogar Keynes' Idee eines deutschen Friedensbeitrags hatte Eingang in den Report gefunden, auch wenn die Beamten ihn etwas mißverstanden und in den Vorschlag umwandelten, personelle und industrielle Ressourcen Deutschlands für den Einsatz auf dem asiatischen Kriegsschau-

[16] CAB 87/68, APW (44) 66, Economic and Industrial Planning Staff, „Report by the Economic and Industrial Planning Staff on Issues Affecting the Economic Obligations to Be Imposed on Germany", 26.8.1944.

[17] Ebenda.

platz zu entziehen[18]. Der Wirtschaftsplanungsstab leistete den Grundsätzen des Malkin-Reports mit dem eigenständigsten Gedanken des gesamten Memorandums weitere argumentative Schützenhilfe. Als Kern, um den herum die Maßnahmenvorschläge angeordnet wurden, formulierten die Beamten ein „law of diminishing returns": „from the point of view of prolonging the period which would be required by Germany to rearm, though not from that of its physical and financial difficulty, each additional German industry subjected to restriction or elimination tends after a certain point to give a diminishing return in terms of additional security provided."[19]

Der Aufwand im Rahmen einer „Economic Security"-Politik jenseits eines bestimmten Grenzwerts stand also in keinem Verhältnis mehr zur Sicherheit, die dadurch vielleicht gewonnen wurde. Er reduzierte vielmehr die Reparationsfähigkeit der deutschen Wirtschaft und konnte auch in anderen Bereichen kontraproduktiv wirken. Der Widerspruch eines überzogenen Konzepts wirtschaftlicher Sicherheit, so führten die Planer weiter aus, liege auch darin, daß für die Dauer der Besatzung entsprechende Maßnahmen möglicherweise leicht kontrollierbar waren und deshalb von der deutschen Industrie kaum unterlaufen werden konnten, aber gerade wegen der Präsenz alliierter Truppen aus sicherheitspolitischer Perspektive strenggenommen überflüssig erschienen. Um langfristig ein ausreichendes Maß an Sicherheit zu erlangen, plädierten sie dafür, weniger einem aufwendigen Verbots- und Kontrollnetz zu vertrauen, als auf eine verlängerte Besatzungszeit zu bauen, in deren Verlauf eine industrielle Reorganisation unter Bedingungen der „Economic Security" durchgeführt werden konnte. Eine lange Besatzungszeit von nicht weniger als zehn Jahren, so erwarteten sie, werde für die Entwicklung „natürlicher Kräfte" sorgen, die eine größere Sicherheit gewährleisteten als alle direkten Verbote: „For every additional year of direct control will have brought about a decline in the skilled labour forces of the industries selected, encouraged the growth of a vested interest in a pacific German economy, and assisted Germany's former foreign customers to develop similar industries or to come to rely on other sources of supply."[20]

[18] Bereits in der Sitzung am 23.8.1944 (CAB 87/66, APW (44) 14th Meeting, 23.8.1944) hatte der britische EAC-Repräsentant Strang angekündigt, der Außenminister sei dabei, für das Komitee ein Memorandum über den Einsatz deutscher Kriegsgefangener in einem Krieg mit Japan vorzubereiten. Obwohl das Foreign Office ein entsprechendes Papier nicht ausarbeitete, ging der EIPS von der Ernsthaftigkeit dieses Gedankens aus und gründete seine Ausführungen auch auf der Annahme: „Subject to the requirements of military security, German resources should be used to supply goods and services required either for the prosecution of the Japanese war or to meet the needs of the United Nations in the period of shortage after the surrender of Germany." Das APW-Komitee äußerte schließlich Skepsis: „It was urged on the one hand that the use of German production for this purpose would assist to ease our manpower problem. It was felt, on the other hand, that any employment of German production for these purposes would be a psychological error, and would give rise to misunderstandings in this country." Diese delikate Frage wurde denn auch von den Ministern fallengelassen mit dem Hinweis, sie erfordere weitere Erörterungen und müsse im Moment offenbleiben. Das FO ließ daraufhin das Thema völlig fallen, ein Memorandum wurde auch in der Folgezeit nicht mehr ausgearbeitet. Vgl. CAB 87/66, APW (44) 15th Meeting, 31.8.1944.

[19] CAB 87/68, APW (44) 66, Economic and Industrial Planning Staff, „Report by the Economic and Industrial Planning Staff on Issues Affecting the Economic Obligations to Be Imposed on Germany", 26.8.1944.

[20] Ebenda.

Aus der Verbindung eines Maßnahmenkatalogs, der den Schwerpunkt auf direkte und kontrollierbare Schritte gegen die deutsche Kriegswirtschaft unter der Aufsicht alliierter Streitkräfte legte, mit einer fundamentalen Skepsis gegenüber einem Festhalten am wirtschaftlichen Sicherheitsanspruch nach Beendigung der Besatzung, wie sie sich im „law of diminishing returns" und der Befürwortung einer langen Besatzungszeit ausdrückten, leiteten die Wirtschaftsplaner schließlich drei Grundsatzfragen ab, die ihrer Meinung nach eine ministerielle Entscheidung erforderten. Sie fragten erstens nach dem Wert der industriellen Entmilitarisierung als Mittel zur Friedenssicherung, wenn gleichzeitig der Beschneidung des deutschen Industriepotentials enge Grenzen gesetzt waren. Zweitens war ihrer Meinung nach ungeklärt, ob entsprechende Maßnahmen auf die Zeit der Besatzung beschränkt und weitere Auflagen auf das Notwendigste reduziert werden sollten oder ob wirtschaftliche Kontrollen über die Besatzung hinaus ins Auge gefaßt waren. Drittens blieb die Dauer der Besatzungsphase bislang ungeklärt; nach Ansicht der Planer mußte sie um so länger sein, je weniger Bedeutung das Kabinett in der Zeit nach dem Truppenabzug den Maßnahmen der „Economic Security" beimaß.

Es war schließlich der vom Wirtschaftsplanungsstab so prononciert vorgetragene Schwerpunkt auf durchgreifende Maßnahmen während einer verlängerten Besatzungszeit, der die Basis für einen ministeriellen Kompromiß bereitstellte. Angestoßen von Eden, der zwar seine Kollegen vorab beruhigte, eine Entscheidung über ein Programm zur wirtschaftlichen Behandlung Deutschlands stehe nicht an, ihnen aber doch zu verstehen gab, daß Washington auf britisch-amerikanische Sondierungsgespräche drängte, fand das APW-Komitee endlich eine Formel, der die Minister ihre Zustimmung zu geben bereit waren. Angeregt wurde sie von Produktionsminister Oliver Lyttleton, der meinte, „that we should adopt a draconian policy towards selected fields of German production and protect ourselves against a future situation in which we might be forced by a combination of the strongest diplomatic pressure backed by mechanical devices of the type of V1 and V2 further developed. That could be achieved if we were wholly to eliminate the relatively small number of industrial activities which were, in our opinion, the most vital and also the most difficult to conceal; while over the remainder of the industrial field thereafter allowing Germany a large measure of latitude. If we tried to destroy every aspect of German industrial development, we should defeat our own ends."[21]

Auch wenn Dalton unter Hinweis auf die Ähnlichkeit der deutschen und der britischen Exportwirtschaft sofort intervenierte und bemerkte, der wirtschaftliche Wiederaufbau Deutschlands, insbesondere seines Außenhandels, läge nicht im Interesse Großbritanniens[22], war doch die Grundidee, in Andersons Worten, „to draw the fangs while leaving some teeth", unter den Ministern konsensfähig. In diesem Sinne beantworteten sie auch die an sie gerichteten Fragen: Neben möglichen Aktivitäten der „Vereinten Nationen" müsse Großbritannien auf der Basis von Lyttletons Formulierung drakonische Sofortmaßnahmen für ausgewählte Industrien mit einer sich daran anschließenden libe-

[21] CAB 87/66, APW (44) 15th Meeting, 31.8.1944.

[22] BLPES, Dalton Diaries I/31, fols. 34f. (Eintrag 31.8.1944). Bissig fuhr er fort, „that the Americans have been taking an interest in ‚restoring German foreign trade' after the war and I suggest that we should ask them whether they are equally interested in restoring Jap foreign trade. I think the answer would be ‚No'. But the Germans are to us even a greater inconvenience, economic, political and military, than the Japs are to them".

ralen Politik verbinden und auf diese Weise eine Reduzierung des Kriegspotentials Deutschlands anstreben. Die Minister befürworteten Kontrollen der deutschen Industrie auch über den eigentlichen Besatzungszeitraum hinaus, wobei sie der Logik des EIPS-Reports folgten und betonten, es komme in erster Linie darauf an, das Land für eine lange Periode – der EIPS-Vorschlag von zehn Jahren wurde bekräftigt – zu besetzen: „The more that could be done during the period of occupation to reduce Germany's industrial potential, the stronger our ultimate position would be."[23] Zugleich wurden die Planer um die Überarbeitung ihres Papiers und vor allem um eine genaue Auflistung der zu demontierenden bzw. zu begrenzenden Industrieanlagen gebeten.

2. Der Morgenthauplan im Kontext der US-Kriegszielplanungen

Im Herbst 1944 schien sich also ein Konsens anzubahnen, der, wenn auch weit hinter den britischen Planungen zurückbleibend, einige wenige Leitlinien hinsichtlich der wirtschaftlichen Behandlung Deutschlands vor und nach der Besatzung erkennen ließ – wären da nicht der unermüdliche Lord Cherwell und sein amerikanisches Pendant, Henry J. Morgenthau, Jr., gewesen, die erneut für eine Periode des planerischen Stillstands sorgten. Wer den Churchill-Intimus, der weder im Wirtschaftsplanungsstab noch im Armistice and Post-War Committee vertreten war, von der Existenz des EIPS-Papiers in Kenntnis setzte, ist bei der gegenwärtigen Quellenlage nicht zu klären. Doch wurde er wenige Tage nach der Sitzung des APW-Komitees dahingehend alarmiert, „that they have reached conclusions very similar to those of the Malkin Committee"[24]. Das Mißtrauen des Postmaster-General mußte sich weiter verstärken, als die umgehende Bitte um Überlassung der Arbeitsunterlagen des EIPS nur mit der Zusendung des Abschlußberichts beantwortet wurde. „Presumably", so argwöhnte man in seinem Büro, „it was feared that we would sabotage any attempt to resurrect the Malkin Committee's Report."[25] Immerhin gelang es Cherwell wenig später, Charles Vickers, Mitglied der Economic Advisory Branch des Außenministeriums und zugleich Mitarbeiter des Ministeriums für wirtschaftliche Kriegführung, davon zu überzeugen, einen Beamten in den EIPS zu entsenden[26].

Die in der Abteilung des „Profs" gehegte Hoffnung, den notwendigen Ausbau der britischen Exportindustrie nach dem Krieg durch eine Kontrolle der deutschen Industrie und umfassende Verbote mit dem Ziel der Übernahme deutscher Außenhandelsmärkte anstreben zu können, verband sich zur gleichen Zeit mit dem Grundgedanken des Morgenthauplans. Auch in den USA sollte nämlich der Planungsdrang des State Department abrupt gebremst werden. Dort fühlte man sich seit Beginn des Jahres einem konzeptionellen Druck aus London ausgesetzt. Der Eindruck eines schwerwiegenden Planungsrückstands, den der Malkin-Report vermittelt hatte, offenbarte sich in geradezu peinlicher Weise in der Europäischen Beratenden Kommission (EAC), deren Auf-

[23] CAB 87/66, APW (44) 15th Meeting, 31.8.1944.
[24] NC, MSS Cherwell, H 273, Minute (unsigned), 2.9.1944.
[25] Ebenda.
[26] NC, MSS Cherwell, H 275, C. G. Vickers an Cherwell, 7.10.1944.

gabenbereich die Briten gerne erweitert gesehen hätten, während man im amerikanischen Lager eine Wiederholung der Geheimdiplomatie des Ersten Weltkriegs fürchtete und davor warnte, in der Öffentlichkeit könne der Eindruck entstehen, „that this Commission sitting in London is secretly building the new world“[27]. Das negative Bild vervollständigte sich, als der amerikanische Botschafter in London, John G. Winant, Anfang Januar 1944 Washington von der Existenz eines britischen Friedensvertragsentwurfs in Kenntnis setzte, den Strang dann Mitte des Monats der EAC tatsächlich vorlegte[28]. In der US-Administration selbst wurde währenddessen fieberhaft gearbeitet. Das im Dezember 1943 gegründete Working Security Committee (WSC)[29] aus Vertretern der Außen-, Kriegs- und Marineministerien, das seit seiner Einsetzung fast kontinuierlich tagte[30], erstellte bereits am 6. Januar ein erstes wichtiges Memorandum über die Behandlung Deutschlands[31].

In diesem auch der EAC vorgelegten Papier fallen neben der Festlegung auf die sofortige Demobilisierung und die vollständige Entwaffnung der gesamten deutschen Streitkräfte sowie die Leistung von nicht näher definierten Reparationen in dem hier zu Debatte stehenden Zusammenhang vor allem zwei Punkte auf. Zunächst sollte das besiegte Deutschland nach der Vorstellung des WSC zur Unterstützung europäischer wie weltweiter Wiederaufbaumaßnahmen sowie zur Kooperation mit den Besatzungsmächten in Deutschland verpflichtet werden. In Ergänzung zu diesem wirtschaftlichen Rekonstruktionsbeitrag übernahmen die US-Planer in einem weiteren Artikel Keynes' Idee eines Friedensbeitrages. „Germany“, so empfahlen sie, „should be required to render such assistance, other than the provision of armed forces, as the United Nations may require for the furtherance of the measures for the maintenance of international peace and security taken by the United Nations.“[32] Was darunter genauer zu verstehen war, wurde in einer Begleitaufzeichnung erläutert: „Because the United States, through the President, has called for the complete disarmament of Germany it is felt that Germany should not be in a position for an indefinite period in the future to provide any armed forces for the maintenance of international peace and security. It is felt to be desirable by the United Nations, however, Germany might make contributions of a technical, economic, or otherwise acceptable character and the present article has been drawn in such a way as to permit the rendering of assistance of this kind.“[33] Im Unterschied zu Keynes' Vorschlag eines finanziellen deutschen Sicherheitsbeitrags, der in flexibler, von der Exportrate abhängiger Höhe in den organisatorischen Rahmen einer internationalen Bank eingebettet werden sollte, betonten die Amerikaner lediglich den Grundsatz technischer und wirt-

[27] Hull an Winant, 9.1.1944, in: FRUS 1944/I, S. 11–13, Zitat S. 12. Vgl. auch Hull an Winant, 18.4.1944, in: ebenda, S. 31–33. Zur EAC vgl. Woodward, British Foreign Policy, S. 476–478, sowie Gaddis, S. 105–114; Loth, Teilung, S. 79–82; Kettenacker, Krieg zur Friedenssicherung, S. 238–250 et passim.

[28] Winant an Hull, 8.1.1944, in: FRUS 1944/I, S. 110 f.; die britische Vorlage ebenda, S. 121–139. Zur Geschichte des Vertragsentwurfs vgl. Kettenacker, Krieg zur Friedenssicherung, S. 250–269.

[29] Zum WSC vgl. Notter, S. 225 f. Vgl. auch Gaddis, S. 108 ff.

[30] Hull an Winant, 15.1.1944, in: FRUS 1944/I, S. 111 f.

[31] Memorandum by the Working Security Committee, „Provisions for Imposition Upon Germany at Time of Surrender“, 6.1.1944, WS-10a, in: FRUS 1944/I, S. 104–109.

[32] FRUS 1944/I, S. 109.

[33] Memorandum by the Working Security Committee, „Provisions for Imposition Upon Germany at the Time of Surrender“, WS-12, 3.1.1944, in: FRUS 1944/I, S. 100–104, hier S. 103.

schaftlicher Hilfe durch die deutsche Industrie. Durch diese allgemeinere Formulierung wurde der komplementäre Charakter von Reparationsmaßnahmen und Friedensbeitrag vielleicht noch deutlicher als bei dem britischen Nationalökonomen. Die Amerikaner konnten offensichtlich dem britischen Vorschlag, finanzielle Zahlungen als Sicherheitsbeitrag in Erwägung zu ziehen, nichts abgewinnen und verzichteten deshalb auf den Mechanismus der Clearing Union; Deutschland war zu Materiallieferungen zu verpflichten, zunächst in Form eines Reparationsbeitrags zum Wiederaufbau Europas, später als technische und wirtschaftliche Hilfe zur Erleichterung der Verteidigungslasten und zur Erhöhung des allgemeinen Sicherheitsstandards.

Das Memorandum wurde von Winant Ende Januar 1944 zwar seinen EAC-Kollegen präsentiert, fiel jedoch den Interessengegensätzen der Kommissionsvertreter und den internen Streitigkeiten in Washington zum Opfer, die eine Auseinandersetzung mit dieser Thematik in der EAC während des Frühjahrs weiter verhinderten. Kontroversen mit den Stabschefs ließen das State Department auch zunehmend den Gedanken ins Auge fassen, an der Planungsorganisation vorbei direkt mit den Briten Gespräche zu beginnen. Die während des Frühjahrs anhaltenden Diskussionen des Außenministeriums bestärkten die Experten in ihrer Ansicht, daß Entscheidungen vor allem hinsichtlich der „Übergangsphase" nach der Kapitulation Deutschlands nicht mehr länger aufschiebbar waren. Dagegen waren längerfristige Fragen durchaus noch im allgemeineren Rahmen verhandelbar. Gerade die vordringlichsten Probleme kollidierten also mit dem Zuständigkeitsbereich der Militärs, deren Drängen auf Weichenstellungen für die Durchführung einer militärischen Besatzung den Spielraum für umfassendere Planungskonzepte verengte. Hinzu kam, daß nach Informationen des State Department die britische Reparationsdiskussion sich immer noch auf der technischen und weniger auf der politischen Entscheidungsebene befand und ebenfalls von Sondierungsgesprächen profitieren konnte[34]. Mitte des Jahres trat Penrose von der US-Botschaft in London wiederholt an das Foreign Office heran und teilte den Beamten mit, „that the State Department were more than ever anxious for discussions on economic and reparations problems". Gemäß der Überzeugung seiner Vorgesetzten in Washington, daß Probleme der „Übergangszeit" vorrangig zu behandeln seien, erklärte er, daß man zwar eine möglichst breite Erörterung der Thematik anstrebe, „but they did not wish to discuss economic security measures in general as they had not yet made up their minds on the issues involved and still hoped that reparations could be considered apart from economic security"[35].

London reagierte positiv. Der wenig fortgeschrittene Planungsstand Washingtons entsprach dem eigenen Dilemma, und informelle Gespräche in der EAC konnten helfen, den Knoten in der Planungsbürokratie durchzuschlagen. Die britischen Beamten unterbreiteten daher den Amerikanern einen Verfahrensvorschlag, der von großem Optimismus gekennzeichnet war. Nachdem sich die EAC-Repräsentanten auf die zu erörternden Themen geeinigt hatten, sollten Expertengespräche stattfinden, deren Ergebnisse zunächst der EAC und später den Regierungen unterbreitet werden sollten; nach Ab-

---

[34] Hull an Winant, 12.6.1944, in: FRUS 1944/I, S. 234 f.; Harriman an Hull, 8.7.1944, und Hull an Harriman, 14.7.1944, in: ebenda, S. 241.

[35] FO 942/96, EIPS/29, Record of Conversation between Mr. Coulson (FO) and Dr. Penrose (US Embassy), 20.6.1944; EIPS/29/26, Informal Meeting of Members of EIPS, 11.7.1944. Vgl. Hull an Winant, 4.6.1944, in: FRUS 1944/I, S. 239 f.: „Consideration of economic security problems here is now at the inter-agency stage and a definite position should be reached shortly."

schluß der regierungsinternen Diskussionen konnte mit politischen Verhandlungen auf EAC-Ebene begonnen werden, zu denen man nach trilateraler Einigung andere europäische Alliierte hinzuziehen wollte[36]. Alle Anzeichen sprachen also im Sommer 1944 kurzzeitig dafür, daß das Problem der wirtschaftlichen Behandlung Deutschlands trotz, aber auch gerade wegen des relativen Planungsstillstands und interministerieller deutschlandpolitischer Gegensätze in London und Washington in einer Art britisch-amerikanischer konzertierter Aktion auf eine trilaterale Verhandlungsebene befördert werden sollte.

Ein weiterer Schritt schien getan, als das State Department sich im August 1944 mit den britischen Vorschlägen einverstanden erklärte. Offensichtlich durch die noch ungeklärte Entwicklung im Krieg mit Japan zusätzlich zur Eile gedrängt, ging Außenminister Hull sogar noch einen Schritt weiter: „We consider", ließ er London wissen, „that an interim arrangement for securing prompt and substantial contribution from the German economy is essential both in order to accelerate European rehabilitation and to avert an unduly heavy imposition of European requirements upon the American economy while the war against Japan is still in progress." Darüber hinaus sei eine frühe Einigung wichtig, um mögliche Quellen alliierter Meinungsdifferenzen nach der Kapitulation auszuschließen. Den USA schwebe die Einsetzung einer alliierten Organisation zur Überwachung und Koordination des Reparationsverfahrens vor sowie in Ergänzung dazu eine Stelle, die sich vornehmlich der Beratung und Ausarbeitung von Reparationsanträgen widmen solle; die Verhandlungen müßten Fragen der Zahlungsprozedur mit einschließen. Er übermittelte den Briten ein Memorandum des Executive Committee on Economic Foreign Policy (ECEFP), das in einiger Ausführlichkeit Vorschläge zur reparationspolitischen Behandlung Deutschlands auflistete[37].

Das ECEFP war im April 1944 von Präsident Roosevelt zu dem Zweck gegründet worden, den Außenminister und gegebenenfalls auch den Präsidenten in Fragen der Außenwirtschaftspolitik zu beraten. Unter dem Vorsitz von Unterstaatssekretär Dean Acheson versammelten sich ausschließlich Vertreter der mit Wirtschaftsfragen betrauten Ministerien, darunter Staatssekretär Harry Dexter White. Die Streitkräfte wurden zur Erleichterung Hulls und seiner Mitarbeiter nicht berücksichtigt[38]. Das Komitee kann in vieler Hinsicht als amerikanisches Äquivalent des britischen Wirtschaftsplanungsstabs betrachtet werden: Unter der Federführung des State Department diskutierten vorwiegend Mitarbeiter der Wirtschaftsabteilungen, und auch das ECEFP leitete seine Ergebnisse einem übergeordneten ministeriellen Planungskomitee zu, das als höchste Planungsinstanz fungierte[39]. Es kann daher kaum überraschen, daß es Hull im August 1944 gelang, zwei richtungsweisende Memoranden durchzudrücken, deren Bedeutung weni-

---

[36] Winant an Hull, 20.7.1944, in: FRUS 1944/I, S. 250f. Die FO-Beamten äußerten sich intern eher skeptisch über die sowjetische Kooperationsbereitschaft bei entsprechenden Verhandlungen, signalisierten aber Bereitschaft, auch mögliche andere Verfahren in Erwägung zu ziehen.

[37] Hull an Winant, 16.8.1944, in: FRUS 1944/I, S. 271–273.

[38] Roosevelt an Hull, 5.4.1944, in: Notter, S. 218f.; vgl. insgesamt ebenda, S. 218–220, sowie Pautsch, S. 43, 57.

[39] Gemeint ist das Post-War Programs Committee unter Hull. Zur Reorganisation der Planungshierarchie in Washington im Januar 1944 vgl. Notter, S. 207–217, zum Post-War Programs Committee S. 208–213. Zur Organisation der amerikanischen Nachkriegsplanung vgl. insgesamt Pautsch, besonders S. 54–59.

ger in ihren konkreten reparationspolitischen Empfehlungen als in ihrem Wert für die Formulierung der amerikanischen Wirtschaftspolitik gegenüber Deutschland nach dem Krieg lag.

Die Grundsätze hierfür wurden in einem Papier festgehalten, während die Reparationspolitik in einer separaten, auch den Briten zugänglichen Denkschrift ausführlicher erläutert wurde[40]. Beide faßten noch einmal die bereits bekannten Positionen des Außenministeriums zusammen, arbeiteten aber in präziser Weise die Problematik der wirtschaftlichen Behandlung Deutschlands vor dem Hintergrund der allgemeinen wirtschaftspolitischen Zielsetzungen der USA heraus: „The economic policy of this Government with respect to Germany as a whole looks to the future, and the work of the occupation authorities should be so directed as to open up new possibilities for an improvement of the organization of the European economy as a whole and the development of comprehensive international institutions in the economic field."[41]

Die zu treffenden Maßnahmen sollten nach Ansicht des ECEFP den Reorganisationsprozeß der Weltwirtschaft auf der Basis von Multilateralität und Freihandel fördern; umgekehrt bildete die Neuausrichtung der Weltwirtschaft eine unabdingbare Voraussetzung für eine erfolgreiche Lösung der ökonomischen Dimension des Deutschlandproblems. Ähnlich wie Keynes argumentierten die Planer, daß die gegenüber Deutschland durchzuführenden Maßnahmen Teil eines umfassenderen Konzeptes für die wirtschaftliche Neuordnung nach dem Krieg sein mußten. Die in dem Memorandum explizit erhobene Forderung nach unbedingter Eliminierung der Autarkietendenzen in der deutschen Industrie und deren Integration in ein weltweites System gegenseitiger wirtschaftlicher Abhängigkeit blieb in ihren Augen sinnlos, wenn nicht gleichzeitig in globalem Ausmaß Schritte zur Überwindung diskriminierender Handelspraktiken eingeleitet würden. Aus diesen Prämissen ergab sich daher, daß der Erfolg eines Programms zur wirtschaftlichen Behandlung Deutschlands nicht allein vom Verhalten der Deutschen abhing, „but also on progress toward the general achievement internationally of the objectives of the Atlantic Charter and of Article VII of the Mutual Aid Agreements. The long-range integration of Germany into a world economy of this type cannot be wholly achieved unless other major countries are also pursuing compatible economic policies for the maximum reduction of the economic significance of frontiers and the development of agencies of international collaboration."[42]

Im einzelnen lehnte das ECEFP langfristige Wirtschaftskontrollen – sei es als Strafmaßnahme, sei es als Mittel der Sicherheitspolitik – mit dem Hinweis ab, daß diese den Zielen der amerikanischen Politik zuwiderliefen; wirtschaftliche Maßnahmen könnten von Natur aus kein Ersatz für andere Schritte zur Friedenserhaltung, etwa die Schaffung einer „Internationalen Organisation", sein. Auch in der „Übergangsphase", in der Deutschland zu Reparationsleistungen verpflichtet und seine Industrie Kontrollen unterworfen sein würde, sollten die Besatzungsmächte ein effizientes Funktionieren der

---

[40] Memorandum by the Executive Committee on Economic Foreign Policy, „Germany: General Objectives of United States Economic Policy With Respect to Germany", ECEFP D-36/44, 14.8.1944, in: FRUS 1944/I, S. 278–287; Memorandum by the Executive Committee on Economic Foreign Policy, „Summary: Report on Reparations, Restitution, and Property Rights – Germany", ECEFP D/37/44, 12.8.1944, in: ebenda, S. 287–299.

[41] FRUS 1944/I, S. 280.

[42] FRUS 1944/I, S. 286.

deutschen Wirtschaft garantieren. Dies erschien den Verfassern um so notwendiger, als sie einen fast völligen Zusammenbruch des wirtschaftlichen Lebens in den Zonen erwarteten.

Die Reparationspolitik selbst war ebenfalls von dem Grundsatz bestimmt, daß sie mit den langfristigen deutschlandpolitischen und weltwirtschaftlichen Zielen der USA übereinzustimmen hatte[43]. Ähnlich dem britischen Wirtschaftsplanungsstab empfahlen die Planer in Washington umfangreiche und die Industriestruktur verändernde Materialentnahmen während der Phase der Besatzung, die aber zeitlich sehr begrenzt sein sollte („preferably five years but in no event more than ten“[44]). Sie lehnten es ab, vorab eine Reparationssumme festzulegen, betonten jedoch, daß hohe Reparationen wegen des beträchtlichen Anteils der Rüstungsausgaben des Dritten Reichs am Nationaleinkommen durchaus legitim seien. Daneben erwähnten die US-Planer eine Reihe anderer Aspekte, so etwa den Vorrang einer zeitlichen Begrenzung der Reparationsentnahmen vor der Durchführung eines fest umrissenen Gesamtprogramms, die Einhaltung eines Mindestlebensstandards in Deutschland und die Notwendigkeit, Exporterlöse primär zur Dekkung der deutschen Importe zu verwenden, bevor sie zu Reparationszwecken abgeführt werden konnten. Auch hinsichtlich der Wirtschaftskontrollen gaben sich die Planer sehr zurückhaltend und folgten dem Grundsatz, es liege im Interesse der USA, „that Germany be prosperous, but that, at the same time, the German economy should not again be directed to war-like purposes“[45]. Folglich befürworteten sie Importkontrollen rüstungswirtschaftlicher Rohstoffe und auch die Zerstörung bzw. Demontage von Rüstungsbetrieben im engeren Sinn. Grundsätzlich sei aber eine Umwandlung und nicht die Demontage industrieller Anlagen anzustreben. Als Zweck dieser Maßnahmen wurde aber nicht allein die Auflösung der ökonomischen Grundlagen des deutschen Militarismus gesehen, sondern ebenso die Eliminierung informeller Einflußmöglichkeiten. Die Planer im Außenministerium empfahlen ausdrücklich, „that Germany should not be permitted to use foreign trade or commercial relations as an instrument of nationalistic policy as it did in the past, particularly in the thirties in southeastern Europe and in Latin America“[46].

Roosevelt war über den Stand der Planungen im Sommer 1944 bestens informiert. Hull präsentierte dem Präsidenten im August eine Reihe von Studien, die detailliert auf die interministeriellen Diskussionen und die interalliierten Verhandlungen in London eingingen und im wesentlichen die Sichtweise des State Department reflektierten[47]. Vor allem aber mußte dem Außenministerium eine Zusammenstellung der Grundsätze der

[43] In dem Reparationspapier wurden die außen- und wirtschaftspolitischen Ziele der US-Regierung definiert als: „1. The preservation of peace by a system of collective security and disarmament of the aggressors. 2. The early return to a multilateral system of international trade and finance through the removal of excessive barriers to the movement of goods and funds. 3. The rapid reconstruction of war-torn areas. 4. The maintenance of high levels of employment and standards of living.“ Vgl. FRUS 1944/I, S. 288.

[44] FRUS 1944/I, S. 283; vgl. ausführlich ebenda, S. 289f.

[45] FRUS 1944/I, S. 284.

[46] FRUS 1944/I, S. 285.

[47] Memorandum by the Committee on Post-War Problems, „The Treatment of Germany: Policy Recommendations“, PWC-149c, 31.5.1944, in: FRUS 1944/I, S. 302–306; Memorandum by the Division of Central European Affairs, „Status of Negotiations on Germany“, 22.8.1944, in: ebenda, S. 325–328.

amerikanischen Deutschlandpolitik am Herzen liegen. Im August wurde deshalb dem Präsidenten ein Memorandum vorgelegt, das in fast gleichlautenden Formulierungen die Ergebnisse der beiden ECEFP-Denkschriften präsentierte. Es diente Hull dazu, den Präsidenten für das Anliegen des State Department zu gewinnen[48].

Wie bereits angesprochen, forderte die in der Arbeit des Post-War Programs Committee und des ECEFP dokumentierte Planungskompetenz des Außenministeriums den Widerstand der militärischen Planer heraus. Die schärfsten Gegner waren aber nicht die in ihrer Verantwortlichkeit für die militärische Besatzung direkt Betroffenen, die sich auf eine Obstruktionstaktik beschränkten, also aus vorwiegend organisatorisch-technischen Gründen und Zuständigkeitsrangeleien den liberalen Kurs Hulls und seiner Mitarbeiter bremsten. Das Zentrum der Kritik fand sich vielmehr im Finanzministerium und besaß in dessen Leiter Henry J. Morgenthau, Jr., seinen einflußreichsten Exponenten. Morgenthau selbst hatte ein Komitee unter Leitung Whites eingerichtet, das seine deutschlandpolitischen Vorstellungen ausarbeiten sollte[49].

Während dahingestellt bleiben muß, inwieweit konzeptionelle Meinungsunterschiede zwischen Außen- und Finanzministerium über die langfristigen Ziele der US-Außenpolitik die Motive für Morgenthau lieferten, steht doch fest, daß, wie schon in Großbritannien, gegensätzliche Auffassungen über den deutschlandpolitischen Weg zur Erreichung dieser Ziele bestanden. Wie Lord Cherwell bestritt auch der amerikanische Finanzminister die Notwendigkeit eines deutschen wirtschaftlichen Wiederaufbaus und ging davon aus, daß die industrielle Zerstörung Deutschlands für die europäischen Volkswirtschaften bessere Rekonstruktionsbedingungen schaffen würde. Vor Keynes' „subversiver" Tätigkeit wurde Morgenthau zu diesem Zeitpunkt von Präsidentenberater Bernard Baruch gewarnt: „All his statements I have seen make me confident of the opinion I had of him the first day I met him. [...] Beware of the Greeks bringing presents. For the Greeks you can substitute Keynes."[50] Es ist eine Ironie der Geschichte, daß ausgerechnet der „Multilateralist" Harry Dexter White, der als amerikanischer Delegationsleiter bei den Artikel VII-Verhandlungen mit Keynes' Vorstellungen sehr wohl vertraut war und als Vertreter des Finanzministeriums im ECEFP auch an den deutschlandpolitischen Diskussionen teilgenommen hatte, seinem Vorgesetzten zur Vorbereitung der Gespräche des Finanzministers in London im August 1944 eine Kopie des ECEFP-Memorandums (D-36/44) zeigte, auf das Morgenthau mit scharfer Ablehnung reagierte[51]. Angesichts der sich darin ausdrückenden deutschlandpolitischen Seelenverwandtschaft der Wirtschaftsplaner auf beiden Seiten des Atlantiks dürfte es für ihn eine Erleichterung gewesen sein, als sich ihm in Cherwell ein einflußreicher Verbündeter zu erkennen gab.

Lord Cherwells Vorhaben, die Sanierung der britischen Wirtschaft durch eine Reduzierung des deutschen Industriepotentials und eine partielle Übernahme seines Außenhandels abzustützen, deckte sich im Ansatz mit Morgenthaus Deindustrialisierungsplänen. Während des unter dem Codenamen OCTAGON durchgeführten Treffens zwi-

[48] Memorandum by the Committee on Post-War Programs, „The Treatment of Germany", PWC-141b, 5.8.1944, in: FRUS 1944/I, S. 306–325.

[49] Blum, Morgenthau Diaries, S. 342f.

[50] Zitiert nach Harris, Keynes, S. 192. Zu Morgenthaus Abneigung gegenüber Keynes vgl. auch Hession, S. 306.

[51] Vgl. Moggridge, Maynard Keynes, S. 771; Gaddis, S. 117f. Zu Morgenthaus Gesprächen in London vgl. Kettenacker, Krieg zur Friedenssicherung, S. 424.

schen Roosevelt und Churchill in Quebec Mitte September 1944 erklärte er unumwunden, daß eine Öffnung der Exportmärkte Deutschlands insbesondere für Großbritannien Chancen zur Überwindung seiner Wirtschaftsprobleme in der Nachkriegszeit biete[52]. Gezielt bediente sich der amerikanische Finanzminister britischer Befürchtungen hinsichtlich des Wiederauflebens eines britisch-deutschen Handelsgegegensatzes nach dem Krieg. Und es war letztlich Lord Cherwells Einfluß zuzuschreiben, daß Churchill ohne Rücksprache mit dem Kabinett oder dem Außenministerium seine Initialen unter jenes folgenschwere Kommuniqué setzte, dessen ökonomische Zielsetzung auf die Schließung und Demontage der Industrieanlagen an Ruhr und Saar sowie die weitgehende Agrarisierung Deutschlands hinauslief[53]. Jedenfalls war dies Morgenthaus Eindruck auf der Konferenz, was wiederum nicht ohne Folgen für die laufenden britisch-amerikanischen Kreditverhandlungen blieb: Wie Harry Hopkins Lord Cherwell wenige Wochen nach der Konferenz mitteilte, betrachtete Morgenthau fortan den Paymaster-General als Hauptgesprächspartner; der Finanzminister, so Hopkins, „would be distressed if the negotiations were left entirely to Keynes"[54].

Überraschenderweise reagierte Keynes jedoch keineswegs völlig ablehnend auf die Vorschläge Morgenthaus. Dies mag auf den ersten Blick erstaunen, erklärt sich jedoch erstens aus dem schon in der Dismemberment-Frage gezeigten, von politischen Erwägungen losgelösten ökonomischen Denken Keynes'[55], zweitens jedoch aus einem verengten Blick auf den Morgenthauplan. In der Forschung hat der Unterschied zwischen den in der Erklärung von Quebec formulierten Grundsätzen alliierter Deutschlandpolitik und dem deutschlandpolitischen Programm Morgenthaus bis jetzt nicht die gebührende Beachtung gefunden. Das Kommuniqué forderte in aller Schärfe die Umwandlung der deutschen Industriegebiete „into a country primarily agricultural and pastoral in its character"[56]. Dagegen widmete das „Program to Prevent Germany From Starting a World War III"[57] des amerikanischen Finanzministers diesem Aspekt nur einen von insgesamt 14 Vorschlägen. In dieser Denkschrift, die auch Roosevelt zur Vorbereitung der Quebec-Konferenz diente[58], hieß es, daß innerhalb von sechs Monaten die produktionsfähigen Reste der Industrieanlagen zu demontieren und abzutransportieren, die Ruhr und die Saar selbst in eine internationale Zone umzuwandeln waren. Nach der überwiegend negativen Kommentierung des Kommuniqués in der Presse war es verständlich,

---

[52] NC, MSS Cherwell, H 279, Minute (unsigned), 14.9.1944.

[53] Woodward, British Foreign Policy, S. 472; Blum, Morgenthau Diaries, S. 369–374. Vgl. Kettenacker, Krieg zur Friedenssicherung, S. 427. Zu Keynes' Reaktion vgl. ebenda, S. 429f.; vgl. auch Cairncross, The Price of War, S. 54. Zur Rolle Cherwells vgl. Moggridge, Maynard Keynes, S. 773.

[54] NC, MSS Cherwell, H 194, Memorandum of a Conversation at the White House between Lord Cherwell and Mr. Harry Hopkins, 3.10.1944. Noch Jahre später, als der Marshallplan längst alle Träume von einem deindustrialisierten Deutschland hatte platzen lassen, fühlte sich Morgenthau in einem Glückwunschtelegramm an Cherwell veranlaßt, ihm für den Durchbruch zu danken, zu dem er seinen Plänen in Quebec verholfen hatte. Vgl. NC, MSS Cherwell, H 281, Morgenthau an Cherwell, 15.7.1948.

[55] Vgl. Kap. III.4, Anm. 114.

[56] Woodward, British Foreign Policy, S. 472; Blum, Morgenthau Diaries, S. 372.

[57] Memorandum Morgenthau, „Program to Prevent Germany from Starting World War III", in: JMK XXVI, S. 376–379; vgl. Blum, Morgenthau Diaries, S. 356–359.

[58] Blum, Morgenthau Diaries, S. 351–354; Moggridge, Maynard Keynes, S. 772.

daß Keynes nach der Lektüre des auf britischer Seite ihm[59] und Cherwell[60] überlassenen Memorandums überrascht notierte, „that the document is by no means as crude as the information first to hand might have suggested". Wie er an Schatzkanzler John Anderson schrieb, bekräftige Morgenthau die Eigenverantwortlichkeit der Deutschen für ihre Wirtschaft und trete auch für die Heranziehung von Deutschlands Nachbarstaaten zu Kontrollaufgaben ein. Dies zielte aus Keynes' ökonomischer Perspektive in die richtige Richtung, denn eine andere Linie „must inevitably let us in for financial responsibility of a crippling character beyond what we can support for any protected period". Auch in den meisten anderen Punkten, etwa der Aburteilung von Kriegsverbrechern, der Umerziehung und dem Verbot der Flugzeugherstellung, vermochte er mindestens ein Körnchen Wahrheit zu entdecken, wenn ihm auch vieles zu übertrieben formuliert war. Für den Deindustrialisierungsvorschlag selbst hatte der Nationalökonom allerdings nur Kritik und beißenden Spott übrig: Er sei „absurd" und „quite hopelessly impractical, creating intolerable conditions of a kind which world opinion could not conceivably allow, without any hint as to how they can be ameliorated"[61]. Sofort erkannte er die Gefahr, daß das britische Schatzamt für die Unterstützung der Deutschen würde aufkommen müssen, sollte sich Morgenthau durchsetzen können. In seinem Gespräch mit dem amerikanischen Finanzminister und White zum Auftakt der Kreditverhandlungen warf Keynes die Frage auf, wie denn die Bewohner der Ruhr mit dieser Politik vor dem Verhungern bewahrt werden sollten. White antwortete, „that there would have to be bread lines but on a very low level of subsistence. When I [Keynes] asked if the British, as being responsible for that area, would also be responsible for the bread, he said that the U.S. Treasury would if necessary pay for the bread, provided always it was on a very low level of subsistence. So whilst the hills are being turned into a sheep run, the valleys will be filled for some years to come with a closely packed bread line on a very low level of subsistence at American expense. How I am to keep a straight face when it comes to the round table talk I cannot imagine."[62]

Keynes wurde von der Sorge getrieben, daß Morgenthau sich in den „Stage II"-Verhandlungen von seinen deutschlandpolitischen Vorstellungen beeinflussen lassen und amerikanisches Entgegenkommen von der britischen Unterstützung dieser Vorstellungen abhängig machen würde[63]. Die Alternative von Kreditverhandlungen, deren Erfolg durch ökonomisch unvernünftige und für Großbritannien nicht finanzierbare Konzessionen in der Deutschlandpolitik erkauft war, oder offenen Divergenzen mit den USA in der Frage der wirtschaftlichen Behandlung Deutschlands, welche die dringend benötigte amerikanische Finanzhilfe gefährdeten, schien für Keynes wie ein Alptraum. Trotzdem wird man nicht sagen können, daß er sich von seiner Betonung der positiven Aspekte des Morgenthau-Vorschlags eine bessere Verhandlungsbasis erhoffte. Vielmehr ließ er sich in seiner Stellungnahme von ausschließlich ökonomischen Gesichtspunkten leiten, die ihn einerseits folgerichtig zu einer völlig negativen Beurteilung der Deindustrialisierungs-Passagen führten. Andererseits vermochte er aber durchaus Elemente zu erken-

---

[59] Vgl. Morgenthau an Keynes, 5.10.1944, in: JMK XXVI, S. 375.

[60] Das Exemplar von Morgenthaus Memorandum an Cherwell mit Begleitschreiben in: NC, MSS Cherwell, H 280, Morgenthau an Cherwell, 26.9.1944.

[61] Keynes an Anderson, 6.10.1944, in: JMK XXVI, S. 380–382.

[62] Keynes an Anderson, 4.10.1944, in: JMK XXIV, S. 131–135, hier: S. 134.

[63] Vgl. Moggridge, Maynard Keynes, S. 775.

nen, die ihm mindestens verhandlungswürdig erschienen. Ungeachtet möglicher taktischer Erwägungen ist seine Einschätzung deshalb ein weiterer Beleg für Keynes' ökonomische Sichtweise der Dinge, die gelegentlich auch den Blick für politische Zusammenhänge verstellte.

Wenn auch von begrenzter ökonomischer Wirkung blieb der „Geist von Quebec" ein höchst aktiver Spuk, der in der Folgezeit die Planer in Washington heimsuchte[64]. Denn es waren weniger die Vorschläge des Finanzministers im einzelnen als die ihnen zugrunde liegende politische Richtung, die sich mit den Interessen der Stabschefs verband und schließlich in der Direktive JCS 1067 für die amerikanische Militärregierung ihren abschließenden Höhepunkt fand[65]. Auch wenn sein Bestrafungskonzept keine weitere Bedeutung für die Deutschlandpolitik Washingtons hatte und JCS 1067 am Tage des Inkrafttretens am 11. April 1945 bereits im wesentlichen überholt und ohne durchschlagende Konsequenzen für den Besatzungsalltag war[66], reichte die Initiative Morgenthaus aus, um auf beiden Seiten des Atlantiks trotz der Fortsetzung der Planungsaktivitäten eine Konsensbildung vor der Konferenz von Jalta im Februar 1945, oder doch zumindest vor der deutschen Kapitulation zu vereiteln.

Vor allem das State Department setzte dennoch optimistisch seinen Kurs fort, notfalls auch ohne Rücksprache mit anderen Ministerien Gespräche mit London und Moskau einzuleiten. Das britische Außenministerium hatte sich trotz der Sondierungsgespräche Morgenthaus in London und der Telegramme von Botschafter Halifax, die den punitiven Charakter der Pläne bestätigten[67], offensichtlich durch die Lektüre des ECEFP-Memorandums, das ihm die Kollegen in Washington im August 1944 zugeleitet hatten, bestätigt gefühlt. Der US-Botschaft wurde allerdings mitgeteilt, das Problem der „Economic Security" sei nach Ansicht der britischen Regierung mit der Reparationsfrage untrennbar verknüpft und müsse deshalb in die Gespräche einbezogen werden. Auch diesem Vorbehalt fügte sich Hull schließlich ohne größeres Zögern und gab seinem EAC-Repräsentanten und Botschafter Winant grünes Licht für Gespräche, die noch vor der Kapitulation Deutschlands, nach Möglichkeit aber bereits im November beginnen sollten[68]. Dazu ist es freilich nicht gekommen. Nur einen Tag nachdem der Außenminister an Winant telegraphierte, machte Roosevelt seinem Außenminister unmißverständlich klar: „I dislike making detailed plans for a country which we do not yet occupy."[69] Da die Presse die menschenverachtenden Konsequenzen der Morgenthau-Vorschläge scharf attackierte, rückte der Präsident schnell von ihnen ab[70], sah andererseits aber auch keine Notwendigkeit, die insbesondere vom State Department favorisierte Richtung der Deutschlandplanung zu forcieren[71].

[64] Vgl. dazu auch Pautsch, S. 60f.
[65] Vgl. ausführlich Gaddis, S. 121–131; Henke, S. 107–117.
[66] Vgl. Henke, S. 116f., 986–997.
[67] Vgl. Woodward, British Foreign Policy, S. 471.
[68] Winant an Hull, 16.9.1944, in: FRUS 1944/I, S. 334; Hull an Winant, 19.10.1944, in: ebenda, S. 357.
[69] Memorandum Roosevelt an Hull, 20.10.1944, in: FRUS 1944/I, S. 358.
[70] Vgl. Henke, S. 111.
[71] Zum Verhältnis zwischen dem amerikanischen Präsidenten und dem State Department, insbesondere zu Außenminister Hull, vgl. Pautsch, S. 296–328.

3. Der Einfluß Morgenthaus auf die britischen Planungen und die Konferenz von Jalta

Auch in Großbritannien gerieten die Diskussionen über „Economic Security" nach der Konferenz von Quebec ins Stocken. Noch am 5. September 1944 tauschten sich die Mitglieder des Wirtschaftsplanungsstabs über das weitere Vorgehen aus, nachdem das APW-Komitee wesentliche Aspekte ihrer Vorlage bestätigt und die Experten mit der Ausarbeitung eines detaillierten Maßnahmenkatalogs zur Behandlung der deutschen Industrieanlagen betraut hatte[72]. Dabei sahen sie sich vor die Frage gestellt, ob sie in Ausführung des APW-Beschlusses möglichst rasch ein Papier über die vollständige oder partielle Demontage produktionsfähiger Anlagen vorlegen sollten, oder ob es nicht vielmehr vorteilhafter sei, auch die Auswirkungen dieser Maßnahmen auf die deutsche Wirtschaft mit einzubeziehen. Vielleicht hätten sie sich angesichts der lähmenden Wirkung, die die Initiative Morgenthaus auf die Planungstätigkeit auszuüben begann, besser für die erste Alternative entschieden. Sie optierten jedoch für eine umfangreiche Studie mit der Begründung, dadurch eine günstigere Vorbereitungsbasis für trilaterale Verhandlungen in der EAC zu schaffen.

Die Vorbereitungen für diese Studie wurden zunächst unterbrochen, als Attlee die Vorschläge Morgenthaus auf die Tagesordnung des APW-Komitees setzte. Die Minister wandten sich in der Folge erneut an die Experten des Wirtschaftsplanungsstabs mit der Bitte, sich zu Morgenthaus Thesen zu äußern[73]. Die fällige Studie über Deindustrialisierung wurde freilich erst Anfang Dezember abgeschlossen und von Attlee am 27. Dezember 1944 an die Minister weitergeleitet[74]. Der EIPS bekräftigte noch einmal den Grundsatz einer Stabilisierungspolitik gegenüber Deutschland und sprach sich eindeutig gegen eine Deindustrialisierung der Gebiete an Ruhr und Saar aus. Er wies auf die verheerenden Folgen für die deutsche Wirtschaft hin, vor allem wenn man die noch unkalkulierbaren Ausmaße des zu erwartenden Umsiedlungsprozesses der Bevölkerung aus den Gebieten Osteuropas berücksichtige. In Frontstellung zu dem Argument Lord Cherwells und Morgenthaus, dem britischen Außenhandel sei mit einem deindustrialisierten Deutschland mehr gedient, stellten die Planer heraus, daß die Zerstörung von Industrieanlagen negative Auswirkungen auf den britischen Wiederaufbau haben werde. Mögliche exportwirtschaftliche Gewinne, so rechneten sie vor, würden mehr als aufgewogen durch die Investitionsverluste, die durch den Wegfall der deutschen Wirtschaft als Zugpferd für die Rekonstruktion Europas entstünden. Aus diesem Grund verwarfen die Experten auch den Morgenthauplan, der ihrer Meinung nach zur „Economic Security" weniger beitragen könne als gezielte Maßnahmen in bestimmten Industriebereichen.

Die EIPS-Studie provozierte einen weiteren Gegenschlag Lord Cherwells. Nachdem er bereits im November auf Churchill eingedrungen war, die Morgenthau-Prinzipien als Basis der britischen Deutschlandpolitik anzunehmen[75], bot ihm das Deindustrialisie-

[72] FO 942/98, EIPS/29/48, Note on Informal Meeting of Members of EIPS, 5.9.1944.

[73] Woodward, British Foreign Policy, S. 473.

[74] CAB 67/68, APW (44) 127, Annex, Report by the Economic and Industrial Planning Staff on the Proposal for the De-Industrialisation of the Rhineland-Westphalia-Saar Area, 5.12.1944.

[75] Woodward, British Foreign Policy, S. 474.

rungspapier im Januar 1945 eine erneute Möglichkeit, gegen den liberalen Stabilisierungskurs Front zu machen. Er versuchte eine Widerlegung der Einzelaspekte des EIPS-Papiers, um noch einmal sein Anliegen vorzubringen: „We now have a great opportunity of getting restitution for our main loss due to the war – the loss of markets and foreign assets, and the incurring of foreign debts – if we can draw up plans which will at one blow prevent future German aggression and greatly reduce her capacity to manufacture for export. One such plan is the so-called Morgenthau-Plan."[76]

Der Obstruktionskurs Cherwells und Morgenthaus blieb nicht ganz ohne Auswirkungen, obwohl sein Stern gleich dem Morgenthaus im Sinken begriffen war, je näher der Tag der Kapitulation heranrückte und je mehr die Sachzwänge der bevorstehenden Besatzung die von ihm vorgebrachten Argumente entkräfteten. Er trug zu einer gewissen Entscheidungsträgheit auf beiden Seiten des Atlantiks bei. Zwar mochten sich in London nur die wenigsten Minister mit Cherwells Argumenten anfreunden. Die Vorstöße des „Profs" waren aber überzeugend genug, um ein ausreichendes Maß an Entscheidungsunsicherheit hervorzubringen. Und auch wenn ein – übrigens nie vorgelegter – britischer Vorschlag für eine harte Behandlung Deutschlands vermutlich kaum Chancen auf der höheren Planungsebene gehabt hätte (dafür stand der Morgenthauplan als eindrucksvolles Beispiel auf amerikanischer Seite), so reduzierte doch die bloße Möglichkeit eines derartigen Konzepts bereits die Konsensfähigkeit einer liberalen Stabilisierungspolitik. Die Konsequenz war, daß Großbritannien zur Krim-Konferenz ohne ausgearbeitetes Reparationspapier im diplomatischen Gepäck reisen mußte und am Ende das Thema der „Economic Security" vor der Kapitulation Deutschlands nicht mehr behandelt wurde.

Immerhin vermochten sich die drei Delegationen in Jalta im Februar 1945 zu einem geheimen Reparationsprotokoll zu verständigen, das die Umrisse eines Reparationsrahmens zeichnete. Die Großen Drei bekräftigten die Verpflichtung Deutschlands zu Reparationsleistungen in Form von Sachleistungen; darüber hinaus bestimmten sie einen dreiteiligen Reparationsmodus: einmalige Entnahmen für die Dauer von zwei Jahren nach der Kapitulation, jährliche Lieferungen aus der laufenden Produktion sowie die Verwendung deutscher Arbeitskräfte; schließlich die Einsetzung einer Interalliierten Reparationskommission mit Sitz in Moskau[77]. Erhebliche Meinungsdifferenzen entstanden freilich, als Stalin die Delegationen der Amerikaner und Briten mit dem Vorschlag eines Gesamtbetrags überraschte und auf der Festschreibung eines alliierten Reparationsanspruchs von $ 20 Milliarden im Protokoll bestand. Das Kabinett in London blieb jedoch bei seiner Linie, die konkreten Bestimmungen einer Reparationsregelung einstweilen nicht festzulegen und ihre Ausarbeitung weiterhin zum Gegenstand von Expertendiskussionen zu machen. Die Minister vermochten einer solch harten Lösung so wenig zuzustimmen wie vorher einem uneingeschränkten Stabilisierungskurs. Die Furcht vor den für sie nicht kalkulierbaren ökonomischen Untiefen einer solchen Entscheidung, die durch die Warnungen des Malkin-Reports sicherlich unbewußt verstärkt worden war, ließ sie denn auch ablehnend an Churchill zurücktelegraphieren, daß ohne genauere Untersuchung keine spezifischen Summen genannt werden könnten. Den von

[76] NC, MSS Cherwell, H 282, Memorandum (unsigned), „Curtailment of German (and Japanese) Industry and British Exports", 26.1.1945.

[77] FRUS, The Conferences at Malta and Yalta, S. 982 f.

der sowjetischen Delegation vorgeschlagenen Betrag erachtete man ohnehin als viel zu hoch. Sie erinnerten den Premierminister auch noch einmal an den Grundsatz, unter allen Umständen die Gefahr einer Begleichung der notwendigen deutschen Importe durch Großbritannien zu vermeiden[78].

Die Konfusion wurde aber noch einen Schritt weitergetrieben, als Churchill Stalin und dessen Außenminister Molotow von dieser Kabinettsentscheidung in Kenntnis setzte, ihnen im gleichen Atemzug aber zu verstehen gab, daß die Sowjetunion London mit umfangreichen Demontagen einen Gefallen erweise, „since the removal would put an end to German exports which could then be replaced by British exports“[79]. Churchill knüpfte mit dieser Bemerkung an seine Gespräche mit dem Generalissimus im Oktober 1944 an, deren spektakulärstes Ergebnis das „Prozentabkommen“ zur Aufteilung der Interessensphären in Südosteuropa gewesen war[80]. Ungeachtet der deutschlandpolitischen Planungen in Whitehall hatte der britische Premierminister Stalin unverblümt erklärt, er sei „all for hard terms“. Warum, so hatte Churchill gefragt, „should not the British make the things needed by Europe in fair competition with other countries? After this war Great Britain would be the only great debtor nation. Foreign securities amounting to £ 400,000,000 had been sold. Sterling debts now amounted to £ 3,000 million. She would have to make every effort to increase her exports to buy food. Russia's intention to take away German machinery was in harmony with Great Britain's interest in filling the gap left by Germany. This was only justice.“[81] Mochte man diese Bemerkung noch als Ausdruck der Stimmungen im Umkreis der Quebec-Konferenz verstehen – Churchill berief sich bei seinen Ausführungen explizit auf den Morgenthauplan –, so zeigte sich in Jalta die weiterhin unbefriedigende Koordination zwischen Planungsebene und Kabinett. Wie sehr Churchill dabei das Problem der „Economic Security“ und insbesondere die Reparations- und Demontagefrage aus einer rein politischen Perspektive betrachtete, demonstrierte er auf der Krim. „After the last war“, so erklärte er Stalin, „Rathenau had told the Germans that being deprived of their army and navy would not matter; he promised to arrange factories and make new weapons and Germany would build up her strength again more quickly than the others. Brüning carried on this policy, but no one dared go into production until Hitler appeared. Hitler did not invent this theme, Rathenau and Brüning had thought of it. Hitler only pulled the lever. It should not happen again. Industrial armament was the important thing. To begin with, the machine tools must be taken away.“[82]

Es muß offenbleiben, ob Churchill mit solch ambivalenten Äußerungen dem Anliegen des Kabinetts, die Erwähnung einer Reparationssumme im Protokoll zu verhindern, letztlich entgegenarbeitete. Ohne den Beistand Roosevelts schien dies ohnehin ein aussichtsloses Unterfangen, und der zeigte sich am Ende zu einem Kompromiß mit Stalin bereit: Die Moskauer Reparationskommission solle den Vorschlag Moskaus von $ 20 Milliarden und einem sowjetischen Anteil von 50% als Diskussionsgrundlage nehmen. Demgegenüber bestand die britische Delegation auf einem abweichenden Votum und

---

78 Woodward, British Foreign Policy in the Second World War, S. 492.
79 Ebenda, S. 493.
80 Vgl. dazu Ebersold, S. 80–83.
81 Zitiert nach: Gilbert, Road to Victory, S. 995, 1024f.
82 Zitiert nach: ebenda, S. 1035.

forderte, daß Gespräche der Reparationskommission der Nennung einer Gesamtsumme vorausgingen[83].

Die britische Delegation war gleich der amerikanischen offensichtlich von dem detaillierten sowjetischen Reparationsplan überrascht worden[84]. Sie vermochte nicht mit einem konstruktiven Gegenvorschlag aufzuwarten und verfolgte daher instinktiv einen Mittelkurs, der die Grundzüge einer Stabilisierungspolitik in Deutschland nicht preisgab, gleichzeitig aber der Sowjetunion das Recht auf noch nicht näher spezifizierte umfangreiche Entnahmen in Form von Reparationen, Demontagen und Arbeitsleistungen prinzipiell zugestand. Das „First charge"-Prinzip, das das Kabinett noch rasch angemahnt hatte und das später im Potsdamer Protokoll verankert werden sollte, fand bezeichnenderweise keinen Eingang in die Abmachung. Gemessen an der Bedeutung dieses Faktors für die britische Reparationspolitik, muß es als ein Versäumnis betrachtet werden, daß die Briten auf der Krim seinen Wert als Faustpfand, etwa im Austausch für Zugeständnisse in Verfahrensfragen, nicht ausloteten.

Jalta hatte aber auch die Bedeutung des Faktors Moskau für die Nachkriegspolitik deutlich werden lassen. Der Morgenthauplan war vor allem deshalb illusorisch, weil seine Vertreter auf beiden Seiten des Atlantiks nicht im Ernst denken konnten, daß ein völlig deindustrialisiertes Deutschland, wie es Stalin auch von Churchill in Aussicht gestellt worden war, mit dem Interesse der Sowjetunion an der langfristigen Nutzung deutscher Maschinen für den Wiederaufbau des Landes vereinbar war[85]. Es blieb freilich auch abzuwarten, in welchem Maße Stalin Argumenten ökonomischer Vernunft zugänglich war. Konnte nun in der Reparationsfrage ein offenes Aufbrechen der Risse in der Anti-Hitler-Koalition noch einmal dadurch vermieden werden, daß die Westmächte noch nicht zur Ausformulierung einer reparationspolitischen Vorlage gelangt waren, die eine konstruktive Kritik der sowjetischen Vorschläge erlaubt hätte, und daß überdies mit der Einsetzung einer Reparationskommission die Möglichkeit wahrgenommen wurde, das konfliktträchtige Thema zu vertagen, so waren die in der Tendenz unvereinbaren Grundpositionen doch kaum zu übersehen. Noch deutlichere Sturmzeichen hatten die übrigen Konferenzthemen offenbart. Der Dissens in der Polenfrage[86], die Zukunft Südosteuropas, schließlich auch die Frage der Grenzziehung im Osten signalisierten Interessendivergenzen, die, obwohl das Konfliktvermeidungspotential im Verhältnis der drei Alliierten auch in der nahen Zukunft noch keineswegs völlig ausgeschöpft war, eine Konfrontation der Westmächte mit Moskau bereits erahnen ließen[87]. Je weiter also die Rote Armee nach Westen vordrang und damit den Tag der Kapitulation herbeizwang, mit der endgültigen Zerschlagung der nationalsozialistischen Herrschaft aber zugleich das Ende der Interessengemeinsamkeiten der Alliierten herbeiführte, desto dringlicher wurden weitere Entscheidungen des britischen Kabinetts. Denn gerade Jalta hatte gezeigt, daß eine Entscheidungsträgheit mit einem erhöhten Sachzwangrisiko bestraft wurde.

---

[83] FRUS, The Conferences at Malta and Yalta, S. 982 f.

[84] Die Vorschläge des stellvertretenden sowjetischen Außenministers Maisky analysiert ausführlich Cairncross, The Price of War, S. 64–71.

[85] Vgl. Henke, S. 112.

[86] Vgl. Ebersold, S. 71–79.

[87] Vgl. die beiden gegensätzlichen Jalta-Interpretationen von Loth, Welches Jalta?, S. 24–34, und Graml, S. 31–60.

4. „Economic Security" zwischen Jalta und Potsdam: Das „First Charge"-Prinzip

Aufgestört von den Reparationsvereinbarungen und dem Jaltaer Schlußkommuniqué, das die Aufteilung Deutschlands zumindest als Möglichkeit noch offenließ, und besorgt über die Ankündigung der USA, ihre Besatzungstruppen nach zwei Jahren abzuziehen, legte Schatzkanzler Anderson dem Kabinett Anfang März 1945 ein ausführliches Memorandum über die Grundlagen der britischen Reparationspolitik und ihre Verknüpfung mit der Dismemberment-Frage vor. Es trug die deutliche Handschrift Keynes', dessen prognostische Analysen der wirtschaftlichen Situation Großbritanniens bei Kriegsende schon verschiedentlich Anlaß zu alarmierenden Denkschriften waren[88]. Im Winter 1944/45 hatte sich der Ökonom auch eingehender mit den wirtschaftlichen Aspekten der Zerstückelungsproblematik beschäftigt und sich dabei von seiner ursprünglich eher positiven Haltung zu einem entschiedenen Gegner einer Aufteilung Deutschlands entwickelt[89]. Beide Problemkomplexe verdichteten sich nun in dem von Anderson vorgelegten Memorandum zu einer eindringlichen Kritik der Jalta-Beschlüsse und der These, daß die Entnahme von Reparationen und eine territoriale Aufteilung zwei sich gegenseitig ausschließende Alternativen darstellten[90].

Angetrieben von den in höchstem Maße beunruhigenden Wirtschaftsprognosen für das Land, sah sich der Schatzkanzler gezwungen, Richtlinien zur Abwehr negativer ökonomischer Rückwirkungen einer an die Diskussionen von Jalta angelehnten Reparationspolitik zu entwickeln. Dazu stellte er zunächst unmißverständlich fest: „We must not ourselves incur any expense arising out of the supply of permitted imports into Germany, whilst Germany is simultaneously expected to make reparation deliveries, whether these are once-for-all or of a current and continuing character. For this would mean, in fact, that *we* were paying the German reparations to the recipients. We must, therefore, put in the forefront of our conditions that relief and other supplies, which are agreed to be necessary to put Germany in a position to pay any reparations at all, shall be a first charge on any deliveries taken from her, and must be paid for in the first instance (in the appropriate proportions) by those receiving the deliveries, so long as supplies exceed the value of Germany's overseas earnings apart from reparations."[91]

---

[88] Vgl. ausführlicher Kap. VI.2.

[89] Vgl. Keynes an E. J. Passant, 30.12.1944, in: JMK XXVI, S. 382f.

[90] CAB 66/63, WP (45) 146, Memorandum by the Chancellor of the Exchequer, „Reparations", 7.3.1945. Dt. in: Jacobsen (Hrsg.), S. 404–407. Vgl. zur Entstehung folgende Memoranden Keynes': „The Dismemberment of Germany", 26.2.1945; „The Dismemberment Proposals", 27.2.1945; „Reparations and Dismemberment", 28.2.1945, alle in: JMK XXVI, S. 384–389. Vgl. auch Woodward, British Foreign Policy, S. 524–526.

[91] CAB 66/63, WP (45) 146, Memorandum by the Chancellor of the Exchequer, „Reparations", 7.3.1945 (Hervorhebung im Original). Eine genauere Erläuterung dieses Prinzips wie auch einen deutlichen Hinweis darauf, daß er die Chancen für seine Durchsetzung auf alliierter Ebene von Beginn an skeptisch beurteilte, hatte Keynes bereits in einem Memorandum im September des Vorjahres geliefert: „I suggest that there are two fundamental principles affecting the settlement with Germany which we should unfalteringly demand and on which we should insist in season and out of season. The first is that the first charge on Germany's resources ranking in front of everything is the full cost of the occupation, meaning by this the full cost and not merely the local

Alle weiteren Bestimmungen folgten fast zwangsläufig aus diesem „First charge“-Prinzip: Die zulässige Höhe der Importe sollte für einen angemessenen Lebensstandard ausreichend sein; einmalige Entnahmen der Besatzungsmächte aus ihren eigenen Zonen waren mit der Alliierten Kontrollkommission abzusprechen, um nachteilige Wirkungen auf die Gesamtwirtschaftslage, die wiederum die Arbeit der Kontrollkommission erschweren würden, zu vermeiden; schließlich durften aus keiner Besatzungszone Reparationslieferungen verlangt werden, die nach Einschätzung der zuständigen Besatzungsmacht über die Zonenkapazität hinausgingen, denn, so fügte Anderson erklärend hinzu, wenn etwa Moskau Fehlbeträge seines Reparationsanteils in anderen Zonen geltend machen würde, wüchsen dort die Verpflichtungen der jeweiligen Besatzungsmacht für den Unterhalt dieser Zone.

Im weiteren Verlauf zeichneten Keynes und Anderson ein düsteres Bild der reparationspolitischen Sackgasse Londons. Sie ließen keinen Zweifel daran, daß nach ihrer Meinung der skizzierte Primat der deutschen Importe nennenswerte deutsche Reparationsleistungen, die vermutlich ohnehin nur aus einmaligen Lieferungen bestehen würden, in den ersten fünf Jahren unwahrscheinlich machte; selbst hinsichtlich der zweiten fünf Jahre wagten sie keine Vorhersage über den möglichen Reparationsumfang. Die Furcht vor einer übermäßigen Belastung des britischen Devisenhaushalts ließ sie schließlich auch vor Aufteilungsplänen warnen. Wenn es nicht gelang, Deutschland in wirtschaftlicher und administrativer Hinsicht als Einheit zu bewahren, sahen sie infolge der durch den Flüchtlingsstrom noch verschärften Ernährungslage in den Zonen auf Großbritannien weitere finanzielle und wirtschaftliche Belastungen zukommen, die die Mittel des Landes übersteigen und – wenn überhaupt – nur auf Kosten des eigenen Wiederaufbaus aufzubringen sein würden. In diesem Zusammenhang empfahlen sie mit verblüffender Weitsicht, daß für den Fall der Entwicklung eines separaten Regierungs- und Verwaltungssystems in der sowjetischen Zone ein vereinigter und in die westeuropäische Wirtschaft integrierter westdeutscher Teilstaat erstrebenswert sei.

Angesichts dieser auch unter dem Aspekt der alliierten Konsensbildung pessimistischen Bewertung der Reparationspolitik war die Annahme, die Vorschläge seien „vielleicht“ mit den in Jalta dargelegten Zielen der Russen vereinbar und Moskau zu einem reparationspolitischen Kurswechsel zu bewegen, eher Ausdruck verzweifelter Hoffnung. Ihre Ausführungen waren von einem realistischen, warnenden Ton durchzogen, der das Bemühen insbesondere von Keynes zeigte, die Minister auf den Boden der ökonomischen Tatsachen zurückzuholen. Daß er und Schatzkanzler Anderson sich letztlich keinen Hoffnungen auf ein west-östliches Einverständnis in der Reparationsfrage hingaben, bewies ihr Hinweis auf die Möglichkeit einer separaten Weststaatsgründung, sollte dies für London aus wirtschaftlichen Gründen notwendig werden. Die harsche Kritik an Jalta mußte allerdings zwangsläufig den Widerstand Churchills und Edens herausfordern, die in der Kabinettssitzung am 22. März 1945 einhellig die Vereinbarkeit der auf der Krim beschlossenen reparationspolitischen Grundsätze und einer nach rationalen

---

expenditure. The second is that the next charge on her is the cost of any permitted and agreed imports into the country, so that there can be no question of allowing credit to Germany for her imports at the same time that she is paying reparations in any shape or form in other directions. Otherwise the maxim that it is not *we* who pay the German reparations will be broken. Yet it will be a miracle if we succeed in maintaining these principles without compromise.“ Memorandum Keynes, September 1944, in: JMK XXIV, S. 123 f. (Hervorhebung im Original).

Gesichtspunkten durchgeführten Aufteilung Deutschlands, und damit den Fortbestand der Kooperation mit Moskau, erneut hervorhoben[92]. Demgegenüber mochten die übrigen Kabinettsmitglieder von den Prinzipien des Dismemberment und der weitgehend industriellen Pazifizierung Deutschlands nicht abrücken, und der stark appellative Charakter des Reparationsmemorandums, der in keine Empfehlungen mündete, die einer ministeriellen Entscheidung bedurft hätten, tat ein übriges, sie von dem Druck einer Beschlußfassung zu entlasten.

Doch auch wenn eine Entscheidung im Kabinett durch die überraschende Ankündigung der Sowjets, sie sähen in der Deklaration von Jalta keine Aufforderung zur Aufteilung Deutschlands, und durch den sich daran anschließenden Verzicht der Kriegsalliierten auf eine Festschreibung ihrer Teilungsabsichten in der Kapitulationserklärung überflüssig wurde, so markierte das Reparationsmemorandum von Keynes und Anderson doch einen gewissen Wendepunkt in den britischen Nachkriegsplanungen. Indem es vor allem jene Faktoren, die die Formulierung der Sicherheits- und Außenpolitik gegenüber Deutschland nach Ende des Krieges leiten sollten, vorwegnahm und als Ausgangspunkt der Analyse die vermutete britische Wirtschaftslage wählte, setzte es einen Schlußpunkt unter die Kriegszielplanungen und leitete eine neue Phase der außen- und deutschlandpolitischen Orientierung ein. Spiegelte der Malkin-Report noch das Bemühen um eine britische Eigenkonzeption der Deutschlandpolitik, die im Rahmen der Neuordnung des Weltwirtschafts- und Weltwährungssystems zu sehen war, so wies das Memorandum von Keynes und Anderson unverkennbare Merkmale eines ökonomisch bestimmten Defensivkonzepts auf; bezeichnend ist in diesem Zusammenhang die Warnung vor einer zu großen Abhängigkeit von den USA. Mit ihm verknüpften seine Verfasser die Hoffnung, die Preisgabe britischer Interessen zu verhindern – notfalls auf Kosten eines Bruchs mit Moskau, wie dies die Option eines „vereinigten Weststaats" andeutete.

Umgekehrt verdeutlichten die Ausführungen aber klar den Zusammenhang von wirtschaftlichem Bankrott Großbritanniens bei Kriegsende und Fortsetzung des Prinzips des wirtschaftlichen und politischen Appeasement gegenüber Deutschland. Wenn es nicht gelang, den Prozeß der ökonomischen und machtpolitischen Deklassierung der Zwischenkriegszeit aufzuhalten, war ein Rückgriff auf das Kriseninstrumentarium des Appeasement, jetzt allerdings nicht mehr in einer Frontstellung gegen Deutschland, sondern wahrscheinlich gegenüber einem verbündeten deutschen Teilstaat, unumgänglich. Diese Weitsicht der Zusammenhänge, die Keynes, wie schon unter anderen Bedingungen bei der Abfassung des Malkin-Reports, gezeigt hatte, griff allerdings der Entwicklung voraus. Durch das unerwartete Einlenken Moskaus in der Teilungsfrage sahen sich die Minister der Krone fraglos ermutigt, ihren Kurs fortzusetzen und Erwägungen, wie sie das Reparationsmemorandum angestrengt hatte, weiterhin beiseite zu schieben.

Zunächst setzten die Planungsstäbe ihre Arbeit fort, um nun Richtlinien für den britischen Vertreter bei der Reparationskommission in Moskau zu erstellen. Der Wirtschaftsplanungsstab legte Mitte April 1945 endlich jenen Bericht vor, den das APW-Komitee schon im Herbst 1944 angefordert hatte, dessen Fertigstellung durch die Querelen

[92] CAB 65/51, WM (45) 35th Meeting, War Cabinet Meeting, 22.3.1945. Vgl. Woodward, British Foreign Policy, S. 526f.; Kettenacker, Krieg zur Friedenssicherung, S. 498. Cairncross irrt, wenn er behauptet, daß das Memorandum nicht vom Koalitionskabinett erörtert wurde; vgl. Cairncross, The Price of War, S. 73. Zu dem Memorandum vgl. auch Foschepoth, Britische Deutschlandpolitik, S. 694ff.

um den Morgenthauplan aber immer wieder verschoben werden mußte[93]. Vor dem Abbruch der Diskussionen waren die Experten noch übereingekommen, zum Ausgangspunkt ihrer Überlegungen die Auswirkungen der vorgesehenen Maßnahmen auf die Zahlungsbilanz und den Arbeitsmarkt in Deutschland zu nehmen[94]. Als das APW-Komitee unter Leitung Bevins am 10. Mai 1945, zwei Tage nach der Kapitulation der deutschen Wehrmacht, zur Beratung des Berichts zusammentrat, lag ihm auch eine Begleitnote des Staatsministers im Außenministerium vor[95]. Richard Law erinnerte die Minister daran, daß das Reparationsproblem und die mit dem „Economic Security“-Konzept verbundenen Fragen nicht getrennt voneinander zu behandeln waren, da seiner Meinung nach der Umfang jener Industrieanlagen, die zur Entnahme freigegeben bzw. zur Produktion von Reparationsgütern herangezogen werden sollten, vom Grad der Beschränkungen und Kontrollen abhing. Hinsichtlich der Umsetzung des im Krim-Protokoll umrissenen Reparationsrahmens und der Festlegung von Richtlinien für den britischen Repräsentanten in der Reparationskommission war also gleichzeitig zu bedenken, welches Konzept der wirtschaftlichen Sicherheit die Regierung verfolgen sollte. Eine wichtige Prämisse wurde von Law jedoch gleich in seinen einleitenden Bemerkungen zur APW-Sitzung nochmals hervorgehoben: Die Vorschläge des EIPS-Reports galten in Abweichung der Jaltaer Bestimmungen für ein vereintes Deutschland ohne Ostpreußen, Teile von Pommern und Oberschlesien[96], „and will need reconsideration if a policy of dismemberment is finally accepted“[97]. Wie schon Keynes und Anderson davon ausgingen, daß die Aufteilung Deutschlands eine „vernünftige“ Reparationsregelung, die per se wirtschaftlich unsinnig und nur politisch zu legitimieren war, vollends zum Scheitern verurteilen mußte und gegebenenfalls auch ein Überdenken der Reparationsgrundlagen erforderte, so bestätigte nun auch der Wirtschaftsplanungsstab, daß die mehr oder minder starke Zerstückelung Deutschlands eine Politik der wirtschaftlichen Sicherheit, die auf punktuellen drakonischen Maßnahmen beruhte, obsolet machte. Bezog sich Dismemberment zu diesem Zeitpunkt auch noch nicht auf die dann später sich herausbildende Zweiteilung, sondern allgemein auf die Möglichkeit einer Neugliederung des deutschen Staatsgebiets, so bestätigte der Hinweis auf die Revisionsbedürftigkeit der britischen „Economic Security“-Politik im Falle einer andauernden Teilung doch die bereits im Reparationsmemorandum des Schatzamts antizipierten Versorgungsprobleme (die dann durch die Unterbrechung des Interzonenhandels tatsächlich entstehen sollten) und die politisch-militärische Frontstellung gegen die Sowjetunion und ihren Einflußbereich.

Als das APW-Komitee im August 1944 den EIPS angewiesen hatte, eine weitere Studie zum Thema zu erstellen, waren seine Mitglieder insbesondere an einer Liste der zu demontierenden Industrieanlagen interessiert. Dementsprechend bestand das Herz-

[93] CAB 87/69, APW (45) 57, Annex: „Further Report by the Economic and Industrial Planning Staff on Issues Affecting the Economic Obligations to be Imposed on Germany.“

[94] FO 942/98, EIPS/29/69, Notes of an Informal Meeting of Members of EIPS, 26.10.1944. Material zur Entstehung des Reports in FO 942/99–102.

[95] CAB 87/69, APW (45) 57, Note by the Minister of State, „Further Report on Issues Affecting the Economic Obligations to be Imposed on Germany“, 19.4.1945.

[96] CAB 87/69, APW (45) 11th Meeting, 10.5.1945.

[97] CAB 87/69, APW (45) 57, Annex: „Further Report by the Economic and Industrial Planning Staff on Issues Affecting the Economic Obligations to be Imposed on Germany.“

stück der Aufzeichnung aus einer Aufstellung, welche die Anlagen in zwei Kategorien aufteilte: In Kategorie A befanden sich jene Industrien, die im Sinne der in der Jalta-Deklaration festgesetzten Frist von zwei Jahren für einmalige Entnahmen freizugeben waren; hierunter fielen die zivile Luftfahrt, Schiffsbau und Handelsschiffahrt, Stahl, Werkzeugmaschinen, Kugellager, synthetisches Öl, Ammonium und Methanol. Kategorie B umfaßte alle Anlagen, über die nach Meinung des EIPS erst nach einer genaueren Untersuchung vor Ort entschieden werden konnte, etwa die übrige chemische Industrie, den Eisenbahnbau und die Fahrzeugindustrie[98].

In einem gesonderten Anhang ging der Planungsstab schließlich noch, wie im Herbst bereits beschlossen, der Frage der Auswirkungen auf die deutsche Zahlungsbilanz nach[99]. Eindrucksvoll wurde ausgeführt, daß die vorgeschlagenen Maßnahmen allein wohl kaum eine übermäßige Belastung der deutschen Zahlungsbilanz darstellen würden. In Verbindung allerdings mit anderen unwägbaren Einflußfaktoren wie der Zerstörung der Infrastruktur, der strategischen Bombenoffensive und dem Zustrom von Millionen von Flüchtlingen beurteilten die Experten die Zahlungsfähigkeit in den ersten fünf bis zehn Jahren ohne Hilfe von außen skeptisch. Die Reparationskapazität Deutschlands, die sich nach ihrem Verständnis allein aus der Höhe des Exportüberschusses nach Abzug aller Importkosten berechnete, durfte selbst nach bestem Ermessen nur gering veranschlagt werden und fiel möglicherweise ohnehin den Beschränkungen einer „Economic Security"-Politik zum Opfer: „A clear understanding will therefore be required among the Allies that, to the extent that certain economic security measures are considered to be of paramount importance, the Allies must abade or even forgo their just claims on current German production by way of compensation, both for war damage of every kind and for the depredations committed by the Germans in occupied territory."[100]

Die Interdependenz von Reparationen, „Economic Security" und Sicherheitsfragen als Faktoren einer Stabilisierungspolitik stand deshalb auch im Mittelpunkt der APW-Erörterungen. Es war Produktionsminister Oliver Lyttleton, der erneut darauf hinwies, daß ein erfolgreiches „Economic Security"-Konzept von der Frage der deutschen Grenzen und territorialen Neuordnung, von der Reparationsregelung und schließlich von der Frage der deutschen Exporte abhing. Damit war natürlich die Frage der Prioritäten aufgeworfen, und es entspann sich eine ausführliche Diskussion über die mögliche Rangfolge. Am Ende vermochten sich Bevin und Cripps mit dem Hinweis durchzusetzen, „that Security measures were of overriding importance and that we must first concentrate on the disarmament of industrial war potential"[101]. Auf Vorschlag Andersons einigten sich die Minister dann auf folgende Prioritätenliste für die wirtschaftliche Behandlung Deutschlands:

- Sicherheit, oder, in Bevins Worten, „disarmament of German industrial war potential";
- Sicherung eines Mindestlebensstandards in Deutschland;

---

[98] Vgl. die genaue Auflistung bei Cairncross, The Price of War, S. 58, Tab. 3.1.

[99] CAB 87/69, APW (45) 57, Appendix C: „The Effects on the German Balance of Payments of the Economic Security Measures."

[100] Ebenda.

[101] CAB 87/69, APW (45) 11th Meeting, 10.5.1945.

– Reparationen;
– Stabilisierung der deutschen Exportindustrie.

Mit diesem Vorbehalt stimmte das APW-Komitee schließlich den Empfehlungen des EIPS-Reports als Grundlage für den britischen Delegierten in der EAC, den Oberkommandierenden der britischen Zone und den britischen Delegierten für die Moskauer Reparationskommission zu.

Dem Außenministerium lag in dieser kritischen Phase zwischen Krieg und Frieden mehr denn je an raschen Konsultationen mit Amerikanern und Russen, und man bemühte sich deshalb umgehend, die Beschlüsse des APW-Komitees in eine Vorlage für die EAC umzusetzen[102]. Vermutlich mit Blick auf die bevorstehende Konferenz der Großen Drei in Potsdam, bei der er sich nur ungern die Hände durch eine verfrühte Debatte der Reparations- und Deindustrialisierungsthematik binden lassen wollte, veranlaßte Churchill, daß zunächst alle damit verbundenen Fragen im Kabinett erörtert wurden[103]. Mitte Juni 1945 legte schließlich der Staatsminister im Außenministerium, William Mabane, einen Entwurf vor, der die Positon Londons zu „Economic Security“ und industrieller Entmilitarisierung zusammenfaßte und einen groben Katalog mit Sofortmaßnahmen präsentierte. In der Vorlage wurde die bereits im August 1944 getroffene Entscheidung zugunsten einer Politik drakonischer Eingriffe in bestimmte Industriezweige wieder aufgegriffen. Auch die insbesondere in der letzten EIPS-Studie hervorgehobene Unterscheidung zwischen Maßnahmen zur wirtschaftlichen Sicherheit, die ohne Rücksicht auf die Reparationskapazität oder mögliche Schwierigkeiten für die Besatzungsmächte ausgeführt werden sollten, und Maßnahmen im Rahmen der Reparationsregelung, die nach Ansicht des Außenministeriums die Stabilisierung der deutschen Wirtschaft nicht gefährden durften, tauchte wieder auf[104].

Es konnte kaum überraschen, daß Churchill sowohl den Vorstoß des Foreign Office zur baldigen Aufnahme von Gesprächen in der EAC wie auch eine generelle Diskussion des EIPS/APW-Memorandums unter Hinweis auf den komplexen Charakter der Empfehlungen abblockte. Vielmehr reiche es völlig aus, wenn dem britischen Vertreter in Moskau und Montgomery als oberstem Befehlshaber der britischen Besatzungsarmee ein Leitfaden bereitgestellt würde, der im Inhalt etwa Mabanes Vorlage entspreche; unter keinen Umständen waren die darin enthaltenen Anweisungen aber den übrigen EAC-Vertretern zu eröffnen[105]. Für das Kabinett, aus dem sich die Labour-Minister inzwischen wieder zurückgezogen hatten und das dem Vorschlag des Premierministers zustimmte, war damit ein vorläufiges Ende der Debatte um „Economic Security“ erreicht: Vor der Potsdamer Konferenz fand sich die Entscheidungsspitze in Whitehall wegen der anstehenden Parlamentswahlen nicht mehr zu Gesprächen über dieses Thema ein. Statt dessen arbeitete das Außenministerium eine Direktive für Montgomery aus[106],

[102] Material in FO 371/45759/UE 2195 und UE 2324.

[103] FO 371/45749/UE 2551, Minute Churchill, 11.6.1945.

[104] CAB 66/66, CP (45) 36, Memorandum by the Minister of State, „Industrial Disarmament of Germany“, 14.6.1945, Annex: „Note by the Minister of State“.

[105] CAB 65/53, CM 8 (45), Cabinet Meeting, 15.6.1945.

[106] FO 371/45759/UE 2725, ACAO/P(45)67, Official Committee on Armistice Terms and Civil Administration, Annex A: „Draft Interim Directive to Commander-in-Chief British Zone of Occupation in Germany Concerning Industrial Disarmament.“ Vgl. das Protokoll der entscheidenden Sitzung des Komitees in: FO 371/45759/UE 2811, Minutes 27.6.1945.

während die britische Delegation in Moskau angehalten wurde, ihrer Arbeit die Ergebnisse der EIPS/APW-Diskussionen, wie sie im Memorandum des Wirtschaftsplanungsstabes vom 19. April 1945 zusammengefaßt waren[107], zugrunde zu legen.

Grundsätzlich hatte London damit aus der Not eine Tugend gemacht. Aus einem weit zurückreichenden Entscheidungsdefizit war ein offenes Reparations- bzw. „Economic Security"-Konzept hervorgegangen, das einerseits eine Geschlossenheit vermissen ließ und primär negativ formuliert war, andererseits aber mit der Festlegung auf bestimmte Grundsätze, die den verschiedenen und oft gegenläufigen ministeriellen Vorstellungen in einem kleinsten gemeinsamen Nenner Rechnung trugen, eine nach allen Richtungen offene Deutschlandpoltik zuließ. Dabei konkurrierten konzeptionelle Elemente einer Stabilisierungspolitik, wie sie vorwiegend im Kreise der Wirtschaftsexperten und in Teilen des Außenministeriums entwickelt wurden, mit dem Interesse an einer wirtschaftlichen Entmachtung Deutschlands, wie es aus unterschiedlichen Gründen Politiker wie Churchill, Cherwell und Selborne, aber auch die späteren Labour-Minister Attlee[108], Cripps[109], Bevin[110] und Dalton anmeldeten.[111] Die genannten Elemente verdichteten sich zu einem Primat wirtschaftlicher Sicherheit, dem die Reparationslösung nachgeordnet war. Als bestimmender Faktor der Deutschlandpolitik gewann dabei das im Memorandum von Anderson und Keynes definierte „First charge"-Prinzip immer mehr an Bedeutung: Über diesen Grenzwert, der einen minimalen Lebensstandard der Deutschen und eine ausgeglichene Zahlungsbilanz garantieren sollte, hinaus war von einem Aufbau der deutschen Wirtschaft abzusehen, auch wenn dies ihre Reparationsfähigkeit erhöhte; mit anderen Worten, eine Aufweichung des Sicherheitsrahmens, den etwa eine verstärkte Güterabschöpfung aus der laufenden Produktion implizierte, wurde abgelehnt.

Desgleichen hielten die Minister die Festlegung der Gesamthöhe der Reparationen deshalb nicht für wünschenswert, weil dies ein gefährliches Präjudiz für die weiteren Entscheidungen hätte darstellen können. Dagegen sollten gezielte Maßnahmen gegen die deutsche Kriegsindustrie, über deren Demontage unter den Ministern grundsätzlich Einigkeit bestand, während der ersten beiden Nachkriegsjahre einmalige Entnahmen ermöglichen und sowohl die dringlichsten Reparationsforderungen erfüllen als auch zeit-

[107] Vgl. Anm. 93.

[108] Vgl. insbesondere CAB 66/39, WP (43) 322, Memorandum by the Deputy Prime Minister, „Post-War Settlement – Policy in Respect of Germany", 19.7.1943; CAB 87/67, APW (44) 43, Memorandum by the Chairman, „Policy Towards Germany", 11.7.1944. Harris kommt zu dem Schluß, daß beim Beginn der Jalta-Konferenz „the British government had not worked out a comprehensive long-term policy for Germany. But its short-term policy was very much what Attlee had been advocating as a suitable long-term plan." Harris, Attlee, S. 210–214, Zitat S. 213. Ähnlich auch Burridge, S. 95 ff., 133 f., 153 et passim.

[109] Vgl. beispielhaft Cripps' Kommentar zum EIPS/APW-Memorandum APW (45) 57, in dem er die Notwendigkeit anerkannte, die Deutschen „occupied and above the bread line" zu halten, jedoch hinzufügte: „I do not think, however, that we should let this deter us from imposing sufficiently drastic restrictions, at any rate during the occupation, on the more war important branches of Germany's civilian engineering industry, and I believe moreover that a diversion of Germany's activity from these fields to others would bring more than compensating advantages to British economy." CAB 87/69, APW (45) 60, Note by the Minister of Aircraft Production, „Economic Security in Germany", 25.4.1945.

[110] Vgl. Bullock, Bevin, Bd. 2, S. 348 f.

[111] Zum Hintergrund der nicht zuletzt parteipolitisch begründeten germanophoben Haltung von Labour vgl. ausführlich Burridge.

lichen Verhandlungsspielraum über das weitere Vorgehen sichern; ein entsprechendes Sofortprogramm, das insbesondere die deutsche chemische und metallverarbeitende Industrie sowie die Stahl- und Schiffsbauindustrie betraf, lag in Abstimmung mit dem German Science and Industry Committee und der Control Commission (British Element), dem Außenministerium und dem Overseas Reconstruction Committee Ende Juli 1945 vor. Reparationen aus der laufenden Produktion wurden weitgehend skeptisch beurteilt. Mit Rücksicht auf die „Hardliners“ in den eigenen Reihen, aber auch mit Blick auf die Sowjetunion, deren Wohlwollen durch einen völligen Verzicht auf keinen Fall in Gefahr gebracht werden durfte, mochte man Produktionsentnahmen zu Reparationszwecken jedoch nicht ausschließen. Die diversen Vorlagen sahen deshalb vor, daß nach frühestens zwei Jahren und für den Rest der zehnjährigen Besatzungszeit mit Produktionsentnahmen zu Reparationszwecken begonnen werden konnte; allerdings sollte eine Überprüfung der Situation nach fünf Jahren dem eventuellen Mißbrauch bzw. ökonomischen Verzerrungen entgegenwirken[112].

Dem Umstand, daß den britischen Vertretern zwar eine Reihe uneinheitlicher Planungspapiere und Protokollabschriften zur allgemeinen Orientierung zur Verfügung standen, Direktiven des Kabinetts aber weder in der Reparationsfrage noch hinsichtlich eines umfassenderen „Economic Security“-Progamms vorlagen, entsprach es schließlich auch, daß Überlegungen, die den deutschlandpolitischen Grundsätzen Cherwells verhaftet blieben, konzeptionell keineswegs ausgeschlossen waren und auch über den 8. Mai 1945 hinaus immer wieder in den Planungsprozeß mit einflossen. Dies muß um so überraschender erscheinen, als das Kabinett etwaigen handelspolitischen Vorteilserwägungen bei der Formulierung der britischen Wiederaufbaupolitik gegenüber Deutschland eine Absage erteilte[113] und insbesondere Cherwell von einer Einflußnahme auf das Kabinett nach Churchills Ablösung während der Potsdamer Konferenz abgetrennt wurde. So bot sich bei Kriegsende insgesamt ein ambivalentes Bild der Deutschlandplanung. Der Sicherheitsprimat bedingte ungenutzte Kapazitäten in der deutschen Industrie, die nach Ansicht der zuständigen Minister in London weder zu Reparations- und Demontagezwecken noch, sicherheitspolitisch flankiert durch ökonomische „Überlaufventile“ wie etwa den Keynesschen Vorschlag eines wirtschaftlichen Friedensbeitrages, für den europäischen Wiederaufbau zu mobilisieren waren. So entstand einerseits der Eindruck, daß das „First charge“-Prinzip einen funktionierenden Wirtschaftsablauf in Deutschland sowie einen ausreichenden „mittleren“ Lebensstandard garantieren und auf diese Weise die finanzielle Belastung für die Besatzungsmacht Großbritannien minimieren sollte; andererseits mußte die angestrebte Neutralisierung des Potentials oberhalb dieses Grenzwertes aus sicherheitspolitischen Erwägungen auch unter den Planern den Eindruck bestätigen, daß London an einer Reaktivierung der deutschen Industrie nicht wirklich gelegen war und wirtschafts- bzw. handelspolitisches Konkurrenzdenken in London weiterhin eine Rolle spielte.

Nur so ist etwa auch Mark Turners Initiative zu erklären, der einen Monat vor der Potsdamer Konferenz als Leiter des EIPS eine Inspektionsreise nach Deutschland unternahm und von dem relativ geringfügigen Grad der Zerstörung der Stahlproduktionska-

[112] FO 371/45760/UE 3236, EIPS/P (45) 23, Economic and Industrial Planning Staff, „Industrial Disarmament of Germany“, 26.7.1945.

[113] Vgl. Cairncross, The Price of War, S. 75.

pazitäten so überrascht war, daß er seinen Kollegen vorschlug, den vom Ministry of Supply erhobenen Anspruch auf deutsche Industrieanlagen im Wert von £ 17 Millionen zu überdenken, „with a view to seeing whether it would be in our interests to increase our demands for German steel plant in order to prevent undue expansion in and future competition from the steel industry of Western Europe"[114]. Das ganze Spannungsverhältnis von Sicherheitsprimat und Wiederaufbau zeigte sich in dem Kommentar Troutbecks: „This is a very big question on which it is not easy to take a snap decision. I take it that one of the objects we have in mind is to prevent the European countries from being again dependent on the German steel industry. But we presumably do not want to achieve this by reducing the European steel supply beyond what it could use. We therefore have to draw some balance between encouraging the European countries to build up their own steel industries and building up *our* steel industry so as to take Germany's place as a supplier. I have no conception what prospects there are of taking Germany's place in this way. If we can do it, it would certainly suit our book. But I imagine we do not wish to be dog in the manger about it and take more German plant than we can use merely in order to prevent its getting into the hands of our Allies. [...] I think we should certainly try and take all the plant of which we can make proper use but it hardly seems legitimate to take more for the purely restrictive purpose of preventing other people getting it. Is not an expansionist economic policy still one of our slogans?"[115]

Troutbecks Bemerkungen belegen anschaulich, wie die britische Planungselite bei Kriegsende zwischen den Polen von Sicherheitsprimat, stabilisierungspolitischen Ansprüchen, rekonstruktionswirtschaftlichen Erfordernissen, traditonellem Konkurrenzdenken und keynesianischen Ansätzen für eine expansionistische Handelspolitik oszillierte und eine Entscheidungsfindung dadurch erschwert wurde. Es würde sich zeigen müssen, inwieweit gerade das Ansinnen des Foreign Office, gegenüber Deutschland eine Politik des vorsichtigen Wiederaufbaus zu betreiben, mit dem Anspruch kollidierte, den ehemaligen Feindstaat ordnungspolitisch durch seine wirtschaftliche Entmachtung zur Räson zu bringen. Dieser Zielkonflikt wurde, wie im folgenden aufgezeigt werden soll, durch die Notwendigkeit einer Standortbestimmung der Beziehungen zur Sowjetunion noch verstärkt, die als weiteren Faktor im Planungsprozeß den Anspruch Großbritanniens auf Erhalt seiner Machtstellung ins Rampenlicht rückte.

---

[114] FO 371/45759/UE 2651, Memorandum Turner, „The German Steel Industry", 11.6.1945.
[115] FO 371/45759/UE 2651, Minute Troutbeck, 18.6.1945 (Hervorhebung im Original).

V. Die Sowjetunion und das Problem der Sicherheit: Die Planungen im „Post-Hostilities Planning Staff" und im Foreign Office

1. Die Allianz mit der Sowjetunion als Strukturproblem der britischen Deutschlandplanungen

Es wurde bereits darauf hingewiesen, daß im Unterschied zu den Planungen bis zur Bildung des Economic and Industrial Planning Staff, die durch den Entwurf keynesianisch geprägter Blaupausen für die wirtschaftliche Behandlung Deutschlands nach dem Krieg gekennzeichnet und überwiegend auf den Kreis der Experten begrenzt geblieben waren, mit der Reorganisation der Planungsarbeit, der damit verbundenen Verlagerung auf die Ebene des Kabinetts und seiner Ausschüsse sowie dem sich abzeichnenden Sieg der Alliierten im Frühjahr 1944 in wachsendem Maße politische und militärische Erwägungen in den Planungsprozeß eindrangen. Sichtbarer Ausdruck hierfür waren OCTAGON und die Auseinandersetzung um den Morgenthauplan gewesen. Mit dem Vordringen der alliierten Truppen und der Roten Armee rückte schließlich mehr und mehr die Frage nach dem Verhältnis der Westmächte zur Sowjetunion und der daraus zu ziehenden Konsequenzen für die Formulierung der Deutschlandpolitik in den Mittelpunkt der Überlegungen.

Die britischen Nachkriegsplanungen gegenüber Deutschland, so wie sie sich bis zur Potsdamer Konferenz herauskristallisiert hatten, basierten unausgesprochen auf der Annahme, daß die Zusammenarbeit mit Moskau auch beim Aufbau und der sicherheitspolitischen Untermauerung der Friedensordnung fortdauern würde. Gerade der bislang erreichte Planungskonsens, von der Teilung und Zerstückelung Deutschlands abzusehen und im Hinblick auf einen reibungslosen Ablauf der Reparationsentnahmen sowie zur Sicherstellung der Ernährungslage die wirtschaftliche Einheit aufrechtzuerhalten, hing aber von der weiteren Kooperationsbereitschaft des Kreml ab.

In diesem Zusammenhang ist immer wieder ein Vorgang des Sommers 1944 in den Vordergrund des historischen Interesses gerückt. Stein des Anstoßes waren Überlegungen der britischen Stabschefs im Rahmen ihrer langfristigen militärstrategischen Planungen, die die Sowjetunion als zukünftige Hauptbedrohung herausstellten. Die Tatsache, daß es das Foreign Office im Verlauf der Auseinandersetzung nicht mehr zu einer Überbrückung der Gegensätze mit den Stabschefs kommen ließ, war ein eindrucksvoller Beleg für die Dominanz des Außenministeriums im Verhältnis zu den Militärs. Allerdings lag das primäre Interesse der Historiker bei der Rekonstruktion dieses Konflikts bisher darauf, seine Bedeutung für die Diskussion innerhalb der Verteidigungsorganisation Londons[1], für die Entwicklung der britisch-sowjetischen Beziehungen[2] oder die Frage der Teilung Deutschlands[3] herauszuarbeiten. Cairncross, der die Reparationsproblematik in den Mittelpunkt seiner Darstellung stellt, wertet die Auseinandersetzung zwi-

[1] Lewis, S. 98–177.

[2] Ross, S. 521–540; Rothwell, S. 114–123.

[3] Kettenacker, Krieg zur Friedenssicherung, S. 479–486; Tyrell, S. 444–458.

schen Chiefs of Staff und Foreign Office als weiteres Indiz dafür, daß es Whitehall nicht gelang, bis zur Konferenz von Jalta eine Einigung in der Dismemberment- und Reparationsfrage zu erzielen[4]. Demgegenüber ist der enge Bezug dieses Konflikts zu dem Problem der „Economic Security" nicht gebührend herausgestellt worden. Wichtige Hinweise hierfür liefert Ebersold, der den Konflikt in den Kontext der allgemeinen sicherheitspolitischen Orientierungssuche stellt und ihn als konzeptionellen Grundlagenstreit zwischen Vertretern der Idee eines kollektiven Sicherheitssystems und den Verteidigern eines regionalen, in Konfrontation zur Sowjetunion stehenden Bündnisses wertet[5].

Betrachtet man die anglo-sowjetischen Beziehungen während des Zweiten Weltkriegs und insbesondere die Einschätzung der Politik und Intentionen des Kreml durch die Beamten des Außenministeriums genauer, so fällt die mit Schärfe und Entschiedenheit vorgetragene Reaktion auf, mit der jegliche Planspiele über eine mögliche Frontstellung gegen Moskau zurückgewiesen wurden; diesem Befund kommt um so größere Beachtung zu, als das Verhalten des Foreign Office in diesem Punkt in auffallendem Gegensatz zur Zurückhaltung bei anderen Grundsatzentscheidungen steht. Dabei hatte zu Beginn des Krieges noch großes Mißtrauen über die Intentionen der UdSSR bestanden. Die britischen Beziehungen Londons zu Moskau waren nicht nur durch die Ereignisse des Sommers 1939 schwer belastet, die das rücksichtslose Finassieren Stalins für die britischen Politiker und Diplomaten offenbart hatten; das angeknackste Verhältnis mochte zwar durch das gemeinsame Ziel der militärischen Niederwerfung Hitlers temporär verdeckt werden, konnte jedoch schwerlich eine tragfähige Basis für die dauerhafte Zusammenarbeit nach Kriegsende bilden. Vielmehr sorgten Stalin und sein Außenminister Molotow auch während des Krieges immer wieder dafür, daß Skepsis und Argwohn in Whitehall nicht verstummten. So ließen sie kaum eine Gelegenheit aus, Fragen der territorialen Neuordnung Osteuropas anzuschneiden und ihre britischen Gesprächspartner zur Anerkennung der Annexion der baltischen Staaten zu drängen. Auch bei seiner Moskau-Reise im Dezember 1941 wurde Eden von dem Vorschlag Stalins überrascht, im Rahmen eines gemeinsamen Abkommens, in dem sich beide Staaten zu gegenseitiger militärischer Unterstützung sowie zur Zusammenarbeit beim Wiederaufbau verpflichten sollten, das Grenzthema ganz in der Manier des Hitler-Stalin-Pakts zum Gegenstand eines geheimen Protokolls zu machen[6].

Es gab denn auch unter den Beamten angesichts der eigenen schwierigen militärischen Lage, die einen Konfrontationskurs mit der Sowjetunion kaum ratsam erscheinen ließ, und den anfänglichen Erfolgen des Unternehmens Barbarossa, die zumindest in der ersten Kriegshälfte die Gefahr einer deutschen Totalhegemonie Europas wahrscheinlicher machten als die einer russischen Teilhegemonie über Osteuropa, zunächst kaum Dissens darüber, daß Moskau nach Kriegsende umfangreiche, auch territorial definierte Sicherheitsansprüche geltend machen würde[7]. Soweit diese Zielvorstellung im Außenministerium und im Kabinett akzeptiert war, wurde sie begleitet von der Frage, ob es gelingen konnte, ohne amerikanischen Beistand die völlige Sowjetisierung dieser Länder zu ver-

[4] Cairncross, The Price of War, S. 44–49.
[5] Ebersold, S. 95–97.
[6] Vgl. Rothwell, S. 76–78, 85–90, 95; Carlton, S. 191 f.
[7] Zu den Territorialverschiebungen auf der Basis der Grenzen von 1941 in diesem Zusammenhang vgl. Foschepoth, Großbritannien, S. 65–85; Kettenacker, Krieg zur Friedenssicherung, S. 105–112; Blasius, S. XIII-XXII.

hindern und gleichzeitig die eigene Einflußnahme auf den Wiederaufbau Osteuropas zu wahren. Einen ersten Schritt hierzu hofften die Foreign Office-Beamten mit dem Abschluß des britisch-sowjetischen Vertrages vom 26. Mai 1942 getan zu haben, zumal Molotow zur Verblüffung Londons auf eine Erwähnung der Grenzproblematik verzichtete. Statt eines Grenzvertrags vereinbarte man ein bilaterales Bündnis, das ein Wiederaufleben deutscher Aggression nach dem Krieg verhindern sollte[8]. Im Außenministerium gab man sich aber bereits zu einem frühen Zeitpunkt keinen Illusionen mehr über die Alternative einer Kooperation mit Moskau hin: Sollte, so wurde gefolgert, die Sowjetunion aus dem Krieg ebenfalls als Hegemonialmacht hervorgehen und durch eine rücksichtslose Einflußsphärenpolitik in Osteuropa den Konflikt mit dem Westen heraufbeschwören, so sähe sich Großbritannien außerstande, dem etwas entgegenzusetzen. Vielmehr zogen die Foreign Office-Planer den für sie deprimierenden Schluß, daß für diesen Fall die erneute Mobilisierung Deutschlands unausweichlich sein würde; dies war um so wichtiger, als ein Ausgreifen Moskaus auf die wirtschaftlichen Ressourcen Deutschlands und damit ein zweites Rapallo verhindert werden mußte[9].

Der Vertrag mit Moskau[10] war auf den ersten Blick eine logische Konsequenz aus dem Kriegsverlauf, der die im Januar 1943 auf der Konferenz von Casablanca mit den USA vereinbarte „Germany first"-Strategie[11] entsprach. Ungeachtet eines „die Weltpolitik im Verlauf des 19. und 20. Jahrhunderts in entscheidendem Maße" prägenden „machtpolitischen Antagonismus zwischen England und Rußland bzw. der Sowjetunion"[12] ließen die Briten keinen Zweifel daran, daß der Kriegsgegner Deutschland hieß. Die im Verlaufe des Krieges immer populärere Allianz mit dem Kreml spiegelte schließlich auch den „fast bis zur Bewegungslosigkeit geschrumpften" Handlungsspielraum Großbritanniens wider, über dessen Möglichkeiten sich Hitler wie die Kreise des Widerstands gleichermaßen Illusionen hinsichtlich eines deutsch-britischen Rapprochements hingaben[13]. Entscheidend war jedoch, daß der Vertrag hinsichtlich des ihm zugrunde liegenden Sicherheitsmodells für die Nachkriegszeit eine Fortdauer der eigentlich zweckgebundenen militärischen Allianz mit Moskau auf der Basis traditioneller Bündnisvorstellungen und eines bilateralen Interessenausgleichs als Mittel britischen Machterhalts nicht ausschloß. Seine doppelte Zielvorgabe, durch eine Allianz mit der Sowjetunion die deutsche Gefahr einzudämmen, gleichzeitig aber mit einer Einbindung Moskaus Rapallo-Ängste zu besänftigen, reflektierte gleichermaßen den weiterhin reklamierten Machtanspruch wie dessen mangelnde wirtschaftliche Tragfähigkeit, und enthielt deutliche Elemente der bekannten Appeasement-Politik.

Dies wurde besonders deutlich, als in dem von Leith-Ross geleiteten „Inter-Allied Post-War Requirements Committee" im Verlaufe einer stürmischen Sitzung der Vertreter des Außenministeriums zur Rechenschaft gezogen wurde. Von Keynes und Leith-Ross angegriffen, fühlte sich Jebb zur Verteidigung des Vertragswerks herausgefordert.

---

[8] Vgl. Memorandum by the Secretary of State for Foreign Affairs, „USSR", 12.5.1942, in: DzD I/3, S. 342–345.

[9] Vgl. Ross, S. 524.

[10] Für den Wortlaut vgl. Deuerlein, S. 304–306. Die beste Darstellung bei Blasius, S. XXII-XXXI, sowie Kettenacker, Krieg zur Friedenssicherung, S. 112–130.

[11] Vgl. Henke, S. 44–66.

[12] Hildebrand, Das vergangene Reich, S. 822.

[13] Ebenda, S. 805–813, 820–822 (Zitat S. 807).

In programmatischer Weise erklärte er den Ökonomen, in den Worten Daltons, „that no-one except the F.O. officials, who sent telegrams about our relations with Russia, realised how difficult and, indeed, dangerous, these were. Therefore, it was most important to do all we could to conciliate the Russians, nor would it be a bad thing to let the Americans know that we were paying heed to the Russians and had a second string to our bow."[14] Die Entrüstung der beiden Treasury-Mitarbeiter, insbesondere von Keynes, der gegen Ronald und Jebb polemisierte, das Außenministerium solle sich einen neuen Rechtsberater zulegen, mußte auf den ersten Blick verblüffen. Was veranlaßte zwei Ökonomen zu einer so scharfen Kritik, versprach doch das Vorgehen des Außenministeriums das Verhältnis der Alliierten mit dem Ziel der militärischen Zerschlagung des Nationalsozialismus zu stabilisieren?

Das Abkommen mit der Sowjetunion, mit dem man konkret die drohende Alternative des Wiederaufbaus Deutschlands und seine sicherheitspolitische Integration als Puffer in Frontstellung zur Sowjetunion abwenden sowie eine Sicherheitsoption im Falle des isolationistischen Rückfalls der USA nach Kriegsende offenhalten wollte, war der sichtbare äußere Ausdruck des ebenfalls im Frühjahr 1942 entstandenen, im wesentlichen von Jebb formulierten „Four Power Plan"[15]. Die darin angestellten Überlegungen ließen die tieferen Motive erkennen, die eine britisch-sowjetische Allianz mit traditionellen Elementen der britischen Außenpolitik verknüpften. Kern des Plans war die sicherheitspolitische Befriedung Europas unter den Auspizien Londons und Moskaus mit den Mitteln der Regionalisierung bzw. Föderalisierung. Dahinter verbarg sich nichts anderes als der Wunsch nach Wiederherstellung der Bedingungen für eine klassische Einflußsphärenpolitik, die Großbritannien einen Ausweg aus dem Teufelskreis von strategischer Überdehnung und Ressourcenknappheit zu versprechen schien und den drohenden Machtverlust abwenden konnte. Gleichzeitig sollte die drohende Gefahr eines kontinentalen Engagements möglichst gering gehalten und Londons Position im Konzert der Großmächte garantiert werden: Mochte auch die Zusammenarbeit mit den USA weiterhin Priorität besitzen, angesichts der Unsicherheit über deren Politik nach Kriegsende schien es jedenfalls sinnvoll, ihnen weiterhin den westatlantischen und pazifischen Einflußbereich zu überlassen, während in Europa Großbritannien selbst als Schutzmacht des westlichen Teils des Kontinents auftreten würde; der Sowjetunion stand es frei, durch ein Bündnis mit den osteuropäischen Staaten sowie eine ins Auge gefaßte Balkanföderation den eigenen Einflußbereich zu sichern, um, in Jebbs Worten, die Formierung dieser Staaten gegen einen erneuten deutschen „Drang nach Osten" zu organisieren.

Jebb ließ keinen Zweifel daran, daß der direkte Zweck des Plans die dauerhafte Entmachtung Deutschlands, das eigentliche Ziel freilich die Bewahrung der britischen

[14] BLPES, Dalton Diaries I/27, fol. 86f. (Eintrag 7.10.1942). Jebb griff hier auf ein im Rahmen seines Viermächteplans immer wieder in FO-Kreisen geäußertes Bild zurück. So schrieb etwa Sargent im August 1942, man dürfe in Verhandlungen mit den USA nicht Moskau Anlaß zu Mißtrauen geben, „lest we make it impossible for ourselves to collaborate with her if the United States fails us. The Soviet connexion must always remain a second string to our bow, and we must be careful therefore not to mislay this string while practising our archery with the Americans." Sargent an Jebb, 23.8.1942, zitiert nach: Kettenacker, Krieg zur Friedenssicherung, S. 139.

[15] Für den Wortlaut vgl. Woodward, British Foreign Policy, Bd. 5, S. 1–21, sowie DzD I/3, S. 743–764.

Großmachtstellung war[16]. Im Außenministerium hatte man richtig erkannt, daß nur die Fortsetzung der Kriegskoalition wenn schon nicht den Status Großbritanniens als Primus inter pares, so doch wenigstens die machtpolitische Gleichberechtigung des Landes an der Seite der beiden Flügelmächte garantieren konnte. Dies wiederum schloß eine derartige Gleichberechtigung Deutschlands bzw. Japans aus, und zu Recht wies Jebb auf den darin begründeten fundamentalen Unterschied zwischen einer Vier- bzw. Dreimächtekontrolle und dem kollektiven Sicherheitsmodell des Völkerbunds nach dem Ersten Weltkrieg hin. Aus dem streng machtpolitischen Blickwinkel des Außenministeriums lautete die Gleichung, daß die Aufgabe des Feindbildes Deutschland die Einheit der Alliierten in seinen Grundfesten gefährdete und letztlich das Absinken der Inselmacht auf den Status des Juniorpartners der neuen Führungsmacht USA und damit das Eingeständnis des endgültigen imperialen Abstiegs nach sich ziehen mußte[17].

Auch wenn aus der Foreign Office-Perspektive die einem britisch-russischen Ausgleich zugrunde liegenden Antriebsmomente prinzipiell erkannt waren, das Konzept richtete sich als ganzes doch gleich in doppeltem Sinn gegen die aus dem Umkreis von Keynes wiederholt vorgetragenen deutschlandpolitischen Kerngedanken. Eine auf die Erneuerung des Status quo ante zielende Großmachtpolitik war nicht in der Lage, in dem Scheitern von Versailles das Versäumnis zu erblicken, das internationale Mächtesystem nach 1919 auf der Grundlage umfassender Reformmaßnahmen neu zu ordnen. Vielmehr schien gerade das Versagen des internationalen Kontrollsystems und die darin begründete Unfähigkeit der Großmächte, über alle ideologischen Grundsätze hinweg zu einer wirksamen „Eindämmung" der Hitlerschen Gefahr zu finden, den Weg in den Zweiten Weltkrieg geebnet zu haben. Weniger auf eine friedensvertragliche Neuordnung fixiert, die notwendigerweise auch eine Neudefinition des Mächtestatus von Großbritannien implizierte, erblickten die Beamten erneut in (gemäßigten) reparationspolitischen und territorialen Ausbesserungsarbeiten eine Möglichkeit, einen kontinentaleuropäischen Interessenausgleich auf der Basis einer völlig neuartigen Mächtekonstellation zu schaffen und damit die Vorrangstellung Großbritanniens zu garantieren[18].

Daneben ging Jebb in seinem Plan von einem deutlichen Primat der imperialen Position Großbritanniens vor innenpolitischen Reformen aus. Explizit übte er Kritik an jener Denkrichtung, die von einer Selbstbescheidung der britischen Weltmachtrolle zugunsten sozio-ökonomischer Reformmaßnahmen ausging, wie sie der Beveridge-Re-

---

[16] Aus diesem Grund stand man dem Verlangen der Amerikaner, China als vierte Garantiemacht eines internationalen Sicherheitssystems aufzunehmen, auch eher ablehnend gegenüber. Anstatt die östliche Macht in den Kreis der Rooseveltschen „Vier Polizisten" aufzunehmen, zog man im Foreign Office fraglos eine machtpolitische Beförderung Frankreichs vor, das als kontinentale Führungsmacht unter dem Dach des Viererclubs in einer Art Neuauflage der französisch-russischen Entente von 1892/94 und der Tripleentente von 1907 mit militärischer und handelspolitischer Stoßrichtung gegen Deutschland nicht nur zu dessen Niederhaltung, sondern gleichzeitig auch mit Domestizierungswirkung auf Moskau zur Wiederherstellung des Mächte-Status quo in Europa beitragen konnte und Großbritannien die Hände frei ließ für die Fortsetzung seiner außereuropäischen Rolle.

[17] Zum „Four Power Plan" vgl. insbesondere die ebenfalls das machtpolitische Kalkül des Außenministeriums betonende Analyse bei Kettenacker, Krieg zur Friedenssicherung, S. 130–146, sowie ders., The Anglo-Soviet Alliance, S. 435–458. Vgl. ferner Woodward, British Foreign Policy, S. 434 f.; Tyrell, S. 64–83, 92–98; Lewis, S. 35–39; Ebersold, S. 84 f.

[18] Vgl. vor allem die Hinweise bei Kettenacker, Krieg zur Friedenssicherung, S. 183 f.; sowie zusammenfassend ders., Die anglo-amerikanischen Planungen, S. 66–87, besonders S. 71 f.

port umrissen hatte. Es stand außer Frage, daß hier zwei sich gegenseitig ausschließende Ansprüche miteinander konkurrierten. Genau hier stand eine Entscheidung an über die seit dem Ausgang des letzten Jahrhunderts konvergierenden Linien britischer Außenpolitik: Die Bewahrung der Reformfähigkeit und die Einlösung des Anspruchs auf Friedensbewahrung setzte nämlich gerade diese Selbstbescheidung des Landes im Rahmen des wirtschaftlich Möglichen voraus, auch um den Preis eines Bruchs mit der Sowjetunion, der Überlassung der Führungsposition an die USA und einer Stabilisierungspolitik gegenüber Deutschland. Umgekehrt bedrohte das Beharren auf einem Primat der Außenpolitik, das den Frieden im Äußeren mit den Mitteln klassischer Großmachtpolitik auf der Basis eines west-östlichen Ausgleichs zu erreichen suchte und die Kontinuität des imperialen Status Großbritanniens voraussetzte, die vielbeschworene soziale Sicherheit im Inneren. Obwohl also die Beamten des Außenministeriums mit ihrem Plan einer Viermächte-Kontrolle Deutschlands und der Beschwichtigung Moskaus konsequent in der Tradition britischer Außenpolitik zu stehen meinten, erkannten sie augenscheinlich nicht den inneren Widerspruch ihrer Konzeption, der die Dualität von Reform und Frieden als außenpolitische Grundziele aufzulösen drohte. Sie entschieden sich jedenfalls ohne zu zögern für eine deutschlandpolitische Allianz mit dem Kreml, und Jebb warf in seiner Denkschrift konsequenterweise allen, die demgegenüber einen Primat der Innenpolitik vertraten, Defätismus vor[19].

Keynes' Bedenken zielten mithin auf die antideutsche Ausrichtung des britisch-sowjetischen Vertrags, die in einem fundamentalen gedanklichen Gegensatz zu dem gerade im Entstehen begriffenen „Economic Security"-Konzept stand und den Wiederaufbaugedanken dem Ziel außenpolitischen Machterhalts unterordnete. Der vom Außenministerium favorisierte Rückgriff auf Mittel der klassischen Machtpolitik konnte kaum auf die Gegenliebe des Ökonomen stoßen, dem immer stärker die schwindende britische Wirtschaftsbasis und folglich die Notwendigkeit eines Teilrückzugs Londons aus der internationalen Verantwortung ins Bewußtsein rückte. Sie liefen seinem Lösungsmodell der weltwirtschaftlichen und machtpolitischen Neuordnung sowie dem Vorrang der inneren Stabilisierung mit Mitteln budgetärer Expansion zuwider. Es stand also zu befürchten, daß sich in den politisch-strategischen Planungen des Außenministeriums ein Widerspruch zu entfalten begann zwischen der Einsicht in die Unabdingbarkeit einer Stabilisierungspolitik gegenüber Deutschland, die man aus dem Scheitern der Versailler Friedensordnung ableitete, und dem Gedanken, daß nur eine Fortschreibung der imperialen Rolle des Königsreichs und eine Bündnispolitik gegenüber Moskau einen dauerhaften Frieden garantieren könnten.

Der „Tag der Roten Armee", der im Februar 1943 in der britischen Bevölkerung eine ungeahnte Solidaritätswelle für die sowjetischen Soldaten auslöste, verankerte die Kooperationspolitik des Außenministeriums auf breiter Basis und machte sie zu einem Anliegen nahezu des gesamten politischen Spektrums. Die von Dalton in Birmingham vorgetragene Einschätzung, bei dem Vertrag handele es sich um „the best treaty any British

[19] Vgl. die Argumentation bei Kettenacker, Krieg zur Friedenssicherung, S. 134f., der die Stoßrichtung des Foreign Office gegen Labour betont. Wie sich bald herausstellen sollte, beging Labour freilich den umgekehrten Fehler: Hier wurde der Anspruch auf Sozialreformen mit einer harten Politik gegenüber Deutschland verbunden und dabei dessen Abhängigkeit von einer Stabilisierungspolitik genauso übersehen wie in Jebbs Viermächteplan im Zusammenhang mit dem Anspruch auf Friedenswahrung.

Foreign Secretary has signed in our lifetime", spiegelte den sich abzeichnenden außenpolitischen Konsens unter den Politikern wie in der Bevölkerung. Er fügte hinzu: „Historical necessity has thrown the Russians and ourselves into an comradeship which must long outlast our common victory in this war."[20]

Eine Bestätigung seiner Politik fand das Foreign Office zunächst in den strategischen Planungen der Militärs. Das beharrliche Drängen insbesondere einer Reihe exilierter norwegischer, holländischer und belgischer Politiker in der Frage eines möglichen atlantischen Sicherheitsbündnisses nach dem Krieg veranlaßte das Außenministerium im Januar 1942, also genau zwischen Edens Moskau-Reise und dem Abschluß des britisch-sowjetischen Vertrags, die Stabschefs um ein Grundsatzpapier über die militärisch-strategische Orientierung Großbritanniens zu bitten. In ihrem Anfang April vorgelegten „Basenplan" bestätigte die militärische Führung, daß eine künftige Bedrohung Europas nur von einem erneuten Aufstieg Deutschlands ausgehen könne. Ein wirksamer Schutz bestand in ihren Augen daher lediglich in der Unterhaltung ausreichender Streitkräfte und dem erklärten Willen, sie notfalls erneut gegen Deutschland einzusetzen. Der Zustand völliger Verteidigungslosigkeit, in den die Deutschen auf unabsehbare Zeit zu versetzen waren, legte ihrer Meinung nach den Schwerpunkt des Einsatzes auf die britischen Luftstreitkräfte. Die Herausstellung eines kontinentalen Hauptfeindes in der Mitte Europas ließ die Planer denn auch ein Militärbündnis mit Norwegen skeptisch beurteilen, das aus ihrer Sicht Großbritannien strategisch zu weit an die nördliche Hemisphäre binden würde und deshalb ohne ein ergänzendes Engagement der USA gar nicht zu realisieren war. Demgegenüber beurteilten sie eine engere verteidigungspolitische Zusammenarbeit mit den kontinentalen Randstaaten im Westen als günstiger[21].

Der sich an dieses Papier anknüpfende Dialog zwischen den Beamten des Außenministeriums und den Vertretern der Streitkräfte machte bei aller Sympathie, die die Beamten dieser Interpretation entgegenbringen mußten, deutlich, daß nicht unähnlich den Planungen über die wirtschaftliche Behandlung Deutschlands ein Interessenkonflikt zwischen der Experten- und Entscheidungsebene im Entstehen begriffen war. Während das Foreign Office in den Militärs primär Ansprechpartner zur Ausarbeitung von langfristigen regionalen Strategiestudien sah, insistierten deren Planer darauf, daß ohne vorherige Entscheidungen über außenpolitische Leitlinien für die Nachkriegszeit Studien allgemeineren Charakters wenig sinnvoll seien, und warnten vor Regionallösungen, die einer generellen Analyse der strategischen Folgen des Weltkriegs vorausgingen. Zur besseren Koordination der Gesamtplanungen mit den militärischen Zielvorstellungen entstand das Military Sub-Committee (MSC)[22].

Das MSC wurde vom Außenministerium sofort darum gebeten, die Möglichkeiten des „Basenplans" im Hinblick auf eine Gewinnung der USA als Schutzmacht des atlantischen Raums an der Seite Großbritanniens auszuloten. Die wenig später vorgelegte Aufzeichnung bestätigte erneut die Grundsätze des britisch-sowjetischen Abkommens. Die Planer gingen weiterhin von der Annahme aus, daß Deutschland der primäre Bedrohungsfaktor in Westeuropa sei. Sie unterstrichen die Notwendigkeit seiner dauerhaften

---

[20] BLPES, Dalton Papers II, 7/5, fols. 23–26, hier: fol. 24, Daltons Rede in Birmingham, 20.2.1943. Noch im Dezember 1944 bezeichnete er den Vertrag als „the anchor of post-war peace in Europe"; BLPES, Dalton Diaries I/31, fol. 96 (Eintrag 12.12.1944).

[21] Zum Basenplan vgl. Lewis, S. 5–9.

[22] Zur Entstehung des MSC vgl. ebenda, S. 17–24.

Entwaffnung unter der Kontrolle der Besatzungsarmeen, denen zur strategischen Absicherung Nachschubbasen in Deutschland und den Niederlanden an die Seite gestellt werden sollten. Die Idee britischer Militärbasen in Skandinavien und Westeuropa wurde demgegenüber zwar unter Hinweis auf ihren Wert als zusätzliche Sicherheitsmaßnahme im Falle des Scheiterns einer dauerhaften Entmachtung Deutschlands nicht völlig verworfen, jedoch als langfristig kostspieliges kontinentales Engagement bewertet. Es sei offensichtlich, daß die zur wirkungsvollen Sicherheit dieser Länder notwendigen Kosten nur mit einer umfangreichen Eigenleistung und unter der Voraussetzung einer Beteiligung der USA zu tragen seien. Diese ersten, noch vorsichtig vorgetragenen Erwägungen aus militärstrategischer Sicht gelangten im Rahmen einer Vorlage des Außenministeriums immerhin ins Kabinett, fanden jedoch weder die Billigung der Minister noch die der Planungsdirektoren der Stabschefs, die übereinstimmend die Ausarbeitung von Strategieplänen vor einer ministeriellen Übereinkunft über die politischen Rahmenbedingungen für verfrüht hielten[23].

Mochten auch in der Folgezeit keine weiteren Entscheidungen fallen, die eine rasche Wiederaufnahme der militärischen Planungen ermöglichten, so hatten die ersten Vorstöße im zeitlichen Umfeld des britisch-sowjetischen Abkommens doch zumindest den breiten außenpolitischen Konsens in Whitehall, die Kriegskoalition mit Moskau über das Kriegsende hinaus als Voraussetzung für den Fortbestand des Großmachtstatus Großbritanniens fortzusetzen, auch aus strategischer Sicht bestätigt. Weiteren Überlegungen wurde damit aus Foreign Office-Sicht vorerst jede Dringlichkeit genommen. So hielt der Leiter des mit Rußlandfragen befaßten Northern Department, Christopher Warner, im Juni 1943 in seiner Beurteilung eines weiteren MSC-Papiers fest, Großbritanniens Politik „was certainly to go all out for Russian co-operation, and the Russian response so far was encouraging“[24]. Warner regte an, eine Kooperationsbereitschaft der Sowjetunion als Arbeitshypothese den Nachkriegsplanungen zugrunde zu legen.

2. Planungsgegensätze: Sicherheit auf europäischer Ebene oder Großmachtstatus?

Die Situation blieb bis zum Frühjahr 1944 unverändert. Zuvor schien sich das Konzept des Außenministeriums für alle sichtbar zu bestätigen, als Eden auf der Moskauer Außenministerkonferenz im Oktober und Churchill in Teheran im November 1943 noch einmal Großbritanniens Führungsanspruch demonstrieren konnten und dafür selbst das Lob der nur mangelhaft vorbereiteten Amerikaner erhielten[25]. Zu dem aus britischer Sicht erfolgreichen Abschluß der Konferenzen hatte vor allem beigetragen, daß der Kreml mit seiner Zustimmung zur Schaffung einer Europäischen Beratenden Kommission mit Sitz in London und zu einer „Viermächte-Erklärung“, in der die Kriegsalliierten sich über ein gemeinsames Vorgehen in der Frage der Entwaffnung und Besetzung Deutschlands sowie über die Schaffung einer internationalen Organisation zum frühest

[23] Ebenda, S. 24–30.

[24] Zitiert nach: ebenda, S. 42.

[25] Vgl. Hull an Eden, 30.10.1943, in: Carlton, S. 227. Vgl. auch Rothwell, S. 108 f., sowie, auch zum Folgenden, Mastny, S. 481–504.

möglichen Zeitpunkt verständigt hatten, seine Bereitschaft zur weiteren deutschlandpolitischen Zusammenarbeit mit den Westmächten signalisiert zu haben schien. Mit Beginn des neuen Jahres wurde der Konsens aber gleich von mehreren Seiten herausgefordert. Da war zunächst die unübersichtliche Lage, die sich in Italien nach dessen Kapitulation herausgebildet hatte und aus der vor allem die italienischen Kommunisten Kapital zu schlagen vermochten. Mit zunehmender Besorgnis beobachtete das Foreign Office die Entwicklung und rätselte über die Intentionen Moskaus im Mittelmeerraum. Zugleich mehrten sich jetzt in London die skeptischen Stimmen hinsichtlich einer erfolgreichen Fortsetzung der Zusammenarbeit mit Moskau.

Aber auch von außerhalb verstärkte sich der Druck auf das Foreign Office, die Prämissen seiner Rußlandpolitik zu überdenken. Da nahm zunächst Paul Henri Spaak die Fäden jener Initiative auf, die schon im Winter 1941/42 zu Sondierungen von Vertretern nord- und westeuropäischer Randstaaten in London hinsichtlich eines atlantischen Sicherheitssystems geführt hatte. Im März 1944 unterrichtete er Eden vom Abschluß des belgisch-niederländischen Finanzabkommens, dem der Aufbau einer Zollunion der Benelux-Länder folgen sollte[26]. Für Spaak stellte sich nun die Frage, wie London eine mögliche Erweiterung dieses Kerns zu einem westeuropäischen Block beurteilte. Daß die Ursache dieses Vorstoßes in der Besorgnis lag, mit der er die Entwicklung in Osteuropa beobachtete, verdeutlichte er in einer Denkschrift, die er einen Tag nach dem Gespräch seinem britischen Amtskollegen übergab[27]. Die Situation, die bislang eine außenpolitische Zurückhaltung Londons gegenüber Kontinentaleuropa und ein Zusammengehen mit dem Kreml legitimiert hatte, war in seinen Augen überholt. Der russisch-tschechoslowakische Beistandspakt vom Dezember 1943 und der Hinweis des von den Briten bereits im Juli 1940 anerkannten Führers der tschechoslowakischen Exilregierung, Eduard Benesch, der Vertrag stehe auch für Polen und andere osteuropäische Länder offen, deuteten nach Meinung Spaaks darauf hin, daß die Sowjetunion nicht auf eine Lösung für Gesamteuropa wartete, sondern die Formierung Osteuropas unter russischer Führung anstrebte. Auch die Möglichkeit, das Sicherheitsproblem durch Integration der deutschen Wirtschaftskraft zu lösen, schien ohne britische Teilnahme in Frage gestellt. Spaak sah daher in der Bereitschaft Großbritanniens, sich den Bemühungen der Benelux-Staaten und Frankreichs um die wirtschaftliche und militärische Konsolidierung Westeuropas anzuschließen, einen ebenso konsequenten wie wünschenswerten Schritt, die Sicherheit und Prosperität gerade der kleineren europäischen Anrainerstaaten zu garantieren. Aus deren Sicht bot eine Anlehnung an die Europa vorgelagerte Inselmacht Schutz vor einem Ausgreifen des östlichen Blocks wie vor einer erneuten Hegemonie Deutschlands, vermochte daneben aber auch einer Blockdominanz durch Frankreich vorzubeugen[28].

Wie zu erwarten, zeigte sich Eden skeptisch und warnte den Belgier vor einer Zweiteilung Europas. Der Außenminister erklärte, Vorschläge für einen Zusammenschluß der westeuropäischen Staaten müßten gegen die Notwendigkeit der Fortsetzung der Allianz mit Moskau während des Krieges abgewogen werden[29]. Genauer wurde der Außenminister gegenüber seinen Kabinettskollegen, denen er das Spaak-Memorandum zustellte,

[26] Zum Hintergrund vgl. Spaak, S. 111–116; sowie insgesamt Young, S. 7–16, besonders S. 12, 14.

[27] CAB 66/48, WP (44) 181, Annex: Translation of Memorandum by M. Spaak, 24.3.1944; Woodward, British Foreign Policy, Bd. 5, S. 182f.

[28] Vgl. dazu auch Young, S. 14.

[29] Woodward, British Foreign Policy, Bd. 5, S. 181f.

ohne daß freilich eine Erörterung der Minister folgte. In seinem Begleitschreiben führte Eden aus, daß die Formierung zweier Blöcke unter russischem bzw. britischem Einfluß zu gefahrvoll sei. Er verwies darauf, daß dadurch ein wirkungsvolles Vorgehen gegen Deutschland verhindert und der ehemalige Aggressor sich zum Zünglein an der Waage entwickeln würde. Eine Politik des Wettbewerbs um Deutschland, die als zentrifugale Kraft im Verhältnis beider Blöcke wirken und das Land in eine machtvolle Mittelposition versetzen mußte, war daher seiner Meinung nach unter allen Umständen zu vermeiden[30]. Mit dem Versprechen an den belgischen Außenminister, ihm noch eine ausführliche Note über die britische Position zukommen zu lassen, sollte für das Foreign Office freilich die Angelegenheit nicht erledigt sein.

Daß nun auch grundsätzliche Meinungsverschiedenheiten mit den militärischen Planern erwartet werden durften, deuteten die Diskussionen an, die im Post-Hostilities Planning Sub-Committee Anfang 1944 über die militärischen Aspekte einer Sicherheitsorganisation geführt wurden. Zum Entsetzen des Vorsitzenden Gladwyn Jebb ließen die Vertreter der Militärs nicht den geringsten Zweifel daran, daß sie von seiner „Vier-Mächte-These" nichts hielten. Statt dessen erwarteten sie eine sowjetisch dominierte Einflußsphäre, innerhalb derer alle Sicherheitsbelange separat unter Führung Moskaus geregelt werden würden. Daraus zogen sie die Konsequenz, daß die Sicherheit des Westens durch die Fortsetzung der militärischen Kooperation mit Washington in der Form der Vereinigten Stabschefs garantiert werden sollte. China, notierte Jebb, war für sie „sowieso nur ein Witz"[31].

Hinter dieser nüchternen Lagebeurteilung der militärischen Führung verbarg sich kaum weniger verhüllt als bei den Beamten des Außenministeriums die Angst vor einem Positionsverlust der eigenen Rolle innerhalb des Entscheidungsprozesses in London wie auch gegenüber den amerikanischen Stabschefs. War man allerdings im Foreign Office weitgehend überzeugt, daß ein Lösungsmodell die Kooperation mit Moskau einschließen mußte, so erblickten die Stabschefs umgekehrt im Prinzip der Polarisation, das ihnen den Fortbestand der Combined Chiefs of Staff, d. h. der anglo-amerikanischen Zusammenarbeit in verteidigungspolitischen Fragen, verbürgte, eine Möglichkeit zur Bewahrung der militärischen Vorrangstellung Großbritanniens. Eine neue Frontstellung versprach darüber hinaus auch hinsichtlich künftiger Bedarfsplanungen die Rettung eines guten Teils jenes Einflusses, den ihnen der Krieg beschert hatte. Die sich hier gegenüberstehenden militärischen und politischen Planungsansätze, mochten sie auch das gleiche Ziel im Visier haben, spiegelten also doch unterschiedliche (Eigen-)Interessen wider, und die Unvereinbarkeit der Ansätze, die zu einer unterschiedlichen Rußlandperzeption führte, ließ für die Zukunft Konflikte zwischen den beiden Entscheidungsträgern erwarten.

Bedenken hinsichtlich der Prämissen der britischen Außenpolitik äußerten neben Spaak und den Chiefs of Staff schließlich auch die Dominions. Am 20. März 1944 übermittelte der südafrikanische Premierminister Smuts Churchill und Eden ein Schreiben, in dem er das Außenministerium darum bat, für die bevorstehende Konferenz der Regierungschefs der Dominions eine Vorlage über die Wurzeln der russischen Politik und

[30] CAB 66/48 WP (44), 181, Memorandum by the Secretary of State for Foreign Affairs, „Future of Europe".

[31] FO 371/40740/U 1751, Minute Jebb, 19.2.1944.

die sich daraus ergebenden Vor- und Nachteile der Schaffung einer regionalen, um Großbritannien herum aufgebauten westeuropäischen Organisation auszuarbeiten[32]. Vor allem mit seinem Hinweis auf die traditionellen Antriebskräfte des Kreml brachte Smuts eine neue Perspektive in die Diskussion. Ganz ein Diplomat alten Schlags, glaubte er die Beamten Whitehalls daran erinnern zu müssen, daß vieles bei der Neuordnung Europas von der traditionellen Politik der europäischen Mächte abhängen werde. Da seiner Meinung nach die langfristigen Ziele nationaler Politik einen nahezu konstanten Faktor darstellten, könne eine Analyse der früheren russischen Außenpolitik einigen Aufschluß über das zu erwartende Verhalten Moskaus bringen. Smuts ließ keinen Zweifel daran, daß eine „realistische" Einschätzung der sowjetischen Intentionen die Grundlage für eine adäquate Sicherheitspolitik Großbritanniens in Europa bilden müsse, von der wiederum die Zukunft des Britischen Empire, insbesondere Indiens, des Mittleren Ostens sowie Mittel- und Südosteuropas abhing. Der Südafrikaner warnte dabei ausdrücklich vor der Möglichkeit eines geschlagenen und kommunistischen Deutschlands, das sich freiwillig dem sowjetischen Einflußbereich anschloß – „an eventuality more to be dreaded than anything else for the future of Europe and the world"[33].

Smuts' Forderung nach einer historischen Aufarbeitung der russischen Außenpolitik stand in enger gedanklicher Nähe zu jenen Überlegungen, die George F. Kennan wenige Monate später nach seiner Versetzung an die Moskauer US-Botschaft zu entwickeln begann. Tatsächlich war der südafrikanische Premierminister davon überzeugt, daß ein Blick auf die Geschichte Anlaß zu Pessimismus gab. Im Gegensatz zu Spaak, der die anglo-sowjetische Allianz nicht ausdrücklich in Frage stellte, sondern für den Fall einer kooperationsbereiten Sowjetunion eine westeuropäische Organisation innerhalb einer von den Großmächten anvisierten Weltorganisation anstrebte, schwebte Smuts offensichtlich die Bildung eines regionalen Blocks als Gegengewicht zu möglichen Expansionsbestrebungen Moskaus vor. So jedenfalls wurde seine Initiative auch im Foreign Office verstanden, wie sich wenig später zeigen sollte. Smuts' Hoffnung auf eine Diskussion dieses Problems auf der Grundlage eines entsprechenden Memorandums des Außenministeriums erfüllte sich freilich nicht[34].

Unter dem Eindruck dieser von verschiedenen und sehr unterschiedlichen Interessen gespeisten Initiativen war es erneut Gladwyn Jebb, der im Außenministerium mit der Aufgabe betraut wurde, die Umrisse einer Antwort auf die Initiative Spaaks auszuarbeiten, die nach Möglichkeit die geäußerten Befürchtungen entkräftete. Der Sicherheitsaspekt stand wie erwartet im Mittelpunkt erster, Anfang Mai 1944 vorgelegter Ausfüh-

---

[32] FO 371/42677/W 4373, Smuts an Churchill und Eden, 20.3.1944; Woodward, British Foreign Policy, Bd. 5, S. 183.

[33] Ebenda. Vgl. auch Smuts' Rede „Thoughts on the New World", die er am 25.12.1943 in London hielt und in der er für den Aufbau eines westeuropäischen Regionalpakts eintrat, um so die Ressourcenschwäche des Landes kompensieren zu können. Rede in: The Times, 3.12.1943; vgl. zur Wirkung der Rede auf das Außenministerium: Brief for United Kingdom Delegation at Terminal [Potsdamer Konferenz] „The ‚Western Group' and Franco-British Treaty", 10.7.1945, in: DBPO I/1, S. 235–241, hier: S. 237.

[34] Zur Konferenz der Premierminister der Dominions Anfang Mai 1944 vgl. den Tagebucheintrag Edens am 4.5.1944, der die uneingeschränkte Zustimmung der Staatsoberhäupter zur britischen Außenpolitik („not in a passive sense but with vigorous active approval") festhielt: „All this in marked contrast to 1937 and I admit that I find it very gratifying." Eden, The Reckoning, S. 442.

rungen[35]. Jebb hielt darin an Edens bereits gegenüber Spaak geäußertem Standpunkt fest, daß ein nicht expressis verbis gegen Deutschland gerichteter Block westeuropäischer Staaten von Moskau zwangsläufig als feindlich eingestuft werden würde, dies letztlich aber auf die Teilung Europas in eine britische und eine russische Einflußsphäre und den konkurrierenden Kampf um die Einbeziehung Deutschlands hinauslaufe. Bezüglich der eigenen Machtbasis für eine Führungsrolle offenbar verunsichert, glaubte er aber in einem europäischen Engagement Großbritanniens funktionale Aspekte zu erkennen, die dem Land zum Vorteil gereichen könnten. Ein engeres Zusammengehen mit den kontinentalen Nachbarn, so argumentierte er, könne grundsätzlich zur Stärkung der britischen Machtposition gegenüber den USA und der UdSSR wie auch gegenüber den Dominions führen. Dort, wähnte Jebb, mache sich nämlich Zweifel breit über den Willen und die Fähigkeit Großbritanniens, einen angemessenen Beitrag zur Schaffung einer Sicherheitsorganisation als eine der drei führenden Mächte zu leisten. Diesen Zweifeln konnte in seinen Augen entgegengetreten werden, wenn es gelang, nach außen durch ein Bündnis mit den westeuropäischen Staaten glaubhaft zu versichern, daß sich die strategische Position des Inselreichs verbessert und die materielle Basis seiner Verteidigungspolitik ausgeweitet hatte. Jebb nahm deshalb ausdrücklich Bezug auf die Idee des „burden-sharing", von der sich das kriegsgeschwächte Land langfristig Entlastung zugunsten seiner generellen machtpolitischen Stellung erhoffen konnte: „while we were prepared at first to carry a heavy burden, other States should share this burden as they recovered their strength."[36]

Jebbs Ausführungen können exemplarisch für die Tendenz des Außenministeriums stehen, Machterhaltungsaspekte in den Vordergrund der Planungen zu stellen. Einzelaspekte wie der von Spaak und Smuts vorgeschlagene Aufbau eines Regionalblocks sowie die Frage der Zerstückelung und Entmilitarisierung Deutschlands wurden auf ihren Funktionswert hin überprüft und bisweilen sogar im Sinne einer Kompensation der entstandenen materiellen Lücken zu instrumentalisieren versucht. Konfliktmodelle, wie sie offensichtlich die militärischen Planer anzustrengen begannen, blieben dabei ebenso unberücksichtigt wie eine konsequente Anlehnung an ökonomische und wirtschaftspolitische Leitlinien. Freilich ist ebenso offensichtlich, daß sich unter den Beamten mehr und mehr Zweifel hinsichtlich der wirtschaftlichen Fundierung ihrer machtpolitischen Ansprüche einstellten. Die Tatsache, daß hier nach Mechanismen gesucht wurde, die voraussichtlich die Schwächen der Inselmacht auszugleichen und so eine Fortführung ihrer friedensbewahrenden Großmachtrolle zu ermöglichen vermochten, ist sprechendes Indiz für ein verbreitetes Krisenbewußtsein in den Reihen des Foreign Office. So gesehen, machte sogar ein kontinentaleuropäisches Engagement Londons auf der Basis von „burden-sharing" Sinn, zumal wenn ein westeuropäischer Block gegen Deutschland gerichtet war und damit die Prämisse der anglo-sowjetischen Kooperation nicht in Frage gestellt wurde.

Jebb sprach diese Zusammenhänge noch direkter als in seinen ersten Bemerkungen in einem weiteren Memorandum aus, das er ausschließlich den europapolitischen Proble-

---

[35] FO 371/40692/U 4105, Memorandum Jebb, „Western Europe", 9.5.1944; Woodward, British Foreign Policy, Bd. 5, S. 183f.

[36] Ebenda.

men widmete[37]. Darin warnte er vor einem kontinentaleuropäischen Alleingang ohne britische Beteiligung, der nicht nur Gefahr lief, über kurz oder lang von Deutschland dominiert zu werden, sondern aus seiner Sicht auch der britischen Reputation als Führungsmacht schaden und überdies in Struktur und Ausrichtung den außenpolitischen Primärinteressen Londons entgegenlaufen konnte. Nach Jebbs Vorstellung war ein westeuropäisches Sicherheitssystem unter britischer Beteiligung am ehesten auf dem Wege bilateraler Abkommen zu errichten, dessen Kern durch einen britisch-französischen Beistandspakt gebildet wurde. Ihm konnten weitere Abkommen mit den Niederlanden, Norwegen, Schweden und später Spanien, Portugal und Italien folgen. Jebb stellte als besonders vorteilhaft heraus, daß eine verteidigungspolitische Liaison mit Westeuropa gerade keine umfangreichen Verpflichtungen britischer Truppen auf dem Kontinent zur Folge hätte, sondern vielmehr zu einer Standardisierung der Ausrüstung führen würde, die auch der britischen Exportindustrie zugute kommen mußte, und zudem den Vorteil einer militärischen Zusammenarbeit mit den europäischen Staaten böte; nennenswerte Rüstungsvolumen waren zuvörderst in den britischen und französischen Kernlanden selbst zu schaffen. Es mochte fast schon an Donquichotterie grenzen, wie Jebb hier mit dem Gedanken operierte, die Einlösung des Sicherheitsanspruchs und die Stabilisierung der eigenen Machtposition könnten bei gleichzeitiger Reduzierung des Ressourceninputs erzielt werden. Ein wichtiger Erfolgsfaktor war in dieser Konstruktion natürlich der Kreml, der, so unterstellte Jebb, gegen eine regionale Allianz der westeuropäischen Staaten nichts einzuwenden haben werde, solange die Frontstellung gegen Deutschland deutlich zum Ausdruck komme und Moskau gleichzeitig die Chance erhalte, Osteuropa in einem komplementären Block mit gleicher Stoßrichtung zusammenzufassen.

Der konzeptionelle Widerspruch, der sich aus dem Anspruch auf eine Stabilsierungspolitik gegenüber Deutschland und dem Fortbestand der Kriegskoalition ergab, blieb offensichtlich zu diesem Zeitpunkt unerkannt. Symptomatisch hierfür war auch, daß das Foreign Office einen Vorschlag des ohnehin in den Kategorien einer Einflußsphärenpolitik denkenden Churchill vom 8. Mai 1944 ablehnte, mit dem der Premierminister gegenüber den Regierungschefs der Dominions die Schaffung regionaler Zusammenschlüsse, im Falle Europas einen „Europarat", anregte; das Britische Empire sollte zu diesen Regionalpakten ebenso wie zu einem amerikanischen Block eine enge Verbindung eingehen. Eden gab zu bedenken, eine solche Organisation könne die UdSSR provozieren, und setzte sich schließlich seinerseits mit dem Vorschlag durch, innerhalb der Weltorganisation eine Art „UN-Kommission für Europa" zu schaffen, die freilich in seinen Augen primär ein Mittel „for clearing up the war" darstellte und ausdrücklich als „Brücke" zwischen Ost- und Westeuropa die Zielsetzungen des britisch-sowjetischen Vertrags unterstützen sollte; ein Weiterbestehen der Kommission nach Beendigung der unmittelbaren Aufbauarbeiten sah der Entwurf des Außenministeriums nicht vor[38]. Hinsichtlich der Schlußfolgerungen von Smuts notierte Orme Sargent: „The connexion which Field-Marshal Smuts had in mind was evidently the connexion between the need for curbing the Soviet Government's power in Europe and a means of doing so by set-

[37] FO 371/40692/U 4366, Memorandum Jebb, „British Policy Towards Europe", Mai 1944; Woodward, British Foreign Policy, Bd. 5, S. 184ff.

[38] Vgl. Woodward, British Foreign Policy, S. 454–456. Vgl. auch Gilbert, Road to Victory, S. 768f.

ting up a Western regional bloc. This, of course, would be a completely new approach to the question, whereas the present memorandum definitely examines the matter from the point of view of fitting a regional system within the framework of a World Organisation, which is to be based on the principle of Anglo-Soviet co-operation. [...] All the same, in practice this regional system might very well, in altered circumstances, develop into a bulwark against Russian penetration, even though Anglo-Soviet co-operation still continued to operate as far as the subjugation of Germany was concerned."[39]

Jebb wurde schließlich gebeten, seine beiden Memoranden zu einer Vorlage für die Chiefs of Staff und das APW-Komitee zusammenzufassen. Nach deren Placet war beabsichtigt, sie der britischen Delegation als Grundlage für Gespräche im Rahmen der Konferenz in Dumberton Oaks (21. August bis 28. September 1944) zu übergeben. Die am 20. Juni 1944 dem Außenminister vorliegende Denkschrift umriß noch einmal in konziser Form das Anliegen des Foreign Office und fügte hinzu, daß die britische Europapolitik auf keinen Fall auf Kosten der Übersee-Verpflichtungen gehen dürfe, sondern die traditionelle gleichgewichtige Interessenaufteilung britischer Politik zwischen Europa und Übersee unter besonderer Berücksichtigung des Verhältnisses zu den USA weiterhin oberster Grundsatz britischer Außenpolitik bleiben müsse[40]. Die Initiative der Beamten, ihre Überlegungen in Instruktionen für die Dumberton Oaks-Delegation umzumünzen, scheiterte freilich an der Intransigenz der Stabschefs, die erst Ende Juli zu einer Antwort bereit waren. Die dilatorische Behandlung dieses Planungsvorstoßes deckte sich daher auch mit dem Desinteresse Churchills und Edens an der Konferenz. Denn beide Minister waren stärker am Fortbestand der Führungsrolle Großbritanniens innerhalb eines starken Commonwealth und Empire sowohl gegenüber Moskau als auch gegenüber Washington interessiert[41].

3. Auseinandersetzungen zwischen Stabschefs und Außenministerium

Die sich bereits im Frühjahr ankündigenden Meinungsdifferenzen mit den Militärs hatten sich in der Zwischenzeit verschärft. Von besonderer Bedeutung hierfür war die Umgestaltung der militärischen Planungsorganisation Anfang April 1944, die eine stärkere Verknüpfung langfristiger Strategie- und Rüstungsfragen mit den bisher im Vordergrund stehenden Problemen der unmittelbaren Besatzungsvorbereitung ermöglichte. Parallel zur Gründung des EIPS entstand als militärisches Gegenstück ein Post-Hostilities Planning Staff (PHPS), der direkt aus dem Post-Hostilities Planning Sub-Committee der Chiefs of Staff hervorging und der veränderten strategischen Lage in der Folge von „Overlord", der Landung alliierter Streitkräfte in der Normandie am 6. Juni 1944, Rechnung tragen sollte. Zugleich reflektierte die Umbildung den Wunsch der Teilstreitkräfte, das Außenministerium von einer übermäßigen Einflußnahme fernzuhalten[42]. Gleichwohl blieb Jebb der Repräsentant des Außenministeriums; neben ihm waren noch

[39] FO 371/40692/U 4105, Minute Sargent, 6.5.1944.
[40] Vgl. Woodward, British Foreign Policy, Bd. 5, S. 189.
[41] Hathaway, S. 41.
[42] Gorst, S. 91–108, hier: S. 94.

je ein Vertreter der drei Teilstreitkräfte sowie ein Deputy Director Civil Affairs vertreten. Ihre Aufgabe bestand erstens in der Ausarbeitung von Studien zu militärischen Problemen der Nachkriegszeit und zweitens in der Vorbereitung von Richtlinien für die mit den Waffenstillstandsverhandlungen betrauten Organe. Es war ausdrücklich erwünscht, daß das Komitee Kontakt zum Wirtschaftsplanungsstab hielt[43]. Mit dem Post-Hostilities Planning Sub-Committee wie jetzt auch mit dem PHPS waren daher die militärischen Nachkriegsplanungen aus der bestehenden Planungsorganisation der Teilstreitkräfte und ihren voraussichtlichen technischen, finanziellen und personellen Anliegen herausgenommen worden[44]. So ergab sich eine Stellung zwischen der militärischen Entscheidungsspitze der Chiefs of Staff einerseits, die keinen Hehl aus ihrem vorrangigen Interesse an der Kriegführung machte und deren Vorstellungen von einer Nachkriegsfriedensordnung sich auf den Fortbestand der anglo-amerikanischen Combined Chiefs of Staff sowie eine ausgeprägte Abneigung gegen eine Vier-Mächte-Regelung beschränkten, und den Beamten des Außenministeriums mit ihrem Primat der Wiederherstellung eines europäischen Mächtegleichgewichts andererseits.

Erste Schockwellen verursachte im Foreign Office eine Ende Mai 1944 vorgelegte Aufzeichnung, in der die Planer erste Überlegungen anstellten, von welchen Annahmen ihre Arbeit ausgehen sollte. Wie bereits festgestellt, hatte das Fehlen eindeutiger politischer Richtlinien bis jetzt jeden Ansatz zu einer geordneten Diskussion der anstehenden langfristigen sicherheitspolitischen Fragen sowohl im Military Sub-Committee als auch im Post-Hostilities Planning Sub-Committee vereitelt. Eine Richtlinienentscheidung war aber um so dringlicher, als mit der Gründung des PHPS kurzfristig anfallende Besatzungsprobleme zwar weiterhin erörtert werden mußten, nun aber ausdrücklich weitergehende Strategiestudien ins Zentrum der Planungstätigkeit rückten. In einem ersten, noch im Außenministerium entstandenen Vorentwurf bekräftigten die Beamten die Bedeutung einer Transformation der Kriegskoalition als Basis einer neuen „Weltsicherheitsorganisation"; im gleichen Atemzug schnitten sie aber die seit einigen Monaten schwelende Frage an, welche Konsequenzen sich für Großbritannien aus einer Frontstellung gegen die Sowjetunion ergäben, und rieten, als Vorbeugemaßnahme ein ausreichendes Rüstungsniveau anzustreben[45]. In überarbeiteter Form gingen diese Gedanken schließlich in ein PHP-Memorandum ein und verstärkten damit den Interessenkonflikt[46]. Der Grundgedanke des Entwurfs, eine Lösung der Sicherheitsfrage unter trilateralen Auspizien anzustreben, wurde auch jetzt noch nicht in Frage gestellt. Die unter dem Einfluß der militärischen Vertreter entstandene Fassung ließ jedoch keinen Zweifel daran, daß nicht von einem wirtschaftlich, politisch und moralisch zerstörten Deutsch-

[43] Vgl. insgesamt CAB 80/43, COS (44) 59, Memorandum by the Vice Chiefs of Staff, „Post Hostilities Planning Organisation", 1.4.1944; FO 371/40736/U 4896, PHP (44) 43 (Final), Report by the Post-Hostilities Planning Staff, „Internal Organisation", 26.5.1944. Zur Gründung des PHPS vgl. auch Lewis, S. 71–74. Zu Zielsetzung, Arbeitsweise und Zusammensetzung des am 8. August 1943 gegründeten Post-Hostilities Planning Sub-Committee vgl. FO 371/40736/U 3499, PHP (44) 27 (Draft), „Report on the Work Done by the Post-Hostilities Planning Sub-Committee. August 1943-May 1944".

[44] Vgl. ausführlich Gorst.

[45] FO 371/40740/U 4978, PHP (44) 12 (0) (Draft), „Basic Assumptions for Post-War Strategic Planning", 26.5.1944.

[46] CAB 81/45, PHP (44) 12 (0), „Basic Assumptions for Staff Studies", 7.6.1944. Vgl. auch Ross; Lewis, S. 102f.; Gorst.

land, sondern nur von den beiden Flügelmächten USA und Sowjetunion nach dem Krieg eine Gefahr ausgehen könne; da aber ein Dissens mit Moskau wahrscheinlicher sei, müsse Großbritannien im Zustand erhöhter Verteidigungsbereitschaft bleiben.

Diese Andeutungen, die zunächst nur auf die Garantie eines ausreichenden Rüstungsniveaus nach dem Krieg abhoben und vor einer überhasteten Demobilisierung warnten, genügten, um Feuer an die Lunte zu legen. Am zurückhaltendsten äußerte sich Gladwyn Jebb. Er fürchtete, so teilte er nach Lektüre der Aufzeichnung mit, daß es unmöglich sein werde, die Teilstreitkräfte von der Gefahr für den Bestand der Anti-Hitler-Koalition zu überzeugen, die darin liege, von der Sowjetunion als potentiellen Feind zu sprechen, oder gar eine solche Annahme zum Ausgangspunkt von Nachkriegsplanungen zu machen[47]. Demgegenüber reagierten andere hochgestellte Beamte wie Warner und Sargent skeptisch, ja verärgert über das „impertinente" Vordringen in genuines Foreign Office-Gewässer. Für Sargent, den seine Kollegen wegen seiner internen Aktivitäten gegen Chamberlains Appeasement-Politik „Moley" nannten, waren die Gedanken der Planer „tendentious and out of focus and in contradiction with the policy of H.M. Government as conducted by the Foreign Office". Die Schlußfolgerungen gingen seiner Meinung nach über den Zuständigkeitsbereich des Planungsstabs hinaus, „and in any case the views of the Service members on P.H.P. staff on what is essentially a political question cannot be expected to carry any particular weight with the Foreign Secretary"[48].

Doch es fanden sich auch abweichende Stimmen, die vor allem wegen ihres direkten Rückgriffs auf die traditionelle britische Verteidigungspolitik erwähnenswert sind. Namentlich Frank Roberts und R. M. A. Hankey glaubten, vor einer Neuauflage der so verhängisvollen „Zehn-Jahres-Regel", die die strategische Diskussion der Zwischenkriegszeit entscheidend dominiert hatte, warnen zu müssen. Er fühle, kommentierte Roberts seine Lektüre, daß die militärische Planung Moskaus ausschließlich unter dem Gesichtspunkt der eigenen Sicherheitsinteressen erfolge und nicht vom Fortbestand freundschaftlicher Beziehungen zu Großbritannien oder einem anderen Land abhänge. In seinen Augen war es daher notwendig, sich vom gleichen Prinzip leiten zu lassen, wollte man nicht die alten Fehler wiederholen: „One of the main reasons for our unpreparedness before this war was the now notorious ten years laying down that it could be assumed as axiomatic that we were unlikely to be engaged in a war with any other major power within a period of ten years. The formula now suggested amounts in practice to very much the same thing, since the only other major powers left in the world after this war will be the U.S.S.R. and the U.S.A. and it is assumed as axiomatic that a close association amounting to an alliance will bind us to these Powers for ten years."[49]

Diese Bedenken bestanden aber lediglich bei einer Minderheit im Außenministerium, die, wie Roberts, zudem erst am Anfang ihrer Karriere stand und deren Hauptvertreter im für Deutschland zuständigen und im Ruf einer eher „deutschfreundlichen" Haltung

[47] FO 371/40740/U 6253, Minute Jebb, 7.6.1944.

[48] FO 371/40740/U 6253, Minute Sargent, 9.6.1944. Zu Sargents Haltung gegenüber der UdSSR vgl. Rothwell, S. 90–100 passim.

[49] FO 371/40740/U 4379, Minute Roberts, 26.5.1944; Minute Hankey, 27.5.1944. Vgl. auch Lewis, S. 101 f. Zur „Ten Year Rule" vgl. die Diskussion bei Meyers, Britische Sicherheitspolitik, S. 388–397; vgl. auch Taylor, S. 291–297.

stehenden Central Department arbeiteten[50]. Ein Vermittlungsversuch Jebbs zwischen Außenamt und Stabschefs im Verlaufe eines „Off the record"-Treffens blieb ohne Erfolg. Die Chiefs of Staff erwiderten, daß auch über die britischen Sicherheitsinteressen nachgedacht werden müsse, „im Falle, daß alles schiefgeht". Die Kluft zwischen den Beteiligten wurde freilich erst richtig deutlich, als sie Jebb belehrten, daß die rein strategischen Planungen nicht unnötig von politischen Erwägungen beeinflußt werden dürften. Dabei zeigte sich, daß sie in ihrer Haltung auch von dem Gedanken an die Sicherstellung ihres voraussichtlichen finanziellen, personellen und technischen Bedarfs nach dem Krieg geleitet wurden. „I may say", notierte Jebb anschließend, „that the Vice-Chiefs themselves showed no dispositon to want to plan operations against the Soviet Union but were merely concerned lest economy and popular outcry might in the long run succeed in reducing our armed forces below what was required for the protection of our vital interests, including of course in the first instance the control of Germany and Japan."[51] Angesichts solch fundamentaler Interessengegensätze war ein Konflikt unvermeidlich, obwohl der PHPS, wie bereits festgestellt, bis zu diesem Zeitpunkt am Prinzip kollektiver Sicherheit unter sowjetischer Beteiligung nicht gerüttelt hatte und eine Basis für gemeinsame Planungen damit durchaus vorhanden schien.

Der Konflikt entzündete sich schließlich an einem Memorandum über Sicherheit im Nordatlantik und Westeuropa vom Juli 1944, in dem eine thematische Brücke zu dem eigentlichen deutschlandpolitischen Kern der Auseinandersetzung geschlagen wurde[52]. Die Studie war ein Auftrag des Außenministeriums an die Chiefs of Staff, die ihn ihrerseits an den PHPS weiterleiteten. Komplementär zu zwei Arbeiten über Sicherheit im Mittelmeerraum und im Fernen Osten sollte sie der Frage nachgehen, „what measures should be taken in the post-war world to secure British interests in the North Atlantic and Western Europe". Die Stabschefs gaben ausdrücklich vor, sowohl die Möglichkeit einer Fortsetzung der Kriegsallianz wie auch die ihres Scheiterns in die Überlegungen

[50] Vgl. z. B. den Hinweis im Tagebuch Daltons: „G[ladwyn] J[ebb] says that in the F.O. there is opposition to his policy – the Four Power Plan – from ‚the Wilhelmstrasse', i.e. the Central Department. Here there is still high regard for German greatness, past and future, and for the legend of Bismarck. [Roger] Makins [1941/42 Leiter des Central Department] is still away but is returning soon, and little [Frank] Roberts, his No. 2, is anxious to ‚keep everything all right for dear Roger'." BLPES, Dalton Diaries I/27, fol. 154 (Eintrag 4.12.1942).

[51] FO 371/40740/U 6254, Minute Jebb, 15.6.1944. Für die These, daß hinter dem „worst case scenario" der militärischen Planer das Interesse stand, die Stellung der Streitkräfte und die Einflußmöglichkeiten ihrer Entscheidungsspitzen auf die Mittelzuteilung nach dem Kriege abzusichern, spricht etwa auch die Tatsache, daß nach Vorlage einer vorläufigen Endfassung des PHPS-Papiers im September das Außenministerium postwendend mit einem Planungspapier über den zukünftigen Umfang der Streitkräfte konfrontiert wurde. Vgl. FO 371/40740A/U 7619, PHP (44) 23 (0) (Draft), „Procedure for Assessing the Size of Post-War Forces", 16.9.1944. Für einen weiteren Hinweis vgl. British Museum, Additional Manuscripts (im folgenden BM Add Mss) 52577, Cunningham Papers, Diaries, 1.6.1944.

[52] FO 371/40741/U 6792, PHP (44) 17 (0) Final, Report by the Post-Hostilities Planning Staff, „Security in Western Europe and the North Atlantic", 20.7.1944. Vgl. zum Folgenden Lewis, S. 107–122.

einzubeziehen[53]. Erste Entwürfe, die den bisherigen zweigleisigen Kurs des PHPS fortsetzten, den Primat des Foreign Office nicht anzugreifen, gleichzeitig aber auf die Möglichkeit eines Dissenses mit dem Kreml hinzuweisen, fanden durchaus positive Aufnahme im Außenministerium[54]. Mit ihrer Endfassung setzten sich die Planer dann aber zwischen alle Stühle und wurden sowohl vom Außenministerium wie von den Stabschefs unter scharfen Beschuß genommen.

Der PHPS machte darauf aufmerksam, daß angesichts der technischen Fortentwicklung in der Luftverteidigung, insbesondere des Baus von Langstreckenraketen, Großbritannien zu einem Teil Kontinentaleuropas geworden war. Die traditionellen strategischen Ziele, die auf die Kontrolle der Seeverbindungen und die Verhinderung feindlicher Übergriffe auf die Niederlande im wesentlichen beschränkt geblieben waren, bedurften daher einer dringenden Revision: Namentlich die Kontrolle des Luftraums und die Vereitelung von Angriffen einer feindlichen Macht auf kontinentaleuropäische Staaten waren als gleichberechtigte Ziele ins Kalkül zu ziehen. Wie, so lautete also die Frage, konnte die Sicherheit des Königreichs mit seinen weltweiten Verpflichtungen angesichts der drohenden wirtschaftlichen und personellen Engpässe unter den je unterschiedlichen Bedingungen eines feindlichen Deutschland, einer feindlichen Sowjetunion oder gar eines Zusammengehens beider garantiert werden? Für den Fall, daß es gelang, eine kollektive Sicherheitsorganisation aufzubauen, schlugen die Planer gegenüber Deutschland eine militärische Präventivpolitik vor, deren Kern in der Fähigkeit und der Bereitschaft lag, zusammen mit den westeuropäischen Alliierten gegen den Aggressor im Notfall mit militärischen Mitteln, insbesondere unter Einsatz der Luftwaffe, vorzugehen.

Sehr viel skeptischer wurden die Folgen einer Kollision mit Moskau und einer daran anknüpfenden verteidigungspolitischen Umorientierung skizziert. Angesichts der enormen geographischen Ausdehnung der Sowjetunion warnte der Planungsstab vor einer strategischen Überdehnung und stellte fest, daß bei dieser Eventualität ein britisches Engagement in Europa vor allem wegen der erforderlichen Ressourcen in Frage gestellt würde. Aus diesem Grunde betrachteten sie eine deutsch-russische Allianz als schlimmste aller Möglichkeiten. Eine Annäherung dieser beiden Staaten war aber nicht nur deshalb zu vermeiden, weil nach Meinung der militärischen Planer ein solches Bündnis selbst mit Hilfe der USA nicht zu schlagen sein würde, sondern weil im Falle einer Konfrontation mit Moskau Deutschland einen unverzichtbaren Verteidigungsbeitrag liefern und Erleichterung für Großbritanniens rüstungswirtschaftliche und strategische Überdehnungslage schaffen konnte: „It is an unpleasant fact that in the worst possible case if Russia does become hostile, Germany is the only country whose geographical position, manpower and other resources could provide the aid which might be essential to our

[53] FO 371/40740/U 5909, PHP (44) 17 (0) (T. of R.), „Security in the North Atlantic and Western Europe", 19.6.1944. Einen ähnlichen Planungsauftrag hatten die Militärs vom Foreign Office bereits 1942 erhalten. Damals regte im Kontext von Stalins Forderung nach ungehinderter Durchfahrt zur Ostsee Roger Makins an, die damit verbundenen strategischen Folgen für Großbritannien von den Joint Planners erörtern zu lassen. Dabei sollten diese ihren Überlegungen die Hypothesen zugrunde legen „(a) of a hostile Germany with Russia (i) ally (ii) neutral (iii) hostile; and (b) of a hostile Russia with Germany neutral. I do not know whether we need consider the case of a hostile Russia with Germany allied". Minute Makins, 4.5.1942, in: DzD I/3, S. 314.

[54] FO 371/40741A/U 6283, PHP (44) 17 (0) (Draft), 7.7.1944; Minute Roberts, 10.7.1944; Minute Warner, 12.7.1944; Minute Butler, 14.7.1944.

preservation."[55] Wie zur Entschärfung dieser provokanten Aussage erklärten sie aber weiter, daß es geradezu eine Torheit wäre, durch einen Kurswechsel in der Deutschlandpolitik die Beziehungen mit Moskau zu gefährden, solange die britisch-russische Allianz fortbestehe. Es lag aus dieser Perspektive in der Konsequenz der Sache, daß Großbritannien angesichts seiner weltweiten Interessen und der beschränkten Ressourcen am meisten durch die erfolgreiche Umsetzung eines kollektiven Sicherheitsmodells mit dem Vereinigten Königreich, den USA und der Sowjetunion als Kern zu gewinnen hatte. In Ergänzung hierzu befürworteten sie ein regionales Verteidigungsbündnis der Länder Westeuropas, dem London durch die Bereitschaft zur Zusammenarbeit und das Versprechen militärischer Unterstützung im Ernstfall zur Seite stehen sollte.

Genau an dieser Schwachstelle hakten die Stabschefs ein, als sie das Memorandum auf ihrer Sitzung am 26. Juli 1944 einer vernichtenden Kritik unterzogen. Der PHPS, so monierten sie, „had failed to face up to the hard military facts of the problem"[56]. Die Eventualität eines Zusammenbruchs der Weltorganisation war in ihren Augen nicht gebührend berücksichtigt worden. Zwar treffe es zu, daß man sich der Kooperation der westeuropäischen Länder versichern müsse; jedoch werde der Eindruck vermittelt, daß ein regional begrenzter Zusammenschluß die Sicherheit des Großbritannien vorgelagerten Festlandes garantiere. Im Falle eines Scheiterns der Weltorganisation bildete ihrer Meinung nach ein isolierter Regionalblock nur den ersten Schritt auf dem Weg zu einem umfangreicheren Sicherheitssystem, „which, if the security of these Islands were to be secured, must include a part, if not the whole, of Germany". Deutschland, so unterstrichen sie, sei „the key to the security of these Islands in the future and, however unpalatable the fact might be, there might well come a time when we should have to rely on her assistance against a hostile Russia". Mit ihrer langfristigen Perspektive, die im Gegensatz zu dem aus ihrer Sicht lediglich die kurzfristigen Ziele in den Blick nehmenden Foreign Office-Konzept stand, banden die höchsten britischen Militärs das Problem der Sicherheit Großbritanniens unauflösbar an dessen Deutschlandpolitik. Sie betonten, daß von den Maßnahmen, die gegenüber Deutschland ergriffen werden sollten, auch dessen Fähigkeit zur Leistung eines Sicherheitsbeitrags und damit letztlich die Verteidigungsfähigkeit Großbritanniens abhänge. Insbesondere die Argumente für und gegen eine Teilung Deutschlands waren in diesem Lichte neu gegeneinander abzuwägen.

Die Brisanz dieses Befundes lag auf der Hand, und so konnte es kaum überraschen, daß die Kommentare der Stabschefs im Außenministerium Empörung auslösten[57]. Mit ihrer Absicht, die Bedeutung eines westeuropäischen Verteidigungsbündnisses unter Hinweis auf eine unbedingte Einbeziehung des deutschen Potentials zu relativieren, widersprachen die Chiefs of Staff diametral dem Verlangen des Außenministeriums, eine sicherheitspolitische Konsolidierung Kontinentaleuropas auf regionaler Basis unter dem Schirm der Weltorganisation zu erreichen. Nur mühsam verbargen sie hinter ihren Empfehlungen die Abneigung gegen zu internationalistische Lösungsversuche der Sicherheitsproblematik. Aus der Sicht des Außenministeriums dagegen war es geradezu ein

---

55 FO 371/40741/U 6792, PHP (44) 17 (0) Final, Report by the Post-Hostilities Planning Staff, „Security in Western Europe and the North Atlantic", 20.7.1944.

56 FO 371/40741A/U 6793, Record of Discussion of the Chiefs of Staff, 26.7.1944. Dort auch die folgenden Zitate.

57 FO 371/40741A/U 6793, „Comments by the Chiefs of Staff on Policy Towards Western Europe" (undatiert).

Affront der bisherigen, während des gesamten Krieges gegenüber der Sowjetunion verfolgten Politik, wenn die Stabschefs den Gedanken eines deutschen Verteidigungsbeitrags ins Spiel brachten. Deren Hinweise auf den Gewinn an „strategischer Tiefe", die durch eine Anbindung Deutschlands erreicht würde, sowie die personelle, finanzielle und industrielle Entlastung der eigenen Verteidigungsposition mochten zwar zutreffen; aber wurde hier nicht mindestens indirekt auch von einer militärischen Wiederbewaffnung Deutschlands gesprochen? Durfte man, noch bevor der jüngste Waffengang gegen die Deutschen erfolgreich zu Ende geführt war, selbst in Planspielen überhaupt den Gedanken ernsthaft diskutieren, sie erneut unter Waffen zu stellen? Die Bemerkungen der Stabschefs über den Zusammenhang der zukünftigen Deutschlandpolitik Londons mit der Sicherheit der britischen Inseln überschritten aus der Sicht des Außenministeriums zudem deutlich die Grenze der Zuständigkeit, und das in einer Weise, die massive Kritik an der bisherigen Haltung der Regierung zur Dismemberment-Frage vermuten ließ. Die Feststellung, daß, wie der First Sea Lord, Admiral Andrew Cunningham, nach der Sitzung lapidar in seinem Tagebuch festhielt, „[it] was generally agreed that Russia would be the only danger in the foreseeable future"[58], stellte eine Grundprämisse der bisherigen britischen Außenpolitik radikal in Frage. Die Haltung der Chiefs of Staff war deshalb zugleich Ausdruck von Kompetenzstreitigkeiten. Mit ihr verbanden sie den Wunsch, die militärische Planungsorganisation in den ausschließlichen Zuständigkeitsbereich der Militärs zurückzuführen[59].

Jebb, der am Tage vor der Besprechung der Stabschefs noch die Meinung äußerte, daß die Studie des PHPS die deutschland- und rußlandpolitischen Aspekte im richtigen Verhältnis darstelle[60], sprach für die Mehrheit der Beamten, wenn er der Kritik der Militärs entgegenhielt, daß eine Politik, die darauf abziele, seine Feinde gegen die eigenen Verbündeten aufzubauen, nur auf eine Art „suicidal mania" hindeuten könne[61]. Eine abweichende Meinung äußerte hingegen der Leiter des Joint Intelligence Committee, William Cavendish-Bentinck: „I do feel that if we give the impression of persistently refusing to allow any mention that Russia may later on be non-co-operative and even hostile, we shall have in the Service Departments the same reputation vis-à-vis Russia as Sir Horace Wilson had as regards Germany from 1937 to the outbreak of the present war, with the result that they may tend to discount our opinions and regard us as being ostrich like so far as Russia is concerned."[62] Dessenungeachtet hatte Eden bereits in einer Sitzung des Armistice and Postwar Committee eine Woche vor dem entscheidenden Treffen der Stabschefs Kriegsminister Grigg sofort und energisch widersprochen, als dieser, wohl als eine Art Versuchsballon, die Minister über das Anliegen der Chiefs of Staff ins Bild setzte; dabei hatte der britische Außenminister die Mehrheit seiner Kollegen eindeutig hinter sich[63]. Offensichtlich sah er auch seine Strategie, die er in Gesprächen mit Spaak, Lie und dem Niederländer van Kleffens verfolgte, in Gefahr, sollten die Gedankenspiele der Militärs in die Presse gelangen. Ihnen gegenüber hatte er die abwartende Haltung der britischen Regierung in der Frage eines westeuropäischen Bündnisses nur eine Woche

[58] BM Add Mss 52577, Cunningham Papers, Diaries, 26.7.1944.
[59] Vgl. die Hinweise bei Gorst, S. 97.
[60] FO 371/40741A/U 6792, Minute Jebb, 25.7.1944.
[61] FO 371/40741A/U 6793, Minute Jebb, 28.7.1944.
[62] FO 371/40741A/U 6791/748/G 70, Minute Cavendish-Bentinck, 18.7.1944.
[63] Tyrell, S. 447.

zuvor noch mit dem Hinweis auf die bevorstehende Konferenz zur Gründung einer Weltorganisation entschuldigt und damit die Sicherheitsfrage erneut mit der Schaffung der Vereinten Nationen in Verbindung gebracht. Ein überhastetes Vorgehen spielte nach Edens Meinung auch nur den Isolationisten in den USA in die Hände, die einen westeuropäischen Pakt als Zeichen ansehen könnten, daß Europa der amerikanischen Unterstützung nach dem Krieg nicht bedurfte. Ihm selbst, so hatte er den Exil-Politikern erläutert, schwebe eine Art Neuauflage des Locarno-Paktes vor – jedoch ohne die Deutschen[64]. Schließlich war es besonders ärgerlich, daß die Militärs sich anschickten, auf der Basis ihrer sicherheitspolitischen Grundvorstellungen wichtige Aspekte der Deutschlandpolitik des Außenministeriums in Frage zu stellen und sich direkt in die laufenden trilateralen Verhandlungen zur „Dismemberment"-Frage einzumischen. Wie war diese diffizile Situation in beiderseitigem Einvernehmen zu lösen?

Angesichts der geschilderten Problemlage überrascht es nicht, daß trotz ihres allgemeinen Charakters die Entscheidung tatsächlich auf deutschlandpolitischem Gebiet fiel. Ende August 1944 legte der PHPS eine Studie zu den Vor- und Nachteilen einer Aufteilung Deutschlands aus militärischer Sicht vor[65]. Daß die Planer in ihr auch kurz auf die Verhinderung der deutschen Wiederbewaffnung, die als eines der beiden strategischen Primärziele definiert wurde, eingingen, war kaum mehr als ein argumentatives Feigenblatt, das sie zudem noch in ihrem Sinne zu benutzen wußten: Die Teilung Deutschlands, so ihre Schlußfolgerung, beuge auch der Gefahr einer deutschen Wiederbewaffnung vor, da sie die gemeinsame verteidigungspolitische Organisation der Teilstaaten verhindere und ein eventuelles Eingreifen der Alliierten erleichtere. Diese Bemerkungen vermochten jedoch kaum ihr eigentliches Anliegen zu verdecken: die Mobilisierung des deutschen Potentials zur Nutzung für eine antizipierte Frontstellung des Westens gegen die Sowjetunion und die Ausrichtung der britischen Deutschlandpolitik auf dieses Ziel hin. Ein feindliches Rußland, erklärten sie, erfordere die vollkommene Umorientierung der gegenwärtigen Verteidigungspolitik. Und in diesem Falle „we should require all the help we can get from any source open to us, including Germany"[66]. Die Militärplaner sprachen sich daher für eine Aufteilung Deutschlands aus, weil nur so die Verfügbarkeit über deutsche Ressourcen und eine wenigstens teilweise Wiederbewaffnung Deutschlands gesichert sei. Das Festhalten an Gesamtdeutschland würde keine deutschen Mittel bereitstellen, schon gar nicht für Verteidigungszwecke, weil man sich kaum mit Moskau werde einigen können. „Our interests are therefore likely to be better served in this event by the acceptance of dismemberment, for we might hope eventually to bring North-Western, and possibly Southern Germany also, within the orbit of a Western European Group. This would give increased depth to the defences of the United Kindgom and increase the war potential of that group."[67] Da überdies kaum zu erwarten war, daß ein einheitlicher deutscher Staat, noch dazu wiederbewaffnet, von Moskau toleriert werden würde – es sei denn, er befände sich unter dessen Einfluß –, bot die Teilung zugleich

[64] FO 371/40700/U 6468, Eden an N. Oliphant, N. Bland und L. Collier, 19.7.1944; BM Add Mss 56400, Harvey Papers, Diaries, 15.7.1944; Harvey (Hrsg.), S. 348. Vgl. Spaak, S. 119–121.

[65] FO 371/39080/C 11521, PHP (44) 15 (0), „Dismemberment of Germany", 25.8.1944. Vgl. zum Folgenden Lewis, S. 122–135.

[66] Ebenda. In einer früheren Fassung folgte an dieser Stelle noch der Halbsatz „if the U.S.A. were not to come to our aid in time". Vgl. FO 371/39080/C 11062, Entwurf vom 17.8.1944.

[67] FO 371/39080/C 11521, PHP (44) 15 (0), „Dismemberment of Germany", 25.8.1944.

die beste Möglichkeit, ein Bündnis Gesamtdeutschlands mit der Sowjetunion auszuschließen.

Die von den Stabschefs ausgeführten Argumente spiegelten sich direkt in der überarbeiteten Fassung der PHPS-Studie über Sicherheit in Westeuropa und dem Nordatlantik, die nun, da das Foreign Office in der Zwischenzeit seine Mitarbeit in dem Planungskomitee der Militärs aufgegeben hatte, schwerpunktmäßig den Fall einer feindlichen Sowjetunion untersuchte und das Memorandum über die Teilungsfrage in idealtypischer Weise ergänzte[68]. Jetzt wurde deutlich, daß der Überlegung der Planer, eine Aufteilung verhindere auch die Wiederbewaffnung Deutschlands, das Bemühen zugrunde lag, wichtige Zeit für den Aufbau einer westlichen Sicherheitsgemeinschaft gegen die Sowjetunion zu gewinnen. Sie gingen davon aus, daß für die kommenden zehn Jahre keine bewaffnete Auseinandersetzung mit Moskau bevorstand; währenddessen könne man die notwendige Revision der Strategie- und Bedarfspläne realisieren und durchaus eine Politik betreiben, die die Verhinderung der Remilitarisierung Deutschlands zum Ziel habe. Eine deutschlandpolitische Kursänderung war aber unabdingbar, sobald die UdSSR ihre Kooperationsbereitschaft aufgab, und daran zweifelten die militärischen Planer immer weniger. Ein deutscher Verteidigungsbeitrag hing dann nicht zuletzt von der Deutschland- und Besatzungspolitik der Alliierten nach Kriegsende ab; die Entscheidung in der Dismemberment-Frage hatte aus ihrer Sicht eine präjudizierende Wirkung auf den aller Wahrscheinlichkeit nach unabwendbaren militärischen Mobilisierungsprozeß der nichtkommunistischen Staaten. Daneben spielte die Geschwindigkeit eine Rolle, mit der es gelang, die Deutschen mit westlicher Unterstützung in der Zeitspanne zwischen einer deutschlandpolitischen Kursänderung und einem sowjetischen Angriff wiederzubewaffen. Mit unterschwelligem Bedauern konstatierten die PHPS-Planer, daß drastische Maßnahmen gegen Deutschland in der unmittelbaren Nachkriegsphase wohl kaum zu umgehen waren: „Experience, however, suggests that with our encouragement Germany could achieve a certain degree of rearmament with completely modern equipment within a comparatively short period after our change of policy. In any case, her airfields and ports would be of immediate value in resisting Soviet aggression. [...] Even if she were totally disarmed she would provide added depth to our defensive zone, airfields from which to exercise a threat to Soviet territory and ports to assist in the control of the exits from the Baltic. Her manpower and industrial resources would be of particular value if she had achieved some measure of rearmament." Großbritannien selbst – und hier wird erneut die eigene Sorge um die militärische Vorrangstellung des Landes und die Sicherstellung der dafür notwendigen rüstungswirtschaftlichen Ressourcen deutlich – müsse ein Rüstungsniveau anstreben, das im Verbund mit dem Potential der USA, deren enge Kooperation als lebenswichtig betrachtet wurde, der europäischen Verbündeten und (West-)Deutschlands eine militärische Überlegenheit gegenüber der Sowjetunion garantiere.

Die kritischen Reaktionen im Außenministerium beschränkten sich zunächst darauf, die in ihren Augen unlogische Gedankenführung des PHPS-Reports aufzuweisen. Schließlich unterbreiteten die Beamten ihre Sicht der Dinge in einem Gegenmemorandum, das Eden dem APW-Komitee unterbreitete. Es war fast zu erwarten, daß die Be-

[68] FO 371/40741A/U 7618, Revised Draft of PHPS Report „Security in Western Europe and the North Atlantic", 15.8.1944. Dort auch das folgende Zitat.

amten die Auffassung, ein geteiltes Deutschland wirke der Gefahr seiner Wiederbewaffnung entgegen und sei im Bedarfsfalle besser in eine Frontstellung gegen eine neue Aggressormacht zu integrieren, als widersprüchlich und unrealistisch herausstellen würden. Der Gedanke, daß die Teilung die Deutschen gerade so lange niederhalten würde, wie es den britischen Interessen entsprach, nur um sie dann um so schneller in einen potenten Verbündeten im Kampf gegen eine feindliche östliche Mächtekonstellation zu verwandeln, erschien ihnen als „völlig unlogisch" und „pure moonshine"[69]. Eden, unwillentlich die Befürchtung Roberts und Hankeys hinsichtlich einer neuerlichen „Ten-Year-Rule" bestätigend, wandte gegen die Stabschefs ein, es sei unwahrscheinlich, daß es innerhalb der nächsten Jahre einen Grund für einen Krieg mit der Sowjetunion geben werde. In der Zwischenzeit basiere die Politik der Regierung Seiner Majestät auf einer anglo-sowjetischen Allianz, und man müsse alles unternehmen, um die Beziehungen mit Moskau zu verbessern. Den Vorschlag einer Revision der Deutschlandpolitik mit dem Ziel, einen Teil gegen die Sowjetunion zu mobilisieren, bezeichnete er als geradezu phantastisch („little less than fantastic"), ja noch schlimmer: „It is playing with fire." Seine Realisierung zerstöre das bestehende Bündnis mit der Sowjetunion und unterminiere die Wirksamkeit der Entmilitarisierungsmaßnahmen in Deutschland. „There is the strongest *political* objection to basing any of our plans for Germany on the possible need to use Germany one day as allies against an aggressive Russia."[70] Nicht unbedeutende Schützenhilfe bekam das Foreign Office vom Economic and Industrial Planning Staff, der in einer Studie über die wirtschaftlichen Aspekte der Teilungsfrage zu einem negativen Urteil gelangte. Dismemberment mußte ihrer Ansicht nach die deutsche Wirtschaft schwächen, ihre Fähigkeit zur Leistung von Reparationen schmälern und in beträchtlichem Maße die alliierten Devisenkassen belasten[71].

Die Karten waren also für Eden und seine Beamten günstig verteilt, als es am 4. Oktober 1944 zu einer Aussprache zwischen dem Außenminister, begleitet von Orme Sargent, und den drei Stabschefs kam. Niemand erwartete freilich eine Lösung des Konflikts, denn das Foreign Office befand sich in der stärkeren Position und sah sich kaum veranlaßt, Terrain preiszugeben. Beispielhaft für die Stimmung im Amt war sicherlich Wards Reaktion auf das Strategie-Papier des PHPS. Man sei für dessen Inhalt schließlich nicht verantwortlich, und im übrigen werde es durch die Vorlage der Aufzeichnung von Eden im Armistice and Postwar Committee mit Sicherheit torpediert. Nicht ohne Überheblichkeit drückte er seine Hoffnung aus, die Minister würden Entscheidungen treffen, „which would kill this P.H.P. paper on Western Europe by implication and relieve us from the necessity of a detailed attack upon it"[72]. Eden begnügte sich deshalb mit einer Wiederholung bekannter Vorwürfe und erinnerte die militärische Führung an die fehlgelaufenen Planungen nach dem Ersten Weltkrieg, als man in Frankreich den einzig ge-

---

[69] FO 371/39080/C 11955, Minute J. G. Ward, 28.8.1944; Minute Troutbeck, 24.8.1944.

[70] FO 371/39080/C 13518, Minute (unsigned), 4.10.1944; FO 371/39080/C 12806, Memorandum by the Secretary of State for Foreign Affairs, „The Dismemberment of Germany", 20.9.1944; teilweise abgedruckt in: Ruhrfrage, S. 257–261; FO 371/39080/C 12404, „The Dismemberment of Germany. Summary of Foreign Office Paper", 6.9.1944 (Hervorhebung M. P.).

[71] FO 371/39080/C 12029, EIPS/P (44) 30 (Final), „Economic Aspects of the Proposal for the Dismemberment of Germany", 2.9.1944 (auch in: FO 1005/959).

[72] FO 371/40741A/U 7618, Minute J. G. Ward, 19.9.1944. Für Eden war die PHPS-Denkschrift „a terrible paper however it is looked at". Ebenda, Minute Eden, 23.9.1944.

fährlichen Feind erblickte und damit den Planungen eine Fehleinschätzung zugrunde gelegt hatte – mit verheerenden Folgen[73].

Die Stabschefs sahen auf der anderen Seite ebensowenig Grund zum Nachgeben. Zur Verteidigung ihres Anliegens schoben sie den Hinweis auf eine alle Eventualitäten einbeziehende Planungsarbeit vor. Im gleichen Atemzug warfen sie den Beamten vom Außenministerium Wunschdenken und Engstirnigkeit vor: „Such an ostrich like attitude", kommentierte Cunningham fassungslos in seinem Tagebuch. „One cannot close one's eyes and by not thinking of it remove the potential danger of a hostile Russia."[74] Das Foreign Office lasse sich offensichtlich von der gefährlichen Illusion leiten, daß die auf Kooperation mit dem Kreml unter dem Dach einer Weltorganisation abzielende Außenpolitik Londons „mit historischer Gewißheit" von Erfolg gekrönt sein werde und ein Nachdenken über die Konsequenzen eines möglichen Scheiterns überflüssig mache[75].

Gegen diese Geschlossenheit der Stabschefs vermochte schließlich auch der Außenminister nichts auszurichten. Eine zugunsten der einen oder anderen Seite ausfallende Lösung war aussichtslos, und so einigten sich alle Beteiligten darauf, ihre jeweiligen Memoranden einstweilen zurückzuziehen. Die Chiefs of Staff verpflichteten sich zusätzlich zu einer besonderen Geheimhaltung im Umgang mit ihren Thesen[76]. Eine Entscheidung über die Basis künftiger Planungen war damit nicht gefallen. Vielmehr glaubte das Außenministerium, wie der Kommentar Wards zeigte, daß es gelungen war, die Häresien der Militärs wenn schon nicht zu eliminieren, so doch wenigstens schadensbegrenzend einzudämmen und auf den inneren Planungszirkel zu beschränken. Die vordergründigen Erfolge der Moskauer Außenministerkonferenz nur zwei Wochen nach Edens Treffen mit den Stabschefs und die Tatsache, daß der Kreml in der Teilungsfrage nach Jalta auf die britische Interpretation einschwenkte, schienen den Kurs des Außenministeriums zu bestätigen.

Dies bedeutete freilich nicht, daß das Eintreten des Außenministeriums für den Aufbau eines westeuropäischen Sicherheitsbündnisses in der Folgezeit die Form eines ausgearbeiteten Konzepts annahm und Eden gegenüber den andauernden Sondierungsversuchen insbesondere Spaaks die Initiative übernahm. Obwohl noch im Oktober 1944, also nach der Konferenz von Dumbarton Oaks, ein internes Treffen erneut bekräftigte, daß ein auf militärische und technische Vereinbarungen begrenztes Abkommen mit Frankreich und den Niederlanden wünschbar sei[77], verhinderte letztlich die traditionelle Abneigung gegen ein kontinentales Engagement eine stringente Europapolitik. Zum einen stellte sich Churchill gegen die Foreign Office-Pläne und untersagte Eden, in Gespräche über ein Verteidigungsbündnis mit den westeuropäischen Staaten einzutreten; die Schwäche dieser Staaten und die zu erwartenden wirtschaftlichen Schwierigkeiten Großbritanniens, die den sparsamsten Einsatz der militärischen Ressourcen geboten,

[73] FO 371/39080/C 13518, Minute Sargent, 4.10.1944; Ruhrfrage, S. 264.

[74] BM Add Mss 52577, Cunningham Papers, Diaries, 4.10.1944.

[75] FO 371/39080/C 13518, Note by the Chiefs of Staff, „The Study of Post-War Problems", 2.10.1944; Ruhrfrage, S. 261–263.

[76] FO 371/39080/C 13518, Minute Sargent, 4.10.1944; FO 371/43336/N 6177, Minutes of Meeting, 4.10.1944; BM Add Mss 52577, Cunningham Papers, Diaries, 4.10.1944.

[77] FO 371/40721/U 7956, Minutes of Meeting, 20.10.1944; vgl. auch Woodward, British Foreign Policy, Bd. 5, S. 192f.

machten in seinen Augen eine solche Anbindung zu einem Hasardspiel[78]. Zum anderen zeigte sich Eden selbst angesichts der präzisen Vorstellungen seines belgischen Kollegen unvorbereitet und überfordert und erging sich in allgemeinen und unverbindlichen Formulierungen[79]. Zugleich waren damit auch alle Bemühungen der Exilregierungen Frankreichs und der Benelux-Staaten, die im Winter 1943/44 intensiv an Plänen für eine engere wirtschaftliche Zusammenarbeit unter Einschluß der deutschen Ressourcen nach Kriegsende gearbeitet hatten, wirksam torpediert[80]. Die Gesprächsansätze verloren sich schließlich in der ersten Hälfte des neuen Jahres im Getriebe der Konferenzvorbereitungen für Jalta und Potsdam sowie dem Wahlkampf für die Parlamentswahlen.

Den Chiefs of Staff war es immerhin gelungen, eine Festlegung der Planungsrichtlinien durch das Außenministerium abzuwenden. Zwar hatten sie zugestanden, ihre Formulierungen künftig etwas behutsamer zu fassen. Doch sahen sie ihre Planungsaktivitäten, auf welchen Hypothesen sie diese auch immer gründen mochten, in keinster Weise eingeschränkt. Darüber hinaus war es ihnen gelungen, die militärische Planungsorganisation wieder weitgehend dem Einfluß des Foreign Office zu entziehen. Die zwischen Eden und ihnen getroffenen gegenseitigen Stillhaltezusagen, mit denen insbesondere der Außenminister möglichen innen- und außenpolitischen Schäden zuvorkommen wollte, ermöglichten auch den Militärs ein weitgehend störungsfreies, von politischen Aspekten gänzlich befreites Arbeiten unter ihren eigenen Prämissen. Sie blieben auch in der Folgezeit unbeeindruckt von den Argumenten der Foreign Office-Beamten[81] und legten Mitte November 1944 sogar Endfassungen ihrer Memoranden zur Teilungsfrage – jetzt unter dem bezeichnenden Titel „Dismemberment of Germany – Military Aspects“[82] - sowie zur Sicherheit in Westeuropa[83] vor. Gleichzeitig begannen die Planungsarbeiten für ein globales Strategiepapier, das auf den Regionalstudien aufgebaut und schließlich im Juni 1945 abgeschlossen werden sollte[84]. Freilich wäre es verfehlt, aus der Rückschau gerade die Re-Monopolisierung der militärisch-strategischen Planungen als einen Erfolg der Stabschefs überzubewerten. Vielmehr mußten sich die Militärs angesichts der späteren Entwicklung die Frage stellen, ob nicht umgekehrt die erfolgreiche Abdrängung ih-

78 FO 371/40723/U 8472 und FO 371/40723/U 8473, Minutes Churchill, 25.11.1944; vgl. auch Woodward, British Foreign Policy, Bd. 5, S. 193f.; ders., British Foreign Policy in the Second World War, S. 464; Young, S. 14.

79 Spaak, S. 119–125; Harvey (Hrsg.), S. 365 (Eintrag 11.11.1944).

80 Young, S. 10–14. Die Block-Pläne fanden auch keine Befürworter auf amerikanischer und sowjetischer Seite. Während Moskau, wie von Großbritannien befürchtet, eine antisowjetische Ausrichtung argwöhnte, vermutete Washington dahinter einen Schritt in die Richtung eines europäischen Wirtschaftsblocks. Auch de Gaulle wandte sich ab, sah er doch eine für seine Großmachtpläne wichtigere Allianz mit Stalin zur Kontrolle Deutschlands in Gefahr. Vgl. ebenda, S. 13f., 29.

81 Vgl. z. B. BM Add Mss 52577, Cunningham Papers, Diaries, 12.10.1944; CAB 79/82, COS (44) 345, Meeting 23.10.1944.

82 FO 371/39080/C 16045, PHPS (44) 15 (0) (Revised Final), „Dismemberment of Germany – Military Aspects“, 15.11.1944 (auch in: CAB 81/45 und CAB 80/89, COS (44) 1012(0)); vgl. Woodward, British Foreign Policy, Bd. 5, S. 242ff.

83 FO 371/40741B/U 8181, PHP (44) 27 (0) (Final), „Security in Western Europe and the North Atlantic“, 9.11.1944.

84 CAB 81/46, PHP (45) 29 (0) (Final), „The Security of the British Empire“, 29.6.1945. Vgl. dazu Lewis, S. 162–177.

rer Planungen auf rein militärische Belange eine folgenschwere Verkürzung des tatsächlichen Sachverhalts bewirkte.

Die skizzierten Auseinandersetzungen wiesen in ihrem prägenden Einfluß auf die hier darzustellende Sicherheits- und Deutschlandpolitik Londons zwei Merkmale auf. Sie stellten erstens die Bedeutung des Faktors Moskau für die Formulierung der britischen Deutschlandpolitik heraus. Auch wenn im Anschluß an die Konferenz von Jalta ein langsamer Ernüchterungsprozeß im Außenministerium einzusetzen begann und man mit Recht die Stimmung unter den Beamten vor der Potsdamer Konferenz als „qualified pessimism" charakterisiert hat[85], so war doch am Ende des Meinungswechsels mit den Stabschefs eine wichtige Vorentscheidung in der Frage gefallen, ob die britische Sicherheits- und Deutschlandpolitik nach dem Krieg vom Grundsatz der Sicherheit vor Deutschland oder eher vor der Sowjetunion geleitet sein müsse.

Die interne Erörterung dieser Frage im Foreign Office spielte zweitens die allgegenwärtige und historisch verankerte Sorge der Beamten um den Großmachtstatus des Inselreichs wider. Erwägungen der Machterhaltung waren es auch, die letztlich den Ausschlag zugunsten des Prinzips der Sicherheit vor Deutschland gaben und sie in einen Gegensatz zu den militärischen Planern treten ließen. Dabei wies der Streit mit den Chiefs of Staff zunächst auf einen fundamentalen Unterschied in der Ziel-Mittel-Relation beider Lager hin, der freilich bei genauerem Hinsehen einen strukturellen, von den Beteiligten jedoch nicht wahrgenommenen Widerspruch in beiden Positionen offenbarte. So verwarfen die Stabschefs jeden internationalistischen Lösungsweg. Sie sahen die geeignetsten Mittel, die sicherheitspolitischen Primärziele – Sicherung der Seeverbindungen und Schaffung ausreichender strategischer Tiefe in Kontinentaleuropa – zu erreichen, zum einen in einer Sicherheitspartnerschaft mit den USA, zum anderen in einer vorausschauenden Deutschlandpolitik, welche die schnellste militärische Nutzung der deutschen Kapazitäten gegen die Sowjetunion ermöglichte. Zugleich mochten sie von einer Frontstellung gegen die UdSSR die Bewahrung ihrer Einflußmöglichkeiten erhoffen. Dabei übersahen sie die innere Logik dieses Problemkomplexes, die einem gründlichen Beobachter eigentlich vor Augen führen mußte, daß gerade ein Kollisionskurs mit der Sowjetunion wirtschaftliche Belastungen nach sich ziehen mußte, die den Sog der wirtschaftlichen und strategischen Überlastung verstärken würden. Ein verteidigungspolitischer Alleingang mit Washington, in dem die Stabschefs einen konzeptionellen Fluchtpunkt für die Lösung der Sicherheitsfrage der Nachkriegszeit erblickten, ohne jedoch sichergehen zu können, ob der amerikanische Generalstab überhaupt mitzuziehen bereit war, mußte dann sein inneres Gleichgewicht verlieren und zu einem weiteren Beweis der machtpolitischen Deklassierung Großbritanniens umschlagen[86]. Es war also nicht nur die oft konstatierte Weitsicht der britischen Stabschefs, die sich hier zeigte, obwohl ihre Argumentation wichtige Aspekte der tatsächlich eintretenden Situation antizipierte; die Auseinandersetzung offenbarte in gleichem Maße eine von der Sorge um den künftigen Stand der Streitkräfte und die eigenen Einflußmöglichkeiten gespeiste Engstirnigkeit des militärischen Planungsansatzes. Von entscheidender Bedeutung sollte dabei sein, daß die militärische Führung an dieser Denkweise auch über das Kriegsende hinaus festhielt; aus

[85] Ross, S. 535.

[86] Für einen Hinweis, daß die Amerikaner dem Fortbestand der Combined Chiefs of Staff eher ablehnend gegenüberstanden, vgl. BM Add Mss 52578, Cunningham Papers, Diaries, 17.6.1945.

den im letzten Kriegsjahr formulierten Sicherheitsplanungen entwickelte sich die strategische Gesamtplanung und vor allem die Bedarfsplanung für die Stärke der Streitkräfte[87]; sie trugen zur wachsenden Belastung der Zahlungsbilanz wie des Arbeitsmarktes bei.

Auf der anderen Seite hatte gerade die Befürchtung, daß eine Konfrontation mit den UdSSR kaum zumutbare ökonomische Folgen für das Königreich haben, den Wiederaufbauprozeß gefährden und zu ganz erheblichen machtpolitischen Einbußen führen mußte, die Mitarbeiter des Außenministeriums an der Vorstellung von einer britisch-sowjetischen Kooperation festhalten lassen. Dabei ging es ihnen nach innen um den Erhalt des außenpolitischen Primats, nach außen um die Rettung des britischen Großmachtstatus und die Kompensation entstandener Ressourcenlücken etwa durch die Schaffung eines westeuropäischen Regionalbündnisses, dem Großbritannien als Führungsmacht – ohne sich freilich durch die Entsendung eines Expeditionsheeres in Friedenszeiten zu binden – gleichwohl vorstehen sollte. Die Widersprüche dieser Konzeption ließen sich jedoch kaum übersehen, denn eine Stabilisierungspolitik, wie sie das Außenministerium etwa mit dem Anspruch auf eine gemäßigte Reparationspolitik und der Ablehnung einer Aufteilung Deutschlands längst ins Auge gefaßt hatte, ließ sich auf Dauer mit dem Festhalten an einer britisch-sowjetischen Partnerschaft kaum vereinbaren. Dieser Widerspruch war vielleicht das hervorstechendste Element der britischen Außenpolitik am Ausgang des Krieges.

[87] Vgl. dazu Ebersold, S. 141–186.

VI. Vom Krieg zum Frieden: Wirtschafts- und Sicherheitsprobleme der britischen Außenpolitik nach 1945

1. 1945 – Epochenjahr der Geschichte?

Die bisher aufgezeigten Kontinuitätslinien bestimmen auch die leitenden Fragen für den weiteren Fortgang der Untersuchung. Dabei soll auf dem bisherigen Befund aufgebaut werden, daß der grundlegende Ziel-Mittel-Konflikt der britischen Außen- und Deutschlandpolitik der Zwischenkriegszeit unter dem Einfluß Keynesscher Wirtschafts- und Stabilisierungskonzepte in den britischen Nachkriegsplanungen deutlicher hervortrat und in der Auseinandersetzung mit den Planungsbeiträgen von Keynes sich eine Kontinuität der Faktoren und Ziele abzuzeichnen begann, die den außenpolitischen Entscheidungsprozeß prägten. Das Spannungsmoment ergab sich aus der tendenziellen Unvereinbarkeit des maßgeblich von Keynes beeinflußten Planungsbefunds, daß aus der Appeasement-Politik der Zwischenkriegszeit und dem inneren Reformanspruch auch Konsequenzen hinsichtlich der Grundlagen der britischen Außen- und Deutschlandpolitik zu ziehen waren, und dem ungeachtet wichtiger Ansätze für eine Stabilisierungspolitik gegenüber Deutschland dominanten Primärziel des Machterhalts. Die Akzentuierung der gerade von Keynes herausgestellten strukturellen Bedeutung des Faktors Deutschland für die innere soziale und ökonomische Reformfähigkeit auch über das Ende des Zweiten Weltkrieges hinaus läßt zwangsläufig die Kontinuität der britischen Außenpolitik schärfer hervortreten.

Aus dieser Perspektive stellt sich auch die Frage nach der Tragfähigkeit des insbesondere von der traditionellen Diplomatiegeschichtsschreibung herausgestellten Befunds, das Epochenjahr 1945 markiere einen Bruch in den internationalen Beziehungen. Tatsächlich stechen zahlreiche Elemente der Diskontinuität ins Auge: die Preisgabe isolationistischer Traditionen in der amerikanischen Außenpolitik; die bipolare Ausrichtung der internationalen Beziehungen; der Prozeß der Entkolonisierung; der endgültige Wechsel zum Dollar als maßgeblicher Leitwährung; der Zusammenschluß der westeuropäischen Länder mit dem Ziel eines beschleunigten und effizienteren Wiederaufbaus; schließlich der Wandel der sicherheitspolitischen Grundlagen, den Entwicklung und Aufbau von Nuklearwaffen im verteidigungspolitischen Kalkül der beiden Bündnisse auslösten. „Europa", so umreißt Andreas Hillgruber den Schwellencharakter des Jahres 1945, „wurde nun unübersehbar aus einem Hauptträger der Weltpolitik zum Objekt außereuropäischer Mächte. [...] An die Stelle der überkommenen, wenn auch faktisch bereits seit dem Ersten Weltkrieg überholten europäischen ‚Balance-of-Power'-Problematik trat die Auseinandersetzung der beiden Hauptsieger des Zweiten Weltkriegs, der ‚Supermächte' USA und Sowjetunion. [...] Europa war nur ein, wenn auch bedeutendes Element in ihren weltpolitischen Kalkulationen, Kombinationen und Aktionen in der Nachkriegszeit. Im wesentlichen wurde somit die europäische Geschichte nach 1945 zu einer Geschichte der machtpolitisch und ideologisch einander gegenüberstehenden, den Kontinent politisch spaltenden ‚Blöcke' Ost und West."[1] Soweit Hillgrubers Epochen-

[1] Hillgruber, S. 11. Vgl. auch Mann, S. 21–39, sowie Ruffmann, S. 1289–1298.

charakterisierung die Realität der Blockkonfrontation nach 1945 in traditionellen Kategorien der Machtpolitik zu fassen versucht, liefert sie eine den Sachverhalt treffende Zustandsbeschreibung. Freilich stellt sich die Frage, ob diese Sicht den Entscheidungsfindungsprozeß der jeweiligen Regierungen vollständig klärt.

Die Vermutung liegt nahe, daß aus der strukturbildenden „Dominanz des Ost-West-Konflikts"[2] nach 1945 zugleich die Fragestellungen und das Analyseinstrumentarium des Historikers abgeleitet werden. Dabei richtet sich der Blick zwangsläufig auf das Widerspiel der beiden Mächte USA und Sowjetunion und damit auf die vielfältigen Elemente der Diskontinuität, während die Interessen und Aktionen der den jeweiligen Blöcken zugehörigen Staaten als Funktion dieses Grundkonflikts gesehen werden. Die Übernahme des außenpolitischen Primats als Analyseprinzip durch die Forschung lenkte daher auch bei der Beurteilung der britischen Außen- und Deutschlandpolitik den Blick auf den Kalten Krieg als vorherrschendem Antriebsmoment. Sofern das Foreign Office sich in seinen Entscheidungen tatsächlich vom Kalkül des Machterhalts leiten ließ, können die so ermittelten Befunde sehr wohl Gültigkeit beanspruchen: Der Zäsurcharakter des Jahres 1945, die Konfrontation der Blöcke, ihre Militarisierung und die daraus resultierende Unterordnung der „alten Mächte" unter die jeweilige Führung zweier rivalisierender Flügelmächte liefern wichtige und unumstößliche Hinweise zur Ermittlung der Antriebskräfte der britischen Außenpolitik nach dem Zweiten Weltkrieg. Freilich bedürfen die aus diesem Blickwinkel getroffenen Aussagen im Einzelfall einer multiperspektivischen Überprüfung. Denn das Interesse an einer Ursachenforschung der Veränderungen in der Weltpolitik, die der Antagonismus der beiden Hauptsiegermächte der Anti-Hitler-Koalition bewirkte, verstellte den Blick für die Frage nach Kontinuität oder Diskontinuität der gewachsenen außenpolitischen Interessenlage und der Entwicklung der innenpolitischen Antriebskräfte von Außenpolitik im Lager der *ausscheidenden* Mächte. Im einzelnen bleiben für die Außenpolitik Großbritanniens so entscheidende Faktoren wie etwa die strukturelle Kontinuität von „Appeasement" in der Deutschlandpolitik der Nachkriegszeit, der langfristige Transformationsprozeß der imperialen bzw. hegemonialen Wirtschaftsstruktur der Pax Britannica Oeconomica in ein Weltwirtschaftssystem mit bipolarer Machtverteilung, der damit verbundene Paradigmenwechsel zu einer keynesianisch orientierten staatlichen Konjunkturpolitik oder auch die seit langem akute Frage nach den innenpolitischen Auswirkungen einer vor allem auf ökonomischem Wege erfolgenden Domestizierung Deutschlands unberücksichtigt.

2. Kassandras Vermächtnis: Einflußfaktoren der britischen Außenpolitik im Spiegel von Keynes' letzten Aktivitäten

Bretton Woods als Faktor der britischen Außenpolitik

Der sichtbare Abwärtstrend in der Entwicklung der britischen Wirtschaft seit der Ankündigung von amerikanischen Lend-Lease-Lieferungen im Januar 1941 und der Verabschiedung des Mutual Aid Act im Februar 1942 führte auch innerhalb der politischen

[2] Ritter, S. 89–101; Joffe, S. 25–54; vgl. auch Link.

Führungsspitze in London zu einem Grundbewußtsein der schwierigen Ausgangsposition, von der aus die künftige britische Außenpolitik der Nachkriegszeit würde starten müssen. Mochten auch die Richtungsvorgaben, die mit den amerikanischen Hilfslieferungen in materieller, mit dem Mutual Aid Act zugleich aber auch in wirtschaftspolitischer Hinsicht angezeigt waren, vorerst nur bei den Experten im Außenministerium und im Schatzamt ein gewisses Krisenbewußtsein schaffen – eine dumpfe Vorahnung, daß die immer stärker werdende Aufbruchstimmung in der Bevölkerung, ihr Gefühl, an einer Zeitenwende zu stehen, und ihre Erwartung, mit dem Ende des entbehrungsreichen Krieges auch die Krisen der Zwischenkriegszeit, die Arbeitslosigkeit und die materiellen Engpässe hinter sich zu lassen, in einem gefährlichen Mißverhältnis zu den tatsächlich vorhandenen wirtschaftlichen Ressourcen stehen würden, war auch in der Entscheidungsspitze anzutreffen.

Bereits zu Beginn des Jahres 1943 warnte Winston Churchill im Vorgefühl des Kommenden vor einem grundlosen und schwer steuerbaren Optimismus. Zwar meldete sich hier nicht zuletzt der unverbesserliche Anti-Keynesianer zu Wort; seine Skepsis brachte jedoch keineswegs grundlose Bedenken auf den Punkt, auch wenn er zu diametral entgegengesetzten deutschlandpolitischen Schlußfolgerungen gelangte. Der allgemeinen, im Beveridge-Plan visionär Ausdruck verliehenen Erwartung, nach dem Krieg würden Arbeitslosigkeit und niedrige Löhne überwunden, die Ausbildungsmöglichkeiten verbessert, der Wohnungsbau und das Gesundheitswesen reformiert, während gleichzeitig die Lebenshaltungskosten nicht steigen und die Spareinlagen der Bevölkerung nicht an Wert verlieren würden, stellte er die düstere Realität der voraussichtlichen außenwirtschaftlichen Lage Großbritanniens entgegen: „Our Foreign Investments have almost disappeared. The United States will be a strong competitor with British shipping. We shall have great difficulties in placing our necessary exports profitably. Meanwhile, in order to help Europe, we are to subject ourselves to a prolonged period of rationing and distribute a large part of our existing stocks. We are to develop the tropical Colonies and raise the condition of their inhabitants. We must keep a large Air Force and Navy so as not to be set upon again by the Germans, and large military forces will be needed to garrison the enemy countries and make sure they do not begin again to re-arm for revenge. The question steals across the mind whether we are not committing our 45 million people to tasks beyond their compass, and laying on them burdens beyond their capacity to bear."[3]

Diese Mischung aus optimistischer Erwartungshaltung und einer freilich weitgehend unreflektierten Besorgnis hinsichtlich des sich verengenden Spielraums der Außenpolitik wurde zu einem in seiner politischen Antriebswirkung kaum zu überschätzenden mentalen Charakteristikum sowohl in der britischen Öffentlichkeit als auch in Whitehall am Ende des Zweiten Weltkriegs. Wohl war man sich 1945 der kritischen Situation des Landes bewußt, doch verführte der Siegestaumel nur zu leicht dazu, alle dunklen Wolken durch den offensichtlich unbeirrbaren Glauben an einen erfolgreichen, das Sozialprogramm und den Erhalt der britischen Großmachtrolle gleichermaßen garantierenden ökonomischen Wiederaufbau zu vertreiben. Während die Öffentlichkeit aus dem Sieg über Hitler-Deutschland und den durchlittenen Entbehrungen den primär

[3] BLPES, Dalton Papers II, 7/5, fol. 6, Minute Churchill, „Promises About Post-War Conditions", 10.1.1943.

moralisch begründeten Anspruch auf soziale Sicherheit und materielle Besserstellung ableitete, herrschte unter den Beamten Whitehalls die Überzeugung vor, daß die Probleme der Übergangszeit vorwiegend technischer und organisatorischer Art sein würden und deshalb grundsätzlich zu bewältigen waren. Der „Optimismus" entpuppte sich daher bei genauerem Hinsehen als eine nahezu die Form der Gewißheit annehmende Hoffnung, der allerdings noch die harte Prüfung an der Realität bevorstand[4].

Über diesen Zusammenhang zwischen einem latenten Krisenbewußtsein und dem Glauben an die rasche Überwindbarkeit der weniger strukturell als technisch-organisatorisch bewerteten Probleme des britischen Wiederaufbaus berichtete der amerikanische Regierungsbeamte Lauchlin Currie in einer aufschlußreichen Stimmungsbeschreibung Londoner Regierungskreise am Vorabend der deutschen Kapitulation. Currie, prominentes Mitglied der Foreign Economic Administration des State Department „and one of the ‚new deal' braintrusters"[5], war im März 1945 nach London zu Gesprächen mit britischen Spitzenbeamten über die wirtschaftliche Lage des Landes und die künftige Behandlung Deutschlands gereist[6]. Die Vermutung liegt nahe, daß Washington mit Blick auf die Zukunft der Lend-Lease-Hilfe sich vor Ort einen Eindruck darüber verschaffen wollte, wie die Entscheidungsspitze die Situation vor dem Wiederaufbau einschätzte. Wie Currie berichtete, zeigten sich die Beamten hinsichtlich der wirtschaftlichen Gesamtperspektive überwiegend zuversichtlich. Als problematisch betrachtete man eher Detailfragen der Übergangsphase von einer Kriegs- zur Friedenswirtschaft. Currie notierte in seinem Bericht weiter, es würde in London weder eine weitverbreitete Arbeitslosigkeit befürchtet, noch sehe man für die britische Zahlungsbilanz langfristig eine Gefahr; man gebe sich sorglos bezüglich der britischen Exportperspektiven nach dem Krieg, und auch für den Wunsch der USA nach einem freien Welthandelssystem habe er prinzipielle Zustimmung verzeichnen können. Auf der anderen Seite berichtete Currie von Skepsis, ob es gelingen werde, die zur Verfügung stehenden Arbeitskräfte in rekonstruktionswirtschaftlich sinnvoller Weise zu verwenden. Dahinter verbarg sich die Furcht, nicht genügend Ressourcen in die Exportwirtschaft lenken zu können, um den lebenswichtigen Ausbau der britischen Außenhandelsposition zu bewerkstelligen.

In gleicher Weise stellte auch Keynes dem US-Ökonomen die Möglichkeit in Aussicht, daß Großbritannien drei Jahre nach der Kapitulation Deutschlands eine ausgeglichene Zahlungsbilanz erreichen könne. Die Chancen, daß dies ohne die Hilfe der USA oder des Internationalen Währungsfonds (IMF) bzw. der Internationalen Bank für Wie-

[4] Vgl. aus der zahlreichen Literatur zur innenpolitischen Stimmungslage in Großbritannien in der unmittelbaren Nachkriegszeit Morgan, S. 285–329; Sissons/French (Hrsg.).

[5] BLPES, Meade Papers, Diaries 1/3, fol. 148 (Eintrag 17.3.1945).

[6] FRUS 1945/VI, S. 36–40, Report by Mr. Lauchlin Currie on Conversations with British Officials, March 1945; KCKP, L/E/110–115, Eady an Keynes, 12.3.1945. Currie sprach außer mit Keynes u. a. mit Anthony Eden, Richard Law, Wilfred Eady, David Waley, James Meade und Percivale Liesching. Er lehrte Wirtschaftswissenschaften in Harvard und gehörte bis 1934 dem Finanzministerium an, wechselte dann zum Federal Reserve Board und wurde von Roosevelt zu seinem Administrative Assistant ernannt. Currie gehörte sehr früh zum harten Kern der Keynesianer in den USA und war einer der tatkräftigsten akademischen Trommler für FDRs „New Deal". Vgl. Galbraith, S. 135, sowie Sweezy, S. 117f. Zu seiner Tätigkeit als Wirtschaftsplaner im Rahmen der amerikanischen Aufrüstungsanstrengungen 1940/41 vgl. Jones, Role, S. 125–133, besonders S. 125ff. Zu Curries Tätigkeit im Zusammenhang mit den amerikanischen Reparationsplanungen im Zweiten Weltkrieg vgl. Nübel, S. 78–84.

deraufbau und Entwicklung gelang, hingen jedoch nach Curries Eindruck von einer Reihe von Bedingungen ab: erstens der Geschwindigkeit, mit der die Exporte aufgebaut würden; zweitens der Dauer des Krieges mit Japan; drittens dem Umfang des britischen Beitrags zu diesem Krieg; und viertens dem Umfang von Lend-Lease während dieser Phase[7]. Mit Keynes' Hinweis auf eine notwendige Übergangsphase zur Erreichung einer ausgeglichenen Zahlungsbilanz deckte sich, was Currie über die handelspolitischen Ansichten Londons nach Washington berichtete. Zwar werde grundsätzlich anerkannt, daß Protektionismus und Bilateralismus als Handelsprinzipien über Bord zu werfen seien. Zugleich werde in Regierungskreisen aber davor gewarnt, Druck auf eine vollständige Revision des bestehenden Systems auszuüben, bevor die britische Wirtschaft ausreichend wiederaufgebaut sein werde. In London sei man der Meinung, so notierte Currie, „that the British commitment to remove exchange restrictions must be conditioned upon a full recovery of equilibrium in the balance of payments; that the principle of imperial preference must remain, although further reductions in the preference might be expected; and that we have probably not given sufficient weight to the strength of protectionist sentiment in Europe and in economically undeveloped countries“[8]. In London, so lautete die Quintessenz des Currie-Reports, gab man sich also zuversichtlich, sollte es denn gelingen, die vorwiegend technischen Probleme der Übergangsphase, insbesondere die währungs- und handelspolitischen Gespräche mit Washington, die die Lend-Lease-Frage mit einschlossen, sowie die friedenswirtschaftliche Umstellung im britischen Sinne zu lösen. Es war erneut Keynes, der in diesem Zusammenhang gegenüber Currie auch noch einmal seine Besorgnis über den bisherigen Stand der alliierten Planungen zur wirtschaftlichen und militärischen Kontrolle Deutschlands mit Nachdruck vorbrachte. Offensichtlich aufgebracht wegen der grundsätzlichen Entscheidung in Jalta, Deutschland zur Zahlung von Reparationen zu verpflichten, strich er wiederholt die Bedeutung des „First charge“-Prinzips heraus. Keynes betonte, diese Entscheidung liefe angesichts des Zerstörungsgrades der deutschen Industrie und der geplanten Demontage von wichtigen Produktionsanlagen darauf hinaus, daß die USA und Großbritannien Güter nach Deutschland einführen müßten, nur damit die Sowjetunion am anderen Ende Reparationen entnehmen könne. Deutsche Exporte zur Deckung der benötigten Importe, so stellte der Nationalökonom noch einmal unmißverständlich klar, besaßen unbedingten Vorrang vor Reparationen. Es erschien ihm widersinnig, einerseits scharfe Kontrollen über einen längeren Zeitraum aufrechtzuerhalten, nur um andererseits Deutschland zu dem Zweck wieder aufzubauen, um Reparationen abschöpfen zu können. Seiner Meinung nach war es daher sinnvoll, das Land nur so lange zu besetzen, bis die Kriegsverbrecher abgeurteilt und die Rüstungsfirmen demontiert waren, „and then get out, say, in two years' time“[9].

Currie wußte auch von „einer der kontroversesten, allerdings geheim diskutierten Fragen in britischen Regierungskreisen“ zu berichten: ob nämlich Großbritannien bei der Bildung eines westeuropäischen Verteidigungsbündnisses die Führung übernehmen solle. Das Foreign Office, so schilderte er, sei in dieser Frage gespalten. Einige Beamte, wie z. B. der für die Zusammenarbeit mit den Alliierten in Ernährungs- und Rohstoffan-

[7] FRUS 1945/VI, S. 37.
[8] FRUS 1945/VI, S. 38.
[9] FRUS 1945/VI, S. 40.

gelegenheiten zuständige Staatssekretär Richard Law und Nigel Ronald, sprachen sich für ein sicherheitspolitisches Engagement auf dem Kontinent aus. Im Mittelpunkt eines Arbeitsessens, an dem neben Currie auch US-Botschafter Winant, dessen Wirtschaftsberater Penrose, Law, Ronald und James Meade teilnahmen, stand die Frage einer westeuropäischen Verteidigungsallianz. Als Currie zu bedenken gab, daß die Schaffung eines Westblocks logischerweise nur gegen die Sowjetunion gerichtet sein könne, erwiderte Law, daß die derzeitige militärische Schwäche Deutschlands ein westeuropäisches Bündnis nicht ausschließe: „Security against whom, if not against Germany?" Zugleich, so Law weiter, folge daraus keineswegs zwingend, daß die Allianz über kurz oder lang eine antirussische Stoßrichtung einnehmen werde. Sie werde nicht provozierend wirken (und hier schienen alle Beteiligten einer Meinung), wenn erstens die Sowjetunion mit einbezogen oder doch wenigstens um ihre „Zustimmung" zur Bildung der Allianz gebeten würde, zweitens das Bündnis regionaler Teil einer Weltorganisation wäre und drittens eine wirtschaftliche Diskriminierung ausgeschlossen wäre[10]. Demgegenüber bekam Currie von Außenminister Eden zu hören, „that this was not the present policy of the British Government and that he personally is opposed to it. While ostensibly directed against Germany it would actually be directed against the Soviet."[11]

Die Hoffnung in London, über die Currie nach Washington berichtete, basierte also auf einer Reihe von miteinander verflochtenen Faktoren, die zum Teil innerhalb der Grenzen des Handlungsspielraums von Großbritannien, zu einem wichtigen Teil aber am Rande oder gar außerhalb seines Einflußbereichs lagen. Zunächst mußte es gelingen, in der Öffentlichkeit Verständnis für eine Politik zur Dämpfung der Nachfrage zu wekken und behutsam auf die Rationierungsmaßnahmen vorzubereiten. In diesem Zusammenhang fürchteten insbesondere die Keynesianer auf beiden Seiten des Atlantiks die Auswirkungen einer amerikanischen Wirtschaftskrise. Zwar hatte Keynes in seinen Überlegungen zur Kriegsfinanzierung genau diese Entwicklung antizipiert und versucht, dem mit seinem Schema des „deferred pay" ein wirksames Antidot entgegenzustellen. Doch war man in Washington und London skeptisch, ob die Position der Keynesianer genügend gefestigt war, um eine befürchtete wirtschaftliche Depression rechtzeitig einzudämmen, bevor sie die rekonvaleszierenden Staaten Europas mit in den Abgrund riß wie 1929/31[12]. Gleichzeitig galt es, namentlich die industrielle Elite von der Notwendigkeit einer grundlegenden Erneuerung der Wirtschaftspolitik zu überzeugen[13]. Schließlich würde es darauf ankommen, in den Verhandlungen mit den USA die

---

[10] BLPES, Meade Papers, Diaries 1/3, fol. 148–151 (Eintrag 17.3.1945).

[11] FRUS 1945/VI, S. 40.

[12] BLPES, Meade Papers, Diaries 1/3, fol. 119–121 (Eintrag 10.2.1945).

[13] Vgl. beispielhaft etwa Keynes' Zorn über den mangelnden Modernisierungswillen der britischen Baumwollindustriellen: „All the cotton leaders", so erklärte er Dalton Anfang 1944, „are ‚old jossers who want to live the rest of their lives in peace'. They don't want to be bothered with new ideas or new machinery. The old stuff they are used to will last their time. They are completely defeatist as regards the future and are only thinking of getting back to 1939. They ought to be thinking of getting back to 1929. Otherwise we are cooked, and can't possibly expand our total exports sufficiently. Who else can supply the post-war world's cotton needs? Germany and Japan will be on their backs, India hasn't our efficiency, the United States costs are too high, Brazil is very small. Who else but we have got the looms and spindles? We shall get good prices for our exports after the war and there is no point in leaving these to be absorbed by foreign merchants." BLPES, Dalton Diaries I/30, fol. 26 (Eintrag 31.1.1944).

Voraussetzungen für einen stabilen und im Sinne der besonderen britischen Währungs- und Handelsinteressen flexiblen organisatorischen Rahmen für den internationalen Zahlungs- und Handelsverkehr zu schaffen[14]. Dieser Aspekt warf nicht nur die Frage nach dem Grad der freihändlerischen Ausrichtung des Systems auf, sondern schloß auch das Problem der Übergangsfinanzierung, genauer: der Kriegsschulden und Kreditmöglichkeiten, mit ein. An seine Seite traten im außenpolitischen bzw. außenwirtschaftspolitischen Bereich die Fragen nach Reparationen, Demontagen und der Art der wirtschaftlichen Kontrolle Deutschlands, die alle die Erfolgsaussichten des britischen Wiederaufbaus auf die eine oder andere Weise beeinflußten.

Alle diese Faktoren nahmen, je näher das Ende des Krieges rückte, immer mehr Keynes' Aufmerksamkeit in Anspruch. Dies um so mehr, als die Arbeitskraft des Nationalökonomen nach Fertigstellung des Malkin-Reports weitgehend von den britisch-amerikanischen Gesprächen über den Weltwährungsfonds und die Bank für Wiederaufbau und Entwicklung beansprucht wurde. Dies darf jedoch nicht so verstanden werden, als ob er fortan für die deutschlandpolitischen Debatten in Whitehall kein Ohr mehr hatte. Im Gegenteil, wie ausführlich gezeigt wurde, war die umfassende Beschäftigung mit der Frage der wirtschaftlichen Behandlung Deutschlands nach dem Krieg eine zentrale gedankliche Antriebskraft für seine Überlegungen zum ökonomischen Wiederaufbau Europas, so wie vorher seine Kritik an dem Versailler Vertragswerk und die konzeptionelle Konfrontation mit der nationalsozialistischen Wirtschaftsordnung wichtige Impulse für seine theoretische Arbeit geliefert hatten. Namentlich die von ihm im Laufe dieses langen gedanklichen Reifeprozesses diagnostizierte strukturelle Bedeutung des Faktors Deutschland und seiner ökonomischen Dynamik für Großbritannien sorgten dafür, daß Keynes' Interesse an der deutschlandpolitischen Weichenstellung in London auch während seiner umfassenden Aktivitäten bei den Finanzgesprächen in Washington nicht erlahmte.

Keynes' Haltung speiste sich aus zwei auf den ersten Blick widersprüchlichen Antriebsmomenten. Wie kaum ein anderer war er sich der schwierigen wirtschaftlichen Ausgangslage bewußt, der sich Großbritannien am Ende des Krieges gegenübersehen würde; und doch war mindestens ebensosehr der Ökonom in ihm von der Möglichkeit überzeugt, im Inneren die haushalts- und im Äußeren die währungs- und handelspolitischen Grundlagen für einen erfolgreichen Wiederaufbau legen zu können. Während er jedoch hinsichtlich der Möglichkeiten staatlicher Haushaltspolitik als dem Initialzünder für den Wiederaufbau optimistischer als seine Umwelt war, gab er sich im Unterschied zu den Beamten weitaus pessimistischer bei der Beurteilung von Großbritanniens wirtschaftlichen und machtpolitischen Aussichten. Beide Extrempositionen, seine „Micawber-Natur" wie sein Ruf als „Kassandra" Whitehalls, waren freilich nur auf den ersten Blick unvereinbar. Denn so überzeugt er davon war, daß er das Instrumentarium für eine Politik der Krisenbewältigung bereitstellen konnte, so sehr verzweifelte er an der Ein-

[14] Vgl. dazu z. B. die Hinweise Schatzkanzler Andersons in der Times vom 5.7.1945, in der es u. a. hieß: „The system of international economic collaboration to be established now must profoundly affect our ability to play any useful part in the affairs of the post-war world and may even involve our very standards of life. [...] We must not assume that the cure for all our troubles was found at Bretton Woods. The time is at hand when we must decide and we shall do so heartened immensely by our knowledge of the part which America is clearly determined to play." Zitiert nach: Gardner, Sterling-Dollar Diplomacy, S. 189.

stellung und den Aktionen weiter Teile aus Industrie und Politik. Aus Keynes' Sicht war es eine Sache, die ökonomischen Warnsignale zur Kenntnis zu nehmen, und eine andere, die richtigen Schlüsse daraus zu ziehen. Eine Politik des „muddle through" konnte nicht mehr ausreichen, auch nur den Status quo zu erhalten. Um so mehr sah er sich dazu veranlaßt, die Minister die Statistiken nicht nur einfach zur Kenntnis nehmen zu lassen, sondern sie darauf hinzuweisen, daß bei aller Enge des Handlungsspielraums noch *politische* Entscheidungen gefordert waren, die nicht in hypertropher Verkennung der tatsächlichen Lage an dem Versuch festhielten, die Ressourcen an die Politik anzupassen, sondern die Politik an den wirtschaftlichen Möglichkeiten des Landes auszurichten.

Die Schärfe von Keynes' Kritik wuchs dabei, je näher das Ende des Krieges rückte und je größer seine Unzufriedenheit mit der politischen Entscheidungsspitze wurde. Daneben dürften zunächst freilich zwei weitere Faktoren maßgeblichen Einfluß darauf gehabt haben, daß er gegenüber den Beamten immer häufiger die Dringlichkeit seines Anliegens einforderte. Zum einen kristallisierte sich heraus, daß der in „How to Pay for the War" vorgeschlagene Weg der Kriegsfinanzierung nicht den gewünschten Effekt zeigte. Die im Zuge des Haushalts 1941 eingeleitete Politik steuerlicher „Zwangseinlagen", die als „deferred pay" nach dem Krieg für eine ausreichende Gesamtnachfrage sorgen und damit den Grundstock für weitere anti-inflationäre und antizyklische Maßnahmen bilden sollten, blieb weit hinter den Erwartungen zurück[15]. Kurzfristig zwang dies die Regierung dazu, bei den Banken um Kredite nachzusuchen, und durchkreuzte so Keynes' Plan, mit Blick auf die Nachkriegszeit die Bevölkerung und nicht die Kreditinstitute zum Kreditgeber des Staates zu machen. Damit war ein wichtiger Hebel zur Nachfrageregulierung und zugleich ein zentrales soziales Anliegen von Keynes verloren. Zum anderen wuchs der Druck zur Einführung direkter Kontrollen, namentlich im Bereich der Investitionen und zur Dämpfung der Nachfrage, sowie zur Auflösung der Bankreserven; für notwendige Kapitalinvestitionen blieb da kaum Spielraum[16]. Hinsichtlich der Wiederaufbauphase zeichnete sich ab, daß Rationierungen und das kriegsbedingte System der Wirtschaftskontrollen weiter fortbestehen mußten. Hier waren gleichermaßen die Lebensverhältnisse der Bevölkerung, die noch dazu über einen gefährlichen Kaufkraftüberhang verfügen würde, und die Investitionstätigkeit der Industrie direkt betroffen, und es stand zu erwarten, daß dies nicht ohne Auswirkungen auf die erhoffte Steigerung der wirtschaftlichen Produktivität bleiben konnte. Was Keynes zudem in diesem Zusammenhang noch nicht absehen konnte, war der Umstand, daß der allgemein erwartete „Slump" nach Kriegsende ausblieb, so daß die rückzahlbaren Kredite („post-war credits") an die Bevölkerung ihren eigentlichen Zweck als entschärfendes Korrektiv in eine potentiell inflationäre Dynamik umkehren konnten[17].

Darüber hinaus gaben auch die zähen Verhandlungen, die Keynes im unmittelbaren Anschluß an die Fertigstellung des Malkin-Reports mit den Amerikanern im Herbst

---

[15] Vgl. Peden, Keynes, the Treasury and British Economic Policy, S. 42; Harrod, Keynes, S. 494. Vgl. die Angaben bei Pollard, S. 213–216.

[16] Vgl. Pollard, S. 214 (Tab. 5.9.) und S. 215.

[17] Zum Problem des Nachfrageüberhangs vor dem Hintergrund allgemeiner Inflationsangst im britischen Schatzamt in der Übergangsphase vgl. Cairncross, Years of Recovery, S. 409–422. Im Zusammenhang mit der Diskussion um die „Keynesianische Revolution" im Schatzamt vgl. Peden, Keynes, the Treasury and British Economic Policy, S. 42.

1943 über den Internationalen Währungsfonds führte, Anlaß zu Skepsis[18]. Zwar äußerte sich Keynes über das schließlich im April 1944 veröffentlichte „Joint Statement"[19], das die beiden von ihm und seinem amerikanischen Kollegen White vorgelegten Pläne zu einem Kompromißpapier zusammenfaßte, vorwiegend positiv. Seiner Ansicht nach war damit durchaus ein erfolgversprechender Grundstein für den wirtschaftlichen Wiederaufbau nach dem Krieg gelegt, und auch im Foreign Office hatte man erkannt, daß, unabhängig von inhaltlichen Details, ein wichtiger, nach außen sichtbarer Schritt getan war, der die USA zwang, Verantwortung für den Wiederaufbau und die Sicherheit Europas zu übernehmen[20]. Freilich war Keynes gezwungen, den auf der Konferenz von Bretton Woods im Juli 1944 bestätigten Kompromiß einer skeptischen Öffentlichkeit in Großbritannien, die um die wirtschaftspolitische Entscheidungsfreiheit der Regierung bei der Erhaltung britischer Interessen besorgt war, und namentlich den einer multilateralen Öffnung des Landes ablehnend gegenüberstehenden zuständigen parlamentarischen Instanzen zu verkaufen[21]. Bei allen Vorbehalten gegenüber dem amerikanischen Plan sah Keynes doch zu den Prinzipien von Multilateralität und Währungskonvertibilität keine prinzipielle Alternative, und seine Vorschläge zur wirtschaftlichen Neuordnung gründeten im Kern ebenso auf dem Grundsatz der internationalen Zusammenarbeit wie die Washingtons. Bei einer Ablehnung durch die Parlamente drohte allerdings der Rückfall in protektionistische Extrempositionen und damit ein kaum wiedergutzumachender Schaden in den Beziehungen zu Washington, auf dessen Hilfsbereitschaft Großbritannien gerade im Hinblick auf die Finanzierung der Übergangsperiode angewiesen sein würde[22]. Doch obwohl Keynes zentrale Aspekte seiner eigenen Vorlage in das „Joint Statement" einzubringen vermochte und obwohl es ihm gelang, wichtige „Rückzugsklauseln" einzubauen, die Großbritannien ein rechtzeitiges Gegensteuern für den Fall erlauben sollten, daß der Druck auf die Währung zu groß wurde, war er sich nur zu bewußt, daß es ihm grundsätzlich nicht gelungen war, die seinen eigenen Clearing Union-Plänen unterliegenden praktischen Zielvorgaben durchzusetzen und allgemein die amerikanischen Verhandlungspartner von der speziellen Situation Großbritanniens zu überzeugen. Denn so erfreulich die prinzipiellen Berührungspunkte der britischen und amerikanischen Pläne auch waren, so fundamental unterschieden sich ihre Interessen in der Frage, welche Weichenstellungen man mittelfristig für die Übergangsphase vornehmen sollte.

Die von Keynes bei den Washingtoner Verhandlungen im September und Oktober 1943 verfolgten Ziele können wie folgt umrissen werden[23]:

---

[18] Vgl. Moggridge, Maynard Keynes, S. 775–780.

[19] Vgl. Joint Statement by Experts on the Establisment of an International Monetary Fund, London 1944 (Cmd 6519).

[20] Memorandum Hall-Patch, 3.8.1945, in: DBPO I/3, S. 1–5, besonders S. 4.

[21] Vgl. ausführlich Gardner, Sterling-Dollar Diplomacy, S. 121–129.

[22] Zur Reaktion in Großbritannien auf das „Joint Statement" vgl. Gardner, Sterling-Dollar Diplomacy, S. 121–129; zu Keynes' Überzeugungsarbeit ebenda, S. 124–129; vgl. auch Harrod, Keynes, S. 569–575, 581–584.

[23] Aus der Fülle der Literatur zum Bretton Woods-Abkommen sei hier beispielhaft verwiesen auf Gardner, Sterling-Dollar Diplomacy, S. 71–100, 110–144; van Dormael. Aus Keynes' Sicht Harrod, Keynes, S. 555–585; Moggridge, Maynard Keynes, S. 721–755. Aus der Sicht zweier Beteiligter White sowie Meade, Bretton Woods. Grundsätzlich sei verwiesen auf das Material in JMK XXVI.

- Nach dem Willen Londons sollte der IMF zur wichtigsten Nachkriegsquelle für weitgehend konditionslose Kredite aufgebaut werden. Aus diesem Grunde sah Keynes' Clearing Union-Entwurf Kreditmöglichkeiten der Mitgliedsländer in Höhe von $ 26 Milliarden vor, die zu fast 90% von den USA als größtem Kreditgeber eingebracht werden sollten.
- Die britische Verhandlungsdelegation zielte zugleich auf eine Reduzierung bzw. Eliminierung amerikanischer Zölle, um so langfristig den Zugang zu den Dollarmärkten zu garantieren und damit für die kriegsgeschädigten Volkswirtschaften die Möglichkeit des Devisenerwerbs zu schaffen. Zu diesem Zweck strebten die britischen Unterhändler eine Formel an, die eine automatische Reduzierung der Zollbestimmungen der Mitgliedländer festschrieb. In den Augen Londons war dies eine Grundvoraussetzung für den Artikel VII des Mutual Aid Act, der die Prinzipien des Multilateralismus verpflichtend vorschrieb. Das System der Empire-Präferenzen war nur in dem Maße preiszugeben, wie die Amerikaner zur Lockerung ihrer Importbeschränkungen bereit waren.
- Dem Doppelziel, monetäre Rahmenbedingungen zu schaffen, die die Einnahme von Dollars erleichterten, ohne zugleich den britischen Anspruch auf fiskalische Expansion im Inneren aufgeben zu müssen, diente auch die sogenannte „scarce currency clause". Dieser Passus ermächtigte ein Schuldnerland, dann gegen das Gläubigerland diskriminierend vorzugehen, wenn dessen positive Zahlungsbilanz eine bestimmte Grenze überschritt und (Dollar-)Exporte der Schuldnerländer dadurch so erschwert wurden, daß die Reserven des IMF in dieser Währung zu verknappen drohten[24]. Dadurch sollte verhindert werden, daß eine allgemeine Devisenknappheit, die durch kriegsbedingte Überkapazitäten der amerikanischen Wirtschaft und konstant hohe Importzölle noch verschärft zu werden drohte, den Fluß des Welthandels und damit den allgemeinen Wiederaufbau behinderte. Daneben hoffte Keynes, London die Möglichkeit der Währungskontrolle, insbesondere die Option der Abwertung vom Sterling, als eine Maßnahme zur Absicherung der Reformen im Inneren offenzuhalten.
- In dem Maße, wie sich herausstellte, daß die britische Delegation die Details der amerikanischen Vorlage weitgehend zu akzeptieren gezwungen war und die Amerikaner sich insbesondere weigerten, mit dem IMF einen allgemeinen Dollarpool in der von Keynes anvisierten Größenordnung zu schaffen, mußte es darauf ankommen, nach Ausgleichsmechanismen zu suchen; die Verhandlungen dienten Keynes also zugleich dazu, den Grund für bilaterale Hilfsmaßnahmen zwischen den USA und Großbritannien zu legen.

Auch wenn die britische Delegation am Ende der Verhandlungen Teilerfolge verbuchen konnte und die USA prinzipiell an den europäischen Wiederaufbau im Rahmen einer Konsolidierung des Weltwährungssystems anbinden konnte (ein Ergebnis, das den eigentlichen Stellenwert von Bretton Woods kennzeichnet), kann doch kaum ein Zweifel darüber bestehen, daß weder die Ergebnisse der Finanz- noch die der Handelsgespräche die Rahmenbedingungen schufen, die man sich in London im Hinblick auf eine rasche Konsolidierung versprochen hatte. So gelang es den Amerikanern nicht nur, unter Hin-

[24] Vgl. dazu ausführlich Harrod, Keynes, S. 543–548; Gardner, Sterling-Dollar Diplomacy, S. 91 f., 114–117, 125–127, 137.

weis auf den widerspenstigen Kongreß alle britischen Versuche abzuwehren, die automatische Reduzierung der Zollbeschränkungen für die Mitgliedsländer festzuschreiben; sie sahen sich überdies auch keineswegs veranlaßt, im Gegenzug ihren Druck auf Abbau der Empire-Präferenzen zu reduzieren[25]. Zudem weigerten sie sich erfolgreich, dem Währungsfonds die von Keynes geforderte finanzielle Basis von $ 26 Milliarden zu garantieren, d. h. einen Eigenanteil von $ 23 Milliarden aufzubringen. Damit war der Kern von Keynes' Plan, den IMF mit einer ausreichenden Menge der amerikanischen Währung auszustatten, über die die Mitgliedsländer konditionslos verfügen konnten, zerstört. Das Problem des Devisenengpasses in der Übergangsphase, und damit das Kernproblem der britischen Zahlungsbilanz, schwelte also weiter. Ob die ins Abkommen geschriebene „scarce currency clause" als „Trostpreis"[26] für die Zugeständnisse der Briten genügend währungspolitischen Spielraum bot, durfte bezweifelt werden, zumal Washington auf zahlreichen, die Anwendung der Klausel einschränkenden Passagen bestand[27]. Bestenfalls konnte sie dazu dienen, im Notfall den Druck auf die eigenen Devisenreserven einzudämmen; ein Mechanismus, mit dem sich mehr Dollars erwirtschaften ließen, war sie gewiß nicht. Und schließlich standen am Ende der Bretton Woods-Konferenz berechtigte Zweifel, ob die USA bereit sein würden, Großbritannien Sonderkonditionen im Rahmen von Hilfsmaßnahmen nach dem Ende von Lend-Lease einzuräumen. Jedenfalls waren die Anhörungen in Senat und Repräsentantenhaus ein schlechtes Omen; dort vertrat man diesbezüglich die Meinung, „that if Bretton Woods agreements are adopted, there will be no direct aid [for Great Britain] – at any rate not in the form of lend-lease or in the form of a credit on terms which England could afford"[28]. Die engere währungspolitische Anbindung der USA an Europa durch das Bretton-Woods-System legitimierte sich in den Augen der amerikanischen Öffentlichkeit gerade dadurch, daß sie den Steuerzahler von jeder weiteren Belastung durch Hilfsgelder befreien sollte.

Amerikanische Finanzhilfe nach dem Krieg? Keynes' Lageanalyse vom August 1944

Die Veröffentlichung des „Joint Statement" markiert einen bedeutenden Einschnitt in den Nachkriegsplanungen Großbritanniens nicht nur, weil diese Erklärung wichtige Grenzpfähle des außenpolitischen Handlungsspielraums markierte; seine Veröffentlichung im April 1944 fiel vielmehr auch zusammen mit der an anderer Stelle skizzierten Reorganisation der Planungsstäbe in London, namentlich mit der Schaffung des EIPS im gleichen Monat, der wenig später mit der Ausarbeitung einer Studie über „Economic Security" begann[29].

Im Juni dieses Jahres, kurz vor der Konferenz von Bretton Woods, legte Keynes eine erste Denkschrift zu Fragen der britischen Außenwirtschaft in der Übergangsphase

---

[25] Vgl. im einzelnen Gardner, Sterling-Dollar Diplomacy, S. 150–153.
[26] Harrod, Keynes, S. 548.
[27] Vgl. Meade, Bretton Woods, S. 9 f.; Gardner, Sterling-Dollar Diplomacy, S. 116 f.
[28] So resümierend John H. Williams, Wirtschaftswissenschaftler in Harvard und Vizepräsident der Federal Reserve Bank in New York; zitiert nach: Gardner, Sterling-Dollar Diplomacy, S. 144; vgl. insgesamt ebenda, S. 129–144.
[29] Vgl. oben Kap. IV.1.

vor[30]. Man darf annehmen, daß sie unter dem Eindruck sowohl der Ergebnisse der britisch-amerikanischen Finanzgespräche wie auch der Entwicklung der deutschlandpolitischen Debatte entstand. Keynes lenkte darin die Aufmerksamkeit auf die gefährliche Verschuldung des Landes und zeichnete ein düsteres Bild des britischen Wiederaufbaus. Da war zum einen der kriegsbedingte dramatische Rückgang der britischen Exporte, die die dringend benötigten Einfuhren schon lange nicht mehr deckten; als Folge hiervon wurde die Zahlungsbilanz mit den Ländern außerhalb des Sterling-Blocks in die roten Zahlen gedrückt. Zum anderen sah sich die Regierung mit einer beispiellosen Verschuldung gegenüber den Sterling-Ländern insgesamt konfrontiert. Die hatten nämlich ihre Devisen zentral in London gelagert, so daß Großbritannien darüber verfügen konnte, akkumulierten auf diese Weise aber beträchtliche Beträge in Sterling auf ihren Konten. Um den Schuldenberg abzutragen, überließ ihnen die Regierung in London im Laufe des Krieges immer größere Teile ihrer Investitionsanlagen in Übersee – und setzte damit jene Spirale in Gang, die, stärker als im Ersten Weltkrieg, als Großbritannien nicht gezwungen war, Auslandsinvestitionen in solchem Umfang zu liquidieren, zu einer krisenhaften Zuspitzung der Währungssituation führte. Doch trotz des Abbaus von Überseeinvestitionen blieben nach Keynes' Schätzungen fast £ 3 Milliarden auf den Londoner Konten; und dieser Sterlingüberhang war nichts anderes als ein langfristig angelegter Sprengsatz, der dann zünden würde, wenn es nicht gelang, ihn vor Ablauf der im Abkommen von Bretton Woods garantierten Übergangsphase und vor dem Beginn der Konvertibilität des Pfundes ausreichend abzubauen.

Keynes scheute sich nicht, in diesem Zusammenhang auf die leidige britische Tradition des „muddle through" hinzuweisen und die Minister davor zu warnen, daß eine mangelnde Bereitschaft zum Umdenken und eine geistige Inflexibilität gegenüber neuen Entwicklungen noch mehr als nach dem Ersten Weltkrieg bestraft würden. „There has never been a more distinguished example of ‚It will all come right on the day'", hielt er den Ministern vor. Im Detail bekräftigte er die Notwendigkeit, zur Überwindung der katastrophalen Devisenlage des Landes um spezielle Hilfe bei den Amerikanern nachzusuchen. Die Fortschreibung von Lend-Lease über das Kriegsende hinaus sollte erstens den Ressourcendruck mindern, um auf diese Weise den Spielraum zur Erwirtschaftung von Gold- und Dollarreserven zu erweitern. Zweitens waren zu diesem Zweck alle verfügbaren Kräfte in den Ausbau der Exportindustrie zu stecken. Drittens war durch Verhandlungen mit den Sterling-Ländern sicherzustellen, daß deren Verfügungsgewalt über die Sterlingguthaben unter Kontrolle und die währungs- und handelspolitische Geschlossenheit des Empire-Blocks unangetastet blieb. Neben diesen im engeren Sinne wirtschaftspolitischen Maßnahmen fügte Keynes schließlich die Forderung hinzu, daß alle außenpolitischen Verpflichtungen, welche die Möglichkeiten des Landes überstiegen, zu vermeiden seien. Auch in der Diplomatie, so seine Schlußfolgerung, waren Neuorientierungen sowie strukturelle Anpassungsmaßnahmen unerläßlich, wenn die Appeasementtendenzen in der britischen Außenpolitik überwunden und ausreichende Ressourcen für den sozio-ökonomischen Wiederaufbau geschaffen werden sollten. In

[30] CAB 66/52, W.P. (44) 360, Annex, Memorandum Keynes, „The Problem of Our External Finance in the Transition", 12.6.1944; JMK XXIV, S. 34–65; dort auch die folgenden Zitate (Hervorhebungen im Original). Vgl. auch Harrod, Keynes, S. 574f.; Moggridge, Maynard Keynes, S. 762–765.

einer ebenso prägnanten wie stilistisch großartigen Analyse ging der Ökonom mit dem Großmachtanspruch des Landes und seiner Appeasementtradition ins Gericht: „Our present attitude towards our Allies and Associates is the result of several ingredients. In the financial field we have never escaped from the consequences of the Dunkirk atmosphere, when we felt alone: that this is *our* war; that if anyone helps it is very nice of them, but we cannot, of course, expect that it should be otherwise than on their own terms; that so far as we, but not they, are concerned, the future must be entirely sacrificed to the overwhelming needs of the present; and that if anyone wants a *douceur* he must, in the interests of getting on with the war, have it. This is the ingredient of appeasement, right and inevitable once, not so clearly necessary now. Next there is our position as a Great Power, equal in authority and responsibility and therefore equal in the assumption of burdens. This is the ingredient of pride and prestige – easily understandable, but nevertheless shortsighted if pride and prestige are, in fact, to be preserved. And, finally, the most sympathetic and natural of all the ingredients, what we have called the gracious activities of Lady Bountiful, all-oblivious of the bailiff's clutch, the universal and unthinking benevolence of a family which has always felt rich and for whom charity has become not so much a sacrifice as a convention."

Indirekte Bestätigung erhielten die Ausführungen von Keynes durch eine Kabinettsvorlage des Schatzkanzlers über die internen Finanzbelastungen[31]. Anderson erläuterte ausführlich die enormen Kosten der vorgeschlagenen Sozialpläne, die eine Erhöhung der Staatsausgaben erforderten, „appreciably bigger than that involved in any other of the post-war commitments we are considering". Im einzelnen kämen auf Steuerzahler, Unternehmer und Arbeiter beträchtliche zusätzliche Abgaben zu; es bleibe abzuwarten, ob die Bevölkerung, von der ein großer Teil sogar mehrfach betroffen sein werde, dies mitzutragen bereit sein werde[32]. Darüber hinaus sah Anderson zahlreiche weitere Belastungen des Staatssäckels voraus:

- Zinsen für die im Krieg akkumulierten Staatsschulden;
- neben dem erwähnten Sozialversicherungsplan zusätzliche Verpflichtungen im Sozialbereich, etwa freie Schulverpflegung, Kriegsrenten, Wohnungsbau und die Beseitigung von Kriegsschäden;
- Unterstützung der Industrie im Rahmen umfassender Modernisierungs- und Wiederaufbaumaßnahmen;
- Kosten für den Unterhalt der Streitkräfte nach dem Krieg;
- schließlich die Reduzierung der an die Ausnahmesituation des Krieges angepaßten Steuerraten sowie die steuerliche Rückerstattung im Rahmen der „deferred pay"-Politik.

Die große Unbekannte auf der Ausgabenseite, so erläuterte Anderson in Antizipation der tatsächlichen Krisenentwicklung der Nachkriegsjahre, waren die voraussichtlichen

[31] CAB 66/52, W.P. (44) 353, Memorandum by the Chancellor of the Exchequer, „Post-War Financial Commitments", 28.6.1944; dort auch die folgenden Zitate.

[32] Einige Zahlen: Die Sozialpläne sahen für 1945 eine Erhöhung des Arbeitgeberanteils an den Sozialversicherungsbeiträgen von gegenwärtig £ 87 Mio. auf insgesamt £ 124 Mio. vor; dies entsprach fast einer Verdoppelung des Vorkriegsaufwands (1938/39: £ 66 Mio.). Der Mehrbetrag für die Arbeitnehmer belief sich auf voraussichtlich £ 109 Mio. und stieg auf insgesamt £ 178 Mio. (gegenüber £ 55 Mio. 1938/39). Hinzu kam eine weitere Mehrbelastung des Steuerzahlers in Höhe von £ 78 Mio. Alle Angaben ebenda.

Verteidigungsausgaben. Die Schätzungen des Schatzamts beliefen sich, in dramatischer Verkennung der umfassenden militärischen Verpflichtungen des Landes nach dem Krieg, auf etwa £ 500 Mio. jährlich. Das Dilemma sei, daß man wohl nicht so lange mit Steuersenkungen warten könne, bis die internationale Situation eine allgemeine Abrüstung zulasse. Wie weit die Schere zwischen Steueraufkommen und Rüstungslasten im Laufe der Zeit auseinanderklaffen und wie die entstehende Lücke zu schließen sein würde, ließ der Schatzkanzler freilich offen. Seine Skepsis konnte er jedoch auch nicht verhehlen: Während etwa der Schuldenberg nach den Napoleonischen Kriegen erträglich gewesen sei, weil eine expandierende Weltwirtschaft mit Großbritannien als industriellem und finanziellem Zentrum im 19. Jahrhundert für die notwendigen Mehreinnahmen gesorgt habe, und auch nach dem Ersten Weltkrieg durch Einkommens- und Arbeitskräftezuwachs die steuerlichen Einnahmen weiter gestiegen seien, müsse jetzt bezweifelt werden, ob das Weltwirtschaftssystem dieses Mal solche expansiven Züge aufweisen werde. Und selbst dann bestanden für Anderson erhebliche Zweifel, ob Großbritannien überhaupt in der Lage sein würde, sich seinen Anteil an einem erneuten Wachstumsprozeß zu sichern – eine vor dem Hintergrund des tatsächlichen britischen Anteils an dem beispiellosen Wachstumsprozeß der fünfziger und sechziger Jahre geradezu beklemmende Weitsicht. Anderson machte deutlich, daß unter diesen Bedingungen der auch in Zukunft wachsende finanzielle Aufwand, den die Sozialpolitik sowie die Maßnahmen für den industriellen und wirtschaftlichen Wiederaufbau notwendig machten, eine ernsthafte Belastung darstellte; umgekehrt durfte man sich nur wenig strukturelle Entlastung versprechen, denn „any serious reduction in the cost of the Armed Forces is a matter for hope rather than for confidence". Am Ende zog der Schatzkanzler die kaum ermutigende Bilanz, es sei unerläßlich, „to appreciate the long-term financial problem in its true perspective, since otherwise sub-conscious beliefs, based on a past experience that is no longer relevant, may create a misleading impression that time is bound to relieve our financial difficulties. It is especially important to scrutinise very carefully all proposed commitments that are likely to entail automatic increases of expenditure. [...] We are, I think, compelled to look at our existing and prospective commitments from the point of view of priorities."

Für das Foreign Office kommentierte dessen Erster Sekretär, J. E. Coulson, Keynes' Ausführungen. Der enge finanzielle Rahmen, so bemerkte er zutreffend, bedeute eine ernsthafte Belastung für die britische Diplomatie. „Not only shall we be much handicapped by lack of money for carrying out our foreign policy, but we shall also be involved in highly delicate negotiations connected with financial matters which will require the utmost attention by the Foreign Office." Wenn man unter diesen Bedingungen mit einer wünschenswerten Außenpolitik Schritt halten wolle, sei es unbedingt notwendig, daß die betroffenen Ministerien in engem Kontakt zum Außenministerium stünden[33].

Die Meinung im Kabinett zu den von Keynes aufgeworfenen Fragen gingen freilich auseinander. Auf der einen Seite erklärten Konservative wie der Pressezar Lord Beaverbrook, ein einflußreicher Churchill-Intimus und zu diesem Zeitpunkt Lord Privy Seal, und Leo Amery, Secretary of State for India, die Ausführungen von Keynes seien zu pessimistisch, da der Schuldenberg im Kern ein Sterlingdefizit und dementsprechend leicht innerhalb der Empire-Bilanzen auszugleichen sei; überdies, so fügten sie verharmlosend

[33] FO 371/40952/UE 169, Minute J. E. Coulson, 18.7.1944.

hinzu, könne der US-Dollar genauso schnell wie Sterling einen Kursverlust erleiden. Beaverbrook hielt es deshalb auch für „äußerst bedauerlich", sollte Keynes in den USA auf die schwierige Finanzlage Großbritanniens hingewiesen haben, und warnte das Kabinett vor in seinen Augen ungerechtfertigten Schwächebekundungen, die den Machtanspruch des Landes von vorneherein unterminieren könnten[34].

Demgegenüber erklärten sich andere Minister mit der Keynesschen Analyse einverstanden, setzten allerdings unterschiedliche Akzente. So sah Arbeitsminister Bevin den wirtschaftspolitischen Primat in der Entwicklung des Binnenmarktes, fügte jedoch hinzu, daß ein angemessener Anteil der industriellen Produktionskapazität für den Außenhandel reserviert werden müsse[35]. Schatzkanzler Anderson stimmte angesichts des Befundes seiner eigenen Denkschrift mit dem generellen Tenor von Keynes' Aufzeichnung überein, mahnte aber ebenfalls zur Vorsicht in Verhandlungen mit Washington. Zwar war im Schatzamt allgemein die Notwendigkeit amerikanischer Finanzhilfe unbestritten. Anderson schwebte allerdings – in sentimentaler Erinnerung an die Atlantikschlacht – eher eine britisch-amerikanische Wirtschaftskooperation hinsichtlich des europäischen Wiederaufbaus vor[36]. Was die eigentliche Finanzhilfe anging, sollte sie nach Möglichkeit nur einen nachgeordneten Rang einnehmen. Demgegenüber war er wie Bevin der Meinung, daß die Maßnahmen zur Entlastung des wirtschaftlichen Drucks primär im Bereich der Innenpolitik zu suchen seien: „if we are to avoid financial embarrassment after the war which would not only restrict our power to fulfil some of our international obligations but would confine our freedom of policy and might hinder the development of our internal plans, we shall have to tackle the problem, as we have tackled war production, continuously and over a wide field."[37] Dies war nichts anderes als die Fortschreibung der Wirtschaftskontrollen nach dem Krieg, um die Abhängigkeit von amerikanischer Hilfe so niedrig wie möglich zu halten.

Unter dem Strich wurde so auch bei jenen, die Keynes' Analyse im Prinzip zustimmten, der Wille deutlich, die wirtschaftspolitische Entscheidungsfreiheit Londons nicht zuletzt wegen ihrer gesamtpolitischen Bedeutung unter allen Umständen zu verteidigen. In diesem Sinne beschloß das Kabinett schließlich, erstens das Terrain für Verhandlungen mit Washington über den möglichen Umfang der amerikanischen Finanzhilfe nach der deutschen Kapitulation („Stage II") zu sondieren. Zweitens wurde die Ansicht bekräftigt, daß der Ausbau der Exportindustrie nach dem Krieg eine vordringliche Aufgabe der Wirtschaftspolitik sein müsse. Schließlich stellten die Minister auch eine Überprüfung der währungspolitischen Abkommen innerhalb des Sterlinggebiets in Aussicht[38].

Keynes' Ausführungen und die sich daran anschließende Debatte im Kabinett wirkten vor allem im Foreign Office weiter. Einem Vorschlag Coulsons folgend, berief Sir Orme Sargent Anfang August 1944 eine Besprechung der Abteilungsleiter ein, um die Konsequenzen der in Keynes' Memorandum skizzierten Lage für die britische Außen-

[34] CAB 65/43, W.M. 93 (44), War Cabinet Meeting, 18.7.1944.
[35] Ebenda.
[36] BLPES, Dalton Diaries I/30, fol. 177 verso (Eintrag 21.6.1944).
[37] NC, MSS Cherwell, H 174, Anderson an Cherwell, 12.6.1944.
[38] CAB 65/43, W.M. 93 (44), War Cabinet Meeting, 18.7.1944.

politik zu erörtern[39]. Sargent gab eine schonungslose Lageanalyse. Die finanzielle Situation Großbritanniens bei Kriegsende könne sehr wohl zu einem Kurswechsel der britischen Diplomatie zwingen: „We could no longer rely on the weapons of the rich man such as credits, loans and subsidies", erklärte er, „and we must get used to the position of a debtor nation." Die Beamten äußerten zwar die Hoffnung, die USA werden als möglicher Kreditgeber einspringen, hielten dem jedoch sofort entgegen, daß damit ja eine Ausweitung des amerikanischen Einflusses einhergehe und möglicherweise gar der Grund für einen anglo-amerikanischen Konflikt heraufbeschworen werden könne. Als Ausweg aus diesem Dilemma erschien ihnen zu diesem Zeitpunkt nur die effiziente und gezielte Nutzung der spärlichen Ressourcen im Sinne der auch von Anderson geforderten Prioritätensetzung; Schatzamt und Handelsministerium sollten gleichzeitig angehalten werden, über mögliche Kompensationsmittel zur Erweiterung des außenpolitischen Handlungsspielraums nachzudenken. Im Foreign Office selbst war man sich einig, in Zusammenarbeit mit den einzelnen Ressorts ein Richtlinienpapier auszuarbeiten, das auch die möglichen Konsequenzen für die britische Deutschlandpolitik umfaßte. Bevor die Beamten sich aber noch an erste Entwürfe heranwagen konnten, veränderten weitere Entwicklungen die Außenbedingungen ihrer Planungsarbeit.

Im September 1944 traf sich Churchill, wie bereits geschildert, mit Präsident Roosevelt in Quebec zu Gesprächen. Die beiden Regierungschefs erörterten dabei nicht nur die Grundlagen ihrer Deutschlandpolitik (Morgenthauplan), sondern einigten sich auf den Rahmen der Lend-Lease-Lieferungen während der Phase zwischen der Kapitulation Deutschlands und dem Ende des Krieges mit Japan („Stage II"). Die Details wurden erneut von Keynes ausgearbeitet, wobei ihm die Verhandlungsführung in geradezu frustrierender Weise von Lord Cherwell streitig gemacht wurde[40]. OCTAGON diente Churchill dazu, Roosevelt und den amerikanischen Stabschefs die Bereitschaft Großbritanniens zu erklären, in den Krieg mit Japan einzutreten, um so weitere Lend-Lease-Mittel zu sichern, während London gleichzeitig nach dem Kriegsende in Zentraleuropa mit dem allmählichen Truppenabbau und dem Übergang auf eine Friedenswirtschaft beginnen sollte. Der Kriegspremier erklärte Roosevelt denn auch unumwunden, es sei wesentlich, daß die USA an Lend-Lease keine Bedingungen knüpften, die den Aufbau der britischen Exportindustrie bedrohten[41]. Zwar stimmte der Präsident in Quebec Churchill zum Entsetzen sowohl der amerikanischen Chiefs of Staff, die Verzögerungen bei der Lieferung kriegswichtiger Güter in den pazifischen Kriegsschauplatz befürchteten, als auch von Außenminister Hull, der die Zusage konditionsloser Hilfe in Höhe von $ 6,5 Milliarden an Großbritannien scharf kritisierte, beidem prinzipiell zu, so daß die Fortschreibung von Lend-Lease über „VE-Day" hinaus zunächst gesichert schien. Bei den sich unmittelbar an OCTAGON anschließenden Verhandlungen ließen die Amerikaner Keynes jedoch in keinem Zweifel, daß die Hilfe sich nur auf Kriegsmaterial beziehen und unter keinen Umständen den Charakter indirekter Wiederaufbauhilfe annehmen würde. Namentlich die amerikanische Industrie und ein wachsamer Kongreß, die die unlautere Nutzung der Materialien durch einen Handelskonkurrenten witterten,

[39] FO 371/40952/UE 615, Note of a Meeting held in Sir Orme Sargent's Room on 3rd August, 1944; dort auch das folgende Zitat.

[40] Vgl. Harrod, Keynes, S. 586–591; Moggridge, Maynard Keynes, S. 775 f., 778.

[41] Gilbert, Road to Victory, S. 954–970, besonders S. 964; Taylor, S. 711.

drängten darauf, daß Lend-Lease streng am Bedarf des Krieges gegen Japan orientiert sein und auf diesen Zeitraum beschränkt werden sollte[42]. Die Niederwerfung der Achsenmächte war eines – Wiederaufbauhilfe ein anderes Kapitel. Und hatten die USA nicht gerade mit den Vereinbarungen von Bretton Woods ihren Beitrag zur wirtschaftlichen Rekonstruktion Europas geleistet? Die Hoffnung der Briten, die in der Folge der Bretton-Woods-Vereinbarungen um so dringlichere Sonderhilfe auf dem Wege von Lend-Lease zu bekommen, erfüllte sich also nicht und lenkte die Aufmerksamkeit der Planer in London sofort auf „Stage III". In einem die anstehenden ökonomischen Probleme treffend artikulierenden Sarkasmus nannte Keynes diese Phase „that happy period when we should be fighting neither Germans nor Japanese, and merely facing economic ruin"[43].

In Quebec paraphierten Churchill und Roosevelt aber auch den Morgenthauplan. Wenn Keynes darum bemüht war, Klarheit gerade über den Zusammenhang zwischen ökonomischem Wiederaufbau und der Frage der wirtschaftlichen Behandlung Deutschlands nach dem Krieg zu gewinnen, so war dieses Vorhaben durch die Initiative des amerikanischen Finanzministers zunächst wirksam durchkreuzt, auch wenn der Plan nie eine echte Chance zur Verwirklichung hatte. Aus Keynes' Sicht mußte es jedenfalls wie ein Rückfall in die Zeit nach dem Ersten Weltkrieg erscheinen, daß ausgerechnet zu einem Zeitpunkt, als jenseits aller vordergründigen Erfolge von OCTAGON die britisch-amerikanischen Finanzgespräche die Probleme von „Stage III" mit besonderer Dringlichkeit aufwarfen, ein Konzept deutschlandpolitisch akut wurde, das dem erfolgreichen wirtschaftlichen Wiederaufbau Kontinentaleuropas und Großbritanniens prinzipiell diametral entgegengesetzt war. Wie schon zuvor die Ergebnisse der Konferenz von Bretton Woods bewertete Keynes auch OCTAGON und die Lend-Lease-Verhandlungen als Teilerfolg, dessen eigentlicher Wert darin lag, die Amerikaner zur Fortsetzung der Hilfe für Großbritannien verpflichtet zu haben; darüber hinaus tat man in London gut daran, die Öffentlichkeit von den positiven Aspekten der Gespräche zu überzeugen: der Umfang der Lieferungen sei zumindest nicht gekürzt worden, und auch die Freiheit, frühzeitig mit dem Ausbau der Exportindustrie zu beginnen, werde nicht eingeschränkt[44]. Gleichzeitig wußte er, daß die US-Hilfe zeitlich an den Krieg gegen Japan gebunden war und keineswegs die strukturellen Probleme des britischen Wiederaufbaus in der Übergangsphase einer Lösung näherbrachte. Sie konnte bestenfalls dazu dienen, das Land weiter auf der Basis des „muddle through" durch die Widrigkeiten der Nachkriegszeit zu steuern. Nahm man Bretton Woods und OCTAGON als Vorzeichen des Kommenden, so war damit kaum die so dringend notwendige und von Keynes mühsam vorskizzierte deutschlandpolitische und weltwirtschaftliche Weichenstellung vorgenommen worden. Seine ganze Kassandra-Natur offenbarend, notierte Keynes: „We cannot police half the world at our own expense when we have already gone into pawn to the other half. We cannot run for long a great programme of social amelioration on money lent from overseas. Unless we are willing to put ourselves financially at the mercy of America and then borrow from her on her own terms and conditions sums which we cannot confidently hope to repay, what are we expecting? Are we looking forward to a

[42] Vgl. Gardner, Sterling-Dollar Diplomacy, S. 180–182; Gaddis, S. 120.
[43] Harrod, Keynes, S. 587.
[44] BLPES, Dalton Diaries I/31, fol. 97 verso (Eintrag 14.12.1944).

spectacular bankruptcy (not, altogether, a bad idea) from which we shall rise next morning without a care in the world? Or are we following some star at present invisible to me?"[45]

Diese Bemerkungen sind einer Kabinettsvorlage entnommen, die Keynes im März 1945, etwa einen Monat nach der Konferenz von Jalta, erarbeitete und in der er den Bedingungen der britischen Wirtschaftspolitik in „Stage III" nachging. Diese Denkschrift lag dem Kabinett Mitte Mai vor. Als Alternative zu einer sowohl für Großbritannien als auch für den europäischen Wiederaufbau gefährlichen ökonomischen Isolation des Landes sah Keynes nur noch die Möglichkeit, mit Washington über die Bedingungen einer umfangreichen Finanzhilfe zu verhandeln. Er griff seinen zunächst in dem Memorandum vom Juni des Vorjahres ausgebreiteten Gedanken auf, daß nur die USA die Devisenlücke Großbritanniens füllen könnten. Erstmals ventilierte er nun den Gedanken, Washington die Gewährung eines nic htrückzahlbaren Darlehens vorzuschlagen und ihm im Gegenzug diese bittere Pille durch die Ankündigung zu versüßen, den Sterling binnen Jahresfrist nach Beendigung des Krieges frei konvertibel zu machen. Wie er ausführlich und in drastischen Worten darlegte, war dieses *Quid pro quo*-Geschäft das Äußerste, was unter den gegebenen Umständen erwartet werden durfte, und obwohl unter den Beamten des Schatzamts wie auch in der Führungsspitze durchaus Widerspruch anzutreffen war, setzte sich im Laufe des Sommers in Whitehall der Gedanke als britische Maximalposition für „Stage III" durch.

„Policy of Selection": Eine neue außenpolitische Strategie

Auch im Außenministerium hatten sich die durch Keynes' Anregungen ins Rollen gebrachten Arbeiten für ein Grundsatzpapier über den Zusammenhang von Wirtschaft und Diplomatie mittlerweile konkretisiert. Zwischen September 1944 und Januar 1945 entstanden eine Reihe von Vorfassungen[46], die von der Wirtschaftsabteilung des Foreign Office und dem Schatzamt in einer gemeinsamen Aktion bis Anfang Februar zu einer Vorlage zusammengefaßt werden konnten. Die Planungen im Rahmen der Konferenz von Jalta verzögerten jedoch weitere Diskussionen, so daß Außenminister Eden erst am 22. März mit der Prüfung begann. Das Memorandum erhielt nach einigen Änderungen Edens Zustimmung und wurde eine Woche später mit der Anweisung, es als „geheim" zu behandeln und nur einem besonderen Personenkreis Einsicht zu gewähren, als Runderlaß an die diplomatischen Vertretungen weitergeleitet[47].

Die Beamten ließen keinen Zweifel daran, daß ihre bitteren Erfahrungen der Zwischenkriegszeit, als die wirtschaftliche Krisenlage des Landes das Ressourcenfundament der britischen Diplomatie, insbesondere in Form eines adäquaten Rüstungsniveaus, ver-

[45] Memorandum Keynes, „Decisions of Policy Affecting the Financial Position in Stages II and III", undatiert, in: JMK XXIV, S. 114–126; hier: S. 125.

[46] Vgl. FO 371/40952/UE 615.

[47] FO 371/45694/UE 813, Minute J. E. Coulson, 9.2.1945; Sargent an Eden, 22.3.1945; Minute Eden, 25.3.1945; Entwurf des Begleitschreibens Edens, 30.3.1945.

eitelt hatte, die eigentliche Motivationskraft hinter ihren Ausführungen bildeten[48]. Mit Blick auf die Nachkriegszeit wurde die Hoffnung formuliert, daß Großbritannien eine ausreichende militärische Stärke würde beibehalten können; die Beamten bekräftigten jedoch den Grundsatz, „that our diplomatic policy should be commensurate with our economic power. If we enter into commitments which our economic situation will not bear, we shall be exposed to another series of humiliations." Die voraussichtliche Devisenknappheit und das bedrohliche Zahlungsbilanzdefizit, notierten sie nüchtern, „will deprive our foreign policy of many weapons on which we relied in the past and which we would like to employ in the future. We shall find it difficult to grant credits, even where we might expect them to produce useful economic results in the long run. We shall definitely not be able to afford uneconomic purchases for political reasons. We shall have to go slow over subsidies, and we shall have to put a stop to many forms of investment in foreign countries. Every subscription to international organisations and charities will require the coldest scrutiny."[49] Hier war der zu erwartende Einflußverlust zugunsten der USA klar formuliert. In dem Maße, wie sich Drittländer insbesondere ökonomisch an Washington anlehnten, ging Unterstützung für die Anliegen Großbritanniens verloren; dies betraf die machtpolitische Position des Königreichs genauso wie seine Einflußmöglichkeiten auf die weltwirtschaftliche Neuordnung. Gleichzeitig mußte die finanzielle Abhängigkeit Londons von Washington zunehmen, der Spielraum, innerhalb dessen die Amerikaner, wie Shackle vom Board of Trade es vier Jahre zuvor formuliert hatte, zum richtigen Ausspielen der Karten gebracht werden konnten, wenn man ihnen schon das bessere Blatt überlassen mußte, immer kleiner werden. Die strukturelle Abhängigkeit, die sich hinter der äußeren finanziellen verbarg, mußte besonders zu denken geben. Denn würden sich umgekehrt die USA einer wirtschaftlichen Zusammenarbeit verschließen – und damit theoretisch Großbritannien eine Führungsposition überlassen –, wäre es nicht nur um ein Vielfaches schwieriger, den notwendigen Ausbau des Außenhandels voranzutreiben und so rasch wie möglich zu normalen Verhältnissen zurückzukehren; vielmehr vergrößerten sich dann auch die Lasten, die Großbritannien als Führungsmacht im Rahmen der sicherheitspolitischen Konsolidierung Europas und des Commonwealth zu tragen haben würde. An Positiva war diesem Befund eigentlich nicht viel mehr entgegenzusetzen als der Prestigegewinn, der sich aus der Niederschlagung Hitlers ergab, und die traditionellen Handelskanäle zu den überseeischen Erzeugerländern.

Welche Konsequenzen hatte das aus der Perspektive des Foreign Office für die britische Außenpolitik der Nachkriegszeit? Unter der Voraussetzung, daß sich die Diploma-

---

[48] In einer aufschlußreichen, von Eden allerdings gestrichenen Passage, in der die Verfasser die ganze Hilflosigkeit der britischen Diplomatie rekapitulierten, hieß es: „The results were disastrous because our bluff was called. We could do nothing effective to check Italian aggression in Abyssinia. We had to connive at the flagrant intervention of Germany and Italy in the Spanish civil war. We allowed Germany to violate the clauses of the Versailles Treaty one after another and to annex Czechoslovakia. In a final attempt to recover our self-respect, we guaranteed the frontiers of Poland. Once again our bluff was called." FO 371/45694/UE 813, Memorandum J. E. Coulson, „The Effect of Our External Financial Position on our Foreign Policy", 30.3.1945; dort auch die Eden vorgelegte Fassung mit dessen handschriftlichen Änderungen. Zu dem Memorandum vgl. auch Meyers, Economic Security, S. 55f.

[49] FO 371/45694/UE 813, Memorandum J. E. Coulson, „The Effect of Our External Financial Position on our Foreign Policy", 30.3.1945.

tie nicht primär am Wünschenswerten, sondern am Möglichen orientieren sollte bzw. umgekehrt bei möglichst optimaler Nutzanwendung der knappen Ressourcen so viel wie möglich von den außenpolitischen Zielvorgaben erreicht werden sollte, empfahlen die Beamten eine „policy of selection". Darunter verstanden sie die gezielte Einsetzung der vorhandenen ökonomischen Mittel in ausgesuchten Gebieten des britischen Interessenbereichs zu dem Zweck der direkten Einflußnahme und sicherheitspolitischen Stabilisierung. Im Zentrum dieser „eingeschränkten Finanzdiplomatie" standen nach ihrer Ansicht China im Fernen Osten, Österreich und Griechenland in Südosteuropa[50] sowie die Ölländer Saudiarabien und Persien[51], deren finanzielle Unterstützung man in je unterschiedlicher Höhe für notwendig erachtete. Mit Bedauern stellten sie allerdings fest, daß ein Engagement auf dem Balkan und in Lateinamerika zwar wünschenswert sei, wohl aber um einiges die Finanzmittel des Königreichs übersteige. In bemerkenswerter Verkennung der tatsächlichen britischen Handelsstruktur und der späteren weltwirtschaftlichen Expansion hielten sie die bestehenden Handelsverbindungen zu den westeuropäischen Staaten und Skandinavien für ausreichend; hier versprachen sie sich von einer wirtschaftlichen Betätigung keinen ausreichenden außenpolitischen Einflußgewinn[52]. Nach Ansicht der Planer von Foreign Office und Treasury sollte diese „policy of selection" flankiert werden von der allgemeinen Ausrichtung der britischen Außenpolitik nach dem Krieg an dem Ziel der Wiederherstellung ökonomischer Stärke: „The recovery of our economic strength depends first and foremost on the revival and expansion of our export trade. This point must always be in the forefront of our minds. Our industrialists, merchants and bankers should receive constant and active encouragement to foster our exports in every way open to them, and every proper facility which their representatives abroad may require should be given to them ungrudgingly and with promptitude. [...] As we are deprived of some of our former weapons, we must make more use of those we still possess. There must be the greatest possible development of friendly relations with economic circles in foreign countries. The despatch of economic business by the Foreign Service must be efficient, and its members must be capable at all times of giving good advice to foreign Governments on economic matters. It will be es-

---

[50] Zur Bedeutung Griechenlands vgl. auch Clark Kerr an Eden, 10.7.1945, in: DBPO I/1, S. 142–148, hier: S. 146; Caccia an Churchill, 10.7. 1945, in: DBPO I/1, S. 154f.

[51] Zur Bedeutung Persiens vgl. Bullard an Eden, 11.7.1945, in: DBPO I/1, S. 168f.; Bullard an Eden, 11.7.1945, in: DBPO I/1, S. 169; Gainer an Perowne, 13.7.1945, in: DBPO I/1, S. 263–265; Eden an Churchill, 13.7.1945, in: DBPO I/1, S. 265f.

[52] Im Gegenteil warnte Coulson in einer früheren Version des Memorandums vor einem zu starken Engagement in Europa und verwies auf den amerikanischen Kapitalfluß nach Deutschland nach dem Ersten Weltkrieg, der nach allgemeiner Meinung der Außenamtsbeamten das Negativbeispiel par excellence für eine verfehlte Außenwirtschaftspolitik darstellte. Coulson empfahl, ein Auge auf eine mögliche Neuauflage amerikanischer Kapitalinvestitionen in Deutschland nach dem Krieg zu werfen. „We are, of course, committed by our public pronouncements to enabling the Germans to work and to enabling Germany to have an economic, if not a military future [sic!]." Hinsichtlich einer Stabilisierungspolitik gegenüber Deutschland erhob er Einspruch „against the repetition of the policy carried out by the City after the last war, with such disastrous effects, of pouring money into Germany in order to set her on her feet again. If there is to be any repetition of this policy I take it that it will come from Wall Street and I hope we shall exert all our influence to ensure the observance of the principle that the needs of our allies come first, those of the neutrals second, and those of Germany and our enemies last." Vgl. den Entwurf in FO 371/40952/UE 615.

sential that our diplomatic missions pay the greatest attention to all these aspects of their work."[53]

Reaktionen auf das Grundsatzpapier ließen nicht lange auf sich warten. Umgehend wies ein frankophiler Beobachter der internationalen Entwicklung wie der britische Botschafter in Paris, Duff Cooper, auf zwei aus seiner Sicht gravierende Schwachstellen des Memorandums hin[54]. Ende Juni 1945 hatte ihn der französische Außenminister Georges Bidault erneut auf die Dringlichkeit eines britisch-französischen Bündnisvertrages hingewiesen, so daß der Inhalt der Denkschrift sich mit der laufenden Diskussion über die bereits von Spaak lancierte Idee eines regionalen Sicherheitspaktes verband[55]. Cooper wies die Zentrale in London darauf hin, daß erstens der Stellenwert Kontinentaleuropas für Wirtschaft und Sicherheit Großbritanniens sträflich unterbelichtet werde und es zweitens kaum ausreichen könne, wenn man in London lediglich über die Möglichkeiten einer eingeschränkten Finanzdiplomatie gegenüber den britischen Interessengebieten nachdenke. Hier, so erschien es Cooper, waren keineswegs alle notwendigen Konsequenzen aus Großbritanniens wirtschaftlicher Situation gezogen. Er stellte in Frage, ob England unter den gegebenen Umständen sich weiterhin auf seine Empire-Rolle konzentrieren könne. Gerade die durch den Krieg erzwungene ökonomische Entflechtung und die damit einhergehende machtpolitische Depotenzierung in Übersee warf für ihn die Frage auf, ob ein stärkeres Engagement in Europa nicht nur politisch wünschenswert, sondern auch notwendig sei. War es denn nicht geradezu unerläßlich, daß England auch in Europa eine wirtschaftlich stärkere Führungsrolle akzeptierte? Und mußte diese Führungsrolle nicht auch auf die militärischen und politisch-kulturellen Bereiche erweitert werden? In Frankreich, berichtete der um ein vertragliches Zusammengehen mit Frankreich bemühte Botschafter Cooper[56], werde offen darüber nachgedacht, in welcher Richtung man ein als notwendig erachtetes wirtschaftliches und sicherheitspolitisches Zusammenrücken der europäischen Nachbarländer vorantreiben solle. In diesem Zusammenhang würden Vorschläge zur Schaffung einer Zollunion laut[57]. Namentlich in Geschäftskreisen werde ein Zusammenschluß der europäischen Industrien favorisiert. Natürlich, so fügte Cooper hinzu, bedeute dies nichts anderes als den Aufbau eines „Trusts" und führe so zu jener Kartellisierung, vor der sich Engländer und Amerikaner so sehr fürchteten und deren Entstehung in der Nachkriegszeit die USA unter allen Umständen verhindern wollten[58]; Industrielle in Frankreich wüßten jedoch, daß das Land seine Geschäftsgrundlagen auf eine breitere Basis stellen müsse. „What seems certain", stellte er fest, „is that, faced as they [the French] are with a constant upward pressure on wages, the prospect of having to devalue their currency and other problems affecting social and labour policy at home and in their empire, the French, nervous of their eastern neighbours and distrustful of the United States, look to the possibility of an arrangement with the Western European Powers and with the Unit-

[53] FO 371/45694/UE 813, Memorandum Coulson, „The Effect of Our External Financial Position on Our Foreign Policy", 30.3.1945.
[54] FO 371/45694/UE 2504, Cooper an Eden, 12.6.1945.
[55] Brief for United Kingdom Delegation at Terminal [Potsdamer Konferenz]: „The ‚Western Group' and Franco-British Treaty", 10.7.1945, in: DBPO I/1, S. 235–241, hier: S. 239.
[56] Vgl. Young, S. 45f.; Ebersold, S. 101, 136f.
[57] Vgl. oben Kap. V.2.
[58] Vgl. Berghahn, Unternehmer und Politik, S. 20–39 passim, 84ff., 115–117.

ed Kingdom which could provide the broad basis which is indispensable for their economy."[59] Um den Verdacht der ökonomischen Blockbildung auszuräumen, aber auch um Großbritannien mit seiner Sonderstellung gegenüber den USA und innerhalb des Empire die Übernahme einer Führungsrolle zu erleichtern, ergänzte Cooper, könnte ein solches regionales Abkommen in den Zusammenhang eines übergeordneten Paktsystems gestellt werden. Regionalsysteme einerseits und offener Weltmarkt andererseits, so sein Plädoyer, stünden sich nicht als unvereinbare Gegensätze gegenüber. Gerade der ordnungspolitische Wert regionaler Zusammenschlüsse für einen raschen ökonomischen Wiederaufbau mußte seiner Meinung nach auch skeptische Amerikaner davon überzeugen, daß der Zusammenschluß der europäischen Wirtschaft als Subsystem ein wichtiger Motor für die Regeneration des Welthandels auf multilateraler Basis sein konnte. Für Cooper war diese Entwicklung unabwendbar, und er wies London deshalb darauf hin, daß eine „policy of selection" weder an Kontinentaleuropa vorbeigehen noch sich auf mögliche finanzielle Hilfestellungen beschränken dürfe. Im Gegenteil warnte er seine Vorgesetzten, daß der Zusammenschluß der westeuropäischen Industrien auch ohne britische Beteiligung vorangetrieben werden würde. Für diesen Fall schloß er nicht aus, daß die ökonomische Integrationsbewegung sich in einer für die Interessen Londons nachteiligen Weise entwickeln und etwa ein wirtschaftliches Rivalitätsverhältnis zur britischen Industrie begründen konnte. Sollte ein solches Bündnis gar unter den Einfluß der Sowjetunion kommen, würde sich die Inselmacht erneut vor einer geradezu lebensbedrohenden Herausforderung sehen: „Unless the basic problem is tackled, namely, the revival of industry and distribution and the placing of various countries on a sound economic and financial basis, there can be no stability in Europe, and without this stability the future for the world is hopeless. The United Kingdom is the only country in the West with sufficient prestige to give a lead which will prevent a relapse into economic and political nationalism, or alternatively [...] to threatening combinations."[60]

Coopers Ausführungen, unterstützt durch Pressekommentare, die auch im Außenministerium Widerhall fanden[61], gaben den Anstoß für eine interministerielle Besprechung am 25. Juli 1945, also genau einen Tag vor Bekanntgabe der Ergebnisse der Parlamentswahlen, die der Labour Party eine absolute Mehrheit brachten. Der Zeitpunkt war keinesfalls günstig, denn trotz des erfolgreichen Eintretens Churchills in Jalta für eine französische Beteiligung an der Besetzung Deutschlands und Sondierungsversuchen von Außenminister Bidault bei Cooper zeigten sich die britisch-französischen Beziehungen von Problemen überschattet. Die Ursache hierfür dürfte wohl hauptsächlich bei de Gaulle gelegen haben. Dessen in den Augen Londons überhebliches Großmachtdenken und seine anglophobe Einstellung fand die britische Entscheidungsspitze erneut bestätigt, als er im Februar 1945 seinen Außenminister in die britische Hauptstadt schickte, um die Bedingungen für ein englisch-französisches Bündnis vorzutragen: Einigung über Syrien und den Libanon im französischen Sinn; gleiche Beteiligung Frankreichs an der Besetzung Deutschlands, insbesondere eine in der Größe der englischen und amerikani-

[59] FO 371/45694/UE 2504, Cooper an Eden, 12.6.1945.
[60] Ebenda.
[61] Vgl. z. B. die beiden Artikel „Britain in Europe" von Walter Hill in der Financial News vom 28. und 29.6.1945.

schen vergleichbare Besatzungszone; sowie die Versicherung Londons, an keiner Konferenz mit Russen und Amerikanern teilzunehmen, zu der nicht auch Paris eingeladen werde[62]. Diese Offerte stieß an der Themse auf Unverständnis, ja Empörung und trug wesentlich dazu bei, die britisch-französische Annäherung in der Bündnisfrage auf Eis zu legen[63]. Schließlich entsprach Coopers ökonomische Argumentationsweise auch kaum dem Foreign Office-Konsens, daß sich ein Regionalzusammenschluß nicht gegen die Sowjetunion wenden dürfe. Wirtschaftliche Gründe für ein Engagement Großbritanniens auf dem Kontinent mochten aus der Sicht Whitehalls für eine interessante zusätzliche Note sorgen, wurden jedoch eindeutig vom Primat des außenpolitischen Denkens überdeckt, der in diesem Zusammenhang von Eden gegenüber Spaak bereits ausführlich erläutert worden war.

Mit dieser Ansicht vermochten sich die Außenamtsbeamten schließlich auch gegenüber den Kollegen aus den Wirtschaftsressorts in der Frage eines westeuropäischen Regionalpakts unter britischer Beteiligung durchzusetzen. In der Besprechung des Außenministeriums am 25. Juli 1945 mit Vertretern des Schatzamts, des Handelsministeriums, des Department of Overseas Trade, der Cabinet Offices und der britischen Botschaft in Paris war man sich schließlich einig, daß ein derartiger Zusammenschluß und als Voraussetzung hierfür ein britisch-französisches Bündnis zwar langfristig wünschenswert seien[64]. Als Gründe machte man vornehmlich die politischen und strategischen Vorteile geltend, die ein solcher Zusammenschluß aus der Sicht Großbritanniens zu bringen versprach. Ökonomische Vorteile zog man nur insoweit ins Kalkül, als ein Sicherheitsbündnis eine gewisse Standardisierung der Rüstung und infolgedessen eine internationale Arbeitsteilung bzw. Rationalisierung der nationalen Rüstungsindustrien mit sich bringen würde. Dies markierte offensichtlich für London auch die Grenze der Mitarbeit bei einem wirtschaftlichen Zusammenschluß Westeuropas. Darüber hinaus konnte man sich nur allgemein darauf verständigen, Maßnahmen zu unterstützen, die dem Aufbau eines multilateralen Handelssystems dienten, um so einer kontinentaleuropäischen Kartellisierung vorzubeugen; die Mitarbeit in einer Zollunion europäischer Provenienz schlossen die Teilnehmer der Besprechung aus. Der Entwurf eines Vertrages zwischen Großbritannien und Frankreich, der den Instruktionen für die britische Delegation bei der Potsdamer Konferenz für den Fall beigefügt wurde, daß die Frage eines westeuropäischen Bündnisses aufkam, konzentrierte sich dementsprechend auf die Verpflichtung zu gegenseitigem Beistand für den Fall erneuter deutscher Aggression; gleichzeitig war der Ausbau der Allianz zu einem regionalen Sicherheitssystem mit Frontstellung gegen Deutschland vorgesehen. Bezüglich der wirtschaftlichen Zusammenarbeit hielt der Ent-

[62] Rothwell, S. 410; Young, S. 43. Zu den Meinungsverschiedenheiten zwischen London und Paris über die Levante vgl. Holman an Eden, 7.7.1945, in: DBPO I/1, S. 30f.; Brief for the United Kingdom Delegation to the Conference at Potsdam, in: DBPO I/1, S. 115–117; Eden an Halifax, 10.7.1945, in: DBPO I/1, S. 119f., Henderson an Francfort, 12.7.1945, in: DBPO I/1, S. 204; Cooper an Eden, 13.7.1945, in: DBPO I/1, S. 252; Anderson an Shone, 15.7.1945, in: DBPO I/1, S. 292–294; Eden an Lord Killearn, 16.7.1945, in: DBPO I/1, S. 336.

[63] Vgl. Brief for the United Kingdom Delegation to the Conference at Potsdam, 12.7.1945, in: DBPO I/1, S. 234–251, hier: S. 239.

[64] FO 371/45694/UE 3621, „Economic Relations with France and Western Europe". Minutes of a Meeting held at the Foreign Office on 25th July, 1945.

wurf lediglich die Willensbekundung fest, sich nach der Niederschlagung Deutschlands gegenseitig wirtschaftliche Hilfe zu leisten[65].

Die Frage eines britisch-französischen Beistandspaktes, die seit 1941 in den Kriegszieldiskussionen kontinuierlich schwelte und über die nun im Zusammenhang mit den deutschlandpolitischen Entscheidungen von Jalta und Potsdam sowie dem Grundsatzpapier des Foreign Office über die Auswirkungen der wirtschaftlichen Situation Großbritanniens auf die Außenpolitik eine Vorentscheidung gefallen war, bestätigte erneut eindrucksvoll den Grundkonsens, der sich in den Reihen des Außenministeriums gegen Ende des Krieges herausgebildet hatte: Wie schon in der Reparationsfrage nahm man die wirtschaftliche Situationsbeschreibung der Experten unter Keynes' Leitung mit einiger Sorge zur Kenntnis und formulierte auch im Bereich der Sicherheits- und Bündnispolitik dem „First charge"-Prinzip analoge Grundsätze, die den Traditionspfad der Außenpolitik aber nicht verließen, sondern lediglich Anpassungen im Detail zuließen und sich an den tagespolitischen Erfordernissen orientierten; eine strukturelle Neuorientierung der Außenpolitik fand jedoch auf diesem Wege nicht statt. In diesem Sinne waren die programmatischen Äußerungen Coulsons und seiner Beamtenkollegen aus den anderen Ministerien, die den wachsenden Stellenwert ökonomischer Faktoren für die britische Außenpolitik in der Nachkriegszeit ausdrücklich anerkannten, in ihrer Bedeutung kaum zu unterschätzen. Insofern sie allerdings aus der voraussichtlichen wirtschaftlichen Situation des Landes bei Kriegsende im wesentlichen den Schluß zogen, daß der Spielraum für eine Finanzdiplomatie Londons im Sinne einer wirtschaftlichen Einflußnahme auf die Entwicklung in der britischen Interessensphäre eingeschränkt war, behielten sie den Blickwinkel des Primats der Außenpolitik bei und modifizierten vereinzelt traditionelle Mittel der Außenpolitik mit Bezug auf gerade Aktualität beanspruchende Fragen der äußeren Entwicklung. Entscheidungsleitend war die Frage, wie das an einem Primat der Außenpolitik orientierte diplomatische Instrumentarium unter den gegebenen Bedingungen angepaßt werden konnte, und nicht, ob der ökonomische Wandel auch ein Umdenken hinsichtlich der Grundlagen der britischen Außenpolitik generell erforderte.

Ein finanzielles Dünkirchen? Keynes' Lageanalyse vom August 1945

Mit dem Ende der Potsdamer Konferenz am 2. August 1945[66] war auch die dringende Frage nach der Finanzierung des britischen Wiederaufbaus in der Übergangszeit erneut aufgeworfen. Präsident Truman hatte in einem Schreiben Churchill darauf hingewiesen, daß die britischen Gold- und Devisenvorräte sich in einem Maße verbessert hätten, daß London durchaus in der Lage sei, einen größeren Anteil an den noch zu leistenden Kriegskosten selbst zu tragen; Washington bekundete damit offen seine Sorge, daß man an der Themse die Lend-Lease-Mittel weniger zur Kriegsfinanzierung als zur Sanierung der Devisenkasse auf amerikanische Kosten ausgab. Bereits Anfang Juli 1945 hatten die britischen Stabschefs das Kabinett dahingehend alarmiert, „that the machinery of assignment [of Lend Lease] is virtually at a standstill"[67]. Am Rande der Konferenz war es deshalb auch zu Vorverhandlungen über die Fortführung des Hilfsabkommens im Krieg

[65] Draft Treaty of Alliance and Mutual Assistance between the United Kingdom and the French Republic, in: DBPO I/1, S. 248f.
[66] Zur Potsdamer Konferenz vgl. unten Kap. VII.1.
[67] Joint Staff Mission (Washington) an Cabinet Office, 7.7.1945, in: DBPO I/1, S. 39f., hier: S. 40.

mit Japan zwischen den amerikanischen und britischen Stabschefs sowie den Diplomaten beider Delegationen gekommen, die allerdings eher die Divergenzen beider Auffassungen offenbarten[68]. Gleichzeitig erhöhten die Potsdamer Entscheidungen über die Maßnahmen zur wirtschaftlichen Kontrolle Deutschlands, die auch in London nicht kritiklos aufgenommen wurden, sowie die gerade in der Deutschlandfrage deutlich zutage tretenden Meinungsverschiedenheiten mit Moskau den Druck, möglichst rasch mit Washington zu einer Einigung über die Fortschreibung von Lend-Lease und die Gewährung von Sonderkrediten für die Aufbauphase nach Beendigung des Krieges mit Japan („Stage III") in dem von Keynes im März dieses Jahres dargelegten Sinn zu kommen.

In Potsdam hatte Truman Premierminister Attlee schließlich wissen lassen, daß er sofort nach Beendigung der Konferenz Assistant Secretary of State William Clayton nach London zu einer Sitzung der United Nations Relief and Rehabilitation Administration (UNRRA) entsenden werde; bei dieser Gelegenheit erwarte er ebenfalls einen ersten britisch-amerikanischen Meinungsaustausch über Lend-Lease nach Beendigung des Krieges gegen Japan[69]. Bei seinem Zwischenstop bekräftigte Clayton gegenüber Keynes den amerikanischen Standpunkt, daß eine Einigung in den Finanzgesprächen untrennbar mit einem Abkommen über die handelspolitischen Grundlagen der Nachkriegszeit verbunden sein werde; mit anderen Worten, amerikanische Finanzhilfe würde sowohl von weiteren währungs- als auch von handelspolitischen Zugeständnissen Londons abhängen[70]. Im Verlaufe eines weiteren Gesprächs mit Vertretern von Schatzamt, Handelsministerium und der Economic Section erklärte Clayton, daß Großbritannien zugleich nicht zu viele Hoffnungen auf allgemeine Zollreduzierungen der USA hegen dürfe; er hielt selbst eine geringfügige Lockerung der Importbestimmungen um 20% für ausgeschlossen. Auch biete der erst kürzlich erneuerte Reciprocal Trade Agreements Act[71] dem Präsi-

---

[68] Rowan an Churchill und Memorandum Truman, 17.7.1945, in: DBPO I/1, S. 350f.; Summarized Note of the Prime Minister's Conversation with President Truman at Luncheon on 18 July 1945, 18.7.1945, in: DBPO I/1, S. 367–371, besonders S. 368f.; Report by the British Chiefs of Staff to Mr. Churchill, 20.7.1945, in: DBPO I/1, S. 438–442; Memorandum by the British Chiefs of Staff to Mr. Churchill, in: DBPO I/1, S. 558f.; Memorandum by the British Chiefs of Staff, „Lend-Lease", 23.7.1945, in: DBPO I/1, S. 559f.; Minutes of a British Chiefs of Staff Conference, 23.7.1945, in: DBPO I/1, S. 572f.; Churchill an Truman, 24.7.1945, in: DBPO I/1, S. 613f.; Anderson an Eden, 18.7.1945, in: DBPO I/1, S. 749f.; Sargent an Cadogan, 20.7.1945, in: DBPO I /1, S. 792f.; Truman an Attlee, 29.7.1945, in: DBPO I/1, S. 988f.; Attlee an Truman, 31.7.1945, in: DBPO I/1, S. 1097; BL Add Mss 52578, Cunningham Papers, Diaries, 23.7.1945.

[69] Truman an Attlee, 29.7.1945, in: DBPO I/1, S. 988f.

[70] Vgl. Harrod, Keynes, S. 593.

[71] Am 5. Juli 1945 hatte der amerikanische Kongreß eine Modifizierung des Handelsgesetzes aus dem Jahre 1934 beschlossen, das seinerseits auf den Bestimmungen von 1930 aufbaute. Der Präsident wurde autorisiert, beim Abschluß bilateraler Handelsverträge ausgewählte Zölle bis maximal 50% zu senken oder anzuheben. Diese vor allem die amerikanische Handelspolitik der dreißiger Jahre bestimmende Praxis hatte zum Ziel, auf der Basis von Bilateralität die Präferenzsysteme im Welthandel aufzuweichen und auf das Prinzip der Reziprozität zu verpflichten. Vgl. den Überblick bei Smith, Art. „Reciprocity", S. 878b-879a. Zur Bedeutung des Reciprocal Trade Agreements Act im Kontext der US-Außenpolitik, insbesondere der deutsch-amerikanischen Beziehungen, vgl. Schröder, Deutschland und die Vereinigten Staaten, S. 135–143. Am gleichen

denten keine Möglichkeiten, die zollpolitische Prärogative des Kongresses zu umgehen und eine umfassende Verminderung der Zollbarrieren einzuleiten. Als weitaus günstigere Instrumente betrachte man in Washington den Abschluß einer Reihe bilateraler Handelsabkommen, die im Rahmen einer umfassenden Handelskonferenz von den Teilnehmerländern untereinander abgeschlossen werden könnten[72].

Der Druck auf London nach einer Lösung der anstehenden finanztechnischen Probleme sowie nach wirtschaftspolitischen Grundsatzentscheidungen für die unmittelbare Nachkriegsphase wuchs weiter, als in derselben Woche die japanische Regierung ihr Kapitulationsangebot übergab und zugleich im Außenministerium erste Hinweise auf eine mögliche Einstellung von Lend-Lease durch die Amerikaner eintrafen[73]. Am 14. August 1945 sandte der neue Schatzkanzler Hugh Dalton schließlich ein weiteres ausführliches Memorandum von Keynes an die Mitglieder des Kabinetts, das die Diskussionen der letzten Monate im Schatzamt zusammenfaßte und pointiert und in gewohnter Schärfe ein äußerst düsteres Zukunftsbild für Großbritannien zeichnete[74]. Die einfache Gleichung, die Keynes zunächst aufmachte, war atemberaubend: Wenn alle Formen der Unterstützung – also Lend-Lease aus den USA, Devisen aus dem Sterling-Gebiet und die Hilfe der kanadischen Regierung – bis zum Jahresende weiterliefen, so fülle dies ein Defizit in Höhe von £ 2,1 Milliarden, für das nach Auslaufen der kriegsgebundenen Hilfen keine Deckung mehr bestünde. Das britische Exportvolumen war auf ein Drittel des Vorkriegsstandes gefallen, seinen Wert schätzte Keynes für das laufende Jahr auf nicht mehr als £ 350 Millionen[75]; die Einkünfte aus den „unsichtbaren" Exporten beliefen sich seiner Meinung nach lediglich auf rund £ 100 Millionen[76]. Wichtige Devisenquellen wie etwa die Ausgaben der US-Soldaten auf britischem Boden und die Zahlungen der Dominions für den Unterhalt ihrer Truppen (zusammen auf £ 350 Millionen veranschlagt), fielen ebenfalls weg. Die Gold- und Devisenvorräte waren auf £ 500 Millionen geschrumpft. Die Schulden hatten sich im Verlaufe des Krieges nach Keynes' Schätzungen auf £ 3 bis 4 Milliarden hochgeschraubt, „which we shall be owing to almost every country in the world"[77]. Auf der Ausgabenseite wuchs der Importbedarf an Nahrungsmitteln und Rohstoffen, um insbesondere das im Zuge der Demobilisierung sich schwerer ge-

---

Tag hatte Truman in einer Direktive für das Kriegs- und Marineministerium verfügt, daß alle weiteren Lend-Lease-Lieferungen künftig auf die ausschließlich für den Krieg gegen Japan notwendigen Materialien zu beschränken seien. Vgl. Joint Staff Mission an Cabinet Office, 7.7.1945, in: DBPO I/1, S. 39f.; Report by the British Chiefs of Staff to Mr. Churchill, 20.7.1945, in: DBPO I/1, S. 438–440.

[72] Summary of Discussion held at the Board of Trade on 4 August 1945, in: DBPO I/3, S. 6–19. Vgl. zum Konzept einer „multilateral-bilateralen" Handelspolitik Gardner, Sterling-Dollar Diplomacy, S. 150–153.

[73] Vgl. z. B. Balfour an Bevin, 11.8.1945, in: DBPO I/3, S. 23–25; Balfour an Bevin, 14.8.1945, in: DBPO I/1, S. 26f.

[74] CAB 129/1, CP (45) 112, Memorandum Keynes, „Our Overseas Financial Prospects", 14.8.1945; DBPO I/3, S. 27–37; JMK XXIV, S. 398–411.

[75] Tatsächlich erreichten die Exporte, inclusive Re-exporte, die Höhe von £ 450 Millionen. Vgl. Feinstein, Statistical Tables, T 82 (Tab. 37); Pollard, S. 217 (Tab. 5.10).

[76] Hier verschätzte sich Keynes gewaltig: 1945 betrug das Defizit im Bereich der unsichtbaren Einkünfte £ 620 Millionen (1944: 50 Millionen). Vgl. Feinstein, Statistical Tables, T 82 (Tab. 37).

[77] CAB 129/1, CP (45) 112, Memorandum Keynes, „Our Overseas Financial Prospects", 14.8.1945. Bei Kriegsende belief sich die Schuldenlast Großbritanniens auf £ 3,55 Milliarden, davon allein 2,7 Milliarden gegenüber anderen Sterling-Ländern. Vgl. Pollard, S. 219 Tab. 5.11.

staltende Ziel der Vollbeschäftigung zu gewährleisten. Auch der Unterhalt der Streitkräfte drohte nach Keynes' Schätzungen trotz Demobilisierung angesichts der zahlreichen überseeischen Verpflichtungen den Haushalt weiterhin übermäßig zu belasten.

Aufgrund dieses Befundes fühlte sich Keynes zunächst zu einer massiven Kritik der zuständigen Minister berechtigt, die sich seiner Meinung nach wie schon nach dem Ersten Weltkrieg in den Jahren der Kriegszielplanungen zu sehr von politischen Erwägungen hatten leiten lassen. Es entsprach Keynes' Blick auf die außenwirtschaftliche Situation Großbritanniens in diesem Memorandum, daß er an dieser Stelle die Prämissen der britischen Außenpolitik hinterfragte und den Ministern vorhielt, „that our external policies are very far from being adjusted to impending realities". Vor der anhaltenden Überdehnungstendenz der Außen- und Sicherheitspolitik Londons warnend, fragte er provokativ: „How vividly do Departments and Ministers realise that the gay and successful fashion in which we undertake liabilities all over the world and slop money out to the importunate represents an over-playing of our hand, the possibility of which will come to an end quite suddenly and in the near future unless we obtain a new source of assistance?"[78]

Es war keine Frage, daß Keynes im generellen Zusammenhang seiner Ausführungen nicht ausschließlich auf Großbritanniens überseeische Sicherheitsinteressen anspielte, sondern auf die traditionellen Verpflichtungen Londons vor dem Hintergrund der an Bedeutung für den britischen Wiederaufbau vielleicht noch wichtigeren Entwicklungen in Europa, insbesondere hinsichtlich der Deutschlandproblematik, zielte. Denn standen nicht noch zusätzliche Belastungen durch die Besetzung Deutschlands ins Haus? Und warfen die Beschlüsse von Jalta und Potsdam über dessen wirtschaftliche Behandlung nicht ihre rekonstruktionshemmenden Schatten voraus?

Wo in aller Welt, so ließen sich Keynes' Ausführungen in ihrem Kern reduzieren, sollte also das Geld herkommen, und würden die im äußersten Fall zu erwartenden Kredite überhaupt ausreichend Spielraum für die anspruchsvollen außenpolitischen Ziele der Regierung bieten? Vor allem aber: Welche Konsequenzen für die britische Außenpolitik ergaben sich aus der Verwendung der engen Kreditlinie für den sozio-ökonomischen Aufbauprozeß im Inneren? Mit seiner Kritik an den außenpolitischen Grundlagen hatte Keynes bereits angedeutet, daß er eine prinzipielle Reorientierung zugunsten des Wiederaufbaus und der inneren Reformen für notwendig erachtete. Daneben blieb die Frage der Finanzierung der Übergangsphase akut. Keynes konkretisierte daher den bereits im März ventilierten Vorschlag einer Anleihe in den USA. Eine solche Übergangsfinanzierung, soviel war klar, durfte freilich auf keinen Fall die Illusion nähren, daß damit eine fällige Neuorientierung der Außenpolitik überflüssig würde; vielmehr konnte sie bestenfalls eine lebenswichtige Ergänzung hierzu darstellen. Auf der Grundlage der vorliegenden Zahlen ermittelte der Ökonom ein Zahlungsbilanzdefizit bis 1949 in Höhe von rund £ 1,7 Milliarden bzw. $ 5 Milliarden; im Jahr 1949, so kalkulierte er, könne frühestens eine ausgeglichene Zahlungsbilanz erreicht werden, und auch das nur unter gün-

[78] CAB 129/1, CP (45) 112, Memorandum Keynes, „Our Overseas Financial Prospects", 14.8.1945.

stigsten Bedingungen[79]. Dieser Betrag konnte nach Lage der Dinge einzig und allein von den USA kommen und in Keynes' Augen auch nur erfolgreich eingesetzt werden, wenn er die Form einer nichtrückzahlbaren Beihilfe annahm, also in seiner Wirkung nicht durch zusätzliche Zinsbelastungen eingeschränkt würde[80]. Keynes selbst schien sich über den Erfolg eines solchen Anliegens keine sehr großen Illusionen zu machen, zumal neben Umfang und Zinssatz auch die Frage nach den handels- und währungspolitischen Konzessionen eine schwer kalkulierbare Unbekannte darstellte.

Alles in allem also hing die wirtschaftliche und machtpolitische Zukunft Großbritanniens nach Keynes' Analyse davon ab, ob es gelang, die Exportindustrie in entscheidendem Maße auszuweiten, gleichzeitig die außen- und sicherheitspolitischen Verpflichtungen drastisch einzuschränken und Washington davon zu überzeugen, daß nur ein umfangreicher Kredit in Höhe von $ 5 Milliarden zu den für Großbritannien günstigen Bedingungen das Land in die Lage versetzen werde, rasch auf die Prinzipien von Multilateralität und Konvertibilität umzuschwenken und allgemein die gewünschte Führungsrolle beim Wiederaufbau Europas zu übernehmen. Sollte dieser Kurs scheitern, so warnte er abschließend, gehe das Land einem „finanziellen Dünkirchen" entgegen: dem erniedrigenden Rückzug aus den bestehenden Verpflichtungen und einem damit einhergehenden massiven Prestigeverlust, dem Absinken auf das Niveau einer zweitklassigen Macht („rather like the present position of France") sowie Einschränkungen und Rationalisierungen im Inneren, von einer Preisgabe der geplanten Sozialreformen ganz zu schweigen. Vor übertriebenen Hoffnungen wurde also gewarnt. „For the time being Ministers would do well to assume that no arrangement which we can properly accept is yet in sight; and that, until such an arrangement is in sight, we are, with the imminent cessation of Lend-Lease, virtually bankrupt, and the economic basis for the hopes of the public non-existent."[81] Das Kabinett war von dieser schonungslosen Analyse schockiert.

---

[79] Einige Zahlen (in Mio £):

	Keynes' Schätzungen August 1945	Treasury Oktober 1945	Zahlungsbilanz UK
1946	−950	−750	−230
1947	−550	−312	−381
1948	−200	−125	26
1949	–	−63	−1
Gesamt	−1700	−1250	−586

Quellen: CAB 129/1, CP (45) 112, Memorandum Keynes, „Our Overseas Financial Prospects", 14.8.1945; Keynes an Dalton, 18.10.1945, in: JMK XXIV, S. 555 f., hier: S. 556; Feinstein, Statistical Tables, T 82 (Tab. 37). Die von Keynes in Washington vorgelegten Zahlen sind in Dollar angegeben und auf der Basis des Faktors 4 umgerechnet worden, der auch vom Schatzamt angenommen wurde; die Angabe für 1949 entspricht der Schätzung für 1949/50.

[80] Die Summe von $ 5 Milliarden errechnete sich also aus den direkten Bedürfnissen Großbritanniens im Hinblick auf die breitgefächerte Schuldenlast des Landes und leitete sich unmittelbar aus dem geschätzten Zahlungsbilanzdefizit ab. In seinem Kabinettsmemorandum vom Mai schätzte Keynes, daß die Wirtschaft des Landes etwa $ 8 Milliarden real benötigte, „to give us real liberty of action and to allow us to offer from the start [...] full multilateralism of trade and exchange", und „to have the full confidence and resources to develop our trade on far-sighted lines and to play our proper part in the world after the war". Diese Summe wurde den Amerikanern in den Verhandlungen dann allerdings nicht mitgeteilt. Vgl. Memorandum Keynes, „Overseas Financial Policy in Stage III", [Mai 1945], in: JMK XXIV, S. 256–295, hier: S. 276; vgl. dazu Moggridge, Maynard Keynes, S. 784–788.

[81] CAB 129/1, CP (45) 112, Memorandum Keynes, „Our Overseas Financial Prospects", 14.8.1945.

Die anglo-amerikanischen Kreditverhandlungen und die Grundlagen der britischen Nachkriegspolitik

Der weitere Verlauf ist bekannt und materialreich belegt[82]: Begleitet von einigen Gerüchten im Vorfeld, traf am 21. August 1945 die formelle Ankündigung ein, daß ab sofort alle Lend-Lease-Lieferungen eingestellt würden[83]. Zwei Tage später erläuterte Keynes dem Kernkabinett sowie Vertretern von Foreign Office, Treasury und Board of Trade seine Ziele für die umgehend einzuleitenden Kreditverhandlungen mit den Amerikanern: Autorisierung ausschließlich für eine nichtrückzahlbare Beihilfe; die Höhe des Kredits müsse mindestens $ 4 Milliarden betragen; Konzessionen in der Frage der Handelspräferenzen seien an die Reduzierung der US-Zölle zu binden; keine Konzessionen in der Währungsfrage, die Teile der für Großbritannien wichtigen Ausweichklauseln des Bretton-Woods-Abkommens rückgängig machen würden[84]. Der am 6. Dezember 1945 unterzeichnete Anleihevertrag sah dagegen vor: einen kommerziellen Kredit in Höhe von $ 3,75 Milliarden (zusätzlich weiterer $ 650 Millionen „to clean up Lend-Lease") zu 2% Zinsen beginnend nach 5 Jahren; die Verpflichtung Großbritanniens – unter Aufgabe des entsprechenden Bretton-Woods-Paragraphen, der eine Übergangsperiode von unbestimmter Länge festgeschrieben hatte –, den Sterling bereits ein Jahr nach Inkrafttreten des Abkommens, also im Juli 1947, konvertibel zu machen.

Angesichts der angeführten Belege war es nun folgerichtig, daß die beiden Verhandlungsdelegationen im Rahmen ihrer Kreditgespräche tatsächlich die Frage der deutschen Reparationen anschnitten. Keynes verdeutlichte seinen amerikanischen Zuhörern dabei, daß der Umfang der Anleihe sich nicht zuletzt aus der Tatsache legitimiere, daß London vernünftigerweise kaum Reparationslieferungen aus Deutschland erwarte. Zwar erhoffe man einige wenige Lieferungen von Nutzholz und Pottasche; zugleich bezweifelte Keynes aber, ob dies – nicht zuletzt wegen des „First charge"-Prinzips – in der britischen Zahlungsbilanz positiv zu Buche schlagen werde. Tatsächlich könne es leicht sein, daß Großbritannien für diese Lieferungen noch nicht einmal die Kosten tragen könne[85]. Nicht ganz in Übereinstimmung mit der Entscheidungsspitze bekräftigte damit Keynes noch einmal, daß „Economic Security" gegenüber Deutschland im von ihm definierten weiten Sinne des Begriffs in Wechselwirkung stand mit der erfolgreichen Neuordnung des Weltwirtschaftssystems, d. h. letztlich der Übernahme von monetärer Verantwortung durch die USA in einer Weise, die gegenüber Großbritannien großzügige und seinen Kriegslasten angemessene Hilfe gewährte und gleichzeitig den Rahmen für die wirtschaftliche Einbeziehung Deutschlands in den Prozeß des europäischen Wiederaufbaus

---

[82] Vgl. die vorzügliche Edition der britischen Verhandlungsakten in: DBPO I/3 und JMK XXIV. Für eine Analyse der US-Anleihe vgl. Gardner, Sterling-Dollar Diplomacy, S. 188–207; Block, S. 55–68; Cairncross, Years of Recovery, S. 88–120; Moggridge, Maynard Keynes, S. 796–820.

[83] RAFDEL an Air Ministry, 19.8.1945, in: DBPO I/3, S. 54; Note of Meeting on 20 August, 21.8.1945, in: DBPO I/3, S. 55–57; Harrod, Keynes, S. 595; Gardner, Sterling-Dollar Diplomacy, S. 184–187. Zum Hintergrund der Entscheidung vgl. Balfour an Bevin, 22.8.1945, in: DBPO I/3, S. 67 f.

[84] Record of a Meeting of Ministers, 23.8.1945, in: DBPO I/3, S. 72–77. Vgl. die Vorlage Keynes' für die Verhandlungen „Proposals for financial arrangements in the Sterling Area and between the U.S. and the U.K. to follow after Lend-Lease", [4.9.1945], in: DBPO I/1, S. 93–110.

[85] Vgl. U.S.-U.K. Economic Negotiations Finance Committee, Meeting 20.9.1945, in: JMK XXIV, S. 492–498, hier: S. 497.

bereitstellte. Denn weshalb sonst hätten die amerikanischen Unterhändler das Thema angerissen? Wollten sie nicht in das Terrain Morgenthauscher Argumentation vorstoßen und behaupten, daß die wirtschaftliche Entmachtung Deutschlands sowie Reparationen und die Übernahme wichtiger deutscher Exportmärkte Dringlichkeit und Umfang der Anleihe reduzierten, lag es für Keynes nur in der Logik der Sache, daß eine konstruktive Stabilisierungspolitik Großbritanniens gegenüber Deutschland das Anliegen Londons, günstige amerikanische Kreditbedingungen zu erhalten, unterstrich. Alles andere kam seiner Meinung nach einem Rückfall in die Denkweise von Versailles gleich. Auch im Verlauf der Anleihegespräche sah sich der Nationalökonom folglich gezwungen, deutschlandpolitische Überzeugungsarbeit zu leisten.

Im Zusammenhang dieser Arbeit lassen sich für die britische Außen- und Sicherheitspolitik der Nachkriegszeit aus den Ergebnissen der anglo-amerikanischen Finanzgespräche und dem damit thematisch eng verknüpften Verlauf der interministeriellen Diskussion über die möglichen Auswirkungen der wirtschaftlichen Situation auf die Diplomatie vor allem zwei Schlüsse ziehen. Der statistische Befund, wie er von Keynes in seiner Denkschrift vom August 1945 zuerst ausgebreitet und hinsichtlich der Konsequenzen analysiert wurde, ist allgemein deshalb von großer Bedeutung, weil er an einem Punkt historischer Weichenstellungen den objektiven Ressourcenrahmen beschreibt, innerhalb dessen sich künftig die Außenpolitik Londons bewegen mußte. Er umriß in Form einer realistischen Bestandsaufnahme das Verhältnis zwischen materiellem Status quo und auf der Basis traditioneller Formulierungsansätze entstandenen außenpolitischen Zielvorgaben. Die präformierende Bedeutung der ökonomischen Rahmenbedingungen ist sowohl im Hinblick auf eine von der Labour-Regierung favorisierte Politik des „economic management“ als auch vor dem Hintergrund des außen- und sicherheitspolitischen Entscheidungsfindungsprozesses in Whitehall in der Geschichtswissenschaft akzeptiert worden[86]. Dissens besteht allerdings in der Frage, ob die Entscheidungsspitze in London – vor allem in der Übergangszeit, aber auch später – die notwendigen Konsequenzen zog und sich bei der Formulierung ihrer Außenpolitik innerhalb dieses gegebenen Rahmens bewegte oder am Primat der Außenpolitik festhielt und auf der Basis eines „muddle through“ Ad-hoc-Entscheidungen fällte, die im Kern eher von dem Bemühen um Schadensbegrenzung geleitet wurden[87]. In diesem Kontext ist auch die Bedeutung des britisch-amerikanischen Kreditabkommens insbesondere für die künftige Deutschlandpolitik Londons bislang kaum beachtet worden.

Der Abschluß des Anleihevertrages im Dezember 1945 bildete aus dieser Sicht gewissermaßen einen Schlußstein in Keynes' Bemühen, auf den „Lehren von Versailles“ aufbauend den Prozeß der Reorganisation der Weltwirtschaft und die Frage der zukünftigen wirtschaftlichen Behandlung Deutschlands so aufeinander abzustimmen, daß sie sich nicht wie nach dem Ersten Weltkrieg behinderten, sondern den ökonomischen Wiederaufbau Europas förderten und im besonderen den rekonstruktionswirtschaftlichen Interessen Großbritanniens Rechnung trugen. Ein Scheitern würde die Weichen auch für die Deutschlandpolitik Londons verändern, den Handlungsspielraum weiter veren-

---

[86] Vgl. Carincross, Years of Recovery, S. XI. Zur Außenpolitik vgl. z. B. Foschepoth, Großbritannien, S. 65; Ovendale, S. 3f.; Peden, Economic Aspects; Pingel, Aufschwung, S. 41ff.; Watt, Hauptprobleme, S. 15–28; Scharf/Schröder, Einleitung, S. 3ff.; sowie Ebersold, passim.

[87] So auch Meyers, Economic Security, S. 55f.

gen und so in entscheidendem Maße die ökonomische und machtpolitische Entwicklung Großbritanniens auch nach der Übergangsperiode negativ präformieren. Der Druck, gegenüber Deutschland einen Stabilisierungskurs zu steuern, der sich kurzfristig für die Übergangszeit an Keynes' reparationspolitischen Überlegungen und langfristig für die Zeit nach Beendigung der Übergangsphase an seinem Konzept eines deutschen Friedensbeitrags orientierte, wurde durch zwei gegenläufige Wirkungskräfte noch verschärft. So sah sich London einerseits gezwungen, mit einem kommerziellen Kredit vorliebzunehmen, zugleich seine im Bretton-Woods-Abkommen verbriefte Garantie einer unbefristeten Übergangszeit aufgeben und sich statt dessen zur Konvertibilität des Pfundes binnen Jahresfrist verpflichten zu müssen; andererseits gelang es nicht, den durch diese Konzessionen entstehenden ökonomischen Druck wenigstens einigermaßen durch eine reziproke Verpflichtung der USA auf eine Reduzierung ihrer Importzölle auszugleichen. Je unbefriedigender deshalb die Kreditverhandlungen für Großbritannien ausfielen und die ökonomischen Rahmenbedingungen verschlechterten, desto enger wurde der Spielraum für Maßnahmen zur wirtschaftlichen Kontrolle Deutschlands. Und je unbefriedigender der Versuch zur Neuordnung des monetären Systems aus Keynes' Sicht blieb, desto schwieriger mußte sich auch das alte Problem einer Kontrolle der ökonomischen Dynamik Deutschlands im Kontext des andauernden wirtschaftlichen und sozialen Transformationsprozesses Großbritanniens gestalten.

Darüber hinaus bleibt festzuhalten, daß die Kassandra-Rufe Keynes' zwar auch in Foreign Office-Kreisen nachhaltigen Eindruck machten und zu einer grundsätzlichen Erörterung über den zukünftigen Gestaltungsrahmen der Außenpolitik führten. Traditionsgebundenheit, gepaart mit der Überzeugung, die vorwiegend organisatorisch-technischen Probleme der britischen Übergangsphase innen- und außenpolitisch lösen zu können, standen einem vollen Verständnis für den Prozeß der wirtschaftlichen und machtpolitischen Strukturveränderungen jedoch im Wege, wenngleich allgemein das Bewußtsein über die ökonomisch begründete Notwendigkeit einzelner Korrekturen geschärft wurde. Diese ambivalente Haltung war schließlich dafür verantwortlich, daß die Beamten zwar auf Keynes' Vorhaltungen mit einer prinzipiellen Anerkennung der wachsenden Bedeutung ökonomischer Faktoren reagierten, aber nur in der Lage waren, auf die Faktizität eingeschränkter Möglichkeiten im Sinne einer „policy of selection" zu antworten, welche letztlich doch die traditionellen außenpolitischen Interessen Großbritanniens perpetuierte und die Hauptstoßrichtung einer effizienter gestalteten Finanzdiplomatie neben Südosteuropa im Mittleren und Fernen Osten sah. Keynessche Prinzipien in der Deutschlandpolitik hatten sich über das „First charge"-Prinzip hinaus kaum als durchsetzungsfähig erwiesen, und auch seine Vorlagen zur monetären Reform wurden letztlich durch Washington genau jener Elemente beraubt, die aus britischer Sicht den Grund für die Lösung der Übergangsprobleme hätten legen können. Eine „keynesianische Wende" in der Deutschlandpolitik, die den Anspruch auf eine umfassende Stabilisierungspolitik mit den Erfordernissen der Reformpolitik im Inneren sowie den vertraglichen und weltwirtschaftlichen Rahmenbedingungen eng verzahnt hätte, blieb aus.

VII. Reparationen, Demontagen und Industrieniveauplan 1945/46: „First Charge"-Prinzip und „Economic Security" – Tragfähige Konzepte für die britische Deutschlandpolitik?

1. Potsdamer Konferenz

Wie gerade die neueren Arbeiten zu den britischen Nachkriegsplanungen im Detail nachgewiesen haben, darf als das hervorstechendste Merkmal des ministeriellen Konsenses der Stabilisierungsgedanke gelten, von dem die künftige Deutschlandpolitik Londons geleitet sein sollte[1]. Dieser Befund wird jedoch angesichts des bisher Gesagten dahingehend spezifiziert werden müssen, daß hinter dem seit der Atlantikcharta von britischen Staatsmännern wiederholt bekundeten Anspruch, Deutschland nicht ausbluten lassen zu wollen, keineswegs altruistische Motive Whitehalls standen. Vielmehr war er Ausdruck des langen internen Diskussionsprozesses über die von den Beteiligten durchaus unterschiedlich ausgelegten „Lehren von Versailles". Daneben war der Stabilisierungsgedanke primär wirtschaftlich gemeint und schloß ausdrücklich ein politisches Zusammengehen mit Blick auf die zu bewahrende Kooperationswilligkeit der Sowjetunion aus. In diesem Sinne verkörperte er den kleinsten gemeinsamen Nenner der mit der Deutschlandpolitik befaßten Minister und Spitzenbeamten. Aber auch wenn damit das Grobziel umrissen war, über die konkrete Ausfüllung des Stabilisierungsgrundsatzes herrschte keineswegs Einigkeit. Vielmehr schienen hinter den jeweils unterschiedlichen Vorstellungen, die etwa Churchill, seine Kabinettsminister, die Beamten des Foreign Office, das Schatzamt oder die Stabschefs damit verknüpften, die Widersprüche in den Nachkriegsplanungen Londons durch. Aus dieser Perspektive betrachtet, steht der Stabilisierungsgedanke, der sich bis Kriegsende als deutschlandpolitischer Leitfaden herauskristallisierte, nicht zuletzt als äußeres Zeichen für den Grad, zu dem sich die Entscheidungsspitze in London über den realen ökonomischen Status quo des Landes in seinen Auswirkungen auf die britische Diplomatie bewußt war. Offen blieb vorerst nur, welcher Linie die neue Labour-Regierung unter Premierminister Attlee und der mit der außenpolitischen Führung beauftragte ehemalige Arbeitsminister Bevin folgen würden.

Konferenzplanung

Es kann nicht überraschen, daß auch die Beschlüsse der Potsdamer Konferenz und der Diskussionsverlauf der Reparationskonferenz, die seit dem Beschluß der Außenminister auf der Londoner Konferenz im September 1945 in Berlin unter der Aufsicht der Kontrollkommission tagte[2], aus der Sicht der Ökonomen unbefriedigend erschienen und einer Kritik unterzogen wurden. Es ist an dieser Stelle nützlich, noch einmal die zwei Kernpunkte der Position Londons in der Reparationsfrage zu rekapitulieren, wie sie

[1] So übereinstimmend die Befunde bei Tyrell und Kettenacker, Krieg zur Friedenssicherung.
[2] Vgl. DBPO I/2, S. 361–365, hier: S. 365; FRUS 1945, II, S. 371–378.

sich seit dem stillschweigenden Begräbnis des Malkin-Reports in Regierungskreisen entwickelt hatte:

1. Gegenüber dem Primat der Sicherheit vor Deutschland traten ökonomische Erwägungen in letzter Instanz in den Hintergrund. „Our programme of security", rief der britische Schatzkanzler unmittelbar vor Beginn der Potsdamer Konferenz der britischen Delegation noch einmal in Erinnerung, „is of such overriding importance that it must be considered first, and separately; only when our minds are clear on what we want for this end should we go on to consider how the other aspects of our policy towards German industry and economy fit into it."[3] Anderson bestätigte damit nur den Beschluß des Armistice and Post-War Committee vom Mai und die ministerielle Richtlinienentscheidung für die britischen Unterhändler bei der Moskauer Reparationskommission vom Juni 1945[4]. Reparationslieferungen in der doppelten Form einmaliger Entnahmen von Industrieanlagen und Lieferungen aus der laufenden Produktion war im Prinzip zuzustimmen. Finanzielle Reparationsforderungen sowie die Festlegung einer Gesamtsumme für die Reparationen lehnte man jedoch ab. Darüber hinaus existierte in London zwar auch noch eine Art „Prioritätenliste" für die Produktionsentnahmen (etwa Nutzholz, Kohle, Zement, Stahl), doch stand sie in auffälligem Kontrast zu dem ansonsten eher allgemein gefaßten Reparationskonsens Whitehalls. Sie wurde wohl eher als „Wunschliste" Großbritanniens verstanden, der in den Verhandlungen mit den anderen Alliierten kaum eine große Chance eingeräumt werden durfte, falls die Verhandlungen tatsächlich bis zu solchen Detailfragen vordringen würden.

2. Das „First charge"-Prinzip markierte gewissermaßen den Startpunkt für den Beginn der Reparationen. Unterhalb dieses Wertes, der sich nach britischem Willen aus dem erlaubten Lebensstandard und der Importhöhe ergab, mußte für alle Entnahmen bezahlt werden; darüber hinaus bestanden in London gegen Reparationen keine grundsätzlichen Bedenken. Unter der Bedingung, daß Großbritannien als Besatzungsmacht keine zusätzlichen Kosten entstanden, so erklärte Anderson, „reparation should be developed and not cut down, within the agreed limits"[5]. Sollte damit ein unterer Grenzwert sichergestellt werden, um Devisenverluste der Besatzungsmächte in ihren Zonen zu vermeiden, so stellte das „First charge"-Prinzip zugleich auch eine potentielle Obergrenze für den deutschen Wiederaufbau dar: Die Rekonstruktion der deutschen Wirtschaft endete dort, wo die deutsche Industrie ihren Importbedarf eigenständig zu decken vermochte und die Reparationsentnahmen begannen. Diese „kleine" Auslegung des „First charge"-Prinzips deckte sich keineswegs mit der primär ökonomisch abgeleiteten „großen" Interpretation Keynes'. Zwar erblickte auch er darin einen wichtigen Sicherungsmechanismus, der verhinderte, daß die britische Zone für London zu einem gefährlichen Devisenschlucker wurde. Diesem Sicherungsmechanismus, das hatte er nicht zuletzt den Amerikanern wiederholt verdeutlicht, kam aber um so größere Bedeutung zu, ja er wurde vor dem Hintergrund seiner eigenen Prognosen der britischen Zahlungsbilanzentwicklung geradezu zur Kernfrage, je erfolgloser die Bemühungen um die allgemeine weltwirtschaftliche Neuordnung blieben. Insofern das Prinzip im wesentlichen eine Schadensbegrenzungsfunktion an einer zentralen Stelle des Reparationsmodus einnahm, stellte es

[3] Anderson an Monckton, 18.7.1945, in: DBPO I/1, S. 751–756, hier: S. 752.
[4] Vgl. oben Kap. VI.4 und Cairncross, The Price of War, S. 74.
[5] Anderson an Monckton, 18.7.1945, in: DBPO I/1, S. 754.

also eine unverzichtbare Minimalposition Londons dar. Aus Keynes' Sicht gewann das „First charge"-Prinzip, unabhängig von seinem unmittelbaren Wert als Garantiemechanismus, seinen eigentlichen Sinn aber erst als jenes Zahnrad im Wiederaufbauprozeß, das den Aufwand der Besatzungsmächte in ihrer jeweiligen Zone ausglich und so die Devisenkasse insbesondere Großbritanniens nicht zusätzlich zu den anderen Kriegsfolge- und Wiederaufbaulasten strapazierte; darüber hinaus mußte die Frage der weiteren Mobilisierung der deutschen Wirtschaft von den Erfordernissen des europäischen Wiederaufbaus bestimmt sein und nicht von den Reparationsforderungen der Siegermächte. Aus Keynes' Maximalposition betrachtet, fungierte das „First charge"-Prinzip also nicht als Tor zum weiten Feld der Reparationen. Über seinen Ad-hoc-Wert in den deutschlandpolitischen Verhandlungen der Alliierten hinaus kam ihm in Keynes' Überlegungen eine systematische Funktion zu.

Dieser rekonstruktionswirtschaftlich begründete Systemwert bezog sich aber keineswegs nur auf die Bedeutung des „First charge"-Prinzips für den britischen Wiederaufbau, sondern leitete sich seinerseits aus Überlegungen zur ökonomischen Rekonstruktion Europas ab. Denn die vielleicht wichtigste, unmittelbar wirtschaftspolitisch wirksam werdende Erkenntnis aus den Erfahrungen der Zwischenkriegszeit bestand darin, die Außenhandelsverluste durch den Ausbau der Exportindustrie wettzumachen und eine Außenhandelsexpansion zum Kern jedes Rekonstruktionsprogramms zu machen. Dieser Vorsatz hatte jedoch zur Konsequenz, daß wegen des nach Kriegsende zu erwartenden erhöhten Bedürfnisses nach Einfuhren mit einem weiteren Anstieg der Importe zu rechnen war; aus Keynesscher Perspektive stellte eine solche internationale Nachfragesteigerung eine unabdingbare, ja treibende Kraft des Wiederaufbaus dar. Der Druck nach höheren Einfuhren (bei steigenden Preisen!) erweiterte so den Grundsatz, daß der Exportwirtschaft zur Begleichung der notwendigen Importe unbedingter Vorrang einzuräumen war, zu einer für den gesamten europäischen Wiederaufbau gültigen Maxime. Der (keynesianische) Anspruch auf eine nachfragegesteuerte Rekonstruktion bedingte ein auf die je eigenen Handelsinteressen abgestimmtes „First charge"-Prinzip für alle am Wiederaufbau beteiligten Länder, das als internes Regulationsprinzip seine volle Bedeutung aber erst dadurch gewann, daß es einen generellen Ausbau der europäischen Handelsbeziehungen ermöglichen sollte. Dieses extensive Verständnis des „First charge"-Prinzips durch Keynes stellte den „Sonderfall" Deutschland mithin in den europäischen Wiederaufbaukontext. Seine Bedeutung als Schadensbegrenzungsmechanismus war aus dieser Sicht also nur eine „Sekundärfunktion" zur Kennzeichnung einer verhandlungspolitischen Minimalposition in der alliierten Deutschlanddiskussion. Von langfristiger und hinsichtlich des Rekonstruktionsprozesses größerer Bedeutung war freilich die Einsicht, daß der Wiederaufbau allgemein von dem Grundsatz getragen wurde, daß eine ausgeglichene Handelsbilanz Vorbedingung für die weitere Mobilisierung von industriellen Ressourcen war.

Sowohl die Ergebnisse der Krimkonferenz wie auch die des Treffens der drei Regierungschefs in Potsdam blieben auf der vom Foreign Office verfolgten Linie und stellten aus dessen Sicht einen erfolgreichen Anfang dar[6]. Dem entsprach es, daß London keinen ausgearbeiteten Entwurf zur Lösung des Problems der künftigen wirtschaftlichen Be-

[6] Für Einzelheiten hierzu vgl. die ausführliche Analyse bei Foschepoth, Britische Deutschlandpolitik, sowie Cairncross, The Price of War, S. 64–99.

handlung Deutschlands bei Kriegsende vorlegen konnte, sondern sich auf die Formulierung einiger weniger Grundsätze beschränkte und über alles weitere dann ad hoc zu beraten gedachte; ministerielle Entscheidungshilfen lagen so gut wie überhaupt nicht vor[7]. Zwar trifft es zu, daß, wie John Troutbeck, Leiter der Deutschlandabteilung des Foreign Office, in einer internen Lageanalyse festhielt, die Entscheidungsdefizite Whitehalls bezüglich der alliierten Verhandlungen auch auf externe Faktoren zurückzuführen waren; ins Gewicht fielen insbesondere die wachsende russische Intransigenz, die nur schwer kalkulierbare amerikanische Interessenlage und der daraus resultierende Mangel an Grundsatzentscheidungen der Alliierten in der Deutschlandpolitik, ohne die man wiederum in Whitehall keine weiteren detaillierten Pläne ausarbeiten zu können glaubte[8]. Dies alles waren Faktoren, welche die Konsensfähigkeit möglicher britischer Vorlagen bei den Verbündeten in Frage stellten und im Falle ernsthafter Erörterung in der Tat zu gravierenden Meinungsverschiedenheiten geführt hätten. Sie erklären jedoch nicht völlig den Mangel einer hinreichend ausformulierten widerspruchsfreien Zieldefinition, die sowohl hinsichtlich einer strukturellen Reorientierung in Anlehnung an Keynes als auch bezüglich konkreter Pläne zur Vorlage bei den Alliierten hätte durchgeführt werden müssen. Wie die detaillierte Analyse der britischen Reparationspolitik durch Cairncross bestätigt, stand die von London verfolgte Linie deshalb auch in Gegensatz zu den vorgegebenen Grundprämissen der Außenpolitik. Gerade das Beispiel des „First charge"-Prinzips zeigt, daß sie im Grunde improvisatorischen Charakter trug und vor allem darauf zielte, unter Berücksichtigung gewisser außenpolitischer Vorgaben, wie etwa der Fortsetzung der Kriegskoalition, die ihrerseits zu Kompromissen z. B. in der Reparationspolitik zwingen würde, mögliche nachteilige Rückwirkungen für Großbritannien zu verhindern.

Nur wenige Tage vor Beginn der Potsdamer Konferenz erstattete der britische Vertreter bei der alliierten Reparationskommission in Moskau Schatzkanzler Anderson Bericht über die Diskussionen in der Frage der Deindustrialisierung Deutschlands[9]. Walter Monckton ließ keinen Zweifel daran, daß seiner Meinung nach umfangreiche Demontagen von Industrieanlagen notwendig waren, und begründete dies damit, daß Gebietsabtretungen und ein kriegsbedingter Rückgang des Arbeitskräftepotentials Überkapazitäten zurücklassen würden; zudem sei ein großer Teil der Anlagen erst nach 1933 errichtet worden und stelle deshalb Rüstungspotential dar, das ohnehin demontiert werden

[7] Vgl. Cairncross, The Price of War, S. 73, 80; Foschepoth, Britische Deutschlandpolitik, S. 683.

[8] Troutbeck führte im einzelnen sechs Faktoren an, die für den Umstand verantwortlich seien, daß sich die drei Siegermächte bislang noch auf keine gemeinsame Direktive namentlich zur wirtschaftlichen Behandlung Deutschlands hätten einigen können: (1) eine allgemeine Abneigung, Grundsatzentscheidungen zu treffen, solange nicht Klarheit herrschte über die voraussichtliche Lage in Deutschland nach Kriegsende; (2) die Notwendigkeit, den natürlichen Tod einer Reihe „halbgarer" Ideen wie den Morgenthauplan abwarten zu müssen, die einen frontalen Zusammenstoß mit den Verbündeten nicht lohnten; (3) die Schwierigkeit, mit Planungen fortzufahren, solange nicht gesichert war, ob Deutschland tatsächlich als wirtschaftliche Einheit behandelt würde; (4) die Tatsache, daß bis vor kurzem die Entscheidungsspitzen primär mit der Kriegführung beschäftigt waren; (5) die Verzögerungen, die aufgrund sowjetischer Obstruktionen einen Planungsfortschritt in der EAC wirksam vereitelt hatten; und (6) die Weigerung Moskaus, mit der Arbeit im Kontrollrat zu beginnen, bevor nicht die britischen und amerikanischen Truppen auf die vereinbarten Linien zurückgenommen waren. Memorandum Troutbeck, 7.7.1945, in: DBPO I/1, S. 46–48, hier: S. 47.

[9] Monckton an Anderson, 12.7.1945, in: DBPO I/1, S. 226–229; dort auch die folgenden Zitate.

konnte. Deshalb sei es auch keine Frage, ob Maschinen und Ausrüstung abtransportiert werden sollten, sondern bis zu welchem Grad die Demontagemaßnahmen durchzuführen seien. Die russische Ansicht, gab er unumwunden zu, alle die Industrieanlagen als Reparationspotential zu betrachten, die eine für die Aufrechterhaltung eines bestimmten Lebensstandards der Deutschen notwendige Produktionskapazität überstiegen, „appears to us to be in itself logical and reasonable". Zwar habe man den britischen Standpunkt in der Frage der „Economic Security" vorgebracht und erklärt, daß London rasch ausgeführte drakonische Maßnahmen in ausgewählten Industrien einer allumfassenden Deindustrialisierung vorziehe. Aber, so teilte Monckton dem Schatzkanzler mit, „the general proposition that all industry of this kind constitutes to some degree war potential is one which it is not easy to dismiss. Still less can we raise any objection to the Russian view that their need for industrial plant and equipment is so great that we ought to make available for reparation deliveries all the plant and equipment which is surplus to what is required to maintain the approved standard of living in Germany." Nach Moncktons Ansicht waren also umfangreiche Demontagen jenseits der etwa durch das „First charge"-Prinzip garantierten Produktionskapazitäten zur Sicherstellung des deutschen Eigenbedarfs unausweichlich, und zwar aus vornehmlich politischen Erwägungen: „we must at all costs avoid giving the impression that we have come here in order to see that Russia obtains a small rather than a large amount of once-and-for-all deliveries." Zwar erklärte er seine Absicht, die Sowjets in den Verhandlungen so weit wie möglich zu moderatem Vorgehen anzuhalten, doch das Risiko erhöhter Aufwendungen für die Besatzungsarmeen wie auch das Risiko, daß die Demontagen auf den Widerstand der deutschen Bevölkerung trafen, mußte in seinen Augen eingegangen werden.

Die von Monckton am Beispiel der Deindustrialisierungsproblematik beschriebene Auffassung bestimmte im Kern auch das Vorgehen der Briten im Verlaufe der Potsdamer Konferenz sowie der sich im Winter 1945/46 anschließenden Verhandlungen über den Reparationsplan für Deutschland. Die bereits im Umriß skizzierten Hauptinteressen Londons in der Frage der wirtschaftlichen Pazifizierung und Kontrolle Deutschlands nahmen konkretere Gestalt an in der Reparationsvorlage, die die Experten in Moskau nach zähem Ringen mit nach Potsdam nehmen konnten. Dieses im wesentlichen auf einen Vorschlag des amerikanischen Repräsentanten Pauley zurückgehende Papier stellte keineswegs einen Kompromiß der in der Reparationskommission arbeitenden Wirtschaftsexperten dar; einen Konsens vermochten die Delegierten nicht einmal in Grundsatzfragen zu erzielen[10]. Vielmehr war die Vorlage Ausdruck der erfolglosen Versuche, in der Kommission zu einer Einigung darüber zu kommen, wie die einzelnen, einen Reparationsplan konstituierenden Faktoren zu bestimmen waren (etwa der Gesamtumfang der Reparationen; die Definition einzelner Industriebereiche und ihr Verhältnis zueinander unter Reparationsbedingungen; die Festlegung des Lebensstandards; die administrativen Konsequenzen des Anspruchs, Deutschland als Wirtschaftseinheit zu bewahren). Statt dessen legten die Unterhändler ihren Staatschefs ein 8-Punkte-Programm zur Beratung vor, mit dem sie erneut die bekannte Interessenlage grundsätzlich umrissen: Die Reparationen und Demontagen legitimierten sich aus dem Doppelanspruch der

[10] Zu den Hintergründen vgl. Memorandum Playfair, „Reparations", 16.7.1945, in: DBPO I/1, S. 327–333.

Entmilitarisierung Deutschlands („Economic Security") und den Wiederaufbaubedürfnissen seiner Nachbarn und waren dementsprechend in Art und Umfang daran zu orientieren. Vorgesehen waren ausschließlich materielle Reparationen, die offensichtlich zum größten Teil durch Industriedemontagen beglichen werden sollten, da im gleichen Atemzug empfohlen wurde, längerfristige Reparationen aus der laufenden Produktion zu begrenzen. Zur Unterstützung eines Reparationsplans wurde zugleich der Grundsatz der wirtschaftlichen Einheit der Besatzungszonen erneut bekräftigt. Die Vorlage enthielt schließlich noch die pauschale Erklärung, daß der vielbeschworene Lebensstandard, der die Obergrenze für die den Deutschen zu belassende „reparationsfreie" Produktionskapazität festlegte, den durchschnittlichen Lebensstandard der übrigen europäischen Länder nicht überschreiten durfte. Diesem Ziel diente auch die Festschreibung des „First charge"-Prinzips, mit dem ein Produktionsminimum garantiert und die Zonen von externer Hilfe unabhängig gemacht werden sollten[11].

Innerhalb der Mauern Whitehalls konnte man das Papier wohl deshalb als „excellent"[12] bezeichnen, weil es die umstrittenen Fragen der praktischen Umsetzung gar nicht erst anschnitt. So vermochte der sowjetische Vertreter ohne weiteres dem „Economic Security"-Aspekt des Papiers zuzustimmen. Über inhaltliche Details war man jedoch noch nicht zu einem umfassenden Meinungsaustausch, geschweige denn zu einer Übereinkunft gekommen, und es war, wie Monckton an Anderson berichtet hatte, fraglich, ob Moskau mit seinem tendenziell inflationären Verständnis dessen, was alles eine zu demontierende Rüstungsindustrie darstellte, sich mit den vagen Vorstellungen in London zur industriellen Entmilitarisierung würde anfreunden können. Umgekehrt sah sich die britische Delegation imstande, dem Wortlaut jener Passage ihre Zustimmung zu geben, die den durchschnittlichen Lebensstandard Europas (ohne Großbritannien und die UdSSR) als Obergrenze für den deutschen Lebensstandard festlegte; zugleich wies sie jedoch die Minister in London ausdrücklich darauf hin, daß damit bei exzessiver Auslegung Moskau die Möglichkeit an die Hand gegeben werde, seine Reparationsforderungen ins Unermeßliche zu steigern. Denn es stand keinesfalls fest, daß eine solche Obergrenze der Situation in Deutschland angemessen war und Hunger, Arbeitslosigkeit und soziale Unruhen ausschloß, die dann ein wachsendes, devisenintensives Eingreifen der jeweiligen Besatzungsmacht unumgänglich machen würden. Der Zündstoff, der zwischen den Zeilen dieses Papiers erkennbar wurde, trat in der kompromißlosen Ablehnung des letzten Punktes durch den Kreml an die Oberfläche: dem „First charge"-Prinzip. Hier machte die russische Delegation unmißverständlich klar, daß für die Sowjetunion Reparationen absolute Priorität besaßen; sollte Deutschland nicht in der Lage sein, genügend Devisen für seine Importe zu erwirtschaften, dann müßten diese eben gekürzt werden, und die Lebenshaltung wäre entsprechend einzuschränken[13].

---

[11] Clark Kerr an Eden, 7.7.1945, in: DBPO I/1, S. 225f. Die Vorlage ist ausführlich analysiert bei Cairncross, The Price of War, S. 80–86.

[12] Memorandum Playfair, „Reparations", 16.7.1945, in: DBPO I/1, S. 327–333 hier: S. 331; vgl. zum Folgenden ebenda, S. 331f.

[13] Vgl. zu diesem Punkt die Einschätzung Moncktons: Note by Sir W. Monckton, „Reparations", 15.7.1945, in: DBPO I/1, S. 298–302, hier: S. 300.

Die „Economic Security"-Frage auf der Potsdamer Konferenz

Die Widersprüche, die sich aus dem Vorgehen Londons ergaben, das eigene Entscheidungsdefizit durch die Illusion einer Gipfeldiplomatie zu verdecken und dabei potentiell den eigenen Interessen zuwiderlaufende Maßnahmen zur wirtschaftlichen Kontrolle Deutschlands in der Hoffnung auf einen Fortbestand der Einheit der Alliierten in Kauf zu nehmen, wurden schließlich auch durch den Verlauf der Potsdamer Konferenz bestätigt. Im ganzen bekräftigte die von den Londoner Beamten mit dem sprechenden Codenamen „Terminal" versehene Zusammenkunft der drei Regierungschefs und ihrer Außenminister den von Keynes 25 Jahre zuvor gegen die Versailler Verträge erhobenen Vorwurf, daß die Regierungsspitzen stärker an Grenzfragen interessiert schienen, während sich eine Einigung hinsichtlich der wirtschaftlichen Grundlagen einer Friedensregelung als unmöglich erwies[14]. Tatsächlich widmeten sie die überwiegende Zeit ihrer Beratungen dem zukünftigen Grenzverlauf Polens und der Legitimierung einer polnischen Regierung; daneben beanspruchten die noch offenen Fragen der Länder Südosteuropas, insbesondere Griechenlands, Jugoslawiens und Rumäniens, die Zukunft Italiens, mögliche italienische und österreichische Reparationsverpflichtungen sowie Meinungsverschiedenheiten über die Besetzung Österreichs die Aufmerksamkeit der Delegationen[15].

Die Deutschland betreffenden Fragen teilten sich in drei, wie sich bald herausstellte, separat zu behandelnde Bereiche: erstens die Ausarbeitung politischer Richtlinien für die Arbeit des Kontrollrats; zweitens den von Pauley initiierten Prinzipienkatalog für die wirtschaftliche Behandlung Deutschlands; und schließlich drittens die Einigung über einen Reparationsmodus. Die relativ unumstrittenen politischen Prinzipien für die Arbeit des Kontrollrats, mit denen sich die Alliierten auf die Entwaffnung, Entmilitarisierung, Entnazifizierung, Dezentralisierung und militärische Besetzung Deutschlands festlegten, stellten dabei nach außen genau jene Geschlossenheit der Siegermächte dar, die nach innen in Wirtschaftsbelangen bereits nicht mehr vorhanden war. Hier zeigte sich die Einigkeit der Delegationen nur noch darin, daß die Außenminister schon nach einer ersten kurzen Erörterung die Komplexität der Wirtschaftsfragen feststellten und die Einsetzung eines Unterausschusses für Wirtschaft beschlossen[16]. Welche Sprengkraft in diesem Problemfeld steckte, zeigte allein schon die Tatsache, daß man, vordergründig aus verhandlungstechnischen Gründen, auf Vorschlag des amerikanischen Außenministers Byrnes nach einer ersten Sichtung des vom Komitee vorgelegten Entwurfs das Pro-

[14] Symptomatisch hierfür war bereits die zweite Plenarsitzung, als Truman, Stalin und Churchill zu Beginn eines ersten deutschlandpolitischen Meinungsaustausches über die vom britischen Premier aufgeworfene Frage debattierten, wie der auf der Konferenz verwendete Terminus „Deutschland" territorial überhaupt zu verstehen sei. Record of Second Plenary Meeting, 18.7.1945, in: DBPO I/1, S. 377–386, hier: S. 381.

[15] Von den insgesamt dreizehn Plenarsitzungen Trumans, Stalins und Churchills/Attlees kam es nur im Verlaufe der letzten drei zu Diskussionen über die Grundsätze für die wirtschaftliche Kontrolle Deutschlands und die Reparationsregelung; in zwei weiteren der ersten Sitzungsperiode informierten die Außenminister über ihre Beratungen zu diesen Themen. Eine Verhandlungsstufe tiefer widmeten sich die Außenminister insgesamt dreimal während ihrer zehn Sitzungen ausführlich Wirtschafts- und Reparationsproblemen. Die Kärrnerarbeit wurde auf der dritten Ebene in einem von ihnen gleich zu Beginn eingesetzten Economic Sub-Committee geleistet, das immerhin drei Vorlagen erarbeitete.

[16] Record of First Meeting of Foreign Secretaries, 18.7.1945, in: DBPO I/1, S. 356–363, hier: 362f.; Record of Second Plenary Meeting, 18.7.1945, in: DBPO I/1, S. 377–386, hier: S. 380.

blem der wirtschaftlichen Behandlung Deutschlands in zwei voneinander getrennt zu behandelnde Bereiche aufteilte: einen Richtlinienkatalog, der Maßnahmen und Ziele der wirtschaftlichen Kontrolle Deutschlands bestimmte, sowie die Grundsätze der Reparationsregelung[17]; tatsächlich gingen beide Bereiche in zwei getrennte Abschnitte des Potsdamer Protokolls ein[18].

Wie nach dem Verlauf der Verhandlungen in Moskau zu erwarten war, erwies sich in den Diskussionen um die Wirtschaftsgrundsätze das „First charge"-Prinzip als der umstrittene Punkt. In fast lapidaren Worten machten die Vertreter der drei Delegationen ihren Dissens aktenkundig: Während die USA und Großbritannien es für notwendig erachteten, daß die Begleichung der deutschen Importe durch Exporte Vorrang vor Reparationslieferungen hatte, wiederholten die sowjetischen Unterhändler ihren Standpunkt, daß Importe einen Residualfaktor darstellten und erst nach Erfüllung der umfangmäßig noch genau zu definierenden Reparationsverpflichtungen aus dem übrigen Exporterlös beglichen werden sollten. Die Stoßrichtung der Argumentation des Kreml war klar: Die Sicherung ausreichender Reparationen für den eigenen Wiederaufbau stand für die sowjetische Delegation außer Debatte; mit dem Vorschlag, den Umfang der Importe nicht an einem bestimmten Lebensstandard zu orientieren, sondern vielmehr darauf zu beschränken, was nach Abzug der Reparationen noch durch Exporte bezahlt werden konnte, glaubte man zugleich den Befürchtungen namentlich der Briten Rechnung zu tragen, die sowjetischen Vorstellungen führten zur indirekten Finanzierung der Reparationen durch die beiden anderen Siegermächte. Diese Argumentation konnte sicherlich einige Logik für sich beanspruchen, und Molotow sollte sie im weiteren Verlauf der Konferenz sogar noch dahingehend modifizieren, daß eventuell auftretende Produktionsdefizite durch entsprechende Reparationskürzungen ausgeglichen werden konnten; im Falle von Versorgungsengpässen war Moskau also offensichtlich bereit, vorübergehende Kürzungen der Reparationslieferungen hinzunehmen[19]. Dagegen warf man britischer- und amerikanischerseits die Frage auf, was geschah, wenn die Exporte über die Reparationen hinaus nicht ausreichten, um die Grundversorgung zu sichern, und Hunger drohte. Unterhöhlte unter der Voraussetzung, daß die Alliierten keinesfalls zu externen Finanzierungshilfen herangezogen werden sollten, die Priorität der Reparationen nicht vielmehr den Grundsatz wirtschaftlicher Sicherheit, wenn zur Vermeidung einer Krise in Deutschland die Produktionskapazität zur Sicherung des deutschen Eigenbedarfs angehoben werden mußte? Mit anderen Worten: Inwieweit konnte der Vorrang der Reparationsentnahmen noch wirtschaftliche Sicherheit bieten, wenn die Besatzungsmächte dazu gezwungen sein würden, Deutschland hinsichtlich der fehlenden Produktion unter die Arme zu greifen und die industrielle Kapazität anzuheben? Und wurde umgekehrt nicht die wirtschaftliche Zielsetzung einer Friedensregelung mit Deutsch-

[17] Record of the Fifth Meeting of Foreign Secretaries, 22.7.1945, in: DBPO I/1, S. 516–528, hier: S. 522.

[18] Abschnitt II: Die Grundsätze zur Behandlung Deutschlands während der ersten Kontrollperiode; Abschnitt III: Reparationen aus Deutschland. Vgl. DBPO I/1, S. 1263–1277; DzD II/1, S. 2153–2161. Sie entsprechen mit geringfügigen Änderungen im Wortlaut den Abschnitten III und IV der amtlichen Verlautbarung, wie sie im Amtsblatt des Kontrollrats veröffentlicht wurden. Vgl. DzD II/1, S. 2105–2114.

[19] Record of Sixth Meeting of Foreign Secretaries, 23.7.1945, in: DBPO I/1, S. 561–571, hier: S. 564f.

land verfehlt, wenn die Alliierten von einer Kapazitätsausweitung zu Reparationszwekken aus Sicherheitsgründen absahen, statt dessen aber auf die Subventionierung der Zonen aus britischen bzw. amerikanischen Steuergeldern setzten?

Diesen Überlegungen trug die Formulierung des „First charge"-Prinzips in dem am 21. Juli 1945 den Außenministern unterbreiteten ersten Entwurf der Wirtschaftsprinzipien Rechnung. Dort fand sich im Annex die bisher weitestgehende Formulierung, indem die Importfrage mit dem Grundsatz der Wirtschaftseinheit Deutschlands und der Reparationsfrage verknüpft wurde. Briten und Amerikaner forderten darin den Kontrollrat umgehend auf, ein Importprogramm für Deutschland als Ganzes zu bestimmen. Bei seiner Formulierung sollten die vorhandenen Versorgungsmittel in allen Zonen berücksichtigt und von einem freien Warenfluß über die Zonengrenzen hinweg ausgegangen werden, um so den Umfang der Importe bzw. mögliche Produktionsdefizite gering zu halten. Die Verantwortung für Verteilung und Finanzierung der genehmigten Importe lag, auf der Basis eines noch auszuhandelnden Schlüssels, bei den Besatzungsmächten. Die Begleichung der Importe stellte eine erste Forderung gegenüber dem Export sowohl von Industrieanlagen wie auch von laufender Produktion und Lagervorräten dar[20].

In dieser Form sicherte das „First charge"-Prinzip erstens den Nahrungsmittelfluß aus den agrarisch dominierten Gebieten der sowjetischen Zone und verhinderte damit, daß die westlichen Besatzungsmächte mit devisenintensiven Nahrungsmittelimporten auszuhelfen gezwungen waren. Dieser Aspekt erschien aus der Sicht Londons als Besatzungsmacht der hochindustrialisierten und von Nahrungsmittelzufuhren abhängigen Nordwestzone von lebenswichtiger Bedeutung. Mit der Forderung nach vorheriger Aufstellung eines festen Bedarfsplans für Importe sollte zweitens gewährleistet werden, daß genügend Rohstoffe vorhanden waren, um die deutsche Friedensproduktion und namentlich die Exportindustrie auf einem Mindestniveau zu halten. Ohne Festlegung eines Importprogramms, so deutete man in London die Forderung des Kreml, den Importbedarf an den Reparationen und nicht umgekehrt letztere an einer vorher durchzuführenden Bedarfskalkulation zu orientieren, würden sich die Zonenkommandeure endlosen Debatten vornehmlich im Kontrollrat darüber ausgesetzt sehen, was denn eigentlich als „lebenswichtige Importe" zu gelten hatte. Man fürchtete im britischen Lager zu Recht, daß dies den Handlungsspielraum der jeweiligen Militärgouverneure hinsichtlich der Sicherung der eigenen Versorgungslage entscheidend einengte. Und drittens sollte ausgeschlossen werden, daß die Reparationsregelung diese Friedensproduktion negativ beeinträchtigte und die Alliierten zu Stützungsmaßnahmen zwang. Im Grunde lief dieser Teil des „First Charge"-Prinzips auf die Schaffung eines die Grundversorgung sichernden und für die Besatzungsmächte ohne Kosten verbundenen Wirtschafts- und Versorgungskreislaufs hinaus, der den Deutschen einen gewissen Lebensstandard garantierte. Außerhalb dieses Kreislaufs aber waren – unter Berücksichtigung der übrigen Deindustrialisierungsmaßnahmen im Rahmen der „Economic Security"-Vorstellungen Londons – Reparationslieferungen vorgesehen.

Diese Maximalposition wurde in den weiteren Diskussionen der Delegationen offensichtlich aber nicht einmal für diskussionsfähig gehalten. Zwar machten die Briten im

[20] Report of the Economic Sub-Committee to the Foreign Secretaries, 20.7.1945, Annex II, in: DBPO I/1, S. 475.

Verlauf der Konferenz ihre Zustimmung zu den übrigen Punkten des wirtschaftlichen Grundsatzpapiers von der Festschreibung des „First charge"-Prinzips abhängig[21], doch fanden, vermutlich auch wegen fehlender amerikanischer Rückendeckung[22], keine neuerlichen Versuche statt, eine ähnlich detaillierte Formulierung durchzusetzen. Um die nach Vorlage des Byrnes-Plans mittlerweile in Aussicht stehende Einigung in der Reparationsfrage nicht zu gefährden und auch die Annahme des Grundsatzkatalogs noch zu ermöglichen, unterbreitete Bevin in der vorletzten Sitzung der Außenminister einen Formulierungsvorschlag: „Payment for approved imports into Germany shall be a first charge against the proceeds of exports out of current production and out of stocks against goods."[23] Wie der britische Außenminister selbst erklärte, sollte sich diese Formulierung nur noch auf jene Importe beziehen, über deren Unverzichtbarkeit im Kontrollrat Einigkeit erzielt worden war. Sollten gewisse Einfuhren nicht einstimmig genehmigt werden, falle das Versorgungsproblem auf die jeweiligen Militärregierungen zurück. Bevin bestätigte gegenüber Molotow auch, daß die in Potsdam vereinbarten Reparationslieferungen aus der Ruhr für die Sowjetunion von dieser Regelung ausgenommen würden. Diese Reparationen standen Moskau in jedem Fall zu und waren von der Handelsbilanz Deutschlands nicht betroffen[24].

Doch auch diese Formulierung des „First charge"-Prinzips war im Unterausschuß für Wirtschaft nicht konsensfähig. Den Delegationen, die sich zu einer weiteren Sondersitzung zusammensetzen mußten, blieb wiederum nur übrig, ihre Meinungsverschiedenheit zu Protokoll zu geben[25]. Vermutlich war es neben dem Willen aller Beteiligten, die bis dahin erreichten Ergebnisse der Konferenz und insbesondere den wirtschaftlichen Prinzipienkatalog nicht zu gefährden, vor allem Bevins Formulierungsvorschlag zuzuschreiben, daß sich auf der abschließenden Plenarsitzung Truman, Attlee und Stalin ungeachtet der im Unterausschuß deutlich gewordenen Gegensätze doch noch dazu durchringen konnten, einen entsprechenden Passus in das Protokoll aufzunehmen. „Payment of reparations", so hieß es da nun, „should leave enough resources to enable

[21] Note by Sir D. Waley, 21.7.1945, in: DBPO I/1, S. 482–484, hier: S. 483.

[22] Im Zusammenhang mit ihrem Reparationsplan, der davon ausging, daß die Reparationsentnahmen auf zonaler Basis erfolgen sollten und Moskau zusätzlich Lieferungen aus der Ruhr, z.T. im Austausch für Nahrungsmittel aus der sowjetischen Zone, erhielt, sahen die Amerikaner in dem „First charge"-Prinzip eher ein Hindernis, das der zonalen Regelung der Exporte und Importe im Wege stand. Sie ahnten wohl, daß ein zonal durchzuführender Reparationsmodus, der den interzonalen Warenfluß im Grunde mit den Reparationslieferungen verknüpfte, de facto auch das Ende des Anspruchs auf Erhaltung der Wirtschaftseinheit zur Folge haben mußte. Vgl. Memorandum Waley, 2.8.1945, in: DBPO I/1, S. 1257–1260, hier: S. 1260. Gegenüber dem sowjetischen Außenminister Molotow erklärte Byrnes, wenn Moskau den amerikanischen Plan annehme, „there would be no need for them to enter into the difficult questions of German imports and exports, because they would get from the Western Zones whatever percentage of reparation deliveries had been agreed, and any difficulties that might arise over imports and exports would have to be settled by the British and Americans". Record of Tenth Meeting of Foreign Secretaries, 30.7.1945, in: DBPO I/1, S. 1014–1031, hier: S. 1025. Auf der Plenarsitzung am vorletzten Tag der Konferenz plädierte Byrnes schließlich dafür, das „First charge"-Prinzip aus den Wirtschaftsgrundsätzen zu streichen. Record of Eleventh Plenary Meeting, 31.7.1945, in: DBPO I/1, S. 1072–1090, hier: S. 1083.

[23] Record of Tenth Meeting of Foreign Secretaries, 30.7.1945, in: DBPO I/1, S. 1014–1031, hier: S. 1021.

[24] DBPO I/1, S. 1021, 1025.

[25] Third Report of the Economic Sub-Committee to the Foreign Ministers, in: DBPO I/1, S. 1124.

the German people to subsist without external assistance. In working out the economic balance of Germany the necessary means must be provided to pay for imports approved by the Control Council in Germany. The proceeds of exports from current production and stocks shall be available in the first place for payment for such imports." Wie Bevin versprochen hatte, waren von dieser Bestimmung jene 25% ausgenommen, die Moskau aus den Westzonen, d. h. der Ruhr, erhalten sollte[26]. In dieser endgültigen Fassung war erstaunlicherweise von „First charge" nicht mehr die Rede. Die Begleichung aus den Exportüberschüssen konnte nur für jene Importe gelten, die zuvor durch den Kontrollrat – dessen Abstimmungsregeln auf dem Prinzip der Einstimmigkeit basierten[27] – festgelegt worden waren; de facto sicherte dies Moskau ein Vetorecht über das deutsche Importprogramm, das es erlaubte, dieses immer dann zu kürzen, wenn die Reparationslieferungen ernsthaft in Gefahr gerieten. Hier dürfte denn auch der Schlüssel dafür liegen, daß es in letzter Minute doch noch zu einer Einigung der „Großen Drei" über eine verwässerte Form des „First charge"-Prinzips kam. Denn obwohl es oberflächlich betrachtet der britischen Delegation um Außenminister Bevin und Premier Attlee gelungen war, den Kern des Prinzips im Potsdamer Protokoll festzuschreiben, blieb für den Kreml die Option offen, die Formulierung nach seinem eigenen, auf der Konferenz wiederholt vorgetragenen Verständnis auszulegen, wonach Deckungslücken in der Reparationsabwicklung eben durch Kürzungen der Importe zu schließen waren. Aus der Perspektive der weiteren Entwicklung des Reparationsproblems muß schließlich darauf hingewiesen werden, daß die Formulierung die bereits in Jalta von den britischen, amerikanischen und sowjetischen Delegationen prinzipiell anerkannte Möglichkeit von Reparationslieferungen aus der laufenden Produktion mindestens implizit bekräftigte. Tatsächlich ließ gerade die zentrale Formulierung, welche die Formel der „ersten Forderung" ersetzte, daß nämlich die Exporteinnahmen *aus der laufenden Produktion* „in erster Linie" der Bezahlung der Importe zur Verfügung stehen sollten, die Vermutung zu, daß bei einer ausgeglichenen Handelsbilanz Deutschlands solche Produktionsentnahmen durchaus zulässig waren[28]. Moskau konnte sich in den späteren Auseinandersetzungen um diese Reparationsform nicht ganz zu Unrecht auf solche Passagen der Potsdamer Abmachung berufen.

---

[26] Record of Twelfth Plenary Meeting, 1.8.1945, in: DBPO I/1, S. 1125–1136, hier: S. 1131.

[27] Vgl. Abkommen über das Kontrollsystem in Deutschland, 14.11.1944, in: Deuerlein, S. 321–323; Feststellung der Siegermächte über das Kontrollverfahren in Deutschland, 5.6.1945, in: Ruhl (Hrsg.), S. 86 f. (Absatz 2).

[28] Backer, Priming the German Economy, S. 73. Diese Interpretation wird, wie Backer, ebenda, zeigt, auch noch von anderen Passagen des Potsdamer Protokolls untermauert, etwa der Zusage von 15% der aus den Westzonen zu entziehenden Reparationen im Austausch gegen Nahrungsmittel, aber eben auch gegen andere Güter aus der laufenden Produktion. Tatsächlich entwickelte sich aus diesem Wortlaut eine anhaltende Kontroverse um seine rechtliche Auslegung, und die USA sollten später in einer Reihe von internen Rechtsgutachten und Memoranden zur Vorbereitung der Moskauer Außenministerkonferenz im März 1947 ausdrücklich erklären, daß dieser Abschnitt des Potsdamer Protokolls Reparationen aus der laufenden Produktion ausschließe. Vgl. „Grundsätzliche wirtschaftliche Fragen bezüglich gegenwärtiger deutscher Probleme für das Treffen des Außenministerrats in Moskau, Memorandum Nr. 2, Anhang E", in: Backer, Entscheidung, S. 180–183, besonders S. 180 f.; vgl. auch ebenda, S. 90 f., 152–156. Dennoch gingen auch die Amerikaner in Potsdam fraglos davon aus, daß Lieferungen aus der laufenden Produktion Bestandteil einer Reparationslösung sein würden. Zu diesem Schluß kommt auch Frohn, Neutralisierung, S. 33.

Bei aller Detailkritik an der Formulierung des „First charge"-Prinzips lag aber doch der zentrale Widerspruch in der viel offensichtlicheren Unvereinbarkeit der endgültigen sprachlichen Kodifizierung mit dem Anspruch auf Beibehaltung der Wirtschaftseinheit Deutschlands. Denn erhielt Moskau nicht genügend Schlupfwinkel, das Prinzip zu unterlaufen und eine eigene Politik in seiner Zone zu verfolgen? Bedeutete nicht gerade das Veto in der Importfrage, das ein entsprechendes Versorgungsproblem wieder in die Verantwortlichkeit des jeweiligen Militärgouverneurs zurückverwies, in der Besatzungspraxis einen Schritt in Richtung einer separaten Verwaltung – und letztlich Teilung – der einzelnen Zonen? Bevin selbst hatte seinen Mitarbeitern erklärt, daß man sich im sowjetischen Lager weniger um die möglichen Auswirkungen des „First charge"-Prinzips auf die Lieferungen aus der Ruhr besorgt zeigte, die ihnen ja die beiden anderen Delegationsführungen unabhängig von der Importsituation garantiert hatten, als vielmehr darum, daß der Wortlaut die Reparationspraxis in der eigenen Zone an die Kette legen und den westlichen Siegermächten ein Informations- und Mitspracherecht zugestehen könnte[29]. Mußte es da nicht auch ihm klar sein, daß die Formulierung des Prinzips, wie sie letztlich ins Protokoll einging, ihre Sicherungswirkung gegen die drohende wirtschaftliche Teilung Deutschlands mindestens eingebüßt hatte, wenn nicht gar – den Sinn des Prinzips ins völlige Gegenteil umkehrend – diese Entwicklung sogar begünstigte und damit die drohenden Kosten für den Unterhalt der kaum zur Selbstversorgung fähigen britischen Besatzungszone in die Höhe trieb?

Hinsichtlich der Beurteilung der Potsdamer Beschlüsse in der Forschung ist die de facto-Besiegelung der deutschen Teilung nicht umstritten. Eine weitere Präzisierung der je unterschiedlichen Motive, die schließlich eine Übereinkunft der beteiligten Siegermächte in dieser Frage ermöglichten, bleibt jedoch notwendig. Gerade das „Economic Security"-Konzept Londons vermag hier beispielhaft weitere Aufschlüsse zu geben. Auch wenn das „First charge"-Prinzip in die gleiche Richtung wies, ausschlaggebend war der von Byrnes auf den Tisch gelegte Paketvorschlag, mit dem es gelang, die scheinbar unauflösliche Verknüpfung von Reparations- und Grenzproblemen zu durchschlagen und ein Scheitern der ersten Nachkriegskonferenz noch einmal zu verhindern. Dieser Vorschlag basierte auf der namentlich von Harriman und Pauley vertretenen Auffassung, daß Moskau in seiner Besatzungszone ohnehin sein eigenes Spiel betreiben werde und mit dem Abtransport von Industrieanlagen auch bereits begonnen habe, so daß eine genaue Verrechnung mit einem ausgearbeiteten Reparationsplan längst nicht mehr möglich war. Auch wenn es noch so sehr zu bedauern war, die wirtschaftliche Teilung des Landes erschien in ihrem Urteil deshalb unabwendbar[30]. Unter diesen Umständen konnte nur wertvolle Zeit verlorengehen, wenn man darauf wartete, bis die Delegationen sich auf einen Reparationsmodus für Deutschland als Ganzes einigten. Die logische Schlußfolgerung aus dieser nüchternen Bestandsaufnahme: Jeder Besatzungsmacht stand zur Begleichung der Reparationsansprüche die jeweils eigene Besatzungszone zur Verfügung. Auf Molotows energische Intervention hin, daß Moskau sich aber auch zum Erhalt von Lieferungen aus der Ruhr berechtigt fühlte, wurde diese Regelung nach einigem Handeln dahingehend ergänzt, daß 10% der zur Demontage bestimmten Produk-

[29] Note of Third Staff Conference, 31.7.1945, in: DBPO I/1, S. 1052–1058, hier: S. 1053.
[30] Memorandum Waley, 2.8.1945, in: DBPO I/1, S. 1257–1260, hier: S. 1258. Vgl. auch Cairncross, The Price of War, S. 89f., 94.

tionsanlagen der Westzonen als Reparationen und weitere 15% im Austausch von Gütern aus den östlichen Gebieten wie Nahrungsmittel, Kohle, Pottasche, Zink und Holz zur Verfügung stehen sollten; der Anspruch auf 25% der überschüssigen Produktionskapazitäten aus dem Westen, darauf wurde bereits mehrfach hingewiesen, blieb von der Importsituation unberührt und wurde dem Kreml durch den Wortlaut des „First charge"-Prinzips in den Wirtschaftsgrundsätzen garantiert. Verknüpft war dieser Vorschlag mit einer Regelung der Grenzfragen im Osten. Fand sich Moskau dazu bereit, der Reparationslösung zuzustimmen, dann, in den Worten einer britischen Verlautbarung, „H. M. Government would be ready to recognise the arrangement made by the soviet Government that certain areas of Germany within the agreed Russian Zone of Occupation[31] should be administered by the provisional Government of Poland and would at the Peace conference give their support to the Polish claim to such territory"[32].

Sowohl bei den Mitgliedern der britischen Delegation als auch bei den Beamten in London weckte das amerikanische Junktim zunächst Skepsis und Sorge, gemischt mit einem guten Teil Verärgerung. Die ihm zugrundeliegende Annahme, daß mit den Russen in der Frage der Wirtschaftseinheit sowieso keine Kooperation zu erreichen sei, wurde als „defätistisch" beurteilt[33]. Es war ein Affront, daß die Amerikaner sich mit den Sowjets vorab über den Plan verständigten und die Briten mit einem Fait accompli überraschten, das wenig Spielraum ließ. Nachdem Byrnes Molotow den Plan einmal „verkauft" und sich anschließend allen Änderungsvorschlägen gegenüber verschlossen gezeigt hatte, so merkte Waley sarkastisch an, blieb der britischen Entscheidungsspitze nichts anderes übrig, als ebenfalls zuzustimmen[34]. Wichtiger noch war aus britischer Sicht freilich die Sorge, mit dem US-Plan könnte die Frage der Wirtschaftseinheit, auf die man an der Themse so großen Wert legte, negativ präjudiziert werden. Das Reparationskomitee in London stellte in einer ersten Beurteilung denn auch sofort fest, daß eine Reparationslösung auf Zonenbasis, ob man wolle oder nicht, Deutschland in zwei Teile trennen würde. Unter einer solchen Bestimmung, die der Siegermacht mit der bei weitem größten Reparationsforderung in ihrer Zone freie Hand gab, mußte der östliche Teil nach Überzeugung der Minister in völliges Elend versinken und unabsehbare Flüchtlingsströme Richtung Westen in Gang setzen. Weitere Belastungen würden dadurch entstehen, daß es nahezu ausgeschlossen war, einen Teil der Flüchtlinge aus den Ostgebieten in der sowjetischen Besatzungszone anzusiedeln, was einem „murder by starvation" gleichkäme[35]. In einer von Coulson, Turner vom EIPS und R. H. Brand vom Schatzamt verfaßten Denkschrift wurden die britischen Einwände dann in präziser Weise dargelegt[36]. Danach war abzusehen, daß aufgrund der sowjetischen Reparationspraxis Exporte aus der sowjetischen Besatzungszone, die der Finanzierung der Importe

---

[31] Gemeint waren, gemäß dem Abschnitt VIII B des Potsdamer Protokolls, die Gebiete östlich einer Linie von der Baltischen See, westlich Swinemünde, entlang der Oder und der westlichen Neisse zur tschechoslowakischen Grenze.

[32] Draft Statement to be made by the Prime Minister about reparation, 28.7.1945, in: DBPO I/1, S. 948–950, hier: S. 950.

[33] Note of Third Staff Conference, 31.7.1945, in: DBPO I/1, S. 1052–1058, hier: S. 1053.

[34] Waley an Eady, 1.8.1945, in: DBPO I/1, S. 1105f.; Memorandum Waley, 2.8.1945, in: DBPO I/1, S. 1257–1260, hier: S. 1258f.

[35] Minute Troutbeck, 26.7.1945, in: DBPO I/1, S. 920, Anm. 1.

[36] Memorandum „Reparation and German Economic Unity", 31.7.1945, in: DBPO I/1, S. 1070f. Dort auch das folgende Zitat.

hätten dienen und die stärker industrialisierten Westzonen mit Nahrungsmitteln hätten entlasten können, nicht erwartet werden durften. Moskau werde darauf angewiesen sein, den Importbedarf der eigenen Zone innerhalb des sowjetischen Einflußbereichs in Osteuropa zu befriedigen. Diese nach Meinung der britischen Experten unabwendbare Entwicklung machte auch für Außenstehende sichtbar, daß der wirtschaftliche Wiederaufbau Deutschlands, insbesondere sein Außenhandel, nur von den westlichen Zonen ausgehen konnte. Westzonen und sowjetische Besatzungszone würden eher in einem wirtschaftlichen Konkurrenzverhältnis stehen als dem Grundsatz der Wirtschaftseinheit gehorchen; das Aufkommen separater Währungen wäre unvermeidbar. Schließlich verliehen Coulson, Turner und Brand auch ihrer Skepsis darüber Ausdruck, ob es mit dem amerikanischen Plan gelingen werde, ein gemeinsames Import-Export-Programm für alle Zonen aufzustellen. Alle Importe in die SBZ mußten nämlich doch nur der zu erwartenden rigorosen Reparationspolitik Moskaus zugute kommen und überdies in ihrer Struktur auf dieses Ziel hin ausgerichtet sein; auch das Gefälle in den Lebensstandards würde die Importbedürfnisse zu weit auseinanderdriften lassen, so daß entweder eine unüberwindliche Barriere zwischen den beiden Teilen oder aber ein gefährlicher Flüchtlingsstrom die Folge wäre. „Thus, however much we may safeguard the principle of economic unity on paper, the American plan [...] will from the outset make it impossible to administer Germany as a unit."

Doch diese Warnungen, am Vormittag vor der entscheidenden Plenarsitzung abgeschickt, kamen zu spät. Noch eine halbe Stunde vor Sitzungsbeginn versuchte David Waley, Principle Assistant Secretary im Schatzamt und der mit den Zusammenhängen am besten vertraute Diplomat der britischen Delegation, Byrnes im Verlaufe eines Treffens mit Bevin und Attlee von den Bedenken Londons zu überzeugen. Vergeblich wies er den amerikanischen Außenminister darauf hin, „that his system of swaps is utterly inconsistent with the idea of treating Germany as a single economic unit. I said that the peasant in Brandenburg who sells his potatoes to Berlin has to be paid by receiving boots and shoes from Berlin and cannot be paid by Russia receiving steel plant. I pointed out that if a line is drawn across the middle of Europe, so that there is a frontier with Russia on one side and the Western Powers on the other side, this has an importance far transcending reparations."[37]

Angesichts dieser Entwicklung stand die britische Delegation, wie Waley wenig später notierte, nun vor der Alternative „of refusing to accept something which had been agreed as between the Americans and the Russians (which would probably have meant no reparation agreement at all) or of accepting the American proposal to which, in this particular respect, we saw strong objections"[38]. In dieser Situation glaubte man sich nur retten zu können, wenn man in einer Art logischem Salto mortale den Grundsatz der Wirtschaftseinheit im Protokoll separat verankerte. Von Beginn an hatte man im Foreign Office daran geglaubt, den amerikanischen Plan dahingehend modifizieren zu können, daß in allen Bereichen mit Ausnahme der Reparationen Deutschland weiter als wirtschaftliche Einheit zu behandeln war; die Zonenlösung sollte keinen Präzedenzfall dafür darstellen, daß die Besatzungsmächte ihren Anspruch auf die Wirtschaftseinheit aufga-

[37] Waley an Eady, 31.7.1945, in: DBPO I/1, S. 1049–1051, hier: S. 1050.
[38] Memorandum Waley, 2.8.1945, in: DBPO I/1, S. 1257–1260, hier: S. 1259.

ben[39]. Den Ausschlag für die britische Zustimmung zum amerikanischen Plan gab, daß die Potsdamer Beschlüsse die Lösung der Reparationsfrage de facto an den Kontrollrat weiterreichten. Dort aber, so war man sich einig, durfte man die Vertreter des amerikanischen Militärgouverneurs als Verbündete betrachten, die anders als die Berater Trumans auf der Konferenz die Zusammenarbeit der Zonen in wirtschaftlichen Belangen favorisierten[40]. Im Gegensatz zu dem Befund der Denkschrift von Coulson, Turner und Brand erblickte man also einen Ausweg aus dem Dilemma gerade in einem funktionierenden Kontrollrat. Dort hoffte man, unabhängig vom Wortlaut der Potsdamer Vereinbarungen, die, wie bei Konferenzende zufrieden festgestellt wurde, immerhin alle Kernpunkte der britischen Position im Prinzip enthielten[41], die Wirtschaftseinheit praktizieren zu können. Des Beistands von US-Militärgouverneur Clay und seiner Mannschaft glaubte man sich sicher, und das Drängen Moskaus nach Einfügung eines Punktes in den politischen Prinzipienkatalog, der die Schaffung von Zentralverwaltungen forderte, wurde als klares Kooperationsangebot des Kreml in der Frage der Wirtschaftseinheit gedeutet[42]. Wie Bevin in der entscheidenden Delegationssitzung am Vormittag des 31. Juli 1945 erklärte, mochte er deshalb auch keinen Sinn mehr darin sehen, mit den Amerikanern über die Grundlagen ihres Plans zu debattieren. Diese wollten nun nur noch den vorteilhaftesten Abschluß erreichen und das Thema so schnell wie möglich beenden. Unter diesen Umständen sei es das beste, auf ihren Vorschlag einzugehen und das Ziel der wirtschaftlichen Einheit dann in separaten Verhandlungen über den Interzonenhandel weiter zu verfolgen[43]. Eine Entscheidung zugunsten des amerikanischen Vorschlags war damit noch vor Eintreffen des Memorandums von Coulson, Turner und Brand gefallen.

Die in Abstimmung mit dem neuen Schatzkanzler Hugh Dalton[44] aufgestellten Bedingungen, die das britische Placet von der Einfügung des „First charge"-Prinzips und einer Festschreibung der Wirtschaftseinheit in den Prinzipienkatalog abhängig machten, wurden erfüllt. Jedoch blieb es abzuwarten, welche Auswirkungen diese erste wichtige deutschlandpolitische Entscheidung der neuen Labour-Minister vor dem Hintergrund der eigenen Expertenanalyse auf den Anspruch Londons haben würde, gegenüber Deutschland eine Politik der „Economic Security" zu verfolgen. Es sei daran erinnert, daß Anderson und Keynes in ihrer grundlegenden Denkschrift vom März 1945 eindringlich darauf hingewiesen hatten, daß nur unter der Bedingung der wirtschaftlichen Einheit Deutschlands eine Reparationslösung überhaupt denkbar war, die keine Belastungen für den britischen Wiederaufbau zur Folge hatte[45]. Umgekehrt bedeutete die getrennte Behandlung der Zonen in Reparationsbelangen, daß Entnahmen entweder nur auf Kosten der Besatzungsmächte oder überhaupt nicht möglich waren. Reparationsanspruch und Zerstückelungspolitik schlossen sich gegenseitig aus. Die ökonomische Teilung, so lautete eine der zentralen Thesen von Anderson/Keynes, machte schlagartig

[39] Minute Dent, 27.7.1945, in: DBPO I/1, S. 920 f., hier: S. 921.
[40] Third Staff Meeting, 31.7.1945, in: DBPO I/1, S. 1052–1058, hier: S. 1053.
[41] Attlee an Eden, 1.8.1945, in: DBPO I/1, S. 1151 f.; Memorandum Waley, 2.8.1945, in: DBPO I/1, S. 1257–1260, hier: S. 1260.
[42] Note of Third Staff Meeting, 31.7.1945, in: DBPO I/1, S. 1052–1058, hier: S. 1053.
[43] Ebenda.
[44] Bridges an Eady, 28.7.1945, in: DBPO I/1, S. 955 f.; Memorandum Waley, 2.8.1945, in: DBPO I/1, S. 1257–1260, hier: S. 1260.
[45] Vgl. oben Kap. IV.4.

auch die verwaltungsmäßige und versorgungstechnische Konsolidierung der Westzonen erforderlich. Eine Überprüfung des „Economic Security"-Konzepts, wie es insbesondere das Außenministerium vertrat, war unter diesen Umständen gleichermaßen unerläßlich, und zwar unabhängig von militärischen und verteidigungspolitischen Erwägungen, die sich aus der wachsenden Kluft zwischen Ost und West, für die der deutschlandpolitische Dissens ja nur ein äußeres Zeichen war, vielleicht ergaben. Denn wenn sich die Befürchtungen Waleys und anderer Experten bestätigten und Potsdam die wirtschaftliche und damit langfristig auch die politische Teilung Deutschlands manifestierte, dann traf die von Anderson und Keynes angedeutete zweite Entwicklungsmöglichkeit ein, die Großbritannien dazu zwingen würde, die Stabilisierungspolitik noch weiter voranzutreiben und bisher geltende Sicherheitserwägungen zu hinterfragen.

2. Die Diskussion um den ersten Industrieniveauplan

Eine erste Überprüfung der Prämissen im Lichte der jetzt vorliegenden Entscheidungssituation fand denn auch etwa einen Monat nach Beendigung von „Terminal" statt. Notwendig wurde sie nicht zuletzt dadurch, daß die in Potsdam beschlossenen Verhandlungen über einen detaillierten Reparationsplan und das damit verbundene Industrieniveau der deutschen Wirtschaft, die in Kürze in Berlin beginnen sollten, neue Entscheidungsrichtlinien erforderten. Insofern das Level of Industry Committee der Kontrollkommission untergeordnet war und namentlich, gemäß Potsdamer Protokoll, binnen sechs Monaten die für die Sowjetunion bestimmten Reparationen aus der Ruhr festzulegen hatte, mochte seine Arbeit als Testfall für die Möglichkeiten zur Verwirklichung der Wirtschaftseinheit gelten, auf die Bevin und das Foreign Office ihre Hoffnungen auf Durchführung der Potsdamer Beschlüsse gesetzt hatten.

Mitte September 1945 lag dem Kabinett eine Aufzeichnung des Overseas Reconstruction Committee (ORC) vor, das zwischenzeitlich unter dem Vorsitz des Außenministers die Planungsarbeit des APW-Komitees, das mit Beendigung des Krieges aufgelöst worden war, übernommen hatte. Darin wurde direkt an eine Denkschrift Mabanes vom Juni 1945 angeknüpft, die Bestandteil des Pakets von Richtlinienpapieren für die britische Delegation bei der Reparationskommission in Moskau gewesen war[46]. Nimmt man den Text dieses Memorandums zum Maßstab, so sahen sich die Planer aufgrund der Entwicklungen in den vergangenen Monaten offensichtlich zu keinen Modifikationen der bekannten Positionen veranlaßt. Weder der Verlauf der Potsdamer Konferenz noch das abrupte Ende von Lend-Lease, noch die Aussicht auf existentiell wichtige Kreditverhandlungen mit den USA konnten sie dazu bewegen, über die Bekräftigung der bestehenden Politik hinaus Perspektiven zu entwickeln. Der angehängte Entwurf einer Verlautbarung zur Politik der industriellen Entwaffnung Deutschlands basierte wie bisher auf den drei Annahmen der dauerhaften militärischen Entwaffnung Deutschlands im Verbund mit einem totalen Rüstungsverbot, seinem Fortbestand als territorialer Einheit und seiner Besatzung für mindestens zehn Jahre. Davon ausgehend wurde die Notwendigkeit betont, zum Zwecke des Sicherheitsprimats gegenüber Deutschland eine drako-

[46] CAB 66/66, C.P. (45) 36, Memorandum by the Minister of State, „Industrial Disarmament of Germany", 14.6.1945; CAB 65/53, C.M. 8 (45), Cabinet Meeting 15.6.1945; vgl. oben Kap. IV.4.

nische Deindustrialisierungspolitik in ausgewählten Industriezweigen durchzuführen. Im einzelnen folgte das ORC den Vorschlägen, die der Wirtschaftsplanungsstab im April 1945 vorgelegt hatte und die ihrerseits auf die Diskussionen der Wirtschaftsplaner im Herbst 1944 zurückgingen[47]: Die Industrieanlagen der zivilen Luftfahrt waren zu demontieren und sollten einem Produktionsverbot unterliegen; das gleiche galt für die Ammonium- und Methanolproduktion sowie für die Herstellung von synthetischem Gummi; die Produktionskapazität von Stahl war auf 50% ihres Vorkriegsstands zu reduzieren (ca. 11,5 Millionen Tonnen), eine Empfehlung, die an die vom EIPS bereits im Mai 1944 durchgeführten Berechnungen anknüpfte[48]; die Herstellung von Kugellagern sollte für die Dauer der Besatzungszeit ausgesetzt und die Werkzeugmaschinenproduktion auf das für Friedenszeiten notwendige Maß reduziert werden; schließlich empfahl man umfangreiche Demontage- und Kontrollmaßnahmen für die Schiffsindustrie[49].

Konnte es da verwundern, daß auch die Diskussion des neuen Labour-Kabinetts ein getreues Abbild jener Erörterungen des Kriegskabinetts war, welche die deutschlandpolitischen Planungen in den letzten beiden Kriegsjahren begleitet hatten? Da fragten die einen, ob denn der Wiederaufbau in Deutschland nicht per se ein teures Geschäft sei, und wähnten sich sofort in dem Dilemma, zwischen zwei gleichermaßen nachteiligen Optionen wählen zu müssen, nämlich Deutschland entweder durch den Aufbau seiner Exportindustrie oder durch Anleihen bei den Siegermächten finanzieren zu müssen. Andere betonten, der Report des ORC sei nicht annähernd so hart in seinen Empfehlungen, wie dies wünschenswert sei. Auch das Denken in tradierten industriellen Partikularinteressen brach sich wieder Bahn, das in diesem Falle die möglichen Startvorteile der chemischen und optischen Industrie Großbritanniens reklamierte. Eine klare Meinungsbildung war also auch unter den Labour-Ministern nicht erkennbar, und nur der Druck, für die Repräsentanten in Berlin überhaupt eine Handlungsanleitung erstellen zu müssen, führte letztlich dazu, daß man den Entwurf des ORC annahm[50]. Damit hatte das Kabinett im Grunde den Diskussionsstand vom Frühjahr 1945, in der Stahlfrage gar vom Mai des Vorjahres bestätigt, ganz zu schweigen davon, daß der Wert eines kaum mehr als prinzipielle Willenserklärungen bietenden Richtlinienpapiers im tagespolitischen Konferenzgeschehen zwischen Quoten, Produktionsziffern und Kapazitätsgrenzen doch bezweifelt werden konnte.

Die Frage liegt auf den ersten Blick nahe, warum vor dem Hintergrund des Verlaufs und unter Berücksichtigung der Ergebnisse von „Terminal“ das britische Kabinett sich zu keiner Revision der bisher vorliegenden Empfehlungen und auch nicht zu einer Präzisierung und Feinabstimmung der Deindustrialisierungs- bzw. Reparationsmaßnahmen veranlaßt sah. Eine gewisse Rolle spielte hier sicherlich die personelle Kontinuität in der britischen Außen- und Deutschlandpolitik über das Kriegsende hinaus. Denn immerhin hatte die Labour-Spitze den Entscheidungsprozeß zugunsten einer Politik der „Economic Security“ in der Kriegskoalition wesentlich mitgetragen. Entscheidender dürfte jedoch gewesen sein, daß man die britischen Grundinteressen im Wortlaut des

[47] CAB 87/69, A.P.W. (45) 57, Annex: „Further Report by the Economic and Industrial Planning Staff on the Issues Affecting the Economic Obligations to be Imposed on Germany“, 19.4.1945.
[48] Vgl. Müller, S. 67f.
[49] CAB 129/2, C.P. (45) 160, Memorandum by the Chairman of the Overseas Reconstruction Committee, „Industrial Disarmament of Germany“, 10.9.1945.
[50] CAB 128/1, C.M. 31 (45), Cabinet Meeting 13.9.1945.

Potsdamer Protokolls in konstruktiver Weise widergespiegelt glaubte und dementsprechend die einzelnen Vorschläge des Wirtschaftsplanungsstabs in Art und Umfang für weiterhin ausreichend erachtete. Sofern die Minister und ihre Beamten keine Notwendigkeit für grundlegende Anpassungen der „Economic Security"-Politik an strukturelle Veränderungen der ökonomisch-machtpolitischen Rahmenbedingungen erkannten, konnte auch der Status quo der Kriegszielplanungen weiter Gültigkeit beanspruchen; lediglich hinsichtlich der Präzisierungen der britischen Diskussionsgrundlagen für das Level of Industry Committee bestand im einzelnen Handlungsbedarf, der freilich auf einer Ad-hoc-Basis je nach Verhandlungsverlauf in flexibler Weise erfüllt werden sollte.

Die Entstehung des Ersten Industrieniveauplans ist mittlerweile auch in Einzelfragen gut beleuchtet und bedarf hier keiner weiteren Darstellung[51]. Von Bedeutung in unserem Zusammenhang ist vielmehr die Frage, wie der Anspruch einer „Economic Security"-Politik von britischer Seite einzubringen versucht wurde, von welchem Erfolg dieses Anliegen gekrönt war und welche weiteren Konsequenzen sich aus der Doppelerfahrung von Potsdam und den daraus folgenden reparationspolitischen Anschlußverhandlungen über das deutsche Industrieniveau für die britische Konzeptualisierung der Deutschlandpolitik ergaben.

Primäres Anliegen Londons war es, gemäß seiner Schadensbegrenzungsstrategie den Rahmen der industriellen Entmilitarisierung so zu bestimmen, daß Deutschland einerseits ein ausreichender, den europäischen Durchschnitt jedoch nicht übersteigender Lebensstandard garantiert wurde; zugleich waren der deutschen Wirtschaft genügend Mittel zur Exportproduktion zu belassen, um die erforderlichen Importe auszugleichen. Andererseits war der Lebensstandard so zu bemessen, daß er Raum für die Präzisierung von Umfang und Ausführungsmodus der Reparationslasten ließ, deren Funktion als Garant für den Kooperationswillen des Kreml in ihrer Bedeutung für die Kontinuität der britischen Außenpolitik erkannt worden war. Diese Strategie mußte jedoch ins Wanken geraten, wenn es mißlang, das Deutschland zu belassende Industrieniveau in Relation zu den Reparationen und unter Berücksichtigung der zu Sicherheitszwecken durchzuführenden Demontagen genau festzulegen. Und Großbritannien, so wußten die Ministerialbeamten, konnte sich die erste Alternative nicht leisten, während letztere folgenschwere Sicherheitsrisiken barg und auch den Handelsinteressen des Landes zuwiderlief[52].

Diesen Anliegen glaubten die britischen Planer in ausreichender und adäquater Form in ihrem Reparationsplan Ausdruck verliehen zu haben, der am 31. Dezember 1945 dem Koordinationsausschuß des Kontrollrats in der Hoffnung unterbreitet wurde, den toten Punkt in den Verhandlungen zu überwinden[53]. Der Druck nach rascherem Fortschritt der Verhandlungen war besonders von den USA und der Sowjetunion ausgegangen. Auf der einen Seite stand Clays Interesse an einer Einigung mit Moskau, bevor er mit Beginn des neuen Jahres den Vorsitz im Kontrollrat abgeben mußte. Der amerikanische Militär-

[51] Vgl. aus amerikanischer Sicht Ratchford/Ross; aus britischer Sicht Cairncross, The Price of War, S. 100–146. Vgl. auch Balabkins; Jerchow; für die Stahlquote Müller.

[52] Vgl. Memorandum Harvey, „Future Level of Industry", 12.2.1946, in: Ruhrfrage, S. 490–495, hier: S. 493.

[53] Memorandum by the Chancellor of the Duchy of Lancaster, „Future Level of German Industry", 11.1.1946, in: Ruhrfrage, S. 456–459.

gouverneur appellierte daher an Außenminister Byrnes, in diesem Sinne Druck auf die Briten auszuüben. Er vermutete, London wolle eine größere industrielle Kapazität belassen, als es im Potsdamer Abkommen vorgesehen war, und verdächtigte die Labour-Regierung, sie schrecke insbesondere vor der Gefahr verbreiteter Arbeitslosigkeit in Deutschland zurück[54]. Demgegenüber drängte der Kreml auf die rasche Erfüllung seiner Reparationsforderungen und reklamierte dabei wiederholt die Einhaltung des Abschnitts III.5 des Potsdamer Protokolls, das die Ausarbeitung der Reparationsmaßnahmen binnen sechs Monate nach Beendigung der Konferenz, also bis 2. Februar 1946, vorsah. Bereits im Verlaufe der ersten Außenministerkonferenz in London vom 11. August bis 14. November 1945 hatte die sowjetische Delegation versucht, den Kontrollrat und die unter ihm tagende Reparationskommission darauf zu verpflichten, bis spätestens 1. Dezember 1945 einen Plan über Art und Umfang der zu demontierenden Industrieanlagen sowie bis zum 15. Oktober 1945 eine Liste mit den in Abschnitt III.7 der Potsdamer Reparationserklärung im Prinzip garantierten „Vorschußlieferungen" („advance deliveries") zu erarbeiten. Beide Anliegen wurden von den Briten unter Hinweis auf die Komplexität und die Größe des Problems abgelehnt. Am 23. September 1945 mahnte Molotow in einem Gespräch mit dem britischen Außenminister schließlich an, „that the Commission so far had not done ‚a damn thing'". Bevin versicherte Molotow daraufhin, daß er die mit dieser Angelegenheit betrauten Beamten zur Eile angetrieben habe. Auch während des zweiten Außenministertreffens in Moskau vom 24. November 1945 bis zum 1. Januar 1946 machte Molotow aus seiner Enttäuschung über den schleppenden Fortgang der Verhandlungen keinen Hehl und forderte die Einhaltung des terminlichen Rahmens. In London glaubte man daher, den britischen Plan umgehend unterbreiten zu müssen, um nicht von Moskau der Mißachtung der Potsdamer Erklärung beschuldigt zu werden, aber auch, um durch möglichst rasches Handeln die Initiative zu ergreifen und seine Interessen in den unter Zeitdruck geratenen Verhandlungen zu wahren[55].

Gegenüber den vom Kabinett autorisierten EIPS-Vorschlägen fand sich in dem nun vorgelegten britischen Reparationsplan nur eine nennenswerte Änderung. Hatten die Wirtschaftsplaner bis dahin eine Kapazität der Stahlproduktion von 11,5 Millionen Tonnen jährlich erwogen, so hielt man nunmehr 9 Millionen Tonnen mit einer entsprechenden Reduzierung der Quote für die stahlverarbeitende Industrie und die Werkzeugmaschinenherstellung für angemessen. Bei Vorlage des Plans im ORC wies der mit der Koordination der Reparationsplanungen in London betraute Minister Hynd in diesem Zu-

[54] Vgl. Clay an Hilldring, 29.1.1946, in: Smith (Hrsg.), The Papers of General Lucius D. Clay, S. 153; Clay an Byrnes, 31.1.1946, in: ebenda, S. 154f.; Krieger, S. 133–139, besonders S. 137f.; Cairncross, The Price of War, S. 107.

[55] Vgl. Memorandum by the Soviet Delegation, „Reparations from Germany", 14.9.1945, in: DBPO I/2, S. 167f.; Memorandum by the United Kingdom Delegation, „Reparations from Germany", 22.9.1945, in: DBPO I/2, S. 311f.; Record by Sir A. Clark Kerr of a conversation between Mr. Bevin and M. Molotov, „Anglo-Soviet Relations", 23.9.1945, in: DBPO I/2, S. 316–323, hier: S. 321f. (Zitat); British Record of 21st Meeting of Council of Foreign Ministers, 25.9.1945, in: DBPO I/2, S. 361–365; Troutbeck an Dixon, 14.12.1946, in: ebenda, S. 713f., und Note by the German Department [Troutbeck], 14.12.1945, in: DBPO I/2, S. 714–716; Memorandum on certain German affairs circulated by the Soviet Delegation, 20.12.1945, in: DBPO I/2, S. 796–799, hier: S. 798f.; British Record of 7th (Informal) Meeting of the Three Foreign Secretaries, 21.12.1945, in: DBPO I/2, S. 805–816, hier: S. 809–811.

sammenhang auf die möglichen wirtschaftlichen Folgen des britischen Plans für Deutschland hin: die Reduzierung des industriellen Outputs um ein Drittel gegenüber dem Stand von 1938, ein im Vergleich zu 1938 60%iger Produktionsabfall der metallverarbeitenden Industrie, 25–30% geringere Konsumausgaben, Rationierungen bei den Nahrungsmitteln, insbesondere eine Reduzierung des Fleisch- und Fettverbrauchs auf 2/3 des Vorkriegsstandes, etwa 35% geringere Ausgaben für Kleidung und Schuhe, eine drastische Verschlechterung der Wohnsituation und schließlich ein Rückgang der Im- und Exporte auf ein Handelsbilanzniveau in Höhe von rund 3 Milliarden Reichsmark. Die Schlußfolgerung, die sich aus britischer Sicht aus diesem Plan ergab, lautete, daß jede weitere Kürzung eines industriellen Produktionsbereichs durch Anhebung der Produktion in einem anderen auszugleichen war, um den Lebensstandard und die Importfähigkeit Deutschlands auf dem festgelegten Level zu halten. In diesem Sinne schlug Hynd eine Korrektur der Ministerbeschlüsse vor, die ein Verbot der synthetischen Ölherstellung und der Stickstoffproduktion zum Inhalt hatten[56]. Freilich stellte sich die Frage, ob dieses Vorgehen nicht eine wichtige Voraussetzung des Plans schlechthin mißachtete. Die Bestimmung der Höhe des Deutschland zu belassenden Industrieniveaus und die Festlegung von Überkapazitäten für die Reparationsentnahmen mußten aus der Sicht der Experten mit Rücksicht auf die industrielle Gesamtstruktur der deutschen Wirtschaft erfolgen; die einzelnen Produktionsquoten waren keineswegs austauschbar, wenn eine Volkswirtschaft mit möglichst geringen Reibungsverlusten funktionieren sollte[57]. Diese Tatsache hatte ja gerade die Minister in London von der Notwendigkeit überzeugt, unter allen Umständen an der Wirtschaftseinheit festzuhalten. Davon abgesehen präsentierte der britische Plan gegenüber den Vorlagen der anderen drei Alliierten eine Maximalposition[58], die weitere Quotenstreichungen würde hinnehmen müssen. Unter diesen Umständen auf Niveauanpassungen nach oben zu hoffen, erschien eher unrealistisch[59].

Hatte Hynd in seiner ORC-Vorlage nicht vielmehr das grundsätzliche Dilemma der britischen „Economic Security"-Vorstellungen aufgezeigt? Der Deutschlandminister selbst hegte berechtigte Zweifel. Auf der einen Seite, so gab er zu bedenken, garantiere der britische Plan nicht viel mehr als jenes Minimum an Sicherheit gegenüber Deutschland, das man bisher als unerläßlich erachtet habe, während auf der anderen Seite Auseinandersetzungen besonders mit der Sowjetunion über die genaue Auslegung der Potsdamer Beschlüsse zu erwarten seien, die sogar dies gefährdeten. Die vorübergehende wirtschaftliche Entmachtung Deutschlands durch Demontagen, Reparationen und Produktionsverbote bzw. -beschränkungen war seiner Meinung nach als Sicherheitsmaßnahme berechtigt; aber war die deutsche Wirtschaft auf Dauer unter Kuratel zu stellen? Sollte Deutschland dauerhaft auf dem mittleren Lebensstandard der übrigen europäischen Länder gehalten werden, oder sollte ihm im Interesse des europäischen Wiederaufbaus insgesamt die Möglichkeit offenstehen, aus eigener Kraft darüber hinauszuge-

[56] Memorandum by the Chancellor of the Duchy of Lancaster, „Future Level of German Industry", 11.1.1946, in: Ruhrfrage, S. 456–458.

[57] Vgl. Cairncross, The Price of War, S. 107.

[58] Ein tabellarischer Vergleich der Pläne Großbritanniens, Frankreichs, der USA und der Sowjetunion findet sich in Jerchow, S. 193; vgl. insgesamt ebenda, S. 192–195; Cairncross, The Price of War, S. 109, 111–122.

[59] Minute Troutbeck, 18.1.1945, in: Ruhrfrage, S. 459f.

hen? Dies war mit Bezug auf den britischen Industrieniveauplan die Kardinalfrage. War Sicherheit vor Deutschland durch Eliminierung und Kontrolle ausgewählter Wirtschaftsbereiche, wie es auch der britische Plan im Kern vorsah, wirklich ohne Beeinträchtigung der ökonomischen Rekonstruktion Großbritanniens und Europas erreichbar?

Hynds Ausführungen zum britischen Industrieniveauplan provozierten eine interne Debatte über das Verhältnis von Wirtschaft und Sicherheit in der Deutschlandpolitik Londons. Troutbeck befürchtete, es sei ohnehin unwahrscheinlich, daß man in den Verhandlungen seine Vorstellungen vom deutschen Industrieniveau werde durchsetzen können. Anpassungen nach oben, und seien sie nur in einzelnen Branchen, hielt er für aussichtslos, und das Äußerste, was man erwarten könne, sei die Verhinderung weiterer Produktionskürzungen im Sinne der anderen Pläne. In der Stahlfrage habe man sich bereits zu der Konzession gezwungen gesehen, die Kapazitätsgrenze von 9 Millionen Tonnen jährlich auf 7,5 Millionen zu senken[60]. Mit jeder Anpassung nach unten werde es aber immer schwieriger, das Produktionsniveau auf einem Stand zu halten, der die für einen minimalen Lebensstandard benötigten Importe ausgleiche. Belastungen für den britischen Steuerzahler wären die unausweichliche Folge und gefährdeten die innere Sicherheit der britischen Inseln. Sollten die Amerikaner sich überdies den britischen Anleihewünschen verschließen, sah der Leiter der Deutschlandabteilung Schwierigkeiten für Großbritannien voraus – „the greatest difficulty in feeding our own people". Ein niedriges Industrieniveau, so lautete sein Resümee, war eine gefährliche Hypothek auf die Zukunft sowohl hinsichtlich eines raschen britischen Wiederaufbaus als auch des inneren und äußeren Friedens[61].

Doch wie stand es mit der Sicherheit gegenüber Deutschland? Oliver Harvey, mittlerweile Assistant Under-Secretary of State im Außenministerium, kritisierte zu Recht die ORC-Vorlage mit dem Hinweis, daß in ihr das eigentliche Problem, nämlich das Verhältnis von Sicherheit und Wirtschaftlichkeit in der britischen Deutschlandpolitik, nicht thematisiert worden sei[62]. In dem Ausmaß, wie London darauf bestand, die deutsche Wirtschaft ohne äußere Unterstützung lebensfähig zu halten und aus diesem Grund das Industrieniveau nach oben anzupassen, wurde der Sicherheitsanspruch unterminiert. „I am afraid", warnte Harvey, „this is the dilemma which the O.R.C. paper does not face, but with which the Russians will confront us. Germany will remain a potential danger to us whatever we do. If excessively impoverished she will become an economic burden; if she is to prosper, she will soon become a military danger." Das Kardinalproblem der britischen „Economic Security"-Vorstellungen lag nach Harvey erstens allgemein in der Unvereinbarkeit des Verlangens nach Sicherheit gegenüber Deutschland und der Erhaltung von dessen wirtschaftlicher Lebensfähigkeit. Im besonderen aber sah Harvey zweitens die Gefahr, daß nach britischen Vorstellungen der Grenzwert für die deutsche Industrieproduktion, der einen minimalen, soziale Unruhen im Inneren wie auch Bürden für die Besatzungsmächte gerade noch verhindernden Lebensstandard garantierte, die Toleranzgrenze dessen weit überschritt, was namentlich die Sowjetunion als sicherheitspoli-

[60] Vgl. dazu ausführlich Müller, S. 69–72; Cairncross, The Price of War, S. 107f.

[61] Minute Troutbeck, 18.1.1946, in: Ruhrfrage, S. 459f.

[62] Minute Harvey, 19.1.1946, in: Ruhrfrage, S. 460f.; dort auch das folgende Zitat. Für eine weitere Einschätzung Harveys vgl. BM Add Mss 56402, Harvey Papers, Diaries, 25.3.1946.

tisch unabdingbar betrachtete. Wie Hynd festgestellt hatte, befriedigte der britische Reparationsplan selbst nur das absolute Minimum des eigenen Sicherheitsanspruchs. Wie würde da Moskau reagieren?

Was offensichtlich seit langem überfällig und nun durch die Entwicklungen in der Folge der Potsdamer Konferenz dringlicher denn je erschien, war erstens eine Grundsatzentscheidung Londons darüber, ob Sicherheit gegenüber Deutschland oder vielmehr eine relativ an einem Primat des ökonomischen Wiederaufbaus Europas und der wirtschaftlichen Interessen Großbritanniens orientierte Stabilisierung das Hauptanliegen der britischen Deutschlandpolitik war. Zweitens mußte das „Economic Security"-Konzept des Außenministeriums dahingehend überprüft werden, ob es angesichts dieses fundamentalen inneren Widerspruchs überhaupt ein taugliches Instrument auf der internationalen Konferenzbühne war. Denn es mußte bezweifelt werden, ob Moskau, aber auch Paris einer vorwiegend auf wirtschaftliche Maßnahmen abgestellten Kontrolle Deutschlands würde zustimmen können. Wenn die britischen Vorstellungen von einem angemessenen Lebensstandard, der das Export-Import-Verhältnis bestimmen sollte, jenseits der von der Sowjetunion als unüberschreitbar angesehenen Grenze der wirtschaftlichen Sicherheit lagen, sah sich London über kurz oder lang vor die Entscheidung gestellt, die Sicherheitsansprüche zugunsten einer rascheren ökonomischen Stabilisierung Deutschlands zurückzuschrauben und darüber notfalls auch den Bruch mit Moskau zu riskieren. Wie Anderson und Keynes richtig vorausgesagt hatten, bedeutete dies einen deutschlandpolitischen Alleingang Londons, der notfalls sogar ohne amerikanische oder französische Beteiligung durchzuführen war. Andernfalls war die Drei- bzw. Viermächtekoalition in der Deutschlandfrage nur unter unzumutbaren Kosten für den britischen Steuerzahler aufrechtzuerhalten. Der Widerspruch zwischen Sicherheits- und Wirtschaftsfaktoren im „Economic Security"-Konzept des Foreign Office mußte als Sprengsatz für die Möglichkeiten einer kohärenten Deutschlandpolitik in die Zukunft wirken. Je länger London an den bisherigen Vorstellungen wirtschaftlicher Sicherheit festhielt, desto mehr wuchs der ökonomische Entscheidungsdruck und reduzierte die außenpolitische Initiativkraft Großbritanniens, in die Deutschlandfrage im Sinne der eigenen Interessenlage präjudizierend einzugreifen.

„We can decide", brachte Harvey einen Monat später das britische Dilemma auf den Punkt, nachdem die Stahlproduktion in den Verhandlungen auf 5,8 Millionen Tonnen gedrückt worden und es in dieser wie in der Frage der Produktionskapazität für die stahlverarbeitende Industrie zu einem amerikanisch-sowjetischen Schulterschluß gekommen war, der die Briten zu isolieren drohte, „either to accept a penal reparation plan for the purpose of maintaining the principle of unity in the Control Council, or we can insist on retaining in our own zone of occupation, which contains the major part of the industry of Western Germany, enough plant to achieve for the Germans a reasonable standard of living and ensure a balance of payments. This latter course, however desirable on economic grounds, offers most objectionable features from the political angle. H.M.G. would be acting unilaterally in assuming responsibility for maintaining German industry in the Ruhr and Western Germany on a higher standard than their three partners regard as safe for security. It would lead to a first class clash not only with the Russians but also with the U.S. and the French which would have serious repercussions in every other field where we look to them for support. It would deliver a fatal blow to the principle of quadripartite control of Germany on the basis of German unity for which we have hitherto contended."[63] Harvey empfahl daher in einer Kabinettsvorlage, die Produktion von synthetischem Öl, Stickstoff und Gummi zuzulassen, wenn dies zur Erreichung einer ausgeglichenen Zahlungsbilanz notwendig erschien. Gleichzeitig bat er die Minister um eine Grundsatzentscheidung über die Auslegung des Potsdamer Protokolls und forderte sie diesbezüglich auf, den ORC-Beschluß zu bestätigen, wonach die während der Reparationsphase durchzuführenden Maßnahmen die deutsche Wirtschaft nicht auf Dauer binden sollten. Harvey war sich freilich nach dem bisherigen Verlauf der Level of Industry-Verhandlungen und der internen Kritik an der britischen Haltung in der Frage der wirtschaftlichen Behandlung Deutschlands nur zu bewußt, daß diese Vorschläge den eigentlichen Kern des „Economic Security"-Problems nicht trafen. Die Frage mußte doch wohl lauten, ob und vor allem wie der Anspruch Londons, Sicherheit vor Deutschland durch wirtschaftliche Kontrollmaßnahmen zu erlangen, aufrechterhalten werden konnte, wenn er in Konflikt mit den Sicherheitsvorstellungen und Reparationsinteressen anderer Siegermächte, insbesondere Moskaus, geriet. Grundsätzlich waren zwei Auswege aus dem Dilemma erkennbar, die Harvey dem Kabinett mit der Bitte um Entscheidung vorlegte: ein deutschlandpolitischer Alleingang Londons, der ein den britischen Vorstellungen entsprechendes Industrieniveau unabhängig von den drei übrigen Alliierten in der eigenen Zone garantierte, oder ein Einlenken Londons in der Frage weiterer Kapazitätsreduzierungen, um das Prinzip der Viermächtekontrolle nicht zu gefährden und einen Bruch mit Washington und Moskau nicht zu riskieren, auch wenn dies Zahlungsbilanzdefizite und Dauerarbeitslosigkeit in der deutschen Wirtschaft bedeutete[64].

Zusammenfassend läßt sich sagen, daß Whitehall vor folgendem Entscheidungsdilemma stand: Der ökonomische Aspekt des „Economic Security"-Konzepts zielte auf die wirtschaftliche Stabilisierung Deutschlands bei gleichzeitiger Entlastung der britischen Devisenkasse, stand aber im Gegensatz zur deutschlandpolitischen Einheit der Alliierten und unterminierte den allgemeinen Sicherheitsanspruch; die vor allem aus machtpolitischen Erwägungen für Großbritannien wichtige Fortschreibung der gleichberechtigten Kooperation mit Moskau und Washington in der Deutschlandfrage und ein dadurch garantiertes ausreichendes Maß an Sicherheit vor Deutschland bargen umgekehrt das Risiko zusätzlicher, die ökonomische Rekonstruktion konterkarierender finanzieller Belastungen. In Abwägung dieser Alternativen besannen sich die Foreign Office-Beamten endlich auf ihre Trumpfkarte, deren Ausspielen vielleicht doch den strukturellen Widerspruch des „Economic Security"-Konzeptes aufzuheben und sowohl den Kooperationswillen des Kreml zu erhalten als auch die wirtschaftliche Lebensfähigkeit Deutschlands zu sichern vermochte: die Ruhrfrage.

[63] Draft Paper for the Cabinet [O. Harvey], „Future Level of Industry", 12.2.1946, in: Ruhrfrage, S. 490–495, hier: S. 494.
[64] Ebenda, S. 495.

3. Die Ruhrfrage – eine Lösung für den „Economic Security“-Konflikt?

Der sicherheitspolitische Primat in der britischen Ruhrpolitik

Seit die drei Hauptmächte der Anti-Hitler-Koalition sich am 12. September 1944 im Ersten Zonenprotokoll auf die Einteilung Deutschlands in Besatzungszonen geeinigt hatten und Großbritannien beim Treffen in Quebec die militärische Kontrolle und Verwaltung der Nordwestzone übertragen bekommen hatte[65], wurde immer mehr zur Gewißheit, daß dem in diesem Zuständigkeitsbereich liegenden Ruhrgebiet als dem industriellen und rüstungswirtschaftlichen Herzstück Deutschlands im bevorstehenden diplomatischen Gerangel um die ökonomische und militärische Entmachtung eine Sonderrolle zufallen würde. So hatten die Franzosen ihre seit Herbst 1944 in wiederholten Sondierungsversuchen gegenüber London geäußerten Vorstellungen über die Zukunft der Ruhr im Frühjahr des darauffolgenden Jahres in einem Grundsatzmemorandum präzisiert. Darin bekräftigten sie ihren Anspruch auf Beteiligung an der Kontrolle der Ruhrindustrie und ventilierten zugleich ihre Vorstellungen von einer Abtrennung und politisch-territorialen Neugliederung der Ruhr und der sich linksrheinisch anschließenden Gebiete[66]. Auf der ersten Außenministerkonferenz in London im September 1945 hatte Paris, mittlerweile Vollmitglied am Konferenztisch der Siegermächte und zur vierten Besatzungsmacht aufgestiegen, diese Vorstellungen zu der Forderung nach vollständiger politischer Abtrennung des rheinisch-westfälischen Gebiets verdichtet[67]. Auch Moskau hatte wiederholt zu verstehen gegeben, daß man aus reparations- und sicherheitspolitischen Gründen beanspruchte, an der Verfügungsgewalt über die Ruhr ungeachtet ihrer Zugehörigkeit zur britischen Besatzungszone teilzuhaben. Außenminister Molotow und Stalin hatten diesen Gedanken auf der Potsdamer Konferenz zunächst auf informeller Ebene getestet, um kurz vor Ende der Konferenz ihren Anspruch in einer entsprechenden Denkschrift formell einzufordern. Darin hatte die Sowjetunion die Unterstellung der Ruhrindustrie unter eine internationale Viermächtekontrolle vorgeschlagen mit dem Ziel, die Reparationsentnahmen zu vereinfachen und zu beschleunigen. Zwar war es Bevin gelungen, eine Erörterung unter Hinweis auf das Fehlen Frankreichs am Konferenztisch abzuwenden. Doch hatte der Kreml-Chef die sowjetische Vorlage zur Beunruhigung der britischen Diplomaten damit gerechtfertigt, daß ja entgegen früherer Positionen nunmehr unter den Alliierten das Prinzip der Wirtschaftseinheit Deutschlands Konsens sei. Das Anliegen der Russen, die Ruhrfrage an die Lösung des Reparationsproblems zu koppeln und beide auf Viermächteebene anzugehen, erschien daher keineswegs unberechtigt. Stalin schlug hier die Briten, die ihrerseits nicht müde geworden waren, die Frage der Reparationen in unlösbarer Abhängigkeit von der vorherigen wirt-

---

[65] Vgl. Deuerlein, S. 63f., 69f., 320f.; Steininger, Deutsche Geschichte, S. 20–22.

[66] Memorandum Ministère des Affaires Etrangères. Direction Politique, „Le Problème Rhéno-Westphalien“, 12.2.1945, in: Ruhrfrage, S. 290–310, 1003. Vgl. zum Hintergrund Steininger, Einleitung, S. 39–46.

[67] Memorandum by the French Delegation to the Council of Foreign Ministers, „Control and Administration of Germany“, 13.9.1945, in: DBPO I/2, S. 148–150; dt. in: Deuerlein, S. 357–359. Vgl. auch Steininger, Deutsche Geschichte, S. 169; ders., Die Rhein-Ruhr-Frage, S. 113; ders., Einleitung, S. 54–62.

schaftlichen Einheit der vier Zonen zu sehen, um so den Zugriff auf die unter sowjetischer Kontrolle stehenden agrarischen Gebiete zu sichern, mit ihrer eigenen argumentativen Logik[68]. Dies versprach freilich wenig Gutes für die unmittelbare Zukunft.

Seit Bekanntwerden der französischen Radikalposition hatte man im Foreign Office, insbesondere aber im Wirtschaftsplanungsstab und in der britischen Militärregierung, fieberhaft an einem Alternativplan gearbeitet[69]. Bis zur Jahreswende 1945/46 liefen die Diskussionen jedoch unabhängig von den Vorbereitungen für die Verhandlungen über das Industrieniveau. Dies muß rückblickend um so mehr erstaunen, als spätestens seit der sowjetischen Ruhrdenkschrift Ende Juli und dem Potsdamer Reparationskompromiß kaum ein Zweifel darüber bestehen konnte, daß vor dem Hintergrund der Forderung nach Bewahrung der Wirtschaftseinheit die Ruhrfrage untrennbar mit der Festlegung eines alliierten Reparations- und Demontageplans sowie mit der Bestimmung des Lebensstandards für die Deutschen verknüpft war. Hinsichtlich ihres zukünftigen territorialen, politischen und besitzrechtlichen Status betrachtete Außenminister Bevin die Ruhr primär als ein politisches Problem. Demgegenüber überließ man die komplizierten technischen Details der wirtschaftlichen Behandlung Deutschlands den Experten in Berlin, die sich gerade auch deshalb mit einem Mangel an ministeriellen Richtlinienentscheidungen konfrontiert sahen[70]. Diese gedankliche Trennung von sicherheitspolitischen und Eigentumsfragen einerseits, die etwa das Problem der zukünftigen Verwaltung und Kontrolle, der Entflechtung und – Bevins besonderes Anliegen – besitzrechtliche Reformen betrafen, und der ungeheuer diffizilen Grenzwertbestimmung für die industrielle Produktion andererseits, die von den wirtschaftlichen Unterausschüssen des Kontrollrats in Berlin unternommen wurde, erklärt auch, warum der britische Außenminister anfangs sogar in dem französischen Plan durchaus einen konstruktiven Ansatz zu erkennen vermochte. Neben der Verkürzung der Ruhr-Problematik auf ihre politischen Aspekte dürfte dafür aber auch eine Rolle gespielt haben, daß die Aussicht auf eine Sicherheitspartnerschaft mit Frankreich und den Benelux-Staaten nicht leichtfertig verbaut werden sollte; schließlich hatte auch der Disput mit Paris über die Levante zu solchen atmosphärischen Störungen geführt, daß die britische Haltung in der Ruhrfrage davon nicht unbetroffen bleiben konnte[71]. Und noch im Dezember 1945 instruierten die Foreign Office-Beamten den Außenminister im Hinblick auf bilaterale britisch-sowjeti-

[68] Memorandum Theakstone, 20.7.1945, in: DBPO I/1, S. 454 f.; Memorandum by the Soviet Delegation (Berlin), „The Ruhr Industrial District", 30.7.1945, in: DBPO I/1, S. 1033; Record of Eleventh Plenary Meeting, 31.7.1945, in: DBPO I/1, S. 1072–1090, hier: S. 1084 f.

[69] Vgl. die ausführliche Darstellung bei Steininger, Einleitung, S. 55–60, 87–118. Vgl. auch ders., Die Rhein-Ruhr-Frage, S. 115–117; ders., Deutsche Geschichte, S. 169 f.

[70] Vgl. z. B. auch das rückblickende Urteil des Leiters des Wirtschaftlichen Beraterausschusses und Treasury-Repräsentanten in Berlin, Cairncross, in: Cairncross, The Price of War, S. 103.

[71] Hingewiesen sei in diesem Zusammenhang beispielhaft auf die Gespräche, die Bevin am 16.9.1945 mit seinem französischen Amtskollegen Bidault auf dem englischen Landsitz Chequers über die Ruhr führte. Vgl. Note of a Conversation after Dinner at Chequers, 16.9.1945, in: DBPO I/2, S. 190–192, besonders S. 191 f. (auch abgedruckt in: Ruhrfrage, S. 331 f.). Vgl. auch Steininger, Einleitung, S. 61 f.; Bullock, Ernest Bevin, S. 148. Vgl. insgesamt auch Lademacher, S. 53–69; Steininger, Sozialisierung, S. 137; sowie ders., Einleitung, S. 77–82. Zur Überlagerung von Ruhrfrage und der bitter geführten Auseinandersetzung über die französische Position im Mittleren Osten 1945 vgl. neben der o.a. Besprechung in Chequers (DBPO I/2, S. 190 f.; dieser

sche Unterredungen während der zweiten Außenministerkonferenz in Moskau dahingehend, daß sogar informelle Gespräche über Deutschland, die zu einer Klärung der noch offenen Fragen hätten beitragen können, nach Möglichkeit zu vermeiden waren. Während diese dilatorische Behandlung der politischen Aspekte der Ruhrfrage zu diesem Zeitpunkt damit begründet wurde, daß insbesondere hinsichtlich der Internationalisierung und Sozialisierung den in Arbeit befindlichen britischen Plänen nicht vorgegriffen und auch in den Beziehungen zu de Gaulle nicht unnötig Porzellan zerschlagen werden sollte, verwies man in der Frage der wirtschaftlichen Behandlung auf die technischen Gespräche im Kontrollrat, bei denen Anfang Februar 1946 eine Einigung in der Reparations- und Demontagefrage zu erwarten war[72]. Aus der Perspektive Whitehalls war Berlin der Ort, wo über die Details des Industrieniveaus, und damit in letzter Konsequenz über die wirtschaftliche Zukunft der Ruhr, gestritten wurde; demgegenüber diskutierten die Beamten in London weiterhin getrennt hiervon die von den französischen Vorschlägen angerissenen politischen und sicherheitspolitischen Aspekte, ohne jedoch zu einer definitiven Stellungnahme zu finden[73]. Planung und Verhandlungsführung über die Ruhr- und Industrieniveau- bzw. Reparationspläne erschienen in den Monaten nach Beendigung der Potdamer Konferenz ungeachtet ihrer vielfältigen Überschneidungsfelder seltsam unverbunden.

Beide Teilaspekte der Ruhrfrage begannen aus der Sicht des Foreign Office erst zu konvergieren, als die britische Regierung sich auf Druck von Molotow und Byrnes dazu entschloß, den britischen Industrieniveauplan, obgleich immer noch in einem Entwurfstadium, in Berlin auf den Tisch zu legen. Gleichzeitig hatten die Experten der britischen Militärregierung in Deutschland unter dem stellvertretenden Militärgouverneur der britischen Zone, General Brian Robertson, einen Ruhrplan fertiggestellt, der sich ausdrücklich gegen die französischen Abtrennungswünsche aussprach und statt dessen eine auf den Grundsätzen der militärischen Besetzung, der Internationalisierung und der Sozialisierung beruhende Lösung propagierte[74].

Während damit auf britischer Seite eine gewisse Vorentscheidung in der Statusfrage der Ruhr gefallen war, sahen sich die Experten in Berlin immer stärker in die Isolation gedrängt. Und je offener dort das Dilemma des „Economic Security"-Konzeptes in den Debatten um die Stahlquote und die Höhe des Lebensstandards, um Importhöhe und Demontageliste zu Tage trat, desto drängender wurde die Überlegung, ob dieser gordische Knoten nicht durch eine entsprechende Verknüpfung insbesondere mit der territorialen und politischen Zukunft der Ruhr durchzuschlagen war. Der von der britischen Militärregierung vorgelegte Ruhrplan traf also zum richtigen Zeitpunkt im Foreign Office ein und vermochte auch inhaltlich der internen Diskussion in London entschei-

Teil der Gespräche ist in Ruhrfrage, S. 331 f. weggelassen) auch Minute Sargent an Eden, 20.7.1945, in: DBPO I/1, S. 802; Cooper an Dixon, 4.10.1945, in: DBPO I/2, S. 484–486; Record of Conversation between the Secretary of State and the French Minister for Foreign Affairs, 3.10.1945, in: DBPO I/2, S. 486 f.; sowie Bullock, Ernest Bevin, S. 144–150.

[72] Foreign Office Brief, 8.12.1945, in: DBPO I/2, S. 667–669.

[73] Steininger, Einleitung, S. 75–77. Vgl. auch Harvey an Sargent, 7.11.1945, in: Ruhrfrage, S. 381 f.; Memorandum Bevin, „The Ruhr", 16.12.1945, in: ebenda, S. 429 f.

[74] Memorandum Control Commission for Germany (British Element), „The Future of the Rhineland and the Ruhr", 18.12.1945, in: Ruhrfrage, S. 440–444. Zur Entstehung vgl. ausführlich Steininger, Einleitung, S. 84–101; vgl. auch Kessel, S. 49.

dende neue Impulse zu verleihen, so daß parallel zur Weiterleitung des britischen Industrieniveauplans an den Kontrollrat in Berlin der wirtschaftliche Planungsstab Turners mit der Präzisierung und Feinabstimmung der einzelnen Vorschläge zu einem Ruhrplan beauftragt werden konnte.

Als Deutschlandminister Hynd am 31. Dezember 1945 dem Overseas Reconstruction Committee vom Stillstand der Berliner Verhandlungen berichtete und im Zusammenhang mit dem britischen Reparationsplan auf den Widerspruch zwischen Sicherheits- und Wirtschaftsaspekten in der alliierten Deutschlandpolitik hinwies, war es zunächst Harvey, der auf die Möglichkeit aufmerksam machte, das Sicherheitsargument der Sowjets und Franzosen gegen ein vernünftiges Industrieniveau in Deutschland durch Zugeständnisse in der Statusfrage der Ruhr zu entkräften. Wenn die Wirtschaftlichkeit der deutschen Industrie und ein angemessener Lebensstandard auf der Basis der Wirtschaftseinheit nicht möglich waren, warum stellte man dann die Ruhr nicht nur wirtschaftlich, sondern auch politisch unter internationale Kontrolle? In diesem Fall wurden nicht nur sicherheitspolitische Einwände gegen ein höheres Industrieniveau entkräftet; entzog man den Deutschen neben der wirtschaftlichen ebenso die politische Verfügungsgewalt über die Ruhr, sank nach Meinung Harveys auch der Aggressionswert des übrigen Wirtschaftspotentials, so daß hier ebenfalls eine Überprüfung der Quoten im Bereich des Möglichen lag[75]. Der Gedanke, über den Weg der politischen Abtrennung der Ruhr die Probleme von Reparationsumfang, Industrieniveau und Höhe des Lebensstandards und damit letztlich das Problem der Zonenfinanzierung zu lösen, fand die Unterstützung Orme Sargents, der empfahl, den Handlungsspielraum, den eine Umwandlung der Souveränität des Ruhrgebiets in eine UNO-Treuhänderschaft für London hinsichtlich der Durchsetzung des „First charge"-Prinzips bringen konnte, im Rahmen der EIPS-Planungen zu prüfen[76].

Ungeachtet des offensichtlichen Widerspruchs, in dem der Gedanke einer Abtrennung des Ruhrgebiets zur gerade auch von der britischen Militärregierung wieder bekräftigten Ablehnung der französischen Radikalposition stand, hatten die Beamten mit ihrem Hinweis auf die Möglichkeit, die bestehenden Wirtschaftsgegensätze in der Deutschlandpolitik der Siegermächte durch eine entsprechende sicherheitspolitische Ausrichtung des Ruhrplans aufzuheben, auf einen Weg aufmerksam gemacht, den auch der britische Außenminister ins Auge gefaßt hatte. Bevin hatte zwei Tage vor dem Eintreffen von Robertsons Alternativplan seine Überlegungen grob umrissen und einige Punkte des präziseren Kontrollkommissionspapiers vorweggenommen[77]. In diesem als Diskussionsgrundlage gedachten Arbeitspapier hatte er, noch in Moskau, die Kernfrage der gesamten Ruhrproblematik formuliert, nämlich „how to get security and yet not destroy the productivity of the Ruhr". Als möglichen Ausweg hatte Bevin die Gründung einer internationalen Gesellschaft erblickt, deren Anteile in den Händen der Alliierten, einschließlich der Sowjetunion, verbleiben sollten. Damit war seiner Meinung nach die Kontrolle durch die Siegermächte sichergestellt und zugleich die besitzrechtliche Frage zugunsten eines Sozialisierungsmodells präjudiziert. Das Management sollte – freilich

[75] Minute Harvey, 19.1.1946, in: Ruhrfrage, S. 460f.

[76] Minute Sargent, 21.1.1946, in: Ruhrfrage, S. 461.

[77] Memorandum by the Secretary of State for Foreign Affairs, „The Ruhr", 16.12.1945, in: Ruhrfrage, S. 429f. Dort auch das folgende Zitat.

unter alliierter Aufsicht – Angelegenheit der Deutschen sein. Die Ruhr durfte nach Bevins Ansicht weder wirtschaftlich (etwa durch Zölle) noch politisch abgetrennt werden. Allerdings waren nach seinem Wunsch industrielle Strukturveränderungen dahingehend einzuleiten, daß in der Ruhr vorwiegend Halbfertigwaren für den Export produziert werden sollten, deren Weiterverarbeitung Deutschlands Handelspartnern überlassen blieb. Von nicht unerheblicher Bedeutung mußte übrigens sein, daß Bevin in seinem Memorandum ausdrücklich eine zwar nicht genauer spezifizierte, jedenfalls aber sehr lange Besatzungszeit veranschlagte. Die Experten der Militärregierung sprachen in ihrem Papier wenig später von immerhin fünfzig Jahren.

Abtrennung einerseits, Internationalisierung und Sozialisierung der Ruhr andererseits[78] - die Details waren vom EIPS noch auf ihre Vor- und Nachteile zu prüfen. In jedem Falle sahen sich sowohl Bevin als auch die Ministerialbeamten des Foreign Office im Winter 1945/46 mit der Ruhr im Besitz einer Trumpfkarte, deren richtiges Ausspielen die Realisierbarkeit des „Economic Security"-Konzepts gegenüber Deutschland ohne wirtschaftliche Folgelasten für Großbritannien als Besatzungsmacht und ohne Abstriche in der Viermächte-Kooperation weiterhin zu garantieren versprach. In einer Situation, in der die Verschlechterung der Beziehungen zu Moskau immer spürbarer wurde[79] und gleichzeitig die Kosten für die britische Besatzungszone den Druck auf das Zustandekommen einer raschen Lösung der Wirtschaftsfragen in der Deutschlandpolitik wachsen ließen[80], erschien die Ruhrfrage als eine Art letzter Lackmustest für die Tragfähigkeit der „Economic Security"-Vorstellungen Londons, dessen Ausgang auch die zukünftige Ausrichtung der britischen Deutschlandpolitik bestimmen mußte.

In diesem Sinne betonte der Außenminister in einer Besprechung mit Foreign Office-Beamten am 3. Januar 1946 noch einmal, daß Sicherheit das alles überragende Ziel seiner Deutschlandpolitik sei. Die Internationalisierung und langfristige Sozialisierung der Ruhr verstand er als die wirksame Garantie vor einer erneuten Militarisierung des deutschen Industriepotentials. Zugleich – und das war der eigentlich neue Aspekt seines Ruhrkonzeptes – sollte es namentlich der Sowjetunion mit Blick auf den Reparations-

---

[78] „Whether as part of, or separated from Germany", kommentierte noch im Mai 1946 Oliver Harvey, „the Ruhr must enjoy a higher level [of industry]." Memorandum Harvey, „Future Policy towards Germany", 24.5.1946, in: Ruhrfrage, S. 808–810, hier: S. 809.

[79] Wichtigste Anzeichen hierfür waren vor allem die im Laufe der Moskauer Außenministerkonferenz vorgebrachten Angriffe der Sowjetunion auf die britische Position im Mittelmeerraum. Weitere Konfliktpunkte betrafen insbesondere das Vordringen des russischen Einflußbereichs in Südosteuropa und auf dem Balkan sowie die sich häufenden Gerüchte über einen antisowjetischen Westblock. Vgl. Record by Sir A. Clark Kerr of a conversation between Mr. Bevin and M. Molotov, 23.9.1945, in: DBPO I/2, S. 316–323; Memorandum Dixon, 24.9.1945, in: DBPO I/2, S. 349f.; Record by Sir A. Clark Kerr of a conversation at the Soviet Embassy, 1.10.1945, in: DBPO I/2, S. 449–455; Memorandum Dixon, „Russian Aims and Tactics", 2.10.1945, in: DBPO I/2, S. 473f.; Minute Warner, 3.10.1945, in: DBPO I/2, S. 482–484. Zum Westblock Minute Sargent, 23.9.1945, in: DBPO I/2, S. 314–316. Vgl. auch Bullock, Ernest Bevin, S. 129–137; Rothwell, S. 236–246. Von besonderer Bedeutung in diesem Zusammenhang sind die Lageanalysen, die Frank Roberts als Chargé d'Affaires an der britischen Botschaft in Moskau seit der Jahreswende 1945/46 nach London schickte. Vgl. dazu Rothwell, S. 247–252; Watt, Sowjetunion, S. 245f.; sowie ausführlich Greenwood.

[80] Dalton an Bevin, 22.1.1946, in: Ruhrfrage, S. 469f.; CAB 129/10, CP (46) 218, Memorandum by the Chancellor of the Exchequer, „The Cost of the British Zone in Germany", 4.6.1946. Vgl. auch Thies, S. 40f.

und Industrieniveauplan erleichtert werden, „to adopt a less predatory attitude towards Germany“[81].

Der Erste Ruhrplan vom Februar 1946

Die Erreichung dieses Doppelziels stand denn auch im Mittelpunkt der nun einsetzenden Ausarbeitung eines britischen Ruhrplans durch den Wirtschaftsplanungsstab. In dem sogenannten Ersten Ruhrplan vom 4. Februar 1946[82] ging der EIPS explizit davon aus, daß die Lösung der Ruhrfrage eng verknüpft war mit einem Reparationsplan, also den Verhandlungen über das Industrieniveau in Berlin, und Moskau an der Kontrolle der Ruhr zu beteiligen war. Wie sollte aber eine solche Kooperation aussehen, damit die Sowjetunion bezüglich des Reparationsplans zu einer konzilianteren Haltung veranlaßt werden konnte? Entsprechend der Bedeutung dieser Frage für das britische Primärziel, wirtschaftliche Folgelasten der Deutschlandpolitik zu vermeiden, ohne durch einen Bruch der britisch-sowjetischen Allianz den eigenen Machtstatus weiter zu unterminieren, stand das Problem der Kontrolle im Vordergrund der Überlegungen. Das Hauptproblem lautete mit anderen Worten, die Besitzverhältnisse und die Kontrollorganisation der Ruhr so zu gestalten, daß mit Blick auf die sowjetischen und französischen Bedenken ein Maximum an Sicherheit und gleichzeitig, den britischen Interessen entsprechend, ein ausreichendes Maß an industrieller Leistungsfähigkeit gewährleistet war.

Hierzu entwickelten die Planer eine eindeutige Antwort. Nach ihrer Meinung führte der Weg, auf dem die gegensätzlichen Interessen der Siegermächte beseitigt werden konnten, über die Umwandlung der Schlüsselindustrien in eine Internationale Holdinggesellschaft. Die Anteile an dieser Dachgesellschaft lagen in den Händen der an der Kontrolle beteiligten Staaten, so daß das alliierte Sicherheitsinteresse an der Art und dem Umfang der Ruhrproduktion garantiert war. Die Produktionsgewinne, darin lag das Sozialisierungselement des Plans, sollten der Landeskasse zufließen; daß die Zentralregierung ausdrücklich als Empfänger ausgeschlossen wurde, kennzeichnet die sicherheitspolitische Absicht, die hinter dem britischen Sozialisierungsgedanken stand. Aus sicherheitspolitischer Perspektive entwarfen die Planer drei Phasen, die einerseits dem eigenen Sicherheitsprimat entsprechen, andererseits aber die Radikalpositionen der Sowjetunion und Frankreichs entschärfen sollten. Zunächst erkannten sie den absoluten Vorrang der Demontagen und Reparationsentnahmen gemäß dem – noch nicht vorliegenden – Industrieniveauplan ausdrücklich an. Über die Länge dieser Phase sagte der Ruhrplan zwar nichts, doch im Potsdamer Protokoll waren hierfür maximal zwei (für Demontagen) bzw. fünf Jahre (für die Moskau zugestandenen 15% an Lieferungen im Austausch gegen Agrarprodukte aus der sowjetischen Besatzungszone) vorgesehen. Die britischen Planer empfahlen ausdrücklich, erst nach Abschluß des Reparationsprogramms mit dem Aufbau einer Dachgesellschaft zu beginnen, wenn sichergestellt war, daß er mit funktionsfähigen Partnerkonzernen vorgenommen werden konnte und nicht mehr durch Deindustrialisierungsmaßnahmen beeinträchtigt war. Solange der Kontrollrat noch die

[81] Aufzeichnung einer Unterredung im Foreign Office am 3.1.1946, 7.1.1946, in: Ruhrfrage, S. 447–449, hier: S. 447f.

[82] Memorandum Economic and Industrial Planning Staff, „The Control of the Ruhr“, 4.2.1946, in: Ruhrfrage, S. 474–485.

Regierungsgewalt in Deutschland wahrnahm, lag die oberste Entscheidungsgewalt bei den ohnedies als die vier größten Anteilseigner auftretenden Siegermächten in Berlin; ein Sicherheitsrisiko während dieser Phase schlossen die Planer deshalb aus. Hinsichtlich der Zeit nach Auflösung des Kontrollrats sollten sich die Alliierten nach Wunsch der EIPS-Experten in einer dann in Kraft tretenden Charta, die das Verhältnis zwischen der Dachgesellschaft und einer deutschen Regierung regelte[83], das Recht auf zwei Sanktionsmöglichkeiten vorbehalten: erstens als eine Art Ultima ratio die vorübergehende Übernahme der Regierungsgeschäfte „an der Ruhr"; und zweitens militärische Sanktionen, wie etwa die Kontrolle von wichtigen Punkten an der „Grenze" des Ruhrgebiets durch die Besatzungsarmeen, um so den Güterfluß in das übrige Deutschland notfalls abzuschneiden. Obwohl die Möglichkeit einer militärischen Besatzung wie 1923 nicht ausdrücklich hervorgehoben wurde und auch sonst keineswegs klar war, was man genau darunter verstehen durfte, kann doch kaum ein Zweifel darüber bestehen, daß diese Option auf die radikalen Abtrennungswünsche des Quai d'Orsay gemünzt war.

Neben diesem dreistufigen Sicherheitsmechanismus – Reparationsphase, Kontrollratsphase, Charta – sah der Plan eine Reihe von flankierenden Maßnahmen vor, die in sicherheitspolitischer Absicht mit Blick auf die deutsche Seite konzipiert waren. Denn auch deren Kooperationswilligkeit mußte erhalten werden, wollte man nicht riskieren, daß politische Bevormundung und wirtschaftliche Restriktionen in soziale Unruhen umschlugen und ihrerseits zur Erhöhung des Sicherheits- und Finanzrisikos der Alliierten beitrugen. In diesem Sinne erwog der EIPS, die Durchführung militärischer Sanktionen an die vorherige Zustimmung des UNO-Sicherheitsrats zu binden. Darüber hinaus wurde vorgeschlagen, den Deutschen nach Ablauf einer unbestimmten Frist Stimmrechte in der Holdinggesellschaft zuzugestehen und ihnen sogar deren vollständige Übergabe grundsätzlich in Aussicht zu stellen. In wirtschaftlicher Hinsicht sollten Zölle für die Ruhrproduktion unterbunden werden. Die Anteilseigner waren vielmehr gehalten, in ihren Ländern für Importe aus der Ruhr Meistbegünstigungsbestimmungen gelten zu lassen. Als ein Ableger des „First charge"-Prinzips bestimmte schließlich noch eine Klausel, daß eine Art internationales Kartell für die Anpassung der Ruhrindustrie an konjunkturelle Schwankungen der Weltwirtschaft zu sorgen hatte. Damit sollte sichergestellt werden, daß Deutschland auf der Basis internationaler Absprache sowohl an einer weltweiten Expansion partizipierte als auch im Falle einer Rezession die Möglichkeit hatte, seinen Binnenmarkt wirksam abzuschirmen. Auch hinter dieser Sicherungsklausel, die verhindern sollte, daß die an der Dachgesellschaft beteiligten Staaten bei einem globalen konjunkturellen Nachfrageeinbruch ihre Einflußmöglichkeiten an der

[83] Steiningers wiederholt vorgetragene Behauptung, die Charta habe nach Ende der Besatzungsperiode in Kraft treten und entsprechend das Verhältnis von Dachgesellschaft und deutscher Zentralregierung nach Beendigung der Besatzung regeln sollen, ist in einem entscheidenden Punkt ungenau. Tatsächlich spricht der Plan nur von einer Neuregelung der Beziehungen nach der Auflösung des Kontrollrats (Absätze 13 (c) und 15). Absatz 2 (c) des Ruhrplans hielt nämlich die militärische Besatzung des Ruhrgebiets bis auf weiteres durch die Alliierten fest. Vgl. z. B. auch Draft Paper for the Cabinet [Harvey], „The Settlement of Western Germany", 12.2.1946, in: Ruhrfrage, S. 497–506, hier: S. 501. Dies ist vor allem deshalb wichtig, weil damit erstens auch nach Einsetzung einer deutschen Zentralregierung eine Ruhrkontrolle unter russischer Beteiligung vorgesehen war und zweitens, wie wir sehen werden, Keynes' Kritik am Ruhrplan sich an dieser, hinsichtlich ihrer Dauer noch nicht abzusehenden Besatzungsverpflichtung Großbritanniens entzündete. Vgl. Steininger, Die Rhein-Ruhr-Frage, S. 117; ders., Einleitung, S. 109.

Ruhr zu ihrem eigenen Vorteil anwandten, verbarg sich kaum verhüllt das Ziel Großbritanniens, aus der Besatzung nach Möglichkeit keine finanziellen Belastungen erwachsen zu lassen.

Es ist vielleicht das herausragendste und bisher von der Forschung zu wenig herausgestellte Merkmal des Ersten Ruhrplans, daß er als ein Rettungsversuch der britischen „Economic Security"-Vorstellungen die verschiedenen, strukturell jedoch gegenläufigen Ziele Londons miteinander zu vereinbaren suchte. Die von den britischen Planern entworfenen Kontrollstufen suchten vor dem Hintergrund der parallel laufenden Verhandlungen über das deutsche Industrieniveau primär einen Weg, den Kreml zu einer moderateren Reparationspolitik zu veranlassen, berücksichtigten darüber hinaus aber auch französische und deutsche Interessen, um von dieser Seite Provokationen zu vermeiden, die die Besetzung Deutschlands in ein finanziell risikoreiches Unternehmen verwandeln konnten. In einer instruktiven Kabinettsvorlage Oliver Harveys wurde darauf aufmerksam gemacht, daß der Plan Moskau ein Mitbestimmungsrecht in dreifacher Hinsicht und für alle Phasen garantierte: als einer der vier größten Anteilseigner an der Holdinggesellschaft, als vetoberechtigtes Mitglied im Kontrollrat und schließlich in Form eines Kontingents an Besatzungstruppen für die Ruhr. Harvey erinnerte die Minister auch an den Ruhrplan, den Molotow bereits auf der Potsdamer Konferenz vorgelegt hatte und mit dem es prinzipielle Überschneidungspunkte gab. Denn der sowjetische Außenminister hatte unter Hinweis auf die Bewahrung der Wirtschaftseinheit eine noch nicht näher definierte Viermächtekontrolle der Ruhr gefordert, und Eden hatte gegenüber Molotow bereits zuvor zwei zentrale Aspekte des späteren EIPS-Plans vorweggenommen, als er seinem sowjetischen Kollegen eine Ruhrkontrolle der vier Siegermächte nach Durchführung eines Reparationsplans in Aussicht stellte[84]. Harvey erkannte das Dilemma, daß ein Ausschluß der Sowjetunion von der Ruhrkontrolle gleichbedeutend war mit dem Ende aller Hoffnungen auf eine Kooperation mit der Sowjetunion in der Deutschlandpolitik, ja in letzter Konsequenz mit dem Bruch der Kriegsallianz, der zu einer von Moskau geschürten Verschärfung der sozialen und politischen Gegensätze in Deutschland und damit zur Gefährdung des inneren Friedens führen konnte. Umgekehrt eröffnete der EIPS-Plan dem Kreml die Möglichkeit zu umfassender Einflußnahme auf die zukünftige Gestaltung der Ruhr, „and one cannot feel assured that they would exercise it in a manner which would suit the interests of Western Europe"[85].

Auf der anderen Seite hatte Harvey klar erkannt, daß der EIPS-Plan das Ziel verfolgte, sowjetische Sicherheitsbedenken aus dem Weg zu räumen und dadurch den Weg für die Nutzung der Ruhrressourcen auf einem höheren Industrieniveau frei zu machen. In einer Passage, die wenig später fast wörtlich von Außenminister Bevin in eine Vorlage für das Committee on German Industry und für das Kabinett übernommen wurde[86], erklärte er, daß seiner Meinung nach eine der wichtigsten Voraussetzungen für die erfolgreiche Umsetzung des Plans eine entsprechend hohe Produktionskapazität der Ruhrindustrie war. Nur eine großzügigere Festlegung der Quoten, als dies im Moment in

[84] Memorandum by the Soviet Delegation, „The Ruhr Industrial District", 30.7.1945, in: DBPO I/1, S. 1033; Memorandum Theakstone, 20.7.1945, in: DBPO I/1, S. 454 f.

[85] Draft Paper for the Cabinet [Harvey], „The Settlement of Western Germany", 12.2.1946, in: Ruhrfrage, S. 497–506, hier: S. 503.

[86] Vgl. Memorandum by the Secretary of State for Foreign Affairs, „The Future of Germany and the Ruhr", 11.3.1946, in: Ruhrfrage, S. 545–560, hier: S. 555.

Berlin geschah, könne das Experiment einer internationalen Verwaltung der Ruhr rechtfertigen[87]. Es war daher nur folgerichtig, daß Harvey, ohne die längst bekannten ablehnenden Stellungnahmen der Wirtschaftsexperten zu berücksichtigen, im gleichen Atemzug für eine politische Abtrennung der Ruhr eintrat, weil in seinen Augen nur eine solche Radikallösung ausreichenden Sicherheitsspielraum bot, die erforderlichen industriellen Kapazitätsgrenzen bei den anderen Alliierten durchzusetzen. Hinter seinen Überlegungen stand letztlich die Erkenntnis, daß eine konsequente Berücksichtigung der ökonomischen Primärinteressen Londons ein Abrücken von den Potsdamer Beschlüssen erfordert hätte. Er zeigte den Ministern auf, daß wirtschaftliche Folgelasten der Besatzung, wenn gleichzeitig an dem selbstgewählten Anspruch absoluter Sicherheit vor Deutschland festgehalten wurde, am wirksamsten bei einer völligen Abtrennung des Ruhrgebiets vermieden werden konnten. Denn dies bot seiner Meinung nach die beste Gewähr dafür, daß Moskau und Paris sich zugunsten eines hohen Industrieniveaus aussprechen würden. Mit diesen Gedanken nahm er sicherlich eine Radikalposition in der Ruhrfrage ein, die wichtige, insbesondere von den Wirtschaftsexperten vorgetragene Bedenken überhaupt nicht zur Kenntnis nahm. Doch waren Harveys Überlegungen selbst nur Ausfluß der Tatsache, daß der Ruhrplan im Kern die Widersprüche des „Economic Security"-Konzepts reflektierte. Im Grunde hatte Harvey mit seiner Kommentierung des Ruhrplans nur die deutschlandpolitische Sichtweise des Foreign Office im Sinne seiner frankophilen Ausrichtung konsequent zu Ende gedacht.

Die Verabschiedung des Ersten Industrieniveauplans, März 1946

Harveys Vorstoß, eine Entscheidung in der Ruhrfrage doch noch zugunsten einer ökonomischen und politischen Abtrennung zu beeinflussen, hatte zu diesem Zeitpunkt natürlich keine Chance mehr. Vielmehr schienen die Entwicklungen in Berlin den Kurs der britischen Militärregierung zu bestätigen. Am 7. März 1946 informierte Hynd in einem Schreiben an Außenminister Bevin über den zwei Tage zuvor abgeschlossenen Entwurf des Industrieniveauplans und teilte mit, die Russen hätten sich diesbezüglich überraschenderweise sehr konzessionsbereit gezeigt. Insbesondere in der Stahlfrage habe man das Ziel indirekt über die Verhandlungen zu den Quoten für die stahlverarbeitenden Industrien erreicht[88]. Diese Einschätzung beruhte schlicht darauf, daß es London gelungen war, für diese Industriezweige getrennte Kapazitätsgrenzen durchzusetzen, die zusammengenommen die bereits im Januar festgelegte Quote für die jährliche Stahlproduktion in Höhe von 5,8 Millionen Tonnen überstiegen[89]. Der Optimismus, der hinter dieser Beurteilung des Entwurfs sichtbar wurde, speiste sich mithin aus der Hoffnung, daß bei einer Ausnutzung der Kapazitätsgrenzen der stahlverarbeitenden Industrien der Bedarf an Rohstahl die zulässige Grenze von 5,8 Millionen Tonnen ohnedies über kurz oder lang sprengen würde, was bei dann fälligen Neuverhandlungen den Entscheidungsdruck auf die drei übrigen Alliierten erhöhen würde. Aus einer anderen Perspektive freilich erschienen die einzelnen Quoten als eine geradezu willkürliche Aufstellung miteinander

[87] Draft Paper for the Cabinet [Harvey], „The Settlement of Western Germany", 12.2.1946, in: Ruhrfrage, S. 497–506, hier: S. 503f.
[88] Hynd an Bevin, 7.3.1946, in: Ruhrfrage, S. 541f.
[89] Vgl. dazu Müller, S. 76–78.

völlig unverbundener Werte, als „statistical diplomacy", die, an keinem wirtschaftlichen Gesamtkonzept ausgerichtet, keinerlei praktischen Nutzen für die wirtschaftliche Behandlung Deutschlands besaß[90].

Der Hinweis darauf, daß der Industrieniveauplan aus ökonomisch-technischer Sicht bereits überholt war, noch bevor letztlich darüber eine Viermächte-Entscheidung vorlag, mochte vor allem aus der Perspektive der mit den Verhandlungen in Berlin betrauten Ökonomen zutreffen. Dies berührte jedoch nicht seinen politischen Wert, den man in London sehr hoch veranschlagte. Industrieniveau- und Ruhrplan waren zwei Seiten derselben Medaille, deren Raison d'être primär politischer Natur war und erst vor dem Hintergrund des Stands der Mächtebeziehungen in der Deutschlandpolitik erkennbar wurde. Aus dieser Sicht schien eine Einigung mit der Sowjetunion, Frankreich und den USA möglich und damit ein Abgehen von den Potsdamer Beschlüssen – und das hieß ein unaufhaltsamer Bruch mit Moskau – noch einmal verhindert. Die praktischen Konsequenzen dieser Einigung für die wirtschaftliche Konsolidierung Deutschlands im Sinne des britischen „First charge"-Prinzips traten demgegenüber in den Hintergrund bzw. wurden von der Aussicht auf einen Kompromiß, der den Sicherheitsanspruch gegenüber Deutschland und die Viermächte-Kooperation scheinbar ohne Abstriche am Grundsatz der Wirtschaftlichkeit garantierte, verdeckt.

Aus diesem Grunde vermochte Deutschlandminister Hynd seinem Außenminister zu empfehlen, den am 5. März 1946 vorgelegten Entwurf des Industrieniveauplans nahezu bedingungslos anzunehmen. Er wies Bevin ausdrücklich darauf hin, daß der Kompromiß den britischen Interessen Rechnung trug, ohne daß eine Revision der Potsdamer Grundsätze erforderlich war. Insofern der Plan noch immer die tendenziell restriktiven und aus britischer Sicht gefährlichen Beschlüsse der „Big Three" prinzipiell bestätigte, bestand mit dem EIPS-Plan fraglos ein politisches Mittel, die Sowjets davon zu überzeugen, ihre Reparationsforderungen durch den Köder einer Beteiligung an der Ruhrkontrolle auf ein vernünftiges Maß zu reduzieren[91]. Der vornehmlich politischen Beurteilung beider Pläne entsprach es schließlich auch, daß Hynd in seiner Kabinettsvorlage das Zahlenmaterial nur mit den notwendigsten Kommentaren versah und bezüglich der Stahlquote etwa nur lapidar feststellte, daß die Meinungsverschiedenheiten unter den Alliierten zwar zu keinem Zeitpunkt beseitigt werden konnten, „but in the course of negotiations on individual steel-consuming industries concessions were made by the Russians and our objective has largely been achieved"[92]. Auf den eigentlichen Stellenwert des Plans im Hinblick auf Handlungsanweisungen für Kontrollrat und Militärregierungen ging die Vorlage mit keinem Wort ein. Wie der Leiter des Wirtschaftlichen Beraterstabs der Briten in Berlin, Cairncross, rückblickend bemerkte, konnte sie deshalb auch kaum für sich beanspruchen, dem tatsächlichen Sachverhalt in seiner ganzen Komplexität auch nur annähernd gerecht zu werden[93].

Ruhr- und Industrieniveauplan wurden schließlich am 15. März 1946 gemeinsam auf einer Sitzung des Committee on German Industry beraten, dessen Zusammensetzung mit Attlee, Bevin, Dalton, Cripps und Morrison dem „inneren Kabinett" entsprach und

[90] Vgl. Cairncross, The Price of War, S. 117, 128.
[91] Hynd an Bevin, 7.3.1946, in: Ruhrfrage, S. 541 f.
[92] Memorandum Hynd, „Level of German Industry", 12.3.1946, in: Ruhrfrage, S. 562–568; Zitat S. 565.
[93] Vgl. Cairncross, The Price of War, S. 128.

schon rein äußerlich auf die Bedeutung hinwies, die die Entscheidungsspitze in London dem Thema gab[94]. Bevin unterstrich noch einmal sein Anliegen, das Doppelziel von dauerhafter Sicherheit gegenüber Deutschland und Wirtschaftlichkeit der besetzten Zonen in Form eines Kompromisses anzustreben, der auf den komplementären Grundsätzen von Wirtschaftseinheit, d. h. der Zurückweisung aller Separatstaatsgedanken, und Internationalisierung der Ruhr beruhte. Die Minister stimmten schließlich dem EIPS-Entwurf genauso zu wie dem Industrieniveauplan. Während mögliche Sicherheitsbedenken bezüglich des Industrieniveaus durch die im Ruhrplan festgelegten Kontrollstufen schon im Vorfeld entschärft worden waren[95], vermochte Bevin den Industrieniveauplan auch dadurch schmackhaft zu machen, daß die geplante Produktionshöhe eine Reduzierung der britischen Besatzungskosten von £ 80 Millionen auf etwa £ 25 Millionen innerhalb von zwei Jahren erlaube. Dieser Rest, so stellte er seinen Ministerkollegen sogar in Aussicht, könne dann vielleicht durch Reparationen aus der laufenden Produktion gedeckt werden. Schließlich rechnete er ihnen vor, daß wegen der möglichen Ausnutzung der erlaubten Kapazitätsgrenze von 7,5 Millionen Tonnen in der Stahlproduktion, unter Berücksichtigung der branchenüblichen „Kapazitätsreserve“, die die normale Kapazitätsgrenze der Stahlerzeugung absicherte, de facto Produktionsanlagen mit einer Gesamtkapazität von 8,62 Millionen Tonnen jährlich an der Ruhr zu verbleiben hatten. Angesichts dieser Sachlage sah sogar Schatzkanzler Dalton davon ab, seine bereits früher geäußerten Argumente für eine stärkere Agrarisierung der britischen Zone[96] erneut vorzubringen, und lenkte ein, daß ein höheres Industrieniveau und die wirtschaftliche Einheit der Zonen doch die größere Aussicht auf Schonung des britischen Steuerzahlers versprachen. Bezüglich des Industrieniveaus vergaßen die Minister um Premierminister Attlee freilich nicht, seinen Provisoriumscharakter durch die neuerliche Anmahnung des „First charge“-Prinzips herauszustellen. Die britischen Repräsentanten in Berlin wurden angehalten, ihre Zustimmung davon abhängig zu machen, daß die deutsche Handelsbilanz ausgeglichen blieb und für die Besatzungsmächte keine zusätzlichen Kosten entstanden. Das Abkommen sollte neu verhandelt werden, „if, at any time, it were found that on this level of production German exports were insufficient to pay for essential imports“[97]. Gedacht war hier insbesondere an einen Zuwachs der Bevölkerung[98] und eine drohende Versorgungskrise[99]. Auch das Kabinett folgte wenig später den Empfehlungen des Ausschusses. Die Minister erkannten unisono die primär politische Bedeutung einer Einigung mit den Alliierten auf der Basis des Industrieniveauplans an und verwiesen hinsichtlich der ungewissen ökonomischen Implikationen darauf, daß die beschlossenen Quoten ohnehin die baldige Wiederaufnahme der Verhandlungen erforder-

---

[94] Sitzung des Committee on German Industry, 15.3.1946, in: Ruhrfrage, S. 570–574.

[95] So auch Müller, S. 79.

[96] Dalton an Bevin, 22.1.1946, in: Ruhrfrage, S. 469 f.

[97] Sitzung des Committee on German Industry, 15.3.1946, in: Ruhrfrage, S. 574.

[98] Vgl. Cairncross, The Price of War, S. 147 f.

[99] Hynd an Bevin, 7.3.1946, in: Ruhrfrage, S. 541 f., hier: S. 541. Am 27. Februar 1946 hatte Robertson die tägliche Nahrungsmittelzuteilung der britischen Zone auf 1000 Kalorien gekürzt, wovon lediglich 700 Kalorien aus der deutschen Erzeugung stammten. Vgl. Clay an Hilldring, 27.2.1946, in: Smith (Hrsg.), The Papers of General Lucius D. Clay, S. 166 f.; Rede des Stellvertretenden Militärgouverneurs Generalleutnant Robertson zur Eröffnung des Zonenbeirats der britischen Zone, 6.3.1946, in: Akten zur Vorgeschichte der Bundesrepublik Deutschland, Bd. 1, S. 340–346, hier: S. 342 f.

lich machten[100]. Tatsächlich verlangte Robertson auf der entscheidenden Sitzung des Kontrollrats am 26. März 1946 sogar die Überprüfung des Plans in jährlichen Abständen, beginnend mit dem 1. Januar 1946, was freilich am sowjetischen Einspruch scheiterte. So blieb es bei dem Zusatz, der eine Neuverhandlung für den Fall vorsah, daß die Grundannahmen des Industrieniveauplans sich änderten, sofern, und dies war eine weitere Einschränkung in letzter Minute durch die sowjetischen Vertreter, der Kontrollrat dies für erforderlich hielt[101].

Der Erste Industrieniveauplan mochte trotz der Tatsache, daß er aus ökonomischer Perspektive keine dauerhafte Lösung darstellte und eine erneute Interessenkonfrontation der Alliierten geradezu unvermeidlich machte, aus britischer Sicht mindestens als Teilerfolg, in politischer Hinsicht sogar als äußerst vielversprechendes Abkommen betrachtet werden. Insofern er nach außen den Weg für eine Fortsetzung des Stabilisierungskurses offenhielt, schien er der Kooperationsfähigkeit der Siegermächte Auftrieb zu geben und gleichzeitig die Grundsätze der „Economic Security" zu wahren[102]. Die Wirtschaftsexperten in Berlin teilten diese, den Primat der Außenpolitik erneut eindringlich bestätigende Sichtweise nicht[103], und auch die Ökonomen in der britischen Hauptstadt mußten sich in ihrer Kritik an der Haltung der Minister im Verlauf der Deutschlandplanungen bestätigt sehen. Der unaufgelöste Widerspruch zwischen dem Sicherheitsprimat und der Notwendigkeit einer Stabilisierungspolitik gegenüber Deutschland hatte schon im Januar Cairncross dazu bewogen, aus der Sicht der in Berlin über Lebensstandard und Reparationen debattierenden Wirtschaftsexperten Bedenken gegen die Ruhrpläne des Außenministers vorzubringen[104]. Der Leiter des Wirtschaftlichen Beraterstabs äußerte zunächst Zweifel daran, ob es möglich war, den zwischen Internationaler Holding und einer souveränen deutschen Regierung vertraglich niedergelegten Sicherheitsbestimmungen, etwa hinsichtlich des Produktionsniveaus, der Produktionsverfahren und der Exportrichtung, überhaupt Geltung zu verschaffen. Auch wies er darauf hin, daß es bei der geplanten Wirtschaftseinheit schwierig werde, den Anspruch auf Zollfreiheit für die Ruhr gegenüber dem übrigen deutschen Wirtschaftsraum zu verwirklichen. Beide Punkte liefen jedoch im Kern auf das gleiche Dilemma der britischen Ruhrkonzeption hinaus, nämlich auf das Verhältnis von Sicherheit und Wirtschaftlichkeit. Für Cairncross war nicht klar ersichtlich, ob Bevins Vorschläge primär auf Sicherheit gegenüber Deutschland zielten – eine Vermutung, von der man angesichts der Äußerungen Bevins im Verlaufe der Unterredung im Außenministerium Anfang Januar 1946 und erneut im Rahmen seines Memorandums für das Committee on German

---

[100] Vgl. Müller, S. 79f.

[101] Vgl. Jerchow, S. 201f. Der Vollständigkeit halber muß angefügt werden, daß der Plan immerhin eine jährliche Überprüfung der Quote für die erlaubte Stahlproduktion (5,8 Millionen Tonnen) vorsah. Hinsichtlich der Kapazitätsgrenze von 7,5 Millionen Tonnen hieß es, sie könne weiter herabgesetzt werden, „wenn sich dies als notwendig erweist". Für die Zusammenfassung des „Plans für die Reparationen und das Niveau der deutschen Nachkriegswirtschaft in Übereinstimmung mit dem Berliner Protokoll" vom 28. März 1946 vgl. Ruhl (Hrsg.), S. 341–347; Deuerlein, S. 374–377. Hinsichtlich des vollständigen Plans mit statistischen Anhängen vgl. Jerchow, S. 202, Anm. 203.

[102] Diese positive Einschätzung übernimmt auch Müller, S. 80f.

[103] Vgl. Cairncross, The Price of War, S. 129.

[104] Memorandum Cairncross, „The Ruhr", 7.1.1946, in: Ruhrfrage, S. 453–455.

Industry vom März des Jahres ausgehen mußte[105] –, oder nur ein aus ökonomischer Sicht unbeholfener Versuch waren, dem Stabilisierungsanspruch Londons einen gangbaren Weg zu öffnen. In beiden Fällen war seiner Meinung nach die Basis des Ruhrplans unzureichend. Entweder trieb man die Maßnahmen zur wirtschaftlichen Entmilitarisierung Deutschlands in dem Plan so weit, daß er für Moskau akzeptabel, aber gleichzeitig wirtschaftlich ruinös war, oder die Sicherheitsstufen zollten dem Prinzip der Wirtschaftlichkeit in einem Maße Tribut, daß die Sowjetunion ihn wohl kaum annehmen würde. Der Vorschlag einer Internationalisierung unter Viermächtekontrolle jedenfalls war in seinen Augen wenig praktikabel, weil es sicherheitspolitisch bessere Lösungen gab, er gleichzeitig aber dem Ziel wirtschaftlicher Selbstversorgung Deutschlands angesichts der divergierenden Interessen der kontrollierenden Siegermächte und ihres Vetorechts in den Aufsichtsgremien wenig dienlich war.

Cairncross' Kritik traf die wunde Stelle der britischen Deutschlandplanungen. Denn, wie er rückblickend anmerkt, lief das Industrieniveau-Abkommen gerade wegen der mangelnden Kohärenz der einzelnen Quoten nicht nur auf einen beträchtlichen Rückgang des Lebensstandards sowie umfassende Veränderungen im Ausgabenverhalten hinaus, sondern implizierte weitreichende strukturelle Anpassungen der deutschen Industrie, um insbesondere die zur Verfügung stehenden knappen Importgüter und das Arbeitskräftereservoir optimal zu nutzen. Um dies zu garantieren, konnte die Ruhr wohl kaum den Kräften des freien Marktes überlassen werden, sondern mußte vielmehr durch ein System kontinuierlicher Wirtschaftskontrollen und dirigistischer Maßnahmen im Bereich der Produktion verwaltet werden[106].

Ruhr- und Industrieniveauplan als zwei komplementäre Entwürfe nahmen im übrigen beide Reparationsentnahmen bzw. Demontagen als Faktum an. So wie der Wirtschaftsplanungsstab empfohlen hatte, mit der Internationalisierung erst nach Beendigung der Reparationsphase zu beginnen, zielten auch die Verhandlungen in Berlin in erster Linie darauf, die Grenze zu bestimmen, oberhalb derer die Industriekapazität zur Demontage freigegeben werden konnte. Der Lebensstandard war daher im Anschluß an das Potsdamer Protokoll, demgemäß der mittlere Lebensstandard des übrigen Europa nicht überschritten werden durfte, eine feste Größe. Er richtete sich danach, was bei einer auf 50–55% des Standes von 1938 gesenkten Kapazität, die die Alliierten in Berlin beschlossen, möglich war. Damit waren zugleich die Grenzen der Entwicklungsfähigkeit umrissen, die man der deutschen Wirtschaft zu gestatten bereit war. Eine freiere, am europäischen Rekonstruktionsbedarf orientierte Entfaltung des deutschen Potentials, die die Wiederaufnahme ihrer von Keynes so oft herausgestellten Rolle als Zugpferd im Prozeß des europäischen Wiederaufbaus ermöglicht hätte, war durch die künstliche Niederhaltung des Lebensstandards wirkungsvoll ausgeschlossen[107]. Darüber hinaus argwöhnten die Wirtschaftsexperten, daß Ruhr- und Industrieniveauplan nicht auf ei-

[105] Vgl. Unterredung im Foreign Office, 3.1.1946, in: Ruhrfrage, S. 447–449, hier: S. 448; Memorandum by the Secretary of State for Foreign Affairs, „The Future of Germany and the Ruhr", 11.3.1946, in: Ruhrfrage, S. 545–560, hier: S. 560.

[106] Cairncross, The Price of War, S. 134 f.

[107] Vgl. auch ebenda, S. 101, 138. Auch in der Economic Section zeigte man sich über die britische Haltung zur Frage des Lebensstandards, deren besondere Bedeutung für die Entwicklungsfähigkeit der deutschen Wirtschaft man erkannt hatte, schockiert. Vgl. BLPES, Meade Papers, Diaries 1/5, fol. 41 f. (Eintrag 2.12.1945).

nem industriewirtschaftlichen Gesamtplan für Deutschland basierten, sondern sektoral verfuhren, Restriktionen und Demontagen also aus Sicherheitsgründen in ausgewählten Bereichen und Schlüsselindustrien festschrieben; gerade der Industrieniveauplan bedeutete in ihren Augen nichts weniger als eine partielle Deindustrialisierung. Damit aber würden strukturelle Fehlentwicklungen der Wirtschaft präformiert, die den deutschen und europäischen Wiederaufbau behinderten und Großbritannien sowohl hinsichtlich des eigenen Wiederaufbaus als auch als Besatzungsmacht der Nordwestzone zusätzliche finanzielle Lasten aufbürdeten. Cairncross wies dementsprechend die britische Regierung in einer Analyse des Industrieniveauplans darauf hin, daß „the upheavals of deindustrialisation, on a scale unparalleled in history, are bound to leave behind structural unemployment on a large scale"[108]. Eine spätere deutsche Regierung werde angesichts der strukturellen Veränderungen und hoher Arbeitslosigkeit, gravierender Zahlungsbilanzprobleme und der Engpässe in der Rohstoffversorgung in einem Ausmaß zu Wirtschaftskontrollmaßnahmen greifen müssen, daß sie den Zustand einer Kriegswirtschaft nicht werde überwinden können. Eine genaue Analyse der ökonomischen Tragfähigkeit von Ruhr- und Industrieniveauplan zeigte also auch, daß es keineswegs geklärt war, ob mit ihnen denn tatsächlich mehr Sicherheit gewonnen war. „The lower the level of industrial activity," so schloß in Umkehrung dieser Logik Cairncross, „the less rapidly will Germany gravitate either towards the west, with which her industrial links will be feebler, or towards democracy, which will appear more of a luxury."[109]

Cairncross fand seine Einschätzung, zu der er nach Lektüre der Vorschläge Bevins für die Ruhrkontrolle gekommen war, durch die Verhandlungen in Berlin nur bestätigt: Eine Kooperation mit Moskau in der Deutschlandpolitik konnte man sich buchstäblich nicht leisten. Jeder Kompromißversuch mußte darunter leiden, daß er entweder rekonstruktionswirtschaftlich ganz einfach unvernünftig war – in welchem Falle „we had better make the best of a bad job"[110] - oder einen Bruch mit Moskau implizierte. Und bis jetzt, so ließ sich kritisieren, lag hierüber keine ministerielle Grundsatzentscheidung vor. Eine primär politische Betrachtungsweise der Dinge, auch wenn sie kurzfristige Erfolge in der Viermächteverwaltung bringen sollte, war daher gleichbedeutend mit einem Verstricken in Illusionen über die tatsächlichen Optionen der britischen Politik, deren Preis früher oder später bezahlt werden mußte. Das von der ökonomischen Vernunft gerade auch im Eigeninteresse geforderte Stabilisierungsgebot schloß einen schnelle politische Erfolge in Aussicht stellenden deutschlandpolitischen Kompromiß mit Moskau, wie er im Ruhr- und Industrieniveauplan sichtbar wurde, im Prinzip aus. D. h., die finanziellen Folgen einer damit verbundenen Deutschlandpolitik waren für London nicht tragbar; ein Modus vivendi mit Deutschland lag aus dieser Perspektive in der Logik der Sache. Unter nachdrücklicher Berufung auf Keynes' deutschlandpolitische Analysen nach dem Ersten Weltkrieg erinnerte Cairncross die Minister an die tatsächlichen Lehren von Versailles: „At the end of the last war, Lord Keynes familiarised us with the truth, which experience is now reiterating, that Germany was the hub of the entire European economy and that upon her prosperity the prosperity of Europe in large measure depends. So far

[108] Memorandum Cairncross, „The Reparations Plan and the Future Level of Industry in Germany", [undatiert, aber nach dem 26.3.1946], in: Cairncross, The Price of War, S. 136–141, hier: S. 137.

[109] Ebenda, S. 139.

[110] Ebenda, S. 141.

as the Reparations Plan involves a policy of destroying capital equipment and letting industrial skill rot, the price will be paid not merely by Germany but by the rest of Europe as well."[111]

Keynes' Kritik an der britischen Ruhrpolitik

Keynes selbst unterzog vier Tage nach Vorlage des EIPS-Planes die gesamte britische Ruhrkonzeption einer vernichtenden Kritik. Eingebettet war sie in eine generelle Analyse der britischen Überseeverpflichtungen, die er Anfang Februar 1946 für das Kabinett anfertigte[112]. Aus dieser Perspektive war die Ruhr zwar nur ein Faktor, dessen ökonomische Bedeutung den Ministern im rechten Licht gezeigt werden mußte. Doch ließ sich an ihm beispielhaft die in seinen Augen geradezu fahrlässige Haltung britischer Entscheidungsträger in der Rekonstruktionsproblematik zeigen. So attackierte er im besonderen die Kurzsichtigkeit, mit der die Ministerialbeamten Pläne für die wirtschaftliche Behandlung Deutschlands schmiedeten und dabei Großbritannien an weitere ausgabenintensive militärische und politische Verpflichtungen banden, ohne sich vorher darüber klargeworden zu sein, welche finanziellen und – in einer Art „Multiplikatoreffekt" – wirtschaftlichen Rückwirkungen damit verbunden waren. Es erschien ihm vor allem unverantwortlich, aus politischen Erwägungen finanziell folgenschwere Entscheidungen in der Deutschlandpolitik zu treffen, ohne zu überschlagen, ob sie überhaupt innerhalb des von dem amerikanischen Kredit gesteckten Finanzrahmens tragbar waren, ja ohne überhaupt Gewißheit zu haben, ob der Kongreß die Anleihe in voller Höhe bewilligen würde[113].

Keynes griff hier einen Punkt auf, den er bereits im Herbst 1944 im Zusammenhang mit den Lend-Lease-Verhandlungen den Ministerialbeamten vorgehalten hatte. Damals hatte er massive Kritik am Schatzamt geübt, dessen Mitarbeiter die Kosten für die britische Militärpräsenz in Übersee erstellt und sich bei ihrer Berechnung in alter Tradition auf Indien, den Mittleren Osten und die Seeverbindungen des Empire beschränkt hatten. Daß sie hinsichtlich der Ausgaben für Europa, namentlich für die Besetzung Deutschlands, kein einziges Pfund veranschlagt hatten, hatte ihnen einen Tadel des Ökonomen eingetragen. Gleichzeitig hatte er der Entscheidungsspitze vorgeworfen, mit ihrer Deutschlandpolitik die voraussichtlichen Kosten noch zu vermehren[114]. Diese Mängel schienen ihm nun achtzehn Monate später stärker denn je präsent. Er warnte davor, daß die politischen und militärischen Verpflichtungen Großbritanniens die £ 937 Millionen

---

111 Ebenda, S. 138.

112 CAB 129/7, CP (46) 58, Memorandum Lord Keynes, „Political and Military Expenditure Overseas", 8.2.1946; JMK XXVII, S. 465–481.

113 Präsident Truman hatte am 20.1.1946 den Entwurf des Finanzabkommens dem Kongreß zugeleitet. Nach einer langen und überaus kontroversen Debatte in beiden Häusern, die vor allem auch die bittere Auseinandersetzung zwischen Briten und Amerikanern in der Palästinafrage reflektierte und zeitweilig eine Verabschiedung in Frage stellte, votierte der Senat erst am 10. Mai 1946, das Repräsentantenhaus schließlich am 12. Juli 1946 für die Anleihe. Erst mit Trumans Unterschrift drei Tage später erlangte sie Gesetzeskraft. Vgl. zum Hintergrund Gardner, Sterling-Dollar Diplomacy, S. 236–253; Bullock, Ernest Bevin, S. 173–183. Als eine der wenigen Ausnahmen wies der Leiter der Deutschlandabteilung, Troutbeck, im Foreign Office auf den Zusammenhang von Ruhrplan und US-Anleihe hin; vgl. Memorandum Troutbeck, „The Ruhr", 12.2.1946, in: Ruhrfrage, S. 506–508, hier: S. 508.

114 Memorandum Keynes, „Decisions of Policy Affecting the Financial Position in Stages II and III", undatiert, in: JMK XXIV, S. 114–126, besonders S. 119–125.

des amerikanischen Kredits vollständig auffressen würden, die bei einer geplanten Laufzeit von sechs Jahren bis 1951 dem britischen Wiederaufbau jährlich voraussichtlich zur Verfügung stehen würden. Dann würden die Devisen „zur Unterstützung von Alliierten, befreiten Gebieten und ehemaligen Feinden" verpulvert, und das alles aus Prestigegründen, „to cut a dash in the world considerably above our means"[115].

Keynes hegte die Hoffnung, daß die heikle Situation der britischen Wirtschaft durch umfangreiche Kürzungen dieser Ausgaben vor einer weiteren Verschärfung bewahrt werden konnte[116]. In Antizipation der späteren Entwicklung schlug er den sofortigen Truppenabzug aus Griechenland und die Übernahme der finanziellen Verantwortung durch Athen und Washington vor. Als weitere Maßnahme forderte er mit Blick auf die Ruhr- und Reparationspolitik Londons endlich eine Überprüfung der Entscheidungsgrundlagen. „It seems monstrous", kommentierte er scharf, „that we should first de-industrialise and thus bankrupt the Ruhr to please Russia and then hand over the territory, or at any rate the industries, to an international body to please France, but that we alone should remain responsible for feeding the place. [...] Our present policy towards Germany, by which we have become involved in paying her large reparations, might rank as the craziest ever – if one did not remember last time."[117]

Keynes knüpfte mit diesem Vorstoß direkt an die Diskussion über den diplomatischen Handlungsspielraum an, die er mit seinen Initiativen vom Herbst 1944 und Frühjahr 1945 angeregt hatte. Die Debatte war ja in besonderer Weise von einer gewissen Sorge über den Zusammenhang zwischen finanzieller Unterstützung der USA und der Deutschlandpolitik Londons getragen gewesen. Die Minister hatten sich im klaren darüber zu sein, daß eine Annäherung an die sicherheits- und reparationspolitischen Vorstellungen der Sowjetunion und Frankreichs sowohl die Steigerung der direkten Belastungen für die Besatzungsmächte als auch – im günstigsten Fall – eine Verzögerung, voraussichtlich aber wegen der strukturellen Veränderungen in der deutschen Wirtschaft erhebliche Verzerrungen und Behinderungen des ökonomischen Wiederaufbaus Europas zur Konsequenz haben würde. Sollte der amerikanische Kredit dazu verwendet werden, die politisch-militärischen Interessen Großbritanniens in Übersee zu wahren, um auf diese Weise den Weltmachtanspruch aufrechtzuerhalten, oder wurde er als Kern der britischen Wiederaufbaubemühungen gesehen, der dem Land half, die Schwierigkeiten der Übergangsphase („Stage III"), insbesondere das Verschuldungsproblem, zu überbrücken, die Devisenlücke zu schließen und ganz allgemein langfristig aus dem Teufelskreis von konjunkturellen und strukturellen Krisen auszubrechen? Keynes hatte schon verschiedentlich auf die Komplementarität der US-Anleihe und der Frage der wirtschaftlichen Behandlung Deutschlands unter dem Gesichtspunkt des britischen Wiederaufbaus hingewiesen. Mit der Einbettung seiner Kritik an den Prämissen der britischen Außenpolitik in eine allgemeine Analyse der finanziellen Lage des Königreichs und seiner überseeischen Interessen bekräftigte der Nationalökonom auch seine bereits früher geäußerte Meinung, daß das konsequente politisch-militärische Disengagement, d. h. die freiwillige machtpolitische Selbstbeschränkung, unvermeidlich sein werde. Keynes' Ein-

115 CAB 129/7, Memorandum Lord Keynes, „Political and Military Expenditure Overseas", 8.2.1946.

116 Vgl. Cairncross, Years of Recovery, S. 111.

117 CAB 129/7, CP (46) 58, Memorandum Lord Keynes, „Political and Military Expenditure Overseas", 8.2.1946.

wände gegen die britische Ruhrkonzeption spiegelten sein Anliegen wider, zum einen die Ruhr konkret als Teil eines umfassenderen Rückzugs Großbritanniens aus seinen auswärtigen Verpflichtungen, zum anderen als wichtigen Faktor im Prozeß des britischen und gesamteuropäischen Wiederaufbaus in seiner vollen und Zugeständnisse an französische und sowjetische Sicherheitsbedenken nicht zulassenden Bedeutung zu begreifen.

Keynes' Enttäuschung muß fraglos sehr groß gewesen sein, als trotz der Unterstützung seines alten Widersachers in deutschlandpolitischen Fragen, Dalton, der seinerseits als Schatzkanzler mit den finanziellen Folgeproblemen der Besatzung und den um die militärischen Interessen Großbritanniens bangenden Stabschefs konfrontiert wurde[118], das Kabinett dem EIPS-Plan und, wenn auch unter erneuter Einforderung des „First charge"-Prinzips, dem Industrieniveauplan bedenkenlos zustimmte. Es sollte das letzte Mal sein, daß er in einer wichtigen deutschlandpolitischen Angelegenheit intervenierte. Seine Stimmung verdüsterte sich weiter, als auf der ersten Konferenz des Internationalen Währungsfonds und der Weltbank in Savannah, zu der er wenig später aufbrach, der organisatorische Rahmen dieser Institutionen entlang der amerikanischen Vorschläge gesteckt wurde. Mit seiner Empfehlung, sie eng mit den jeweiligen Finanzministerien der Mitgliedsstaaten zu verknüpfen und die leitenden Stellen mit hochkarätigen Beamten der Finanzbürokratie zu besetzen, um die Koordination zwischen nationalen Bedürfnissen und internationaler Kooperation bei der Ressourcenvergabe möglichst eng zu gestalten, ihre Arbeit aber ansonsten unter allen Umständen von den tagespolitischen Launen der Politiker und Parlamente fernzuhalten, vermochte er sich nicht gegen die amerikanischen Vorstellungen durchzusetzen. Washingtons Entschlossenheit, eine von nationalen Partikularinteressen möglichst losgelöste Institution zu schaffen, deren dauerhafte Kontrolle durch die Besetzung des Direktoriums mit hauptberuflichen Finanzfachleuten garantiert werden sollte, hatte Keynes' Mannschaft nicht zuletzt wegen der schwebenden Entscheidung des Kongresses über das britische Kreditgesuch nichts entgegenzusetzen[119].

Die Konferenz hatte noch einmal die ärgsten Befürchtungen über einen anglo-amerikanischen Bruch in Wirtschaftsfragen bestätigt. Der Druck, früher oder später entsprechende Korrekturen auch in der Deutschlandpolitik vornehmen zu müssen, nahm zu. Keynes' Hoffnungen auf einen internationalistischen Weg bei der Neuschaffung des Weltwirtschafts- und Weltwährungssystems, der komplementär hierzu das deutsche Potential in seiner Bedeutung für die ökonomische Rekonstruktion Europas anerkannte und auf diese Weise den Grund legte für ein Sicherheitssystem auf der Basis wirtschaftlicher Zusammenarbeit, schienen sich nicht zu erfüllen. Während man sich in London den außen-, besonders aber den deutschlandpolitischen Handlungsspielraum in langfristiger Perspektive dadurch noch weiter beschnitt, daß man mit einer fälligen Revision der Entscheidungsgrundlagen zögerte und statt dessen noch immer nach einem Sicherheitskompromiß suchte, zog auch Washington die Schraube weiter an und weigerte sich, Währungsfonds und Weltbank den von Keynes erhofften organisatorischen Rahmen zu ge-

---

[118] BLPES, Dalton Diaries I/34, fol. 2 (Eintrag 9.2.1946); BL Add Mss 52578, Cunningham Papers, Diaries, 5.10.1945; BL Add Mss 52579, Cunningham Papers, Diaries, 11.1.1946 und 8.2.1946; Moggridge, Maynard Keynes, S. 826.

[119] Vgl. Harrod, Keynes, S. 629–637; Gardner, Sterling-Dollar Diplomacy, S. 257–268; Moggridge, Maynard Keynes, S. 829–833.

ben. Je mehr sich der Handlungsspielraum aber einengte, desto eher würde die britische Regierung ihre Entscheidungen *reaktiv* als Schadensbegrenzungsmaßnahmen treffen müssen.

Keynes erlebte nicht mehr, wie beide Häuser des Kongresses das Anleihegesetz verabschiedeten. Er erlag am 21. April 1946 seinem Herzleiden.

4. Der deutsche Sicherheitsbeitrag als Reparationen: Die strukturelle Kontinuität der britischen Appeasementpolitik

„Let me begin by telling you how I tried to answer an eminent architect who pushed on one side all the grandiose plans to rebuild London with the phrase: ‚Where's the money to come from?' ‚The money?' I said. ‚But surely, Sir John, you don't build houses with money? Do you mean that there won't be enough bricks and mortar and steel and cement?' ‚Oh no', he replied, ‚of course there will be plenty of all that.' ‚Do you mean', I went on, ‚that there won't be enough labour? For what will the builders be doing if they are not building houses?' ‚Oh no, that's all right', he agreed. ‚Then there is only one conclusion. You must be meaning, Sir John, that there won't be enough *architects*.' But there I was trespassing on the boundaries of politeness. So I hurried to add: ‚Well, if there are bricks and mortar and steel and concrete and labour and architects, why not assemble all this good material into houses?' But he was, I fear, quite unconvinced. ‚What I want to know', he repeated, ‚is where the money is coming from.' To answer that would have got him and me into deeper water than I cared for, so I replied rather shabbily: ‚The same place it is coming from now.' He might have countered (but he didn't): ‚Of course I know that money is not the slightest use whatever. But, all the same, my dear Sir, you will find it a devil of a business not to have any.'"[120]

Diese von Keynes 1942 vor dem Hintergrund der Kriegsfinanzierung vorgetragene Geschichte kann als Parabel für die Strukturfragen der britischen Außen- und Deutschlandpolitik gelesen werden, so wie sie sich im Zusammenhang der Nachkriegsplanungen Londons zu stellen begannen. Die Sorge um die Finanzierung des Krieges, der Keynes hier Ausdruck verlieh, erhellt zugleich schlaglichtartig Probleme wie Hauptanliegen der Planungen für den Frieden.

Vor diesem Hintergrund stellte der Ruhrplan des wirtschaftlichen Planungsstabs den Kulminationspunkt der deutschlandpolitischen Konzeption dar, die seit Winter 1940/41 die Planungen Großbritanniens bestimmte. Er bündelte die verschiedenen gegenläufigen Interessen bezüglich einer dauerhaften Friedensordnung nach dem Krieg und spiegelte ungeachtet aller aktualisierenden Passagen prinzipiell den ministeriellen Konsens in der Außen- und Sicherheitspolitik gegenüber Deutschland, wie er sich im Rahmen der Erörterung des Malkin-Reports und der EIPS-Pläne herausgebildet hatte. Die zögerliche Haltung Whitehalls in deutschlandpolitischen Belangen – insbesondere sein Versäumnis, auch in Einzelfragen wie etwa in dem komplexen Bereich der Reparationen, der Demontagen und des Industrieniveaus ein geschlossenes und kohärentes Konzept vorzulegen – erklärt sich nicht, wie die Beamten immer wieder, sich selbst entschuldigend, be-

[120] John Maynard Keynes, How Much Does Finance Matter? [2.4.1942], in: JMK XXVII, S. 264–270, hier: S. 264f.

tonten, daraus, daß das Fehlen rahmenbildender Vorentscheidungen der Alliierten umfassende Planungen erschwerte. Vielmehr verhinderte ein prinzipieller Interessenkonflikt, wie er aus Keynes' Arbeiten ansatzweise hätte diagnostiziert werden können, ein zielgerechteres Nachdenken.

Der „Economic Security"-Gedanke war die wichtigste Ausprägung dieses Planungswiderspruchs. Er stellte eine Art Kompromiß zwischen den verschiedenen Ministerien dar, mit dem sich die Meinungsgegensätze in der Frage der Kontrolle und Entmilitarisierung Deutschlands letztlich überwinden ließen. Dabei griff man in Planungskreisen wie in den Reihen des Entscheidungszirkels gleichermaßen auf einen Grundgedanken des Malkin-Reports zurück, daß nämlich die politisch-territoriale Zerschlagung, vor allem aber ein völliges ökonomisches Ausbluten wie nach dem Ersten Weltkrieg, aus sicherheitspolitischen wie auch aus rekonstruktionswirtschaftlichen Erwägungen heraus keine Lösung darstellte. Im gleichen Atemzug hielten die Minister ohne Ausnahme am Sicherheitsprimat gegenüber Deutschland fest. Der sollte freilich nicht durch die behutsame Mobilisierung und Nutzbarmachung des deutschen Potentials im Rahmen einer umfassenden weltwirtschaftlichen Reorganisation mit dem Ziel eines raschen Wiederaufbaus Großbritanniens und Kontinentaleuropas eingelöst werden. In Abweichung hiervon bedeutete „Economic Security" aus der Sicht des Außenministeriums primär ein Maßnahmenbündel zur wirtschaftlichen Kontrolle Deutschlands, durch die ein neuerlicher fataler Rückgriff auf eine kostenintensive Reparationspolitik wie nach 1918 ausgeschlossen werden sollte. Das „First charge"-Prinzip war nicht, wie bei Keynes, Bestandteil einer Stabilisierungspolitik in Deutschland, die sich an den Erfordernissen des allgemeinen Wiederaufbaus in Europa orientierte. Vielmehr betrachtete man es in Whitehall-Kreisen im engeren Sinne als einen Schadensbegrenzungsfaktor in der Viermächtekontrolle. Mit Rücksicht auf die Interessen der anderen Alliierten und zur Stützung der Viermächte-Kooperation endete der Anspruch Londons auf eine Stabilisierungspolitik dort, wo ungeachtet aller weitergehenden Wiederaufbauerfordernisse die Lasten Großbritanniens als Besatzungsmacht ausgeglichen waren.

An diesem Punkt setzte dann auch die Kritik der Ökonomen an, die sich konkret an den Planungen des Ersten Ruhrplans entzündete, sich in gleichem Maße aber durch die Akzentuierung prinzipieller Widersprüche der britischen Deutschlandpolitik auf die Ergebnisse der Potsdamer Konferenz bezog. Sie wiesen vor allem auf die ihrer Meinung nach unhaltbare Schaukelposition Londons in der Reparations- und Kontrollfrage hin. Dieses Dilemma offenbarte sich beispielhaft in der Konzeption des Ersten Ruhrplans. Er stellte den nachdrücklichen Versuch dar, zwischen den Potsdamer Beschlüssen und den gegensätzlichen Interessen des „Economic Security"-Konzepts zu vermitteln. So verwarf etwa Turner in einer kurzen Skizze über die von Bevin an den EIPS herangetragene Planungsaufgabe den Gedanken einer politischen Abtrennung der Ruhr mit dem Hinweis auf die negativen Konsequenzen für den europäischen wirtschaftlichen Wiederaufbau und die Abhängigkeit Deutschlands von den Besatzungsmächten, um dann hinzuzufügen, daß, von dieser Einschränkung abgesehen, „we should assume in any detailed plan which we prepare to give effect to the Foreign Secretary's proposals, that security is our primary objective"[121]. Der Erfolg der britischen Ruhrkonzeption hing also ganz entscheidend von sowjetischer Mitarbeit ab. Daß sie noch überwiegend einem poli-

[121] Turner an Playfair, 5.1.1946, in: Ruhrfrage, S. 451–453, hier: S. 452.

tischen Kalkül entsprang, bewiesen die Reaktionen von Ökonomen wie Cairncross, Keynes und Meade. Aus ihrer Kritik ging deutlich hervor, daß ein zwischen den einzelnen britischen Interessen vermittelnder Ruhrplan die Widersprüche der von den Beamten des Foreign Office vertretenen Form von „Economic Security" nicht aufheben konnte. Der Leiter des Wirtschaftlichen Beraterstabs wies zu Recht darauf hin, daß Bevins Überlegungen den russischen Sicherheits- und Reparationsinteressen kaum in einem Maße Rechnung trugen, das den Kreml befriedigen würde, hinsichtlich der britischen Wirtschafts- und Wiederaufbauinteressen aber einen geradezu gefährlichen Kurs steuerten. Keynes fügte dem hinzu, daß mit dem Plan Großbritannien aus Prestigegründen und unter Betonung der politischen Faktoren auf eine Rolle verpflichtet würde, die nicht mehr seiner Ressourcenlage entsprach. Im besonderen brachte ihn auf, daß die Beamten zu außenpolitischen Bindungen bereit waren, ohne dies vorher mit einem – zudem noch lückenhaft vorliegenden und die neuesten Entwicklungen nicht mit einbeziehenden – Finanzplan über die politisch-militärischen Überseeverpflichtungen abzustimmen. In diesem Zusammenhang erfolgte auch ein erneuter Hinweis Keynes' auf den strukturellen Zusammenhang zwischen Lend-Lease bzw. dem amerikanischen Kredit und dem britischen Engagement in Deutschland; der Sicherheitsprimat in der Deutschlandpolitik mußte letzten Endes zu einem völligen Austrocknen des Dollarvorrats aus der US-Anleihe führen.

Auch mit dem Industrieniveauplan wollten die Alliierten in direkter Anlehnung an die Potsdamer Beschlüsse primär ein Instrument erstellen, mit dem Art und Umfang der Reparationsentnahmen ermittelt werden konnten. Dies ging bereits aus dem Titel hervor („The Reparations Plan and the Future Level of Industry in Germany"). Sie beabsichtigten zum Leidwesen der beteiligten britischen Ökonomen[122] gerade nicht, einen Handlungsrahmen für den Wiederaufbau der deutschen Friedenswirtschaft zu erarbeiten. Vielmehr legten sie einen Plan vor, der zusammenhanglos für jede einzelne Industrie eine Produktionsgrenze festlegte, die einerseits ein Minimum an Lebensstandard garantieren, andererseits aber die Überschußkapazität für die Reparationsentnahmen bestimmen sollte. Auch hier stand der Wunsch Londons deutlich im Vordergrund, einem möglichen Verdacht Moskaus frühzeitig entgegenzutreten, man wolle Deutschland und seine industrielle Kapazität gegen die Sowjetunion mobilisieren. Mit dem Industrieniveauplan konnte die Einheit der Alliierten nach außen demonstriert werden. Dabei wurden als Konsequenz der beschlossenen Maßnahmen strukturelle Veränderungen der deutschen Industrie bewußt in Kauf genommen, die allein den Kontrollinteressen der Alliierten entsprechen mochten, aber der rekonstruktionswirtschaftlich sinnvollen Ausrichtung des deutschen Potentials auf die Erfordernisse einer Friedenswirtschaft, wie sie Keynes vorgeschwebt hatte, über kurz oder lang entgegenarbeiteten. Die doppelte Gefahr bestand darin, daß erstens Großbritanniens Wiederaufbaubemühungen davon in Mitleidenschaft gezogen wurden und zweitens der Pazifizierungseffekt, den man sich von den Kontrollmaßnahmen für Deutschland erhoffte, in sein Gegenteil umschlug. So tröstete man sich an der Themse damit, daß der Plan bei seiner Verabschiedung durch den Kontrollrat aus wirtschaftlich-praktischer Sicht bereits überholt war. Dies entsprach den Wünschen der Minister, die sich dadurch den Weg zu weiteren Verhandlun-

[122] Cairncross, The Price of War, S. 138.

gen offenhielten, zeigt aber auch das dominierende politische Kalkül der Beamten in der Deutschlandfrage.

Der für London bereits in Potsdam manifeste Konflikt zwischen dem außenpolitischen Primat, der, nicht zuletzt im eigenen machtpolitischen Interesse, Maßnahmen zur Verhinderung einer erneuten deutschen Aggression notwendig machte, und dem Zwang, sie gegen die ökonomischen Erfordernisse abwägen zu müssen, gewann so im Ruhrplan seine konkrete planerische Ausgestaltung und bestimmte auch das britische Vorgehen bei den Verhandlungen über ein deutsches Industrieniveau. Der ungelöste Widerspruch zwischen Stabilität und Kontrolle, der den Vorstellungen einer „Economic Security" zugrunde lag, kennzeichnete auch den Ruhrplan und hatte sich von seiner Herausbildung im Rahmen der Kriegszielplanungen, wo er zum tragenden Element des ministeriellen Konsenses wurde, zu einem Grundmerkmal der britischen Deutschlandpolitik entwickelt. Man wird festhalten müssen, daß, solange der Sicherheitsprimat in London überwog, ein deutscher Beitrag zur Friedenserhaltung, in völligem Gegensatz zu den von Keynes entwickelten „Economic Security"-Vorstellungen, negativ als „Beitrag" im Rahmen von Maßnahmen zur wirtschaftlichen Entmachtung Deutschlands, die auch Reparationsentnahmen und Demontagen umfaßten, gedacht war. Alleiniger Beweggrund war aber keineswegs nur die Rücksichtnahme auf sowjetische Interessen. Auch Bevin hatte sich dem Gedanken nicht verschließen mögen, daß Reparationen aus der laufenden Produktion dazu dienen konnten, die von ihm allerdings hoffnungslos unterschätzten Besatzungskosten zu decken.

Wie gerade die Initiativen Keynes' immer wieder deutlich machten, verbarg sich dahinter letztlich jedoch nur der ebenfalls ungelöste Interessenkonflikt zwischen der Erhaltung der sozio-ökonomischen Reformfähigkeit im Inneren und den machtpolitischen Möglichkeiten zur Einflußnahme im Äußeren. Hinter seiner Forderung nach einer Überprüfung der ministeriellen Entscheidungsgrundlagen stand die Einsicht in die Notwendigkeit, in der britischen Außenpolitik einen Wechsel der Interessenprioritäten vorzunehmen. Insofern sich die britische Regierung vor dem Hintergrund der eigenen wirtschaftlichen Lage am Ende des Zweiten Weltkrieges, die selbst nur der Endpunkt eines weiter zurückgreifenden Prozesses weltwirtschaftlicher und machtpolitischer Strukturveränderungen war, zu einer Stabilisierungspolitik gegenüber Deutschland geradezu gezwungen sah, befand sich bereits das Potsdamer Protokoll im Widerspruch zu den eigenen Interessen[123].

Bis ins Jahr 1946 hinein erblickte das Foreign Office den geeignetsten Beitrag für die Sicherheit Europas in der Leistung von Reparationen, deren Grenzen freilich durch das „First charge"-Prinzip festgelegt waren. Ergänzt um die Forderung nach einer Wirtschaftseinheit der vier Zonen, hoffte man, dadurch eine Basis für die Fortsetzung der deutschlandpolitischen Kooperation mit Moskau und Paris schaffen zu können. Nicht zuletzt sollte durch eine – wenn auch an Bedingungen geknüpfte – prinzipielle Befürwortung einer Reparationsregelung dem britischen Führungsanspruch allgemein, insbesondere aber gegenüber den übrigen kontinentaleuropäischen Staaten, die in der für die

---

123 Für Hinweise zu Überlegungen hinsichtlich einer möglichen Revision von Potsdam vgl. z. B. Draft Paper for the Cabinet [O. Harvey], „The Settlement of Western Germany", 12.2.1946, in: Ruhrfrage, S. 497–506, besonders S. 503–505; Minute Troutbeck, 12.2.1946, in: Ruhrfrage, S. 506–508; Hynd an Bevin, 7.3.1946, in: Ruhrfrage, S. 541 f.; Minute Troutbeck, 14.3.1946, in: Ruhrfrage, S. 568 f.

Reparationsverteilung zuständigen Inter-Allied Reparation Agency ihre Wiedergutmachungsansprüche anmeldeten, Nachdruck verliehen werden. Gleichzeitig glaubte man damit einen Königsweg gefunden zu haben, der dem wirtschaftlichen Druck, dem Großbritannien als Besatzungsmacht zusätzlich ausgesetzt war, Rechnung trug und ausreichende Kapazität für einen geordneten Wiederaufbau Deutschlands übrigließ.

Was bedeutet dieser Befund hinsichtlich der eingangs aufgestellten These von der strukturellen Kontinuität der britischen Appeasementpolitik gegenüber Deutschland nach dem Zweiten Weltkrieg? Aus der Rückschau wird man sagen können, daß der Wille zu einer im Einklang mit den Erfordernissen des ökonomischen Wiederaufbaus befindlichen Stabilisierungspolitik gegenüber Deutschland im von Keynes entwickelten Sinn in logischer Konsequenz einen Wechsel zum Primat der sozio-ökonomischen Konsolidierung im Inneren Großbritanniens notwendig gemacht hätte. Wichtige und unabwendbare Weichenstellungen waren diesbezüglich bis zum Frühjahr/Sommer 1946 in London allerdings nicht vorgenommen worden. Daraus folgte, daß sich wegen des nunmehr unter starkem finanziellen und wirtschaftlichen Druck stehenden deutschland- und sicherheitspolitischen Entscheidungsprozesses in Whitehall der Handlungsspielraum für das Bemühen, zwischen den divergierenden Interessen in der Außen-, Wirtschafts- und Verteidigungspolitik zu vermitteln, weiter verengte. Die sich verschlechternde Versorgungslage in der britischen Besatzungszone, vor allem aber die krisenhafte Entwicklung der britischen Finanz- und Währungssituation, drängte die Beamten dazu, ungeachtet des sicherheitspolitisch Wünschbaren und ungeachtet der Verschärfung des Ost-West-Gegensatzes die Deutschlandpolitik an der binnenwirtschaftlichen Interessenlage auszurichten. Wie Keynes und Anderson in ihrem Memorandum vom März 1945 richtig gefolgert hatten, rückte dadurch bei einer fortdauernden russischen Intransigenz in der Deutschlandfrage die wirtschaftliche Teilung des Landes unweigerlich ins Zentrum des britischen Interesses[124].

Dieser Trend wurde noch dadurch verstärkt, daß Keynes' Hoffnungen nicht nur in deutschlandpolitischer Hinsicht enttäuscht wurden, sondern darüber hinaus auch seine Initiativen für eine Neugestaltung des Weltwirtschafts- und Weltwährungssystems endgültig am Willen Washingtons scheiterten, seine ökonomische und währungspolitische Hegemonialstellung zu konsolidieren. Die Konferenz von Savannah bildet in diesem Zusammenhang den Endpunkt einer Entwicklung, die mit dem britisch-amerikanisch-französischen Finanzabkommen vom September 1936 begonnen hatte. Nimmt man den gefährlichen Vorgriff auf den US-Kredit durch die Politik des Foreign Office, kostenintensive Überseeverpflichtungen aufrechtzuerhalten und in der Deutschlandpolitik Bindungen mit unkalkulierbaren finanziellen Risiken einzugehen, hinzu, so erscheinen die eigentlich rhetorisch gemeinten Einwände des imaginären „Sir John" aus dem zu Beginn des Kapitels zitierten Motto als geradezu prophetische Vorwegnahme der bevorstehenden Problemlage.

Vor diesem Hintergrund konnte man erwarten, daß sich Großbritannien zu einer Fortsetzung der Kooperations- und Stabilisierungspolitik gegenüber Deutschland veranlaßt sehen würde. Der Wille der Labour-Regierung, eine Politik des Appeasement ge-

---

124 Vgl. die allerdings weniger das strukturelle Element als die faktische Bedeutung dieses ökonomisch-politischen Problemzusammenhangs betonenden Arbeiten von Foschepoth, British Interest, S. 391–411; sowie Pingel, „Die Russen am Rhein?", S. 98–116.

genüber dem Kreml unter allen Umständen zu vermeiden, mußte die Tendenz verstärken, die Vorkriegsstrukturen der Deutschlandpolitik fortzuschreiben. Der heraufziehende Ost-West-Konflikt, dies muß besonders betont werden, war deshalb nicht ursächlich für die nun einsetzende Wende zur stärkeren Einbeziehung Westdeutschlands in die ökonomische und sicherheitspolitische Konsolidierung des Westens, sondern stellte ein wichtiges ergänzendes, primär katalysatorische Wirkung ausübendes Element dar. Die Vermeidung einer Appeasementpolitik gegenüber dem aktuellen Gegner erhöhte den Druck nach einer Politik des Ausgleichs mit dem ehemaligen Aggressor. Die Kontinuität der strukturellen Antriebskräfte dieser Politik blieb gewahrt.

Zusammenfassende Überlegungen: Die britische Deutschlandpolitik zwischen Machtanspruch und Modernisierungszwang

In einer seiner letzten großen Reden vor dem Deutschen Reichstag entwickelte Reichskanzler Bismarck 1888 einen Grundsatz der Diplomatie, von dem sich seiner Meinung nach die Mächte des europäischen Staatensystems in ihrer Außen- und Sicherheitspolitik leiten lassen sollten. Dabei setzte er in der ihm eigenen Manier Machtpolitik scharf von Interessenpolitik ab. Eine Großmacht, so erklärte er, „die außerhalb ihrer Interessensphäre auf die Politik der anderen Länder zu drücken und einzuwirken und die Dinge zu leiten sucht, die perikletiert außerhalb des Gebietes, welches Gott ihr angewiesen hat, die treibt Machtpolitik und nicht Interessenpolitik, die wirtschaftet auf Prestige hin."[1] Wenn das Streben nach einem Ausbau der Machtposition eines Staates nicht mehr von seinen lebenserhaltenden Grundinteressen gedeckt werde, so Bismarck, verkomme es zu einer schädigenden Prestigepolitik.

Mit dieser Erkenntnis hatte der alte Reichskanzler eine der wichtigsten Spielregeln der Diplomatie des alten Mächtesystems formuliert. Sie benannte das realpolitische Regulativ, das die Nation vor der Gefahr einer „machtpolitischen Überdehnung" bewahren sollte. Betrachtet man sie aus der Perspektive der internationalen Beziehungen dieses Jahrhunderts, so wird deutlich, daß, allerdings unter veränderten zeitgeschichtsspezifischen Vorzeichen, der Kern des Bismarck-Satzes seine Gültigkeit bewahrt. Jetzt gilt, daß eine als autonom verstandene Außenpolitik, die über ihre Verhältnisse lebt und entgegen der im Sinne eines innenpolitischen Primats gewandelten Interessenlage auf reinen Machterhalt aus ist, eine bloße machtpolitische Prestigeangelegenheit wird. In Anlehnung an die Bismarcksche Terminologie liegt das Dilemma der britischen Außenpolitik im 20. Jahrhundert darin, daß die traditionelle Interessenpolitik Londons sich in der Folge eingreifender weltwirtschaftlicher Transformationen in einem langen Prozeß zur Machtpolitik wandelte. Dieser Umschwung ergab sich daraus, daß für die Dauer der Pax Britannica sich die Interessenpolitik ihrem Wesen gemäß innerhalb der ökonomischen und militärischen Möglichkeiten bewegte. Die Machtposition Großbritanniens als Gleichgewichtshalter entsprach seiner Interessenlage, Machtpolitik und Interessenpolitik waren identisch. Das Festhalten an dieser außenpolitischen Interessenlage veränderte daher den Charakter der britischen Außenpolitik, je weiter diese Zielsetzungen durch die wachsende und schließlich überlegenere wirtschaftliche Konkurrenz, gepaart mit einer militärisch nicht mehr abzusichernden Globalpräsenz, und das tatsächlich Realisierbare auseinanderklafften. Der Modernisierungsdruck seit dem letzten Drittel des 19. Jahrhunderts brachte nicht nur die wirtschaftlichen Grundlagen der Pax Britannica ins Wanken; er veränderte zugleich die sozio-ökonomische Basis im Inneren und damit die primäre Interessenlage des Königreichs, welche die Fortsetzung der traditionellen Außenpolitik nicht länger stützte. Aus Interessenpolitik wurde so im Kern Macht(erhal-

[1] Rede Bismarcks in der 30. Sitzung des Deutschen Reichstags am 6.2.1888, in: Bismarck, Werke, Bd. 7, S. 588–614, Zitat S. 593.

tungs)politik als Prestigepolitik, auch wenn diese sich nicht in einem aggressiven Expansionsdrang, sondern im Gegenteil in Umkehrung der deutschen Entwicklung in einer Politik des Appeasement ausprägte. Keynes hatte den Zusammenhang von Macht- und Prestigepolitik ebenfalls erkannt und ihn als eine wesentliche Antriebskraft der britischen Appeasementtradition interpretiert. Großbritanniens Großmachtanspruch als Faktor seiner Außenpolitik war für ihn, wie er im August 1944 schrieb, „the ingredient of pride and prestige – easily understandable, but nevertheless shortsighted if pride and prestige are, in fact, to be preserved". Und an anderer Stelle formulierte er: „Having been so recently in dire extremety, our financial diplomacy is rooted in appeasement. Above all, the financial problems of the war have been surmounted so easily and so silently that the average man sees no reason to suppose that the financial problems of the peace will be any more difficult."[2]

Hinsichtlich der Grundlagen der britischen Außenpolitik, insbesondere aber der Beziehungen Londons zu Deutschland, markiert der Erste Weltkrieg einen bedeutenden Beschleunigungsfaktor des historischen Wandels. Weniger zäsurbildend als die zeitgeschichtlichen Umbruchstendenzen verstärkend, zerstörte er endgültig die Bedingungen, unter denen das alte Mächtesystem sein außenpolitisches Primärziel, die Wahrung des Stabilisierungsprinzips der Balance of Power, verfolgte. Die Veränderungen in den ökonomischen, sozialen und demographischen Bereichen und die durch die industrielle Revolution ermöglichte rasante technologische Entwicklung führten auch zu einer qualitativen Veränderung der sicherheitspolitischen Grundlagen des Mächtesystems. Dem Bedeutungszuwachs innenpolitischer Faktoren, dem allmählichen Wechsel zum Primärziel der Friedenswahrung im Inneren und dem damit verknüpften langsamen Entstehen einer staatlichen Wirtschaftspolitik moderner Prägung stand dabei die machtpolitische und ökonomische Expansionsbewegung zur außereuropäischen Welt, die nunmehr möglich wurde, gegenüber. Zugleich verschob sich mit dem Aufkommen neuer Industrien auch die Machtbasis der einzelnen Staaten zugunsten aufstrebender Nationen wie den USA und Deutschland.

Der Erste Weltkrieg zeigte deutlich, daß die alten diplomatischen Spielregeln unter Modernitätsbedingungen für die Sicherung des äußeren und inneren Friedens nicht mehr tauglich waren. Daraus ergab sich mit Blick auf Deutschland die Frage, wie das Land in der Mitte Europas so in ein neues, das alte Mächtesystem ablösendes System internationaler Beziehungen einzubinden war, daß es eine seinem beträchtlichen Wirtschaftspotential entsprechende, stabilisierende Stellung in der Staatenwelt einnehmen konnte, ohne zu einem friedensbedrohenden Gefahrenherd zu werden. Der Beantwortung dieser Frage mußte um so größere Bedeutung zukommen, als auch die sicherheitspolitischen Grundlagen des alten Mächtesystems sich grundlegend verändert hatten und die Bewahrung des Friedens nun nicht zuletzt über die Neuordnung der internationalen Wirtschaftsbeziehungen angestrebt werden mußte. Freilich setzte sich diese Erkenntnis nur langsam durch, da sie in den Fluren von Whitehall auf ein erstaunliches Beharrungsvermögen der alten außenpolitischen Vorstellungswelt stieß.

Die deutsche Frage bekam so im Schnittpunkt von Machterhaltungsinteressen und Modernisierungszwang eine spezifisch britische Bedeutung. Analog der These, daß der

[2] CAB 66/52, W.P. (44) 360, Annex, Memorandum Keynes, „The Problem of Our External Finance in the Transition", 12.6.1944; JMK XXIV, S. 34–65.

deutsche Einheitsstaat nach 1871 politisch, verfassungsrechtlich und soziostrukturell eine immer größer werdende Modernisierungslücke aufwies und am Widerspruch zwischen autokratischer Herrschaftsform und dem Druck nach modernisierenden Reformen zerbrach, läßt sich feststellen, daß die friedenssichernden Mechanismen des internationalen Systems in der ersten Hälfte des 20. Jahrhunderts nicht mehr den grundlegenden zeitgeschichtlichen Veränderungen adäquat waren. Davon war Großbritannien als vorrangige Großmacht stärker betroffen als die aufsteigenden und deshalb destabilisierend wirkenden Mächte, denn der Frieden garantierte vor allem deren Vormachtstellung, und die aus diesem Mächtesystem abgeleiteten außenpolitischen Spielregeln entsprachen dem Friedensinteresse Londons. Die deutsche Frage wurde in ihren sicherheitspolitischen, ökonomischen und politischen Dimensionen zum Bestandteil einer tiefgreifenden Modernisierungs- und Anpassungskrise Großbritanniens im 20. Jahrhundert. Diese Problematik war schließlich auch Ausgangspunkt und Antriebsmoment für die wohlfahrtsstaatliche Ausrichtung der Wirtschaftspolitik durch den Nationalökonomen John Maynard Keynes und seine darauf abgestimmten Überlegungen zur Grundlegung einer stabilen, die unterschiedlichen Nationalinteressen angemessen berücksichtigenden Weltwirtschaftsordnung in der Folge zweier Weltkriege. Mithin widmete auch Keynes sich allgemein der Lösung der deutschen Frage, zu deren Beantwortung nun neue Wege beschritten werden mußten. Vor dem Hintergrund einer weitgehend konservativ-bewahrend ausgerichteten und damit desintegrativ wirkenden Versailler Friedensordnung betrachtete er das Deutschlandproblem als Teil der grundlegenden Reorganisation der europäischen Friedenswirtschaft im weltwirtschaftlichen Kontext einerseits und der sicherheitspolitischen Neuordnung des internationalen Systems auf der Basis des Prinzips kollektiver Sicherheit andererseits.

Von großer Bedeutung war dabei, daß Keynes erstmals die Frage nach der ökonomischen Restrukturierung als ordnungspolitisches Problem begriff, von dem sich außen- und sicherheitspolitische Belange ableiteten. Seine Grundlegung staatlicher Wirtschaftspolitik zielte dabei auf die Anpassung der Wirtschaftswissenschaften an den zeitgeschichtlichen Strukturwandel durch die Entwicklung einer makroökonomischen Theorie der volkswirtschaftlichen Gesamtrechnung. Von nicht zu überschätzender Bedeutung hierfür war seine Auffasung, daß die Nationalökonomie ihrem Wesen nach historisch und kulturwissenschaftlich verfährt und vor allem soziale und politische Faktoren des menschlichen Handelns einbezieht. Dieses Wissenschaftsverständnis war gleichzeitig die Voraussetzung für seine vielfältige Beratertätigkeit im Dienste der britischen Regierung. Beide Aspekte bilden eine unauflösliche Einheit: Ökonomische Theorie und historisch-politische Praxis vereinigen sich unter zeitgeschichtlichen Modernisierungsbedingungen zur Wirtschaftspolitik. Vor diesem Hintergrund wird man sogar sagen können, daß Keynes' Werk die Antinomie des Schmoller-Mengerschen Methodenstreits durchbricht. So trifft die Ausgangsthese der Schmollerschen „Historischen Schule", nach der „die Erkenntnis der wirtschaftlichen Zusammenhänge erst aus der Kenntnis der geschichtlichen Wirklichkeit des Wirtschaftslebens zu gewinnen sei"[3], uneingeschränkt auch auf den britischen Nationalökonomen zu. Und schon für Schmoller folgte daraus zwingend das aktive persönliche Engagement in der Tagespolitik. Darüber hinaus vermochte Keynes aber durch sein streng empirisches Vorgehen gerade in seiner

[3] Schmölders, S. 113.

Kritik an den Klassikern des 19. Jahrhunderts die eigenen Grundsätze der Wirtschaftspolitik auf eine differenzierte theoretische Basis zu stellen. Wirtschaft und Politik, Theorie und Praxis, Empirie und Geschichte, davon gibt sein Werk vielfältigen Ausdruck, waren für ihn nicht zu trennen. Zugleich ist damit der erkenntnismäßige Rahmen umrissen, innerhalb dessen in einer Wechselwirkung von nationalökonomischer Theorie und dem Gegenwartsgeschehen die keynesianische Theorie wie auch seine deutschlandpolitischen Stabilisierungskonzepte entstanden. Während er für die Ausbildung seiner Theorie wesentliche Impulse aus seinen deutschlandpolitischen Erfahrungen als Berater bei der Versailler Friedenskonferenz sowie in konzeptioneller Auseinandersetzung mit dem nationalsozialistischen Wirtschaftsordnungstyp der Zentralverwaltungswirtschaft gewann, schrieb er umgekehrt seine deutschlandpolitischen Denkschriften für das Schatzamt auf der Basis seiner theoretischen Reflexionen. In dem Verhältnis des Ökonomen zu Deutschland wurde schlaglichtartig die wachsende Bedeutung ökonomischer Faktoren und damit verknüpft das Eindringen wirtschaftspolitischer Interessen in das innen- und außenpolitische wie auch das sicherheitspolitische Entscheidungskalkül erhellt.

Aus der Perspektive der Zeit nach 1945 zeigt sich die Kontinuität der Frage nach dem sicherheitspolitischen Standort Deutschlands in Europa und der Keynesschen Stabilisierungsvorschläge. Die dringlichste Frage, die sich die britischen Planer im Zweiten Weltkrieg stellten, war allgemein, wie die Erfahrungen von Versailles nach dem Ende des Krieges mit dem nationalsozialistischen Deutschland zu verwerten waren bzw. wie eine Neuauflage der Entwicklung zwischen 1918 und 1939 verhindert werden konnte. Im besonderen mußte ein Grundkonsens darüber erzielt werden, wie die Bedingungen des Versailler Vertrages, insbesondere ihre Wirkung auf die Stabilität der Staatenbeziehungen der Zwischenkriegszeit, zu beurteilen waren. Wie konnte eine vernünftige Trennlinie gezogen werden zwischen dem begründeten Anspruch auf Kompensationsleistungen, dem Beitrag Deutschlands zum Wiederaufbau (West-)Europas und der Forderung nach weitgehender Entmilitarisierung? Noch nach dem deutsch-französischen Krieg 1871 befand sich die Frage der Folgen der Entschädigungszahlungen für den Wiederaufbau bzw. deren Auswirkungen auf die gesamteuropäische wirtschaftliche Entwicklung weitgehend außerhalb des Blickfeldes[4]. Demgegenüber drängten in der Reparations- und Restitutionspolitik nach Versailles die möglichen destabilisierenden Konsequenzen sowohl in ihren finanztechnischen (Transferproblem) und wirtschaftlich-industriellen als auch in ihren außen- und sicherheitspolitischen Dimensionen in den Vordergrund. Mit den Erfahrungen in der Zwischenkriegszeit entwickelten sich zwei diametral entgegengesetzte Ansichten über die Leitlinie der Friedenszielplanungen Großbritanniens. So wurde gegen einen wirtschaftlich zu harten Frieden eingewendet, daß er in der Zeit nach dem Ersten Weltkrieg nicht nur erhebliche politische Störungen in den diplomatischen Beziehungen der Staaten und wirtschaftliche Folgelasten für die Alliierten gebracht, sondern auch den ökonomischen Wiederaufbauprozeß Europas insgesamt gehemmt habe; demgegenüber war nach Meinung der Gegenseite kaum zu bestreiten, daß eine zu weiche Haltung der Siegermächte vor allem in den dreißiger Jahren die britischen Sicherheitsinteressen preisgegeben hatte.

[4] Vgl. Cairncross, The Price of War, S. 1f.

Die Vertreter der zuletzt genannten Position warfen denn auch Keynes vor, das von ihm in den „Economic Consequences of the Peace“ vertretene Stabilisierungsprogramm sei von der Reparationspraxis gegenüber der Weimarer Republik widerlegt worden. Dawes-Plan, Locarno-Vertrag und insbesondere amerikanische Anleihen hätten Deutschland zu einem Netto-Empfänger von finanzieller Unterstützung gemacht; in der Weltwirtschaftskrise seien dann die Reparationsverpflichtungen ohnedies aufgehoben worden. Die relativen ökonomischen Vorteile, die ihm daraus erwachsen seien, und der nicht unbeträchtliche Wohlstand der Jahre 1925–1929 hätten Hitler also auch nicht verhindert. Die hieraus entstandenen Ressentiments gegenüber Keynes erschwerten, wie vor allem die Kritik Hugh Daltons deutlich machte, die Akzeptanz seiner deutschlandpolitischen Stabilisierungskonzepte im Zweiten Weltkrieg in Regierungskreisen erheblich: „During the Nazi period there was a reaction against Keynes which embodied much muddled thinking. Mr. Winston Churchill has [...] gained wide acceptance for the proposition that the Second World War was an ‚unnecessary‘ one. For many years after the first war we were in control of the situation and yet we allowed Germany to rebuild her armaments, so that she became far stronger than France, and perhaps stronger than France and Britain together. Was not this the utmost folly? Well then, had we not been too lenient to Germany? And was not this due in part to the influence of Keynes and his pleading in *The Economic Consequences of the Peace*?“[5]

Dieses Stimmungsbild veranschaulicht noch einmal den außen-, vor allem aber deutschlandpolitischen Planungen Londons innewohnenden Gegensatz zwischen Keynes' Primat der inneren Stabilisierung und dem über die Grenzen des Foreign Office hinaus wirkenden Primat der Machterhaltung, der zu einer anhaltenden Mißdeutung von Keynes' Stabilisierungskonzepten infolge einer Fehleinschätzung des genauen Verhältnisses von Wirtschaft und Diplomatie führte. Im Kern ließ sich diese Mißdeutung darauf zurückführen, daß die Wechselbeziehung zwischen Ökonomie und Sicherheit nicht richtig erkannt wurde, d. h. die Frage der wirtschaftlichen Behandlung Deutschlands nur als eine Funktion des machtpolitischen Kalküls Londons und nicht vor dem Hintergrund veränderter zeitgeschichtlicher Grundprämissen verstanden wurde. Demgegenüber zeigte sich, wie Keynes in seinen Denkschriften für die britische Versailles-Delegation und anschließend in den „Economic Consequences“ detailliert nachwies, daß die Überlagerung von Reparations- und Sicherheitsfragen mit dem Problem des europäischen wirtschaftlichen Wiederaufbaus äußerst komplex und einer auf die traditionellen Mittel diplomatischer Machtpolitik fixierten Denkweise nicht zugänglich war.

Reparationsleistungen, so läßt sich aus Keynes' Überlegungen schematisch folgern, erhöhen auf den ersten Blick die Sicherheit vor dem Aggressor, indem sie seine wirtschaftliche Kapazität zur Reparationsproduktion nutzen; und während ihm die überlassene Restkapazität zu einer möglichen Remilitarisierung nicht ausreicht, sind die Empfängerländer in der Lage, sich einen entsprechenden Produktions-, insbesondere aber Exportvorteil aufzubauen. Dem steht freilich entgegen, daß zu hohe Forderungen nicht nur den Prozeß der raschen wirtschaftlichen Konsolidierung der gesamteuropäischen Volkswirtschaften hemmen, die ohne eine Integration des deutschen Wirtschaftsraumes Stückwerk bliebe; hinsichtlich der so wichtigen allgemeinen wirtschaftlichen Sicherheitsgrundlagen wirken Maßnahmen zur wirtschaftlichen Entmilitarisierung vielmehr

[5] Harrod, Keynes, S. 269 (Hervorhebung im Original).

destabilisierend und – nimmt man das Beispiel der sozialen und ökonomischen Antriebsfaktoren des nationalsozialistischen Aufstiegs – kontraproduktiv. Entsprechend gehört es zu den Voraussetzungen eines erfolgreichen europäischen Wiederaufbaus, daß die Beteiligten auf Reparationszahlungen ganz verzichten bzw. sich mit niedrigen und nur über einen kurzen Zeitraum aufzuerlegenden Reparationen begnügen. In diesem Sinne kann die Schwerpunktverlagerung auf die Erfordernisse des europäischen Wiederaufbaus langfristig die Stabilität der Mächtebeziehungen erhöhen; zugleich aber läßt die Einbeziehung des deutschen Wirtschaftspotentials und der daraus abzuleitende Grundsatz der Sicherheit *mit* Deutschland die unmittelbare Befriedigung der Sicherheitsansprüche durch die Entnahme von Reparationen, durch (industrielle) Demilitarisierung und das Verbot einer (industriellen) Remilitarisierung obsolet erscheinen.

Die Erfahrungen, die Keynes als britischer Vertreter bei der Versailler Konferenz machte, ließen ihn zu der Einsicht kommen, daß dieses Sicherheitsdilemma durch eine Trennung des Zusammenhangs von Reparationen und Sicherheit, der als Ausdruck traditionellen Sicherheitsverständnisses immer wieder geltend gemacht wurde, aufzuheben war. Dabei wendete er sich gegen die Auffassung, „that a reparations plan should itself be part of the security programme. This was confusing two issues. This was applying severity where leniency was appropriate. Keynes never suggested that he would disapprove of military measures to prevent German rearmament. What he did undoubtedly hold was that it was a mistaken and hopeless and wrong policy to seek security against some future German aggression by crushing Germany economically."[6] Wie der Nationalökonom in den „Economic Consequences" eindrucksvoll belegte, war eine solche Verknüpfung durch den Wandel der wirtschaftspolitischen Grundlagen nicht mehr gedeckt. Eine Rückkehr zu Laissez-faire und Goldstandard war seiner Meinung nach ausgeschlossen. Zudem blieb die auch vor 1914 virulente Frage nach dem ökonomischen Standort Deutschlands unter sicherheitspolitischen Gesichtspunkten weiterhin ungelöst. Keynes erkannte, daß Deutschland als der Schlüssel jeder stabilen Friedensordnung zu gelten hatte. Ziel konnte nicht seine wirtschaftliche Entmachtung, sondern mußte vielmehr die Errichtung eines weltwirtschaftlichen Ordnungsrahmens sein, der sowohl der Bedeutung Deutschlands Rechnung trug und seine Wirtschaftskraft als Motor der allgemeinen Rekonstruktion einsetzte, als auch das Schuldenproblem der übrigen europäischen Länder löste und Möglichkeiten zur Befriedigung des allgemeinen Kreditbedarfs schuf. Die entscheidende Einsicht von Keynes bestand darin, daß im Gegensatz noch zum 19. Jahrhundert das Sicherheitsproblem sich weniger als militärisch-diplomatisches präsentierte, sondern als ökonomisches Ordnungsproblem zu betrachten war. Dabei unterstrich er, daß äußere Sicherheit in der Folge des ökonomischen Grundlagenwandels nicht mehr von den Erfordernissen sozialer Sicherheit im Inneren zu trennen war. Es ist Keynes' bleibendes Verdienst, frühzeitig aus seiner nationalökonomischen Perspektive auf die Bedeutung integrativer Elemente für die Lösung der deutschen Frage aufmerksam gemacht und einen Ausweg aus dem sicherheitspolitischen Dilemma – grundsätzlich auch für die neue Frontstellung gegen die Sowjetunion – durch den Hinweis auf die wirtschaftlichen Stabilisierungsbedingungen gezeigt zu haben. Keynes' Überlegungen gingen aber nicht nur davon aus, daß die deutschen Ressourcen eine wichtige Funktion im Wiederaufbauprozeß hatten. Bereits zu diesem frühen Zeitpunkt

[6] Ebenda, S. 270.

erkannte er, daß die Integration Deutschlands das entscheidende Mittel darstellte, ein Wiederaufleben deutschen Hegemonialstrebens wirksam zu verhindern. Darüber hinaus vermochte eine solche Politik langfristig die innere soziale Sicherheit aller Länder Europas in einer Weise zu stabilisieren, die einer Verbreitung kommunistischer Gedanken den Boden entzog. Sicherheit *vor* Deutschland, so das beeindruckende und vorausschauende Fazit, war nur als Sicherheit *mit* Deutschland als der Voraussetzung für sozial gerechte, wohlfahrtsstaatliche Verhältnisse und zur Abwehr „bolschewistischer" Tendenzen zu erreichen.

Keynes' Wirken kann aber auch als Kommentar zum Auflösungsprozeß der Pax Britannica Oeconomica verstanden werden. Der Zusammenbruch der Grundlagen des alten Mächtesystems bedeutete, daß über kurz oder lang ein Umdenken hinsichtlich der die Wirtschaftspolitik leitenden theoretischen Grundlagen, Keynes' ureigenstes Anliegen, einsetzen mußte. Das Ende des klassischen Wirtschaftsliberalismus und das daraus entstehende nationalökonomische und wirtschaftspolitische Vakuum, das nach der Erfahrung der Weltwirtschaftskrise durch die mit den Begriffen freier Welthandel und Autarkie umrissenen gegensätzlichen Ordnungsvorstellungen der USA und des Nationalsozialismus aufgefüllt zu werden drohte, zwang zu einer neuen Grundlegung der Arbeitsmarkt- und Geldpolitik.

Vor dem Hintergrund der von Keynes entworfenen Theorie und der sowohl durch die konzeptionelle Herausforderung als auch die ökonomisch-militärische „Überdehnung" erzwungenen Appeasement-Politik gegenüber Deutschland ergaben sich für den Ökonomen hinsichtlich seiner Beratertätigkeit im Zweiten Weltkrieg zwei zentrale Erkenntnisse: Die Erfahrungen der Zwischenkriegszeit unterstrichen die von ihm bereits nach 1919 hervorgehobene Einsicht, daß in einer Phase zunehmender weltwirtschaftlicher Verflechtung das Sicherheitsproblem nicht mehr mit den klassischen Mitteln der Entmilitarisierung und wirtschaftlichen Entmachtung gelöst werden konnte. Militärische Entwaffnung, Reparationszahlungen und Maßnahmen zur ökonomischen Kontrolle stellten für sich genommen keine gültigen Instrumente der Friedenssicherung mehr dar, sondern konnten nur, in rekonstruktionswirtschaftlicher Absicht umfunktioniert, als Teil einer umfassenden Reorganisation des Weltwirtschafts- und Weltwährungssystems Sinn machen. Reparationen im überlieferten Verständnis durfte es aus dieser Sicht nicht mehr geben; sie hatten vielmehr die Form eines „Friedensbeitrages" anzunehmen, der innerhalb des allgemeinen ökonomischen Wiederaufbaus eine konstruktive Funktion als Ausgleichsmechanismus für die fehlende rüstungswirtschaftliche Belastung erfüllte. Auch Wirtschaftskontrollen erfüllten nach Keynes' Ansicht in erster Linie keine Sicherheitsfunktion; sie waren ihrerseits an den Wiederaufbauprozeß gekoppelt, indem sie, zeitlich eng begrenzt, als ordnendes Element für den Ressourcenfluß sowie den Ausgleich von Im- und Exporten dienten.

Diese Erkenntnis galt darüber hinaus notabene vor allem für Großbritannien, dessen besondere, sowohl strukturell begründete als auch kriegsbedingte Wiederaufbauinteressen einen Abschied von der Illusion des Machterhalts besonders dringlich gemacht hätten. Das Festhalten am alten Reparationsverständnis, das Moskau prinzipiell die Entnahme von Industriegütern erlaubte, mochte unter den gegebenen machtpolitischen Umständen verständlich, vielleicht sogar unabwendbar erscheinen, war jedoch letztlich die logische Folge eines bis in die unmittelbare Nachkriegszeit dominanten außenpolitischen Ansatzes, der in der Deutschlandpolitik zunächst auf die Kooperation mit dem

Kreml setzte, um den eigenen Machtstatus zu retten und nicht in einer konfrontationsorientierten Nachkriegswelt unvermeidlich zur Zweitklassigkeit abzusteigen. Das „First charge"-Prinzip, das nachhaltige Drängen auf geringe Reparationsentnahmen, wie die Stabilisierungspolitik Londons allgemein waren daher gerade nicht Bestandteil eines ausgearbeiteten, das komplizierte Beziehungsgeflecht von weltwirtschaftlicher Neuordnung, britischem Wiederaufbau und Sicherheitspolitik berücksichtigenden Konzepts, sondern Schadensbegrenzungsmaßnahmen innerhalb einer von einem außenpolitischen Primat getragenen Planungs- und Entscheidungshierarchie.

Der gleiche Gegensatz beherrschte auch den für die britischen Deutschlandplanungen zentralen Begriff der „Economic Security". Keynes beharrte auf einer völligen Neuorientierung der britischen Reparationspolitik. Jenseits des finanztechnischen Transferproblems, das so sehr die Reparationsdiskussion der Zwischenkriegszeit beherrscht hatte[7], lautete sein Befund jetzt, daß, selbst wenn eine Lösung dieses Problems möglich gewesen wäre, Reparationsentnahmen im herkömmlichen Sinne wegen der weiter ausdifferenzierten Interdependenz von rekonstruktionswirtschaftlichen und sicherheitspolitischen Faktoren nicht ratsam waren. Reparationen verstanden als Beitrag Deutschlands zum europäischen Wiederaufbau eröffneten dagegen die Chance, deutsche Ressourcen zur Beseitigung der Kriegsschäden heranzuziehen und die dem alten Reparationsverständnis inhärenten wirtschaftlichen und monetären Folgeprobleme zu umgehen. Ein umfassend entwickeltes Konzept von wirtschaftlicher Sicherheit gegenüber Deutschland war aus Keynes' Sicht zudem eine nicht unwichtige Voraussetzung für die erfolgreiche Durchführung unverzichtbarer Reformen in Großbritannien nach 1945. Eine erste Ausprägung dieses Ansatzes war der Abschlußbericht des Committee on Reparations and Economic Security (Malkin-Report), der wesentliche Impulse durch Keynes erhielt.

Bei der Entwicklung des „Economic Security"-Gedankens während der Kriegszielplanungen kollidierte dieses Verständnis allerdings mit dem traditionellen Interesse Großbritanniens als außenpolitischer Führungsmacht. Ungeachtet durchaus vorhandener Berührungspunkte mit Keynes' Ansichten kam in den Planungen des Foreign Office dem Konzept einer „Economic Security" keine strukturelle Bedeutung zu. Man betrachtete Maßnahmen zur wirtschaftlichen Sicherheit primär nicht als ein Regulativ im Wiederaufbauprozeß; vielmehr stand in den Überlegungen des Außenministeriums die funktionale Bedeutung einer „Economic Security"-Politik gegenüber Deutschland im Vordergrund. Zu Beginn der Diskussionen umschrieb nach Foreign Office-Meinung „wirtschaftliche Sicherheit" als Schlagwort die industrielle Entmilitarisierung und wirtschaftliche Entmachtung Deutschlands. In prägnanter Weise hatte G. M. Wilson vom Northern Department 1942 diesen Zusammenhang beschrieben, als er die zwei Hauptziele britischer Europapolitik umriß: „(a) to prevent a renewal of German aggression and (b) to ensure economic security and a rising standard of living for the peoples of Europe."[8] Im weiteren Verlauf der Planungsdiskussion, und nicht zuletzt unter dem Eindruck der die eigene Tradition in Frage stellenden Stabilisierungsthesen Keynes', wurde, ohne daß allerdings die Beamten die Prämissen ihrer Deutschlandplanungen grundle-

[7] Zur Relevanz des Transferproblems im Kontext beider Weltkriege vgl. die aufschlußreichen Überlegungen von Cairncross, The Price of War, S. 6–11.

[8] Minute G. M. Wilson, 30.4.1942, in: DzD I/3, S. 301–303, hier: S. 303.

gend revidierten, diese Auffassung modifiziert. Der Wert des „Economic Security"-Postulats bemaß sich jetzt vor allem als Schadensbegrenzungsfaktor, der mögliche wirtschaftliche Folgelasten für Großbritannien aus seiner Rolle als Besatzungsmacht der kostenintensivsten Zone abwenden sollte. Er übernahm damit eine wesentliche Stabilisierungsfunktion innerhalb eines dem außenpolitischen Primat gehorchenden Zielrahmens mit der Bewahrung der Großmachtrolle Großbritanniens als Kern[9]. Aus diesen Überlegungen zogen die Beamten des Foreign Office die deutschlandpolitische Konsequenz, daß die Grundversorgung Deutschlands und vor allem der eigenen Besatzungszone im Sinne eines im Vergleich mit den anderen westeuropäischen Staaten „mittleren Lebensstandards" gesichert bleiben müsse, um so negative Rückwirkungen auf den allgemeinen rekonstruktionswirtschaftlichen Ablauf und damit letztlich Belastungen für den britischen Steuerzahler zu vermeiden. Darüber hinaus ließ sich über eine Reparationsregelung, deren prinzipielle Berechtigung London zu keinem Zeitpunkt in Frage stellte, ohne weiteres reden. In dem vom britischen Außenministerium verstandenen Sinn erhält „Economic Security" die Qualität eines „(negativen) Grenzzeichens, d. h. einer politische Handlungsspielräume einschränkenden, Optionen reduzierenden oder eliminierenden (notwendigen) Randbedingung außenpolitischer Entscheidungen"[10]. Ungeachtet der zeitgleich einsetzenden Bemühungen, auf der Basis einer „policy of selection" eine den Ressourcen angepaßte, gleichwohl konzeptionell geschlossene Außenpolitik zu formulieren[11], deuteten bei Kriegsende alle Anzeichen darauf, daß der Optionsrahmen auch in der Folgezeit im wesentlichen von Schadensbegrenzungserwägungen bestimmt wurde.

Keynes' reparations- und deutschlandpolitische Gedanken waren aber auch unauflöslich mit der Frage der zukünftigen Gestaltung des internationalen Handels und der Währungsmärkte verknüpft. Seine Vorschläge hierzu gründeten im Kern auf dem Prinzip der internationalen Zusammenarbeit[12]. Sosehr ihn die Auseinandersetzung mit den nationalsozialistischen Wirtschaftsplänen zur Präzisierung seiner eigenen Vorstellungen gezwungen hatte, sosehr seine Theorien selbst Ausdruck der Kritik am neoklassischen Denken waren, keynesianische und nationalsozialistische Konzepte standen nicht nur in propagandistischer Hinsicht in einem Rivalitätsverhältnis zueinander. Eine Schachtsche Wirtschaftspolitik stellte auch für Keynes bei aller Distanz zu wirtschaftsliberalen Lösungswegen keine bedenkenswerte Alternative dar. Als hervorstechendster Beleg hierfür kann sein Vorschlag zur Bildung einer „Clearing Union" gelten. Sie sollte nicht nur das Weltwirtschafts- und Weltwährungssystem nach dem Krieg langfristig auf eine dauerhafte Grundlage stellen, sondern ein unentwirrbares Netz an Schuldenbeziehungen wie nach dem Ersten Weltkrieg verhindern und Starthilfe für den ökonomischen Wiederaufbau leisten. Ihr kam in Keynes' Denken also eine zentrale Bedeutung für die Übergangszeit zu. Doch auch wenn Keynes' grundsätzliche Zustimmung zu dem langfristigen Ziel eines multilateralen und nichtdiskriminierenden Wirtschaftssystems eine günstige und im großen und ganzen konfliktfreie Basis für die Zusammenarbeit mit den Amerikanern bei der Planung zu schaffen versprach, seine Hoffnungen wurden enttäuscht. Wohl wa-

---

[9] Vgl. den Befund bei Kettenacker, Krieg zur Friedenssicherung, S. 530.
[10] Meyers, Economic Security, S. 55.
[11] Vgl. auch ebenda, S. 56.
[12] Vgl. Harrod, Keynes, S. 525 f., 531.

ren die Vorarbeiten zu Bretton Woods von den Grundsätzen des New Deal und des Keynesianismus geprägt. Die Experten stießen freilich bald auf den Widerstand von Kongreß und Teilen der Öffentlichkeit, die sich nicht geneigt zeigten, auf die besonderen britischen Interessen Rücksicht zu nehmen. Auch wandte sich in Großbritannien nicht zuletzt in der Folge des Lend-Lease-Stops und der weitgehend als enttäuschend bewerteten britisch-amerikanischen Kreditverhandlungen die Stimmung gegen Keynes.

Dadurch war für London und die neue Labour-Regierung im besonderen das Übergangsproblem in der Rekonstruktionsphase aufgeworfen. Die Frage nach der Zukunft Deutschlands, seines Wiederaufbaus und seiner Eingliederung, gewann in dem Maße an Bedeutung, wie Deutschland als ein Land, in dem Großbritannien seinen machtpolitischen Rollenanspruch demonstrativ zu verteidigen suchte, zugleich zu einem der finanziell drückendsten Passivposten im britischen Haushalt wurde. Das vor allem von Keynes thematisierte Dilemma, zwischen einem entmilitarisierten Deutschland, das durch seine langfristig wirksame Befreiung von Rüstungslasten im Wettbewerb um Märkte zum Nachteil der britischen Wirtschaft produzieren konnte, und dem Risiko eines remilitarisierten Deutschland wählen zu müssen, wurde hier präformiert. Wie ein Biograph von Keynes richtig vermerkte, der Plan zur Schaffung einer „Clearing Union" markierte für den Ökonomen die Minimalbedingungen für eine britische Teilnahme an einem Weltwirtschaftssystem, das handelspolitisch liberalen Prinzipien verpflichtet war[13]. Bretton Woods hatte freilich die britischen Anliegen in einem Maße relativiert oder verwässert, daß Keynes' düstere Prognosen für die Wirtschaftslage nach Kriegsende und damit für eine Außenpolitik des Machterhalts einen beängstigenden Wahrheitsgehalt erhielten. Die Rahmenbedingungen für die Deutschlandpolitik der kommenden Jahre waren damit jedenfalls vorgeprägt, und der Spielraum zur Durchsetzung eines möglichen deutschlandpolitischen Konzeptes im britischen Interesse erwies sich, wie insbesondere die Konvertibilitätskrise 1947 bald vor Augen führen sollte, als nur noch gering.

Wie weitsichtig Keynes in seinen deutschlandpolitischen Überlegungen war, zeigt beispielhaft sein ebenfalls zuerst im Zusammenhang mit der Ausarbeitung des Malkin-Reports formulierter Vorschlag eines deutschen Friedensbeitrags, der bereits einen Lösungsweg für die später aktuell werdende Frage einer Wiederbewaffnung der Bundesrepublik skizzierte. Keynes' konstruktive Umdeutung des Reparationsbegriffs stellte letztlich nichts anderes dar als eine weitere Beitragsvariante zum europäischen Wiederaufbau. Neben der Legitimierung von Reparationen aus Gründen der gleichen Verteilung der Verteidigungslasten erwies sich der Beitrag so auch als eine sicherheitspolitische Anbindung Deutschlands an das Friedenssystem, unabhängig davon, ob und gegen wen dieses Sicherheitssystem Stellung beziehen würde. Keynes antizipierte damit die in ihrer Bedeutung für die britische Außenpolitik und den anhaltenden Machtverlust kaum zu überschätzende Auseinandersetzung Whitehalls um die wirtschaftlichen Konsequenzen eines militärischen Beitrages der neuen Bundesrepublik zur westlichen Verteidigung zu Beginn der fünfziger Jahre. Denn die Einsicht, daß eine Stabilisierungspolitik gegenüber Deutschland nach dem Krieg notwendig war und die Abkehr von den Prinzipien von Versailles verlangte, warf für Großbritannien zugleich die Frage nach dem Verhältnis von Entmilitarisierung und Wiederbewaffnung auf. Das Problem, das bereits 1941 von

[13] Vgl. ebenda, S. 567.

Kingsley Martin mit dem treffenden Schlagwort versehen wurde, „that Germany should have the butter and we the guns", sollte jetzt gerade wegen der strukturellen Kontinuität der britischen Deutschlandpolitik eine krisenhafte Verschärfung erleben[14]. Sowohl mit Rücksicht auf Frankreich wie zur Vermeidung eines völligen Bruchs mit der Sowjetunion blieb die Frage eines militärischen Sicherheitsbeitrags Westdeutschlands in London lange Zeit ungeklärt. Als dann der Ost-West-Konflikt noch vor Abschluß der Phase des ökonomischen Wiederaufbaus den Druck verstärkte, die Bundesrepublik auch militärisch in die Formierung der westlichen Allianz einzubeziehen, begannen sich rekonstruktionswirtschaftliche mit verteidigungspolitischen Aspekten zu vermischen. London wurde nun mit dem Problem konfrontiert, wie ein militärischer Beitrag Bonns in seinen wirtschaftlichen Auswirkungen auf Großbritannien eingedämmt werden konnte. Wie schon vor dem Ersten Weltkrieg wurde ein altes Perzeptionsmuster aktiviert, das in Deutschland einen Staat sah, der seine „Unterlegenheit" geschickt in einen wirtschaftlichen Wettbewerbsvorteil umzuwandeln verstand[15].

Für die unmittelbare Nachkriegsphase blieb mithin ein Interessengegensatz in der Formulierung der britischen Außen- und Deutschlandpolitik bestimmend. Die Erfahrungen der Besatzungsrealität sowohl hinsichtlich der Versorgungsengpässe im eigenen Verwaltungsbereich als auch mit Blick auf das Verhalten der Sowjetunion in der SBZ und auf der diplomatischen Bühne verstärkten den Prozeß der Desillusionierung über den eigenen außenpolitischen Handlungsspielraum. So entwickelte sich aus dem Interessengegensatz von Großmachtanspruch und Viermächtekooperation in der Deutschlandpolitik im Verlaufe des Jahres 1946 in logischer Konsequenz für London das Dilemma, aus Gründen der ökonomischen Vernunft vom Prinzip einer zeitaufreibenden Konsensdiplomatie gegenüber Moskau abrücken zu müssen. Wie sich vor allem im Verlaufe der Pariser Außenministerkonferenz des Sommers 1946 bestätigte, erzeugte das Interesse Londons an einer Fortsetzung der Kriegskoalition eine Lähmung des deutschlandpolitischen Entscheidungsprozesses, deren Folgekosten insbesondere in der eigenen Besatzungszone die Regierung bald nicht mehr zu tragen bereit war. Ein Festhalten an diesem Anspruch mußte also ebenfalls den machtpolitischen Abstieg beschleunigen. Zudem demonstrierte die Initiative des US-Außenministers Byrnes, der in Paris Maßnahmen zur Entmilitarisierung Deutschlands vorschlug, daß London zwischen den beiden sich immer stärker als Hauptkontrahenten exponierenden Mächten USA und Sowjetunion zerrieben und weiterer Einflußmöglichkeiten beraubt zu werden drohte. Auch auf die Gefahr hin, kurzfristig in einen potentiellen Interessenkonflikt mit dem zumindest nach außen weiter einen Ausgleich mit Moskau anstrebenden USA zu geraten, leitete Bevin einen „Kurswechsel" ein, der zwar aus außenpolitischer Sicht einen Bruch mit den bisher gültigen Zielen zu signalisieren schien, letztlich aber in längerfristigen Entwicklungsprozessen begründet lag: Die als Folge der Konferenz beginnenden Gespräche über die Zusammenlegung der britischen und amerikanischen Zonen – ein frühes Beispiel von „burden-sharing" – und der vor allem gegenüber dem Kabinett und der Öffentlichkeit vertretene Richtungswechsel zu einer zumindest verbalen Konfrontation mit Moskau müssen vor diesem Hintergrund betrachtet werden. Die insbesondere von

[14] Vgl. Hogan, S. 380–426, besonders S. 393–402 (Kap. „Guns and butter: politics and diplomacy at the end of the Marshall Plan").

[15] Vgl. Peter, Großbritannien.

Rolf Steininger, aber auch anderen, vorgetragene These von einer „Wende" in der britischen Außen- und Deutschlandpolitik im Frühjahr 1946[16] wie auch die daran anknüpfende Auffassung, London habe in deutschlandpolitischen Fragen weniger eine Ad-hoc-Politik verfolgt, sondern durch Bevin seine gestalterische und maßgebliche Einflußkraft gegenüber den beiden Supermächten zurückerlangt[17], muß also angesichts des Befundes der vorliegenden Arbeit, daß man von einer strukturellen Kontinuität der Appeasement-Grundlagen in der Deutschlandpolitik Londons auszugehen hat, in einem entscheidenden Punkt relativiert werden. Die Tatsache, daß namentlich Bevin in der Folgezeit seine außenpolitische Initiativkraft nicht zuletzt gegenüber der westlichen Führungsmacht zu bewahren vermochte, bezog sich vor allem auf die besatzungspolitischen Entscheidungen und signalisierte weniger Stärke im Hinblick auf die deutschlandpolitisch relevanten Weichenstellungen der Folgezeit; vielmehr spiegelte sie die unvermindert schwache Ressourcenbasis Großbritanniens wider und deutete auf eine Defensivstrategie in europapolitischen Fragen hin. Im Sinne jenes bereits in den Kriegszielplanungen definierten Prinzips ging es darum, wenn man schon selbst nicht mehr die spielentscheidenden Trümpfe besaß, so doch den Kartenhalter USA zum „richtigen" Ausspielen der ihren zu veranlassen, um möglichen negativen wirtschaftlichen Konsequenzen insbesondere aus der Deutschlandpolitik vorzubeugen. Dabei eröffnete sich zugleich die Möglichkeit, den Machtanspruch noch einmal zu verdeutlichen.

Abschließend soll auf eine weiterführende, bisher noch offene Frage hingewiesen werden. Blickt man auf den von Keynes besonders herausgestellten Zusammenhang der ökonomischen Dimension der deutschen Frage mit der britischen Innen- und Außenpolitik sowie auf seine daraus entwickelten Stabilisierungsansätze zurück, so bleibt es eine der interessantesten Fragen, warum es nach 1945 in Großbritannien nicht gelang, die von dem Nationalökonomen geschaffenen theoretischen Grundlagen hinsichtlich der internationalen Friedensordnung in einen wirtschafts- und sicherheitspolitischen Konzeptionsvorteil zu verwandeln. Diese Frage gewinnt an Schärfe, wenn man sich in Erinnerung ruft, mit welchem Aufbruchsgeist der erdrutschartige Wahlsieg der Labour Party unmittelbar nach Kriegsende verbunden war und ein Klima schuf, in dem doch gerade, so durfte man erwarten, keynesianische Prinzipien in der Innen- und Außenpolitik zum Durchbruch kommen und Großbritanniens Modernisierungskrise auch mit Blick auf seine neue Machtrolle überwinden helfen würden. War nicht Labour ein Garant dafür, daß es gelingen würde, den Teufelskreis von traditionellem Machtanspruch und ökonomischer Realität zu durchbrechen? Wie die vorliegende Arbeit gezeigt hat, kann dafür nicht allein die orthodoxe Grundhaltung der Beamten des Schatzamtes verantwortlich gemacht werden. Die Debatte über eine mögliche „Keynesianische Revolution" in der britischen Haushaltspolitik nach 1945[18] überschätzt vor diesem Hintergrund die Einflußkraft des „Treasury View".

Zunächst muß hierzu festgestellt werden, daß die Verhandlungen von Bretton Woods und der Verlauf der britisch-amerikanischen Kreditgespräche die Grenzen der internationalen Akzeptanz Keynesscher Konzepte vor Augen führten. Letztlich verhandelte

[16] Vgl. u. a. Steininger, Deutsche Geschichte, S. 167–182; ders., Die britische Deutschlandpolitik; ders., Westdeutschland.

[17] Neben Bullock, Ernest Bevin, vor allem Deighton, The „Frozen Front"; dies., Strategy; dies., The Impossible Peace.

[18] Vgl. oben Kap. I.1, Anm. 3.

Keynes ungeachtet der Innovationskraft seiner Vorlagen aus einer Position der Schwäche heraus mit einem Gegenüber, das bereits in der Zwischenkriegszeit sein wirtschaftspolitisches Credo bewußt in Frontstellung zum Nationalsozialismus gebracht hatte und sich nicht gewillt zeigte, nach dessen Niederschlagung hinsichtlich der Durchsetzung der eigenen Wirtschaftsprinzipien Kompromisse einzugehen. Darüber hinaus verhinderte auch die Traditionsbindung der Beamten des Außenministeriums eine weitergehende Rezeption. Dort war man kaum bereit, die machtpolitischen Konsequenzen einer dem keynesianischen Kalkül gehorchenden Außen- und Sicherheitspolitik zu tragen.

Neben diesen politischen Aspekten muß allerdings noch auf eine konzeptionelle Schwäche von Keynes' Arbeit hingewiesen werden, die möglicherweise ursächlich dafür war, daß er sich nicht durchsetzen konnte. Mit dem etwa gleichzeitig sich entwickelnden Ordoliberalismus der „Freiburger Schule" hatte Keynes die Kritik des Glaubens der Klassiker an einen sich selbst regulierenden Markt gemeinsam. Die Gleichsetzung von Sparkapital und Investitionskapital in der Zauberformel S=I, mit der die Vertreter des Laissez-faire-Prinzips die Forderung nach einer Marktabstinenz des Staates verteidigten, stieß gleichermaßen auf Widerspruch. Beide Seiten betrachteten die anhaltende Krise der ersten Hälfte des Jahrhunderts als eine Krise der Wirtschaftsordnungen, die nach einer Restrukturierung jenseits der Laissez-faire-Orthodoxie einerseits und den verschiedenen Typen der Zentralverwaltungswirtschaft andererseits verlangte. Beide sahen für die Zukunft eine stärkere wirtschaftspolitische Intervention des Staates und insbesondere eine entsprechende Konjunktur- und Vollbeschäftigungspolitik als unverzichtbar an[19]. Während jedoch Keynes weitgehend eine staatliche Währungs- und Preispolitik als Regulativ betrachtete, bestand das Herzstück in der Argumentation Walter Euckens darin, daß der Staat vornehmlich den ordnungspolitischen Rahmen abzustekken hatte, innerhalb dessen die Marktkräfte sich bewegten. Ein offener, konkurrenzfördernder Markt innerhalb einer durch entsprechende Aufsichtsorgane kontrollierten Wettbewerbsordnung – so lautete die Freiburger Devise. Die entscheidende Durchschlagskraft erhielt dieser Ansatz dann allerdings durch Alfred Müller-Armack, der erkannte, daß erst seine Verknüpfung mit sozialen Aspekten die beiden akuten Probleme der Nachkriegszeit – wirtschaftlicher Wiederaufbau bzw. Restrukturierung des Marktes und soziale Frage – zu lösen imstande war[20]. Die so konzipierte Soziale Marktwirtschaft ersetzte das von Eucken vertretene Subsidiaritätsprinzip durch das Solidaritätsprinzip, nach der die soziale Ausgestaltung der Gesellschaft als eine von der Volkswirtschaft als ganze zu tragende Aufgabe begriffen wird. „Die Soziale Marktwirtschaft", formulierte Müller-Armack 1947, „hat nichts mit der Rückkehr zu einem überwundenen Liberalismus zu tun. Es handelt sich bei ihr überhaupt nicht um eine wirtschaftspolitische Ideologie, sondern um eine Organisationsform, die, wie die Erfahrungen der letzten Jahrzehnte beweisen, der Lenkungswirtschaft überlegen ist. [...] Der Marktwirtschaft ist es um eine Nutzbarmachung der unternehmerischen Initiative für die volkswirtschaftlichen Belange zu tun."[21] Diese Betonung einer wesentlich ordnungspolitischen Funktion des Staates in der Wirtschaftspolitik und der Hineinnahme sozialer Ausgleichsmecha-

---

[19] So notierte auch Müller-Armack in der eingangs zitierten Denkschrift vom Juli 1946: „Zur Herstellung der staatlichen Marktfunktion muß in dynamischer Hinsicht eine konjunkturpolitische Planung treten." Müller-Armack, S. 139.

[20] Vgl. dazu Nicholls, S. 164–177.

[21] Müller-Armack, S. 143 f. („Die Konzeption der Sozialen Marktwirtschaft", 1.8.1947).

nismen in diesen Rahmen war es, die das Konzept zu einem durchschlagenden Erfolg machte. Der Aspekt der „sozialen Sicherheit" wurde so über bloße fiskal- und währungspolitische Steuerungsmechanismen hinaus ein integraler Bestandteil der ordnungspolitischen Konzeption der „Sozialen Marktwirtschaft" wie auch des Selbstverständnisses der Bundesrepublik. Die scheinbar bedingungslose Kapitulation der deutschen Wirtschaft vor dem amerikanischen Modell wurde letztlich durch die Idee der „Sozialen Marktwirtschaft" entscheidend relativiert. Damit waren wesentliche Weichen gestellt für die Entschärfung der sozialen Frage in den fünfziger Jahren und die volle Absorption des einsetzenden Wachstumsschubs.

Keynes' Tod im April 1946 markiert auch aus dieser Sicht einen wichtigen Einschnitt: Während der bald einsetzende wirtschaftliche Aufstieg der Bundesrepublik sich scharf von der krisenhaften Entwicklung in Großbritannien absetzte, ging auch die wirtschaftskonzeptionelle Initiative mit dem breiten Erfolg der Ideen Euckens, Müller-Armacks und Ludwig Erhards auf den ehemaligen Feindstaat über. Es sollte jedoch im Bewußtsein bleiben, daß der Beitrag Großbritanniens zu dieser Entwicklung in seiner Bedeutung kaum zu überschätzen ist. Die Kriegsanstrengungen zur Niederwerfung des Nationalsozialismus wie auch die gleichzeitige Auseinandersetzung mit dessen wirtschaftspolitischen Zielen durch Keynes und seinen Expertenkreis trugen wesentlich zu einer Demokratisierung der „Neuordnung", d. h. zur Entwicklung liberaler marktwirtschaftlicher Vorstellungen in der Bundesrepublik bei. Die Neuordnung der Marktmechanismen nach dem Zusammenbruch der Laissez-faire-Epoche, deren Grundlagen Keynes vor dem Hintergrund der nationalsozialistischen Zentralverwaltungswirtschaft formulierte, war auch wichtigstes Anliegen der Neoliberalen. Ungeachtet der Tatsache, daß Großbritannien nicht mehr in der Lage war, sich als politische Führungsmacht durchzusetzen, steht außer Frage, daß Keynes als Wissenschaftler und politischer Berater Voraussetzungen schuf, welche letztlich auch zur konzeptionellen Durchsetzung sozialer Wirtschaftspolitik in der Bundesrepublik beitrugen.

Abkürzungen

ADAP	Akten zur Deutschen Auswärtigen Politik
AER	American Economic Review
AfS	Archiv für Sozialgeschichte
AHR	American Historical Review
APuZ	Aus Politik und Zeitgeschichte. Beilage zur Wochenzeitung „Das Parlament“
APW	Armistice and Postwar Committee
BJIS	British Journal of International Studies
BL	British Library
BLPES	British Library of Political and Economic Science, London School of Economics
BM	British Museum
BT	Board of Trade
CAB	Cabinet Office Records
DA	Deutschland Archiv
DBPO	Documents on British Policy Overseas
DOT	Department of Overseas Trade
DzD	Dokumente zur Deutschlandpolitik
EA	Europa-Archiv
EAC	European Advisory Commission
ECEFP	Executive Committee on Economic Foreign Policy
EcHR	Economic History Review
EIPS	Economic and Industrial Planning Staff
EJ	Economic Journal
FA	Foreign Affairs
FO	Foreign Office/Foreign Office Files
FRUS	Foreign Relations of the United States
GWU	Geschichte in Wissenschaft und Unterricht
H.C.	Parliamentary Debates, Official Report, House of Commons
HJ	Historical Journal
HZ	Historische Zeitschrift
IA	International Affairs
IJ	International Journal
IJGG	Internationales Jahrbuch für Geschichts- und Geographieunterricht

IMF International Monetary Fund

JCH Journal of Contemporary History
JEEH Journal of European Economic History
JLAS Journal of Latin American Studies
JMH Journal of Modern History
JMK The Collected Writings of John Maynard Keynes
JPE Journal of Political Economy

KAG Keesings Archiv der Gegenwart
KCA Keesing's Contemporary Archives
KCKP King's College, Keynes Papers

LBR Lloyds Bank Review

MEW Ministry of Economic Warfare
MGM Militärgeschichtliche Mitteilungen
MSC Military Security Committee

NC Nuffield College
NPL Neue Politische Literatur

OEP Oxford Economic Papers
ORC Overseas Reconstruction Committee

PHPS Post-Hostilities Planning Staff
PPA The Public Papers and Addresses of Franklin D. Roosevelt
PQ Political Quarterly
PREM Prime Minister's Files
PRO Public Record Office
PSQ Political Science Quarterly

R.E.S. Committee on Reparations and Economic Security
RI Revue Internationale

T Treasury Files

VfZ Vierteljahrshefte für Zeitgeschichte

WSC Working Security Committee

ZfG Zeitschrift für Geschichtswissenschaft

Quellen und Literatur

Unveröffentlichte Quellen

1. Public Record Office, Kew, Richmond, Surrey (PRO)
   - BT 60 Board of Trade, Department of Overseas Trade: Correspondence and Papers 1918–1946
   - CAB 65 War Cabinet Minutes 1939–1945
   - CAB 66 War Cabinet Memoranda 1939–1945
   - CAB 80 War Cabinet: Chiefs of Staff Committee, Memoranda 1939–1945
   - CAB 81 War Cabinet: Chiefs of Staff Committees and Sub-Committees to 1947
   - FO 371 General Correspondence: Political
   - FO 942 Economic and Industrial Planning Staff
   - FO 1005 Control Commission for Germany: Records Library
   - PREM 4 Prime Minister's Files
   - T 160 Finance Files 1887–1948
   - T 172 Chancellor of the Exchequer's Office
   - T 175 Hopkins Papers
   - T 230 Economic Advisory Section Files 1939–1959
   - T 245 Treasury Files
   - T 247 Keynes Papers
2. Modern Archive Centre, King's College Library, Cambridge (KC)
   Keynes Papers
3. British Library, London (BL)
   Oliver Harvey Papers
   Cunningham Papers
4. British Library of Political and Economic Science, London School of Economics, London (BLPES)
   Dalton Papers
   James Meade Papers
5. Nuffield College, Oxford (NC)
   Cherwell Papers
   Cripps Papers

Gedruckte Quellen

Akten zur Deutschen Auswärtigen Politik, 1918–1945. Aus dem Archiv des Auswärtigen Amtes. Serie D. Bd. IV: Die Nachwirkungen von München (Oktober 1938 – März 1939), Baden-Baden 1951.

Akten zur Vorgeschichte der Bundesrepublik Deutschland. Hrsg. vom Bundesarchiv und Institut für Zeitgeschichte. 5 Bde., München 1976–1983.

Bevin, Ernest: The Job to Be Done, London 1942.

Bismarck, Otto von: Werke in Auswahl. Bd. 7: Reichsgestaltung und Europäische Friedenswahrung. Dritter Teil: 1883–1890, hrsg. von Alfred Milatz, Darmstadt 1981.

British Documents on the Origins of the War 1898–1914. Hrsg. von G. P. Gooch und Harold Temperley. Bd. III: The Testing of the Entente 1904–6, London 1928.

Churchill, Winston S.: The World Crisis. Bd. 5: The Aftermath, London 1929.

ders.: Memoiren. Bd. III.2: Amerika im Krieg, Stuttgart 1950.

Clarke, Richard: Anglo-American Collaboration in War and Peace 1942–1949, hrsg. von Alec Cairncross, Oxford 1982.

Copy of Treasury Minute, dated 27th January, 1930, Appointing an Economic Advisory Council, London 1930 (Cmd 3478).

Cornides, Wilhelm/Volle, Hermann: Um den Frieden mit Deutschland. Dokumente zum Problem

der deutschen Friedensordnung 1941–1948. Mit einem Bericht von der Londoner Außenministerkonferenz vom 25. November bis 15. Dezember 1947, Oberursel 1948.
Dalton, Hugh: Practical Socialism for Britain, London 1935.
ders.: Hitler's War: Before and After, Harmondsworth 1940.
Deuerlein, Ernst: Die Einheit Deutschlands. Bd. 1: Die Erörterungen und Entscheidungen der Kriegs- und Nachkriegskonferenzen 1941–1949. Darstellung und Dokumente, Frankfurt/M. 1961.
Documents on British Policy Overseas. Series I, Vol. I: The Conference at Potsdam, July – August 1945, hrsg. von Rohan Butler und M. E. Pelly, London 1984.
Documents of British Policy Overseas. Series I, Vol. II: Conferences and Conversations 1945: London, Washington and Moscow, hrsg. von Roger Bullen und M. E. Pelly, London 1985.
Documents on British Policy Overseas. Series I, Vol. III: Britain and America: Negotiation of the United States Loan, 3 August – 7 December 1945, hrsg. von Roger Bullen und M. E. Pelly, London 1986.
Dokumente zur Deutschlandpolitik. I. Reihe/Bd. 1: 3. September 1939 bis 31. Dezember 1941. Britische Deutschlandpolitik, bearb. von Rainer A. Blasius, Frankfurt/M. 1984.
Dokumente zur Deutschlandpolitik. I. Reihe/Bd. 3: 1. Januar bis 31. Dezember 1942. Britische Deutschlandpolitik, bearb. von Rainer A. Blasius, Frankfurt/M. 1989.
Dokumente zur Deutschlandpolitik. II. Reihe/Bd. 1: Die Konferenz von Potsdam, bearb. von Gisela Biewer, Kriftel 1993.
Eden, Anthony: Freedom and Order. Selected Speeches 1939–1946, London 1947.
ders.: The Memoirs of Anthony Eden. The Reckoning, London 1965.
First Interim Report of the Committee on Currency and Foreign Exchanges After the War, London 1918 (Cd 9182).
Final Report of the Committee on Currency and Foreign Exchanges After the War, London 1919 (Cmd 464).
Foreign Relations of the United States. The Conferences at Malta and Yalta, Washington 1955.
Foreign Relations of the United States, 1941, Vol. I: General, Washington 1958.
Foreign Relations of the United States, 1943, Vol. I: General, Washington 1963.
Foreign Relations of the United States, 1944, Vol. I: General, Washington 1966.
Foreign Relations of the United States, 1945, Vol. II: General: Political and Economic Matters, Washington 1967.
Foreign Relations of the United States, 1945, Vol. VI: The British Commonwealth and the Far East, Washington 1968.
Der Friedensvertrag von Versailles. Unter Hervorhebung der abgeänderten Teile mit Inhaltsaufbau, Karten und Sachregister, Berlin 1919.
Harriman, W. Averell/Abel, Elie: In geheimer Mission. Als Sonderbeauftragter Roosevelts bei Churchill und Stalin 1941–1946, Stuttgart 1979.
Harvey, John (Hrsg.): The War Diaries of Oliver Harvey, London 1978.
Howson, Susan (Hrsg.): The Collected Papers of James Meade. Bd. I: Employment and Inflation, London 1988.
dies. (Hrsg.): The Collected Papers of James Meade. Bd. III: International Economics, London 1988.
Hull, Cordell: The Memoirs of Cordell Hull, 2 Bde., London 1948.
Jacobsen, Hans-Adolf (Hrsg.): Der Weg zur Teilung der Welt. Politik und Strategie 1939–1945, Koblenz 1977.
Joint Statement by Experts on the Establishment of an International Monetary Fund, London 1944 (Cmd 6519).
Jones, Thomas: Whitehall Diary, hrsg. von Keith Middlemas, Bd. I, London 1969.
Leith-Ross, Frederick: Money Talks: Fifty Years of International Finance, London 1968.
Notter, Harvey: Postwar Foreign Policy Preparation, 1939–1945, Washington 1949.
Parliamentary Debates, Official Report, House of Commons, Fifth Series.
Pimlott, Ben (Hrsg.): The Second World War Diaries of Hugh Dalton, 1940–1945, London/Basingstoke 1986.
The Public Papers and Addresses of Franklin D. Roosevelt. Bd. 1940, London 1941.
The Public Papers and Addresses of Franklin D. Roosevelt. Bd. 1941, London 1950.

Report of the Committee on Finance and Industry [Macmillan Committee], London 1931 (Cmd 3897).
Report of the Committee on National Expenditure, London 1931 (Cmd 3920).
Robbins, Lionel: Autobiography of an Economist, London 1971.
Royal Commission on the Depression of Trade and Industry. Parliamentary Papers 1886, Bde. XXI-XXIII.
Ruhl, Klaus (Hrsg.): Neubeginn und Restauration. Dokumente zur Vorgeschichte der Bundesrepublik Deutschland 1945–1949, München 1982.
Die Ruhrfrage 1945/46 und die Entstehung des Landes Nordrhein-Westfalen. Britische, französische und amerikanische Akten. Eingel. und bearb. von Rolf Steininger. Vierte Reihe, Bd. 4 der Reihe: Quellen zur Geschichte des Parlamentarismus und der politischen Parteien, hrsg. von Karl Dietrich Bracher, Rudolf Morsey und Hans-Peter Schwarz, Düsseldorf 1988.
Smith, Jean Edward (Hrsg.): The Papers of General Lucius D. Clay: Germany 1945–1949, Bloomington, IN/London 1974.
Spaak, Paul-Henri: Memoiren eines Europäers, Hamburg 1969.
Ursachen und Folgen. Vom deutschen Zusammenbruch 1918 und 1945 bis zur staatlichen Neuordnung Deutschlands in der Gegenwart. Eine Urkunden- und Dokumentensammlung zur Zeitgeschichte, Berlin o. J.
Welles, Sumner: Where Are We Heading?, London 1947.
Woodward, Llewellyn: British Foreign Policy in the Second World War, London 1962.
ders.: British Foreign Policy in the Second World War, Bd. 5, London 1976.

Periodika

The Economist
Financial News
Keesings Archiv der Gegenwart
Keesing's Contemporary Archives
New Statesman
The Times

Literatur

Abrams, Philip: The Failure of Social Reform, 1918–1920, in: Past and Present 24 (1963), S. 43–64.
Adams, R. J. Q.: British Politics and Foreign Policy in the Age of Appeasement, 1935–39, London/Basingstoke 1993.
Addison, Paul: The Road to 1945. British Politics and the Second World War, London 1975.
Ahmann, Rolf: Nichtangriffspakte: Entwicklung und operative Nutzung in Europa 1922–1939, Baden-Baden 1988.
Angermann, Erich: Die Vereinigten Staaten von Amerika seit 1917, München [6]1978.
Aron, Raymond: Frieden und Krieg. Eine Theorie der Staatenwelt, Frankfurt/M. 1986.
Ashworth, William: An Economic History of England 1870–1939, London 1960.
Backer, John H.: Priming the German Economy. American Occupational Policies, 1945–1948, Durham, NC 1971.
ders.: Die Entscheidung zur Teilung Deutschlands. Amerikas Deutschlandpolitik 1943–1948, München 1981.
Ballakins, Nicholas: Germany Under Direct Controls. Economic Aspects of Industrial Disarmament, New Brunswick, NJ 1964.
Balfour, Michael: Propaganda in War 1939–1945. Organisations, Policies and Publics in Britain and Germany, London u. a. 1979.
Barraclough, Geoffrey: An Introduction to Contemporary History, Harmondsworth 1967.
Bateman, Bradley W./Davis, John B. (Hrsg.): Keynes and Philosophy. Essays on the Origins of Keynes's Thought, Aldershot 1991.

Baumgart, Winfried: Der Imperialismus. Idee und Wirklichkeit der englischen und französischen Kolonialexpansion 1880–1914, Wiesbaden 1975.

Becker, Josef/Knipping, Franz (Hrsg.): Power in Europe? Great Britain, France, Italy and Germany in a Postwar World, 1945–1950, Berlin/New York 1986.

Berghahn, Volker R.: Westdeutsche Unternehmer, Weltmarkt und Wirtschaftsordnung – Zur Bedeutung des Kartellgesetzes, in: Lothar Albertin/Werner Link (Hrsg.), Politische Parteien auf dem Weg zur parlamentarischen Demokratie in Deutschland. Entwicklungslinien bis zur Gegenwart, Düsseldorf 1981, S. 301–324.

ders.: Deutschland, Amerika und die „Neuordnung" der Weltwirtschaft 1933–1960, in: NPL 29 (1984), S. 335–350.

ders.: Unternehmer und Politik in der Bundesrepublik, Frankfurt/M. 1985.

Beveridge, William H.: Power and Influence, London 1953.

Biven, W. Carl: Who Killed John Maynard Keynes? Conflicts in the Evolution of Economic Policy, Homewood, IL 1989.

Blasius, Rainer A.: Zur Einführung, in: Dokumente zur Deutschlandpolitik I/3 (1942), S. IX-LXXXIV.

Block, Fred L.: The Origins of International Economic Disorder. A Study of United States International Monetary Policy from World War II to the Present, Berkeley-Los Angeles, CA/London 1977.

Blum, John Morton: From the Morgenthau Diaries. Years of War 1941–1945, Boston 1967.

Böhm, Stephan: Teil und Ganzes. Einige Bemerkungen aus ökonomischer Sicht oder: Smith, Keynes und die heutigen, in: Karl Acham/Winfried Schulze (Hrsg.), Teil und Ganzes. Zum Verhältnis von Einzel- und Gesamtanalyse in Geschichts- und Sozialwissenschaften (Theorie und Geschichte Bd. 6), München 1990, S. 45–71.

Booth, Alan: The „Keynesian Revolution" in Economic Policy-Making, in: EcHR 36 (1983), S. 103–123.

ders.: Defining a „Keynesian Revolution", in: EcHR 37 (1984), S. 263–267.

ders.: The „Keynesian Revolution" and Economic Policy-Making: A Reply, in: EcHR 38 (1985), S. 101–106.

ders.: Economic Advice at the Centre of British Government, 1939–1941, in: HJ 29 (1986), S. 655–675.

ders.: British Economic Policy 1931–49. Was There a Keynesian Revolution?, Brighton 1989.

ders./Glyn, Sean: Unemployment in the Interwar Period: A Multiple Problem, in: JCH 10 (1975), S. 611–636.

Borchardt, Knut: Keynes' „Nationale Selbstgenügsamkeit" von 1933. Ein Fall von kooperativer Selbstzensur, in: Zeitschrift für Wirtschafts- und Sozialwissenschaften 108 (1988), S. 271–284.

Bourne, Kenneth: Britain and the Balance of Power in North America, 1815–1908, London 1967.

ders.: The Foreign Policy of Victorian England 1830–1902, Oxford 1970.

Boyle, Timothy: New Light on Lloyd George's Mansion House Speech, in: HJ 23 (1980), S. 431–433.

Bracher, Karl Dietrich: Die Krise Europas 1917–1975, Frankfurt/M. u. a. 1976.

Braithwaite, Richard B.: Keynes as a Philosopher, in: Milo Keynes (Hrsg.), Essays on Keynes, S. 237–246.

Bridges, Edward: Treasury Control, London 1950.

Brooke, Stephen: Revisionists and Fundamentalists: The Labour Party and Economic Policy During the Second World War, in: HJ 32 (1989), S. 157–175.

Buchheim, Christoph: Aspects of XIXth Century Anglo-German Trade Rivalry Reconsidered, in: JEEH 10 (1981), S. 273–289.

Bullock, Alan: The Life and Times of Ernest Bevin. Bd. II: Minister of Labour 1940–1945, London 1967.

ders.: Ernest Bevin: Foreign Secretary 1945–1951, London 1983.

Burk, Kathleen: Britain, America and the Sinews of War, 1914–1918, Boston u. a. 1985.

Burridge, Trevor: British Labour and Hitler's War, London 1976.

Buxton, Neil/Aldcroft, Derek H. (Hrsg.): British Industry Between the Wars. Instability and Industrial Development 1919–1939, London 1979.

Cain, P. J.: Political Economy in Edwardian England: The Tariff Reform Controversy, in: Allan O'Day (Hrsg.), The Edwardian Age. Conflict and Stability 1900–1914, London 1979, S. 35–59.

ders.: Economic Foundations of British Overseas Expansion, 1815–1919, London/Basingstoke 1980.
ders./Hopkins, A. G.: The Political Economy of British Expansion Overseas, 1750–1914, in: EcHR 33 (1980), S. 463–490.
ders./Hopkins, A. G.: British Imperialism: Innovation and Expansion 1688–1914, London/New York 1993.
ders./Hopkins, A. G.: British Imperialism: Crisis and Deconstruction 1914–1990, London/New York 1993.
Cairncross, Alec: Years of Recovery. British Economic Policy, 1945–51, London/New York 1985.
ders.: The Price of War: British Policy on German Reparations, 1941–1949, Oxford 1986.
ders./Watts, Nita: The Economic Section 1939–1961. A Study in Economic Advising, London/New York 1989.
Carlton, David: Anthony Eden. A Biography, London 1981.
Carr, W.: John Maynard Keynes and the Treaty of Versailles, in: Thirlwall (Hrsg.), Keynes as a Policy Adviser, S. 77–108.
Chester, Norman: The Role of Economic Advisers in Government, in: Thirlwall (Hrsg.), Keynes as a Policy Adviser, S. 126–159.
Church, R. A.: The Great Victorian Boom 1850–1873, London/Basingstoke 1975.
Clarke, Peter: The Keynesian Revolution in the Making 1924–1936, Oxford 1990.
Cleveland, Harold van B.: The International Monetary System in the Interwar Period, in: Rowland (Hrsg.), Balance of Power, S. 3–59.
Coghlan, F.: Armaments, Economic Policy and Appeasement. Background to British Foreign Policy 1931–7, in: History 57 (1972), S. 205–216.
Crabtree, Derek/Thirlwall, A. P. (Hrsg.): Keynes and the Bloomsbury Group. The Fourth Keynes Seminar Held at the University of Canterbury 1978, London 1980.
Crapole, Edward P.: From Anglophobia to Fragile Rapprochement: Anglo-American Relations in the Early Twentieth Century, in: Hans-Jürgen Schröder (Hrsg.), Confrontation and Cooperation. Germany and the United States in the Era of World War I, 1900–1924, Providence, RI/Oxford 1993, S. 13–31.
Dallek, Robert: Franklin D. Roosevelt and American Foreign Policy, 1932–1945, New York 1979.
Davis, J. B.: Keynes's View of Economics as a Moral Science, in: Bateman/Davis (Hrsg.), Keynes and Philosophy, S. 89–103.
DeConde, Alexander (Hrsg.): Encyclopedia of American Foreign Policy. Studies of the Principal Movements and Ideas, 3 Bde., New York 1978.
Deighton, Anne: The „Frozen Front“: The Labour Government, the Division of Germany and the Origins of the Cold War, 1945–7, in: IA 63 (1987), S. 449–465.
dies.: Towards a „Western“ Strategy: The Making of British Policy Towards Germany, 1945–46, in: dies. (Hrsg.), Britain and the First Cold War, London/Basingstoke 1990, S. 53–70.
dies.: The Impossible Peace. Britain, the Division of Germany and the Origins of the Cold War, Oxford 1990.
Drummond, Ian M.: Britain and the World Economy 1900–1945, in: Floud/McCloskey (Hrsg.), Economic History, Bd. II, S. 286–307.
ders.: The Gold Standard and the International Monetary System 1900–1939, London/Basingstoke 1987.
Durbin, Elizabeth: New Jerusalems. The Labour Party and the Economics of Democratic Socialism, London 1985.
Duroselle, S. J. B.: Art. „Treaties“, in: DeConde (Hrsg.), Encyclopedia, Bd. III, S. 961–979.
Ebersold, Bernd: Machtverfall und Machtbewußtsein. Britische Friedens- und Konfliktlösungsstrategien 1918–1956, München 1992.
Edel, Leon: Bloomsbury: A House of Lions, Harmondsworth 1981.
Eichholtz, Dietrich: Geschichte der deutschen Kriegswirtschaft. Bd. I: 1939–1941, Berlin (Ost) 1971.
Einzig, Paul: Hitler's „New Order“ in Theory and Practice, in: EJ 51 (1941), S. 1–18.
ders.: Hitler's „New Order“ in Europe, London 1941.
ders.: A Plan for Germany's Economic Disarmament, in: EJ 52 (1942), S. 176–185.
Eucken, Walter: Grundsätze der Wirtschaftspolitik, hrsg. von Edith Eucken und K. Paul Hensel, Tübingen [6]1990.

Feinstein, Charles H.: Statistical Tables of National Income, Expenditure and Output of the United Kingdom, 1855–1965, Cambridge 1972.
ders.: Capital Accumulation and the Industrial Revolution, in: Floud/McCloskey (Hrsg.), Economic History, Bd. I, S. 128–142.
Floud, Roderick/McCloskey, Donald (Hrsg.): The Economic History of Britain Since 1700. Bd. I: 1700–1860, Cambridge 1981.
ders./McCloskey, Donald (Hrsg.): The Economic History of Britain Since 1700. Bd. II: 1860 to the 1970s, Cambridge 1981.
Foschepoth, Josef: Britische Deutschlandpolitik zwischen Jalta und Potsdam, in: VfZ 30 (1982), S. 675–714.
ders.: Großbritannien und die Deutschlandfrage auf den Außenministerkonferenzen 1946/47, in: Foschepoth/Steininger (Hrsg.), Britische Deutschland- und Besatzungspolitik, S. 65–85.
ders.: British Interest in the Division of Germany after the Second World War, in: JCH 21 (1986), S. 391–411.
ders./Steininger, Rolf (Hrsg.): Britische Deutschland- und Besatzungspolitik 1945–1949, Paderborn 1985.
ders. (Hrsg.): Kalter Krieg und Deutsche Frage. Deutschland im Widerstreit der Mächte 1945–1952, Göttingen/Zürich 1985.
Frankel, Joseph: Die geistigen Grundlagen der britischen Außenpolitik, in: Karl Kaiser/Roger Morgan (Hrsg.), Strukturwandlungen der Außenpolitik in Großbritannien und der Bundesrepublik, München/Wien 1970, S. 73–93.
French, John: The Rise and Fall of „Business as Usual", in: Kathleen Burk (Hrsg.), War and the State. The Transformation of British Government, Boston/Sydney 1982, S. 7–31.
Frohn, Axel: Neutralisierung als Alternative zur Westintegration. Die Deutschlandpolitik der Vereinigten Staaten von Amerika 1945–1949, Frankfurt/M. 1985.
ders.: Der „Rapallo-Mythos" und die deutsch-amerikanischen Beziehungen, in: Jost Dülffer/Bernd Martin/Günter Wollstein (Hrsg.), Deutschland in Europa. Kontinuität und Bruch. Gedenkschrift für Andreas Hillgruber, Berlin 1990, S. 135–153.
Gaddis, John Lewis: The United States and the Origins of the Cold War, 1941–1947, New York 1972.
Galbraith, John Kenneth: How Keynes Came to America, in: Milo Keynes (Hrsg.), Essays on Keynes, S. 132–141.
Gall, Lothar: Europa auf dem Weg in die Moderne 1850–1890, München 1984.
Gardner, Lloyd C.: Economic Aspects of New Deal Diplomacy, Madison, WI 1964.
ders.: Safe for Democracy. The Anglo-American Response to Revolution, 1913–1923, New York/Oxford 1984.
Gardner, Richard N.: Sterling-Dollar Diplomacy in Current Perspective. The Origins and the Prospects of Our International Economic Order, New York [3]1980.
Gebele, Hubert: Die Probleme von Krieg und Frieden in Großbritannien während des Ersten Weltkriegs. Regierung, Parteien und öffentliche Meinung in der Auseinandersetzung über Kriegs- und Friedensziele, Frankfurt/M. u. a. 1987.
Gilbert, Martin: Winston S. Churchill. Bd. V: 1922–1939, London 1976.
ders.: Finest Hour. Winston S. Churchill 1939–1941, London 1983.
ders.: Road to Victory. Winston S. Churchill 1941–1945, London 1986.
ders./Gott, Richard: The Appeasers, London [2]1967.
Girault, René: Léon Blum, la dévaluation de 1936 et la conduite de la politique extérieur de la France, in: RI 13 (1978), S. 91–109.
Gorst, Anthony: British Military Planning for Postwar Defence, 1943–45, in: Deighton (Hrsg.), Britain and the First Cold War, London/Basingstoke, S. 91–108.
Graml, Hermann: Die Alliierten und die Teilung Deutschlands. Konflikte und Entscheidungen 1941–1948, Frankfurt/M. 1985.
Greenwood, Sean: Frank Roberts and the „Other" Long Telegram: The View From the British Embassy in Moscow, March 1946, in: JCH 25 (1990), S. 103–122.
Gruner, Wolf D.: The British Political, Social and Economic System and the Decision for Peace and War. Reflections on Anglo-German Relations 1800–1939, in: BJIS 6 (1980), S. 189 ff.
Guillebaud, C. W.: Hitler's New Economic Order for Europe, in: EJ 50 (1940), S. 449–460.

Hampe, Peter: Die „ökonomische Imperialismustheorie". Kritische Untersuchungen, München 1976.
Hancock, W. K./Gowing, M. M.: The British War Economy, London 1949.
Harris, Kenneth: Attlee, London 1982.
Harris, Seymour E.: John Maynard Keynes. Economist and Policy Maker, New York 1955.
Harrod, Roy F.: The Life of John Maynard Keynes, London 1951.
ders.: The Prof, London 1969.
Hathaway, Robert M.: Ambiguous Partnership. Britain and America 1944–1947, New York 1981.
Hawtrey, R. G.: The Gold Standard, in: EJ 29 (1919), S. 428–442.
ders.: Public Expenditure and the Demand for Labour, in: Economica 5 (1925), S. 38–48.
Hearden, Patrick J.: Roosevelt Confronts Hitler. America's Entry Into World War II, Dekalb, IL 1987.
Henke, Klaus-Dietmar: Die amerikanische Besatzung Deutschlands, München 1995.
Hennessy, Peter: Whitehall, London 1989.
Hession, Charles M.: John Maynard Keynes. A Personal Biography of the Man Who Revolutionized Capitalism and the Way We Live, New York 1984.
Hildebrand, Klaus: „British Interests" und „Pax Britannica". Grundfragen englischer Außenpolitik im 19. und 20. Jahrhundert, in: HZ 221 (1975), S. 623–639.
ders.: Das vergangene Reich. Deutsche Außenpolitik von Bismarck bis Hitler, Stuttgart 1995.
Hillgruber, Andreas: Europa in der Weltpolitik der Nachkriegszeit 1945–1963, München [3]1987.
Hobsbawm, Eric: Industry and Empire. From 1750 to the Present Day, London 1968.
Hobson, John A.: Imperialism. A Study, London [2]1905 (dt.: Der Imperialismus, Köln/Berlin 1968).
Hoffman, Ross J. S.: Great Britain and the German Trade Rivalry, 1875–1914, Philadelphia, PA 1933.
Hogan, Michael J.: The Marshall Plan: America, Britain and the Reconstruction of Western Europe 1947–1952, Cambridge 1987.
Holbo, Paul S.: Art. „Trade and Commerce", in: DeConde (Hrsg.), Encyclopedia, Bd. III, S. 945–960.
Howson, Susan: Tabled Paper: Hawtrey and the Real World, in: G. C. Harcourt (Hrsg.), Keynes and His Contemporaries. The Sixth and Centennial Keynes Seminar Held at the University of Kent at Canterbury, 1983, London 1985, S. 142–188.
Howson, Susan/Winch, Donald: The Economic Advisory Council 1930–1939. A Study in Economic Advice During Depression and Recovery, Cambridge 1977.
Huizinga, Johan: Über eine Formveränderung der Geschichte, in: ders., Im Bann der Geschichte. Betrachtungen und Gestaltungen, Basel 1943, S. 107–128.
Hurwitz, S. J.: State Intervention in Great Britain: A Study of Economic Control and Social Response, 1914–1919, London 1949.
Imlah, Albert: Economic Elements in the Pax Britannica. Studies in British Foreign Trade in the Nineteenth Century, Cambridge, MA 1958.
James, Harold: Deutschland in der Weltwirtschaftskrise 1924–1936, Stuttgart 1988.
Jerchow, Friedrich: Deutschland in der Weltwirtschaft 1944–1947. Alliierte Deutschland- und Reparationspolitik und die Anfänge der westdeutschen Außenpolitik, Düsseldorf 1978.
Joffe, Josef: Macht und Mächte in der internationalen Politik. Zum Strukturwandel des internationalen Systems, in: Klaus Dieter Schwarz (Hrsg.), Sicherheitspolitik. Analysen zur politischen und militärischen Sicherheit, Bad Honnef [3]1978, S. 25–54.
Johnson, Elizabeth: John Maynard Keynes: Scientist or Politician?, in: JPE 82 (1974), S. 25–54.
Jones, Byrd L.: The Role of Keynesians in Wartime Policy and Postwar Planning, 1940–1946, in: AER, Papers and Proceedings 62 (1972), S. 116–124.
Junker, Detlef: Der unteilbare Weltmarkt. Das ökonomische Interesse in der Außenpolitik der USA 1933–1941, Stuttgart 1975.
Kahn, A. E.: Great Britain in the World Economy, London 1946.
Kahn, Richard F.: The Making of Keynes' General Theory, Cambridge 1984.
Karnes, Thomas L.: Art. „Pan-Americanism", in: DeConde (Hrsg.), Encyclopedia, Bd. II, S. 730–741.
Kennedy, Paul M.: The Tradition of Appeasement in British Foreign Policy 1865–1939, in: ders., Strategy and Diplomacy 1870–1945. Eight Studies, London 1983, S. 15–39 (zuerst in: BJIS 2 (1976), S. 195–212).

ders.: The Rise of the Anglo-German Antagonism 1860–1914, London 1980.
ders.: The Realities Behind Diplomacy. Background Influences on British External Policy 1865–1980, London 1981.
Kessel, Martina: Westeuropa und die deutsche Teilung. Englische und französische Deutschlandpolitik auf den Außenministerkonferenzen 1945–1947, München 1989.
Kettenacker, Lothar: The Anglo-Soviet Alliance and the Problem of Germany, 1941–1945, in: JCH 17 (1982), S. 435–458.
ders.: Die anglo-amerikanischen Planungen für die Kontrolle Deutschlands, in: Foschepoth (Hrsg.), Kalter Krieg und Deutsche Frage, S. 66–87.
ders.: Krieg zur Friedenssicherung. Die Deutschlandplanung der britischen Regierung während des Zweiten Weltkrieges, Göttingen/Zürich 1989.
Keynes, John Maynard: The Collected Writings of John Maynard Keynes, hrsg. von Austin Robinson und Donald Moggridge.
- Bd. II: The Economic Consequences of the Peace, London/Basingstoke 1971.
- Bd. IV: A Tract on Monetary Reform, London/Basingstoke 1971.
- Bd. VI: A Treatise on Money, London/Basingstoke 1971.
- Bd. VII: The General Theory of Employment, Interest and Money, London/Basingstoke 1973.
- Bd. VIII: A Treatise on Probability, London/Basingstoke 1973.
- Bd. IX: Essays in Persuasion, London/Basingstoke 1972.
- Bd. X: Essays in Biography, London/Basingstoke 1972.
- Bd. XI: Economic Articles and Correspondence: Academic, London/Basingstoke 1983.
- Bd. XIV: The General Theory and After. Part II: Defence and Development, London/Basingstoke 1973.
- Bd. XVI: Activities 1914–1919: The Treasury and Versailles, London/Basingstoke 1971.
- Bd. XVII: Activities 1920–1922: Treaty Revision and Reconstruction, London/Basingstoke 1977.
- Bd. XVIII: Activities 1922–1932: The End of Reparations, London/Basingstoke 1978.
- Bd. XIX: Activities 1922–1929: The Return to Gold and Industrial Policy, London/Basingstoke 1981.
- Bd. XX: Activities 1929–1931: Rethinking Employment Policies, London/Basingstoke 1981.
- Bd. XXI: Activities 1931–1939: World Crisis and Policies in Britain and America, London/Basingstoke 1982.
- Bd. XXII: Activities 1939–1945: Internal War Finance, London/Basingstoke 1978.
- Bd. XXIII: Activities 1940–1943: External War Finance, London/Basingstoke 1979.
- Bd. XXIV: Activities 1944–1946: The Transition to Peace, London/Basingstoke 1979.
- Bd. XXV: Activities 1940–1944: Shaping the Post-War World: The Clearing Union, London/Basingstoke 1980.
- Bd. XXVI: Activities 1941–1946: Shaping the Post-War World: Bretton Woods and Reparations, London/Basingstoke 1980.
- Bd. XXVII: Activities 1940–1946: Shaping the Post-War World: Employment and Commodities, London/Basingstoke 1980.

Keynes, Milo (Hrsg.): Essays on John Maynard Keynes, Cambridge 1975.
Kimball, Warren F.: The Most Unsordid Act. Lend Lease, 1939–1941, Baltimore, MD 1969.
ders.: Lend Lease and the Open Door: The Temptation of British Opulence, 1937–1942, in: PSQ 86 (1971), S. 232–259.
Kolko, Gabriel: The Politics of War. The World and United States Foreign Policy, 1943–1945, New York 1968.
Krasner, Stephen D.: State Power and the Structure of International Trade, in: World Politics 28 (1976), S. 317–347.
Krieger, Wolfgang: General Lucius D. Clay und die amerikanische Deutschlandpolitik 1945–1949, Stuttgart 1987.
Lademacher, Horst: Die britische Sozialisierungspolitik im Rhein-Ruhr-Raum, in: Scharf/Schröder (Hrsg.), Die Deutschlandpolitik Großbritanniens, S. 51–92.
Lambert, P.: The Social Philosophy of John Maynard Keynes [1963], in: John C. Wood (Hrsg.), John Maynard Keynes. Critical Assessments. Bd. I, London/Canberra 1983, S. 342–372.
Langer, William L./Gleason, S. Everett: The Undeclared War, New York 1953.

Larres, Klaus: Politik der Illusionen. Churchill, Eisenhower und die deutsche Frage 1945–1955, Göttingen/Zürich 1995.

Levy, Paul: The Bloomsbury Group, in: Milo Keynes (Hrsg.), Essays on Keynes, S. 60–72.

Lewis, Julian: Changing Direction. British Military Planning for Post-war Strategic Defence, 1942–1947, London 1988.

Link, Werner: Der Ost-West-Konflikt. Die Organisation der internationalen Beziehungen im 20. Jahrhundert, Stuttgart 1980.

Lloyd, E. M. H.: Experiments in State Control, Oxford 1924.

Loth, Wilfried: Die Teilung der Welt. Geschichte des Kalten Krieges 1941–1955, München 1980.

ders.: Welches Jalta? Überlegungen zur Spaltung Europas, in: Merkur 39 (1985), S. 24–34.

McCloskey, Donald: The Industrial Revolution 1780–1860: A Survey, in: Floud/McCloskey (Hrsg.), Economic History, Bd. I, S. 103–127.

MacDonald, C. A.: The Politics of Intervention: The United States and Argentina, 1941–1946, in: JLAS 12 (1980), S. 365–396.

Mai, Gunther: „Händler und Helden". Großbritannien in der Zeit des Ersten Weltkrieges, in: NPL 32 (1987), S. 33–52.

Mann, Golo: Neunzehnhundertfünfundvierzig, in: ders. (Hrsg.), Propyläen Weltgeschichte. Eine Universalgeschichte. Bd. 10: Die Welt von heute, Berlin u. a. 1961, S. 21–39.

Mantoux, Etienne: The Carthaginian Peace, or The Economic Consequences of Mr. Keynes, London 1946.

Martin, Bernd: Amerikas Durchbruch zur politischen Weltmacht. Die interventionistische Globalstrategie der Regierung Roosevelt 1933–1941, in: MGM 2 (1981), S. 57–98.

Mastny, Vojtech: Soviet War Aims at the Moscow and Teheran Conferences 1943, in: JMH 47 (1975), S. 481–504.

Mathias, Peter: The First Industrial Nation. An Economic History of Britain 1700–1914, London/New York [2]1983.

Mayer, Arno J.: Political Origins of the New Diplomacy, 1917–1918, New Haven, CN 1959.

Meade, James E.: Bretton Woods, Havanna and the United Kingdom Balance of Payments, in: LBR 7 (1948), S. 1–18.

Meyers, Reinhard: Britische Sicherheitspolitik 1934–1938. Studien zum außen- und sicherheitspolitischen Entscheidungsprozeß, Düsseldorf 1976.

ders.: Die vierte Teilstreitkraft. Industrie, Handel und Finanz in der britischen Aufrüstung der dreißiger Jahre, in: NPL 26 (1981), S. 191–212.

ders.: Economic Security – Leitstern oder Grenzzeichen der britischen Europapolitik 1944/45?, in: Schmidt (Hrsg.), Großbritannien und Europa, S. 43–56.

Middleton, Roger: The Treasury in the 1930s: Political and Administrative Constraints to Acceptance of the „New" Economics, in: OEP 34 (1982), S. 48–77.

Milward, Alan S.: The Economic Effects of the Two World Wars on Britain, London/Basingstoke [2]1984.

Mock, Wolfgang: Imperiale Herrschaft und nationales Interesse. „Constructive Imperialism" oder Freihandel in Großbritannien vor dem Ersten Weltkrieg, Stuttgart 1982.

Moggridge, Donald E.: British Monetary Policy, 1924–1931. The Norman Conquest of $ 4.86, Cambridge 1972.

ders.: Keynes, London 1976.

ders.: Maynard Keynes. An Economist's Biography, London/New York 1992.

Mommsen, Wolfgang J.: Nationale und ökonomische Faktoren im britischen Imperialismus vor 1914, in: HZ 206 (1968), S. 618–664.

ders.: Das Zeitalter des Imperialismus, Frankfurt/M. 1969.

ders.: Imperialismustheorien. Ein Überblick über die neueren Imperialismusinterpretationen, Göttingen 1977.

ders.: Die Entstehung der Kriegszielrede Lloyd Georges am 5.1.1918, in: Werner Pöls (Hrsg.), Staat und Gesellschaft im politischen Wandel. Beiträge zur Geschichte der modernen Welt, Wiesbaden 1979, S. 446–468.

ders.: Zur Entwicklung des Englandbildes der Deutschen, in: Lothar Kettenacker/Manfred Schlenke/Hellmut Seier (Hrsg.), Studien zur Geschichte Englands und der deutsch-britischen Beziehungen, München 1981, S. 375–397.

ders.: Two Centuries of Anglo-German Relations. A Reappraisal, German Historical Institute London, London 1984.

ders.: Britain and Germany 1800 to 1914. Two Developmental Paths Towards Industrial Society, London 1984 (German Historical Institute London. The 1985 Annual Lecture).

ders./Kettenacker, Lothar (Hrsg.): The Fascist Challenge and the Policy of Appeasement, London 1983.

Morgan, Kenneth O.: Labour in Power 1945–1951, Oxford 1984.

Müller, Gloria: Sicherheit durch wirtschaftliche Stabilität? Die Rolle der Briten bei der Auseinandersetzung der Alliierten um die Stahlquote des 1. Industrieplanes vom 26. März 1946, in: Petzina/Euchner (Hrsg.), Wirtschaftspolitik, S. 65–86.

Müller-Armack, Alfred: Die Anfänge der Sozialen Marktwirtschaft – Zugleich eine Dokumentation ihrer Entwicklung in den Jahren 1945, 1946, 1947, 1948, in: Richard Löwenthal/Hans-Peter Schwarz (Hrsg.), Die zweite Republik. 25 Jahre Bundesrepublik Deutschland – eine Bilanz, Stuttgart 1974, S. 123–148.

Neale, R. G.: Great Britain and United States Expansion, 1898–1900, East Lansing, MI 1966.

Newton, Scott: The Keynesian Revolution Debate: Time for a New Approach?, in: Anthony Gorst/Lewis Johnman/W. Scott Lucas (Hrsg.), Contemporary British History 1931–61. Politics and the Limits of Policy, London/New York 1991, S. 75–79.

Nicholls, Anthony: The Other Germany – the „Neo-Liberals“, in: R. J. Bullen/H. Pogge von Strandmann/A. B. Polonsky (Hrsg.), Ideas Into Politics. Aspects of European History 1880–1950, London/Sydney 1984, S. 164–177.

Niedhart, Gottfried: Friede als nationales Interesse: Großbritannien in der Vorgeschichte des Zweiten Weltkrieges, in: NPL 17 (1972), S. 451–470.

ders.: Appeasement: Die britische Antwort auf die Krise des Weltreichs und des internationalen Systems vor dem Zweiten Weltkrieg, in: HZ 226 (1978), S. 67–88.

ders.: Appeasement: Zur Inflationierung eines Begriffes und zum Primat des Friedens im industriellen England, in: NPL 26 (1981), S. 171–190.

ders.: Strukturwandel, Reformfähigkeit und Friedenswahrung: Probleme der englischen Geschichte im 19. und 20. Jahrhundert, in: ders./Heiner Haan/Karl-Friedrich Krieger, Einführung in die englische Geschichte, München 1982, S. 138–185.

ders. (Hrsg.): Der Westen und die Sowjetunion. Einstellungen und Politik gegenüber der UdSSR in Europa und in den USA seit 1917, Paderborn 1983.

ders.: Internationale Beziehungen 1917–1947, Paderborn u. a. 1989.

Northedge, F. S.: Großbritannien als Macht zweiter Ordnung, in: EA 25 (1970), S. 24–36.

Nübel, Otto: Die amerikanische Reparationspolitik gegenüber Deutschland 1941–1945, Frankfurt/M. 1980.

O'Donnell, R. M. (Hrsg.): Keynes as Philosopher-Economist, London 1991.

Opie, Roger: The Political Consequences of Lord Keynes, in: Donald E. Moggridge (Hrsg.), Keynes: Aspects of the Man and His Work. The First Keynes Seminar Held at the University of Canterbury 1972, London/Basingstoke 1974, S. 75–90.

Ovendale, Ritchie: Introduction, in: ders. (Hrsg.), The Foreign Policy of the Labour Governments, 1945–1951, Leicester 1984, S. 1–20.

ders.: British Rearmament 1936–1939: Treasury, Trade Unions and Skilled Labour, in: EcHR 96 (1981), S. 306–343.

ders.: Chamberlain and Appeasement. British Policy and the Coming of the Second World War, Houndmills/London 1993.

Pautsch, Ilse Dorothee: Die territoriale Deutschlandplanung des amerikanischen Außenministeriums 1941–1943, Frankfurt/M. u. a. 1990.

Peacock, A./Wiseman, J.: The Growth of Public Expenditure in the United Kingdom, London 1967.

Peden, George C.: British Rearmament and the Treasury 1932–1939, Edinburgh 1979.

ders.: Keynes, the Treasury and Unemployment in the Later Nineteen-Thirties, in: OEP 32 (1980), S. 1–18.

ders.: Keynes, the Economics of Rearmament and Appeasement, in: Mommsen/Kettenacker (Hrsg.), The Fascist Challenge, S. 142–156.

ders.: A Matter of Timing: The Economic Background to British Foreign Policy, 1937–1939, in: History 69 (1984), S. 15–28.

ders.: Economic Aspects of British Perceptions of Power on the Eve of the Cold War, in: Becker/Knipping (Hrsg.), Power in Europe?, S. 237–261.
ders.: Keynes, the Treasury and British Economic Policy, London/Basingstoke 1988.
Penrose, E. F.: Economic Planning for Peace, Princeton, NJ 1953.
Peter, Matthias: Großbritannien, der deutsche Verteidigungsbeitrag und die Wirtschaftskrise 1951, in: Schmidt (Hrsg.), Großbritannien und Europa, S. 111–140.
ders.: Britische Kriegsziele und Friedensvorstellungen, in: Wolfgang Michalka (Hrsg.), Der Erste Weltkrieg. Wirkung, Wahrnehmung, Analyse, München 1994, S. 95–124.
Petzina, Dietmar: Autarkiepolitik im Dritten Reich. Der nationalsozialistische Vierjahresplan, Stuttgart 1968.
ders./Euchner, Walter (Hrsg.): Wirtschaftspolitik im britischen Besatzungsgebiet 1945–1949, Düsseldorf 1984.
Pigou, A. C.: Government Control in War and Peace, in: EJ 28 (1918), S. 363–373.
ders.: Aspects of British Economic History 1918–1925, London 1947.
Pimlott, Ben: Hugh Dalton, London 1985.
Pingel, Falk: „Die Russen am Rhein?" Die Wende der britischen Besatzungspolitik im Frühjahr 1946, in: VfZ 30 (1982), S. 98–116.
ders.: Der aufhaltsame Aufschwung. Die Wirtschaftsplanung für die britische Zone im Rahmen der außenpolitischen Interessen der Besatzungsmacht, in: Petzina/Euchner (Hrsg.), Wirtschaftspolitik, S. 41–64.
Platt, D. C. M.: Finance, Trade and Politics in British Foreign Policy 1815–1914, Oxford 1968.
Pollard, Sidney: The Development of the British Economy, 1914–1980, London ³1983.
Pommerin, Rainer: Das Dritte Reich und Lateinamerika. Die deutsche Politik gegenüber Süd- und Mittelamerika 1939–1942, Düsseldorf 1977.
Porter, Bernard: The Lion's Share. A History of British Imperialism, 1850–1970, London ²1977.
Post, Oswald: Zwischen Sicherheit und Wiederaufbau. Die Ruhrfrage in der alliierten Diskussion 1945–1949, Gießen 1986.
Ratchford, B. U./Ross, W. D.: Berlin Reparations Assignment. Round One of the German Peace Settlement, Chapel Hill, NC 1947.
Reifeld, Helmut: Art. „Imperialismus", in: Iring Fetcher/Herfried Münkler (Hrsg.), Pipers Handbuch der politischen Ideen, München/Zürich 1987, S. 25–53.
Reynolds, David: 1940: Fulcrum of the Twentieth Century?, in: IA 66 (1990), S. 325–390.
ders.: Britannia Overruled. British Policy and World Power in the Twentieth Century, London/New York 1991.
Richardson, J. Henry: British Economic Foreign Policy, London 1936.
Ritter, Klaus: Die Dominanz des Ost-West-Konflikts, in: Karl Kaiser/Hans-Peter Schwarz (Hrsg.), Weltpolitik. Strukturen – Akteure – Perspektiven, Stuttgart 1985, S. 89–101.
Robinson, Joan: What Has Become of the Keynesian Revolution?, in: Milo Keynes (Hrsg.), Essays on Keynes, S. 123–131.
Rohe, Karl: Ursachen und Bedingungen des modernen britischen Imperialismus vor 1914, in: Wolfgang J. Mommsen (Hrsg.), Der moderne Imperialismus, Stuttgart u. a. 1971, S. 60–84.
Rollings, Neil: The „Keynesian Revolution" and Economic Policy-Making: A Comment, in: EcHR 38 (1985), S. 95–100.
Rose, Michael E.: The Relief of Poverty, 1834–1914, London/Basingstoke ²1986.
Rosenbach, Harald: Das Deutsche Reich, Großbritannien und der Transvaal (1896–1902). Anfänge deutsch-britischer Entfremdung, Göttingen 1993.
Rosevaere, Henry: The Treasury: The Evolution of a British Institution, London 1969.
Ross, Graham: Foreign Office Attitudes to the Soviet Union 1941–45, in: JCH 16 (1981), S. 521–540.
Rostow, Walt W.: The World Economy. History and Prospect, Austin, TX/London 1978.
Rothwell, Victor: Britain and the Cold War 1941–1947, London 1982.
Rowland, Benjamin M. (Hrsg.): Balance of Power or Hegemony: The Interwar Monetary System, New York 1976.
Ruffmann, Karl-Heinz: Das Epochenjahr 1945, in: DA 12 (1985), S. 1289–1298.
Saul, S. B.: Industrialisation and De-Industrialisation? The Interaction of the German and British Economies Before the First World War, London 1980 (German Historical Institute London. The 1979 Annual Lecture).

ders.: The Myth of the Great Depression, 1873–1898, London/Basingstoke [2]1985.
Schäfer, Hermann (Hrsg.): Ploetz. Wirtschaftsgeschichte der deutschsprachigen Länder vom frühen Mittelalter bis zur Gegenwart, Freiburg/Würzburg 1989.
Scharf, Claus/Schröder, Hans-Jürgen (Hrsg.): Die Deutschlandpolitik Großbritanniens und die britische Zone 1945–1949, Wiesbaden 1979.
dies.: Einleitung, in: dies. (Hrsg.), Deutschlandpolitik Großbritanniens, S. 1–13.
Schmidt, Gustav: Politisches System und Appeasement-Politik, 1930–1937. Zur Scharnierfunktion der Rüstungspolitik für die britische Innen- und Außenpolitik, in: MGM 2 (1979), S. 37–53.
ders.: England in der Krise. Grundzüge und Grundlagen der britischen Appeasement-Politik (1930–1937), Opladen 1981.
ders.: The Domestic Background to British Appeasement Policy, in: Mommsen/Kettenacker (Hrsg.), The Fascist Challenge, S. 101–124.
ders.: Der europäische Imperialismus, München 1985.
ders. (Hrsg.): Großbritannien und Europa – Großbritannien in Europa. Sicherheitsbelange und Wirtschaftsfragen in der britischen Europapolitik nach dem Zweiten Weltkrieg, Bochum 1989.
Schmölders, Günter: Historische Schule, in: Otmar Issing (Hrsg.), Geschichte der Nationalökonomie, München 1984, S. 107–119.
Schöllgen, Gregor: Das Zeitalter des Imperialismus, München 1986.
Schröder, Hans-Christoph: Hobsons Imperialismustheorie, in: Hans-Ulrich Wehler (Hrsg.), Imperialismus, Köln/Berlin 1970, S. 104–122.
Schröder, Hans-Jürgen: Deutschland und die Vereinigten Staaten 1933–1939. Wirtschaft und Politik in der Entwicklung des deutsch-amerikanischen Gegensatzes, Wiesbaden 1970.
ders.: Südosteuropa als „Informal Empire" Deutschlands 1933–1939, in: Jahrbücher für die Geschichte Osteuropas 23 (1975), S. 70–96.
ders.: Das Dritte Reich und die USA, in: Manfred Knapp u. a., Die USA und Deutschland 1918–1975. Deutsch-amerikanische Beziehungen zwischen Rivalität und Partnerschaft, München 1978.
ders.: The Ambiguities of Appeasement: Great Britain, the United States and Germany 1937–9, in: Mommsen/Kettenacker (Hrsg.), The Fascist Challenge, S. 390–399.
ders.: Deutsch-amerikanische Beziehungen im 20. Jahrhundert. Geschichtsschreibung und Forschungsperspektiven, in: Frank Trommler (Hrsg.), Amerika und die Deutschen. Bestandsaufnahme einer 300jährigen Geschichte, Opladen 1986, S. 491–513.
Schulz, Gerhard: Einführung in die Zeitgeschichte, Darmstadt 1992.
Schumpeter, Joseph A.: John Maynard Keynes, 1883–1946, in: AER 36 (1946), S. 495–518.
Searle, G. R.: The Quest for National Efficiency: A Study in British Politics and British Political Thought, 1899–1914, Oxford 1971.
Sherwood, Robert: Roosevelt und Hopkins, Hamburg 1948.
Sissons, M./French, P. (Hrsg.): Age of Austerity, 1945–1951, London 1963.
Skidelsky, Robert: The Reception of the Keynesian Revolution, in: Milo Keynes (Hrsg.), Essays on Keynes, S. 89–107.
ders.: Retreat From Leadership: The Evolution of British Economic Foreign Policy, 1870–1939, in: Rowland (Hrsg.), Balance of Power, S. 147–192.
ders.: John Maynard Keynes. Bd. I: Hopes Betrayed, 1883–1920, London/Basingstoke 1983.
ders.: Keynes's Philosophy of Practice and Economic Policy, in: O'Donnell (Hrsg.), Keynes as Philosopher-Economist, S. 104–123.
ders.: John Maynard Keynes. Bd. II: The Economist as Saviour, 1920–1937, London/Basingstoke 1992.
Smith, Robert Freeman: Art. „Reciprocity", in: DeConde (Hrsg.), Encyclopedia, Bd. III, S. 867–881.
Steininger, Rolf: Die Rhein-Ruhr-Frage im Kontext britischer Deutschlandpolitik 1945/46, in: Heinrich-August Winkler (Hrsg.), Politische Weichenstellungen im Nachkriegsdeutschland 1945–1953, Göttingen 1979, S. 111–166.
ders.: Die britische Deutschlandpolitik in den Jahren 1945/46, in: APuZ B 1–2 (1982), S. 28–47.
ders.: Deutsche Geschichte 1945–1961. Darstellung und Dokumente in zwei Bänden, Frankfurt/M. 1983.
ders.: Die Sozialisierung fand nicht statt, in: Foschepoth/Steininger (Hrsg.), Britische Deutschland- und Besatzungspolitik, S. 135–150.

ders.: Westdeutschland ein „Bollwerk gegen den Kommunismus"? Großbritannien und die deutsche Frage im Frühjahr 1946, in: MGM 38 (1985), S. 163–207.
ders.: Einleitung, in: Die Ruhrfrage 1945/46 und die Entstehung des Landes Nordrhein-Westfalen. Britische, Französische und Amerikanische Akten, eingel. und bearb. von Rolf Steininger. Vierte Reihe, Bd. 4 der Reihe: Quellen zur Geschichte des Parlamentarismus und der politischen Parteien, hrsg. von Karl Dietrich Bracher, Rudolf Morsey und Hans-Peter Schwarz, Düsseldorf 1988, S. 9–216.
Svennilson, Ingvar: Growth and Stagnation in the European Economy, Genf 1954.
Sweezy, Alan: The Keynesians and Government Policy, 1933–1939, in: AER, Papers and Proceedings 62 (1972), S. 116–124.
Tawney, R. H.: The Abolition of Economic Controls 1918–1921, in: EcHR 13 (1943), S. 1–30.
Taylor, A. J. P.: English History 1914–1945, Harmondsworth [2]1975.
Thies, Jochen: What Is Going On in Germany? Britische Militärverwaltung in Deutschland 1945/46, in: Scharf/Schröder (Hrsg.), Die Deutschlandpolitik Großbritanniens, S. 29–50.
Thirlwall, A. P. (Hrsg.): Keynes as a Policy Adviser. The Fifth Keynes Seminar Held at the University of Kent at Canterbury 1980, London/Basingstoke 1980.
Thomas, Mark: Rearmament and Economic Recovery in the Late 1930s, in: EcHR 36 (1983), S. 552–573.
Tomlinson, Jim: Problems of British Economic Policy, 1870–1945, London/New York 1981.
ders.: Why Was There Never a Keynesian Revolution in Economic Policy?, in: Economy & Society 10 (1981), S. 72–87.
ders: A „Keynesian Revolution" in Economic Policy-Making, in: EcHR 37 (1984), S. 258–261.
ders.: British Macroeconomic Policy Since 1940, London u. a. 1985.
Turner, Ian D. (Hrsg.): Reconstruction in Post-War Germany. British Occupation Policy and the Western Zones, 1945–55, Oxford u. a. 1989.
Tyrell, Albrecht: Großbritannien und die Deutschlandplanung der Alliierten 1941–1945, Frankfurt/M. 1987.
Van Alstyne, Richard W.: Art. „The Monroe Doctrine", in: DeConde (Hrsg.), Encyclopedia, Bd. II, S. 584–596.
Van Dormael, Armand: Bretton Woods: Birth of a Monetary System, London 1978.
Volkmann, Hans-Erich: Großraumwirtschaft und Aggression, in: MGM 19 (1976), S. 51–76.
Walker, Stephen J.: Solving the Appeasement Puzzle: Contending Historical Interpretations of British Diplomacy During the 1930s, in: BJIS 6 (1980), S. 219–246.
Wallace, William: Foreign Policy and National Identity in the United Kingdom, in: IA 67 (1991), S. 65–80.
Watt, Donald C.: Appeasement. Der Beginn einer revisionistischen Schule?, in: Gottfried Niedhart (Hrsg.), Kriegsbeginn 1939. Entfesselung oder Ausbruch des Zweiten Weltkrieges?, Darmstadt 1976, S. 302–334 (zuerst in: PQ 36 (1965), S. 191–213).
ders.: Personalities and Policies. Studies in the Formulation of British Foreign Policy in the Twentieth Century, London/South Bend, IN 1965.
ders.: Hauptprobleme der britischen Deutschlandpolitik 1945–1949, in: Scharf/Schröder (Hrsg.), Die Deutschlandpolitik Großbritanniens, S. 15–28.
ders.: Die Sowjetunion im Urteil des britischen Foreign Office 1945–1949, in: Niedhart (Hrsg.), Der Westen und die Sowjetunion, S. 235–252.
ders.: Succeeding John Bull. America in Britain's Place 1900–1975. A Study of the Anglo-American Relationship and World Politics in the Context of British and American Foreign-Policy-Making in the Twentieth Century, Cambridge 1984.
ders.: 1939 Revisited: On Theories of the Origins of Wars, in: IA 65 (1989), S. 685–692.
Wehler, Hans-Ulrich: Bismarck und der Imperialismus, Köln 1969.
Wendt, Bernd-Jürgen: Economic Appeasement. Handel und Finanz in der britischen Deutschlandpolitik 1933–1939, Düsseldorf 1971.
ders.: War Socialism – Erscheinungsformen und Bedeutung des Organisierten Kapitalismus in England im Ersten Weltkrieg, in: Heinrich August Winkler (Hrsg.), Organisierter Kapitalismus. Voraussetzungen und Anfänge, Göttingen 1974, S. 117–119.
ders.: Demokratie auf dem Prüfstand: Appeasement als Strategie des Status Quo, in: E. Forndran/ F. Golszewski/D. Riesenberger (Hrsg.), Innen- und Außenpolitik unter nationalsozialistischer Bedrohung, Opladen 1977, S. 11–31.

ders.: „Economic Appeasement" – A Crisis Strategy, in: Mommsen/Kettenacker (Hrsg.), The Fascist Challenge, S. 157–172.

White, Harry Dexter: The Monetary Fund: Some Criticisms Examined, in: FA 23 (1945), S. 195–210.

Williams, E. E.: Made in Germany, London 1896 (Nachdruck Brighton 1973).

Williams, William Appleman: Die Tragödie der amerikanischen Diplomatie, Frankfurt/M. 1973.

Wilson, Theodore A.: The First Summit: Roosevelt and Churchill at Placentia Bay, 1941, Boston, MA 1969.

ders.: Art. „Summit Conferences", in: DeConde (Hrsg.), Encyclopedia, Bd. III, S. 936–944.

Wilson, Tom: Policy in War and Peace: The Recommendations of J. M. Keynes, in: Thirlwall (Hrsg.), Keynes as a Policy Adviser, S. 39–67.

Young, John W.: France, the Cold War and the Western Alliance, 1944–49: French Foreign Policy and Post-War Europe, Leicester-London 1990.

Youngson, A. Y.: Great Britain 1920–1970, in: Carlo M. Cipolla (Hrsg.), The Fontana Economic History of Europe. Bd. 6: Contemporary Economies, Glasgow 1976, S. 128–179.

Personenverzeichnis

Auf den Nachweis von John Maynard Keynes wurde wegen der häufigen Nennung verzichtet.

www.ingramcontent.com/pod-product-compliance
Lightning Source LLC
LaVergne TN
LVHW010551300926
849162LV00002B/304